Franz Wilhelm Kampschulte

Johann Calvin seine Kirche und sein Staat in Genf

Franz Wilhelm Kampschulte

Johann Calvin seine Kirche und sein Staat in Genf

ISBN/EAN: 9783741167546

Hergestellt in Europa, USA, Kanada, Australien, Japan

Cover: Foto ©Lupo / pixelio.de

Manufactured and distributed by brebook publishing software (www.brebook.com)

Franz Wilhelm Kampschulte

Johann Calvin seine Kirche und sein Staat in Genf

JOHANN CALVIN

SEINE

KIRCHE UND SEIN STAAT

IN GENF

VON

F. W. KAMPSCHULTE

O. Ö. PROF. D. GESCH. A. D. UNIVERSITÄT BONN.

ERSTER BAND.

INHALT.

ERSTES BUCH.
DIE HERSTELLUNG DER UNABHÄNGIGKEIT GENFS.

		Seite
Capitel I.	Blicke auf die frühere Geschichte Genfs und seine Bedeutung gegen Ende des Mittelalters	3
„ II.	Die Politik des Hauses Savoyen	21
„ III.	Angriffe Karls III. auf Genf	32
„ IV.	Der Bischof Pierre de la Baume und das Burgrecht mit Freiburg und Bern	55
„ V.	Die Entscheidung	74

ZWEITES BUCH.
DIE EINFÜHRUNG DER REFORMATION.

Capitel I.	Genf und die Reformation bis zum Jahre 1532	90
„ II.	Ausbruch der evangelischen Bewegung. Farel u. Fromment	107
„ III.	Bern und Freiburg	125
„ IV.	Sieg der Reformation	149
„ V.	Die Schwestern von St. Clara	169
„ VI.	Die Befestigung der politischen Unabhängigkeit Genfs	182
„ VII.	Die kirchliche Lage	205

DRITTES BUCH.
CALVIN UND GENF BIS ZUM JAHRE 1541.

Capitel I.	Calvins Anfänge	221
„ II.	Die „Institutio Religionis Christianae"	251
„ III.	Calvins Ankunft und erste Wirksamkeit in Genf	278
„ IV.	Erster Kampf und Niederlage der Reformatoren	298
„ V.	Calvins Aufenthalt in Deutschland	320
„ VI.	Wirren in Genf	343
„ VII.	Calvins Rückkehr	368

VIERTES BUCH.
GRUNDLEGUNG DER NEUEN ORDNUNG.

			Seite
Capitel	I.	Beginn der neuen Thätigkeit Calvins. Annahme der „Ordonnances Ecclésiastiques"	385
”	II.	Der Diener des göttlichen Wortes	396
”	III.	Die bürgerliche Ordnung	412
”	IV.	Consistorium und Sittenzucht	431
”	V.	Gottesdienst und Cultus. Kirchliche Anstalten	453
”	VI.	Verhältniss von Staat und Kirche	470
”	VII.	Erste Regungen der Unzufriedenheit	480

VORWORT.

Ich unternehme die Darstellung eines Gegenstandes, dessen Wichtigkeit und Bedeutung für die Neuere Geschichte den Autor der Pflicht überhebt, das Erscheinen seines Werkes vor dem Leser zu rechtfertigen. Dass Johann Calvin und seine kirchlich-politische Schöpfung an der Hauptstätte seines Wirkens auf unsere Aufmerksamkeit vollen Anspruch hat, wird schwerlich Jemand in Abrede stellen, dass die Werke, welche unsere Literatur über den Genfer Reformator bis jetzt aufzuweisen hat, wie verdienstlich einige derselben als Biographien auch sind, diesem Anspruche allseitig genügen, nicht leicht Jemand behaupten wollen. Nur über die Grundlagen meiner Arbeit, über die von mir benutzten Quellen, glaube ich einige Bemerkungen vorausschicken zu müssen.

Durch die während der letzten Jahrzehnte mit rührigem Eifer betriebene Publication der Genfer Geschichtsquellen des sechzehnten Jahrhunderts, sowie durch die seit dem Jahre 1863 erscheinende trefliche neue Gesammtausgabe der Werke Calvins ist dem Geschichtschreiber der Genfer Reformation seine Aufgabe wesentlich erleichtert worden. Bietet diese nicht blos einen correctern Text als die früheren Editionen, sondern auch in der jetzt beinahe zum Abschluss gebrachten, die „kleineren Tractate" enthaltenden Abtheilung mehr als Eine bisher unbekannte oder verschollene Arbeit des Reformators, die das Bild seines Lebens und seines rastlosen

Schaffens vervollständigt, so erleichtern jene in dankenswerther Weise die Erkenntniss der kirchlichen und politischen Zustände Genfs in der Reformationsepoche. Die Werke von Bonnivard, Jussie, Fromment und zahlreiche andere kleinere Aufzeichnungen und Berichte aus jener Zeit, die lange unbeachtet im Staube der Bibliotheken ruhten und für den Fremden kaum zugänglich waren, liegen nun in tadellosen, zum Theil mit verschwenderischer Pracht ausgestatteten Ausgaben vor. Von den umfangreicheren gleichzeitigen Aufzeichnungen ist gegenwärtig, soviel ich sehe, die Chronik Rosets die einzige noch ungedruckte, ein Mangel, der indess bei der grossen Anzahl der noch vorhandenen Abschriften derselben weniger gefühlt wird. Daneben enthalten auch die beiden gelehrten Genfer Zeitschriften eine Reihe von urkundlichen Mittheilungen, Bruchstücken aus amtlichen Aufzeichnungen, Prozessacten, Briefen, actenmässigen Detailuntersuchungen, die an mehr als Einer Stelle über die Geschichte des calvinischen Genf neues Licht verbreiten. Nicht manche Stadt mag in den letzten Jahren in der Aufhellung ihrer Vergangenheit einen regern Eifer entwickelt haben, als die Stadt Calvins.

Indess wie reich die Fülle des zu Tage geförderten reformationsgeschichtlichen Materials auch ist, reicher noch ist die des ungedruckten, und noch manches wichtige Document harrt seiner Veröffentlichung. So ist, um hier nur dies Eine zu erwähnen, der ursprüngliche Text der kirchlichen Ordonnanzen Calvins noch heute ungedruckt. Ich sah mich in der Hauptsache auf ungedruckte Quellen hingewiesen.

Eine Geschichte der Genfer Wirksamkeit und Erfolge Calvins kann nur auf der Grundlage der gleichzeitigen Rathsprotocolle aufgebaut werden. Erst aus diesen gewinnen wir, wenn auch nicht ein vollständiges, doch ein zuverlässiges und wahrheitsgetreues Bild der Thätigkeit, die er entfaltet, des Einflusses, den er auf dem kirchlichen und politischen Gebiete ausgeübt, des Charakters, den Staat und Kirche durch ihn empfangen haben. Zu den Rathsprotocollen kommen als Ergänzungen die Aufzeichnungen des Consistoriums und der Vénérable Compagnie, sowie die anderweitigen öffentlichen Documente, Staatsschreiben, Prozessacten u. s. w. Ein längerer Aufenthalt in Genf war der Ausbeutung dieses reichen

Quellenschatzes gewidmet. Fiel derselbe auch in eine Zeit, die der ruhigen Forschung nicht gerade günstig war, so wurde doch meine Absicht im Wesentlichen völlig erreicht. Einzelnes, dessen Wichtigkeit für meine Zwecke im ersten Augenblicke nicht erkannt wurde, ist mir nachträglich von Freundeshand in gewünschter Vollständigkeit mitgetheilt worden. Ich kann nicht umhin, an dieser Stelle insbesondere der freundlichen und wirksamen Unterstützung des Herrn Professors J. B. G. Galiffe zu gedenken, der nicht blos während meines Genfer Aufenthalts mir mit Rath und That zur Seite ging und in der liberalsten Weise die umfangreichen Collectaneen seines Vaters zur ungehinderten Benutzung überliess, sondern auch im weitern Verlauf meiner Arbeit mir mit mancherlei Gefälligkeiten und, was wichtiger ist, auch mit dem reichen Schatze seines Wissens zu Hülfe kam.

Indess durfte ich bei Genf nicht stehen bleiben. Auf das innigste war in dem Reformationszeitalter mit Genf das deutsche Bern verbunden. Ohne dieses würde der Protestantismus in der Lemanstadt nie gesiegt haben, und auch nach der Einführung desselben blieben die beiden Städte in einem fortdauernden, bald freundlichen, bald feindlichen, immer aber wichtigen Verkehr. Es gibt Zeiten, in denen das Berner Rathsmanuale und die Berner Missiven- und Instructionsbücher für die Geschichte Genfs fast wichtiger sind, als die Rathsprotocolle dieser Stadt selbst. Daneben besitzt Bern in Archiv und Bibliothek noch manche andere für die damalige Geschichte Genfs wichtige Documente und Aufzeichnungen. Ich erwähne nur die in ihrer letzten Hälfte noch ungedruckte Chronik des Valerius Anshelm. Alles dies wurde mir mit einer Bereitwilligkeit, der ich nur das grösste Lob spenden kann, an Ort und Stelle zur Benutzung überlassen.

Aber meine Arbeit war auch damit noch nicht gethan. Was wäre eine Monographie über Calvin und sein Werk ohne ausreichende Kenntniss seiner Correspondenz? Der Kundige weiss, dass die von Beza veranstaltete Ausgabe der „Epistolae et responsa Calvini" nur einen geringen Theil der calvinischen Correspondenz und auch diesen noch zuweilen, „um Keinen zu verletzen," in verstümmelter Gestalt enthält. Auch die beiden von Jules Bonnet veröffentlichten Briefsammlungen, wie verdienstlich auch die französische ist, sind

Stückwerk geblieben. Herminjards umfassende Sammlung ist erst bis zum Jahre 1532 gelangt. So ergab sich für mich die Nothwendigkeit, das gesammte noch vorhandene handschriftliche Material für meine Zwecke besonders durchzugehen. Und ausserordentlich reich und weit zerstreut ist dieses. Die Genfer Bibliothek allein bewahrt eine Reihe von Bänden mit calvinischen Briefen, theils im Original, theils in Abschriften. Zwei werthvolle Foliobände calvinischer Correspondenz, aus denen bereits Liebe und nach ihm, ohne von seinem Vorgänger zu wissen, Bretschneider einzelne Mittheilungen gemacht haben, besitzt die herzogliche Bibliothek zu Gotha. Dazu kommen die grosse Sammlung der Simler'schen Abschriften in Zürich, die mehr oder minder bedeutenden Bruchstücke calvinischer Correspondenzen in Bern, Neuchâtel, Strassburg, Paris, Breslau u. s. w. Ich hätte bei dem Umfange dieser Arbeit nicht daran denken können, mein Werk schon so bald der Oeffentlichkeit zu übergeben, wenn mir hier nicht Hülfe geworden wäre. Diese aber wurde mir in kaum gehoffter Weise, indem die Herren Reuss, Cunitz und Baum in Strassburg mir mit einer Liberalität, mit einer Neidlosigkeit, wie ich sie kaum je erfahren, ihren ganzen, während einer Reihe von Jahren für die neue Ausgabe der Epistolae in dem Corpus Reformatorum gesammelten Briefschatz im Voraus zur Verfügung stellten. Ihnen verdanke ich es, dass ich schon heute mit diesem Bande hervortreten kann.

Ueberhaupt hat es mir bei meiner Arbeit an wohlwollender Theilnahme nicht gefehlt. Wie in Genf, Bern, und Strassburg, so wurde auch anderwärts, in Bonn, Berlin, München, Gotha, Zürich, Turin, Florenz meinen Wünschen in bereitwilliger Weise entsprochen. Es ist mir dadurch insbesondere möglich geworden, auch die ältere gedruckte Literatur, die Schriften eines Farel, Viret u. s. w. in ziemlicher Vollständigkeit in meinen Besitz zu bringen. Allen, die sich meinen Bemühungen geneigt und hülfreich erwiesen haben, insbesondere den Herren Galiffe, Reuss, Cunitz und Baum sei hiermit auf das herzlichste gedankt.

Ein Werk über Calvin und seine Genfer Erfolge kann nicht mit dem ersten Auftreten des Reformators oder seiner Ankunft in Genf beginnen. Der calvinischen Bewegung ging hier eine lutherische, der kirchlichen eine politische voraus.

Die eine hängt mit der andern auf das innigste zusammen: die nachfolgende wird jedes Mal durch die vorhergehende bedingt. Insbesondere ist eine richtige Würdigung der Parteien, welche Calvin entgegenstanden, nicht möglich ohne Kenntniss der vorausgegangenen bürgerlichen und kirchlichen Kämpfe. Ich war deshalb genöthigt, bis auf den Beginn dieser zurückzugehen und nicht blos die erste Einführung der Reformation in Genf, sondern auch den Unabhängigkeitskampf gegen das Haus Savoyen in den Bereich meiner Darstellung zu ziehen. Dass ich mir dabei mancherlei Beschränkungen auflegen, auf manches Detail verzichten musste, liegt in der Natur der Sache: es kam mir eben zunächst und hauptsächlich darauf an, für das Folgende eine sichere Grundlage zu gewinnen, den Parteien die richtige Stellung anzuweisen. Die zweite und grössere Hälfte dieses Bandes behandelt hierauf Calvins erstes Auftreten, die Anfänge seiner Wirksamkeit und die Grundlegung der neuen Ordnung in Genf.

Die weitere Befestigung und Ausbildung derselben unter den Kämpfen Calvins mit seinen kirchlichen und politischen Gegnern, die vollständige Niederwerfung der Gegenpartei und der endgültige Sieg des Reformators werden den Inhalt des zweiten Bandes ausmachen. Ein dritter wird die Weltstellung des calvinischen Genf zum Gegenstande haben und das Werk zum Abschluss bringen.

Bonn im Mai 1869.

EINLEITUNG.

In der Geschichte der grossen kirchlichen Revolutionen des fünfzehnten und sechzehnten Jahrhunderts lassen sich drei Hauptacte unterscheiden, in denen nach einander die drei grossen Nationalitäten Europas, Slaven, Germanen, Romanen, auf den Kampfplatz treten.

Der Angriff wird eröffnet von den Slaven. Die Bewegung, welcher der Böhme Johann Hus Dasein und Namen gab, war eine slavische nicht blos in dem Sinne, dass sie von einem slavischen Volke ausging und getragen ward: sie empfing von dem Slaventhum auch Charakter und Farbe. Mit dem Kampfe gegen die Kirchengewalt verband sich sofort der nationale Gedanke: es galt, die slavische und insbesondere die „heilige" böhmische Nation in die Rechte einzusetzen, die ihr, wie man verkündete, Jahrhunderte lang von den Deutschen vorenthalten worden. Noch nicht lange ist es her, dass in oberdeutschen Gauen die Glocken gehört wurden, die nach vierhundert Jahren die Nachkommen noch an den Schrecken erinnerten, den einst Böhmens verwegene Glaubensschaaren überallhin im deutschen Reiche verbreiteten. Selbst schon panslavistische Ideen sehen wir im Gefolge der hussitischen Bewegung auftauchen.

Auf den Slaven folgt der Germane, der gewaltige Mönch von Wittenberg. Auch auf Luther ist die nationale Idee von grossem Einfluss gewesen, wenn er sie auch nicht mehr in so leidenschaftlicher Weise vertritt, wie sein slavischer Vorgänger. Luther wendet sich an die „deutsche Nation" und spricht die Sprache der deutschen Patrioten, er will die „lieben Deutschen" befreien helfen von dem unchristlichen Regimente der Römer, er leiht dem deutschen Nationalgefühl den feurigsten Ausdruck: nicht scharf genug kann er den Gegensatz zwischen Deutschen und Wälschen betonen. Es gab einen Moment, wo die Sache der deutschen Freiheit und Luthers Evangelium völlig gleichbedeutend schienen. Erwies sich dies auch als Täuschung, so hat das Lutherthum doch nie seinen deutschen Charakter verleugnet; bei den nichtgermanischen Nationen hat es deshalb nur geringen Anklang gefunden. Selbst heute noch wird die Wahrnehmung gemacht, dass Luthers Kirche nur unter Deutschen gedeiht und, auf fremden Boden verpflanzt, allmälich ihren Charakter, ihre Lebensfähigkeit verliert.[1])

Eine merkliche Abweichung zeigt hier der romanische Reformator. Wohl hat auch Calvin ein Herz für sein Vaterland: einen grossen Theil seiner Schriften hat er in französischer Sprache geschrieben, Frankreichs Könige ist sein Hauptwerk gewidmet, die Bekehrung der französischen Nation liegt ihm vorzugsweise am Herzen. Aber nichts desto weniger erscheint der nationale Gedanke bei ihm bedeutend abgeschwächt und zu einem untergeordneten Momente herabgesunken. Wie die latinisirte Form seines Namens selbst in der Heimath die nationale verdrängt hat, so trägt auch seine gesammte Wirksamkeit mehr einen universalen als einen nationalen Charakter. Jene schwungvolle, patriotische Sprache, durch welche der deutsche Mönch seine Nation entflammte, suchen wir in Calvins Schriften vergebens. Nationale Interessen und Schranken sind als solche für ihn kaum noch vorhanden. Es gibt fast kein Herrscherhaus in Europa, dem er nicht nahe getreten, kaum eine europäische Nation, von der er nicht Vertreter um sich gesammelt und in seine Ideen eingeführt hätte. Der romanische Reformator zählte seine Anhänger in der romanischen, germanischen und slavischen Welt und zeigte sich überall, wo nicht das Lutherthum in dem deutschen Charakter eine Stütze fand, diesem überlegen.[2]) Sogar nach der neuentdeckten transatlantischen Welt sehen wir bereits um die Mitte des sechzehnten Jahrhunderts Glaubensboten Calvins vordringen. Dieser universellen Richtung des Calvinismus entspricht es endlich auch, dass gerade in seinem Schoosse zuerst das Project eines „allgemeinen evangelischen Bundes" auftauchte und eine Vereinigung sämmtlicher Kräfte des Protestantismus wiederholt mit dem lebhaftesten Eifer betrieben wurde.

---

[1]) Vgl. *Döllinger*, Kirche und Kirchen, Papstthum und Kirchenstaat S. 14.

[2]) Man vgl. z. B. die confessionelle Statistik von Böhmen, wo das näher liegende Lutherthum im Jahre 1864 nur 34139 Bekenner zählte und zwar fast sämmtlich deutsche, während die slavischen Protestanten fast ausnahmslos sich zu dem Calvinismus bekannten, der im Ganzen 56797 Bekenner zählte; *Ficker*, Die Bevölkerung des Königreichs Böhmen, Wien u. Olmütz 1864, S. 53.

Zeigt sich in dieser Entnationalisirung der reformatorischen Idee ein stufenweiser Fortschritt derselben, so ist ein solcher in gleicher Weise von einer andern Seite wahrnehmbar.

Unklar noch und ungestüm wogte es in der Seele des Böhmen. Ausgehend von dem Kampfe gegen die Verweltlichung der Kirche gelangte Hus in revolutionärer Hast zu Sätzen, welche die Auflösung aller kirchlichen und socialen Ordnung in die drohendste Nähe stellten. Seine Lehre von der absoluten Unfähigkeit einer mit schweren Sünden befleckten Obrigkeit, seine Berufung auf das „gläubige Volk," dem die Beurtheilung und Verurtheilung der Oberen unbedingt zugestanden wird, gaben den bis dahin geltenden Theorien über Kirche und Staat den Todesstoss; allein über diese Negation des Bestehenden ist der böhmische Reformator, „der erwachende Genius der modernen Revolution,"[1]) kaum hinausgekommen. Schöpferische Gedanken, welche den Keim zu einer neuen lebensvollen Entwickelung, zu einer festen Gestaltung der Dinge enthielten, werden bei ihm vergebens gesucht. Mehr leidenschaftlicher Erregtheit als klarer Ueberlegung folgend, ist er sich selbst nicht einmal der Tragweite der von ihm aufgestellten Sätze bewusst geworden. Er verwahrt sich mit aller Entschiedenheit gegen den Vorwurf, als sei er Häretiker, und hat selbst durch die aus diesem Gefühl hervorgegangene Appellation an das Concil sein tragisches Ende in Constanz herbeiführen helfen.

Auch Luther hat sich zu dem Bruch mit der alten Kirche nur zaghaft entschlossen, aber er hat ihn dann mit vollem Bewusstsein vollzogen und den Angriff mit Entschiedenheit auf das dogmatische Gebiet ausgedehnt. Eine Fülle von neuen und originalen Gedanken wird von ihm entwickelt, das alte Kirchenregiment umgestossen, die bisherige Form des Gottesdienstes beseitigt, in der neuen Rechtfertigungslehre der christlichen Dogmatik ein neuer Mittelpunkt gegeben. Aber zu vollkommener Klarheit ist auch der Wittenberger Reformator nicht durchgedrungen. Er handelt vielfach mehr nach den Eingebungen und Bedürfnissen des Augenblicks als nach klar erkannten Gründen und hat eine Scheu, aus den eigenen Sätzen die nahe liegenden Schlussfolgerungen zu ziehen. Wer zählt die Wandelungen, die er in verschiedenen Dingen durchgemacht, die Widersprüche, in die er verfallen? Wie Manches, was er ins Leben rief, war nur vorläufiges Auskunftsmittel und erwies sich später als unhaltbar! Wen möchten heute noch seine Ansichten über das Verhältniss von Staat und

---

[1]) *L. Blanc*, Hist. de la révol. française (1847) I, 19.

Kirche befriedigen? Indem er sich scheut, aus den von ihm aufgestellten Behauptungen die Consequenzen zu ziehen, begegnet es ihm, dass er im Kampfe mit vorgeschrittenen Jüngern und Schülern mehrfach wieder als Verbündeter des Papstthums erscheint. Zu einer klaren und bündigen Auseinandersetzung mit der alten Kirche hat es auch der lutherische Protestantismus nicht gebracht.

Weiter geht auch hier Calvin. Mit entschlossenem Muthe schreitet er ans Werk. Er handelt nach gründlich erwogenen, mit Bewusstsein aufgestellten Principien. Sein „Lehrbuch der christlichen Religion" bringt die kirchliche Revolution in ein System, das durch logische Schärfe, Klarheit des Gedankens, rücksichtslose Consequenz, die vor Nichts zurückbebt, noch heute unser Staunen und unsere Bewunderung erregt. Er vereinigt die Prädestinationslehre des böhmischen Reformators und Luthers Rechtfertigungstheorie, geht aber weit über beide hinaus. Der Gegensatz gegen das katholische System wird verschärft. Luther hing trotz seiner masslosen und oft mehr als derben Invectiven gegen Papst und Rom noch durch starke Bande mit der kirchlichen Tradition der vergangenen Jahrhunderte zusammen und blieb sein Leben lang in einer gewissen Abhängigkeit von der katholischen Anschauungsweise, die auch in der Gestaltung des deutschen Kirchenwesens einen Ausdruck findet. Calvin löst seine Kirche von jeder Verbindung mit der vorausgegangenen kirchlichen Entwickelung, drückt ihr den Gegensatz gegen den Katholicismus als vorherrschendes Merkmal auf und macht den Hass gegen das Papstthum gleichsam zum Grundton in der Stimmung seiner Gläubigen. Nicht blos das Dogma, auch Cultus und Verfassung verkünden Rom unversöhnliche Feindschaft.[1])

Wir sind heute leicht geneigt, in diesem Gange der Entwickelung nur den natürlichen, ja fast nothwendigen Lauf der Dinge zu

---

[1]) Selbst die calvinische Poesie verkündet ihn. Wohl nicht oft hat eine religiöse Poesie eine solche Gluth religiösen Hasses offenbart als z. B. die folgenden Verse, in denen Theodor Agrippa d'Aubigné den Zorn Gottes auf die französischen Katholiken herabfleht:

Trouvent tes yeux fermés à juger leurs misères,
Ton oreille soit sourde en oyant leurs prières,
Ton sein serré soit clos aux pitiés, aux pardons,
Ta main sèche, stérile aux bienfaits et aux dons.
Soient les yeux clairs-voyans à leurs péchés extrêmes,
Soit ton oreille ouverte à leurs cris de blasphèmes etc.

Vgl. *Sayous*, Études littéraires sur les écrivains français de la Réformation II, 238.

erkennen. Calvin trat in den von den ersten Reformatoren bereits geschaffenen Ideenkreis ein. Aufgewachsen in einer Zeit, wo die Autorität der Kirche bereits erschüttert war, und schon in früher Jugend von dem Kampfe der religiösen Meinungen berührt, stand er von vornherein der alten Kirche viel freier und selbstständiger gegenüber. Jene Pietät für die hergebrachten kirchlichen Formen, welche der in Devotion gegen seine Oberen aufgewachsene deutsche Mönch so schwer überwand, kannte der Romane nicht mehr. Er fand, als er sein Werk begann, den Bruch mit dem alten Kirchenthum als vollendete Thatsache, die streitigen Fragen bereits vielfach erörtert, den Gesichtskreis erweitert, überall neue, aber vielfach noch unklare Ideen in Umlauf. Von selbst fiel ihm die Aufgabe zu, das Werk seiner Vorgänger mit wissenschaftlichem Geiste zu durchdringen und systematisch zu gestalten, den neuen Ideen Klarheit und Zusammenhang zu geben, Inconsequenzen zu entfernen, auszubauen und zu vollenden, was von den ersten Reformatoren nur angedeutet und begonnen war, endlich auch den Reformationsgedanken der nationalen Beschränktheit zu entkleiden. Ganz natürlich also, wenn das, was bei Hus nur dunkele Ahnung war, sich bei Calvin zu klarem Begriff gestaltet, wenn Luthers conservative Auffassung bei seinem romanischen Nachfolger einer radicalern Platz macht und die national beschränkte Richtung der beiden ersten bei Calvin durch eine universale verdrängt wird.

So etwa wird eine philosophische Auffassung der Geschichte das Verhältniss jener drei vornehmsten Erscheinungsformen des reformatorischen Geistes zu einander darstellen. Und wer möchte leugnen, dass diese Auffassung bis zu einem gewissen Grade ihre Berechtigung hat?

Allein die Geschichte ist doch kein blosser dialektischer Prozess, dessen einzelne Entwickelungsstufen mit solcher Nothwendigkeit aufeinander folgen. Der Weg, den sie nimmt, ist in der Regel nicht ein so geradliniger und spottet häufig genug unserer Theorien. Der persönliche Charakter der zufällig Handelnden und andere Umstände, die ausserhalb jeder Berechnung lagen, haben zu allen Zeiten an dem Gange der Ereignisse in der Geschichte einen bedeutenden, oft hervorragenden Antheil gehabt. Nicht anders war es mit der Entwickelung der Reformationsidee im sechzehnten Jahrhundert. Nicht blos der persönliche Charakter, die strenge Logik des Gelehrten von Noyon, sondern vielleicht noch in höherm Grade ist der Umstand auf jene Gestaltung des romanischen Protestantismus von Einfluss gewesen, dass Calvin sich schon früh am Genfersee auf einen Schauplatz gestellt sah, der sowohl durch seine Vergangenheit als durch seine geographische Lage an der Grenzscheide der romanischen und germanischen Welt zu einer umfassenden, internationalen und reformatorischen Thätigkeit gleichsam prädestinirt schien, und auf der andern Seite durch die politischen Verhältnisse die freieste Entfaltung des reformatorischen Princips gestaltete. Klar genug haben dies schon die Zeitgenossen erkannt. Während die katholische Bevölkerung der romanischen Lande in der Herrschaft Calvins über Genf die Ursache alles Uebels erblickte und die vornehmsten katholischen Mächte ihren Sturz sich wiederholt als Aufgabe setzten, sahen die Freunde und Anhänger der Reformation in derselben eine Art providentieller Fügung, an die sie sofort die kühnsten Hoffnungen knüpften. Nicht minder ist Calvin selbst sich dieses Vorzugs seiner äussern Lage vollkommen bewusst gewesen. „Freistadt" ist der Name, mit dem er in seinen ersten aus Genf geschriebenen Briefen seine neue Heimath bezeichnet, und die merkwürdige Gunst der Verhältnisse, die hier für eine grossartige reformatorische Thätigkeit vorlag, war, wie er selbst gesteht, unter den Gründen, die ihn unter mancherlei Anfechtungen in Genf festhielten, der vornehmste. „Wenn ich erwäge," schreibt er einmal an einen Freund in der Ferne, „von welcher Bedeutung dieser kleine Winkel für die Verbreitung des Reiches Christi ist, so bin ich mit Recht besorgt, ihn zu bewahren, und auch Euer Vortheil und Eure Ruhe hängt zum Theil damit zusammen."

Es war nicht die Persönlichkeit des Reformators allein, welche Genf zum „protestantischen Rom" gemacht hat. Beide, die Person und der Ort, gehörten, darf man vielleicht sagen, zusammen, und der Tag ihrer Vereinigung musste für das christliche Abendland ein bedeutungsvoller werden. Nicht gehemmt durch den Druck einer fürstlichen Macht, noch auch durch Nationalitätsideen behindert, konnte der Verfasser der christlichen Institution in „jenem Winkel" freier als irgend ein Reformator des sechzehnten Jahrhunderts seine Gedanken ins Leben treten lassen und am Genfersee jenen merkwürdigen Bau aufführen, der einen Augenblick bestimmt schien, die gesammte abendländische Christenheit in sich aufzunehmen, und, wenn heute auch längst in Trümmern liegend, als die consequenteste Durchbildung und Gestaltung des streng biblischen Protestantismus durch alle die folgenden Jahrhunderte hindurch unsere Aufmerksamkeit immer wieder von Neuem auf sich lenkt und verdient.

ERSTES BUCH.

DIE HERSTELLUNG DER UNABHÄNGIGKEIT GENFS.

I.

BLICKE AUF DIE FRÜHERE GESCHICHTE GENFS UND SEINE BEDEUTUNG GEGEN ENDE DES MITTELALTERS.

Zwischen Jura und Alpen, am südlichen Ende des Lemansees, wo die blauen Fluthen der Rhone ihm pfeilschnell enteilen, liegt in malerischer Umgebung die Stadt Genf, eine der ältesten unter den Culturstätten Westeuropas.

Die Sage lässt die Stadt, ruhmredig genug, mehr als dreihundert Jahre vor Rom erbaut werden und macht Leman, ihren Gründer, zum Stammvater der umwohnenden Völkerschaften.[1] Geschichtlich beglaubigt ist, dass sie bereits zu den Zeiten Cäsars, der hier jene gewaltige Schutzmauer gegen die Helvetier aufführen liess, ein verkehrreicher Ort und wichtiger Stützpunkt der Allobroger war.[2]

Die Ausdehnung und Befestigung der Herrschaft Roms in diesen Gegenden machte Genf zu einer römischen Provinzialstadt mit römischem Leben und römischen Einrichtungen. Noch heute erhalten Inschriften, wiederaufgefundene Münzen, Gefässe, Denkmäler in nicht geringer Zahl das Andenken an jene Zeit, da das weltbeherrschende Volk auch an den Ufern des Lemansees waltete.[3] Schon früh fand mit

---

[1] Vgl. *Spon*, Histoire de Genève, mit Anmerkungen von Gautier. Genève 1730, I, p. 56.

[2] De bello Gallico, I, c. 6, 7, 8.

[3] Vgl. Mémoires et documents publiés par la société d'histoire et d'archéologie de Genève, T. IV, 20 ff., XI, 525 ff. Régeste Genevois avant l'année 1312. Genève 1866, Nr. 21, 34.

den übrigen Elementen der römischen Cultur auch das Christenthum — wie die Legende will, sogar durch Apostelschüler — hier Eingang und Verbreitung, und bereits um die Mitte des vierten Jahrhunderts war Genf der Sitz eines ansehnlichen Bisthums.

Der Sturm der Völkerwanderung, der Sturz des römischen Weltreichs liess auch Genf nicht unberührt. Germanische Kriegerschaaren drangen bis an den Fuss des Montblanc vor, und das sagenberühmte Königsgeschlecht der Burgunder richtete in Genf seinen Hof ein, bis das neue Weltreich Karls des Grossen die Stadt abermals zu einem Provinzialorte, zum Sitze einer karolingischen Grafschaft herabdrückte. Indess auch das Reich des grossen Frankenfürsten ging bald in Trümmer, und Genf hatte das Missgeschick, demjenigen unter den karolingischen Theilstaaten anheimzufallen, welcher von allen zur Herstellung geordneter staatlicher Zustände sich am wenigsten fähig erwies.

Es folgte eine dunkle Zeit, aus der fast nur die Kunde von Fehden und rohen Gewaltthaten zu uns dringt. Die Ohnmacht des neuburgundischen Königshauses, welches an den Ufern des schönen Sees kaum eine nominelle Herrschaft zu behaupten vermochte, machte den herrlich gelegenen Ort und seinen thatsächlichen Besitz zum Ziele des Ehrgeizes der burgundischen Grossen. Mit dem Bischof, welcher bei dem raschen Wechsel der weltlichen Machthaber schon früh auch zu einem bedeutenden politischen Einfluss gelangt war und bereits im zehnten Jahrhundert als der eigentliche Beherrscher Genfs unter der Oberhoheit des burgundischen Königs auftrat, stritt um den Vorrang vornehmlich das alte, weit und breit an den Ufern des Sees begüterte Geschlecht der Grafen von Genf, welches in der altburgundischen Königsburg residirte und mit mancherlei Rechten ausgestattet war.[1]) Wenig erfreulich und düster, wie der Zustand des ganzen rudolphingischen Reiches, erscheint uns auch das B... welches die alte burgundische Königsstadt um diese Zeit gewährt...

Der Heimfall Burgunds an das deutsche Reich unter Konrad... brachte in diesem Zustande zunächst keine Besserung hervor. ... mehr entbrannte gerade seitdem der Kampf zwischen Graf ... Bischof mit der grössten Heftigkeit. Allein es konnte doch ... fehlen, dass das Beispiel Deutschlands, wo unter dem Schu...

---

[1]) Vgl. darüber: Les comtes de Genevois par *Blavy* in den M... l'Institut national Genevois, T. III, p. 1 ff. Régeste Genev. Intr...

Kaiserpolitik die weltliche Gewalt der Bischöfe allenthalben erstarkte, bald auch auf die „kaiserliche Stadt" Genf zurück wirkte. In der That gelang es dem Bischof, wenn auch nicht ohne harten Kampf und mancherlei Hindernisse, die Ansprüche und Rechte seines Rivalen mehr und mehr einzuschränken und sein höheres Recht zur Geltung zu bringen, bis er um die Mitte des zwölften Jahrhunderts bei dem Kaiser selbst eine förmliche Anerkennung desselben durchsetzte. Es war Friedrich Barbarossa, der im Jahre 1162 in der Versammlung seiner Grossen zu Losne in Burgund durch feierlichen Spruch den Bischof Ardutius, unter Aufhebung aller entgegenstehenden Sentenzen, für den „alleinigen Herrn der Kirche von Genf nach dem Kaiser" erklärte.[1]) Allerdings gab das stolze Grafengeschlecht darum seine Ansprüche noch nicht auf. Gestützt auf seinen ausgedehnten Besitz am östlichen Ufer des Sees und eine zahlreiche Schaar von Vasallen, glaubte dasselbe auch dem Machtspruch eines Kaisers trotzen zu können, und nahm schon nach einiger Zeit die Fehde gegen den Bischof wieder auf. Allein der Kampf war ein ungleicher. Von Kaiser und Papst unterstützt, dazu im Besitz der geistlichen Waffen, die er mehr als einmal anzuwenden sich veranlasst sah, war der Geistliche dem Weltlichen überlegen. Seit jener kaiserlichen Entscheidung zu Losne war es um den frühern Glanz des Geschlechts geschehen; die Grafen von Genf traten im Laufe des dreizehnten und vierzehnten Jahrhunderts mehr und mehr zurück und nur einige dürftige Rechte wurden von der alten Machtstellung noch erhalten.

Was aber das altangesehene, mächtige Haus der Grafen von Genf nicht vermochte, versuchte mit besserm Erfolg ein erst vor Kurzem emporgekommenes jüngeres Geschlecht.

Schon seit dem Beginn des dreizehnten Jahrhunderts waren die benachbarten Grafen von Savoyen auf die Vorgänge am Lemansee aufmerksam geworden. Kühn, unternehmend, überall auf die Erweiterung ihrer noch unbedeutenden Hausmacht mit Eifer bedacht, erkannten sie in dem Streite des Bischofs und des Grafen eine willkommene Gelegenheit, sich auch dort festzusetzen. Bald war ein erwünschter Anlass zur Einmischung gefunden: sie nahmen Partei für den Bischof

---

[1]) Vgl. Régeste Genev. Nr. 367. Ueber die angebliche goldene Bulle Friedrichs I. vgl. *Mallet*, Mémoire hist. sur l'élection des évêques de Genève in den Mém. et doc. V, 245 ff.; vgl. auch *Ficker*, Vom Reichsfürstenstande I, 292.

gegen den Grafen, dessen Lage dadurch vollends hoffnungslos wurde, und mit staunenswerther Consequenz und Ausdauer sehen wir von da an das Geschlecht seinen Plan verfolgen. Es war insbesondere der kühne und entschlossene, in geistlichen und weltlichen Händeln erfahrene Graf Peter II., früher Stiftsherr in Genf und Lausanne und deshalb mit den Verhältnissen vollkommen vertraut, welcher schon in der ersten Hälfte des dreizehnten Jahrhunderts die Sache seines Hauses mächtig förderte. Er brachte nach und nach, jede Gelegenheit geschickt benutzend, das ganze Waadtland in seine Gewalt und erzwang im Jahre 1250 die Herausgabe der auf dem höchsten Punkte Genfs gelegenen alten Königsburg, welche bis dahin noch die Genfer Grafen inne gehabt.[1]) Ein wichtiger Stützpunkt für eine künftige Unterwerfung der Stadt war damit gewonnen. Der Bischof erkannte bald genug die gefährlichen Eigenschaften seines Verbündeten und suchte sich seiner zu entledigen; allein der Savoyarde sass bereits zu fest und führte jetzt gegen den Bischof eine neue Macht ins Feld, indem er sich zum Vertheidiger der Rechte und Freiheiten der emporstrebenden Bürgerschaft aufwarf. Bereits gegen Ende des dreizehnten Jahrhunderts war der savoyische Einfluss in Genf so gross, dass Amadeus V. im Jahre 1285 mit der Mehrzahl der Bürger einen Vertrag abschliessen konnte, durch den er förmlich das Protectorat derselben übernahm und sie gegen alle unbilligen Zumuthungen des Bischofs wie seine eigenen Unterthanen in Zukunft zu schützen versprach.[2]) Zwei Jahre später besetzte er während einer Vacanz des bischöflichen Stuhles auch das bischöfliche Schloss auf der Rhoneinsel, wie sein Oheim das gräfliche eingenommen, und dem neuen Bischof blieb nichts übrig, als auf die Vorschläge des verwegenen Eindringlings einzugehen. Im Jahre 1290 erfolgte der Abschluss des Vertrags zwischen dem Bischof Wilhelm de Conflans und Amadeus V., welcher dem Grafen das Amt eines Vicedoms und sämmtliche damit verbundenen Gerechtsame in aller Form als Lehen übergab.[3]) In weniger als hundert Jahren hatte der savoyische Ehrgeiz das erste Ziel erreicht: Genf war fortan eine zwischen den Bischof und

---

[1]) Vgl. *Hidber*, Waadt wird schweizerisch, Bern 1861, p. 17 ff.
[2]) Abgedr. bei *Spon* II, 57. 59. Vgl. Les Chroniques de Genève par *François de Bonnivard*, herausgegeben von Dunant (Genf 1831), I, 271 ff. Régeste Genev. Nr. 959 und Nr. 1228. Einen ähnlichen Vertrag hatte der Graf Peter schon 1263 angestrebt.
[3]) Abgedr. bei *Spon* II, 59—63, vgl. *Bonnivard*, Chroniques I, 278 ff.

Savoyen getheilte Stadt. Zwar wurde der Graf nur der „Capitain" und Lehensträger des Bischofs, und die Belehnung selbst erfolgte in Formen, die sie nur als ein vorläufiges Auskunftsmittel erscheinen liessen; allein der Charakter und die Vergangenheit des neuen Lehensträgers bürgten dafür, dass er das Gewonnene nicht leichten Kaufes wieder herausgeben und es besser nutzbar zu machen wissen werde, als die alten Grafen von Genf.[1]

Dieser ersten Theilung der Gewalt folgte aber alsbald eine zweite. Unter den Kämpfen und Intriguen, durch welche der Graf emporgekommen, lernten auch die Bürger ihre Bedeutung kennen. Das von dem Savoyarden gegebene Beispiel wirkte verlockend. Noch ehe der Streit zwischen Amadeus und dem Bischof durch die Nachgiebigkeit des Kirchenfürsten beendet worden, sehen wir das Bürgerthum in gleicher Weise den Kampf mit der bischöflichen Gewalt aufnehmen, um auch dem bürgerlichen Element den ihm gebührenden Antheil an der Regierung zu erringen. Und drohender noch als der savoyische Graf trat dieser neue Feind dem geistlichen Machthaber entgegen. Es folgten alle jene Gewaltthätigkeiten und tumultuarischen Scenen, von denen überall in den mittelalterlichen Bischofsstädten das Emporkommen der Gemeinde begleitet war. Der Dom wurde wiederholt von bewaffneten Schaaren besetzt und diente als Bollwerk gegen den Bischof.[2] Im Jahre 1309 finden wir die Stadt in einem förmlichen Aufstand.[3] Der Bischof musste das Ansehen seines Metropoliten, des Erzbischofs von Vienne, und selbst kirchliche Censuren zu Hülfe nehmen, um der Bewegung Meister zu werden.[4] Allein der einmal erwachte Geist der Freiheit liess sich auf die Dauer nicht zurückdrängen. Sogar Bann und Interdict verfehlten ihre Wirkung. Man fand einen Rückhalt an dem Grafen, welcher, wenn auch kein Freund des Bürgerthums, doch die Bewegung der Gemeinde begünstigte, um das Ansehen seines geistlichen Lehensherrn zu untergraben. Nicht minder geschickt als früher der Graf,

---

[1] Man vergleiche die treffliche Abhandlung von *Mallet*, Mémoire sur le pouvoir que la maison de Savoye a exercé dans Genève in den Mém. et doc. VII, 177 ff., VII, 81 ff.

[2] Régeste Genevois Nr. 1276, 1302, 1305, 1308.

[3] Vgl. Annales de la cité de Genève attribuées à *Jean Savyon* (Genf 1858) p. 10.

[4] Ueber den Vergleich zwischen Bischof und Bürgern im Jahre 1309 vgl. Régeste Genevois Nr. 1634.

wussten auch die Bürger jede Gelegenheit, die sich ihnen zur Erweiterung ihrer Rechte darbot, zu benutzen. Man gab sich selbst eine den Verhältnissen entsprechende Organisation, hielt allgemeine Bürgerversammlungen, wählte sich eigene Obrigkeiten[1]) und legte sogar Befestigungen an, um gegen etwaige Angriffe des Bischofs einen sichern Rückhalt zu haben. Die geistliche Gewalt sah sich genöthigt, ein Zugeständniss nach dem andern zu machen. Erst wenige Jahrzehnte waren seit den Usurpationen des Vicedoms verflossen, und auch die Gemeinde hatte das Wesentliche ihrer Forderungen durchgesetzt. Und unaufhaltsam folgte dann eine neue Errungenschaft auf die andere, bis im Jahre 1387 der Bischof Ademar Fabry den grossen Genfer Freiheitsbrief erliess, der in 79 Artikeln die von den Bürgern erworbenen Freiheiten zusammenstellte, feierlich bestätigte und für alle Zeiten gewährleistete.[2])

In solcher Weise bildete sich hier an der Grenze der romanischen und germanischen Welt ein politisches Gemeinwesen der eigenthümlichsten Art, eine Verfassung, die durch die Vereinigung hierarchischer, feudaler und demokratischer Elemente selbst in der Geschichte des an wundersamen politischen Bildungen so reichen Mittelalters eine merkwürdige Erscheinung bleibt. Ein Bischof, ein Graf, eine freie Bürgerschaft theilen sich in den Besitz der öffentlichen Macht. Im Namen aller drei Gewalten werden die Gesetze promulgirt, die Verordnungen erlassen. Es ist nicht ohne Interesse und zum Verständniss der späteren Vorgänge von wesentlicher Bedeutung, das Verhältniss, in welches die drei Machthaber zu einander traten, und die Befugnisse jedes einzelnen etwas näher zu betrachten.

„Fürst von Genf" mit dem Rechte eines Standes des heiligen römischen Reichs blieb auch nach dem Emporkommen von Vicedom und Bürgerthum der Bischof. Gewählt von dem Domcapitel, auf das zu Anfang des dreizehnten Jahrhundert das in der ältern Zeit von Geistlichkeit und Volk geübte Wahlrecht überging,[3]) wurde er auf feierliche Weise in sein Fürstenthum eingesetzt. Seine erste

---

[1]) Das von *Galiffe*, Matériaux pour l'histoire de Genève, I, 501 ff. mitgetheilte Verzeichniss der Syndike und Räthe beginnt mit dem J. 1318. Die erste Erwähnung der Syndike fällt schon in das J. 1292.

[2]) Vgl. *Bonnivard*, Chroniques I, 366, *Spon* I, 70, *Bérenger*, Hist. de Genève I, 81.

[3]) Vgl. *Mallet*, Mémoire historique sur l'élection des évêques de Genève in den Mém. et doc. II, 104 ff.

öffentliche Handlung war der Gang nach St. Peter, um dort in Gegenwart von Clerus und Volk vor dem Altare auf das aufgeschlagene Missale feierlich den Eid abzulegen, dass er die alten Rechte, Freiheiten, Gewohnheiten der Bürger achten und nach Kräften beschützen werde. Erst nachdem dieser Schwur, über den ein öffentlicher Notar ein Protocoll aufnahm, geleistet, wurde der Neuerwählte als Souverain anerkannt. Als solcher setzte er die Auflagen fest, übte er das Münzrecht, war er oberster Kriegsherr. Dem Bischof zur Seite stand das aus dem Domcapitel gebildete bischöfliche Conseil, dessen Leitung in Abwesenheit des Oberhirten der Generalvicar hatte. Durch dieses sprach er Recht in kirchlichen und wichtigen Civilsachen. In Criminalsachen besass der Bischof stets das Begnadigungsrecht. Der Besitz der drei benachbarten Schlösser und Herrschaften, Thiez, Jussy und Peney, die ihm unmittelbar gehorchten, verlieh endlich seinem fürstlichen Recht auch jederzeit einen gewissen äussern Rückhalt.[1]

Viel verwickelter und weniger scharf umgrenzt waren die Rechte und Pflichten des Vicedoms. Als Capitain der Kirche, wie ihn der alte Chronist nennt, besass er innerhalb der Stadt das feste Schloss auf der Rhoneinsel, wo er eine kleine Besatzung hielt, und ausserdem noch das in der Nähe von Genf gelegene Schloss Gaillard. Er hatte Stadt und Stift gegen Angriffe von Aussen zu vertheidigen, seiner Obhut waren die Gefangenen anvertraut. Die Execution der verhängten peinlichen Strafen stand ihm ausschliesslich zu. Er besass ferner als Stellvertreter des Bischofs die niedere Jurisdiction in Civilsachen, die vor seinem Gericht summarisch, mündlich und, wie ausdrücklich vorgeschrieben war, in der Landessprache abgeurtheilt wurden; doch konnte von ihm jederzeit an den Bischof appellirt werden. Auch geringfügige Criminalsachen wurden wohl von ihm entschieden. Daneben hatte er mancherlei polizeiliche und administrative Befugnisse. Für die zahlreichen Fremden, welche sich stets in der Stadt aufhielten, nahm der Vicedom, da er selbst ausserhalb der Bürgerschaft stand, überdies eine Art Vertrauensstellung ein.[2] Es waren

---

[1] *Bonnivard*, Chroniques I, 128 ff. *Le citadin de Genève ou response au cavalier de Savoye. Paris 1606, p.* 51 ff. Bonnivard unterscheidet zwischen *Seigneur* und *Prince* und spricht dem Bischof nur die Eigenschaft eines *Prince* zu, „*c'est à dire quil ne pouvoit exceder la loy ains nestoit que ministre dicelle.*" Der *Citadin* vergleicht die Stellung des Bischofs mit der des Dogen in Venedig oder Genua.

[2] *Bonnivard*, Chroniques I, 139 ff. De l'ancienne et nouvelle police de

also wichtige und ziemlich dehnbare Rechte, die ihm zustanden. Zwar übte er seine Functionen nur als Vasall des Bischofs aus, aber bedenklich war es und störend, dass er sein Amt nicht persönlich verwaltete, sondern zur Wahrnehmung der Pflichten und Rechte des Vicedomats wieder einen Stellvertreter ernannte, der in dem Inselschlosse residirte. Ein zweiter „Lieutenant", dem insbesondere die Sorge für die Execution der gefällten Urtheile oblag, hatte als Schlossherr seinen Sitz in Gaillard. Es war natürlich, dass diese gräflichen „Lieutenants", obschon sie bei Uebernahme ihrer Stellung dem Bischofe einen Eid leisten mussten, doch nicht diesen, sondern den Grafen jenseits der Gebirge, von dem sie ihre Mission empfingen, als ihren eigentlichen Herrn ansahen. So begann sich das ursprüngliche Verhältniss sofort zu verdunkeln, und gewiss geschah es nicht ohne Absicht, dass die Grafen in Turin den Titel Vicedom, den sie selbst zu führen hatten, schon bald auf ihren Stellvertreter im Inselschlosse übertrugen.[1]

Trotz der umfangreichen Rechte, welche Bischof und Graf besassen, ging doch auch die Bürgerschaft nicht leer aus. Ihre Verfassung war eine streng demokratische. Auf den Ton der grossen Glocke von St. Peter traten zweimal im Jahr, im Februar und November, alle Familienväter der Stadt zu einer allgemeinen Bürgerversammlung (conseil général) in dem alten Domkloster zusammen, um die vier Syndike und den Schatzmeister zu wählen, Edicte zu erlassen, Bündnisse zu berathen, den Preis des Weins und Korns zu bestimmen. Die vier Syndike, welche jedes Mal am ersten Sonntag nach Mariä Lichtmess und immer nur auf ein Jahr gewählt wurden, galten als die eigentlichen Vertreter der municipalen Selbständigkeit gegen Bischof und Graf. Ihr äusseres Abzeichen war der Amtsstab. Ihnen mussten Bischof und Vicedom eidlich geloben, die Rechte und Freiheiten der Stadt zu achten. Sie allein hatten das Recht, in wichtigen Criminalfällen zu erkennen, und übten dasselbe in Vereinigung mit vier zu diesem Zwecke besonders vereidigten Beisitzern aus: nur sie durften zu Gefängniss, zur Folter, die indess nur selten und in milder Form zur Anwendung kam, sowie endlich zum Tode verurtheilen.[2] Weder der Bischof, dem lediglich das Recht der De-

---

Genève par *Bonnivard* (Genf 1845) p. 7 ff. *Savyon* Annales p. 7. Vgl. *Mallet*, Du pouvoir de la maison de Savoye in den Mém. et doc. VIII, 147 ff.

[1] Vgl. Mém. et doc. XI, 116, 117.

[2] Sehr günstig urtheilte noch jüngst über das alte Genfer Criminalver-

gnadigung zustand, noch auch der Graf war befugt, in den Gang eines Prozesses in irgend einer Weise einzugreifen. Der Verurtheilte wurde von den Syndiken dem „Vicedom" und durch diesen dem Schlossherrn von Gaillard ausgeliefert, welcher den Spruch, wenn er auf Tod lautete, auf dem Champel vollstrecken liess. Jeder von bischöflichen Beamten verhaftete freie Bürger musste innerhalb vierundzwanzig Stunden den Syndiken als seinen ordentlichen Richtern zur Aburtheilung vorgeführt werden. Zwischen Niedergang und Aufgang der Sonne waren die Syndike die unumschränkten Herren der Stadt, deren Thore, Waffen, Geschütze allzeit von ihnen beaufsichtigt wurden. Sechzehn von ihnen abhängige Weibel, unter Anführung eines Grosswenbel, hatten für die Aufrechthaltung der äussern Ruhe und Ordnung zu sorgen. Den Syndiken zur Seite stand der „kleine Rath", welcher aus dem Schatzmeister und zwanzig von ihnen selbst gewählten Mitgliedern bestand und mit ihnen gemeinschaftlich in regelmässigen Sitzungen die städtischen Angelegenheiten ordnete. In wichtigen Fällen wurden auch wohl die Vorsteher der Quartiere und andere angesehene, erfahrene Bürger zu Rathe gezogen, eine Gewohnheit, aus der sich nach und nach der „Rath der Sechzig" entwickelte, welcher, zwischen dem kleinen und dem allgemeinen Rathe in der Mitte stehend, die Aufgabe hatte, jenen zu controliren und diesen in besonderen Fällen zu ersetzen oder die Beschlüsse desselben vorzubereiten. In allen Angelegenheiten von entscheidender Wichtigkeit trat aber die Generalversammlung, die Gesammtheit der stimmfähigen Bürger zusammen: ihre Entscheidung war in letzter Instanz massgebend, und auch der Bischof war in allen inneren Fragen an ihre Zustimmung gebunden.[1])

So war das Recht der Bürgerschaft in einer Weise gewahrt, die fast sie als den eigentlichen Souverain erscheinen liess. Und mit Eifersucht wachte der Genfer Bürger über seine in langem Kampf errungenen Rechte und Freiheiten. Eine Reihe von wohlorganisirten Genossenschaften oder „Vorbrüderungen", unter denen schon früh die unter den Schutz des Stadtpatrons gestellte und von einem „Vater", später von dem „Generalcapitain" geleitete Genossenschaft von St. Peter ein gewisses

---

fahren im Vergleich mit dem der calvinischen Zeit Flammer: Lois pénales du canton de Genève. Genève 1862. Introd. histor. p. IV u. V.

[1]) Vgl. De l'ancienne et nouvelle police de Genève par *Fr. Bonnivard* p. 18, *Bonnivard*, Chroniques I, 131, *Thourel*, Hist. de Genève I, 241.

Ansehen erlangte[1]), nährte das Gefühl einer stolzen Unabhängigkeit und municipaler Selbstständigkeit. Man nannte Genf mit Vorliebe eine freie kaiserliche Reichsstadt, obgleich es nur eine zum Reich gehörige Bischofsstadt war.[2]) Mit stolzer Befriedigung wiederholen selbst noch Chronisten des sechzehnten Jahrhunderts den Ausspruch Karls IV., der Genf für „ein edles Glied des Reiches" erklärt hatte und auch der doppelte Reichsadler, den Friedrich III. noch im Jahre 1442 vor dem Eingange zum Petersplatze anbringen liess, wurde als ein Symbol der städtischen Freiheit betrachtet.[3]) Man empfing die Kaiser, die wir mehrmals diesen schönen Winkel ihres weiten Reiches aufsuchen sehen, mit ausgesuchten Ehren und versäumte bei solchen Gelegenheiten nicht, sich die alten Privilegien und Freiheiten bestätigen oder noch erweitern zu lassen. Aber eben so wenig trug man Bedenken, vorkommenden Falls gegen etwaige Uebergriffe des Bischofs in Rom Hülfe zu suchen. In dem städtischen Wappen die Insignien von Reich und Kirche, den kaiserlichen Adler und die Schlüssel St. Peters vereinigend, wusste der Genfer Bürger die Freiheiten, welche Kaiser und Papst gewährten, sich zu Nutzen zu machen.

Dieser wundersamen politischen Verfassung Genfs entsprach bis zu einem gewissen Grade auch seine äussere Physiognomie und die merkwürdige Blüthe, die es seit jener Theilung der Gewalt entfaltete.

Wie Hierarchie, Lehenswesen und Bürgerthum sich in die Herrschaft getheilt, so haben auch alle drei zur Blüthe der Stadt, zur Hebung ihres Ansehens und Wohlstands beigetragen. Ist es auch übertrieben, was der ruhmredige „Bürger von Genf" von der alten Grösse, Blüthe und Bedeutung seiner Vaterstadt zu erzählen weiss,[4]) so ist doch

---

[1]) Vgl. *Sordet*, Des Abbayes ou sociétés de Genève in den Mém. et doc. IV, p. 1—16. *J. B. G. Galiffe*, Genève historique et archéologique, Genève et Bâle 1869 p. 331.

[2]) Noch auf der Conferenz von Payerne im J. 1531 äusserten die Deputirten von Genf: *Nous supplions vos Excellences de vouloir considerer que Genève est une ville Impériale et franche*. *Bonivard*, Chroniques II, 600. Das ursprüngliche Verhältniss hatte sich verdunkelt, und selbst Karl V. drückt sich unbestimmt genug darüber aus. Auch der Berner Chronist Anshelm nennt Genf „die alte, frye, Rychs statt".

[3]) *Savyon*, Annales p. 13, 19; *Galiffe*, Matériaux I, 87.

[4]) „*Genève ville jadis puissante et florissante, plus grande trois fois en ses seuls fauxbourgs, qu'elle n'est à present en tout le circuit de ses murs, dominant en ceste assiette remarquable sur ceste petite mer du tant renommé Lac Leman, et sur l'estendue de la meilleure part du pais voisin iusques à la ville de Soleure*" etc. Citadin de Gen. p. 49.

gewiss, dass das Genf des fünfzehnten Jahrhunderts mit seiner dichten Häusermasse, seinen stattlichen Thürmen und Thoren, Klöstern und Vorstädten auf gefälliger Hügelerhebung über den See emporsteigend, nicht blos in seiner äussern Gestalt auf den fremden Beschauer einen erhebendern Eindruck machte, als hundert Jahre später die Stadt Calvins, sondern auch in Hinsicht auf politische Bedeutung, Wohlstand und Bildung seiner Bürger den Vergleich mit dem „protestantischen Rom" nicht zu scheuen brauchte und, was merkantilen Unternehmungsgeist, Lebhaftigkeit des Verkehrs, Freiheit der geistigen Bewegung und Vielseitigkeit des Lebens angeht, dasselbe sogar entschieden übertraf.

Als Sitz eines geistlichen Fürsten zeigte Genf zunächst das clericale Element in reichster Entfaltung. Dem Bischof, dessen Stellung für eine der angesehensten in der Kirche galt, so dass selbst Erzbischöfe, Patriarchen und Cardinäle sich um sie bewarben, stand an Ansehen zunächst das Domcapitel von St. Peter. Zweiunddreissig Mitglieder stark, vereinigte dasselbe die Blüthe des benachbarten Adels, der hier seine geistlich gesinnten Söhne gern zu standesgemässer Versorgung brachte. Es zählte unter seinen Mitgliedern hohe kirchliche Würdenträger, Titularbischöfe und Aebte, und war auch von wichtigem politischen Einfluss: im Generalrath der Bürger vertraten die Domherren den gesammten Clerus; auch Syndike und Räthe wurden nicht selten aus ihnen gewählt.[1] Ihre Wohnungen bildeten eine ganze Strasse, die noch heute von ihnen den Namen führt. Eine Reihe von Clerikern niedern Ranges, sogenannte Habilitez, standen in ihrem Dienst für die Verrichtung der niederen geistlichen Functionen, denen die vornehme Corporation nur theilweise sich selbst unterzog.[2] Neben dem Capitel von St. Peter wurde zu Anfang des fünfzehnten Jahrhunderts noch ein zweites, das Collegium der Maccabäer, gegründet, welches zwölf Priester und einen Erzpriester zählte, jenem an Rang und Ansehen aber bedeutend nachstand.[3] Auf den Stiftsclerus folgte eine zahlreiche Stadtgeistlichkeit. Genf zählte sieben Pfarreien, von denen die von S. Madeleine im Mittelpunkte der Stadt und von S. Gervais in der

---

[1] Armorial historique Genevois par *J. B. G. Galiffe* et *A. de Mandrot* I, Introd. p. 16. *Bonnivard*, Chroniq. I, 89 ff.

[2] *Bonnivard*, Chroniques I, 90.

[3] *Bonnivard* l. c. I, 91, *Besson*, Mémoires pour l'histoire ecclésiastique des Diocèses de Genève, Tarantaise, Aoste et Maurienne et du Décanal de Savoye. Nancy 1759. p. 89.

gleichnamigen Vorstadt am rechten Rhoneufer die umfangreichsten waren,[1]) ausserdem zahlreiche Capellen, zu denen fast jedes Jahrzehnt eine neue fügte. Endlich war auch der Ordensclerus in genügender Weise vertreten. Unter den fünf Klöstern der Stadt ragten besonders das Franziskaner- und das Dominikanerkloster, jenes von seiner Lage gewöhnlich das Rivekloster, dieses wegen seiner grossen Gebäulichkeiten Grand-Palais genannt, vor den übrigen durch Ansehen und Bedeutung hervor. Ihnen folgte die Abtei von St. Victor in der Vorstadt gleichen Namens von der cluniacensischen Regel und schon im elften Jahrhundert durch den Abt Odilo von Cluny gegründet, das Augustinerkloster Notre Dame de Grâce, unfern der Arve, welche sich unterhalb der Stadt in die Rhone ergiesst, und endlich ein Franziskaner-Nonnenkloster von der Regel der heiligen Clara.[2])

Genf zählte nicht weniger als dreihundert Personen geistlichen Standes.[3]) Zahlreiche Pilgerschaaren, welche alljährlich aus der Umgegend insbesondere zu der alten, wie die Sage erzählte, schon von der Schwester der Frankenfürstin Klotilde erbauten Kirche von St. Victor zusammenströmten, brachten überdies dem Bürger den geistlichen Charakter seiner Stadt fortwährend in Erinnerung.

Neben dem geistlichen gelangte auch das von dem Vicedom getragene feudale Element in Genf zur Geltung. Die herrlich gelegene Stadt am Lemansee war der Sammelplatz für den benachbarten savoyischen und burgundischen Landadel, der hier seine Zusammenkünfte hielt, seine Feste feierte, Heirathen und Verträge abschloss. Das Capitel von St. Peter, welches sich vorzugsweise aus ihm ergänzte und gewissermassen eine geistliche Pairskammer bildete, vermittelte zwischen den Edelleuten der Umgegend und der Stadt stets einen regen Verkehr. Der savoyische Hof, der in dem Adel seinen natürlichen Verbündeten sah, begünstigte denselben auf alle Weise. Viele angesehene und edle Familien, wie die De Grandson, De Joinvilles, De Saint Joire, De Viry liessen sich selbst in Genf nieder, übertrugen den alten

---

[1]) Der Grösse nach folgten sie in dieser Ordnung: S. Madeleine, S. Gervais, S. Germain, S. Croix (Dom), Notre Dame la Neuve, S. Leger und S. Victor. Vgl. Mém. et doc. VIII, p. 292.

[2]) Vgl. Spon I, 212 ff. Besson l. c. zählt 7 oder 8 Klöster, indem er auch solche, die nicht mehr zur Stadt gehörten, hinzuzählt; die Helvetia sacra von F. v. Mülinen sechs, indem I, 98 auch das auf dem rechten Rhoneufer gelegene Benedictiner-Priorat S. Jean aufgezählt wird.

[3]) Bonnivard, Chroniques II, 385.

Glanz ihres Geschlechts auf die Stadt und gelangten zuweilen zu bedeutendem politischen Einfluss.[1])

Indess wie gross der Einfluss von Geistlichkeit und Adel auch war, und wie sehr sich derselbe auch im öffentlichen Leben geltend machte, es war doch die bürgerliche Bevölkerung, welche der Stadt vorzugsweise ihre Physiognomie gab.

Genf war vor Allem ein Industrie- und Handelsort. Dem zahlreichen Clerus und Adel stand ein zahlreicherer, betriebsamer, unternehmender und wohlhabender Bürgerstand gegenüber, der durch unaufhörlichen Zuzug vom Lande sich alljährlich noch verstärkte. Schon durch ihre Lage an der Grenze der drei Hauptnationen des Continents war die Stadt zu einem industriellen und commerciellen Mittelpunkte geschaffen.[2]) Früh finden wir sie im Besitz einer blühenden Industrie, und manche ihrer Industriezweige erfreuten sich einer europäischen Berühmtheit. Ein freier, unabhängiger Geist lebte in dem Genfer Handwerkerstand. Man vereinigte sich zu Gesellschaften, wählte Procuratoren, um die Rechte des Handwerks zu schützen und zu erweitern, seine Lage zu verbessern. Wir glauben eine Stimme aus unseren Tagen zu hören, wenn wir die Forderungen lesen, mit welchen Zimmerleute und Maurer in Genf im Jahre 1315 auftraten.[3]) Die eigentliche Lebensader Genfs aber war der Handel. Genf war der grosse Markt, wo Deutschland, Frankreich, Italien ihre Landesproducte und Fabricate austauschten. Schon der Zolltarif vom Jahre 1310 legt von dem bedeutenden Handelsverkehr der Stadt ein Zeugniss

---

[1]) Vgl. Armorial hist. Genev. Introd. p. 17; *Galiffe*, Matériaux I. Introd. p. 9.

[2]) *Somme toute*, heisst es schon in der alten *Description de la ville de Genève*, welche der im J. 1538 erschienen *Ordre et manière d'enseigner* beigefügt ist, *on peult mieux veoir à l'œil que declairer verbalement combien la dicte ville est située entre les frontières de troys grans païs assavoir la Gaule, Alemaigne et Italie c'est comme une place députée tant à l'apport des marchandises que pour les assemblées des marchans.*

[3]) Vgl. die Mittheilungen von *E. Mallet.: Une coalition ouvrière à Genève en 1315* in den Mém. et doc. XI, p. 112 ff. Von der *universitas carpentariorum* heisst es, dass sie u. A. gefordert habe „*quod si aliquis carpentariorum opus alicujus personae incepisset operari infra dictam civitatem et suburbium, quod nullus alter aliorum carpentariorum in ipso opere operaretur, nisi de voluntate illius carpentarii,*" ferner „*ut ille cum quo seu pro quo aliquis ipsorum esset per ebdomadam operatus, daret ad prandium in die dominico illi carpentario*", widrigenfalls „*nullus operaretur in opere recusantis dare dictum prandium.*" *l. c. p.* 122. Ein eigentliches Zunftwesen hat sich indess in Genf nicht ausgebildet.

ab.[1]) Mit Lyon, Köln, Venedig, Florenz wurden Handelsverbindungen unterhalten. Die öffentlichen Plätze, unter denen der Molardplatz in der untern Stadt den ersten Rang einnahm, sowie die dichtbevölkerte Rivestrasse mit ihren Arkaden und Magazinen, welche, mit dem See fast parallel laufend, die Stadt in ihrer ganzen Länge durchschnitt,[2]) gewährten täglich das Bild des regsten kaufmännischen Treibens. Weltberühmt und von den Chronisten als die vornehmste Quelle des städtischen Wohlstandes gepriesen waren die vier grossen Genfer Messen, zu denen die Handelswelt von Nah und Fern zusammenströmte.[3]) Auswärtige Handelshäuser hatten in Genf ihre Factoreien und Commanditen, oder hielten hier besondere Residenten, die, wie der alte Chronist rühmt, den Bürgern obendrein einen mächtigen Schutz gewährten, „da die Fürsten sich scheuten, ihr Missfallen zu erregen."[4]) Freiburg besass in Genf eine eigene Halle, eine andere führte von den französischen Kaufleuten den Namen, deutsche Kaufleute haben einer ganzen Strasse ihren Namen gegeben. Es veranschaulicht uns den gewaltigen Geschäftsverkehr, dessen Sitz damals Genf war, wenn wir hören, dass die Anzahl der öffentlichen Notare einmal nicht weniger als fünfzig betrug. Der Fremdenandrang war so bedeutend, dass er, wie wir aus amtlichen Aufzeichnungen ersehen, den städtischen Behörden oft lästig wurde. Viele Fremde liessen sich bleibend nieder, erwarben das Bürgerrecht und brachten in Verbindung mit dem regelmässigen Zuzug aus der Umgegend stets wieder neue und frische Elemente in die Einwohnerschaft.[5]) Eine Stagnation des öffentlichen

---

[1]) Vgl. *Galiffe*, Matériaux I, 74 ff.

[2]) Sie war auch noch im sechzehnten Jahrhundert der Stolz des Genfers, wie man aus der oben angeführten *Description de la ville de Genève* von 1538 ersieht, die eine recht anziehende Beschreibung derselben gibt. Sie führte in ihrer Länge verschiedene Namen; einen Theil derselben bildete die *rue des Allemands*.

[3]) *Sur lesquelles icelle ville est principalement fondée*, heisst es in einer Urkunde von 1486; vgl. Matériaux I, 283—87.

[4]) *Bonnivard*, Chroniques I, 16.

[5]) So wurden zwischen den Jahren 1445 und 1455 über dreihundert neue *Bürger* aufgenommen; vgl. *Savyon* Annales, p. 20. Ueber die Grösse der Stadt verbreitet sich ausser einer Stelle in Bonnivards Chronik I, 371 der interessante, von Chaponnière in den Mém. et doc. VIII, p. 289—432 mitgetheilte *État materiel de Genève pendant la seconde moitié du quinzième siècle*, welcher um das J. 1475 bei Gelegenheit einer durch die schweizerisch-burgundischen Irrungen herbeigeführten allgemeinen Auflage aufgenommen wurde. Der Etat, welcher auch von einer sehr geordneten Verwaltung zeugt, weist ungefähr

Lebens, eine kastenartige Abschliessung bevorzugter Geschlechter war bei einer solchen Fluctuation der Bevölkerung nicht möglich. Behauptete auch die alte Aristokratie bei den Wahlen zu den öffentlichen Aemtern ein natürliches Uebergewicht, so stand doch jedem Bürger der Weg zu allen Ehren und Aemtern offen. Es ist keine Seltenheit, dass der Sohn eines einfachen Handwerkers unter den „Angesehenen und Hochmögenden" erscheint, und die Rathsregister zeigen uns, dass neuangesiedelte Familien, mochten sie deutschen, savoyischen oder französischen Ursprungs sein, zuweilen schon in der nächsten Generation zu den ersten Ehrenstellen gelangten.

So umschloss Genf in seinen Mauern eine Bevölkerung, die in ihrer bunten Zusammensetzung aus den verschiedenartigsten Bestandtheilen keine der vorhandenen Nationen repräsentirte, aber dennoch einen bestimmt ausgeprägten Charakter trug. Der leichte Sinn, die Gewandtheit und Beweglichkeit der Franzosen, deutscher Unternehmungsgeist und Ordnungssinn, Italiens Humor und Kunstgeschmack kamen hier zusammen und bildeten in wundersamer Mischung, getragen von dem wärmsten Patriotismus für die unvergleichliche Stadt am Leman, den genferischen Volkscharakter. In der Geschäftswelt durch seine Rührigkeit und Pünktlichkeit bekannt, in der Verwaltung ordnungsliebend, wie noch heute die erhaltenen Rathsprotocolle bezeugen, war der alte Genfer in seinem Umgang von heiterm, offenen Wesen, gastfrei, witzig und gesellig, empfänglich für alle Freuden des Lebens, aber auch für höhere geistige Genüsse. Die Genfer Feste waren berühmt nicht bloss durch ihren äussern Glanz, sondern auch durch den ausgebildeten Geschmack und feinen Kunstsinn, den sie verriethen, und lockten alljährlich Tausende in die Stadt. Eine besondere Vorliebe herrschte für theatralische, oft allegorische Aufführungen, die bei keiner feierlichen Gelegenheit fehlen durften und stets das allgemeinste Interesse erregten.[1]) Die aufgeführten Stücke

---

1300 Wohnhäuser nach. Damit stimmt auch Bonnivard sowie die gewöhnliche Annahme von etwa 12000 Einwohner. Indess dürften unter dieser Zahl nur die Bürger, nicht aber auch die ausserordentlich zahlreichen Fremden miteinbegriffen sein. Dass auch Bonnivard die Gesammtzahl der Einwohner sich viel grösser dachte, ergiebt sich schon daraus, dass er II, 86. wie auch *Savyon* p. 33 allein im J. 1477 in Genf 7000 Menschen an der Pest sterben lässt.

¹) Vgl. Mém. et doc. I, 135 ff. *Galiffe*, Genève hist. et archéol. p. 311 ff.

hatten sehr oft einfache Handwerker, Schlosser, Goldschmiede zu Verfassern, die regelmässig durch öffentliche Belohnungen von dem Rath aufgemuntert wurden.¹) Von dem Bildungssinn der Genfer zeugt auch der Eifer, womit man sich sofort des neuen Bildungsmittels der Presse bemächtigte. Während das mächtige Bern vor der Reformation keine einzige Druckerei besass, hatte Genf deren mehrere aufzuweisen.²) Zählte die Stadt auch nicht zu den Vororten der Wissenschaft, so war doch Sinn für dieselbe in den weitesten Kreisen vorhanden und eine gewisse praktische Bildung, die uns auch aus den Rathsprotocollen entgegentritt, ungemein verbreitet. Wir begegnen Genfer Bürgern, die zugleich der französischen, lateinischen, italienischen und deutschen Sprache mächtig waren, eine Erscheinung, die im sechszehnten Jahrhundert und später zu den grössten Seltenheiten gehörte.³) Der Patriotismus eines reichen Bürgers, des François Versonay, schenkte im J. 1429 der Stadt die „grosse Schule" der freien Künste, deren Lehrer, geistlich oder weltlich, den Unterricht unentgeltlich ertheilen mussten.⁴) Es wurden Cicero, Virgil, Ovid gelesen,⁵) und dass es nicht fruchtlos geschehen, zeigt die nicht gewöhnliche wissenschaftliche Bildung der Vorkämpfer Genfs in dem Unabhängigkeitskampfe gegen Savoyen, es beweisen die Chroniken und Tagebücher der Balard, Jussie, Messiez u. A., sowie die mit seltener Gewandtheit und Kenntniss geschriebenen Briefe eines Bezanson Hugues und Ami Girard, die noch der alten Zeit ihre Bildung verdankten.

---

¹) Vgl. *Senebier*, Histoire littéraire de Genève I, 118, wo mehrere Beispiele dieser Art aus den Rathsprotocollen angeführt werden.

²) Vgl. Notice sur les livres imprimés à Genève dans le quinzième siècle in den Mém. et doc. I, 15 ff. Bemerkenswerth ist, dass die Romanliteratur ziemlich stark unter denselben vertreten ist. Auch das älteste lateinischfranzösische Lexicon wurde in Genf gedruckt.

³) Vgl. *J. B. G. Galiffe*, Bezanson Hugues Libérateur de Genève. Genève 1859, p. 98, 99.

⁴) Vgl. *Galiffe*, Matériaux I, 138 ff., wo die sehr interessante Stiftungsurkunde mitgetheilt ist. Als Unterrichtsgegenstände bestimmte dieselbe Grammatik, Logik und die übrigen freien Künste. Die Schule Versonay's war übrigens nicht die erste dieser Art: bereits um 1389 finden wir einen „recteur des écoles de Grammaire de Genève" und schon im dreizehnten Jahrhundert gab es öffentliche Unterrichtsanstalten. Vgl. Genève hist. et archéol. p. 303, 304.

⁵) Vgl. die gelegentliche Notiz in der kleinen Chronik des *Messiez* in den Mém. et doc. IX, p. 23.

Nicht erst der Gelehrte von Noyon hat in Genf das Licht wissenschaftlicher Bildung verbreitet.[1])

Doch auch weniger erfreuliche Seiten zeigte das städtische Leben. Der dem Genfer eigene leichte Sinn ging nur zu oft in Leichtsinn über, der in allen Classen herrschende Wohlstand erzeugte Luxus und Üppigkeit, der fortwährende Andrang von Fremden führte viel schlimmere Uebelstände herbei. Die Leidenschaft zum Spiel, welche manche Familie ins Verderben stürzte, war nicht die gefährlichste. Schon früh hören wir Klagen über eine zunehmende Unsittlichkeit. Der herrschende Associationsgeist bemächtigte sich auch der schmutzigsten Seite des Lebens. Die Werkzeuge der öffentlichen Lust bildeten eine förmlich organisirte Genossenschaft unter der Leitung einer „Königin", die als solche bereits zu Anfang des fünfzehnten Jahrhunderts sogar in den öffentlichen Rathsprotocollen figurirt.[2]) Die städtischen Behörden zeigten in diesem Punkte nicht immer die nöthige Strenge, und mehr als einmal sah sich das Domcapitel, das in seiner bessern Zeit eine Art Sittenpolizei für sich in Anspruch genommen zu haben scheint, zum Einschreiten veranlasst. Eine Verordnung, welche das Capitel im Jahre 1458 erliess, wirft auf den damaligen Sittenzustand Genfs einen sehr dunkeln Schatten. Nicht im Stande, das unsittliche Treiben vollständig auszurotten, sucht die geistliche Behörde dasselbe wenigstens in erträglichere Schranken zurückzuweisen. Zu diesem Zwecke wird neben mehreren Verordnungen gegen das Spielen, Betteln, Fluchen festgesetzt, dass in Zukunft kein Bürger mehr eine Concubine halten dürfe, und sämmtliche Kuppler innerhalb acht Tagen die Stadt zu verlassen hätten. Den öffentlichen Dirnen wird ein bestimmtes Quartier zum Wohnsitz angewiesen, in welches sie sich insgesammt zurückzuziehen haben. Sie sollen nicht die Kleidung ehrbarer Frauen tragen, sich nicht unter diese mischen, sondern, damit sie von ihnen unterschieden werden können, am rechten Aermel ein äusseres Abzeichen tragen. Eine von ihnen selbst, oder auch von den Syndiken der Stadt gewählte „Königin" führt die Aufsicht und muss sich eidlich verpflichten, ihr Amt gewissenhaft zu verwalten, für Ruhe und Ordnung ihrer Untergebenen zu sorgen, Streit und öffentliches

---

[1]) Vgl. *Galiffe*, Bezanson Hugues p. 97, 99, 100, 300 ff. Armorial hist. Genèv. p. 30.

[2]) *Galiffe*, Matériaux I, 122.

Aergerniss zu verhindern.¹) Selbst das, was ein Heilmittel sein sollte, lässt dem Laster noch eine gewisse Organisation.

Man würde indess ungerecht sein, wollte man nach solchen Erscheinungen, die zu allen Zeiten von dem Leben einer luxuriösen Gross- oder Handelsstadt unzertrennbar gewesen sind, den religiössittlichen Zustand der Stadt im Allgemeinen beurtheilen. Das mittelalterliche Genf war ein treues Kind seiner Zeit, einer Zeit, die unmittelbar neben dem Gemeinen das Erhabene, neben den Ausbrüchen einer rohen Sinnlichkeit und sittlichen Verkommenheit sofort den Geist einer tiefen Religiösität, einer wahrhaft christlichen Entsagung und Opferwilligkeit zeigt und eben dadurch vorzugsweise ihr eigenthümliches Gepräge erhält. Gerade jenen Verirrungen gegenüber regte sich auf der andern Seite der religiöse Geist um so mächtiger, und in der grossen Mehrzahl seiner Einwohner machte Genf durchaus den Eindruck einer kirchlich frommen Stadt. Nicht blos die zahlreichen Gotteshäuser und die vielen Werke religiöser Kunst, welche die öffentlichen Gebäude schmückten, verkündeten die vorherrschend kirchliche Richtung. „Um den göttlichen Ruhm zu erhöhen, wie es sich für einen guten und frommen Christen geziemt, und um das Wachsthum der Republik zu befördern,"²) gründete Versonay 1429 die grosse Schule, deren Statuten ein durchaus kirchliches Gepräge tragen. Von der Macht des religiösen Gedankens und der kirchlichen Frömmigkeit des Genfer Bürgers zeugten die mehr als zwanzig kirchlichen Bruderschaften, in denen wir namentlich den Handwerkerstand zahlreich vertreten finden.³) Es zeugten dafür die zahlreichen Vermächtnisse für kirchliche Zwecke, welche die öffentlichen Aufzeichnungen alljährlich aufführen. Der Eifer dafür war so gross, dass fast kein Bürger es unterliess, in seinem letzten Willen eine der vielen kirchlichen Anstalten zu bedenken, und Fälle vorkamen, wo die Hinterlassenschaft nicht hinreichte, um dem frommen Eifer des Schenkers zu genügen.⁴) Vor Allem verdienen

---

¹) Abgedruckt ist diese Verordnung bei *Galiffe*, Matériaux I, 193—206. Die hier den öffentlichen Frauenzimmern angewiesene Stellung erinnert, wie Genève hist. et archéol. p. 290 bemerkt wird, einigermassen an die der Juden.

²) „*Voulant et désirant augmenter le culte de Dieu, comme il convient à tout bon et pieux Chrétien, et accroitre la république dont il est membre*". Matériaux I, p. 141.

³) *Galiffe*, Matériaux I, 207 ff., 388 ff., 444; *J. B. G. Galiffe*, Besanson Hugues p. 134; *Magnin*, Histoire de l'établissement de la Réforme à Genève p. 207.

⁴) Vgl. Matériaux I, 156, 428 ff.

hier die zahlreichen milden Stiftungen und Wohlthätigkeitsanstalten, welche ebenfalls zum grossen Theil dem kirchlichen Eifer und der Frömmigkeit der Bürger verdankt wurden, eine ehrenvolle Erwähnung. Es gab vielleicht nur wenige Städte, wo für den nothleidenden Theil der Gesellschaft in so ausgedehnter, liebevoller und zweckmässiger Weise gesorgt war. Genf zählte innerhalb seiner Mauern nicht weniger als neun Hospitäler, welche den Armen und Bedürftigen in den verschiedensten Lebenslagen zu Hülfe kamen. Es gab neben den eigentlichen Krankenhäusern Anstalten für Altersschwache, für hülfsbedürftige Durchreisende, für verschämte Arme, selbst eine Rettungsanstalt für verwahrloste Kinder. Alle diese Anstalten trugen, wie kirchlicher Eifer ihre Gründung herbeigeführt, auch einen kirchlichen Charakter; sie standen sehr häufig mit einer Bruderschaft in Verbindung und zeigten, wie der praktische Sinn des Bürgers auch die Frömmigkeit von ihrer praktischen Seite auffasste.[1]

So erscheint uns das alte Genf überall als eine Stadt der Gegensätze. In Staat und Kirche, in Gesellschaft und Nationalität zeigt es eine Fülle und Mannigfaltigkeit von auseinandergehenden Richtungen, wie sie wohl nur selten, auf einem so engen Raume zusammengedrängt, neben einander gesehen worden sind, und wenn ein berühmter Schriftsteller des fünfzehnten Jahrhunderts Genf als das „Wunder der Welt" bezeichnete, so fand dieser Ausspruch nicht blos in der unvergleichlichen Lage der Stadt seine Rechtfertigung.[2]

II.

DIE POLITIK DES HAUSES SAVOYEN.

Es ist einleuchtend, dass der verwickelte Charakter der Genfer Verhältnisse, wie er auf der einen Seite zum Wachsthum und Gedeihen

---

[1] Vgl. *Chaponnière et Sordet*, Des hospitaux de Genève in den Mém. et doc. III, 165 ff., wo die Ansichten Bessons und Letis über die Gründung und Aufgabe der Hospitäler mehrfach berichtigt werden. Vgl. auch Mém. et doc. I, 101 ff., Matériaux I, 424.

[2] Selbst einem Geiste wie Mirabeau imponirte das Bild des alten Genf: es ist zu bedauern, dass die von ihm entworfene Geschichte Genfs verloren gegangen ist.

der Stadt wesentlich beitrug, andererseits auch eine Quelle fortwährender Reibungen und ernster Gefahren werden musste.

Am wenigsten war von den drei Mächten, welche sich in die Herrschaft theilten, das Haus Savoyen mit dem ihm zugefallenen Antheil zufrieden. Mit dem Vicedomat hatte der Ehrgeiz der emporstrebenden Grafen nur das erste Ziel erreicht; sie waren nicht gesonnen, dabei stehen zu bleiben. Schon 1291, ein Jahr nach dem Abschluss des entscheidenden Vertrages, hören wir den Bischof vor versammeltem Clerus und Volk klagen, „dass der Vicedom sich in Genf bischöfliche Rechte anmasse und unter dem Scheine einer Dienerschaft die Herrschaft an sich zu reissen trachte."[1]

In der That bezeichnete der Prälat mit diesen Worten das wahre und eigentliche Ziel der savoyischen Politik. Genf vollständig zu unterwerfen und zu diesem Zwecke das Vicedomat als ein Mittel zu gebrauchen, das war die Aufgabe, die man sich in Turin von vornherein gesetzt hatte. Es war eine Lieblingsidee der savoyischen Grafen, das alte burgundische Reich, dessen Traditionen sie in ihrem Hause sorgfältig nährten, dessen Könige sie als ihre Vorgänger anzusehen liebten, in seinem frühern Glanz und Umfang wiederherzustellen. Für eine solche Politik aber trat natürlich Genf, die Hauptstadt und Residenz der alten Burgunderfürsten, in den Vordergrund. Die Zukunft des Geschlechts schien von dem Besitz dieser Stadt abhängig, und ihre Erwerbung wurde, nachdem man durch das Vicedomat so glücklich festen Fuss gefasst, die grosse Frage, die den Hof in Turin unaufhörlich beschäftigte, die sich von dem Vater auf den Sohn vererbte, die kein Beherrscher Savoyens aus dem Auge verlor.

Und nicht zu leugnen ist, dass der Plan mit eben so grosser Klugheit und Umsicht, als Ausdauer und Consequenz betrieben wurde. Gute und schlechte Mittel, Ernst und Milde, Drohungen und Freundschaftsversicherungen sind abwechselnd, jenachdem es zweckmässig schien, angewandt worden. Bald war es die Bürgerschaft, bald war es der Bischof, durch den man zum Ziel zu gelangen hoffte. Der Schein offenbarer Gewalt wurde stets, soviel als möglich, vermieden. Man erweiterte durch Kauf und Vertrag allmählich den savoyischen Familienbesitz in und um Genf, machte fromme Stiftungen, um die

---

[1] „*Sub praetextu ministerii magisterium sibi nititur vindicare.*" Vgl. Mém. et doc. I, 2, p. 96. Aehnlich die *Querrelae et protestationes Episcopi Guil. de Conflans adversus usurpationes Amadei comitis Sab.* a. 1293; abgedr. bei *Spon* II, 68 ff.

Herzen der Bürger zu gewinnen. Man begünstigte die Niederlassung von Savoyarden und Italienern, um in der Stadt selbst eine dem savoyischen Interesse unbedingt ergebene Partei zu bilden. Man vermehrte das savoyische Beamtenpersonal, liess jedes wichtige Familienereigniss auch in Genf feiern, um auf diese Weise das ursprüngliche Verhältniss in Vergessenheit zu bringen und bei der Menge den Glauben an eine höhere Stellung des gräflichen Hauses zu erwecken. Man unterhielt endlich auch mit den benachbarten schweizerischen Orten ein freundliches Einvernehmen, um von diesen nicht in dem Plane gestört zu werden. Insbesondere finden wir Amadeus VI., „den grünen Grafen", seit der Mitte des vierzehnten Jahrhunderts mit Eifer und Geschick in dieser Richtung thätig.[1]) Ihm gelang es auch, sich in die Gunst des deutschen Kaisers Karls IV. zu setzen, und das ihm von diesem übertragene Reichsvicariat bot einen willkommenen Vorwand, den auf Genf gerichteten Plan mit noch grösserm Nachdruck und mehr Schein von Recht zu verfolgen.

Manches wurde auf diese Weise im Laufe des vierzehnten Jahrhunderts wirklich erreicht. Es begann sich in der Bürgerschaft aus den fremden Elementen eine entschieden savoyisch gesinnte Partei zu bilden; unter dem Titel von „Geschenken" flossen nicht unerhebliche Summen nach Turin, und mehr als Ein Uebergriff wurde dem Vicedom nachgesehen. Allein im Ganzen entsprach doch der Erfolg den dafür gemachten Anstrengungen keineswegs. Das Rechtsverhältniss lag, trotz aller Versuche es zu verdunkeln, zu klar vor Augen, als dass es ohne offenbare Gewalt hätte umgestossen werden können. Mit jenen aus dem Reichsvicariat abgeleiteten Ansprüchen wurde der grüne Graf auf Vorstellung seiner beiden Mitherrscher von Kaiser und Papst zurückgewiesen.[2]) Nicht blos der Bischof, sondern auch die Bürgerschaft, welche die Absichten des Vicedoms bald genug durchschaute, setzte in ihrer grossen Mehrzahl den savoyischen Zumuthungen entschiedenen Widerstand entgegen. Nicht umsonst hatte der Graf, so lange er der Hülfe der Bürger gegen den Bischof bedurfte, das Selbstgefühl derselben genährt; dieselbe Gesinnung, die ihm früher Hülfe geleistet, kehrte sich jetzt gegen ihn selbst. Gerade den Intriguen und Machinationen des Turiner Hofes gegenüber erstarkte in Genf der Geist der bürgerlichen Freiheit und Selbstständigkeit.

---

[1]) *Bonivard*, De l'ancienne et nouv. police p. 8.
[2]) *Bonnivard*, De l'anc. et nouv. pol. q. 9; *Savyon*, Annales p. 13.

Gefährlicher aber wurden diese Versuche der ultramontanen Grafen, als mit dem Ausgange des vierzehnten Jahrhunderts die Macht des savoyischen Hauses durch den achten Amadeus einen gewaltigen Aufschwung nahm. Kühn, gewandt, unternehmend, stellte dieser Fürst die Einheit des savoyischen Besitzthums her, erweiterte es durch glückliche Erwerbungen, erlangte von dem deutschen Kaiser Sigismund den Herzogstitel und ging mit Entschiedenheit auf die burgundischen Traditionen seines Hauses zurück. Bereits erstreckte sich das Gebiet des neuen Herzogthums über einen ansehnlichen Theil des alten Burgunderreiches; seine cisalpinischen Besitzungen umfassten beinahe die sämmtlichen Küstenlande des schönen See's, der von Genf den Namen empfing, das Waadtland, Gex, Bresse, Faucigny; durch den Ankauf der letzten Besitzungen und Rechte der Genfer Grafen, deren Geschlecht 1394 mit dem Gegenpapste Clemens VII. ausstarb, rückte die savoyische Herrschaft endlich bis unmittelbar vor die Thore von Genf. Je höher die Macht Savoyens stieg, um so mehr wurde das Bedürfniss der Erwerbung Genfs empfunden. Diese Stadt schien nothwendig und von der Geschichte selbst dazu bestimmt, die Hauptstadt des zukunftsvollen Staates zu bilden. Mit verdoppeltem Eifer wurde ihre Unterwerfung von nun an ins Auge gefasst.[1])

Die Lage der Stadt wurde die misslichste, die man sich denken kann. Ganz von savoyischem Gebiet eingeschlossen, so dass nach dem Ausdruck der alten Chronisten ihre Glocken von mehr Savoyarden als Genfer Bürgern gehört wurden, konnte sie mit der erstarkten herzoglichen Macht kaum noch einen ernstlichen Kampf aufnehmen. Ein solcher wurde indess auch nicht von dem Herzog beabsichtigt. Mehr Staatsmann und Diplomat als Krieger und überdies das Eingreifen der grossen Mächte fürchtend, hoffte Amadeus VIII. auch durch friedliche Unterhandlungen zu seinem Ziele gelangen zu können. Mit geschickten Vorstellungen wandte er sich wiederholt an den Bischof und die Syndike, um sie in irgend einer Form zur Anerkennung der savoyischen Souveränität zu bewegen. Diesen wurden die Vortheile der herzoglichen Schutzherrschaft ausgemalt, dem Bischof die weltliche

---

[1]) *Hudry-Menos* sagt in einer mit vielem Geist geschriebenen Abhandlung über die Anfänge und die Politik des Hauses Savoyen in der Revue des deux Mondes Jahrg. 1866, 2, p. 372 von der Lage Genfs: „*Elle avait à l'égard des futurs developpemens de la petite monarchie alpestre l'importance qui appartient à Rome aujourd'hui dans l'évolution italienne.*" In der That liegt der Vergleich sehr nahe.

Würde als eine Bürde dargestellt, welcher sich zu entledigen, im Interesse des Prälaten selbst liege. In Genf nahm man solche Vorstellungen mit jener achtungsvollen Rücksicht auf, welche die prekäre Lage der Stadt und die machtvolle Stellung des Unterhandelnden gebot; man entschloss sich zu bedeutenden Geldopfern — namhafte Summen hat damals der Herzog aus Genf bezogen[1]) — man war zu jedem andern Zugeständniss bereit, nur zu einer Aufopferung der alten Freiheit und Selbstständigkeit konnte man sich nicht entschliessen. Bischof und Bürgerschaft zeigten in diesem Punkte gleiche Festigkeit und schlossen sich gegen den Versucher um so inniger an einander. Als der Herzog zur Erreichung seines Zweckes sich endlich sogar an den Papst Martin V. wandte und von diesem die Einwilligung zu einer Säcularisation des Stifts wirklich erhielt, unter der Bedingung jedoch, dass auch der Bischof zustimme, erklärten die im Jahre 1420 von dem Bischof Jean de Pierre Cise zu einem Generalrath versammelten Syndike und Bürger durch ihren Mitbürger Hudriol Heremite einmüthig, „dass die Stadt und ihr Gebiet seit vierhundert Jahren und länger unter der Herrschaft der Kirche gestanden, von der sie und ihre Vorfahren stets mild, liebevoll und freundlich behandelt worden seien; es scheine ihnen weder nützlich noch ehrenvoll für die Kirche und den Prälaten, dagegen sehr gefährlich und nachtheilig für den Staat und die Gemeinde, die Herrschaft jetzt einem Andern zu übertragen."[2]) Dieser offenen Erklärung folgte ein neues „ewiges" Bündniss zwischen Bischof und Bürgerschaft, in dem sie sich verpflichteten, treu und mannhaft gegen den mächtigen Bedränger zusammenzustehen und Freud und Leid mit einander zu theilen. Der Bischof versprach, die Rechte und Freiheiten der Bürger nach besten Kräften zu wahren und zu schützen, die Bürgerschaft, den Bischof gegen jeden Angriff von Aussen mit männlichem Muthe zu vertheidigen und keine Verringerung seines Eigenthums durch den Herzog zu dulden. Ein feierlicher Schwur auf das Evangelium bekräftigte das neue Bündniss.[3])

Dieser energische Protest musste dem Herzog endlich die Augen

---

[1]) Vgl. über die Summen, die damals und schon früher Savoyen von Genf bezog, *Galiffe*, Matériaux I, 90, 92, 97, 100, 122. Bis zum Jahr 1410 belief sich die Summe auf etwa 11,000 fl. l. c. p. 413.

[2]) Vgl. *Savyon*, Annales p. 16 ff. *Spon* l. c. I, 76.

[3]) *Savyon* l. c. Das *Accordium perpetuum inter Episcopum et Consilium generale circa supremum Dominium contra Ducem Sab.* ist abgedr. bei Spon II, 133 ff.

darüber öffnen, dass er auf dem bisherigen Wege zu seinem Ziele nicht gelangen werde. Es galt jetzt, da die frühere Politik sich als unfruchtbar erwiesen, sie durch eine neue zu ersetzen, die mehr Aussicht auf Erfolg hatte. Fast von selbst bot sich dem Turiner Hofe ein Weg dar, der das lang erstrebte Ziel kaum schien verfehlen zu können, und man säumte nicht, ihn einzuschlagen.

Was bisher vornehmlich der Durchführung des savoyischen Planes im Wege gestanden, war das einträchtige Zusammenhalten von Bischof und Bürgerschaft. Von dem Domcapitel gewöhnlich im Einverständniss mit den Bürgern gewählt, waren die Bischöfe die berufenen Vertheidiger der Freiheit und Unabhängigkeit der Stadt und wurden von dieser, wie wir sahen, auch als solche betrachtet. Sie hatten keinen höhern Ehrgeiz, als Bischöfe von Genf zu sein, standen seit der Beendigung der Verfassungskämpfe zu der Bürgerschaft stets in einem freundlichen, oft herzlichen Verhältniss und erwarben sich als die Beschützer und Gönner des Bürgerthums um die geistige, freiheitliche und materielle Entwickelung der Stadt ein Verdienst, dem selbst eine von religiösen Antipathien gegen das bischöfliche Wirken erfüllte Zeit ihre Anerkennung nicht hat versagen können.[1]) Namentlich hatte man sich in den letzten Jahren, eben unter Einwirkung der savoyischen Verhältnisse, auf das innigste an einander geschlossen. Ein uns erhaltenes Schreiben aus dem Jahre 1419, mit welchem der damals zum Erzbischof von Tarantaise beförderte Jean des Bertrands von seinen Genfer Unterthanen Abschied nimmt, lässt das Verhältniss zwischen dem geistlichen Fürsten und dem Volk in dem schönsten Lichte erscheinen.[2])

Es musste also diese Allianz gesprengt, der Bischof von der Volkssache getrennt werden. Hatte doch das Haus Savoyen nachgeborene Prinzen genug, die selbst den Genfer Bischofsstuhl besteigen und als Kirchenfürsten bei einem angenehmen Leben dem Ruhm und Vortheil des Hauses viel wirksamer dienen konnten, als daheim bei Turnier und Waidwerk. Freilich war von dem Domcapitel, welches das Recht der Wahl besass, nach den bisherigen Erfahrungen kein bereitwilliges Eingehen auf derartige Plane zu erwarten. Aber von Turin war es nicht allzuweit nach Rom, wo man damals sich bereits gewöhnt hatte, auch ohne Domcapitel über Bischofssitze zu verfügen.[3]) Indem die

---

[1]) Man vergl. z. B. das Urtheil *Senebiers*, Hist. lit. de Genève I, 26.
[2]) Abgedr. bei *Galiffe*, Matériaux I, 128 ff.
[3]) Vgl. *Mallet*, Mém. hist. sur l'élection des évêques de Genève in den Mém. et doc. II, 153 ff.

päpstliche Curie schwach genug war, den savoyischen Verlockungen nachzugeben, hat sie selbst den Verlust des St. Petersdomes am Genfersee vorbereiten helfen. Erst als es zu spät war, wurde in Rom der Missgriff, welcher geschehen, erkannt.

Es war eben Amadeus VIII., der diese neue Wendung der savoyischen Politik vollzog und, merkwürdig genug, in eigener Person am Abende seines vielbewegten, wechselvollen Lebens die Reihe der Turiner Prinzen auf dem Genfer Bischofsstuhle eröffnete. In seltsamem Wechsel nach einander Graf, Herzog, Einsiedler, Papst — benutzte er im Jahre 1444 eine in Genf eingetretene Vacanz, um seinem wankenden Pontificat durch das Genfer Bisthum eine festere Stütze zu geben.[1]) Es scheint allerdings, als hätten Alter und Erfahrung den Ehrgeiz und Ungestüms einer Jugend gemässigt. Wenigstens wird seine Regierung in Genf von den Chronisten als mild, ruhig und wohlwollend geschildert; aber sie bezeichnet doch den Zeitpunkt, von dem ab der Genfer Bischofsstuhl gleichsam als das Eigenthum seiner Familie angesehen zu werden anfing, und ein savoyischer Prinz sterbend dem andern den Bischofsstab in die Hand gab.

Auf Amadeus folgte sein Enkel Peter von Savoyen, der Sohn des Herzogs Ludwig, welchem der Papst Nicolaus V. das Bisthum in dankbarer Anerkennung der Bereitwilligkeit zugesagt hatte, mit welcher der Grossvater der Tiara entsagte.[2]) Bei seiner Thronbesteigung ein Knabe von acht Jahren, so dass ihm ein savoyischer Prälat als Administrator beigegeben werden musste, starb dieser jugendliche Bischof noch vor erreichter Grossjährigkeit, um einem zweiten Enkel Amadeus VIII., seinem bereits reich mit kirchlichen Pfründen gesegneten Bruder Johann Ludwig Platz zu machen, dessen Erhebung auf die wirksame Fürsprache seiner Mutter Anna von Cypern durch den Papst Pius II. erfolgte.[3]) Als Johann Ludwig 1483 starb, kam es wegen der Wiederbesetzung des Stuhles zu einem längern Kampfe, indem dieses Mal der Papst, Savoyen und das Domcapitel, welches sich endlich ermannte und sein altes Wahlrecht wieder geltend zu machen suchte, drei verschiedene Candidaten aufstellten. Es folgten ärgerliche Sce-

---

[1]) Vgl. *Bonnivard*, Chroniques II, 1 ff.

[2]) *Bonnivard*, Chroniques II, 27 ff. *Galiffe*, Matériaux I, 219 ff. Es verdient bemerkt zu werden, dass das grosse Schisma durch den letzten Repräsentanten des alten Geschlechtes der Grafen von Genf eröffnet und durch den Erben seiner Macht geschlossen wurde.

[3]) Vgl. *Savyon*, Annales p. 22, 34. *Bonniv. l. c. II*, 30, Matériaux I, 221.

nen; selbst das Interdict wurde über die Stadt verhängt, bis endlich abermals ein savoyischer Prinz, der dritte Enkel Amadeus VIII., Franz von Savoyen, den Sieg davon trug.[1]) Erst nach dessen Tode (1490) folgte einmal wieder ein Bischof von nicht herzoglichem Geblüt, weil — in diesem Augenblick ein geeigneter Prinz nicht vorhanden war. Doch war auch der neue Bischof, Anton Champion, der Candidat Savoyens und von der Herzogin Blanca gegen den Willen des Capitels und der Bürgerschaft durch Uebereinkommen mit Innocenz VIII. durchgesetzt. Champions kurze Regierung bildet in der Geschichte des Genfer Bisthums einen wohlthuenden Lichtpunkt. Denn, obwohl durch den Einfluss des Turiner Hofes emporgekommen, zeigte er sich seiner Stellung würdig und von wahrhaft kirchlichem Geiste durchdrungen. Aber schon auf ihn folgte wieder ein Prinz von Geblüt, Philipp von Savoyen, ein Knabe von acht Jahren, der, als er zu den Jahren der Unterscheidung kam, die Mitra abwarf und den Bischofsstab mit dem Schwerte des Kriegers vertauschte.[2])

Man konnte dem bischöflichen Amt und dem gesammten kirchlichen Leben Genfs keine tieferen Wunden schlagen, als durch ein solches Verfahren. Aber es wurde dadurch erreicht was man in Turin bezweckte. Der Bischof wurde von den Gläubigen getrennt; die Unabhängigkeitspartei verlor ihr Haupt, die Bürgerschaft ihren Führer. Die bis dahin noch wenig zahlreiche herzogliche Partei empfing durch die savoyischen Höflinge, die im Gefolge der neuen Bischöfe nach Genf kamen und sich hier zum grossen Theil bleibend niederliessen, einen mächtigen Zuwachs und fing bald an, das Haupt kühner zu erheben. Namentlich in der höhern städtischen Aristokratie, welche durch ihre materiellen Interessen vielfach auf Savoyen hingewiesen war, gewann sie mehr und mehr an Boden. Es ist bezeichnend, dass schon im Jahre 1458 von dieser Partei der Versuch gemacht wurde, die Wahl der Syndike dem Generalrath zu entziehen.[3]) Die Herzoge selbst legten sich, seitdem die höchste Gewalt in den Händen ihrer nächsten Anverwandten war, in Genf kaum noch einen Zwang auf. Mit jedem Jahre steigerten sich ihre Ansprüche. Man gewöhnte sich in Turin, Genf bereits als eine savoyische Stadt, die Bischöfe als savoyische

---

[1]) *Bonnivard* l. c. II, 86 ff. *Savyon*, Annales p. 34, Matériaux I, 403.
[2]) *Bonnivard*, Chron. II, 189 ff. Vgl. *Roget*, Les Suisses et Genève ou l'émancipation de la communité Genevoise I, 79.
[3]) Vgl. *Galiffe*, Matériaux I, 226 ff.

Statthalter anzusehen. Jeder Regentenwechsel jenseits der Alpen, jede Vermählung, jede Vermehrung des Geschlechts musste auch in Genf gefeiert werden. Die „freiwilligen" Geschenke wurden häufiger und fingen an, den Charakter von eigentlichen Auflagen anzunehmen. Man verfügte am herzoglichen Hofe bei kriegerischen Verwickelungen über die Mittel Genfs, als sei ein Widerspruch gar nicht mehr gestattet. Genfs wohlhabende Bürger mussten vorzugsweise die Mittel liefern, um die kostspieligen Ansprüche aufrecht zu erhalten, welche die hochfahrende Gemahlin des Herzogs Ludwig, Anna von Lusignan, mit den Titular-Königreichen Cypern und Jerusalem in das savoyische Haus gebracht hatte.

Allein so rasch, als man erwartet haben mochte, ging die Savoyisirung der Stadt auch jetzt noch nicht vor sich, und mehr als einmal sah der Turiner Hof sich genöthigt, seinem Ehrgeiz selbst Zügel anzulegen. Nicht nur, dass die Mehrzahl des Volkes bei der früher kundgegebenen Gesinnung unwandelbar verharrte: selbst die von Turin gesandten Prinzen zeigten nicht immer die erwartete Fügsamkeit. Namentlich war der zwar wenig geistlich gesinnte und kriegerische aber ehrliche und derbe Johann Ludwig der Ansicht, dass ein Bischof von Genf nicht blos für den Ruhm und Vortheil seines Hauses, sondern auch für die Rechte und Selbstständigkeit seines Bisthums zu sorgen habe. Er war es auch, der im Jahre 1477 durch den Abschluss eines Burgrechts mit Bern und Freiburg die so wichtig gewordene Annäherung Genfs an die schweizerische Eidgenossenschaft zuerst eingeleitet hat.[1]) Ueberdies schadeten sich die Herzoge selbst durch manche Missgriffe. Man reizte das Volk durch allerlei Nergeleien und Chikanen, die, ohne etwas zu nützen, die Gemüther nur verbitterten. So war es namentlich ein offenbarer Missgriff, als der Herzog Ludwig in den sechziger Jahren, um an dem trotzigen Bürgervolk seinen Grimm auszulassen und es fügsamer zu machen, im Einverständniss mit seinem Schwager Ludwig XI. von Frankreich die grossen Genfer Messen, die Hauptquelle des städtischen Wohlstandes, zum Gegenstande seiner Angriffe machte und in der That durch Begünstigung der von dem französischen Könige in Lyon errichteten Concur-

---

[1]) *Savyon*, Annales p. 31, 34. *Bonnivard*, Chroniques II, 30, *Galiffe*, Matériaux I, 321 ff. *A. Roget*, Traité de Combourgeoisie conclu le 12 Novembre 1477 par J. de Savoie avec les villes de Berne et Fribourg in den Mém. et doc. XV, 73 ff. Roget urtheilt indem über diesen Bischof weniger günstig als die alten Chronisten.

renzmärkte ihren Verfall herbeiführen half.[1]) Der Schaden traf nicht nur die Stadt, sondern auch das Haus Savoyen selbst, indem durch den Verfall der Messen auch das Vicedomat viel von seinem frühern Glanze und seiner alten Bedeutung verlor, und zu spät suchte der neunte Amadeus, den Missgriff einsehend, das Geschehene rückgängig zu machen. Noch nachtheiliger wirkten endlich die wiederholt in der herzoglichen Familie selbst ausbrechenden Irrungen und Streitigkeiten, die auch Genf nicht unberührt liessen und hier mehrfach von der Bürgerschaft zu ihrem Vortheil ausgebeutet wurden.

Solche Vorgänge schienen indess den Sieg der herzoglichen Politik nur für einige Zeit, aber nicht mehr auf die Dauer aufhalten zu könkönnen. Wer den bisherigen Gang der Ereignisse, die von dem Turiner Hofe mit zähem Eifer in Bewegung gesetzteh Mittel, die zunehmende Rührigkeit der annexionslustigen Partei in Genf selbst, die mangelhafte Führung der unabhängig Gesinnten mit unbefangenem Blick übersah, konnte kaum einen andern Ausgang als die Unterwerfung der Stadt für möglich halten. Schon galt Genf in der Ferne als eine savoyische Stadt,[2]) und auch in der Nähe gewann es, trotz aller störenden Ereignisse, immer mehr das Aussehen einer solchen. Gewaltige Fortschritte machte der herzogliche Einfluss namentlich gegen das Ende des fünfzehnten Jahrhunderts. Karl II., der im 1490 die Regierung des Herzogthums antrat, machte beinahe keinen Unterschied mehr zwischen Genf und seinen übrigen Landstädten: mehr als aus irgend einer der ihm unterworfenen Städte, sagt der alte Chronist, habe er aus Genf empfangen, sowohl an Einkünften als an Ehren. Sein Nachfolger, Philipp II., der in jungen Jahren bei den Streitigkeiten mit seinem Vater als flüchtiger Prinz in Genf ein Asyl gefunden und damals die Gastlichkeit und den Unabhängigkeitssinn der Bürger nicht genug zu rühmen wusste, führte als Herzog ganz dieselbe Sprache wie sein Vorgänger: er behandelte das Domcapitel wie eine

---

[1]) Der wahre Sachverhalt wird dargelegt bei *Galiffe*, Matériaux I, 237 gegenüber den Angaben Bonnivards, dessen Bericht über die Messangelegenheit von dem blindesten Hasse gegen Savoyen eingegeben ist. Vgl. Chroniques II, 45, De lanc.et nouv. pol. p. 10. Merle d'Aubigné hat es sich (Geschichte der Ref. in den Zeiten Calvins I, 29) gleichwohl nicht nehmen lassen, die Bonnivard'sche Erzählung zu wiederholen und romanhaft auszuschmücken.

[2]) Noch Calvin empfing Briefe z. B. von dem Spanier Diaz mit der Aufschrift *Geneva in sabaudia*. Auch Salats Chronik ad. a. 1534 spricht noch von „Genf in Savoy."

ihm untergebene Behörde, warf ihm vor, dass es nicht Ordnung zu halten wisse, bezeichnete sich als Souverain, Genf als „seine Stadt", die Bürger als „seine Getreuen".[1]) Noch einen Schritt weiter ging Philipps Nachfolger, sein Sohn Philibert II., der im Jahre 1498 sogar in Genf für einige Zeit seine Residenz nahm und, mit Einwilligung der Syndike, für sein Gefolge einen besondern herzoglichen Gerichtshof errichtete. Es bedeutete nicht viel, dass die Bürgerschaft eine Rechtsverwahrung einlegte. Zwei Jahre später hauste der übermüthige savoyische Bastard René in einer Weise am Genfersee, als gäbe es daselbst neben der herzoglichen keine berechtigte Gewalt mehr: die Bürger, heisst es, brachten ihm Geschenke dar, um seinen Sinn milder zu stimmen. Das Jahr 1501 zeigte die Stadt im Festschmuck, um den Einzug des Herzogs Philibert mit seiner jungen Gemahlin Margaretha, einer Tochter des deutschen Kaisers Maximilian, zu feiern. Mehrere Tage dauerten unter lebhafter Betheiligung der Genfer Jugend, die an dem glänzenden Hofe ihr Gefallen fand, die öffentlichen Spiele. Tänze, Maskeraden, theatralische Aufführungen wollten kein Ende nehmen. Dreitausend Gulden liess die Stadt es sich kosten, um die Anwesenheit des neuvermählten Paares würdig zu feiern.[2])

Man sieht: die von dem achten Amadeus eingeleitete Entwickelung war bis zu einem Punkte gediehen, dass der wirkliche Zustand der Stadt von einer förmlichen Herrschaft Savoyens sich nur durch eine kaum noch wahrnehmbare Grenze unterschied. Der Augenblick schien gekommen, auch diese hinwegzuräumen. Die Frucht hatte der Herzog schon lange genossen, meint der alte Chronist, „er wollte jetzt auch den Baum haben."[3])

---

[1]) Vgl. *Galiffe,* Matériaux I, 296 ff. 317, 319, 320.
[2]) Recht anschaulich ist die Schilderung, welche Bonnivard *(Chron. I,* 145-46) von der damaligen Lage der Stadt und ihrer Abhängigkeit von dem Herzoge entwirft: „*Se servoit mieulx de Geneve a luy non subjecte que de ville quil eust soubz sa domination, fust en cas d'honneur ou de magnificence ou en cas de prouffit. Quand ung Prince estoit nouvellement venu en sa dignité et entroit a Geneve, Dieu scait sy en ville de son pais on luy faisoit ung tel festin, une telle entrée: Sil se marioit le semblable a lentrée de sa femme. Sil venoit a loger sa court il ny avoit bourgeois ny habitant de Geneve qui ne sy employast mieulx par courtoysie que ses propres subjectz par astrainte. Sil vouloit mener guerre, les compaignons estoient pretz a le servir, le magistrat a fournir argent etc.*" Ueber das Einzelne vgl. *Bonnivard.* Chron. II, 126 ff. 130 ff. *Savyon,* Annales p. 36 ff. *Picot,* Hist. de Genève I, 179.
[3]) De l'ancienne et nouv. police p. 11.

III.

ANGRIFFE KARLS III. AUF GENF.

Herzog Karl III., der im Jahre 1504 in noch jugendlichem Alter seinem Bruder Philibert folgte, trat die Regierung mit dem festen Vorsatze an, das Werk seiner Vorgänger durch die völlige Unterwerfung Genfs zu vollenden. Jugendlicher Ehrgeiz, die Aufstachelungen der Hofleute und die Tradition der Familie vereinten sich, um ihm das bisherige Verhältniss als unerträglich erscheinen zu lassen. Er war nicht ohne staatsmännisches Talent, besass eine stattliche Hausmacht, die eben damals auf ihrem Höhepunkte stand, und unterhielt freundschaftliche Beziehungen zu den ersten christlichen Mächten und dem Papste. Mit den benachbarten schweizerischen Orten, namentlich mit Bern, lebte er auf gutem Fusse.[1]) Sollte ihm nicht gelingen, was so manchem italienischen Fürsten erst vor Kurzem unter viel ungünstigeren Verhältnissen gelungen war?

Aber es fehlte dem neuen Fürsten bei allem persönlichen Ehrgeiz jene entschlossene Energie und rücksichtslose Entschiedenheit, ohne welche die Knechtung eines freien Volkes nie gelungen ist. Wäre der Herzog, äusserte später einer seiner damaligen Gegner, rasch und entschieden auf sein Ziel losgegangen, so hätte die Stadt sich ihm ohne Zweifel ergeben müssen.[2]) Aber indem er, statt entschlossen vorzugehen und einen raschen Schlag zu wagen, kleinliche Mittel und Intriguen vorzog, durch halbe Massregeln das Selbstgefühl der Bürger verletzte, ohne es zu vernichten, und in dem entscheidenden Momente stets vor dem Aeussersten zurückbebte, begegnete ihm was man in Turin nicht mehr für möglich gehalten: das vielgekränkte und fast schon vernichtet geglaubte Bürgerthum entwickelte ganz unerwartet eine Festigkeit und Kraft, welche sogar die Grundlagen der Macht des Hauses Savoyen selbst diesseits und jenseits der Alpen erschütterte, und was die Unterwerfung Genfs hatte vollenden sollen, legte den Grund zu seiner völligen Unabhängigkeit.

Der alte Freiheitssinn war in Genf noch nicht so völlig erstorben,

---

[1]) Vgl. *Valerius Anshelm's*, genannt *Rüd*, Berner Chronik, herausgegeben von Stierlin und Wyss III, 270, 276, IV, 89. Der letzte Theil dieser Chronik (1526—36) ist leider nur unvollständig erhalten und noch ungedruckt.

[2]) *Bonnivard*, De l'anc. et nouv. police p. 13.

als der Uebermuth savoyischer Hofleute wähnte. Schon unter den letzten Regierungen hatte sich in der Stille eine Partei von entschieden patriotisch gesinnten Bürgern gebildet, welche die Anmassungen Savoyens mit steigendem Unwillen erfüllten. Männer wie Pierre Levrier, Pierre d'Orsières, Petremand de Malbuison, Louis Montyon u. A. sahen mit tiefem Schmerz, wie ein Theil ihrer Mitbürger den herzoglichen Verlockungen erlegen war; sie durchforschten die öffentlichen Bibliotheken, suchten die alten Freiheitsbriefe der Stadt wieder hervor, studirten und verbreiteten sie in weiteren Kreisen, um den stolzen Unabhängigkeitssinn der Väter auch bei ihren jüngeren Mitbürgern wieder zu erwecken. Ihre Bemühungen waren nicht ohne Erfolg geblieben. Es war ein bedeutsames Zeichen und kündigte bereits einen beginnenden Umschwung an, dass bei den allgemeinen Wahlen der nächsten Zeit vorzugsweise Männer aus jenem Kreise zu den wichtigsten öffentlichen Aemtern berufen wurden.

Die ersten Jahre des neuen Herrschers verliefen unter verschiedenen Streitigkeiten, die zwar an sich nicht ungewöhnlich, doch durch die Erregtheit, welche sie auf beiden Seiten offenbarten, sich als Vorboten ernsterer Kämpfe charakterisirten. Der Herzog stellte eine Reihe von Forderungen in der unverkennbaren Absicht, durch Gewährung derselben mittelbar auch seine Souveränität anerkannt zu sehen. Die herzoglichen Beamten steigerten ihre Ansprüche. Die Bürger, welche die Taktik des Turiner Hofes bald genug durchschauten, leisteten Widerstand. Ernste Verwickelungen führte schon im Jahre 1506 die von Karl III. verlangte, von dem Rathe aber vorerst verweigerte Lieferung von einigen schweren Geschützen herbei. Es folgten Verhaftungen und willkührliche Misshandlungen patriotisch gesinnter Bürger von Seite der herzoglichen Beamten. Sogar Pierre Levrier, der erste Syndik, in dem der Turiner Hof den eigentlichen Mittelpunkt der Unabhängigkeitsbestrebungen zu erkennen glaubte, wurde eigekerkert und erhielt nur in Folge der energischen Vorstellungen Freiburgs, welches dem wackern Patrioten das Bürgerrecht verliehen, seine Freiheit wieder.[1]

Die Wirkung solcher Vorgänge blieb nicht aus. Im Jahre 1507

---

[1] *Bonnivard*, Chron. II, 179, *Savyon*, Annales p. 41. Zu vergleichen mit *Roget*, Suisses et Genève I, 73 ff. *Berchtold*, Fribourg et Genève ou précis des relations de ces deux états, in: Archives de la société d'histoire du canton de Fribourg. Bd. II, p. 13, 107.

ging eine Deputation an den Herzog ab, um über die Anmassungen und Willkührlichkeiten des Vicedoms Troillet in ernster Sprache Beschwerde zu führen.[1]) Eine Demonstration anderer Art erfolgte in demselben Jahre durch die Veröffentlichung des alten genferischen Freiheitsbriefes von 1387, welcher 1507 zum ersten Mal gedruckt wurde. Hüben und drüben wurde die Stimmung eine leidenschaftlich gereizte. Zwar schien alles Geschehene wieder vergessen und verziehen, als Karl III. 1508, nachdem er vier Jahre hatte auf sich warten lassen, seinen feierlichen Einzug in die Stadt hielt. Noch einmal legte Genf sein Festgewand an, um in loyaler Ergebenheit durch Feste und Spiele, Paraden und theatralische Aufführungen die Anwesenheit seines „Schutzherrn" zu feiern. Die wandelbaren „Kinder von Genf" — so pflegte man das gesammte waffenfähige junge Genf zu bezeichnen[2]) — überliessen sich dem Jubel der Feste zum grossen Verdruss der ernsten Patrioten. Doch vorübergehend wie der Rausch des Festes war auch diese Stimmung. In der That konnte es kein Vertrauen erwecken, dass der Fürst, als ihn die Bürger in feierlichem Zuge einholten, den bei dieser Gelegenheit üblichen Eid zu umgehen gesucht und erst nach manchen Winkelzügen geleistet hatte.[3]) Was der patriotischen Partei namentlich Muth verlieh, war die Haltung Freiburgs, welches für die in ihrer Unabhängigkeit gefährdete Nachbarstadt in diesem Augenblicke die lebhafteste Theilnahme an den Tag legte. Schon im folgenden Jahre hatte die Erbitterung der Bürgerschaft über die Gewaltthaten des Vicedoms Troillet wieder einen solchen Grad erreicht, dass der Herzog selbst es gerathen fand, denselben aus seiner Stellung zu entfernen und das wichtige Amt einem gebornen Genfer von zuverlässiger Gesinnung zu übertragen.[4])

Wichtiger aber als dieser Erfolg war für die Bürgerschaft der Wechsel, welcher um dieselbe Zeit auf dem bischöflichen Stuhle vor sich ging. Durch freiwilligen Verzicht des weltlich gesinnten savoyi-

---

[1]) *Bonnivard*, Chron. II, 178.
[2]) „*C'est-à-dire les jeunes miliciens incorporés dans les diverses abbayes ou compagnies (archers, arbaltriers, arquebusiers) qui formaient, quoique sous une tout autre forme, ce que nous appellerions aujourd'hui le contingent de Genève.*" Galiffe, Bezanson Hugues p. 14. Hauptsächlich verstand man indess darunter die Mitglieder der Abbaye de Saint-Pierre, deren Vorsteher *Père* hiess. Vgl. Genève hist. et archéol. p. 328.
[3]) Vgl. *Bonnivard*, Chroniques II, 182.
[4]) *Savyon*, Annales p. 42.

schen Prinzen Philipp gelangte im Jahre 1510 der schon früher gewählte, aber zu Gunsten des Savoyarden zurückgesetzte Charles de Seissel zur Regierung. Mit dem neuen Bischofe bestieg zum ersten Mal seit den Zeiten Felix V. wieder ein unabhängiger Mann den Genfer Bischofsstuhl. Seissel besass den Muth, für seine und seines Volkes Rechte offen wieder einzutreten. Die bischöflichen Beamten, welche sich bereits gewöhnt hatten, den Herzog als ihren Gebieter anzusehen, waren überrascht, die unabhängig gesinnten Bürger aber fühlten sich gehoben und schöpften neuen Muth, als sie wieder, wie in der guten alten Zeit, den Bischof als Hüter ihrer Freiheit und Unabhängigkeit an ihrer Spitze sahen. Karl III. selbst merkte den Unterschied gegen 1508 an dem Empfange, der ihm zu Theil wurde, als er 1511 die Stadt abermals besuchte. Mit fester und männlicher Entschiedenheit widerstanden Rath und Bürger allen seinen Zumuthungen, Verlockungen, Anerbietungen. Weder das verlangte Begnadigungsrecht noch irgend eine seiner übrigen Forderungen wurde ihm eingeräumt. Als er das Jahr darauf das Anerbieten machen liess, den alten Glanz der Genfer Messen, deren Verlust die Stadt noch immer sehr fühlte, wiederherzustellen, wenn man ihm ein jährliches „Geschenk" entrichte und die Syndike im Namen der Gemeinde ihm den Huldigungseid leisteten, „damit er sie besser beschützen könne", gab die im Generalrath versammelte Bürgerschaft, voll edler Entrüstung, als Antwort die stolze und mannhafte Erklärung ab, „man wolle lieber in einer Einöde leben, die allenthalben von Freiheit umgrenzt sei, als reich werden und sich durch Entrichtung von Tribut in Sklaverei bringen; was den verlangten Eid angehe, so sei es noch nie erhört worden, dass Genfer Syndike irgend einem Fürsten der Welt einen Treueid geleistet."[1]) Ein neuer Geist schien über die Stadt gekommen zu sein, seitdem ihr Oberhaupt die eigene Sache wieder mit der ihrigen verbunden. Schon konnte zu Anfang des Jahres 1513 das früher Unerhörte geschehen, dass der savoyische Vicedom wegen seiner Willkührlichkeiten von erbitterten Bürgern ergriffen und in Haft genommen wurde.

Um so härter wurde der Schlag empfunden, welcher die Stadt durch den frühen Tod jenes ausgezeichneten Kirchenfürsten traf. Charles de Seissel, der „grosse Vorkämpfer für kirchliche und bürger-

---

[1]) Nach den Rathsprotocollen bei *Roget* I, 89 und *Galiffe*, Besanson Hugues p. 17.

liche Freiheit", wie ihn der Genfer Annalist nennt,[1] starb bereits im Frühjahr 1513. Gewiss ist, dass die Ereignisse der nächsten Jahre einen andern Gang genommen hätten, wenn ihm ein längeres Leben beschieden gewesen wäre. In Genf ist selten der Tod eines Bischofs so allgemein und aufrichtig betrauert worden.

Der unerwartete Aufschwung, den der Geist des Bürgerthums unter der kurzen Regierung Seissels genommen hatte, war für den Turiner Hof eine Lehre. Man hatte erkannt, was auch jetzt noch ein unabhängiger Charakter auf dem Genfer Bischofsstuhle vermöge, und Alles wurde jetzt aufgeboten, die nochmalige Erhebung eines solchen zu verhindern. Nur zu vollständig sollte dieser Plan gelingen. Der von Karl III. für den erledigten Stuhl aufgestellte und mit Hülfe Roms durchgesetzte Candidat — der vom Domcapitel Gewählte wurde in gewohnter Weise bei Seite geschoben — war ein natürlicher Spross seines Hauses, der unter dem Namen des „Bastards" längst bekannte Prinz Johann von Savoyen, ein Mensch von notorisch unsittlichem Wandel und in Allem das willenlose Werkzeug der Politik des Herzogs. Die Nachricht von seiner Erhebung rief in Genf eine allgemeine Bestürzung hervor. Bald verbreitete sich das Gerücht, dass der neue Bischof durch einen förmlichen Vertrag dem Herzog die Herrschaft insgeheim schon abgetreten habe, und der Papst selbst sollte denselben genehmigt, zu einer Säcularisation des Bisthums seine Einwilligung gegeben haben.[2] Waren diese Gerüchte vielleicht auch übertrieben, so lag doch die Bedeutung der Wahl des Bastards klar genug vor Jedermanns Augen und dieser selbst gab sich nicht einmal Mühe, sie zu verhehlen. Wie Herodes und Pilatus, sagt der Chronist, standen jetzt Herzog und Bischof gegen die Stadt vereint. Bereits zu Anfang 1514 wurden Genfer Bürger, wie andere savoyische Unterthanen, zur Verantwortung vor den Gerichtshof von Chambery geladen.

Der Augenblick zum Handeln war für Genf gekommen. Längere Unthätigkeit wäre Feigheit und Selbstverrath gewesen. Diese Ueber-

---

[1] *Savyon*, Annales p. 44.
[2] So *Bonnivard*, Chroniques II, 250 ff., dem *Spon-Gautier* I, 120 folgt. Durch den Widerspruch der Cardinäle soll der Plan in Rom rückgängig gemacht worden sein. *Bonnivard* II, 268. Aus den von *Roget* I, 98 mitgetheilten Rathsprotocollen ergibt sich nur so viel, dass der Herzog selbst sich seines Einverständnisses mit dem Papste gerühmt haben muss. Nach Valerius Anshelm wäre die päpstliche Einwilligung nur unter der Bedingung gegeben „so ein Capitel und die Stadt verwilligetint." Berner Chronik V. 437.

zeugung kam nach den letzten Vorgängen in allen Kreisen, die noch an der alten Unabhängigkeit der Stadt festhielten, endlich zum Durchbruch. Es galt jetzt, die Kräfte des Widerstands zu sammeln und der mit Riesenschritten nahenden Gefahr in geschlossenen Reihen und mit festem Muth entgegenzutreten. Mehrere der angesehensten Patrioten nahmen sofort das Bürgerrecht in Freiburg, um im schlimmsten Falle den Schutz dieser befreundeten Stadt anrufen zu können.[1] Selbst die Genossenschaft von St. Peter, die vorher durch ihre savoyischen Sympathien oft Anstoss erregt hatte, wurde von der allgemeinen Aufregung ergriffen und ermannte sich.[2] Nicht ohne bange Sorge ging man in den Kampf, aber man war entschlossen, die kühnen Worte von 1512 jetzt durch die That zu bewähren.

Es waren vornehmlich drei Männer, die in dieser Lage durch Muth und patriotischen Eifer sich hervorthaten und in dem beginnenden Kampfe gleichsam die Führung übernahmen: Philibert Berthelier, Bezanson Hugues und der junge François de Bonnivard.

Berthelier gehörte einer Familie an, in welcher die Liebe zur Freiheit und der Eifer für Genfs Unabhängigkeit gleichsam erblich war. Schon der Grossvater hatte für diese sein Leben hingegeben.[3] Den Enkel finden wir zuerst 1508 öffentlich thätig; 1512 war er Mitglied des kleinen Rathes und nicht unwahrscheinlich ist es, dass jene muthige Erklärung zum guten Theil sein Werk war. Man kann Berthelier nicht eigentlich einen grossen Charakter nennen, noch weniger erscheint er uns sittlich fleckenlos: er war ein Lebemann, der selten bei einem lustigen Gelage fehlte und sich selbst wie Andern manche Ausschreitung nachsah, stets heiter und unverzagt, dabei in seltenem Grade mit allen Eigenschaften eines Volksführers ausgestattet. Eine stattliche äussere Erscheinung, von offenen, gewinnenden Formen, der volksthümlichen Rede mächtig, voll Feuer, Witz und Humor, überdies im Besitz einer nicht gewöhnlichen Bildung und mit den alten städtischen Rechten und Gewohnheiten bekannt, war er der populärste Mann in Genf und namentlich der Liebling der jüngern Generation, die ihm unbedingt folgte. Der Sache seiner Vaterstadt war er mit der Leidenschaft eines Enthusiasten zugethan. Er liebte das Leben und seine Genüsse, aber er war jeden Augenblick bereit, es einzu-

---

[1] Ihre Namen s. Arch. d'histoire du canton de Fribourg II, 114.
[2] Vgl. Mém. et doc. IV, p. 10.
[3] Vgl. *Valerius Anshelm* V, 459.

setzen, wenn es Genfs Unabhängigkeit galt, und fast schien es, als suche er die Gefahr. Er hatte selbst die gewisse Ahnung, dass der beginnende Kampf für ihn verhängnissvoll werden würde. Ich weiss es, hörte man ihn oft gegen seine Freunde äussern, Genfs Freiheit wird mir den Kopf kosten.[1])

Ein ganz anderer Charakter war Bezanson Hugues: ein bisher wenig beachteter ernster, betriebsamer Bürger und tüchtiger Geschäftsmann, der vielleicht nie auf den Schauplatz des öffentlichen Handelns getreten wäre, wenn nicht die jüngsten Herausforderungen des Turiner Hofes sein patriotisches Blut in Wallung gebracht hätten, nachdem dies aber geschehen, sein ganzes Leben der Befreiung seiner Vaterstadt widmete und eine Fülle von patriotischen Tugenden und staatsmännischer Begabung entwickelte, welche diesem anspruchslosen Manne für immer unter den Vorkämpfern bürgerlicher Freiheit einen ehrenvollen Platz sichert. Mit Berthelier durch gleichen Eifer für Genfs Unabhängigkeit und Freiheit verbunden, kühn und opferwillig wie dieser, war Bezanson fast überall sonst das gerade Gegentheil seines Freundes: ein Mann des strengen Rechts, fest und unerschütterlich, umsichtig und besonnen, von streng sittlichem Wandel und allen Ueberschwenglichkeiten abhold, ein ächter Repräsentant des von stolzem Unabhängigkeitsgefühl erfüllten Bürgerthums jener Zeit. Ein eben so weiser Staatsmann und feiner Diplomat als begeisterter Patriot, übersah er stets mit klarem Blick die Lage, wusste in allen verwickelten Fragen das Richtige zu treffen und verstand es, durch eine hinreissende Beredtsamkeit auch den Hartnäckigsten für seine Ueberzeugung zu gewinnen. Er missbilligte die fast übermüthige, mehr herausfordernde als wirksame Kampfweise, wie sie Berthelier liebte: sein Blick war vielmehr stets auf das Praktische und den Erfolg gerichtet. In diesem Lichte zeigte ihn schon sein erstes öffentliches Auftreten, zu Anfang des Jahres 1515, als er die von dem Herzog verlangte Auslieferung der Geschütze von St. Victor durch seine entschiedene Sprache ver-

---

[1]) Vgl. *Galiffe (père)*, Notices généalogiques I, 8 ff. Matériaux II, 93 ff. *Bonnivard*, Chroniques II, 237. Viel ungünstiger als in der Chronik urtheilt Bonnivard über den alten Bundesgenossen in der Anc. et nouv. police p. 13. Eine glänzende Lobrede hält ihm *Berchtold*, Fribourg et Genève l. c. II, 35. Unter den Parallelen, welche *Roget* I, 110 zwischen den Helden der Genfer und des niederländischen Unabhängigkeitskampfes zieht, ist wohl die zwischen Berthelier und Egmont die glücklichste.

hinderte.¹) Die Menge zeigte für Bezansons fruchtbare, aber nicht immer glänzend in die Augen fallende Thätigkeit Anfangs weniger Sinn und Verständniss: sie fand mehr Gefallen an dem heitern, offenen, allen Gefahren Trotz bietenden Berthelier, und längere Zeit konnte der vorsichtigere, ernste Patriot gegen diesen in der öffentlichen Meinung nicht aufkommen. Erst nach und nach haben die Verdienste und Anstrengungen des wackern Mannes, dessen Umsicht, Ausdauer und Opferwilligkeit Genf wesentlich seine Unabhängigkeit zu danken hat, die gebührende Anerkennung gefunden.²)

François de Bonnivard, der junge Abt von St. Victor, dessen gewandte Feder zugleich das Andenken an diesen merkwürdigen Kampf vorzugsweise erhalten hat, stand seinen beiden weltlichen Mitstreitern an Reinheit der Gesinnung und des Charakters entschieden nach, übertraf sie aber an Talent und Kenntnissen. Geistreich, witzig und erfinderisch, gebildet in den Schulen deutscher Humanisten und welterfahren, war dieser junge Mönch, in dem Besitz der wichtigen Abtei von St. Victor und ihrer Güter, die er 1514 von seinem Oheim ererbt, für den Herzog ein gefährlicher Gegner und durch manche Seiten seines Charakters zugleich zum Vermittler zwischen Berthelier und Bezanson trefflich geeignet. Obschon kein Genfer von Abstammung, theilte er doch den Hass gegen das Haus Savoyen, von dem er um einen Theil der Erbschaft seines Oheims betrogen worden: er vereinigte sein persönliches Rachegefühl mit dem allgemeinen Unwillen des nach Freiheit ringenden Volkes, dessen Knechtung er in späterer Zeit das Wort geredet hat. Man hat Bonnivard wohl den Erasmus der Genfer Reformation genannt, und es ist nicht zu leugnen, dass er vielfach an den gefeierten Niederländer erinnert. Auch er entbehrte, wie der Verfasser des Lobes der Narrheit, jenes sittlichen Ernstes, welcher den Mann macht. Die edle, uneigennützige Begeisterung eines Bezanson hat Bonnivard keinen Augenblick gefühlt und noch weniger konnte sein ironischer, skeptischer Geist Bertheliers Ueber-

---

¹) Vgl. *Bonnivard*, Chroniques II, 248.

²) Es ist das grosse Verdienst des jüngern Galiffe, diesem auch in der Literatur so lange verkannten edelsten Bürger von Genf, der übrigens von deutscher Abstammung war, durch die schon angeführte 1859 erschienene Monographie: „Bezanson Hugues, Libérateur de Genève" endlich ein würdiges Denkmal gesetzt zu haben. Bonnivards kühle Aeusserungen über Bezanson sind für diesen Autor charakteristisch.

zeugungstreue: er allein hat es unter den alten Vorkämpfern der Freiheit verstanden, seine Ansichten später als Pensionair des calvinischen Staates mit Zuständen in Einklang zu bringen, die das gerade Gegentheil von dem darstellten, was er früher verfochten. Der frivole Ton, der in seinen späteren Schriften herrscht, die offenbaren Unredlichkeiten, die dem Autor zur Last fallen, die sittlichen Ausschweifungen, die selbst das Leben des Greises noch beflecken, sowie endlich die Art und Weise, wie er Männer, mit denen er einst in täglichem Verkehr gestanden, die mit ihm derselben Sache gedient, nach ihrem Tode verunglimpft, machen einen widerwärtigen Eindruck. Aber in jener ersten Periode seines Lebens hat er durch seine unverkennbaren Fähigkeiten und reichen Kenntnisse neben Berthelier und Bezanson der Sache der Freiheit wesentliche Dienste geleistet, wenn auch die Ruhmredigkeit des Autors den eigenen Antheil vielfach übertrieben haben mag.[1])

Der neue Bischof machte zunächst den Versuch, die Führer der Volkspartei durch besondere Gunsterweisungen auf seine Seite zu ziehen. Berthelier, dessen Einfluss am grössten war, empfing zu seinem nicht geringen Erstaunen das wichtige Amt eines Burgvogts von Peney. Auch Pensionen, schon früher von dem Turiner Hofe nicht ohne Erfolg in Genf angewandt, wurden nicht gespart. Allein die darauf gebauten Hoffnungen schlugen dieses Mal vollständig fehl. Schon im Jahre 1515 kam der Kampf zwischen Bischof und Stadt zum offenen Ausbruch. Willkührliche Verhaftungen, welche der Bischof mit schnöder Missachtung der alten Rechte und Freiheiten vornehmen liess, namentlich die Einkerkerung des Claude Vandel, eines der angesehensten Bürger, setzten die ganze Stadt in Aufregung. Rath und Bürger verlangten in drohenden Ausdrücken Zurücknahme der Haftsbefehle und Genugthuung. Es folgten tumultuarische Auftritte. Berthelier sammelte seine Anhänger. Johann von Savoyen hatte Ange-

---

[1]) Die schonungslose, hie und da gewiss zu weit gehende Kritik, welche namentlich der ältere Galiffe an mehrern Stellen (Lettre sur l'histoire de Genève p. 4. Matériaux I, 500. Notices généal. III, 67 ff. vergl. auch *J. B. G. Galiffe*, Quelques pages d'histoire exacte. Genève 1862 p. 123) gegen Bonnivard geübt, hat zwar grossen Widerspruch hervorgerufen, aber dennoch den Erfolg gehabt, dass der Nimbus, der bis dahin den Gefangenen von Chillon umgab, für immer zerstört ist. Vgl. *Chaponnière* in den Mém. et doc. IV, p. 137 ff. Auch Merle d'Aubigné und Gaberel wagen ihm nur noch ein beschränktes Lob zu spenden.

sichts dieser drohenden Kundgebungen nicht den Muth, das Aeusserste zu wagen, und gab nach.[1])

Aber es war nur ein Waffenstillstand. Der Bischof verbarg nicht, dass er auf eine günstigere Gelegenheit lauere. Die Bürger erhöhten ihre Wachsamkeit. Sie erkannten deutlich, dass sie langen und schweren Kämpfen entgegengingen: auch die Zahl der Anhänger der herzoglichen Politik stellte sich als grösser heraus, als man gedacht. Man liess in allen Klöstern Messen lesen und öffentliche Gebete verrichten, um den Segen des Himmels zu erflehen. Dominikaner und Franziskaner empfingen von dem Rath Geschenke, „um noch inbrünstiger für das Wohl der Stadt zu beten".[2])

Berthelier glaubte, sich dabei nicht beruhigen zu dürfen. Schon zu Anfang 1515 hatte er mit den „Kindern von Genf" öffentliche Waffenübungen angestellt. Rasch entschlossen und zum Handeln bereit, vereinigte er jetzt die Muthigeren zu einem förmlichen Bunde mit der Losung „Einer für Alle" und dem erklärten Zweck, jeden Angriff auf die alten städtischen Rechte und Freiheiten, sei es durch den Bischof oder durch den Herzog, mit Aufbietung aller Kräfte zurückzuweisen. Der Erfolg schien seine Handlungsweise zu rechtfertigen. Johann von Savoyen, eingeschüchtert, wie gewöhnlich solche Naturen, wenn ihnen entschlossener Widerstand entgegentritt, wagte wenigstens nicht, sofort offen einzuschreiten. Bertheliers Schaar beherrschte in Kurzem die Stadt; sie hielt öffentliche Zusammenkünfte auf dem Molard, heimliche Berathungen bei Bonnivard und im Palais. In diesen wurden die kühnsten Pläne gefasst: sogar der Gedanke eines Anschlusses an die Schweiz ist damals bereits zur Sprache gekommen. Allein es fehlte dem Bunde, wie seinem Führer, der rechte sittliche Halt, die Besonnenheit und Disciplin, deren es in der gegenwärtigen Lage mehr als je bedurfte: statt mit Ernst und Consequenz nur das ersehnte Ziel zu verfolgen, schadete man sich durch herausfordernden Uebermuth, der nicht blos den Gegner kränkte. Man erhitzte sich bei fröhlichem Gelage in patriotischen Reden, sprach von savoyischen Ränken und liess sich auch zu manchen unbesonnenen Aeusserungen und Schritten fortreissen. Bewaffnete Banden durchzogen, zuweilen unter Bertheliers eigener Führung, nächtlicher Weile die Stadt, übten in roher Weise ihren Muthwillen gegen die Wohnungen der bischöflichen und herzog-

---

[1]) *Bonnivard* II, 254. *Savyon* p. 50; zu vergleichen ist *Roget* I, 99 ff.
[2]) Vgl. *Roget* I, 103.

lichen Beamten aus und beunruhigten auch den friedlichen Bürger.[1] Bezanson, der wie alle wahren Patrioten von einem solchen Treiben sich nichts Gutes versprach, besass noch nicht Einfluss genug, um es verhindern zu können.

In der That wurde durch solche Vorgänge der savoyischen Sache der grösste Dienst erwiesen. Bischof und Herzog schienen nur im Interesse der öffentlichen Ordnung und Sicherheit zu handeln, als sie endlich im Sommer 1517 nach einer neuen Handlung ausgelassenen Muthwillens, die sich Berthelier mit seinen Freunden zu Schulden kommen liess — Doctor Grossi, einer der ersten bischöflichen Beamten, wurde in einem öffentlichen Aufzuge dem allgemeinen Gespötte preisgegeben — den schon längst vorbereiteten Plan auszuführen und energisch einzuschreiten beschlossen.[2] Die herzogliche Partei athmete wieder auf; wie sie dachte aber in diesem Augenblicke auch ein Theil der unabhängig gesinnten Bürgerschaft; ja der Rath selbst war der Ansicht, dass etwas zur Bestrafung der Zügellosen geschehen müsse. Es wurde eine strenge Untersuchung eröffnet und aus allerlei bedachtlos hingeworfenen Aeusserungen und unbesonnenen Schritten eine Reihe von schweren Verbrechen zusammengestellt. Ja sogar einem Complott zur Ermordung des Bischofs wollte man in dem Kreise Bertheliers auf die Spur gekommen sein. Wie grundlos oder übertrieben die erhobenen Anschuldigungen auch waren, immerhin lag so viel vor, dass dem Herzoge eine glänzende Genugthuung nicht ausgeblieben wäre, hätte er sich streng an die Formen des Gesetzes gehalten. Aber man wollte in Turin die Unbesonnenheiten der patriotischen Partei zu einer völligen Unterdrückung derselben, zur endlichen Durchführung des lange verfolgten Planes benutzen. Mit Verachtung aller gesetzlichen Formen und ungeduldigem Hass wurde von den Werkzeugen des Bischofs vorgegangen. Man erliess gegen Berthelier und Jean Pecolat, einen seiner eifrigsten Parteigänger, Haftbefehle. Allein Berthelier, auf den es vornehmlich abgesehen war, rettete sich durch zeitige Flucht nach Freiburg, dessen Bürgerrecht er seit 1513 besass, und nur Jean Pecolat wurde festgenommen. An diesem liess die savoyische Partei jetzt ihren Grimm aus: mit Uebergehung seiner ordentlichen Richter

---

[1] Vgl. die von *Galiffe*, Matériaux II, 29 ff. mitgetheilten Verhörsprotocolle über den Prozess Pecolat, Navis, Blanchet und Ami de Joye.

[2] Vgl. *Bonnivard*, Chron. II, 264 ff. *Savyon* p. 54. Dass der Angriff schon vor der Verhöhnung Grossi's beschlossen war, betont namentlich *Roget* I, 109, 110; vgl. *Galiffe*, Matériaux II, 30—32.

wurde er von den Beamten des Bischofs in dem Schlosse Thiez einer Reihe von strengen Verhören und selbst der Folter unterworfen, damit er gestehe, was man wünschte.

Der Verhaftete, ein ehemaliger Strumpfwirker, war ein gewöhnlicher Mensch, der bei den von Bertheliers Freunden verübten Streichen sich höchstens durch Ausgelassenheit hervorgethan hatte und auch bei seinem Verhör keineswegs die Rolle eines Helden spielte, vielmehr Alles gestand, was man wünschte, um es später vor den Syndiken zu widerrufen;[1]) aber seine schmähliche Behandlung und die offenbare Verletzung aller rechtlichen Formen erregte doch allgemeinen Unwillen und empörte auch solche, welche das Treiben „der Kinder von Genf" nicht gebilligt hatten. Der verhaftete Strumpfwirker wurde der Held des Tages und von dem Volke als Märtyrer der nationalen Sache gefeiert. Schüchtern genug trat dagegen in dieser Lage der Rath selbst auf, welcher Angesichts der bedeutenden Macht, die er Savoyen entfalten sah — der Herzog fand sich im Herbst 1517 sogar in eigener Person in Genf ein — sich Anfangs auf bescheidene Vorstellungen beschränkte und sogar von Freiburg an seine Pflicht erinnert werden musste. Erst allmählich gewann auch er wieder Muth und nahm sich nun mit grösserem Eifer der Verfolgten an. Allein alle Versuche, die Freilassung des Verhafteten zu erwirken, scheiterten an dem Widerstande des ganz von Turin beherrschten Bischofs. Pecolats Freunde beschlossen endlich sogar, die Hülfe des Erzbischofs von Vienne, des Metropoliten von Genf, anzurufen. Es war Bonnivard, der diesen Vorschlag machte und ihn selbst ausführen half. Die Vorstellungen der Bürger fanden in Vienne Gehör. Unter Androhung von Bann und Interdict wurde dem Bischof im Frühjahr 1518 von seinem Vorgesetzten befohlen, den Verhafteten in Freiheit zu setzen. Lauter Jubel erhob sich in der Stadt über diese Entscheidung, und im Triumph wurde Pecolat von seinen Mitbürgern in seine Wohnung getragen.[2])

Fast in denselben Tagen kehrte auch Berthelier, versehen mit einem Sicherheitsbriefe, von Freiburg in seine Vaterstadt zurück, um die Entscheidung der gegen ihn erhobenen Anklagen durch den recht-

---

[1]) Vgl. das Verhörsprotocoll bei *Galiffe*, Matériaux II., 29—93. Davon, dass er wie *Bonnivard* II, 299 ff. und nach ihm *Savyon* p. 61 berichtet, sich bei den späteren Verhören die Zunge abgeschnitten, um seine Freunde nicht zu verrathen, wissen die sonst sehr ausführlichen Processacten Nichts. Doch gedenkt allerdings auch *Valerius Anshelm* V, 437 der Sache.

[2]) *Bonnivard*, Chron. II, 306 ff. 314 ff. *Roget* I, 112 ff.

müssigen Richter zu beantragen. Der Prozess wurde wirklich von den Syndiken eröffnet und ergab, wie sich voraussehen liess, in der Hauptsache die Nichtigkeit der wider ihn vorgebrachten Beschuldigungen.[1]) Aber noch so wenig dachten Syndike und Rath um diese Zeit an einen vollständigen Bruch mit den savoyischen Machthabern, dass auf den Wunsch der bischöflichen Behörden, trotz der Proteste Bertheliers und der Gegenvorstellungen Freiburgs, das für Genfs Unabhängigkeit besorgter schien, als dieses selbst,[2]) die Entscheidung des Prozesses vertagt wurde.

Da brachte ein neuer Gewaltact Savoyens, empörender als alle früheren, die Gemüther zum Aeussersten. Zwei junge Genfer, Blanchet und Navis, die sich zu Bertheliers Genossenschaft gehalten hatten, obgleich der eine einer streng bischöflich gesinnten Familie angehörte, wurden während eines vorübergehenden Aufenthaltes in Turin von den savoyischen Behörden mit Verhöhnung alles Rechts aufgegriffen, peinlich verhört wie Pecolat und nach längeren Misshandlungen, unter denen sie die gewünschten Aussagen gegen Berthelier und seinen Bund machten, im Herbst 1518 als Hochverräther auf schmachvolle Weise hingerichtet. Die ihnen abgezwungenen Geständnisse sollten als neues Beweismaterial in dem aufgeschobenen Prozesse gegen Berthelier dienen.[3]) Der brutalen Gewalt wurde der grausamste Hohn hinzugefügt. Savoyische Schergen trugen die zerstückelten Leichname der beiden Unglücklichen bis an die Grenze des Genfer Stadtgebietes. Dort wurden sie unweit der Arvebrücke in der Nähe der Kirche Notre Dame des Grâces eines Morgens von frommen Betern an einen Nussbaum angenagelt gefunden, mit der Unterschrift: das sind die Verräther von Genf![4])

Ein Schrei der Entrüstung ging auf die Kunde von dieser scheusslichen That durch die Stadt. Doch der Rath, in welchem es nicht an

---

[1]) Die Prozessacten s. bei *Galiffe*, Matériaux II, 93 ff.
[2]) Vgl. Archives d'hist. du canton de Fribourg II, 14 ff. 106 ff. Vom Mai bis zum December 1518 sandte Freiburg nicht weniger als sechs Schreiben in Sachen Bertheliers nach Genf. Eben so viel Gesandtschaften waren schon bis zum November abgegangen.
[3]) Vgl. *Roget* I, 129.
[4]) *Bonnivard*, Chron. II, 318 ff. *Savyon*, Annales p. 69 ff. *Valerius Anshelm* V, 438. Die Prozessacten finden sich bei *Galiffe*, Matériaux II, 166 ff.; sie werfen übrigens auf den sittlichen Wandel der jugendlichen Verehrer Bertheliers ein sehr ungünstiges Licht.

offenen oder geheimen Anhängern Savoyens fehlte, versuchte selbst jetzt noch Unterhandlungen und ordnete mehrere Gesandtschaften an Herzog und Bischof ab, um zunächst Auskunft über das Geschehene zu erhalten. Allein leere Ausflüchte und neue kränkende Zumuthungen — Karl III. erklärte sich bereit, die Stadt zu schützen, wenn sie ihn als ihren Herrn anerkenne — waren Alles, was man erlangte. Der Unwille der Bürger erreichte den höchsten Grad. Wenig fehlte, so wären am 5. December die heimkehrenden Gesandten, denen nicht mit Unrecht Mangel an Entschiedenheit zum Vorwurf gemacht wurde, ein Opfer der Volkswuth geworden. „In die Rhone, in die Rhone mit den Verräthern, welche sich so lange jenseits der Berge aufgehalten!" erscholl es von allen Seiten.[1]) Aber was sollte weiter geschehen? Eben so gross als die Erbitterung war die Bestürzung und Rathlosigkeit.

Der Einzige, der auch in dieser Lage die Fassung nicht verlor und es zu einem klaren Entschluss brachte, war Bezanson Hugues. Er war bis dahin nur bei wenigen Gelegenheiten entschieden hervorgetreten; Bertheliers herausfordernde Weise fand, wie wir uns erinnern, nicht seinen vollen Beifall: diese jüngste That des Turiner Hofes machte seiner Politik der Mässigung ein Ende. Er bekleidete 1518 zum ersten Mal das Amt eines Syndiks und konnte deshalb um so weniger sich als blosser Zuschauer verhalten. Bezanson erkannte, dass Genf gegen die formlosen Gewaltthaten und die immer verwegeneren Angriffe Savoyens eines äussern Rückhalts bedürfe; er sah ein, dass nur die Schweiz einen solchen gewähren könne. Und mit der ganzen Energie seines Charakters schickte er sich sofort an, den schon im Kreise Bertheliers mehr hingeworfenen als ernstlich verfolgten Gedanken jetzt zur Ausführung zu bringen. Erst vor Kurzem hatten die beiden benachbarten Orte Bern und Freiburg mit Solothurn ein besonderes Bündniss abgeschlossen;[2]) es lag Nichts näher, als auch die Aufnahme Genfs in dasselbe nachzusuchen. An der Bereitwilligkeit des stammverwandten Freiburg war nach der bisherigen Haltung dieser Stadt, die Genf fast mit Zudringlichkeit ihre Unterstützung anbot, nicht zu zweifeln, und durch Freiburg liessen sich vielleicht auch die beiden deutschen Ver-

---

[1]) Nach den Mittheilungen aus den Rathsprotocollen bei *Roget* I, 134 ff. erscheinen auch diese Vorgänge in einem etwas andern Lichte als bei Bonivard und Savyon. Vgl. zu Roget noch Matériaux II, 151 ff.

[2]) Vgl. *Valerius Anshelm* V, 308.

bündeten bewegen. Nachdem der Plan hinlänglich vorbereitet und eine namhafte Anzahl von Bürgern für denselben gewonnen worden, begab sich Bezanson mit dem gleichgesinnten de la Mar gegen Ende 1518 selbst nach Freiburg, wo er, wie Berthelier, seit fünf Jahren das Bürgerrecht besass und als eifriger Patriot bereits bekannt und angesehen war. Sein Vorhaben fand freudige Zustimmung. Freiburg erklärte sich gern bereit, wenn es gewünscht werde, ganz Genf in sein Bürgerrecht aufzunehmen, wie es bisher Einzelne aufgenommen, „ohne damit das Ansehen des erlauchten und hochwürdigen Herrn Bischofs, des Fürsten von Genf, oder die Freiheiten und Rechte der Bürger beeinträchtigen zu wollen, sondern vielmehr um sie zu beschützen und zu vertheidigen." Von Schultheiss und Rath empfing Bezanson ein Schreiben an seine Mitbürger, welches dieses Anerbieten wiederholte.[1]

Es war ein Schritt von ausserordentlicher Tragweite, den Bezanson und seine Freunde ihren Mitbürgern zumutheten, und die Mehrzahl derselben scheint Anfangs wenig Neigung verrathen zu haben, auf das gemachte Anerbieten einzugehen.[2] Allein Berthelier, dessen Freisprechung nach den letzten Vorgängen sich von selbst verstand, predigte Muth und Entschlossenheit. Nicht minder aufmunternd wirkte auch der Umstand, dass zahlreiche Einwohner der Stadt für ihre Person Freiburgs schützendes Bürgerrecht bereits besassen: von nicht weniger als einundachtzig Genfer Bürgern wurde dasselbe eben in den ersten Tagen des Jahres 1519 erworben.[3] Die Entscheidung brachte indess eine Rede, die Bezanson selbst bei den nächsten allgemeinen Wahlen am 6. Februar 1519 vor den versammelten Bürgern hielt. Die warmen Worte, in denen er hier seine Verhandlungen mit Freiburg, das edle Anerbieten und die uneigennützigen Absichten dieser Stadt schilderte, waren von so ergreifender Wirkung, dass mit grosser Majorität auf der Stelle die Annahme des Burgrechts beschlossen wurde. Noch an demselben Tage ging im Namen „der Syndike, des kleinen

---

[1] Vgl. *Bonnivard* II, 330 und die von *Galiffe*, Bezanson Hugues p. 39—40 mitgetheilte Rede Bezansons. Wenn der Redner hier von seiner eigenen Thätigkeit nur in bescheidenen Ausdrücken spricht, so machen dies die Umstände erklärlich; dass Bezanson die Seele von Allem war, was geschah, zeigt der Gang der Ereignisse augenscheinlich.

[2] Vgl. *Galiffe*, Bezanson Hugues p. 39.

[3] Vgl. Archives d'hist. de Frib. II, 114, 115. Bern richtete deshalb schon am Freitag nach Dreikönigen ein Abmahnungsschreiben nach Freiburg. Berner Staatsarchiv, Teutsch Missivenbuch O, f. 137.

und grossen Raths" ein Schreiben nach Freiburg ab des Inhalts, dass
Genf auf Bezansons Bericht die dargereichte Bruderhand dankbar und
freudig ergreife und nun auch zu Freiburgs Verbündeten in ein ähnliches Verhältniss zu gelangen hoffe. Vier entschiedene Anhänger des
angenommenen Vertrags wurden in derselben Versammlung zu Syndiken gewählt.[1])

Durch den Abschluss des Burgrechts mit Freiburg schien der
erste Schritt zu einer völligen Emancipation Genfs von der drücken-
den herzoglichen Gewalt geschehen, und grosser Jubel herrschte im
Lager der unabhängig Gesinnten. Aber diese Freude sollte nur von
kurzer Dauer sein.

Zunächst gingen die auf die Schweiz gesetzten Hoffnungen nicht
in Erfüllung. Wohl entwickelte Freiburg in der Erfüllung der über-
nommenen Pflichten einen grossen Eifer, aber es gelang ihm nicht,
seine beiden Verbündete, Solothurn und das mächtige Bern, dessen
Beitritt vor Allem wichtig war, für das Burgrecht zu gewinnen. Bern,
seit vielen Jahren mit Turin verbündet, sprach sogar entschieden seine
Missbilligung über den abgeschlossenen Vertrag aus, „welcher einer
Stadt Freiburg grosse Unruhe und einer Stadt Genf mehr Schaden
als Nutzen" bringen werde, und richtete abmahnende Schreiben nach
sowohl nach Freiburg als nach Genf.[2]) Das Höchste
wozu sich die vorsichtige Stadt verstand, war eine Gesandtschaft an
„unsern gnädigen Herrn von Savoy," welche sich bei diesem für eine
bessere Behandlung der Genfer verwenden sollte. Noch weniger zeigte
die übrige Eidgenossenschaft, welche ebenfalls durch alte Verträge
mit Savoyen verbunden war, sich geneigt, die schwierige und verwickelte Erbschaft am Genfersee anzutreten. Eine Tagsatzung, welche

---

[1]) Vgl. *Bonnivard* II, 332 ff., *Galiffe*, Bezanson Hugues p. 39 ff. Das
Schreiben an Freiburg s. bei *Roget* I, 144—45. Dasselbe erwähnt von Freiburgs Verbündeten nur Solothurn; Bern hatte sich erst eben über die Aufnahme einzelner Genfer in das Freiburger Bürgerrecht in einer Weise ausgesprochen, dass Bezanson selbst in diesem Augenblicke offenbar wenig Hoffnung mehr hatte, es zu gewinnen.

[2]) Vgl. die Instruction für die Berner Gesandten d. d. Dienstag nach
Mittfasten 1519 und das unter demselben Datum an Freiburg gerichtete Schreiben (Berner Staatsarchiv, Teutsch Missivenbuch O, f. 176 und 177). Die Gesandten werden angewiesen, „vnser lieben Mitburgern von Friburg", die
„etwas hitzig vnnd des fürnämens sin, die von Jänff nit zu verlassen", zur
Mässigkeit zu ermahnen und „nutzit vnfründliches (gegen den Herzog) fürzu-
nämen." Freiburg solle keinen Krieg heraufbeschwören.

auf Berns Anregung im März 1519 in Zürich zusammentrat, ging im Wesentlichen auf die Vorstellungen der herzoglichen Agenten ein, erklärte das abgeschlossene Burgrecht für unstatthaft und wies Freiburg an, die Eidgenossenschaft höher zu stellen, als „eine einzige fremde Stadt", damit man Ruhe und Frieden behalte.[1])

Und auch in der Bürgerschaft erhob sich bald gegen die „Combourgeoisie" eine mächtige Opposition. Es zeigte sich, dass die Majorität, welche sich am 6. Februar durch Bezansons Rede hatte hinreissen lassen, doch bei weitem nicht die Ansicht der ganzen Einwohnerschaft vertrat. Noch vor Ablauf des Monats reichten mehr als vierzig der wohlhabendsten Bürger, unter denen wir die alten und angesehenen Namen der De Pesmes, De Versonay, De Fernex, Montyon finden, dem Rathe einen feierlichen Protest gegen das Bündniss mit Freiburg ein. Sehr fiel dabei in die Wagschale das Gewicht der materiellen Interessen, welche die Stadt — und dies konnten selbst die Freunde des Burgrechts nicht in Abrede stellen — entschieden auf Savoyen und nicht auf die Schweiz hinwiesen: eine völlige Trennung von Savoyen drohte ihren Wohlstand zu zerstören. Es waren deshalb vornehmlich die reichen Kaufleute und Gewerbtreibenden, welche Bezanson entgegentraten.[2]) Manche liessen sich auch durch savoyische Drohungen einschüchtern und wieder Andere hatten Bedenken gegen die rechtliche Zulässigkeit des Bezanson'schen Bündnisses, welches zwar den Bischof als „Fürsten von Genf" ausdrücklich anerkannte, aber mit den verbrieften Rechten des Vicedoms nicht mehr in Einklang zu bringen war. Dazu kam endlich die eigentlich savoyische Partei, die geborenen Unterthanen des Herzogs, die Beamten und heimlichen Pensionaire: ihnen konnte kaum etwas erwünschter sein als der Beschluss vom 6. Februar, welcher auch einen Theil der guten Bürger zu ihren Parteigenossen machte.

So spaltete die Frage des Burgrechts die Stadt in zwei feindliche Hälften, die bald in geschlossenen Reihen einander gegenübertraten. Persönliche Reibungen verschärften den allgemeinen Gegensatz. Die alsbald aufgebrachten Stichwörter der Fehde, „Eidgenossen" und „melucken", flogen herüber und hinüber. „Eidgenossen" hiessen den Gegnern die Anhänger Bezansons, während diese die Vertheidiger der Rechte Savoyens als „Mamelucken" bezeichneten, „weil sie

---

[1]) Vgl. *Roget* I, 149. *Berchtold* I. E. II, 20. *Valerius Anshelm*
[2]) Vgl. *Bonnivard* II, 328.

Bonnivard, „die Freiheit und das öffentliche Wohl preis gaben, um sich der Tyrannei zu unterwerfen, wie die Mamelucken Christus verleugneten, um Mahomet zu folgen."[1]) Beide Theile gaben sich eine militärische Organisation, übten sich in den Waffen, hielten getrennte Zusammenkünfte, die Einen im Palais, die Andern im Rivekloster, und trugen besondere Abzeichen. Ein Kreuz auf dem Wamms und eine Hahnenfeder an dem Hut bildeten das Erkennungszeichen der „Eidgenossen", während die Gegenpartei nach savoyischer Sitte Stechpalmen trug. Hatten jene in Bezanson ihren Führer, so erhielten die „Mamelucken" in dem klugen und energischen Cartelier ebenfalls ein tüchtiges Parteihaupt. Die ganze Stadt war in zwei Heerlager getheilt. Wie einst Welfen und Ghibellinen, erzählt ein alter Bericht, so standen sich jetzt in Genf Eidgenossen und Mamelucken gegenüber — zu ihrem eigenen Schaden und des Herzogs Nutzen, fügt mit weisem Rath der bedächtige Berner Chronist hinzu.

Diese Spaltung der Bürgerschaft und die Haltung der Cantone gab dem Herzog neuen Muth. Der Augenblick schien ihm günstig, eine entscheidende That zu wagen.

An der Spitze einer stattlichen Kriegsmacht setzte sich Karl III. im Frühjahr 1519 gegen Genf in Bewegung. Vor ihm her gingen Boten, welche mit Ankündigung seiner bevorstehenden Ankunft an Syndike und Rath in gebieterischem Tone die Aufforderung richteten, unverzüglich und in aller Form dem Burgrecht mit Freiburg zu entsagen. An einen erfolgreichen Widerstand war, da der Angriff ganz unerwartet kam, nicht zu denken. Die „Mamelucken" legten ihre Sympathien für das anrückende Heer unverhohlen an den Tag: manche eilten demselben entgegen, um dem Herzog ihre Ergebenheit zu bezeigen und ihre Dienste anzubieten. In dieser Bedrängniss entschlossen sich die eidgenössisch gesinnten Behörden, nachdem Verhandlungen,

---

[1] *Bonnivard*, Chroniques II, 287. Der Name Eidgenoss (*Eyguenot*) kommt als Parteiname zuerst in den Rathsprotocollen zum 3. Mai 1520 vor; vgl. *Galiffe*, Bezanson Hugues p. 42. In den Acten des Processes Benoît Toquet wird die Partei *Ayguinoetica secta* genannt; vgl. Matériaux II, 164. Die Orthographie wechselt vielfach: *Eidguenots, Eiguenots, Eyguenots, Eignots, Huguenots*. Der letzten Form bedient sich die noch ungedruckte Chronik Roxts, und man könnte geneigt sein, den Namen mit Bezanson Hugues, dem Führer der Partei, in Verbindung zu bringen; indess halte ich doch diese Ableitung für unwahrscheinlich und Huguenots für eine spätere Umbildung der ursprünglichen Form.

Vorstellungen und selbst Vermittelungsversuche fremder Gesandten fruchtlos geblieben, das schwere Opfer zu bringen: im Lager des Herzogs zu Gaillard sprachen die Syndike feierlich im Beisein von Zeugen den Verzicht auf die „Combourgeoisie" aus.

Allein ein Irrthum war es, wenn sie damit die weiteren Gefahren abgewandt zu haben glaubten. Gegen seine ausdrücklich gegebene Zusage, nur mit einem festgesetzten Gefolge und friedlich die Stadt zu betreten, liess Karl III. am 5. April die in Sicherheit Eingewiegten verrätherisch überfallen und hierauf sein gesammtes Heer in Genf einrücken. Der Trotz des widerspenstigen Bürgervolkes sollte gezüchtigt, die überlegene Macht des herzoglichen Hauses der Stadt einmal in fühlbarer Weise zum Bewusstsein gebracht werden. Mehrere Tage waren Hab und Gut der Bürger der Willkühr der savoyischen Kriegsschaaren preisgegeben. Der Herzog jubelte über die gelungene List und schaltete, befahl, verordnete in Genf, wie in einer zum Gehorsam zurückgeführten rebellischen Landstadt. Bei strenger Strafe wurde den Bürgern das Tragen von Waffen untersagt; eine Gesandtschaft musste nach Freiburg abgehen, um dort nochmals das Burgrecht aufzukündigen; gegen die Anhänger der eidgenössischen Partei wurde ein strenges Blutgericht gefürchtet. Da traf plötzlich die Nachricht ein, dass ein starkes Heer der Freiburger im Anzuge sei, um den „Mitbürgern" zu helfen. Es war wieder Bezanson Hugues, dessen unermüdliche Thätigkeit und feurige Beredtsamkeit Freiburg zu diesem raschen Entschlusse bestimmt hatte. Karl III. erschrack. Es charakterisirt diesen Fürsten, wenn er, der so eben noch die Sprache des übermüthigsten Siegers geführt, jetzt sofort einlenkte und mit dem anrückenden Gegner zu unterhandeln begann. Genf war gerettet. Unter Vermittelung der benachbarten Cantone kam ein Vertrag zu Stande, in Folge dessen sowohl der Herzog als Freiburg — dieses indess gegen Vergütung der Kriegskosten — sich zurückzogen. Allein das Burgrecht wurde nicht wiederhergestellt. Eine Tagsatzung der Eidgenossenschaft, welche am 10. Mai in Zürich zusammentrat, erklärte den Bund zwischen Freiburg und Genf in aller Form für „todt und aufgehoben."[1]

---

[1] Die romanhafte Darstellung dieser Vorgänge bei Bonnivard und Savyon, die noch in den neuesten Werken von Merle d'Aubigné und Charpenne wiederholt wird, hat *Roget* I, 147 aus den Rathsprotocollen als unhaltbar nachgewiesen. Nur ist von dem verdienten Genfer Historiker der gerade für

So war also der erste Versuch einer Annäherung an die Schweiz misslungen und die Lage der Stadt misslicher als vorher. Unter dem Drucke der savoyischen Truppen hatte die gesammte Bürgerschaft empfindlich gelitten. Dazu kam noch, dass auch die Entschädigung Freiburgs in gewohnter Weise auf die Stadt gewälzt wurde. Die Partei der Eidgenossen war muthlos und niedergeschlagen. Die Gegner hatten nicht so ganz Unrecht, wenn sie ihnen das über Genf gekommene Ungemach zur Last legten. Nicht blos in den Kreisen der „Mamelucken" fielen bittere Aeusserungen über unbesonnenen, hastigen Eifer. Wie sah sich die Partei Bezansons so vollständig in den kühnen Hoffnungen, die sie an den Volksbeschluss vom 6. Februar geknüpft hatte, getäuscht!

Und noch Schlimmeres stand bevor. Am 19. August hielt der Bischof nach längerer Abwesenheit mit einem bewaffneten Gefolge seinen Einzug in die Stadt. Er liess es nicht an friedlichen und freundlichen Versicherungen fehlen, aber Niemand traute ihm. Es lag nur zu klar am Tage, dass er im Auftrage des Familienhauptes kam, wahrscheinlich um auszuführen, was dieses hatte unvollendet lassen müssen. Man kannte überdies den Zorn des Bastards gegen die Führer der Volkspartei. Bonnivard hatte sich schon bei der ersten Annäherung der Savoyarden geflüchtet, war aber verrathen worden und befand sich bereits in savoyischer Haft. Bezanson versah sich noch zeitig genug, gleichsam in Vorahnung der kommenden Ereignisse, mit einem Freiburger Geleitsbriefe, so dass der Prälat ohne neue Verwickelungen mit Freiburg gegen ihn nicht einschreiten konnte und sich damit begnügen musste, ihm jede politische Thätigkeit zu untersagen. Nur Berthelier, der stets furchtlose, trug auch in diesem Augenblick noch das Haupt hoch und verschmähte es, sich durch Vorsichtsmassregeln zu schützen. Warnungen, die ihm von verschiedener Seite zukamen, machten keinen Eindruck auf ihn. Gerade die Furcht, die er so viele seiner Mitbürger an den Tag legen sah, war für ihn ein Sporn, um so furchtloser der Gefahr entgegenzugehen.

Er war zum ersten Opfer ausersehen. Vier Tage nach dem Einzuge des Bischofs wurde Philibert Berthelier auf offener Strasse ergriffen und in das Inselschloss abgeführt. Ein savoyischer Richter nahm das kurze Verhör vor. Der Gefangene wurde aufgefordert, sei-

---

diesen Abschnitt sehr lehrreiche Bericht des Berner Chronisten übersehen worden. Vgl. *Valerius Anshelm* V, 436—54.

nen „gnädigsten Herrn" um Gnade zu bitten. „Welchen Herrn?" lautete die Antwort. „Den Herrn von Savoyen, Euren Fürsten und den unserigen", erwiderte der Beamte. „Er ist nicht mein Fürst, und wäre er es, ich würde nicht seine Gnade anflehen." Mit dieser Antwort sprach er sich sein Urtheil. Binnen acht Stunden waren Haft, Verhör, Prozess beendet: die schüchternen Vorstellungen des Raths wurden nicht beachtet. Berthelier endete noch an demselben Tage (23. August 1519) als „Verräther" unter dem Beile des Henkers. In seinem Kerker fand man von seiner Hand an einer Wand die Worte des Psalmisten geschrieben: Non moriar sed vivam et narrabo opera Domini!"[1])

Das tragische Ende dieses unerschrockenen Vorkämpfers der Freiheit rief ein allgemeines Entsetzen hervor. Aber keine Hand regte sich zum Widerstande. Verwirrung und Schrecken hielten die „Eidgenossen" gelähmt, und den noch frischen Eindruck seiner Bluttat benutzte der Bastard zu einem weitern Gewaltacte. Noch bestand die ihm verhasste eidgenössische Obrigkeit vom 6. Februar. Wenige Tage nach Bertheliers Ermordung erklärte ein bischöflicher Erlass[2]) die alten Syndike, da sie ungesetzlich gewählt seien und sich ihres Berufes unwürdig gezeigt hätten, namentlich indem sie „dem so milden Herzog Karl, der Genf so ausserordentlich liebe, als er habe Frieden und Eintracht herstellen wollen, die Thore verschlossen", für abgesetzt und ordnete eine neue Wahl an. Vier eifrige Parteigänger des Herzogs wurden zu Syndiken gewählt und in gleicher Weise auch der Rath im Sinne des Bischofs neugebildet. Es folgte jetzt ein reactionäres Parteiregiment der schlimmsten Art, in dem sich die Parteileidenschaft der „Mamelucken" mit den persönlichen Rachegefühlen des Savoyarden verband. Die neuen Syndike „handelten überall und in Allem, wie es Herzog und Bischof wollten." Noch einmal wurde das Burgrecht für ungültig erklärt und sogar von jedem Bürger einzeln die Verwerfung des gehassten Vertrags verlangt. An die Eidgenossenschaft gingen Gesandte ab, welche, den Beschwerden der Freiburger entgegen — diese allein nahmen sich des Hingerichteten an — Berthelier als einen aufrührerischen Menschen, seine Hinrichtung als ge-

---

[1]) *Bonivard*, Chron. II, 363 ff. Vgl. *Galiffe*, Bez. Hug. p. 48 ff. *Valerius Anshelm* V, 459 sucht ihn als einen Anhänger der Reformation darzustellen, während eifrige Anhänger Calvins ihn später zu einem gemeinen Verbrecher machen. Vgl. z. B. Genfer Rathsprotocolle 9. November 1549.

[2]) Mitgetheilt von *Galiffe*, Bezanson Hugues, Pièces just. p. 276 ff.

rechtfertigt, und den gegenwärtigen Zustand als völlig befriedigend darstellten.[1]) Um jeden Widerstand unmöglich zu machen, verbot eine Proclamation am 10. December 1519 allen Bürgern das Tragen von Waffen sowie jede Art von nächtlichen Zusammenkünften. Zwar hatte der energische Protest, welchen Bezanson im Verein mit sechzehn muthigen Bürgern dagegen einreichte, die Zurücknahme der Verordnung zur Folge, aber die Lage war dadurch wenig gebessert.[2]) Man erklärte Bezanson bald, weil er beharrlich jedem Verkehr mit den aufgedrungenen Behörden auswich, des Bürgerrechts verlustig. Die alten „Rechte und Freiheiten" wurden mit Füssen getreten, Genfer Bürger zur Verantwortung nach Chambery vorgeladen, drückende Steuern ausgeschrieben. Auch das Denunciantenwesen, der unzertrennliche Gefährte jeder siegreichen Reaction, trieb in Genf seine traurigen Blüthen. Eine vor Jahren hingeworfene bedachtlose Aeusserung, Handlungen der harmlosesten Art wurden jetzt nachträglich von rachedürstigen Gegnern aufgegriffen, zu Verbrechen gestempelt und genügten zu Verhaftung und Anklage. „Man verschonte weder die Guten noch die Bösen", klagt Bonnivard, „und bürdete ihnen falsche Verbrechen auf, um sich zu rächen. Man verhaftete, schlug und folterte, man köpfte und hängte, so dass es ein Jammer war."[3])

Die Freiheit schien in Genf gebrochen und dem Tode überliefert. Savoyens Creaturen herrschten in Rath und Bürgerschaft. Nur „Mamelucken" erschienen noch im Generalrath, während die Gegner in stummer Resignation sich jeder Theilnahme an den öffentlichen Angelegenheiten enthielten. Aber der alte Geist lebte gleichwohl noch und setzte unter der äussern Hülle einer scheinbaren Ergebung in das Schicksal in der Stille seine Thätigkeit fort. In heimlichen Zusammenkünften machten Bezansons Gesinnungsgenossen ihren patriotischen Gefühlen Luft; man sprach sich gegenseitig Muth ein und sann auf Pläne zur Befreiung Genfs. Bald ging wieder ein erster Strahl von Hoffnung auf.

---

[1] *Valerius Anshelm* V, 455, *Galiffe*, Matériaux III, 96.

[2] *Galiffe*, Matériaux II, 277, Bezanson Hugues p. 53 u. p. 282—833, wo der Protest abgedruckt ist.

[3] Chroniques II, 374. Aehnlich auch die Chronik des *Marchand de Genève (La guerre de Genève et sa délivrance*, abgedr. in den Mém. et doc. XIII, 27 f.), dessen Schilderung p. 29 sich offenbar auf diese Zeit bezieht. Wichtiges Licht verbreiten über die damaligen Zustände die von Galiffe veröffentlichten Acten der Prozesse Toquet, Ami de Joye und Cartelier. Vgl. Matériaux II, 154 ff., 211 ff. und 233 ff.

In einer von jenen geheimen Versammlungen wurde der Beschluss gefasst, da weltliche Hülfe von keiner Seite zu erwarten sei, das Oberhaupt der Kirche um Hülfe gegen das ärgerliche Treiben des Bischofs und seines Anhangs anzurufen. Man durfte um so mehr auf Erfolg hoffen, als der gewissenlose Kirchenfürst ebensowohl die kirchlichen als die bürgerlichen Freiheiten dem Privatinteresse seines Hauses preisgab. Ami Levrier, ein Sohn jenes alten Syndiks, den wir unter den ersten Vorkämpfern für die Unabhängigkeit Genfs fanden, ein streng kirchlich gesinnter Mann, übernahm es, das Anliegen seiner Mitbürger Leo X. persönlich vorzutragen. Trotz aller Gegenbemühungen und Intriguen des Turiner Hofes kamen die Wünsche der bedrängten Stadt dennoch zu den Ohren des Papstes. Leo X., dem über das von ihm selbst zugelassene kirchenschänderische Treiben der savoyischen Creatur die Augen geöffnet wurden, schritt endlich ein. Es wurde dem Bischof der Aufenthalt in Genf untersagt und ihm zugleich aufgegeben, zu seiner Stellvertretung einen Coadjutor zu ernennen. Dem päpstlichen Befehl musste Folge geleistet werden, und Pierre de la Baume, Abt von Susa und Saint Claude, wurde zum Coadjutor ernannt.[1]) Es war allerdings eine glimpfliche Strafe und kaum eine Sühne für die schmähliche Entweihung des geistlichen Amts zu nennen, aber es war immerhin ein Erfolg der Unabhängigkeitspartei, der nicht verfehlen konnte, ihren Muth einigermassen wieder aufzurichten. Auch auf die „Mamelucken" scheint die Haltung Roms einigen Eindruck gemacht zu haben. Wenigstens sehen wir sie um diese Zeit sich ihren Gegnern wieder nähern. Es gab unter ihnen manche edeldenkende und wohlwollende Männer, die nur durch rechtliche Bedenken oder durch die Betrachtung der Lage der Stadt zu ihrer Parteistellung gebracht worden waren und an den Gewaltthaten des Bastards durchaus keinen Antheil hatten. Ihre Absicht war es keineswegs, die Selbstständigkeit ihrer Vaterstadt, wie es jetzt versucht wurde, geradezu dem Ehrgeiz des Turiner Hofes aufzuopfern. Von diesen scheint, eben unter dem Eindruck jener päpstlichen Entscheidung, der erste Anstoss zu einer Annäherung der Parteien ausgegangen zu sein, und Bezanson, der nie eine ihm widerfahrene Unbill nachtrug, bot gern seine Hand zur Versöhnung dar, als er bei seinen Gegnern Entgegenkommen fand. Die versöhnlichen Erklärungen, welche er vor dem Rathe abgab, sowie seine eindringlichen Ermahnungen, allen Hass und Groll zu vergessen

---

[1]) Vgl. *Galiffe*, Bezanson Hugues p. 54.

und einträchtig für das Wohl der Stadt zu wirken, mussten selbst auf
den starrsten Widersacher Eindruck machen.[1]) Es fand eine öffentliche Versöhnungsscene statt. Bezanson Hugues wurde zu Anfang 1521
wieder in sein Bürgerrecht eingesetzt und ein Jahr später sogar zum
„Generalcapitain" gewählt; auch sein Mitstreiter, der Abt von St. Victor,
kehrte nach zweijähriger Gefangenschaft, in Folge päpstlicher Verwendung freigelassen, um diese Zeit zu den Seinigen zurück. Die
Lage der „Eidgenossen" begann seit dem Jahre 1521 sich wieder freundlicher zu gestalten. Das Syndikat wie die Rathstellen blieben zwar
einstweilen noch in den Händen der „Mamelucken", aber diese selbst
zeigten seitdem gegen die savoyischen Zumuthungen nicht mehr die
frühere Willfährigkeit.[2])

Muth und Hoffnung der eidgenössischen Partei hoben sich noch
mehr, als bald darauf der Mann, dessen Gewissenlosigkeit alle die
traurigen Vorgänge hauptsächlich verschuldet hatte, aus diesem Leben
abgerufen wurde. Johann von Savoyen starb in den ersten Tagen
des Jahres 1522 zu Pignerol an einer Krankheit, in der er selbst die
Strafe des Himmels für seine Ausschweifungen erkannte, voll bitterer
Reue über sein Leben. „Wenn Du einst Bischof von Genf sein wirst",
soll er den an seinem Todesbette stehenden Nachfolger ermahnt haben,
„so tritt, ich bitte Dich, nicht in meine Fussstapfen ein, sondern vertheidige das Ansehen der Kirche und die Freiheit der Stadt."[3])

Viel kam in diesem Augenblicke darauf an, wie der neue Kirchenfürst seine Stellung auffassen werde.

IV.

DER BISCHOF PIERRE DE LA BAUME UND DAS BURGRECHT MIT FREIBURG UND BERN.

Mit allgemeiner Sehnsucht erwartet, hielt Pierre de la Baume,
nachdem er über ein Jahr mit der Besitznahme des Bisthums gezögert,
am 11. April 1523 unter dem Jubel der Bevölkerung seinen feierlichen

---

[1]) Vgl. *Roget* I, 175, 176.
[2]) Vgl. *Roget* I, 177, 178.
[3]) Vgl. *Savyon*, Annales p. 108.

Einzug in Genf. Die Stadt hatte Alles aufgeboten, um ihrem Fürsten und Oberhirten einen würdigen Empfang zu bereiten. Ein Festgedicht pries ihn mit schmeichelhafter Anspielung auf Namen und Wappen, als den von Gott verliehenen Baum, unter dessen Aesten fortan Genf in Frieden und Eintracht leben, Wittwen und Waisen Schutz finden würden.[1]) Der neue Bischof erschien als der Träger einer bessern Zukunft. Günstige Gerüchte waren über ihn in Umlauf, die auch durch das bedenkliche Lob, welches er in seinem ersten Schreiben dem Vorgänger spendete, nicht erschüttert wurden. Es konnte nur ein günstiges Vorurtheil für ihn erwecken, dass er zu Bezançon in einem nähern Verhältnisse stand und auf das Urtheil dieses bewährten Patrioten Gewicht zu legen schien.

Indess wäre es seltsam gewesen, wenn der Turiner Hof, dem doch auch der neue Fürst von Genf seine Erhebung verdankte, dieses Mal bei seiner Wahl so vollständig fehlgegriffen hätte. Bald genug zeigte sich, dass dies nicht der Fall war.

Pierre de la Baume, aus dem altangesehenen Geschlecht der Grafen von Montrevel, war nicht ohne manche gute Eigenschaften. Seine Briefe, von denen uns eine grosse Anzahl erhalten ist,[2]) verrathen eine nicht gewöhnliche Bildung, feinen Geschmack und Geist. Auch in sittlicher Hinsicht bildet er zu seinem Vorgänger einen wohlthuenden Gegensatz.[3]) Er war mild, wohlwollend und gutmüthig. Aber seine Gutmüthigkeit war die der Schwäche. Es fehlten dem neuen Bischof gerade diejenigen Eigenschaften, welche in diesem Augenblicke in Genf am meisten verlangt wurden: Entschiedenheit, Festigkeit, männlicher Muth und Energie. Mit den Verhältnissen wenig bekannt, unerfahren und unselbstständig, überdies ohne jede Menschenkenntniss, sehen wir ihn bald zwischen den Parteien schwanken und Jedem, der sich ihm nähert, ohne Unterschied sein Ohr öffnen, ohne selbst je zu einer festen Ueberzeugung oder zu einem dauernden

---

[1]) Mitgetheilt von *Gaberel*, Histoire de l'église de Genève depuis le commencement de la Réformation, I, Pièces justif. p. 28.

[2]) Vgl. *Sordet*, Mémoire sur les lettres de Pierre de la Baume in den Mém. et doc. II, 1 ff. und die von *Galiffe*, Matériaux II, 425 ff. sowie die jüngst in den Mém. et doc. XV, p. 239 ff. mitgetheilten Briefe. Auch das Berner Archiv besitzt noch einige Briefe de la Baume's.

[3]) Die von *P. Henry*, Leben Calvins I, 148, *Staehelin*, Johannes Calvin I, 115 u. A., gegen ihn erhobene Beschuldigung findet, wie schon Magnin richtig bemerkt, nicht einmal bei Bonnivard eine Bestätigung.

Entschluss zu gelangen. Es erging ihm, wie es solchen schwachen Naturen gewöhnlich ergeht: das Gefühl der eigenen Schwäche erzeugte Misstrauen und nur zu oft kehrte sich dieses gerade gegen seine redlichsten Freunde. Indem er einen vollständigen Bruch mit Jedem zu vermeiden sucht und doch zu Keinem ein rechtes Vertrauen hat, wird er unzuverlässig, zweideutig, unwahr, allen Parteien gleich verdächtig. Man könnte Mitleid mit ihm haben, wenn nicht jene Halbheit und Unentschlossenheit seines Wesens zugleich noch einen andern Grund gehabt hätte. Pierre de la Baume liebte gute Tage, ein bequemes, genussreiches Leben und suchte Alles zu vermeiden, was Anstrengung erforderte. Männliche Würde, geistlicher Hirteneifer waren diesem schlaffen Geiste unbekannt. Statt, wie es seine Pflicht gebot, in Genf auszuharren und im Verein mit seinen getreuen Unterthanen muthig den Kampf gegen die empörenden Anmassungen des Turiner Hofes zu wagen, findet er es zusagender, fern von dem Schauplatze des Kampfes, in seinen Abteien und Schlössern ungestört dem Genusse zu leben und die Last des Kampfes auf andere Schultern abzuwälzen. Es macht einen peinlichen Eindruck, zu sehen, wie er in den ernstesten Lagen in Briefen an seine genferischen Agenten spielend des schönen Weins von Arbois gedenkt oder um Uebersendung schmackhafter Fische und Capaunen bittet! Selbst der Bastard, obschon er den grössten Theil seiner Regierung am Hofe oder auf den Schlössern des Familienhauptes zubrachte, ist häufiger bei seiner Heerde in Genf gesehen worden, als Pierre de la Baume.

Bei einem solchen Hüter und Wächter der bürgerlichen und kirchlichen Freiheiten hatte der Turiner Hof leichtes Spiel. Unmittelbar nach dem Einzug des Bischofs kündigte auch der Herzog Genf einen neuen Besuch an, um, wie es hiess, seine Neuvermählte, die Prinzessin Beatrix von Portugal, welche Karl III. zum Schwager Karls V. machte, der Stadt vorzustellen. Pierre de la Baume hielt es für seine Pflicht, selbst für eine würdige Aufnahme des hohen Paares Sorge zu tragen, um jede Missstimmung, welche die soeben seiner eigenen Person erwiesenen Ehren in Turin hervorgerufen haben könnten, zu beseitigen. In der That liess der Empfang der Neuvermählten, als sie am 4. August mit glänzendem Gefolge eintrafen, kaum etwas zu wünschen übrig. Man bewillkommnete die Herzogin sogar in ihrer Muttersprache, ehrte sie durch Geschenke, öffentliche Aufzüge, theatralische Aufführungen. Die liebliche Gestalt der schönen Fürstin brachte für den Augenblick alle feindlichen Gefühle zum Schweigen:

nicht blos „Mamelucken", auch hervorragende „Eidgenossen" konnten es sich nicht versagen, derselben ihre Huldigung darzubringen. Die Prinzessin war entzückt von der Schönheit und Liebenswürdigkeit ihrer Stadt: sie wusste nicht anders, als dass auch Genf eine von den Städten ihres Gemahls sei.[1])

Und es dazu wirklich zu machen, traf jetzt Karl III. abermals die ernstlichsten Anstalten. Der glänzende Empfang, den ihm de la Baumes Dienstbeflissenheit bereitet, war für ihn eine neue Aufmunterung. Der Aufenthalt der herzoglichen Familie in Genf wurde auf unbestimmte Zeit verlängert. Nicht auf Gewalt, wie vor vier Jahren, war es zunächst abgesehen: Genf sollte die Freuden und Herrlichkeiten einer savoyischen Residenz kosten und gerade dadurch zur Einsicht gebracht werden. Glänzende Feste, jetzt von dem Herzog der Stadt gegeben, folgten in buntem Wechsel. Am 2. December 1523 kam die Herzogin in dem Predigerkloster mit einem Prinzen nieder. Es lag unverkennbar Absicht darin, dass als Ort der Niederkunft Genf gewählt war: der Thronerbe sollte als geborener Genfer erscheinen, in der Bürgerschaft ein dynastisches Gefühl geweckt werden. Der Jubel, mit dem der grösste Theil der Bevölkerung das Ereigniss feierte, erfüllte den Herzog mit lebhafter Befriedigung. Ueberhaupt schien es, als werde das angewandte neue Mittel völlig den beabsichtigten Erfolg haben. Unter dem Rausche der Feste begann Karl III. bald versteckt oder offen ein Hoheitsrecht nach dem andern für sich in Anspruch zu nehmen. Um von dem Bischof in seinen Plänen nicht gestört zu werden, suchte er denselben unter einem scheinbaren Vorwande aus Genf zu entfernen. Nachdem auch dies gelungen, trat des Herzogs Plan immer unverhüllter hervor. Die unzweifelhaftesten Rechte des Bischofs wurden in schnöder Weise mit Füssen getreten; die bischöflichen Beamten, zum grössten Theil Creaturen des Bastards, legten mit geringen Ausnahmen für die Vertheidigung derselben wenig Eifer an den Tag. Die savoyische Herrschaft machte rasche Fortschritte, und bald konnte es scheinen, als sei Genf bereits an die Stelle Turins getreten.

Allein wie sehr man auch in Genf ein fröhliches Dasein liebte und für die Freuden des Hofes empfänglich war, der Rausch der Feste

---

[1]) Die Erzählungen Bonnivards (II, 389) von dem Uebermuth der Herzogin werden durch die Rathsprotocolle widerlegt. Vgl. *Roget* I, 185. Das zu Ehren der Fürstin auf dem Molardplatze aufgeführte Stück ist mitgetheilt in den Mém. et doc. I, 153 ff.

war doch nicht im Stande, die Stimme der Freiheit völlig zu übertönen, und die sehr energischen Protestationen, welche einzelne eidgenössisch gesinnte Bürger in Wort und That dem savoyischen Treiben entgegensetzten, belehrten Karl, dass der wirkliche Erfolg hinter dem scheinbaren zurückblieb. Da wagte es noch ein Jean Lullin, Wirth zum Bären, einen herzoglichen Stallmeister in wenig höflichen Worten von seiner Herberge abzuweisen, weil sein Quartier von deutschen Fuhrleuten eingenommen sei, und er lieber, fügt der Chronist hinzu, „ein Wirth für Fuhrleute als für Fürsten sein wollte." Der Rath zog den unhöflichen Mann zur Strafe, aber verbarg selbst nicht seine zunehmende Missstimmung über das savoyische Treiben und die schnöden Angriffe auf das offenbare Recht des Bischofs. Der Festgeber fing jetzt an, eine strengere Sprache zu führen; er drohte den Syndiken, dass er „Genf kleiner machen werde als das kleinste Dorf seines Reiches", wenn die rebellische Gesinnung nicht aufhöre, und zog zur Unterstützung seiner Drohungen eine bedeutende Truppenmacht um die Stadt zusammen, „zur Taufe des jungen Prinzen", wie der Vorwand lautete.[1]) — Allein auch dies brachte die Opposition nicht zum Schweigen. Bertheliers Heldengeist war noch nicht gestorben. Ami Levrier hatte den Muth, im bischöflichen Conseil den Bischof als den allein rechtmässigen Herrn von Genf zu bezeichnen und mit nackten Worten das Vasallitätsverhältniss des Turiner Herzogs in Erinnerung zu bringen. Karl war ausser sich vor Wuth, als er davon hörte, liess den Verwegenen vor sich kommen und überhäufte ihn mit Schmähungen. Wenige Tage später wurde Levrier, als er eben aus der St. Peterskirche trat, von savoyischen Häschern ergriffen, nach dem Schlosse Bonne geschleppt und gefoltert. Schon am nächsten Tage — es war der Passionssonntag 1524 — bestieg der würdige Sohn des alten Syndiks wie Berthelier das Schaffot. „Ich bedauere meinen Tod nicht", waren die letzten Worte des überzeugungsfesten Mannes, „denn ich sterbe durch die Gnade Gottes für die Freiheit meines Vaterlandes und die Autorität des heiligen Petrus."[2])

Levriers Ermordung bedeutete die Rückkehr zu dem alten System brutaler Gewalt. Es wiederholten sich die Zustände, wie sie auf die Hinrichtung Bertheliers gefolgt waren. Genf war schutzlos der

---

[1]) Vgl. Rathsprotocolle zum 18 und 22. December 1523 bei *Roget* I, 188, 189.
[2]) Vgl. *Bonnivard*, Chron. II, 404, *Savyon* p. 116 ff.

savoyischen Willkühr preisgegeben. Der Bischof hatte nicht einmal den Muth, gegen den in seiner Abwesenheit verübten frechen Mord seines treuesten Dieners zu protestiren; der kühle, vorsichtige Ton, worin er Levriers Katastrophe in seinen Briefen berührt, zeigt, dass ihm jeder edle Mannesmuth fehlte.[1]) Nie ist ihm seine damalige Haltung verziehen worden. — Die Klagen und Protestationen des Rathes, der Schrei des Unwillens, welcher durch das Volk ging, machten keinen Eindruck. Zwar fand der Herzog selbst es bald rathsam, die Stadt auf einige Zeit zu verlassen, aber von Turin aus wurden die Bedrückungen mit Hülfe seiner gewissenlosen Parteigänger in der Bürgerschaft mit ungemilderter Strenge fortgesetzt. Er wagte es sogar, auf die Klage eines Elenden hin die Syndike selbst vor seinen Gerichtshof nach Chambéry zur Verantwortung vorzuladen, und liess Urtheil und Spruch ergehen, als sie nicht erschienen. Es folgten Denunciationen, willkührliche Verhaftungen, schwere Geldstrafen. Man beschloss 1525 durch eine Appellation an den Papst abermals in Rom Hülfe zu suchen; allein, eingeschüchtert durch die Drohungen des Herzogs, gab man auch diesen letzten Rettungsversuch auf: die muthigere Minderzahl wurde überstimmt. Mit unverhüllten Worten liess damals Karl III. der Stadt durch seinen Vicedom erklären, dass er sich als Souverain von Genf betrachte und sein souveraines Recht mit Strenge geltend machen werde.[2])

Immer düsterer gestalteten sich die Aussichten für die Eidgenossen. Bezanson Hugues befand sich in fortwährender Lebensgefahr: er durfte es nicht mehr wagen, eine auf ihn im Jahre 1525 gefallene Wahl zum Syndik anzunehmen; ein wiederholter Befehl des Herzogs hatte ihm auf das Strengste jede öffentliche Thätigkeit untersagt. Als sich im Herbst 1525 starke savoyische Truppenmassen um Genf sammelten, wurde allgemein geglaubt, und bestimmte Anzeichen sprachen dafür, dass es auf eine Gefangennehmung und Niedermetzelung der eidgenössisch gesinnten Bürger abgesehen sei. Die angesehensten Führer der Partei, namentlich jene, welche die Appellation nach Rom betrieben hatten, unter ihnen auch Bezanson, entwichen heimlich nach der Schweiz.[3]) Ihre Flucht machte die Parteigänger des Herzogs

---

[1]) Vgl. *Sordet* in den Mém. et doc. II, 7.
[2]) Vgl. *Roget* I, c. I, 204 ff.
[3]) Vgl. Journal du Syndic *Jean Balard*, zum ersten Mal gedruckt in den Mém. et doc. X, p. 36, wo die Namen der 18 angesehensten Flüchtlinge: Bezanson Hugues, Ami Girard, Jean Philippe, Michel Sept, Jean Lullin, Ami

vollends zu Herren der Lage. Unter den zurückgebliebenen Eidgenossen herrschte Furcht und Niedergeschlagenheit. Auch solche, die bisher mit unverzagtem Muthe die Sache der Unabhängigkeit verfochten hatten, begannen jetzt die Hoffnung aufzugeben. Und schien denn nicht in der That eine rückhaltlose Anerkennung der savoyischen Ansprüche einer längern Fortdauer des bisherigen unerträglichen Zustandes am Ende vorzuziehen? Schon wagte man es nicht mehr, das Anerbieten der drei Kantone Freiburg, Bern und Solothurn, welche auf die Vorstellung der Emigrirten sich zu einer Vermittelung bereit erklärten, anzunehmen. In der Kanzlei des Herzogs wurde das Antwortschreiben abgefasst, womit Genf den freundlichen Dienst der drei Orte ablehnte.[1])

Kein Widerstand regte sich mehr, als Karl III. gegen Ende des Jahres an der Spitze der angesammelten Truppen wirklich in Genf einzog. Am 10. December 1525 liess er die Bürgerschaft in dem Domkloster zu einem Generalrath zusammentreten. Savoyische Hellebardiere umstanden die Versammlung. Drei Forderungen wurden von dem herzoglichen Kanzler im Namen seines Souverains den Bürgern von Genf vorgelegt, — Forderungen, die, wenn auch nicht dem Wortlaute, doch ihrer wahren Bedeutung nach, den völligen Verzicht auf Genfs Unabhängigkeit und die Anerkennung der savoyischen Herrschaft enthielten. Ein einstimmiges „Ja" war die Antwort. Zwei Tage später sprach der erste Syndik dem Herzog für seine gnädige Gesinnung den Dank der Stadt aus und betheuerte, dass Genf immerdar unter seinem erhabenen Schutze leben wolle. Froh und zufrieden kehrte Karl III. am 12. December nach Piemont zurück. Das Ziel des savoyischen Ehrgeizes schien endlich erreicht.[2])

Es war eitele Täuschung! Gerade als Karl III. sich am Ziele seiner Wünsche wähnte, stand die scheinbar unterworfene Stadt ihrer Befreiung näher als jemals.

Mehreres kam zusammen, um eine Wendung herbeizuführen. Vor Allem waren es die allgemeinen politischen Verwickelungen jener Jahre, welche Genf Hülfe brachten. Der grosse Gegensatz zwischen Habsburg und Frankreich löste auch das bisherige Freundschafts-

---

Bandiere, Thomas Vandel u. A. mitgetheilt sind. Der Verfasser war 1525 Syndik und seine Aufzeichnungen bilden für die Zeit 1525—31 eine Hauptquelle.

[1]) Journal de J. Balard l. c. X, p. 18, 19.
[2]) Journal de J. Balard l. c. X, p. 28 ff.

verhältniss zwischen Savoyen und der Eidgenossenschaft, indem der eigene Vortheil, Verwandtschaft und Tradition die alten Freunde in verschiedene Heerlager führten. Als Bundesgenossen Karls V. und Franz I. standen sich der Turiner Herzog und die schweizerischen Orte feindlich entgegen; seit dem Tage von Pavia bestanden die Rücksichten nicht mehr, welche bis dahin insbesondere Bern von einer wirksamen Unterstützung der bedrängten Stadt am Leman abgehalten.[1]) Schon im Herbst 1525 hatte man in Genf von der veränderten Stimmung der Schweizer sichere Kunde. Und dazu kam, dass der Streit der beiden grossen europäischen Cabinette überhaupt auf die Politik des Turiner Hofes lähmend einwirkte. Als Schwager des Kaisers und mit seinem Gebiete mitten zwischen den beiden streitenden Mächten gelegen, wurde der Herzog von dem ganz Europa bewegenden Kampfe in der unmittelbarsten Weise ergriffen. In einer Zeit, wo die Lage der Stammlande jenseits der Alpen die grösste Wachsamkeit erforderte, konnte natürlich den cisalpinischen Verhältnissen nicht mehr die gleiche Aufmerksamkeit zugewandt werden. Seit jenem 12. December hat Karl III. Genf nicht wieder gesehen. Es ist bezeichnend, dass er zu Anfang des nächsten Jahres Pierre de la Baume, welchen er bis dahin systematisch fern gehalten hatte, zur Rückkehr nach Genf veranlasste, um nunmehr diesen gefügigen Prälaten als Werkzeug für seine Pläne zu benutzen.

So konnte es geschehen, dass schon wenige Tage nach der Abreise des Herzogs in Genf ein vollständiger Umschwung eintrat. Am 22. December 1525 erschienen gegen sechzig der angesehensten Bürger vor dem kleinen Rath und erklärten feierlich, ihre geflüchteten Mitbürger seien Ehrenmänner, ja die besten Bürger der Stadt, die nur für Genfs Wohlfahrt, Ehre und Recht kämpften; sie selbst seien völlig einverstanden mit ihnen, auch sie könnten nur den Bischof als den wahren Fürsten und Herrn von Genf anerkennen.[2]) Diese feste und männliche Erklärung löste mit einem Mal den Bann, der auf den Gemüthern gelastet, und wurde das Signal zu einer allgemeinen Reaction. Nur eines solchen entschiedenen Auftretens hatte es bedurft, um die lange verhaltenen Gefühle zum Durchbruch zu bringen. Die

---

[1]) Ausdrücklich gedenkt auch der Berner Chronist der „Ungunst", welche der Herzog „von des meyländischen Kriegs wegen hatt." *Valerius Anshelm* VI, 345. Erst nach der Schlacht von Pavia trat Karl III. entschieden zu der kaiserlichen Partei über.

[2]) Vgl. *Galiffe*, Matériaux II, 324 ff. *Roget* l. c. I, 219.

Bevölkerung war plötzlich wie umgewandelt. Der Protest der Sechzig wurde schriftlich aufgesetzt und zahlreiche Bürger erklärten noch nachträglich ihre Zustimmung. Günstige Nachrichten über den Erfolg der Unterhandlungen, welche die „Auswärtigen" sofort in der Schweiz eröffnet hatten, machten die Stimmung noch gehobener. Der Ruf „Es leben die Eidgenossen!" ertönte durch alle Strassen und wurde, heisst es, sogar von den Kindern wiederholt. Die Stadt schien nicht mehr dieselbe, als ihre Bürger zu Anfang Februar zu der üblichen allgemeinen Wahlversammlung zusammentraten. Die „Artikel" des Herzogs wurden für null und nichtig erklärt, „da sie den Rechten und Freiheiten der Stadt widerstritten und blos von einigen Bürgern durch Furcht und Gewalt zu Stande gebracht seien." Unter den neugewählten Syndiken befand sich Jean Philippe, einer von den achtzehn Emigrirten.

In bedauernswürdiger Lage befand sich diesem plötzlichen Wechsel gegenüber der Bischof Pierre de la Baume, welcher eben in diesen Tagen in Genf wieder eintraf. Wie hätte er nicht Sympathien für Männer empfinden sollen, welche die Vertheidigung seiner Rechte an die Spitze ihres Programms stellten! In der That sprach er sich mehrmals vor Freunden in einer Weise aus, dass sein Uebertritt zu der Bürgerpartei mit Sicherheit zu erwarten schien. Aber der schwache Mann besass nicht den Muth, für seine Herzensmeinung auch entschieden einzutreten. Ueberdies wurde er durch zwei savoyische Beamte, welche ihm der Herzog als Begleiter beigegeben, so streng überwacht, dass unabhängige Männer gar keinen Einfluss auf ihn ausüben konnten.[1]) Pierre de la Baumé suchte auch jetzt noch mit beiden Theilen ein gutes Einvernehmen zu erhalten und die Rolle eines Vermittlers zu übernehmen. Allein die Zeit der Vermittelungen war vorüber.

Denn Bezanson Hugues und seinen Leidensgefährten in der Schweiz war es inzwischen gelungen, die seit Jahren betriebenen und 1519 so kläglich gescheiterten Burgrechtsverhandlungen endlich zu einem glücklichen Abschluss zu bringen. Leicht kam man in Freiburg zum Ziel, wo die Klagen der Emigrirten den tiefsten Eindruck machten und die Mehrzahl noch an dem alten Vertrage festhielt. Wäre es nach Frei-

---

[1]) *Salenoeve et Balayson*, schreibt Porral um diese Zeit, *le tiennent de si près qu'il ne peut parler à personne, qu'ils n'y soyent*." Galiffe, Matériaux II, 353. Aehnlich II, 341.

burgs Wunsch gegangen, meint der Berner Chronist, so würde man sofort den Herzog mit Krieg überzogen haben.¹) Grosse Mühe kostete es dagegen auch jetzt noch, die Berner zu gewinnen. War auch die öffentliche Stimmung in Bern jetzt Savoyen feindlich und seit dem Herbst 1525 namentlich bei dem gemeinen Manne eine grössere Theilnahme für die Leiden der Nachbarstadt wahrnehmbar, so trugen doch die leitenden Staatsmänner und der kleine Rath noch eine entschiedene Abneigung gegen eine nähere Verbindung mit Genf zur Schau. Man warnte Freiburg und Solothurn vor übereilten Schritten. Es bedurfte der ganzen Beredtsamkeit Bezansons und sogar noch des Mittels der Bestechung,²) um den Bitten der Genfer Gehör zu verschaffen. Und auch dann noch gaben die „Herren des kleinen Raths" nur unter dem Drucke der Majorität des grossen Raths mit einem ausdrücklichen Protest ihre Einwilligung.³) So wurde endlich am 7. und 8. Februar 1526 auch in Bern die Aufnahme Genfs ins Burgrecht beschlossen.

Mit dem neuen Bundesbriefe und geleitet von einer Deputation der beiden verbündeten Städte kehrten Bezanson und die übrigen emigrirten Patrioten am 21. Februar in ihre Vaterstadt zurück. Drei Tage später fand eine grosse Bürgerversammlung statt. Bezanson Hugues trat auf, gedachte in beredten Worten der überstandenen Leiden, berichtete über die geführten Verhandlungen und das abgeschlossene Bündniss und verlas die einzelnen Artikel desselben. Das Burgrecht soll auf 25 Jahre abgeschlossen werden, so jedoch, dass es von fünf zu fünf Jahren feierlich erneuert wird. Die drei Orte verpflichten sich, ehrlich und treu zusammenzustehen; Bern und Freiburg werden Genf, dieses ebenso jene gegen jeden ungerechten Angriff vertheidigen; ihre Angehörige betrachten sich unter einander als Mitbürger; Streitigkeiten sind durch ein Schiedsgericht beizulegen. Ueberall und vor Allem soll die Autorität, das Recht und die Jurisdiction des Bischofs,

---

¹) *Valerius Anshelm* VI, 345.

²) *Valerius Anshelm* erzählt, das Burgrecht sei zu Stande gekommen „mit gar an Salb." Vgl. Ungedr. Fortsetzung ad a. 1526 (M. S. der Bern. Stadtbibl.) Spätere Geschenke von Genf wurden förmlich durch Rathsbeschluss vertheilt: „Ist das mer worden das man die Schänk von den Jänffern empfachen sölle vnnd vssteylen." Berner Rathsmanuale 24. August 1526.

³) Sie bewilligen „den Burgern, die von Jenff zu Iren Burgenn vffzunemen vnd sind auch dieselbigen vffgenomen, doch hieby ingedenk, das sollichs die Räth zu thun sich gewidrigt haben". Berner Rathsmanuale 7. Februar 1526. Vgl. Rathsmanuale zum 5 und 8. Februar. Vgl. auch *CarlJauns*, De reformatione Bernensi. Bonn 1868, p. 69, 70.

„unsers allergnädigsten Herrn," gewahrt werden. Es war der neue Vertrag allerdings in einzelnen Bestimmungen für Genf nicht mehr so günstig als der vor sieben Jahren mit Freiburg verabredete: die beiden „Mitbürger" behielten sich in jedem besondern Falle eine Prüfung der Klagen Genfs und vor Allem Schadenersatz vor, während Genf für seine Hülfeleistungen Nichts empfing;[1] aber in dem ersten Jubel wurde wenig darauf geachtet. Ein stürmischer Beifall folgte, als Bezanson seine Rede beendet hatte. „Wir sind frei, es lebe Bern, es lebe Freiburg!" ertönte es aus Aller Munde. Nur sechs Ablehnende wurden bemerkt, als am nächsten Tage zur förmlichen Abstimmung über die Annahme des Vertrags geschritten wurde. Am 12. März fand gleichzeitig in allen drei Städten mit grosser Begeisterung die feierliche Beschwörung des Burgrechts statt.[2]

Die Herrschaft der „Mamelucken" in Genf war zu Ende. Ein letzter Widerstandsversuch, den sie machten, offenbarte nur ihre Ohnmacht und war eben so erfolglos wie die Proteste, welche sie in die Schweiz sandten. Das „eidgenössische" Volk nahm gegen seine alten Bedränger eine so drohende Haltung an, dass sie trotz einer zugleich mit dem Burgrecht verkündeten allgemeinen Amnestie sich nicht mehr sicher glaubten und in grosser Zahl auf herzogliches Gebiet entwichen. So rasch wurden die Rollen getauscht! Am härtesten aber war es für sie, dass nach längerm Schwanken auch der Bischof sich auf die Seite ihrer Gegner schlug.

Pierre de la Baume hatte Anfangs Alles gethan, um den Abschluss des Burgrechts zu hintertreiben: einer Politik der Vermittelung, wie sie ihm am meisten zusagte, war ein so entscheidender Schritt geradezu entgegengesetzt. Kaiser und Papst, erklärte er noch an demselben Tage, an welchem die entscheidende Abstimmung erfolgte, werde er um Hülfe anrufen; in aller Form legte er Verwahrung ein. Bezanson

---

[1] Das deutsche Original der Vertragsurkunde ist abgedruckt: Archives d'hist. de Frib. II, 116—121. Der französische Text befindet sich in der neuen Ausgabe der Chronik Bonnivards von Revilliod II, 257 ff.

[2] Vgl. Journal de Balard l. c. X, p. 50 ff. Berner Rathsmanuale 12. März 1526 und den Bericht der Genfer Rathsprotocolle bei *Roget* I, 231 ff. Auf den Beitritt Solothurns, das an den Vorverhandlungen Theil genommen, scheint von genferischer Seite kein so grosses Gewicht gelegt zu sein; wenigstens ist, obschon Solothurn sich an den späteren Verwickelungen noch mehrfach betheiligte, doch, soviel ich sehe, von dem Beitritt desselben nicht weiter die Rede.

gelang es indess, seine Besorgnisse und Bedenken zu zerstreuen und ihn sogar zu einer bedingten Anerkennung des Geschehenen zu bewegen. Allein noch einmal gewann bei dem wankelmüthigen Manne der savoyische Einfluss das Uebergewicht, und einige Wochen nach der feierlichen Beschwörung des Burgrechts sehen wir ihn abermals einen Protest gegen dasselbe an die Eidgenossenschaft richten.[1]) Aber zum zweiten Mal wusste der gewandte Patriot ihn umzustimmen, und jetzt ging er, wie es bei solchen schwachen Naturen nicht ungewöhnlich ist, mit einer gewissen Lebhaftigkeit auf den Umschwung der Dinge ein. Er lud bald die Deputirten der beiden Städte zur Tafel, sprach laut seine Unzufriedenheit aus über die savoyische Haltung eines Theils des Domcapitels[2]) und das Treiben der emigrirten „Mamelucken;" er verklagte den Herzog sogar beim Kaiser. Seine Sinnesänderung schien gründlich und vollständig. Bezansons Einfluss beherrschte den Bischof und die Bürgerschaft.

Und nun gewann Genf bald ein anderes Aussehen. Um einer neuen militairischen Besetzung von Seiten des Herzogs vorzubeugen, wurde sie sofort in Vertheidigungsstand gesetzt. Man stellte an allen Thoren regelmässige Sicherheitswachen aus und wies die beschäftigungslosen Fremden an, die Stadt zu verlassen; man begann die Wiederherstellung der alten Festungswerke und dehnte sie weiter aus; man ernannte Hauptleute und Bannerherrn und vermehrte das schwere Geschütz. Die Seele von Allem was geschah war Bezanson, der als Generalcapitain — eine Würde, die jetzt eine grössere Bedeutung erhielt[3]) — den Oberbefehl führte und eine musterhafte Ordnung aufrecht erhielt. Jeder Bürger musste sich bewaffnen und seinem Vorgesetzten unbedingt gehorchen. Allgemeine Auflagen wurden zur Bestreitung der militairischen Bedürfnisse ausgeschrieben und mit Eifer aufgebracht. Die einzelnen Corporationen wetteiferten in patriotischer Opferwilligkeit. Die Brüderschaft von S. Barbara schenkte zwei Kanonen, die meisten übrigen je eine; der Generalrath erhob, was Anfangs guter

---

[1]) Vgl. Mém. et doc. XV. p. 249—50.

[2]) Bezeichnend für die Haltung des Domcapitels gegenüber der Combourgeoisie ist ein Schreiben desselben an Bern vom 29. Januar 1526, worin es sich schon im voraus gegen dieselbe verwahrt: *Majorum nostrorum clara et tutissima vestigia pro viribus imitantes, nulla unquam aliunde praesidia, nullos favores, nullas amicicias novas aut confoederationes antea quaesivimus aut in praesenti quaerimus.*" Berner Archiv: Genfer Angel. 1162—1557.

[3]) Vgl. *Galiffe*, Genève hist. et archéol. p. 331, 332.

Wille war, bald zur Pflicht und nöthigte die Brüderschaft vom h. Crispin sogar ihr Inventar zu verkaufen, um das Vaterland zu retten.[1]) Je sechs Deputirte der beiden verbündeten Städte nahmen gleichsam zur Beruhigung der Bürger schon im Sommer 1526 in Genf ihren dauernden Aufenthalt.[2])

Wichtiger indess als diese militairische Organisirung der Stadt war die Umwandlung, welche der politische Zustand in unmittelbarer Folge des Burgrechts erfuhr. Die Zeichen der savoyischen Herrschaft fielen. Das im Jahre 1519 an dem Inselschlosse angebrachte herzogliche Wappen wurde beseitigt, das Andenken Bertheliers, des unerschrockenen Vorkämpfers gegen savoyische Tyrannei, wiederhergestellt und in St. Peter unter dem Geläute aller Glocken ein feierlicher Trauergottesdienst für ihn gehalten. Die savoyischen Beamten, der Vicedom, sein Stellvertreter, der Schlossherr von Gaillard trugen durch ihre übereilte Flucht selbst dazu bei, den Gang der Ereignisse zu beschleunigen. Man freute sich, der verhassten Dränger so leichten Kaufs ledig geworden zu sein, und liess ihre Aemter eingehen, oder vielmehr: man übte die mit denselben verknüpften Functionen selbst aus.[3]) Die Rechtspflege ging, als bald darauf der Bischof in einer patriotischen Aufwallung auf sein Recht der Civiljurisdiction Verzicht leistete, einer völligen Neugestaltung entgegen. Zunächst übernahm ein Ausschuss von Syndiken und Räthen, der zu regelmässigen Sitzungen zusammentrat, das Amt des Rechtsprechens. Da aber diese Einrichtung sich als ungeeignet erwies und der Bischof neue Zugeständnisse machte, wurde einige Zeit später zu einer selbstständigen Organisation des Gerichtswesens geschritten. Ein städtischer „Justizlieutenant" (Lieutenant de la justice ou de police), der zugleich Mitglied des kleinen Raths war und von vier Assistenten (auditeurs) unterstützt wurde, trat an die Stelle des Vicedoms für die niedere Gerichtsbarkeit. Für die höheren Instanzen wurden im weitern Verlauf aus Syndiken und Rathsmitgliedern besondere Collegien gebildet. Die Reihe der neuen „Lieutenants", welche alljährlich gewählt wurden, eröffnete Claude Richardet, einer der eifrigsten und angesehensten Anhänger des Burgrechts.[4] —Um

---

[1]) Vgl. *Galiffe*. Bezanson Hugues p. 127. *Roget* I, 276 ff.
[2]) Journal de J. Balard l. c. X, p. 64; vgl. *Savyon* p. 136.
[3]) Vgl. *Bonnivard*, Chron. II, 450, *Savyon* p. 133 ff.
[4]) Man vergleiche über diese Umgestaltung des Justizwesens, welche sich gleichsam in drei Hauptacten während der Jahre 1527, 28 und 29 vollzog, *Bonnivard*, Chron. II, 471, 479, 546, *Roget* I, 269, 294, *Galiffe*, Bez. Hug.

Genf in seiner Verfassung den verbündeten eidgenössischen Orten möglichst gleichförmig zu machen, wurde 1527 den vorhandenen Rathscollegien noch ein neues nach schweizerischem Vorbild hinzugefügt, indem zwischen die beiden kleinen und den allgemeinen Rath das Collegium der Zweihundert oder der grosse Rath trat, welcher fortan in dem öffentlichen Leben eine bedeutende Rolle spielt. Seine Mitglieder wurden in ähnlicher Weise wie der grosse Rath in Bern von dem kleinen Rath ernannt — eine nicht unbedenkliche Neuerung in dem bisher streng demokratisch organisirten Staatswesen![1]) Man sieht: die Veränderungen, welche der gesammte Zustand erfuhr, waren so umfassend und so tiefgreifend, dass eine Rückkehr zu dem alten Zustande von vornherein unmöglich wurde.

Die ganze Umwälzung vollzog sich unter Bezansons umsichtiger Leitung in der Hauptsache ohne grössere Störungen, ja zum Theil in streng rechtlichen Formen. Doch unmöglich liessen sich bei der allgemeinen Erregtheit der Gemüther alle Unordnungen vermeiden. Bezansons Mahnungen zur Mässigung fanden nicht überall Gehör. Manche wollten sich die Gelegenheit zur Rache nicht entgehen lassen. Es fehlte nicht an einzelnen tumultuarischen Auftritten, die sich namentlich gegen die Wohnungen der geflüchteten „Mamelucken" richteten.

---

p. 175 ff. — Der Instanzengang bildete sich allmählich in der Weise aus, dass ein Syndik nebst acht Assistenten aus dem Rathe der 25 und 200 die zweite, dagegen die übrigen drei Syndike nebst den übrigen Mitgliedern des kleinen Raths und zehn Assistenten aus den 200 die dritte Instanz bildeten. Vgl. Bonnivard, Anciennes et nouv. police p. 30.

[1]) Vgl. Bonniv., Chron. II, 449, Anc. et nouv. pol. p. 19 ff. Ueber den Modus der Ernennung geben die Rathsprotocolle z. B. zum 4, 5 und 6. Febr. 1532 die beste Auskunft. Der aristokratische Charakter der unter dem Einflusse Berns und Freiburgs eingeführten neuen Einrichtungen ist bisher zu wenig beachtet worden: nicht erst mit Calvin begann die aristokratische Gestaltung der Genfer Verfassung. Wie gross insbesondere Berns Einfluss auf die Verfassungsverhältnisse Genfs gewesen ist, ersieht man auch daraus, dass Genf 1538 sich geradezu eine Abschrift der Berner Stadtsatzungen erbittet (Berner Rathsm. 2. Febr. 1538). Stand auch der Rath der 200 verfassungsmässig unter dem Generalrath, so hat er doch factisch wesentlich dazu beigetragen, die Bedeutung des letztern zu vermindern. Es verbreitete zwar einen demokratischen Schein, als 1530 die Zweihundert das Recht der Wahl des kleinen Raths erhielten (Bonniv. II, 549) wie Aehnliches 1527 neuerdings in Bern festgesetzt worden (Cardauns l. c. p. 94), aber da die Zweihundert selbst durch den kleinen Rath ernannt wurden, hatte dies wenig zu bedeuten. Vgl. auch Bez. Hug. p. 197.

Auch die Domherren, zum Theil noch Creaturen des Bastards und durch ihre savoyischen Sympathien dem Volke verdächtig, fingen an inmitten der neuen Verhältnisse sich unheimlich zu fühlen, und mehrere verliessen die Stadt trotz der beruhigenden Zusicherungen, die ihnen gegeben wurden.[1]) Cartelier, das stolze Haupt der „Mamelucken", der merkwürdiger Weise zurückgeblieben war, wurde verhaftet, einem demüthigenden Verhör unterworfen und büsste in Kerker und Ketten schwer für den Uebermuth, den er Jahre lang als gewissenloser Diener des Herzogs gegen seine Mitbürger geübt: nur durch das Einschreiten des Bischofs entging er der bereits über ihn verhängten Todesstrafe.[2]) Ebenso wurde gegen die geflüchteten „Mamelucken", 44 an der Zahl, sämmtlich angesehene und wohlhabende Bürger,[3]) der Prozess beschlossen. Bezanson war für ein mildes Verfahren gewesen und hatte einer allgemeinen Versöhnung das Wort geredet. Auch die Bundesgenossen riethen zu einem Ausgleich.[4]) Allein der Ungestüm der Menge und mancher leidenschaftlicher Parteiführer verlangte eine energische Bestrafung und trug den Sieg davon. Der Prozess endete nach mehrfachen Verzögerungen und siebenmaliger vergeblicher Vorladung mit der Verurtheilung der Angeklagten zum Tode des Hochverräthers und Verlust der Güter. Selbst auf die Kinder der Geflüchteten erstreckte sich das harte Urtheil, indem es dieselben für unfähig erklärte, jemals in Genf ein Amt zu bekleiden.[5])

Dieses grausame und leidenschaftliche Verfahren gegen den geschlagenen Feind wirft den ersten dunklen Schatten auf die siegreiche Sache. Aber es findet, wenn auch nicht eine Entschuldigung, doch eine Erklärung in der bedrängten äussern Lage der Stadt, welche zum Theil eben das Werk der Verurtheilten war.

Der Angriff, den man in Genf vorausgesehen, liess nicht lange auf sich warten. Karl III. gab auch nach dem Burgrecht seine Sache noch nicht verloren. Das Erste, was er unternahm, war ein diplo-

---

[1]) Journal de J. Balard l. c. X, p. 72, *Savyon* p. 143.
[2]) Die Prozessacten bei *Galiffe*, Matériaux II, 233 ff.
[3]) „*Nobles Bourgeois, riches marchands et gens de longue robbe*" nennt sie Johanna von Jussie; vgl. Le Levain du Calvinisme par *Soeur J. de Jussie*, (wiederabgedr. Genf 1853) p. 2. Die Namen der Angesehensten theilt Balard l. c. X, 72 mit.
[4]) Vgl. das Schreiben Berns an den Bischof 11. Juli 1527, Bern. Arch. Welsch Missivenb. A. f. 22.
[5]) Journal de Balard l. c. X, p. 148. Die Verurtheilung erfolgte am 21. Februar 1528.

matischer Feldzug, indem er durch Vorstellungen, Bestechung und
Intriguen die Eidgenossenschaft gegen den Bund der drei Städte einzunehmen suchte. Die Bemühungen seiner Agenten blieben nicht ohne
Erfolg. Die Gunst, deren sich Anfangs das Burgrecht in der Schweiz
erfreute, machte einer kühlern Auffassung Platz. Auf den Tagsatzungen
wurden bald Stimmen laut, welche geradezu die Aufhebung des Bundes mit der wälschen, allzu lebhaften Stadt verlangten. Das Schlimmste
aber war, dass selbst die beiden Verbündeten, namentlich das mächtige Bern, in ihrem Eifer für Genf zu erkalten schienen. Die genferischen Diplomaten, Bezanson, welcher nicht blos den militairischen
Oberbefehl führte, sondern auch die diplomatischen Verhandlungen
leitete und während dieser ganzen Zeit eine wahrhaft erstaunliche
Thätigkeit entfaltete, Ami Girard und Robert Vandel, hatten alle Mühe,
Bern „bei guter Gesinnung zu erhalten."

Fast gleichzeitig mit diesen diplomatischen Umtrieben liess der
Herzog die directen Feindseligkeiten gegen Genf eröffnen. Schon um
das Jahr 1520 hatte sich zur Bekämpfung des trotzigen Bürgervolks
aus dem umwohnenden savoyischen Adel die „Rittergesellschaft vom
Löffel" gebildet.[1]) Mit ihr verbanden sich die geflüchteten „Mamelucken", von „coriolanischem" Hass gegen ihre Mitbürger erfüllt. Beide
vereint eröffneten jetzt unter dem Schutze und mit Unterstützung des
Herzogs, welcher mit Rücksicht auf die Schweiz persönlich von dem
Angriff sich einstweilen fernhielt, gegen Genf und seine Bewohner eine
förmlich organisirte Wild- und Raubjagd, schnitten der „rebellischen"
Stadt alle Zufuhr ab und brachten sie in Kurzem in die äusserste Bedrängniss. Die getroffenen Vertheidigungsanstalten nützten gegen
eine solche Kriegsweise wenig. Strassen und Wege um Genf wurden
unsicher. Kein Bürger konnte sich vor die Thore wagen ohne Gefahr,
den erbitterten und unbarmherzigen Gegnern in die Hände zu fallen.
Nicht umsonst sollte sich Genf seiner neuen Freiheit rühmen.[2])

Die Lage der Stadt wurde misslich, aber noch viel misslicher
war die, in welche der Bischof gerieth.

De la Baume hatte sich seit Ende 1526 mit aller Hingebung,
deren er fähig war, der Bewegung angeschlossen. Er verkehrte nur

---

[1]) Vgl. *Bonnivard*, Chron. II, 481. *Galiffe*, Bezanson Hugues p. 52.

[2]) Das Berner Archiv (Genfer Angel. 1162—1557) bewahrt noch mehrere
ausführliche Klagschriften aus dieser Zeit, worin Genf sich in kläglichem
Tone über die Beraubungen, Gewaltthaten etc. der Savoyischen beklagt. Vgl.
auch *Valerius Anshelm* (Ungedr. Fortsetzung) ad a. 1527.

mit eifrigen Patrioten, er ersetzte den savoyisch gesinnten Generalvicar durch einen Freund des Bürgerthums, er erkannte Bezanson Hugues für seine dem Vaterlande geleisteten grossen Dienste eine Staatsbelohnung zu,[1]) er billigte die Beschlagnahme des Vermögens der geflüchteten Anhänger des Herzogs, er nahm sogar in aller Form seinen frühern Protest gegen das Burgrecht zurück und liess sich endlich selbst als Bürger von Genf aufnehmen. Es war mehr, als selbst die Kühnsten erwartet haben mochten, als er mit Preisgebung der bischöflichen Rechte zu der Errichtung eines bürgerlichen Gerichtshofes seine Einwilligung gab. Aber es war in dem Allen weder Plan noch Consequenz. Die ungewöhnliche Theilnahme, welche er bei dem Prozesse Carteliers für diesen entschiedenen Anhänger der savoyischen Sache an den Tag legte, stimmte wenig zu seiner sonstigen Haltung und machte Manche an ihm irre. Es gab eine Partei — und sie war nicht unbedeutend — welche die Aufrichtigkeit der von ihm jetzt zur Schau getragenen patriotischen Gesinnung fortwährend in Zweifel zog und seinen nochmaligen Abfall in sichere Aussicht stellte. Man fand an der bischöflichen Wohnung einst ein Placat angeheftet, welches ihn drohend aufforderte, den rechten Weg zu wandeln „und das Ende zu bedenken."[2]) Während so der Bischof trotz aller Concessionen bei der Bürgerschaft kein rechtes Vertrauen erweckte, warf der Herzog auf ihn, den Abtrünnigen, einen tödtlichen Hass. Seine im Savoyischen gelegenen Abteien Susa und Pignerol wurden eingezogen und sogar seiner Person Nachstellungen bereitet. Als er eines Tages eine Kirche vor den Thoren besuchte, wurde in einem Hinterhalt eine Abtheilung savoyischer Reiter entdeckt, welche ihm auflauerte. Die „Löffelritter" hatten es namentlich auf ihn abgesehen. Nicht einmal in der Stadt glaubte er sich sicher: seinen eigenen Domherren traute er das Schlimmste zu.[3])

Aus dieser peinlichen Lage befreite ihn endlich Bezanson Hugues, der im August 1527 in einer dunkeln Nacht mit persönlicher Lebensgefahr seinen Herrn durch die feindlichen Posten nach Burgund in Sicherheit brachte. Froh, der Gefahr und dem bewegten Leben der Stadt entrückt zu sein, athmete Pierre de la Baume hier wieder freier

---

[1]) Die interessante Verleihungsurkunde findet sich bei *Galiffe*, Bezanson Hugues, pièces just. p. 285 ff.
[2]) Vgl. Journal de J. Balard l. c. X, p. 92.
[3]) Vgl. *Bonnivard*, Chron. II, 466, 467. *Savyon*, Annales p. 140.

auf. Aber er blieb doch auch auf seinen burgundischen Besitzungen mit Bezanson und den übrigen Hauptführern der Burgrechtspartei in Verbindung: ein Beweis, dass er es damals wirklich ehrlich meinte. In seinen um diese Zeit aus St. Claude und Arbois an Bezanson, Robert Vandel u. A. gerichteten Briefen[1]) führt er noch eine durchaus patriotische Sprache: er spricht in sehr scharfen Ausdrücken von der Tyrannei des Herzogs und dem Treiben der emigrirten „Mamelucken," er betheuert, nie sich von der Stadt trennen zu wollen. „Meine Sache ist die der Bürger", schreibt er im October 1527 an Bezanson, „und die ihrige zugleich die meine." Sein Plan war, sich selbst in das Burgrecht mit den beiden Cantonen aufnehmen zu lassen, um auf diese Weise gegen den Herzog einen festen Rückhalt zu gewinnen und zugleich — woran ihm nicht wenig lag — die confiscirten Abteien zurückzuerhalten. Schon während seines Aufenthalts in Genf hatte er diese Absicht kundgegeben, die Erwerbung des Bürgerrechts hing damit zusammen: in Burgund kam er von Neuem darauf zurück und wies Bezanson an, mit allem Eifer seine baldige Aufnahme in die „Combourgeoisie" zu betreiben.

Allein dieser Plan stiess sowohl in Genf als in Bern auf Schwierigkeiten — Schwierigkeiten, die selbst Bezanson, wie grosse Mühe er sich auch in beiden Städten gab, nicht so bald zu überwinden im Stande war. Die Angelegenheit verzögerte sich. Der Bischof wurde ungeduldig. Auch die fortdauernde Beschlagnahme seiner savoyischen Abteien empfand er schmerzlich: er hielt es für die Pflicht der Stadt, ihm mit allen ihren Mitteln wieder zu seinem Besitz zu verhelfen. In sehr empfindlichem Tone beschwerte er sich bei dem Rathe über die ihm widerfahrene Behandlung; er glaubte bei Bezanson den nöthigen Eifer zu vermissen. Es erwachte in ihm ein steigendes Misstrauen gegen diesen seinen vieljährigen Freund und politischen Rathgeber. Seine Briefe an ihn verlieren den frühern herzlichen Ton, sie werden kühl, zurückhaltend, zuletzt vorwurfsvoll.[2]) Pierre glaubte sich hintergangen; seit dem Frühjahr 1528 zog er sich von dem Generalcapitain mehr und mehr zurück.

Die Verweigerung der Aufnahme in das Burgrecht war nicht das Einzige, was ihn der Sache der Bürger entfremdete: noch von

---

[1]) Mitgetheilt von *Galiffe*, Matériaux II, 425 ff.
[2]) Vgl. ausser den von Galiffe veröffentlichten insbesondere die jüngst in dem 15. Bande der Mém. et doc. p. 240 ff. mitgetheilten Briefe.

ganz anderer Seite erfuhr seine bürgerfreundliche Gesinnung gleichzeitig Anfechtungen.

Die unterlegene Partei hatte sich nicht damit begnügt, mit den savoyischen Rittern sich zum feindlichen Angriff gegen Genf zu verbinden, sie hatte auch zu den geistlichen Waffen ihre Zuflucht genommen. Wie vor zehn Jahren die Freunde Pecolats, so wandten sich nun die Führer der vertriebenen „Mamelucken" an den Metropoliten von Genf, den Erzbischof von Vienne, um Hülfe, und auch dieses Mal lieh die erzbischöfliche Curie der klagenden Partei williges Gehör. Obgleich Syndike und Rath in Genf, als sie davon hörten, es nicht an energischen Erklärungen, Warnungen und Verwahrungen „gegen das unerhörte Beginnen in Vienne"[1]) fehlen liessen, drangen hier die Kläger dennoch durch. Zu Anfang April 1528 erschien eine erzbischöfliche Sentenz, welche in den schärfsten, ja fast leidenschaftlichen Ausdrücken den Bischof Pierre de la Baume, seinen Generalvicar und Procurator, die Syndike, Räthe, Bürger und Einwohner der Stadt Genf, alle und einzeln, auf die erhobene Anklage hin „wegen neuer und unerhörter Bündnisse, Verbindungen, Burgrechtsverträge, Zwistigkeiten, Beraubungen, Confiscationen, Güterverkäufe, Verbannungen und anderer gottlosen Handlungen, welche sie verübt", mit dem kirchlichen Banne, den Bischof insbesondere mit Suspension, die Stadt, ihre Klöster und Vorstädte mit dem Interdict belegt, bis den Forderungen der Ankläger Genüge geschehen „und Alles wieder gebührend in den frühern Stand gesetzt ist."[2]) Am Charfreitag 1528 wurde diese erzbischöfliche Entscheidung von den Emigrirten triumphirend an allen Kirchen rings um Genf angeschlagen.[3])

In Genf ist das Strafurtheil des Metropoliten ohne jede Wirkung

[1]) Vgl. Genfer Rathsprot. 29. Decemb. 1527.
[2]) Ein Exemplar dieses merkwürdigen Documents fand ich in dem Berner Archiv (Genf. Angel. 1162—1557). Es ist ein Folioblatt, gedruckt mit gothischen Typen, — nur der Name P. de la Baume ist, wohl um ihn mehr in die Augen fallen zu lassen, geschrieben; der Eingang und die schärfsten Stellen („*estre excommunies agraves Reagraves et multiplicement Reagraves Jusques aumorbidal et malediction eternelle*", „*Anathematises mauldicts come cayn*") sind roth gedruckt. Dreimal wird der ausgesprochene Fluch wiederholt. Als Kläger, zu deren Gunsten die Sentenz erlassen ist, erscheinen Jehan de Montfalcon, François Fourneral, Pierre de Fernclx. Die Urkunde ist datirt: *Le moys dapvril* 1528; eine handschriftliche Anmerkung giebt genau den 2. April als Datum an.
[3]) Journal de Balard l. c. X, 153.

geblieben. Weder Geistlichkeit noch Volk nahm Rücksicht auf eine Verordnung, die selbst in ihrem Wortlaut sich als das Werk politischer Rachsucht zu erkennen gab und nur dazu geeignet war, das schon tief gesunkene Ansehen der kirchlichen Censuren noch mehr herabzusetzen. Aber auf einen Charakter wie Pierre de la Baume musste der Vorfall doch Eindruck machen. Der Bischof war überdies der am härtesten Getroffene: vorzugsweise gegen ihn, das liess sich nicht verkennen, war die Sentenz gerichtet. Für ihn wurde die Summe von Vienne eine neue Mahnung, sich von der Politik der letzten Jahre loszusagen.

Dies war der Moment, den der Herzog zu einer Annäherung benutzte. Karl III. liess dem Bischof, den er so eben noch in der schmählichsten Weise behandelt hatte, die Rückgabe der ihm genommenen Abteien anbieten. Pierre de la Baume, der edlen, männlichen Stolz nicht kannte, nahm die dargebotene Gabe an: ein Dannergeschenk, wenn je eins diesen Namen verdient hat. Die Abteien waren der Preis, um den der alte Bund zwischen Herzog und Bischof wiederhergestellt wurde.

V.

DIE ENTSCHEIDUNG.

Es liegt in der Natur einer jeden Revolution, dass sie, siegreich fortschreitend, ihr Ziel immer höher steckt. Die Ansprüche wachsen mit dem Erfolg; jede Partei erzeugt aus sich selbst eine neue mit radicaleren Tendenzen. Was den Urhebern einer Umwälzung als Ideal vorschwebte, erscheint oft schon ihren nächsten Nachfolgern als unerträgliche Halbheit.

Nicht anders war es mit der Bewegung in Genf. Die, welche sie begonnen, wollten den Uebergriffen und der tyrannischen Willkühr des Hauses Savoyen ein Ziel setzen und durch das Burgrecht mit den beiden schweizerischen Orten einer Wiederkehr der früheren Zustände für alle Zeiten vorbeugen. Sie dachten nicht daran, die Rechte des Bischofs anzutasten: im Gegentheil wurde der Kampf gerade unter dem bischöflichen Banner und zur Aufrechterhaltung der Rechte des Bischofs geführt. Levrier freute sich, für die bürgerliche Freiheit und die Autorität des h. Petrus den Tod erleiden zu dürfen. Pierre de la Baume hatte keinen aufrichtigern Anhänger als Bezanson Hugues, den tapfern Streiter für die Kirche, wie er ihn selbst einmal nennt.¹) Auch in dem zweiten Burgrechtsvertrag mit Freiburg und Bern wurde das Recht des Bischofs mit aller Entschiedenheit gewahrt.²)

Aber schon seit dem Jahre 1526 arbeitete im Rücken Bezansons eine Partei, welche weiter gehende Tendenzen verfolgte und auch den Bischof in die Katastrophe des Vicedoms zu verwickeln suchte. Diese Partei war es, die stets auf extreme Massregeln drang und in dem Mameluckenprocess über den massvollen Generalcapitain den Sieg davon trug. Die Concessionen des Bischofs waren ihr fast unlieb; die Popularität, die Pierre de la Baume dadurch doch bis zu einem gewissen Grade gewann, erfüllte sie mit geheimem Aerger. Sie arbeitete im Stillen und durch alle Mittel der Intrigue dahin, das sich freundlich gestaltende Verhältniss zwischen Bischof und Bürgerschaft zu untergraben, die Bürger gegen den Bischof und diesen wieder gegen die Burgrechtspartei einzunehmen. Namentlich war sie unablässig bemüht, durch den ihr angehörigen Robert Vandel, einen Meister in der Intrigue, welcher sich das Vertrauen de la Baumes zu erschleichen gewusst hatte, in der Seele des schwachen Prälaten Misstrauen gegen den ehrlichen Bezanson zu wecken.³) Mit Ausnahme Robert Vandels und Jean Pecolats, den wir auch in dieser Gesellschaft wiederfinden, bestand die Partei fast nur aus jungen Männern, die sich in dem bisherigen Kampfe wenig hervorgethan hatten und nichts weniger als Muster von Bürgertugend waren: die meisten genossen eines sehr zweifelhaften Rufes, und nicht wenige hatten selbst wegen gemeiner Verbrechen Bestrafungen erlitten.⁴) An ihrer Spitze stand ein Mensch, der seine

---

¹) „*Vir legalis et probus, qui viriliter pro ecclesia dimicavit.*" Vgl. *Infeodation de la pêche du lac etc. à Besanson Hugues* bei *Galiffe*, Besanson Hugues p. 287.

²) „Wir behallten ouch vor", heisst es in dem deutschen Original, „vnnsern aller gnädigsten Herren den Bischoffenn von Gennff vnd Sin nachkommen Rechtlich erwellt, die wir für vnser Oberherrn In allem gewalt vnd Oberkeit erkennen." Arch. d'hist. de Frib. II, 124.

³) Vgl. *Galiffe*, Besanson Hugues p. 65, 66, 129, 132, 133.

⁴) Vgl. *Galiffe*, Bez. Hugues p. 107. „*L'historien républicain et protestant*, fügt der Verfasser hinzu, *rougit d'avoir à constater dans une bande de vauriens avides de vol et de pillage, l'origine, non pas, à Dieu ne plaise, de notre indépendance ni des premiers réformés sincères, mais du parti révolutionnaire dont les violences aidèrent si puissamment au triomphe matériel des nouvelles doctrines.*"

Laufbahn mit einem Morde eröffnet hatte, der gewissenlose und gewaltthätige, aber gewandte, unternehmende und einflussreiche Baudichon de la Maison neuve.[1]) Baudichon war es, der schon im Jahre 1527 vor dem Rathe im Namen einer Anzahl Gleichgesinnter gegen die von dem Bischof gewünschte Aufnahme in das Burgrecht protestirte. Auch Bonnivard, der mit seltener Geschmeidigkeit seine Grundsätze mit jeder neuen Wandelung in Einklang zu bringen wusste und mit sicherm Blicke stets erkannte, auf welcher Seite er schliesslich den Sieg finden werde, blieb der Partei nicht fern. Bezanson Hugues war den Männern von der Farbe Baudichons ein Feigling und kaum besser als ein „Mameluck". Geradezu wurde er von Vandel — sogar bei dem Bischof — als heimlicher „Mameluck" verdächtigt!

Was dieser Partei ihre eigentliche Bedeutung verlieh war, dass sie von den beiden alliirten Cantonen den einen und zwar den wichtigsten auf ihrer Seite hatte.

Der Canton Bern hatte von Anfang an zu der Bewegung in Genf eine merkwürdige und vielfach räthselhafte Stellung eingenommen. Während Freiburg stets mit edler Opferwilligkeit die Nachbarstadt unterstützte, sie in schwierigen Momenten durch ihren Zuspruch aufrichtete, ihre Bürger in Schutz nahm, zeigte Bern bei unverkennbarer Theilnahme und Sorge doch wieder eine gewisse kühle und diplomatische Zurückhaltung. Auch nach dem Burgrecht von 1526 trat darin keine wesentliche Aenderung ein; Berns Haltung wurde, als die erste Begeisterung vorüber war, wieder kühl: nicht blos der kleine, auch der grosse Rath blieb in seinem Eifer weit hinter Freiburg zurück. Man schien trotz des beschworenen Vertrags doch im Grunde dem Savoyarden Recht zu geben. Es wurde Genf keine Hülfe geleistet ohne gute Bezahlung, und auch wenn diese erfolgt war, den Erwartungen nicht entsprochen. Man begnügte sich in der Regel damit, vermittelnde Vorschläge, friedliche Ermahnungen und Vorstellungen an den Herzog zu richten, an deren Erfolg man selbst schwerlich glaubte.[2]) Die Briefe eines Bezanson, Ami Girard und anderer Genfer

---

Man erkennt die Tendenz, wenn Bonnivard (Chron. II, 452) den Ursprung dieser Partei auf den Prozess Carteliers zurückführen will.

[1]) Man vergleiche über ihn *Galiffe* l. c. p. 108 und *Roget* l. c. II, 9. „Einen Schwärmer für Wahrheit und Recht" nennt ihn *Merle d'Aubigné* III, 357!

[2]) Vgl. Bern. Arch. Welsch Missivenb. A, f. 32, 36, 40, 61, 66, 96, 104 u. s. w. An Briefen und Instructionen liess man es nicht fehlen, mit wel-

Agenten in Bern sind voll von bitteren Klagen über den Mangel an Entgegenkommen, über das kühle, räthselhafte Benehmen der Berner. Sie verlangen ein über das andere Mal Gold, Sammet, Seide, Damast, feine Leinwand für die hochmögenden Herren, „damit die Combourgeoisie nicht ausgehe."[1]) Fast schien es, als betrachte Bern die Bedrängnisse Genfs nur als ein Mittel zu seiner Bereicherung.

Man würde indess irren, wollte man die Haltung Berns lediglich auf so niedrige Motive zurückführen. Auch war nicht Furcht vor einem Kriege überhaupt die Ursache, obschon man sich nicht verhehlte, dass ein Kampf gegen den nahen Verwandten des deutschen Kaisers Verwickelungen bedenklicher Art zur Folge haben könne, und Vorsicht für geboten hielt. Berns Zurückhaltung hatte einen tiefern Grund. In Wahrheit hasste dieser stolze, mächtige Canton den übermüthigen Savoyarden nicht weniger als Freiburg, er scheute auch nicht den Kampf gegen denselben, wie er später bewiesen; aber er wollte nicht, dass die Emancipation Genfs von der Gewalt des Herzogs dem Bischof zu Gute komme. Schon unter dem Einfluss der neuen religiösen Ideen stehend, welche zu Anfang des Jahres 1528 vollständig siegten, war Bern nicht gesonnen, in Genf eine Macht befestigen zu helfen, die es in der eigenen Heimath eben zertrümmerte. Sein kirchliches Interesse verlangte vielmehr, die Gelegenheit auch zum Sturze des Bischofs zu benutzen und dadurch dem Evangelium auch den Weg nach Genf zu bahnen. Gelang es aber, den Bischof in die Katastrophe zu verwickeln, so eröffnete sich dem Berner Ehrgeiz noch eine weitere Aussicht. Bern pflegte seine Plane aus weiter Ferne vorzubereiten. Ich fürchte nicht zu irren, wenn ich annehme, dass die scharfblickenden und erfahrenen Leiter seiner Politik schon um diese Zeit als ihr letztes Ziel die völlige Einverleibung Genfs ins Auge gefasst haben. Auch in Bern liebte man es, von altburgundischen Ansprüchen und Traditionen zu sprechen, und schon seit den letzten Jahrzehnten des fünfzehnten Jahrhunderts war die Wiederherstellung der „altburgundischen Grenzen", die Vereinigung aller cisjuranischen Gebiete mit der Eidgenossenschaft hier

cher Widerwilligkeit sich aber Bern mit den Genfer Händeln abgab, ersieht man aus der Art und Weise, wie Valerius Anshelm ad a. 1527 (ungedr. Forts.) derselben gedenkt.

[1]) Vgl. *Galiffe*, Bez. Hugues p. 185 ff. Unbegreiflich sind mir Thourels Worte. „*Si l'on avait besoin des Bernois ils étaient toujours prêts et toujours plus nombreux que M. M. de Fribourg.*" Thourel, Hist. de Genève II, 158. Ueber Freiburg vgl. *Berchtold* l. c. II, 75.

eine Lieblingsidee. Bereits hatte man einzelne kleine Gebietstheile des benachbarten romanischen Landes an sich gebracht. Dass Bern von vornherein das Verhältniss zu Genf anders ansah als Freiburg und weitergehende Pläne damit verknüpfte, lässt der Inhalt des Burgrechtsvertrags selbst erkennen, welcher, ganz anders als der 1519 von Freiburg beabsichtigte, bei allem Schein der Gleichberechtigung in Wahrheit schon eine gewisse Unterordnung Genfs unter seine Alliirten begründete.[1])

Aus einer solchen Auffassung der Lage ergab sich für Bern mit Nothwendigkeit eine Politik des Abwartens. Es durfte nicht nur der Bischof nicht in das Burgrecht aufgenommen, sondern überhaupt die bisher herrschende Partei Bezansons, welche es mit dem Kirchenfürsten ehrlich meinte, nicht wirksam unterstützt werden. Bezanson mit seinem Eifer für die Aufrechthaltung der bischöflichen Herrschaft war den Bernern höchst unbequem.[2]) Ihrem kirchlichen und politischen Interesse entsprach es, gegen den bischöflich gesinnten Patrioten und die alte liberale Partei, die Jungliberalen unter der Führung Baudichons und Vandels zu begünstigen und erst dann gegen Savoyen wirksame Hülfe zu leisten, wenn diese, wie es nach dem gewöhnlichen Gange der Dinge nicht ausbleiben konnte, die Herrschaft erlangt hatten. Es liegen unzweifelhafte Zeugnisse dafür vor, dass die vornehmsten Führer dieser Partei schon früh bis zu einem gewissen Grade in den Plan eingeweiht waren und mit Bewusstsein darauf hinarbeiteten, die Herrschaft des Bischofs durch eine Schutzherrschaft Berns zu ersetzen.[3]) Der Bund zwischen Bern und der Partei Baudichons war bald ein öffentliches Geheimniss und hatte zur natürlichen Folge, dass die alten Patrioten um so mehr sich an Freiburg anschlossen, das seiner ursprünglichen Haltung getreu blieb. Der innere Gegensatz übertrug sich auch auf die beiden Verbündeten; aber der Vortheil war bei dieser Theilung der Kräfte nicht auf der Seite Bezansons.

[1]) Unumwunden erklärte Bern selbst im März 1534 (Bern. Arch. Weltsch. Missivenb. A, f. 289) die Aufgabe des Burgrechts dahin „avancer nostre proufficit". In der That war das Burgrecht von 1526 durch den Vorbehalt der „Prüfung" der Genfer Klagen und des Schadenersatzes nicht mehr ein Schutz- und Trutzbündniss zwischen Gleichen, sondern bereits eine Art Schutzherrschaft der beiden „Mitbürger" über Genf.

[2]) Vgl. *Bonnivard*, Chron. II, 470.

[3]) Vgl. das Schreiben Hugues Vandels an seinen Bruder Robert Vandel d. d. Bern 23. Juni 1530 bei *Galiffe*, Bez. Hugues p. 198 ff., welches über die Pläne der Partei Baudichons bedeutsames Licht verbreitet.

Unter diesen Verhältnissen musste der Schritt, zu dem der Bischof sich im Jahre 1528 entschloss, verhängnissvoll für ihn werden: Berns thatkräftiges Eingreifen war damit angebahnt. Indem Pierre de la Baume sich abermals Savoyen in die Arme warf, die früher gemachten Concessionen widerrief, die abgetretene Jurisdiction zurückverlangte und die Wiedereinsetzung des Vicedoms betrieb, arbeitete er gerade seinen Gegnern in die Hände und untergrub er der Partei, die ihn stützte, selbst den Boden unter den Füssen. Baudichon und Vandel, welche diesen abermaligen Abfall des schwachen Prälaten mit vielem Geschick vorbereitet hatten, feierten durch denselben in der öffentlichen Meinung einen moralischen Sieg, der die Gegenpartei lähmen, ja vollständig niederdrücken musste. Es konnte nun mit Fug und Recht gesagt werden, dass die Stadt ihre Sache von dem unzuverlässigen Kirchenfürsten trennen und „einen andern Weg" gehen müsse, wie ein öffentlicher Maueranschlag" schon 1527 verkündet hatte. Selbst aufrichtige Episcopale und streng kirchlich gesinnte Männer, wie Ami Girard[1]), machten in starken Ausdrücken ihrem Unwillen Luft und fingen an, den wankelmüthigen, zudem noch stets abwesenden Bischof preiszugeben. Ihre Blicke und Hoffnungen richteten sich auf den allgemein gelittenen und bürgerlich gesinnten bischöflichen Generalvicar Aymon de Gingins, den das Domcapitel bereits im Jahre 1513 einmüthig zum Bischof gewählt hatte. Allein die Lage der Partei gestaltete sich dadurch nur noch verwickelter.

Die Folgen wurden bald sichtbar. Seit der neuen Allianz zwischen Bischof und Herzog verlor die Partei des Generalcapitains in der öffentlichen Meinung zusehends an Boden. Ihre Popularität war dahin. Die alten erprobten Streiter, die Bezanson, Malbuison, de la Mar, Baud, die Gut und Blut für die Unabhängigkeit ihrer Vaterstadt eingesetzt, sahen sich hinter jüngere Männer ohne Namen und Verdienst — wenn nicht leidenschaftlicher Ungestüm ein Verdienst war — zurückgesetzt. Schon 1528 bot Bezanson seine Entlassung als Generalcapitain an, weil er nicht mehr den nöthigen Gehorsam fand.

Die inneren Zustände Genfs nahmen mit dieser neuen Wandelung zunächst einen düstern Charakter an. Baudichons Anhang gewann eine ähnliche Bedeutung wie früher Bertheliers Schaar und machte

---

[1]) Ueber das Ansinnen des Bischofs, das Vicedomat wiederherzustellen, schrieb derselbe von Freiburg aus nach Genf: *Plûtot mettez le feu en la ville et commencez à nos maisons!"* Galiffe, Matériaux II, 533.

bald in terroristischer Weise seinen Einfluss geltend. Die musterhafte Ordnung, die Bezanson nach dem Burgrecht 1526 in Genf hergestellt hatte, verschwand, um einem leidenschaftlichen Parteitreiben Platz zu machen. Es folgten wiederholte Tumulte, die hie und da sich schon gegen Geistlichkeit, Bruderschaften und Processionen kehrten. Das öffentliche Vertrauen wurde erschüttert. Bei der Confiscation und Veräusserung der Mameluckengüter kamen allerlei Unordnungen vor: nicht der zehnte Theil, meint Bonnivard, sei davon der Stadt zu Gute gekommen.[1]) Mit welchem Schmerz musste ein solcher Gang der Bewegung das Herz der alten Patrioten erfüllen!

Und noch trauriger gestaltete sich gleichzeitig die äussere Lage der Stadt.

Der Bund der savoyischen Ritter hatte während dieser Jahre die Feindseligkeiten gegen Genf fast keinen Augenblick ruhen lassen. Die mit ihnen verbundenen geflüchteten und proscribirten Bürger dürsteten nach Rache. Der Herzog liess mehr und mehr die Maske fallen und trat immer unzweideutiger als das Haupt der ritterlichen Streiter hervor. Zwar standen dem äussern Feinde gegenüber alle Parteien einträchtig zusammen: Baudichon und Bezanson, Vandel und Girard gaben hier einander an Eifer und Muth nichts nach. Und wehe dem Cavalier, der den erbitterten Bürgern in die Hände fiel. Aber der Kampf war ein ungleicher und mit jedem Monat wurde Genfs Lage misslicher. Es stellte sich in Folge des abgeschnittenen Verkehrs mit den Dörfern ein empfindlicher Mangel an Lebensmitteln ein. Die zahlreichen Ritterburgen in der Umgebung Genfs wurden eben so viele Zwingburgen, die den Angreifenden jederzeit einen sichern Rückhalt gewährten. Die Herren vom Löffel führten, namentlich seitdem ihr Hauptführer Pontverre, Herr von Ternier, 1529 einen allzu kühnen Versuch auf der Rhonebrücke mit dem Leben gebüsst hatte[2]) den Kampf mit der grössten Erbitterung und schonten weder Leib noch Eigenthum der Bürger. Bonnivard, der im Vertrauen auf einen Geleitsbrief des Herzogs sich auf savoyisches Gebiet wagte, wurde in der Nähe von Lausanne von den Rittern aufgefangen und in die dunkeln Kerkergewölbe des Schlosses Chillon geworfen.[3]) Die Edeln drangen in die Faubourgs ein und machten mehrmals den Ver

---

[1]) De l'ancienne et nouv. pol. p. 35.
[2]) Vgl. Journal de J. Balard l. c. X, p. 188 ff.
[3]) Vgl. Chroniques II, 571 ff.

die Stadt in nächtlichen Ueberfällen zu überrumpeln. Die Vorsichtsmassregeln mussten verdoppelt werden. Das nächtliche Glockengeläute wurde eingestellt, die Arvebrücke abgebrochen, kein Bürger durfte die Stadt verlassen.[1])

Vergeblich wurde von der bedrängten Stadt die Hülfe ihrer beiden Alliirten angerufen. Umsonst waren die Erinnerungen an „Burgrecht und Eid." Bern fühlte sich allerdings seit dem letzten Schritte des Bischofs entschieden mehr zu Genf hingezogen und war vielleicht schon damals zur Hülfe entschlossen. Aber es hielt den Zeitpunkt zum Handeln noch nicht für gekommen: noch war die Entwickelung der Dinge in Genf nicht soweit gediehen, dass alle seine Bedenken als beseitigt gelten konnten. Bern beobachtete einstweilen noch seine gewohnte Zurückhaltung, es fuhr fort dem Turiner Hofe Vorstellungen zu machen, die allerdings jetzt ernster wurden, richtete auch wohl ein aufmunterndes Wort an Genf, vermied aber jede thätige Hülfeleistung; es wies sogar seine Amtleute an, auch jeden Zuzug von Freiwilligen nach Genf zu verhindern.[2]) Das schwächere Freiburg hatte zwar guten Willen, durfte es aber nicht wagen, allein vorzugehen. Als einmal auf dringende Bitten ein kleines Hülfscorps der Verbündeten erschien und in Gemeinschaft mit den Genfern einen Angriff auf das von den Löfflern besetzte Schloss Gaillard unternahm, zeigten die Berner so wenig Eifer, dass Ami Girard, der Befehlshaber der städtischen Truppen, in scharfen Worten seinem Unwillen Luft machte.[3]) Alle weitern Hülfsgesuche blieben fruchtlos!

Aber wie misslich die innere und äussere Lage auch war und wie wenig ermuthigend die Haltung der beiden Alliirten wirkte, man dachte doch nicht daran, den festen Grund, auf welchem der gesammte neue Zustand aufgebaut war, preiszugeben. An der Errungenschaft des Jahres 1526 hielten Alle ohne Unterschied der Partei mit gleicher Entschiedenheit fest. Alle betrachteten die „Combourgeoisie" als das sichere Unterpfand ihrer endlichen Befreiung von der savoyischen Tyrannei und waren entschlossen, sie um keinen Preis sich nehmen zu lassen. Keine Intrigue des Herzogs, keine Vorstellung der schweize-

---

[1]) Vgl. *Jeanne de Jussie*, Le Levain de Calvinisme p. 6, *Balard* l. c. p. 287.
[2]) Schreiben des Berner Raths an den Landvogt von Aigle d. d. 7. Februar 1529 bei *Herminjard*, Correspondance des Réformateurs dans les pays de langue française II, 167. Vgl. *Valerius Anshelm* (ungedr. Forts.) ad a. 1529.
[3]) *Bonnivard*, Chron. II, 529.

rischen Tagsatzungen, kein Vermittelungsversuch einer auswärtigen Macht konnte sie in diesem Entschlusse wankend machen. Sie setzten Todesstrafe darauf, wenn jemand von der Auflösung des Burgrechts auch nur zu sprechen wage. Lieber würden sie, erklärten sie den Abgeordneten der beiden Orte, ihre Stadt dem Erdboden gleich machen, ihre Weiber und Kinder tödten lassen, als zur Auflösung des Bündnisses ihre Zustimmung geben.[1])

Endlich im Herbst 1530 entschloss sich Bern zu ernstlicher Hülfeleistung.

Berns Zauderpolitik hatte sich glänzend bewährt. Die innere Entwickelung in Genf nahm genau den vorausgesehenen und erwünschten Gang. Die Stimmung gegen den Bischof wurde seit dem Jahre 1528 mit jedem Tage ungünstiger und gereizter. Schon 1530 konnte die Partei Bezansons als thatsächlich überwunden angesehen werden. Die Antiepiscopalen beherrschten die Lage. Robert Vandel, der intriguante Rivale Bezansons, erhielt das wichtige Amt eines Staatssecretairs. Eine Wiedererstarkung der bischöflichen Gewalt war nicht mehr zu befürchten, auch wenn dieselbe geschickteren Händen anvertraut gewesen wäre, als sie es war. Pierre de la Baume verdarb es durch seine Tact- und Haltlosigkeit mit allen Parteien und schritt zuletzt selbst zum offenen Bruch. Am 20. August 1530 erliess er von Arbois aus ein Manifest, in welchem er die Genfer für Rebellen erklärte und die Ritter vom Löffel zur Vertheidigung seiner Sache aufrief.[2]) Bern hatte jetzt keinen Grund mehr, die lange erwartete und gewünschte Hülfe noch länger zu versagen und zögerte nicht, als im Herbst 1530 neue Gefahren gegen Genf im Anzuge schienen, dem dringenden Wunsche Freiburgs zu entsprechen und zur „Entschüttung" der hart bedrängten Stadt endlich Anstalten zu treffen.[3])

---

[1]) Vgl. *Bonnivard*, Chron. II, 535.
[2]) Vgl. *Galiffe*, Bez. Hug. p. 202, 203; *Balard* l. c. X, p. 274 ff.
[3]) Vgl. Bern. Rathsm. 1 und 2. Octob. 1530. Man ersieht aus denen, dass das Schreiben Freiburgs, welches schon am 28. September die erste Nachricht von einer neuen Gefahr den Beschluss gefasst hat helfen (*Berchtold* l. c. II, 81), in Bern zuletzt den Ausschlag gab. Vgl. *Valerius Anshelm* (ungedr. Forts.) ad a. 1530. Es unterliegt wohl Zweifel, dass, wie schon angedeutet, auch noch andere Umstände, ziehungen des Herzogs zu Karl V. und der Versuch der katholischen den Kaiser zum Eingreifen in die schweizerischen Angelegenheiten wegen, worüber man durch einen geheimen Anhänger in Turin Nähere erfuhr (man vergl. die interessanten Schreiben bei ...

In den ersten Tagen des October setzte sich ein ansehnliches Heer von Bernern und Freiburgern, denen sich noch fünfhundert Solothurner angeschlossen hatten, mit fliegenden Fahnen und stattlichem Geschütz nach dem Genfersee in Bewegung. Es zeigte sich jetzt, wie leicht Bern bei ernstem Willen schon früher hätte helfen können. Schon die blosse Nachricht von dem Heranrücken der schweizerischen Truppen brachte eine solche Wirkung auf Freund und Feind hervor, dass der Kampf sofort eine andere Wendung nahm und die Genfer, noch ehe die Alliirten angekommen waren, mit ihren eigenen Kräften bei Meyrin einen nicht unbedeutenden Sieg über den Gegner erfochten. Den überlegenen Streitkräften der beiden kriegerischen Cantone waren die Löffler vollends nicht gewachsen. Die Ritter stoben auseinander, wo das Bauernvolk erschien. Die eidgenössischen Truppen hausten in den schönen savoyischen Landschaften längs des Sees, durch welche sie den Weg nahmen, fürchterlich. Rauchende Burgen und Schlösser verkündeten den Genfern die Ankunft ihrer Verbündeten, die am 10. October vor der Stadt anlangten. Klöster und andere öffentliche Gebäude mussten zu Hülfe genommen werden, um das gewaltige Heer unterzubringen. Von Genf aus wurde nach kurzer Rast der Angriff gegen die Burgen der adeligen Streiter Savoyens fortgesetzt, und schwer mussten diese für die Leiden, welche sie Jahre lang Genf zugefügt, jetzt büssen. Rings umher, sagt ein gleichzeitiger Bericht, war Alles in Rauch gehüllt: die Bürger stiegen auf die Stadtmauern, um sich an dem Anblick der nahe und fern rauchenden und brennenden Burgen ihrer Bedränger zu weiden. Die Demüthigung des Feindes war vollständig.[1])

Sofort begannen nach Entsetzung der Stadt die Verhandlungen zur Herstellung eines festen Friedens und geordneter Zustände. Schon am 19. October kam unter Vermittelung der Eidgenossenschaft zu St. Julien in der Nähe von Genf ein vorläufiger Vertrag zu Stande, der beiden Theilen Einstellung der Feindseligkeiten und Auslieferung der Gefangenen gebot. Genf verlor bei einseitiger Verletzung des

---

respondance II, 209 u. 228), auf die zuwartende Haltung Berns von Einfluss gewesen sind; dass aber der entscheidende Grund für dieselbe nur in der innern Entwickelung Genfs zu suchen ist, zeigt schon die chronologische Aufeinanderfolge der Ereignisse.

[1]) Vgl. *Jeanne de Jussie* p. 12, 20, 21, *Valerius Anshelm* (ungedr. Forts.) ad a. 1530, der selbst einräumt, dass die Sieger, allerdings „fürnemlich die Fryburger"(?), auch in Genf arg gehaust.

Vertrags den Anspruch auf die Hülfe seiner Alliirten. Der Herzog musste für den gleichen Fall den beiden Cantonen das Recht der Besetzung des savoyischen Waadtlandes einräumen.¹) Die verbündeten Truppen kehrten nach Annahme dieser Bestimmungen und nachdem Bern seine „Mitbürger" sehr nachdrücklich an die Erstattung der Kriegskosten erinnert,²) in die Heimath zurück. Die Entscheidung der eigentlichen Streitfragen wurde einer neuen Conferenz aller eidgenössischen Orte vorbehalten, welche in der nächsten Zeit in Payerne zusammentreten sollte. Vergebens bot der Kaiser Karl V., an den der Herzog in dieser Bedrängniss einen besondern Gesandten abgeordnet hatte, von Augsburg aus „seiner kaiserlichen Stadt Genf" seine Vermittelung an. Bern wollte weder von einer Vermittelung des Kaisers noch auch von den „guten Diensten", die ihm gleichzeitig mit grosser Freundlichkeit der König von Frankreich anbieten liess, etwas wissen. Auf seine Weisung lehnte Genf das kaiserliche Anerbieten in ehrfurchtsvollen, aber entschiedenen Ausdrücken ab, da „die Herren von der Eidgenossenschaft" die Angelegenheit bereits in die Hand genommen.³)

Am 3. December 1530 trat die Conferenz in Payerne zusammen. Die Verhandlungen nahmen mehrere Wochen in Anspruch, da der Herzog die alten Winkelzüge und Intriguen auch hier wiederholte und namentlich alle Schuld auf den armen Bischof zu wälzen suchte. Allein die alten Mittel verfehlten dieses Mal ihre Wirkung. Nicht als wenn die schweizerischen Orte Karl III. mit übermüthigem Trotz begegnet wären. Im Gegentheil führte das tonangebende Bern eine höfliche, ja fast entgegenkommende Sprache. Ihm kam zunächst Alles darauf an, den Herzog zu einer förmlichen Anerkennung des Burgrechts zu bewegen, durch welches es selbst in Genf festen Fuss gefasst,

---

¹) Ueber das Nähere vgl. *Bulard* l. c. p. 296 ff. und *Valerius Anshelm* l. c.
²) *Bulard* l. c. 295, 296.
³) Berns Weisung an Genf erfolgte am 5. December; vgl. Rathsmanuale unter diesem Datum. Das Schreiben der Genfer d. d. 9. Decemb. 1530 ist nebst dem Bericht des savoyischen Gesandten Herrn von Bellegarde und dem kaiserlichen Schreiben abgedruckt Mém. et doc. XV, 251 ff. Karl V. war, wie man aus gelegentlichen Aeusserungen ersieht (Corp. Ref. II, 421) ungehalten darüber, dass der Herzog mit dem Angriff auf Genf nicht noch einige Zeit gewartet, stand aber im Uebrigen auf seiner Seite und wollte namentlich nicht, wie er gegen den Gesandten äusserte, dass sich die Schweiz noch vergrössere *(ne vouldroyt plus voyr agrandir les dictes Suysses)*. Vgl. auch *Valerius Anshelm* l. c. und über das französische Anerbieten das Bern. Rathsm. 29. October 1530.

und es schien sogar zu Zugeständnissen in anderen Punkten geneigt, wenn das Burgrecht „freundlich" bewilligt werde. Erst als dies von savoyischer Seite abgelehnt wurde, änderte es seine Sprache.[1]) Am Sonntag nach dem Dreikönigsfeste 1531 wurde der schiedsrichterliche Spruch der schweizerischen Orte verkündet. Er erkannte das Burgrecht von 1526 in aller Form an, untersagte die Aufstellung savoyischer Wappen in Genf und verurtheilte den Herzog in die sehr erheblichen Kriegskosten. Nur hinsichtlich des Vicedomats wurden die Ansprüche Karls III. als berechtigt anerkannt; man gestattete ihm die Wiedereinsetzung eines Vicedoms, jedoch mit der vielsagenden und bedenklichen Clausel, dass er vorher der Stadt gegen die Wiederholung der früheren Uebergriffe eine sichere Bürgschaft gebe.[2]) Endlich wurde auch hier die für Savoyen verhängnissvoll gewordene Bestimmung erneuert — und es war Bern, welches darauf bestand — dass jede Verletzung der aufgestellten Bedingungen von Seiten des Herzogs die Besetzung des Landes „genannt die Wat" durch die beiden alliirten Cantone unausbleiblich zur Folge haben solle.[3])

Genf hatte noch mehr erwartet; seine Vorstellung, dass der Herzog keinerlei „Gerechtsame und Gewalt in Genf" besitze,[4]) war bei der Eidgenossenschaft nicht durchgedrungen. Aber es durfte doch mit dem Ausgange zufrieden sein und scheint dies auch bald eingesehen zu haben. Thatsächlich wurde die Stadt durch den Vertrag von Payerne unabhängig, und die noch mangelnde formelle Anerkennung ihrer Unabhängigkeit liess sich leicht verschmerzen. Das dem Herzog noch bedingt zugestandene Vicedomat, worüber man den meisten Verdruss

---

[1]) Vgl. die beiden Schreiben an „die Botten in Pätterlingen" vom 22 und 24. Decemb. 1530. Bern. Arch. Teutsch Missivenb. S. 848 ff. 858 ff. In dem ersten Schreiben wird den Gesandten aufgegeben, das Burgrecht als etwas für den Herzog ganz Ungefährliches und Unschädliches darzustellen; in dem zweiten hingegen werden sie angewiesen, wenn der Herzog, wie man vernommen, von einer „fründlichen" Vergleichung nichts wissen wolle, „Alles das zu vnserm glimpff vnnd recht fürzuwenden, das Ir wüssent vnns zu vnsern gutten Rechten fürderlich zesin." Jetzt handelt es sich also um Rechte Berns!

[2]) „Avant que prendre possession qu'il doibge donner seurte auxd. de Geneve de non les molester en sorte quelconque." Balard l. c. p. 312; „Mit Brieff vnnd sigel" ergänzt Valerius Anshelm l. c.

[3]) Vgl. Balard l. c. p. 311 ff. Bonnivard, Chron. II, 595 ff. Valerius Anshelm l. c.

[4]) Valerius Anshelm (ungedr. Forts.) ad a. 1530.

empfand, war in Wahrheit mehr eine dem Savoyarden gelegte Falle, als dass es ernstliche Gefahren für Genf enthielt. Die Hauptsache war, dass die gesammte Eidgenossenschaft in einem öffentlichen Vertrage die Combourgeoisie anerkannt hatte und dafür eintrat. Eine Wiederkehr der früheren Zustände war seitdem unmöglich. Im März wurde das Burgrecht mit den beiden Cantonen den Bestimmungen des Bundesbriefes gemäss unter grossen Festlichkeiten und mit ganz anderen Gefühlen als vor fünf Jahren aufs Neue beschworen. Eine allegorische Aufführung, welche den Herzog und die savoyischen Ritter unter dem Bilde von vier übermüthigen Sperbern, die verbündeten Städte aber als drei kluge von einer muthigen Mutter mit Geschick und Erfolg vertheidigte Küchlein darstellte,[1] bildete den Höhepunkt des Festes und verkündete es dem Einheimischen und Fremden, dass Genf fortan sich als Glied der ruhmreichen Eidgenossenschaft betrachtete.

Das erste und ursprüngliche Ziel des Kampfes war damit im Wesentlichen erreicht. Von den drei Gewalten, die sich seit dem Ausgange des dreizehnten Jahrhunderts in den Besitz Genfs theilten, war die anscheinend am festesten gegründete gestürzt. Aber ihr Sturz war in einer Weise erfolgt, dass durch denselben zugleich die Stellung einer andern erschüttert wurde. Pierre de la Baume, der schwache und unfähige Vertreter der bischöflichen Rechte, sah einer schweren Zukunft entgegen.

---

[1] Mitgetheilt in den Mém. et doc. II, p. 21 ff.

ZWEITES BUCH.

DIE EINFÜHRUNG DER REFORMATION.

I.

GENF UND DIE REFORMATION BIS ZUM JAHRE 1532.

Es wäre kaum denkbar, dass der Unabhängigkeitskampf am Lemansee von der grossen kirchlichen Revolution, welche damals bereits ihre Erfolge bis zum Fusse der Alpen feierte, sollte unberührt geblieben sein. Ein Kampf um bürgerliche Freiheit, in welchem die kirchliche Gewalt eine Rolle spielte, wie Pierre de la Baume in Genf, konnte unmöglich auf die Dauer der Einwirkung der neuen religiösen Ideen sich entziehen. Nicht leicht war der politische Zustand dem Erfolge der Predigt von der evangelischen Freiheit irgendwo günstiger als in Genf.

Dennoch sind mehrere Jahre darüber vergangen, bis sie hier Eingang und Anklang fand, und den Sieg würde die Lehre des deutschen Augustinermönches in Genf schwerlich jemals errungen haben, wenn ihr nicht der starke Arm des mit Genf verbündeten deutschen Cantons in wirksamer Weise zu Hülfe gekommen wäre. Es zeigte sich schon hier am Genfersee, wo der Protestantismus den Angriff auf die romanische Welt gleichsam eröffnete, dass er in ihr einem kräftigern Widerstande begegnen werde und dass der Katholicismus trotz des Verfalls, der auch unter den romanischen Völkern seine Institutionen ergriffen hatte, hier doch noch einen socialen Einfluss und eine moralische Macht über die Gemüther besass, die ihm in dem Vaterlande Luthers längst abhanden gekommen.[1]

---

[1] Die französischen Reformatoren selbst haben sich diese Thatsache nicht verhehlen können. Charakteristisch sind z. B. die Klagen Virets (La Metamorphose Chrestienne, Genève 1592, p. 244) über die Macht und den Einfluss der Mönche auf das Volk.

An dem allgemeinen Verfall des kirchlichen Lebens hatte auch Genf in reichlichem Masse Antheil.

Man hätte die Wirksamkeit der Kirche kaum gründlicher und systematischer untergraben können, als es durch die seit einem Jahrhundert befolgte Politik des Hauses Savoyen geschah. Aus Oberhirten der Kirche waren die Genfer Bischöfe Werkzeuge und Diener der Turiner Hofpolitik zur Unterdrückung und Knechtung ihrer Unterthanen geworden. Mit Ausnahme des edlen Champion, der leider nur wenige Jahre regierte, finden wir unter den von Turin gesetzten Bischöfen keinen einzigen, der den kirchlichen Massstab ertrüge, bis zuletzt in dem savoyischen Bastard geradezu das Laster mit der bischöflichen Mitra geschmückt erscheint. Ein Bischof wie Johann von Savoyen war an sich schon eine Niederlage der Kirche. Und war etwa sein Nachfolger Pierre de la Baume der Mann, um das angerichtete öffentliche Aergerniss wieder gut zu machen? — Die nothwendigen Folgen einer so schmählichen Herabwürdigung der höchsten geistlichen Würde liessen nicht lange auf sich warten. Von Oben theilte sich das Verderbniss den untergeordneten Kreisen des kirchlichen Lebens mit. Nicht bloss Fromment, der eifrige Parteigänger und Lobredner der Reformation, dessen Darstellung hier allerdings Misstrauen erweckt,[1]

---

[1] Vgl. Les actes et gestes merveilleux de la cité de Genève nouvellement convertie à l'Evangille faictz du temps de leur Reformation et comment, ils l'ont receue redigez par escript en forme de Chroniques, Annales ou Hystoyres commençant l'an MDXXXII. Par *Anthoine Fromment*. Mis en lumière par *G. Revilliod*. A Genève 1854. 4°. Die Mittheilungen, welche der Verfasser z. B. p. 154 über die sittliche Versunkenheit des Clerus u. s. w. macht, tragen zu sehr das Gepräge der Unwahrheit und Uebertreibung an der Stirn, als dass die gewissenhafte Geschichtschreibung von ihnen Gebrauch machen dürfte. Ich kann überhaupt nicht in das Lob einstimmen, welches Polenz (Gesch. des französ. Calvinismus I, 315) dieser, allerdings wichtigen Quelle spendet, und noch weniger das Verfahren Mignets (Mémoire sur l'établissement de la réforme à Genève, deutsch von *Stolz*, Leipzig 1843) billigen, dessen Darstellung in den betreffenden Abschnitten nur ein Auszug aus Fromment ist; mir scheint dies ebenso unstatthaft, als wenn jemand aus dem Sachsen Brun eine Geschichte Heinrichs IV. schreiben wollte. Fromment übertreibt, entstellt, erfindet offenbare Unwahrheiten, gibt mit besonderer Vorliebe schmutzige Geschichten bis in die unanständigsten Details — das alles aber in frömmelndem evangelischen Tone. Die Rohheit und Ausschweifungen des evangelischen Pöbels sind ihm Eingebungen des h. Geistes. Selbst die calvinischen Behörden, denen der Verfasser sein Werk wiederholt zur Approbation vorlegen musste, haben Anstoss an der Fromment'schen Darstellung genommen. Ist vielleicht

sondern auch seine Gegnerin, die streng katholische Nonne Jeanne de Jussie, schildert die Versunkenheit des Genfer Clerus in den düstersten Farben.[1]) Das Domcapitel von St. Peter machte zu Anfang des sechzehnten Jahrhunderts kaum noch den Eindruck einer geistlichen Genossenschaft. Uneingedenk der alten Regel, führten seine Mitglieder ein weltliches Leben bei Festen und Gastmählern, Spiel und Waidwerk, trugen den Degen an der Seite, besuchten den Gottesdienst fast nur, um der Präsenzgelder nicht verlustig zu gehen, und gaben durch ihre ungeziemende Haltung während desselben den Laien ein Aergerniss.[2]) Ueber ihren sittlichen Wandel gingen ungünstige Gerüchte, und dass sie nicht grundlos waren, zeigt jene naive Erklärung des Herrn de Divonne, der auf die Aufforderung, seine Concubine zu entlassen, sich zum Gehorsam bereit erklärte, wenn gegen alle seine Amtsbrüder mit gleicher Strenge verfahren werde.[3]) Nicht besser stand es mit einem

auch durch die calvinische Censur Manches, was dem Calvinismus nicht anstand, beseitigt worden, so ist doch durch sie natürlich Nichts für eine unbefangene Würdigung der katholischen Verhältnisse geschehen. Die Abhandlung von Dupont (A. Fromment ou les commencements de la réf. à Genève Strasbourg 1857) ist, obschon sie einige richtige Gedanken enthält, in keiner Weise erschöpfend.

[1]) Le Levain du Calvinisme ou commencement de l'hérésie de Genève. Faict par Rev. Soeur *Jeanne de Jussie* lors Réligieuse à Saincte Claire et après sa sortie Abbesse au couvent d'Anyssi. Chambery 1611, réimpr. à Genève 1853. 4º. p. 14. Jeanne de Jussie vertritt ebenso entschieden den katholischen wie Fromment den gegnerischen Standpunkt. Auch ihre Darstellung ist einseitig, ja in der Form viel leidenschaftlicher als die Fromment'sche; die Verfasserin freut sich wohl über eine dem Gegner widerfahrene Misshandlung, aber sie ist offen und ehrlich; sie verhehlt ihre Gefühle nirgendwo, hält sich also frei von Lügen und Erdichtungen: nur was sie für wahr hält und selbst erlebt hat, theilt sie mit. Die Unmittelbarkeit und Frische gibt ihrer Darstellung einen besondern Reiz und erweckt jedenfalls ein grösseres Vertrauen als die gesuchte evangelische Manier Fromments, denen sehr unevangelischer Wandel zu dem frömmelnden Tone der Actes et gestes einen widerlichen Contrast bildet. Geschrieben ist der Bericht der Nonne in der Hauptsache, wie sich aus dem Inhalt selbst ergibt, unmittelbar nach dem Auszug der Schwestern aus Genf, Ende 1535 oder Anfang 1536. Der Titel „Levain du Calvinisme" passt nicht und rührt von dem Herausgeber der ersten gedruckten Ausgabe her. Zu meiner Freude sehe ich nachträglich, dass auch Rilliet jüngst in einer Abhandlung über Johanna (Notice sur Jeanne de Jussie) sich über ihren Werth im gleichen Sinne ausspricht.

[2]) *Bonnivard*, Chron. I, 90.
[3]) *Gaberel*, Hist. de l'égl. de Genève I, 51.

grossen Theil des Ordensclerus. Die alte Regel war in Vergessenheit gerathen oder nur dem Namen nach bekannt. Die Clausur wurde nicht geachtet. Klöster waren die gewöhnlichen Versammlungsorte der politischen Parteien. Auftritte der ärgerlichsten Art waren bei den Augustinern, Dominikanern und Franziskanern keine Seltenheit. Wiederholt sah sich der Rath zum Einschreiten veranlasst, um dem Ueberhand nehmenden Unfug zu steuern. Reformversuche der geistlichen Behörden blieben ohne Erfolg. Die Widerspenstigkeit und Zuchtlosigkeit der Dominikaner war so gross, dass der französische Provinzial des Ordens den Rath geradezu um Anwendung bürgerlicher Strafen bat.[1]) Vollends lag die Pflege der Wissenschaft, einst der Ruhm der kirchlichen Orden, in den Genfer Klöstern darnieder. Das unfehlbare Lehramt und die Autorität der Kirche musste der Trägheit und Unwissenheit zum Deckmantel dienen. Mit der Unwissenheit ging, wie immer, der Aberglaube Hand in Hand. Mährchen und Albernheiten gab man für die Lehre der Kirche aus. Ein schmählicher Missbrauch wurde mit angeblichen Reliquien und wunderthätigen Bildern getrieben. Da zeigten die Augustiner in der Kapelle U. L. F. ein Muttergottesbild, welches die Kraft besitzen sollte, todtgeborene Kinder zum Zweck des Empfangs der Nothtaufe zu beleben.[2]) — Und wenn Capitel und Ordensclerus mit einem solchen Beispiele vorgingen, wie hätte es da mit dem Weltclerus gut stehen können? In der That genügt ein Blick auf die Protokolle des Raths, um sich zu überzeugen, dass auch die Curatgeistlichen der allgemeinen Entartung anheimgefallen waren. Geistliche kleideten sich nach Art der Laien, nahmen Theil an den geräuschvollen Festen der Bürger, besuchten Schenken und Häuser von zweideutigem Ruf. Das Unwesen des Concubinats war ausserordentlich verbreitet und wurde fast ohne Hehl getrieben. „Unsere Priester", klagt der edele Bischof Champion, der im Jahre 1493 vergeblich den Versuch einer allgemeinen Reform des Clerus machte, „leben in der Welt ohne Ernst und Mässigkeit, sie sind leichtsinnig in ihren Handlungen, zu allen Fehlern geneigt, allen Unordnungen des Zeitalters ergeben und — eine Schmach ist's zu sagen — sie führen

---

[1]) S. das Schreiben bei *Gaberel* I, 67 ff. Wenn *Magnin*, Hist. de l'établissement de la Réforme à Genève p. 204, geneigt ist, wenigstens die Dominikaner von der allgemeinen Verderbniss auszunehmen, so kann auch dies nicht einmal zugestanden werden.

[2]) Vgl. Rathsprotocolle 10 und 11. März, 8. Dec. 1535; *Savyon*, Annales p. 39, 40; *Fromment*, Actes et gestes p. 151.

ein verabscheungswürdigeres Leben, als die übrige Heerde; sie zeigen durch ihr Aeusseres die innere Leerheit ihrer Gedanken. Es gibt Priester, die offene Kleider tragen, andere, die sich mit dem Helme des Kriegers schmücken; sie tragen farbige Röcke, verkleiden sich als Soldaten und besuchen Schenken, schlechte Häuser und unanständige Gesellschaften; andere erröthen nicht, an lärmenden Auftritten Theil zu nehmen, sie besuchen Messen und Märkte und vernachlässigen die erhabensten Functionen des Priesterthums, um die niedrigsten Verrichtungen ihnen vorzuziehen."[1])

Erscheinungen wie diese verfehlten nicht, auf den Laien einen schlimmen Eindruck zu machen, aber es wurde doch durch sie im Grossen und Ganzen der kirchliche Sinn und die Anhänglichkeit an den Glauben der Väter in der Bürgerschaft nicht erschüttert. Genf blieb nichts desto weniger auch in seiner Gesinnung eine gut katholische Stadt. Der Katholicismus war zu sehr mit dem ganzen Leben verwachsen, die Kirche und ihre Institutionen hatten zu sehr alle Verhältnisse durchdrungen und beherrschten zu mächtig die gesammte Anschauungsweise, als dass auch Missstände wie die geschilderten ihre Stellung hätten ernstlich erschüttern können. Die Entartung der Geistlichkeit wurde von dem Genfer Bürger weniger streng beurtheilt als von dem reformeifrigen Bischofe. Waren doch alle die Untugenden des Clerus zum grossen Theil gerade solche, die in seiner gesellschaftlichen Stellung, in seinem allzu ausgedehnten Verkehr mit der Laienwelt ihren Ursprung hatten. Auch der geistliche Charakter, den Genf als Bischofsstadt besass, übte noch seine Wirkung aus. Man wusste, — auch die freiheitsfeindliche Haltung der savoyischen Bischöfe hatte diese Erinnerung nicht verwischen können — wie viel von seinen Rechten und Freiheiten Genf gerade dem geistlichen Regiment verdankte: noch lebte in Jedermanns Munde der gute Bischof Ademar, der seinen Unterthanen den grossen Freiheitsbrief gegeben. Ueberdies stand in

---

[1] Vgl. Constit. synodal. mitgetheilt von *Gaberel* I, 58 ff. Es werden dann im weitern Verlauf zwölf Classen von verkommenen Mönchen und Geistlichen aufgezählt, u. a. Moines errants et libertins, prêtres blasphémateurs, prêtres vêtus à la mode des laïques, prêtres négotiants, prêtres vendant de fausses indulgences u. s. w. „*Il est bien vray*", sagt Jeanne de Jussie, „*que les Prélats et gens de l'Eglise pour ce temps ne gardoient pas bien leurs voeux et estat, mais grandissoient dissolument des biens de l'Eglise, tenant femmes en lubricité et adultères et quasi tout le peuple estoit de cest abominable et detestable infect.*" Le Levain p. 34.

Genf wie überall der entarteten Mehrzahl eine berufstreue Minderzahl gegenüber. Auch der Genfer Clerus zählte noch Mitglieder, welche trotz des schlechten Beispiels, das von Oben gegeben wurde, an die gute alte Zeit erinnerten, welche in den Tagen schwerer Heimsuchungen, in Zeiten von Pest und Hungersnoth, durch werkthätige Liebe und aufopfernde Hingebung sich einen Anspruch auf den Dank ihrer Mitbürger erwarben.[1]) Es gab noch Geistliche wie François Mallet, der in der Zeit der Theuerung sein ganzes Silbergeschirr dem Rathe zusandte, um mit dem Ertrage den Armen und Nothleidenden zu helfen.[2]) Es gab noch ganze geistliche Genossenschaften, die gewissenhaft an den ursprünglichen Satzungen ihres Instituts festhielten. Durchaus tadellos war die Haltung des Maccabäerstifts; wiederholt sehen wir dasselbe mit seinen reichen Mitteln der Stadt in bedrängten Lagen zu Hülfe kommen. Vor Allen aber verdienen hier eine ehrenvolle Erwähnung die Schwestern vom Orden der h. Clara, die in stiller Zurückgezogenheit mit gewissenhafter Strenge den Pflichten ihres Berufes oblagen und in den stürmischen Tagen der Reformation durch Festigkeit und Gottvertrauen selbst auf die harten Herzen der lutherischen Berner einen tiefen Eindruck machten. Sogar an Beispielen der strengsten Ascese fehlte es in Genf nicht. War es auch nur eine Minderzahl, die in solcher Weise durch gewissenhafte Pflichterfüllung und Berufstreue sich auszeichnete, so kam der günstige Eindruck ihres Verhaltens bei dem noch vorhandenen gläubigen Sinne der Bevölkerung doch auch dem gesammten Stande zu Gute. Von einer grundsätzlichen Abneigung gegen Geistlichkeit und Kirche zeigt sich in Genf keine Spur. Man geisselte wohl das eine oder andere Mal bei den öffentlichen theatralischen Aufführungen die Untugenden des Clerus, aber man zollte ihm daneben alle gebührende Achtung und verzieh ihm, wie man sich selbst manches nachsah; man spottete wohl über „lange Messen", aber man besuchte sie und versäumte selten eine der kirchlichen Pflichten. Das öffentliche Leben der Stadt bewegte sich zu Anfang des sechzehnten Jahrhunderts noch durchaus in den streng kirchlichen Formen und nach keiner Seite hin lässt sich eine Abnahme des kirchlichen Eifers wahrnehmen. Die frommen Vermächtnisse und

---

[1]) Vgl. die kleine Schrift von dem Abbé *Fleury*, Le Clergé catholique et les ministres pendant les pestes à Genève, Paris 1864, welche die von Gaberel gegen den katholischen Clerus erhobenen Beschuldigungen aus den Rathsprotocollen widerlegt.

[2]) *Bonnivard*, Chron. II, 213—14.

kirchlichen Stiftungen dauerten, wie wir aus den öffentlichen Aufzeichnungen ersehen, fort und nahmen eher zu als ab. Ein Zeugniss für die noch fortwirkende Macht des kirchlichen Gedankens legt es auch ab, wenn selbst eine Genossenschaft wie die lustige „Abtei von St. Peter" sich im Jahre 1491 Statuten gab, die überall einen streng kirchlichen Geist athmen.[1]) Syndike und Rath finden wir wiederholt in Unterhandlungen mit der römischen Curie, um für eine der zahlreichen kirchlichen Stiftungen Genfs die Gewährung eines Ablasses zu erwirken; der Eifer, mit dem diese Angelegenheit betrieben wird, zeigt, wie grosses Gewicht man noch darauf legte.[2]) Die Gewinnung tüchtiger Kanzelredner für die üblichen Advents- und Fastenpredigten, die sich eines grossen Zulaufs erfreuten, wurde von den Behörden wie eine der wichtigsten städtischen Angelegenheiten betrieben. Auch zu den Klöstern standen Magistrat und Bürgerschaft trotz der mancherlei Störungen, welche die in denselben vorkommenden Unordnungen hervorriefen, in einem freundlichen Verhältniss. Ein Beweis dafür sind die zahlreichen, nicht unbedeutenden Geschenke, womit die Stadt noch im sechzehnten Jahrhundert bei verschiedenen Veranlassungen die einzelnen Convente bedachte, entweder in Anerkennung ihrer der Bürgerschaft geleisteten Dienste, oder zur würdigen Begehung irgend eines Festes, oder auch um ihrer Dürftigkeit abzuhelfen.[3]) Es trug nicht wenig zur Popularität der Klöster bei, dass sie kein bedeutendes Vermögen besassen und zum grossen Theil auf die Mildthätigkeit der Bürger angewiesen waren. Nicht einmal an den offenkundigsten Uebelständen des Ordenswesens nahm man Anstoss. Als 1503 der Administrator des Bisthums den Versuch zu einer Reformation des Franziskanerklosters machte, waren es Syndike und Rath, welche sich für die Mönche verwandten und baten, sie bei ihren bisherigen Sitten und Gewohnheiten zu belassen.[4])

Man sieht: jene anticlericale Stimmung, jene gereizte Opposition gegen den geistlichen Stand, wie sie in dem deutschen Bürgerthum jener Zeit fast als ausnahmslose Regel erscheint, war in Genf nicht vorhanden. Auch in ihrer Entartung besassen Kirche und Geistlich-

---

[1]) Vgl. Statuts de l'Abbaye de Saint Pierre in den Mém. et doc. IV, p. 4 ff.
[2]) Vgl. Mém. et doc. III, 289, 449, *Bonniv.*, Chron. II, 205.
[3]) Vgl. *Roget* II, 6 ff., wo nach den Rathsprotocollen eine Reihe von städtischen Schenkungen an Augustiner, Franziskaner und Dominikaner aus den ersten Jahrzehnten des 16. Jahrhunderts zusammengestellt sind.
[4]) *Bonniv.*, Chron. II, 156.

96 Zweites Buch. Die Einführung der Reformation.

keit hier noch eine Macht und eine Herrschaft über die Gemüther, welche dem von Osten her vordringenden neuen Geiste die Eroberung dieser romanischen Grenzveste mindestens sehr erschweren musste.

In diesem Zustande brachte auch der beginnende Unabhängigkeitskampf gegen Savoyen zunächst keine Störung hervor. Das alte freundliche Verhältniss zwischen Clerus und Volk wurde durch denselben in keiner Weise getrübt. Durchaus unhistorisch ist die Ansicht, welche der Unabhängigkeitspartei von vornherein kirchenfeindliche Tendenzen zuschreibt und sie sofort mit der Reformation in Verbindung bringt.[1] Von einer Einwirkung des deutschen Kirchenstreites auf die Haltung der Genfer Patrioten zeigt sich keine Spur. Die Führer der Unabhängigkeitspartei, die Bezanson, Levrier, Malbuison, waren dem Glauben der Kirche mit eben so grosser Entschiedenheit zugethan als ihre Widersacher. Sie veranstalteten öffentliche Gebete und Prozessionen, um den Segen des Himmels für ihre Sache zu erflehen, und dachten nicht daran, den Kampf auch auf das kirchliche Gebiet zu übertragen. Sie suchten sogar wiederholt Hülfe bei dem Oberhaupte der Kirche und erregten besonders dadurch den Zorn des Herzogs. Wohl drang die Kunde von dem, was in Deutschland geschehen, auch nach Genf, und bei dem überaus starken Fremdenverkehr der Stadt konnte es nicht ausbleiben, dass auch schon früh einzelne Anhänger der neuen Lehre sich einfanden. So finden wir schon im Jahre 1521 den unstäten, sonderbaren Agrippa von Nettesheim, damals mit Eifer der Sache der Reformation zugethan, während einiger Zeit in Genf, von wo aus er eine rege Correspondenz mit gleichgesinnten Freunden unterhielt.[2] Ebenso verweilte damals auch der ausgetretene wanderlustige französische Mönch Lambert von Avignon kurze Zeit in Genf und hielt hier sogar, wie in mehreren schweizerischen Städten, lateinische Vorträge über das neue Evangelium.[3] Dass Luthers Name und seine Bedeutung auch in weiteren Kreisen bekannt war, zeigt ein im Jahre 1524 zur Aufführung gekommenes Spiel, in welchem derselbe gleichsam

---

[1] Neuerdings ist dies besonders geschehen von Merle d'Aubigné, welcher l. c. I, 259 sich sogar bis zu der kühnen Phrase versteigt: „Die kühnsten Hugenotten — so nennt der Verfasser die Anhänger des Burgrechts — wollten eine freie Kirche in einem freien Staat". Aehnlich l. c. II, 128.

[2] Vgl. *Herminjard*, Correspondance I, 68, 72, 73, 82, 98, 100, 101, Senebier I, 120.

[3] Vgl. *Herminjard* I, 103 (Opp. Zwinglii ed. Schuler et Schultess VII, 206) II, 242.

als Schreckmittel für die Geistlichkeit gebraucht wird.[1] Eine darüber hinaus gehende Betheiligung an den deutschen Religionshändeln aber suchen wir vergebens. Der Wittenberger Reformator selbst setzte seine Hoffnung so wenig auf die bürgerliche Partei in Genf, dass er vielmehr in ihrem Gegner den Gönner und Freund seiner Sache erblickte und im Herbst 1523 dem Herzog Karl III. in einem eindringlichen Schreiben die Beförderung des Evangeliums ans Herz legte.[2] Waren es doch gerade die eifrigsten „Eidgenossen", welche 1525 die Appellation nach Rom betrieben und dafür Exil und Verfolgung erduldeten![3]

Anders wurde es seit den Ereignissen des Jahres 1526. Die politisch-militärische Verbindung mit dem deutschen Canton Bern bahnte der neuen Lehre in Genf den Weg und die nach Genf gesandten Berner Diplomaten waren die ersten Missionäre des deutschen Glaubens in der wälschen Bundesstadt. War auch Bern selbst im Jahre 1526 noch nicht förmlich übergetreten, so war doch thatsächlich der Sieg der Reformation hier bereits entschieden, und seit dem Juni 1526 musste jeden Tag der völlige Sturz des katholischen Cultus erwartet werden. Als „ein fauler Glaube" wurde seit den Tagen der Disputation von Baden der Berner Glaube von den katholischen Orten gescholten.[4] Gerade der grosse Rath, welcher die Annahme des Burgrechts durchgesetzt hatte, war auch am entschiedensten der Reformation zugethan; von selbst verband sich mit dem Genfer Burgrecht sofort der Gedanke einer religiösen Propaganda.[5] Dazu kam, dass man in Bern in der Ausbreitung des Evangeliums nach Westen bald auch ein geeignetes Mittel zur „Wiederherstellung der altburgundischen Grenzen" erkannte. Kaum sind die politischen Fragen ins Reine gebracht, so sehen wir Bern eifrig bemüht, im evangelischen Sinne auf den neuen Verbündeten einzuwirken. Unter den ersten Berner Gesandten und Commissarien, welche nach Genf gingen, befand sich Thomas von Hofen, ein

---

[1] Das Stück findet sich abgedr. Mém. et doc. I, 164 ff.; vgl. p. 178.

[2] Luther an den Herzog von Savoyen d. d. 7. September 1523 bei *Herminjard* I, 151 ff.

[3] Vgl. die Klage Bezansons bei *Roget* I, 207.

[4] „Ir fulen Berner, Ir hand ein fulen Glouben!" Urkunden zur Berner Kirchenreform von *Al. von Stürler* I, 45. Man vgl. auch das daselbst p. 582 ff. abgedr. Schreiben Hallers an Valerius Anshelm über die kirchlichen Zustände Berns zu Anfang 1527.

[5] Wie sehr überhaupt in Bern die Genfer und lutherische Angelegenheit in einander griffen, ersieht man aus der von *Carduans* l. c. 72 mitgetheilten Ausserung des Valerius Anshelm.

Schwager Zwinglis und eifriger Parteigänger der neuen Lehre. Von dem Zürcher Reformator selbst empfing derselbe eine Aufforderung, seinen Einfluss mit Nachdruck zu Gunsten des Evangeliums zu verwenden und nicht blos für die Freiheiten und Rechte, sondern auch für eine religiöse Unterweisung der neuen Mitbürger zu sorgen.[1] Hofen fand die Zustände in Genf trostlos. „Es ist Alles vergebens", antwortet er am 15. Januar 1527 dem Reformator, „denn es sind in dieser Stadt bei 700 Pfaffen, die wehren mit Händen und Füssen, dass das Evangelium nicht aufgehe, denn sie predigen nichts und thun nichts anderes, denn Mess haben. Darin ist das gemeine Volk erzogen." Doch will er die Hoffnung nicht sinken lassen, wenn nur für eine hinlängliche Anzahl von Prädicanten gesorgt werde, da die Pfaffen darüber klagten, dass man „nicht mehr so heftig wie vor nach dem Ablass laufe".[2] Und in der That zeigte sich bald, dass die missionarischen Bemühungen Berns nicht ohne Erfolg blieben.

Die ersten Erfolge hatten sie in der Partei Baudichons. Nicht als ob in diesem Kreise eine wirklich evangelische Ueberzeugung aufgetaucht wäre: wir erinnern uns, wie wenig gerade seine Angehörigen sich bisher in einem evangelischen Lichte gezeigt hatten. Baudichon und seine Genossen erblickten in dem neuverkündeten Evangelium nicht die Anfänge einer religiösen Reform, die auch an den sittlichen Menschen Anforderungen stellte; ihnen war das Evangelium der Freibrief, der ihnen gestattete, sich über die kirchlichen Schranken nach

---

[1] Vgl. Zwingli an Thomas von Hofen 4. Januar 1527, Opp. Zwinglii VIII, 9. *Herminj.* II, 5. Ueber Hofens Eifer vgl. *Valerius Anshelm* VI, 247.

[2] Vgl. Opp. Zwinglii VIII, 15. *Herminj.* II, 9. Damit fallen, scheint mir, die Ausführungen *Gaberels* l. c. I, 84 ff., welcher unter Berufung auf Actenstücke des Turiner Archivs schon seit dem Jahre 1520 in Genf zahlreiche evangelisch Gesinnte, ja fast die ganze Stadt durch Bibellesen (?) von dem evangelischen Geiste angehaucht findet, in sich zusammen. Es ist allerdings wahr und sehr erklärlich, dass die savoyischen Agenten über die Ausbreitung der lutherischen Lehre in Genf, die übertriebensten Gerüchte verbreiteten; aber um auch nur dies zu beweisen, hätte der Verfasser der Hist. de l'église de Genève correcter citiren müssen, 'als es leider der Fall ist. Die von mir auf Grund seiner Citate p. 84, 90, 92 von der Generaldirection der Königl. Archive in Turin erbetenen Abschriften enthalten weder etwas von Bibellesen noch überhaupt von der Verbreitung des Evangeliums in der Stadt Genf; sie verbreiten sich einfach über die savoyisch-genferischen Streitigkeiten und gehören theilweise einer spätern Zeit an. Die p. 92 angeführten Nummern, schreibt die Generaldirection, seien überhaupt nicht vorhanden.

Gutdünken hinwegzusetzen, die Kirchengebote zu übertreten, die Geistlichkeit und insbesondere ihr Oberhaupt, den Bischof, zu verachten. Und in diesem Sinne wurde zunächst auch von den evangelischen Bernern gewirkt. „Die Berner", sagt ein alter Bericht, „kamen häufiger nach Genf als die Freiburger und tadelten in öffentlichen Gesprächen die Priester wegen ihres zügellosen Lebens und ihres Verbotes, während der Fastenzeit sowie an den Freitagen und Samstagen Fleisch zu essen, woraus folgte, dass mehrere Bürger ihnen nicht mehr gehorchen wollten."[1]) Man nannte in Bern die auf solche Weise Bekehrten „Gutwillige".[2])

Es gereichte freilich nicht zur Empfehlung der neuen Lehre, dass sie ihre ersten Vertreter in einem Kreise von Bürgern fand, dessen bisherige Führung wahrlich kein Vertrauen erweckte, und selbst Bonnivard soll damals Bedenken gegen den reformatorischen Beruf von Männern geäussert haben, die der Reformation selbst mindestens eben so bedürftig seien als die Priester und diesen in keinem Laster nachständen.[3]) Allein es war doch damit eine anticlericale Agitation eingeleitet, die bald um sich griff. Der Gang der Ereignisse, die zunehmende Spannung zwischen Bischof und Bürgerschaft, das Aergerniss, welches eben um diese Zeit einige Pfarrgeistliche gaben,[4]) die ungeschickte Haltung und der endliche Abfall Pierre de la Baumes kamen ihr zu Hülfe. Das Beispiel der Nichtachtung der alten kirchlichen Satzungen wirkte, namentlich in den jüngeren Kreisen, auf die „Kinder von Genf" ansteckend. Schon zu Anfang 1528 durfte Baudichon mit seinen Genossen es wagen, in einem öffentlichen Umzuge Geistliche und Mönche zu verhöhnen. Seitdem erhob die „lutherische" Partei — wie sie bereits genannt wurde — immer kühner ihr Haupt. In den

---

[1]) Manuscr. anonyme bei *Bonnivard ed. Dunant* I, CLXXVIII.

[2]) Der Ausdruck findet sich als gewöhnliche Bezeichnung sowohl in dem Berner Rathsmanuale als bei Valerius Anshelm.

[3]) Vgl. Manuscr. anonyme bei *Bonnivard*, Chron. I, CLXXVIII ff. Ich will indess nicht verhehlen, dass mir die hier Bonnivard in den Mund gelegte und auch von Mignet wiederholte Aeusserung sehr verdächtig scheint: es sieht doch gar zu sehr einer Prophezeiung nach geschehener That ähnlich, wenn B. weiter verkündet, die Genfer würden, wenn sie einmal wirklich evangelische Prediger (Farel und Calvin!) hätten, dieselben schon nach zwei Jahren vertreiben! Möglich, dass B. selbst später sich einer solchen Aeusserung gerühmt hat; jedenfalls bezeichnet sie die — allerdings ganz richtige — Ansicht, die man in der calvinischen Zeit von der ersten Einführung der Reformation in Genf hatte.

[4]) Vgl. Rathsprotocolle vom 10. Mai, 12. Juli 1527.

Kirchen kam es mehrmals während des Gottesdienstes zu Störungen. Man fing an den Zehnten säumiger zu entrichten, und bei dem Rathe liefen häufigere Klagen über die Entartung des Clerus ein. Die Fastengebote wurden offen und ungescheut übertreten, so dass der Magistrat sich veranlasst sah, dieselben wieder in Erinnerung zu bringen und ihre Beobachtung bei bürgerlichen Strafen zu gebieten.[1])

Sehr kam der aufsteigenden kirchlichen Opposition auch die Haltung des Turiner Hofes zu Statten.

Karl III. war über das Aufkommen einer protestantischen Tendenz in Genf gewissermassen erfreut, da er jetzt seinem alten Kampfe mit der Stadt den Charakter eines Glaubenskampfes verleihen konnte. Er säumte nicht, in Berichten an Kaiser und Papst über die Verbreitung der „lutherischen" Lehre die übertriebensten Nachrichten in Umlauf zu setzen und die Stadt bereits als der Ketzerei anheimgefallen darzustellen, obgleich die „Gutwilligen" verhältnissmässig noch sehr gering an Zahl waren und selbst bei ihnen von lutherischen Lehren nicht eigentlich die Rede sein konnte. Es gab kein geeigneteres Mittel, den Kaiser sowohl als den Papst der savoyischen Sache geneigt zu machen, und dass es nicht ganz ohne Erfolg blieb, zeigt das Abmahnungsschreiben, welches Karl V. schon im December 1529 an die Stadt richtete, sowie die dankbare Anerkennung, die in demselben Jahre Clemens VII. dem Herzog durch den Bischof von Aosta aussprechen liess.[2]) Selbst den Genfer Behörden gegenüber scheute sich Karl III. nicht, als der berufene Beschützer und Anwalt der katholischen Interessen aufzutreten und von ihnen in gebieterischem Tone Rechenschaft wegen der Ausbreitung der „lutherischen Secte" zu verlangen.[3])

---

[1]) Vgl. *Bonnivard*, Chron. II, 479. *Roget* II, 8, 10.

[2]) „*Ubis expresse committimus et serio jubemus* — schreibt Karl V. am 22. December 1529 von Bologna aus an Rath und Syndike der „kaiserlichen Stadt Genf" — *ut hujusmodi concionatores et quascunque alios illius sectae fautores capi faciatis atque contra eos iuxta aedicti nostri Wormatiensis formam et tenorem procedatis.*" Turiner Archiv: Genève I. Categ., Paquet 12, Nr. 45. Ueber die anerkennenden Aeusserungen Clemens VII. vgl. das Schreiben des Bischofs von Aosta bei *Gaberel* l. c. I, pièc. just. p. 31, 32.

[3]) Vgl. Rathsprot. 17. Febr. 1528. Karl III. verlangte, „*ut mitterentur unus aut duo ad eum pro manutenenda fide et causis resultandis propter sectam lutheranorum.*" — Manuscr. anonyme bei *Bonnivard* II, 552. „*Monsieur de Savoye,*" schreibt der eifrig katholische und patriotische Girard einmal entrüstet über die Beschuldigungen des Herzogs nach Genf, *dit que vous, Messieurs, êtes Luther, mais c'est celui même qui est le gros Luther, car il a pris*

Jedermann erkennt, welche Vortheile aus solchen Vorgängen der kirchlichen Opposition erwachsen mussten. Indem Karl III. den politischen Unabhängigkeitskampf mit den kirchlichen Neuerungsbestrebungen zusammenwarf, den Widerstand gegen die Usurpationspolitik seines Hauses gewissermassen zu einem Acte der Ketzerei stempelte, machte er diese selbst populär. Dem Katholicismus konnte kein schlimmerer Dienst erwiesen werden. Mit einigem Schein von Wahrheit durften nunmehr die Parteigenossen Baudichons sich als die eigentlichen Vertreter der Unabhängigkeit Genfs, als die wahren Patrioten hinstellen und unter dem Deckmantel des Patriotismus ihre kirchlichen Umtriebe fortsetzen. Geistliche und Mönche wurden seitdem systematisch als Feinde der Freiheit und Anhänger Savoyens bei dem Volke verdächtigt, und ein Triumph war es für die „Lutheraner", als man im Dominikanerkloster wirklich savoyischen Intriguen auf die Spur kam.¹) Mochten auch die Freiburger ihre neuen Mitbürger zum Festhalten an dem alten Glauben ermahnen, und Patrioten wie Bezanson und Girard gegen die neue Art von Patriotismus protestiren: die Baudichon, Vandel, Goulaz, Ami Perrin, Bernard, gewannen zusehends in der öffentlichen Meinung an Boden, und in gleichem Grade gewann ihr Verhältniss zu Bern an Innigkeit und Bedeutung.

Selbst die Haltung des Magistrats liess seit dem Jahre 1528 eine Einwirkung der anticlericalen Agitation erkennen. Nicht blos, dass man dem Metropoliten in Vienne wegen seiner Parteinahme für die „Mamelucken" offene Fehde ansagte und den Bürgern für die Zukunft die Anrufung der erzbischöflichen Gerichte streng verbot:²) auch dem einheimischen Clerus gegenüber erlaubte man sich Manches, was früher nicht vorgekommen. Es ist unverkennbar, dass die weltliche Gewalt, obschon sie dem ausgelassenen Treiben Baudichons und seiner Genossen entgegentrat, doch die Lage der Dinge zur Erweiterung ihrer Rechte auf Kosten des Clerus auszubeuten suchte. Sehr eigenmächtig sehen wir sie wiederholt sich in Angelegenheiten der geistlichen Gerichtsbarkeit einmischen. Der Ton, in welchem sie mit den geistlichen Behörden verkehrt, wird weniger ehrfurchtsvoll. Als der Ge-

---

le revenu de l'église de S. Pierre et de S. Victor." Galiffe, Matériaux II, 570. Man sieht übrigens, wie Luthers Lehre in Genf aufgefasst wurde.

¹) Journal de Balard l. c. X, p. 183.

²) Rathsprot. 29. December 1527. Bezanson und Vandel berichten über die *inauditas novitates, quae fiunt in curia Viennae et praesertim in favorem fugitivorum.*

neralvicar zu Anfang 1530 sich wegen der zunehmenden Verhöhnung des kirchlichen Fastengebotes beschwerte, erklärte der kleine Rath mit Hinzuziehung der Zweihundert den Genuss von Fleischspeisen in der Fastenzeit ohne Erlaubniss der Obrigkeit zwar für verboten, behandelte aber zugleich das kirchliche Verbot wie eine Polizeiverordnung, indem er festsetzte, dass Zuwiderhandelnde zur Sühne einen Beitrag zur Befestigung von Saint Gervais nach Massgabe ihres Vermögens beizusteuern hätten. Gleichzeitig wurden die Geistlichen in sehr unsanften Worten an die Pflicht erinnert, einen züchtigen Lebenswandel zu führen und Alles zu vermeiden, was Aergerniss errege.[1]) Vergeblich, dass der Generalvicar gegen solche Uebergriffe protestirte. In ähnlicher Weise wurde 1530 den katholischen Freiburgern, welche auf Veranlassung der Geistlichkeit ihre Mitbürger an die Entrichtung des geistlichen Zehnten erinnerten, entgegnet, dass man wohl bereit sei, auch für das laufende Jahr die herkömmlichen Abgaben zu entrichten, aber Freiburg „möge die Herren vom Capitel und von der Geistlichkeit ermahnen, mit den Gütern der Kirche ein besseres Leben zu führen als bisher, sonst würde man den Zehnten den Armen im Hospital geben."[2])

Aus Allem erhellt, dass der Geist der kirchlichen Opposition in Genf b reits im Jahre 1530 bedenkliche Fortschritte gemacht hatte. Im Kreise der „Gutwilligen" hoffte man mit wachsender Zuversicht auf eine baldige völlige Einführung der Reformation durch Hülfe Berns, und schon richteten sich die Blicke auf den in der Nachbarschaft thätigen Farel, den „wälschen Luther", welcher in ähnlichen Lagen wiederholt den Bernern gute Dienste geleistet.[3]) Da trat ein Ereigniss ein, welches mit einem Schlage alle Wünsche der „Lutheraner" schien erfüllen zu sollen: das Einrücken der verbündeten Truppen von Freiburg und Bern.

Die von den beiden Cantonen im Herbst 1530 zum Entsatze Genfs entsandten Mannschaften bestanden zum grössten Theile aus deutsch redenden Lutheranern, die vor Begierde brannten, ihren Glaubenseifer in der wälschen Stadt zu bethätigen. Der Anblick der zahlreichen Abzeichen des katholischen Cultus und der geistlichen Herrschaft, auf die sie bei jedem Schritt stiessen, brachte ihr evangelisches Blut sofort in Wallung. Ein förmlicher Bildersturm war bald organisirt. Genf

[1]) *Bonniv.*, Chron. II, 550 ff. *Roget* II, 11.
[2]) Journal de Balard l. c. X. p. 280.
[3]) Vgl. das Schreiben Hugues Vandels an seinen Bruder Robert d. d. 23. Juni 1530 bei *Galiffe*, Besanson Hugues p. 199.

erlebte ähnliche Scenen, wie sie drei Jahre vorher in der Hauptstadt der Christenheit selbst gesehen worden waren. Oeffentliche Statuen wurden zertrümmert, in Kirchen und Klöstern Altäre, Crucifixe und Bilder zerstört oder auf muthwillige Weise verunstaltet, geweihte Hostien und Kirchengeräthe unter rohen Spässen verunehrt; die Nonnen von St. Clara mussten das herrliche Crucifix, welches vor ihrem Kloster aufgestellt war, verstecken, um es vor der Zerstörungslust der bewaffneten Banden zu retten. „Seltsam kam es uns vor", erzählt eine der Schwestern, „das Zeichen unserer Erlösung verbergen zu müssen." Gegenvorstellungen der städtischen Obrigkeit blieben erfolglos. Das vor der Stadt gelegene Cisterzienserinnenkloster Bellerive wurde völlig zerstört. Mönche und Priester, die sich in ihrer Amtstracht auf den Strassen blicken liessen, wurden verhöhnt und misshandelt. Der katholische Gottesdienst musste in sämmtlichen Kirchen und Klöstern mit Ausnahme des Clarissenklosters, welches auf Bezansons Verwenden eine Abtheilung katholischer Freiburger zur Einquartierung erhielt, eingestellt werden. In St. Peter bestieg ein lutherischer Prädicant die Kanzel und predigte unter ausgelassenen Freudenbezeigungen der Berner in deutscher Sprache Luthers Lehre. Mit einem Male schien der Katholicismus durch diese bewaffneten Missionäre hinweggefegt.[1]

Allein der Sturm ging vorüber. Das verbündete Heer zog nach zehn Tagen wieder ab. Der katholische Gottesdienst wurde überall wiederhergestellt, die Mönche kehrten in ihre Klöster zurück, und die Geistlichen nahmen die gewohnten Functionen wieder auf. Doch konnte es nicht fehlen, dass der Vorgang auf die Gemüther einen nachhaltigen Eindruck machte. Die katholische Tradition war einmal, wenn auch nur auf einige Tage, unterbrochen gewesen, die Möglichkeit eines raschen Sturzes der alten, scheinbar so fest gegründeten Kirche Jedermann vor Augen geführt worden. Baudichons Partei trug seitdem das Haupt höher als je. Der Clerus durfte sich nicht mehr für unüberwindlich halten und verlor seine frühere Zuversicht. Dieser moralische Eindruck des Vorgangs wurde verstärkt durch seine politischen Folgen. Jene zehn Tage hatten das Uebergewicht Berns dem mitverbündeten

---

[1] *Jeanne de Jussie* p. 9 ff. Dass Bern es nicht blos auf einen vorübergehenden Erfolg abgesehen hatte, ersieht man aus dem Bern. Rathsm. 16. Oct. 1530. Indess mag ein Schreiben, wodurch Karl V. unter dem 19. Oct. von Augsburg aus abermals die Aufrechthaltung des alten Glaubens in Genf einschärfte, nicht ohne Eindruck geblieben sein. Turiner Archiv: Genève, 1. Categ., Paq. 12, Nr. 47.

Freiburg gegenüber in das hellste Licht gestellt, sie hatten die Stellung der bernerisch gesinnten Partei in der Bürgerschaft mächtig befestigt. Berns thatkräftige Hülfeleistung war es hauptsächlich, der Genf seine Befreiung zu verdanken hatte, und die noch keineswegs gefahrlose Lage der Stadt machte es räthlich, auch für die Zukunft den mächtigen Canton „bei guter Gesinnung" zu erhalten. Seit dem Herbst 1530 wurde Berns Einfluss in Genf mehr und mehr herrschend; der ältere und aufrichtigere Verbündete, das katholische Freiburg, welches in Folge der religiösen Differenzen schon seit einigen Jahren nicht mehr auf einem freundlichen Fusse zu Bern stand,[1]) wurde zurückgesetzt und gleichgültiger behandelt.

So empfing also der reformatorische Gedanke durch die Octoberscenen, trotz der äussern Wiederherstellung des Katholicismus, innerlich wie äusserlich eine mächtige Verstärkung, und immer deutlicher nehmen wir fortan seine Wirksamkeit im öffentlichen Leben Genfs wahr. Entschiedener als vorher wird seit 1530 von Syndiken und Rath in die reformfreundlichen Bahnen eingelenkt. Die in Bern aufgestellten Ansichten über das Verhältniss von Staat und Kirche fanden mehr und mehr auch den Beifall der Genfer Behörden. Man setzte die feindseligen Massregeln gegen den Clerus fort, erlaubte sich mit zunehmender Rücksichtslosigkeit Eingriffe in die geistliche Jurisdiction und fing bereits an, das Kirchengut als städtisches Eigenthum zu behandeln. Zur Bestreitung der Kosten, welche die Conferenz von Payerne der Stadt verursachte, mussten der Dom und die Klöster ihre kostbarsten Werthgegenstände und Kirchengefässe hergeben. Man zog die Geistlichen zu den Auflagen herbei und liess, wenn nicht rasche Zahlung erfolgte, die geforderten Beiträge wohl gar executorisch eintreiben.[2]) Als dem Clarissenkloster 1531 vom Papste ein Ablass bewilligt worden war, erschienen Abgeordnete des Ruths bei den Schwestern, um die eingekommenen Gelder für die Stadt in Beschlag zu nehmen oder doch die Verwendung derselben „ausserhalb der Stadt" zu verhindern; nur die Geringfügigkeit der eingekommenen Summe bewog sie, die Sache nicht weiter zu verfolgen. In demselben Jahre wurde bereits auch in Genf die Entdeckung gemacht, dass die Stadt der Gotteshäuser zu viele habe, und der Beschluss gefasst, einzelne derselben niederzu-

---

[1]) Vgl. v. *Stürler*, Urkunden I, 72, 73, *Herminjard* II, 232, 246, 254 ff.
[2]) Vgl. Archiv für die schweizerische Reformationsgeschichte I, p. 820 (Solothurn 1868), *Galiffe*, Bes. Hug. p. 224.

legen und das Baumaterial zur Anlage von Befestigungswerken zu verwenden.[1])

Zwar lag dem Rathe der Gedanke an einen vollständigen Bruch mit dem alten Kirchenwesen, wie ihn Bern vollzogen, auch jetzt noch durchaus fern. Er sorgte dafür, dass die Stadt ihr katholisches Aussehen behielt, liess kirchliche Umzüge halten, versicherte den besorgten Freiburgern wiederholt, dass man in Genf katholisch sein und bleiben wolle, und schritt ein, so oft der Uebermuth der „Gutwilligen" sich an Bildern und anderen Zeichen des katholischen Cultus vergriff. Als sich 1531 das Gerücht von einem neuen Angriff Savoyens verbreitete, ordneten die Zweihundert in allen Pfarreien der Stadt neuntägige Prozessionen an, um den göttlichen Beistand zu erflehen.[2])

Aber klar ist, dass jene anticlericale Haltung der Behörden und ihre Abhängigkeit von Bern den kirchenfeindlichen Tendenzen in weiteren Kreisen bedeutenden Vorschub leisten musste. Der Geist der Widersetzlichkeit gegen die Satzungen der Kirche nahm in bedenklicher Steigerung zu, und schon traten in dem öffentlichen Leben Erscheinungen zu Tage, die von einer tiefern und ernsten Beschäftigung mit den neuen religiösen Ideen Zeugniss ablegten. Die Bibel wurde häufiger zur Hand genommen als vordem, es begannen sich einzelne wirklich evangelische Kreise zu bilden. Ihren Mittelpunkt fanden diese Bestrebungen namentlich in der grossen städtischen Schule, deren Vorsteher Bigottier offen der Reformation zugethan war und ihre Grundsätze auch unter der Jugend zu verbreiten anfing.[3]) „Ich höre", schrieb Farel hocherfreut schon am 1. October 1531 von Grandson aus an den Zürcher Reformator, „ich höre, dass die Genfer schon einigermassen christliche Gesinnungen hegen, und ständen die Freiburger nicht im Wege, sagt man, so würden sie bald das Evangelium annehmen."[4])

---

[1]) *Jeanne de Jussie* p. 26, 30.

[2]) *Galiffe*, Besanson p. 221. Die Chronik des Marchand de Genève (Mém. et doc. XIII, p. 30) bezeichnet deshalb auch die Syndike von 1530 bis 1532 einfach als Anhänger des Bischofs und der Geistlichkeit.

[3]) Vgl. das Schreiben des päpstlichen Nuntius Martellus an die Stadt Genf d. d. 8. Juli 1532 bei *Herminjard* II, 425, wo aus den Rathsprotocollen auch der Rathsbeschluss mitgetheilt wird, der dem Schulrector das Lesen des Evangeliums untersagt. Cl. Bigottier wird auch in einem noch ungedruckten Schreiben des Jean Chautemps (Collectaneen von Galiffe) über die Anfänge des Evangeliums in Genf als einer der ersten Beförderer der neuen Lehre genannt.

[4]) Farel an Zwingli 1. Octob. 1531, Opp. Zwinglii VIII, 647.

Von wesentlichem Einfluss auf den Gang der Dinge in Genf war es, dass Bezanson Hugues sich um diese Zeit von dem Schauplatze der öffentlichen Thätigkeit mehr und mehr zurückzog. Schon seit längerer Zeit hatte sich bitterer Unmuth des wackern Patrioten bemächtigt. Der Gang der Ereignisse seit dem Jahre 1528, das Treiben Baudichons und Vandels, die unverdiente Zurücksetzung der Freiburger, die Anfeindungen, welche er heimlich und offen von der Gegenpartei erfuhr, endlich der schnöde Undank, womit der charakterlose Bischof seine Mühen vergalt[1]) — alles dies erfüllte seine Seele mit Kummer und Schmerz. Die vielen Anstrengungen, denen er sich im Dienste der Stadt unermüdlich unterzogen, hatten seinen Körper vor der Zeit aufgerieben, wie die vierzig Gesandtschaften, die er für die Unabhängigkeit Genfs zum grossen Theil auf eigene Kosten übernommen, sein ansehnliches Vermögen ruinirt hatten. Im Frühjahr 1531 legte er das Amt des Generalcapitains nieder. Nicht lange hat er seinen Rücktritt überlebt. Bezanson Hugues, der Befreier Genfs, starb gegen Ende 1532 oder in den ersten Tagen des nächsten Jahres, treu dem Glauben seiner Väter. Keine Klage verkündet uns seinen Tod: nur durch Vermuthung lässt sich die Zeit desselben bestimmen. Seine Hinterlassenschaft wurde auf Veranstalten des Raths öffentlich versteigert, um aus dem Ertrag die Schulden zu decken, die er für die Behauptung der Freiheit seiner Vaterstadt gemacht hatte. Sein Sohn Conrad musste einige Jahre später Genf verlassen, weil er, wie der Vater, an dem alten Glauben festhielt. Das war der Dank, welchen der beginnende Freistaat seinem edlen, opferwilligen Begründer abstattete![2])

Bezansons Rücktritt aus dem öffentlichen Leben war für die katholische Sache ein schwerer Schlag. War auch sein früherer Einfluss längst schon dahin, so machte die massvolle und besonnene Haltung des Urhebers der Combourgeoisie auf die Heisssporne der Opposition doch immer noch einen gewissen Eindruck und mässigte zuweilen ihren Ungestüm. Sein Nachfolger im Generalcapitanat, Jean Philippe, gehörte einer vorgeschrittenern, Baudichon und Vandel näher stehenden Partei an. Der, welchem es obgelegen hätte, die kirchlich Gesinnten unter seine Führung zu nehmen und zu stärken, Pierre de la Baume, war abwesend und konnte auch durch die ernstesten Ermahnungen des

---

[1]) Vgl. die letzten Briefe des Bischofs an Bezanson, mitgetheilt in den Mém. et doc. XV, p. 247, 248.

[2]) Vgl. *Galiffe*, Bezanson Hugues p. 262 ff.

Papstes nicht bewogen werden, die Annehmlichkeiten des Landlebens auf seinen burgundischen Besitzungen mit den Mühen eines geistlichen Berufslebens inmitten seiner Heerde zu vertauschen.[1]) Unter solchen Umständen gewann die Partei der kirchlichen Opposition mit jedem Tage an Einfluss und Bedeutung; im Rathe zählte sie bereits namhafte Vertreter. Die reformfreundliche Haltung der Stadt erregte bald die Aufmerksamkeit des benachbarten Frankreich, und Anhänger der neuen Lehre fingen an, sich nach Genf zu wenden, um unter dem Schutze der Toleranz des neuen Freistaats ihren religiösen Ueberzeugungen nachzuleben. Wohl war die grosse Masse der Bürger nach Gesinnung und äusserer Haltung noch katholisch, aber sie zeigte sich lässig und unthätig. Man beruhigte sich bei den wiederholten Versicherungen der Behörden, dass die Religion der Väter nicht solle angetastet werden, und ahnte keine Gefahr. Wurde doch auch in allen Kirchen noch in gewohnter Weise Messe gelesen und öffentlich nur katholischer Gottesdienst gestattet! Geschickt wussten überdies Baudichon und seine Freunde ihre Opposition zunächst und vorzugsweise als eine politische, gegen das verhasste Savoyen gerichtete darzustellen, und wir sahen, wie sehr ihnen dabei die Haltung des Turiner Hofes selbst zu Hülfe kam.

Im Jahre 1532 war der protestantische Geist in Genf bereits so mächtig, dass er glaubte offen und unverhüllt hervortreten zu können. Von Rom selbst wurde dazu der willkommne Anlass geboten. Indem Clemens VII., ungewarnt durch die Erfahrungen seiner Vorgänger, 1532 in Genf den allgemeinen Jubelablass verkünden liess, gab er der Opposition selbst die Waffen in die Hand. Wie in Prag und Wittenberg, so war es auch in Genf die Ablasspredigt, die das Signal zum offenen Abfall gab.

II.

AUSBRUCH DER EVANGELISCHEN BEWEGUNG. FAREL UND FROMMENT.

Am Morgen des 9. Juni 1532 war Genf in grosser Aufregung. Dichte Volkshaufen drängten sich auf dem Molardplatze und vor den Kirchenthüren, um ein Placat zu lesen, welches während der Nacht

---

[1]) *Besson*. Mémoires p. 62.

von unbekannten Händen anstatt der päpstlichen Ablassankündigung angeheftet worden war. In wenigen Worten verkündete der neue Anschlag im Namen „des himmlischen Vaters Jedem einen vollkommnen Ablass unter der einzigen Bedingung der Reue und des Glaubens an die Verheissungen Christi". Unter der Menge gaben sich verschiedene Gefühle kund. Die grosse Masse und vor Allem die Geistlichen waren entrüstet über das verwegene Beginnen; Andere verhehlten nicht ihre Uebereinstimmung mit dem Geschehenen. Es kam zu tumultuarischen Auftritten, an einer Stelle sogar zu einem Handgemenge: ein Canonicus von St. Peter wurde, als er einen der neuen Ablassbriefe zerriss, schwer verwundet.[1]

Die äussere Ruhe wurde bald wieder hergestellt; allein damit war wenig erreicht. Die Manifestation des neunten Juni bezeichnete in der Geschichte Genfs einen bedeutsamen Wendepunkt. Die Opposition hatte endlich den entscheidenden Schritt gewagt: offen und unverhüllt hatte sie die von Wittenberg ausgegebene Losung auch auf ihre Fahne geschrieben, und die evangelische Bewegung war damit eingeleitet. Jener gewissermassen politische Protestantismus, welcher sich vornehmlich gegen die weltliche Herrschaft des Bischofs kehrte und auf kirchlichem Gebiete sich bisher kaum anders als durch Uebertretung des Fastengebots und Schmähung der Geistlichen geäussert hatte,[2] erreichte am 9. Juni sein Ende: an seine Stelle trat der religiöse, und die Entschiedenheit, womit gerade der Grundgedanke des neuen religiösen Systems vorangestellt wurde, zeigte, dass die Opposition sich dessen, was sie that, wohl bewusst und nicht gesonnen war, zurückzuweichen.

Weder in Genf noch in der Nachbarschaft wurde die Tragweite des Vorgangs verkannt. Von Chambery aus richtete wenige Wochen später der apostolische Nuntius Martellus ein eindringliches Schreiben an die Stadt, worin er sie unter Hinweisung auf den frommen, gläubigen und kirchlichen Sinn der Vorfahren bittet und ermahnt, den wahren Glauben aufrecht zu erhalten und die über Genf verbreiteten ungünstigen Gerüchte bald zu widerlegen.[3] Das katholische Freiburg sandte auf die Kunde von dem Vorgefallenen sofort einen eigenen Boten nach Genf ab und machte sehr ernste Vorstellungen. Der Rath suchte, so gut es ging, den alten Alliirten zu beruhigen. Eine Depu-

---

[1] *Jeanne de Jussie* p. 44, *Fromment* p. 247, *Roget* II, 19.
[2] Vgl. *Fromment* p. 3.
[3] D. d. 8. Juli 1532 bei *Herminjard* II, 424 ff.

tation von vier angesehenen Genfer Bürgern gab in Freiburg die Erklärung ab, dass man „leben und sterben wolle wie die Vorfahren", und auch dem päpstlichen Nuntius wurde, wenn auch nicht in so bündigen Ausdrücken, eine beruhigende Antwort ertheilt.[1]

Liess sich aber nach Allem, was vorausgegangen war, erwarten, dass diese noch ganz unter dem Einflusse der Opposition gegen den Bischof gewählte Behörde ernstlich den Willen, und wenn den Willen, auch die Kraft besitzen werde, den so mächtig sich regenden Geist der kirchlichen Neuerung in die Schranken „der Religion der Vorfahren" zurückzubannen? In Wahrheit entsprach die Haltung des Genfer Raths nicht den Freiburg gemachten Zusicherungen. Wohl wurde am 11. Juni eine Verordnung erlassen, welche das Anschlagen von Placaten für die Zukunft bei strenger Strafe untersagte, und einige Wochen später empfing auch der evangelisch gesinnte Schulrector die Weisung, sich der eigenmächtigen Verkündigung des Evangeliums vorläufig zu enthalten.[2] Aber von einer Untersuchung gegen die Urheber der Ablassplacate ist nicht die Rede, ja es sah fast wie eine Billigung des Geschehenen aus und war jedenfalls eine bedeutungsvolle Concession an die Partei der Placate, als der Rath der Zweihundert in der Sitzung vom 30. Juni den Generalvicar aufzufordern beschloss, Sorge dafür zu tragen, „dass in allen Kirchen und Klöstern Evangelium und Epistel nach der Wahrheit und ohne Heimischung von Fabeln und Menschensatzungen gepredigt werde."[3] Schon eigneten sich also die Leiter der Stadt selbst das überall wiederkehrende Schlagwort der kirchlichen Neuerungspartei an! Mussten nicht die Freunde der Placate aus der Haltung der Behörden eher Muth und Zuversicht schöpfen, als das Gegentheil? Und dazu kamen die aufmunternden Stimmen von Aussen. Im Juli langte ein Aufmunterungsschreiben von der neuen evangelischen Gemeinde in Payerne an, welches den evangelisch Gesinnten in Genf Glück wünschte, ihnen Muth einsprach, sie aufforderte, bei dem löblichen Beginnen zu verharren, und auf den starken Arm Berns hinwies, welches „weder Gut noch Blut sparen werde, um seine Freunde, Ver-

---

[1] Vgl. Rathsprot. 24. Juni u. 12. Juli 1532 und das Schreiben der Genfer Abgeordneten an den Rath d. d. 6. Juli 1532 bei *Herminjard* II, 421 ff. Sie hätten, melden sie ihrer Behörde, in Freiburg erklärt „que tochant la luterrie, volids vivre et morir comant nous prédécesseurs". Es ist bemerkenswerth, dass in Genf nie von Zwingli als religiösem Parteihaupte die Rede ist.

[2] *Jeanne de Jussie* p. 45, Rathsprot. 29 und 30. Juni 1532.

[3] Rathsprotocolle 30. Juni 1532.

bündete, Mitbürger und Unterthanen, die dem heiligen Evangelium anhangen wollen, zu unterstützen." Ein geistlicher Gesang für den neuen Gottesdienst war bereits dem Schreiben beigefügt.[1]) Auch Farel, welcher schon seit längerer Zeit die Entwickelung der Dinge in Genf aufmerksam beobachtet hatte, sandte bald von Murten aus den Freunden des Evangeliums in Genf ein schriftliches Aufmunterungsschreiben zu.[2])

So erfolgte was erfolgen musste. Die Partei der Placate machte seit dem neunten Juni gewaltige Fortschritte. Die evangelischen Ueberzeugungen traten entschiedener und offener hervor. Männer, wie Robert Olivetan, ein naher Anverwandter Calvins und eifriger Parteigänger der neuen Lehre, liessen sich in Genf nieder.[3]) Zahlreiche evangelische Flugschriften wurden in Umlauf gesetzt. Bereits nach wenigen Monaten schien der Boden für die öffentliche und rückhaltlose Predigt des Evangeliums hinlänglich vorbereitet, und nicht lange liess der Mann auf sich warten, welcher seit Jahren nach diesem Moment sich gesehnt hatte. Noch im Herbst 1532 traf Wilhelm Farel ein, um Genfs Reformator zu werden.

Wir haben dieses eifrigen Streiters für das Evangelium bereits wiederholt gedacht. Es wird nöthig sein, ehe wir ihn auf diesen neuen und wichtigsten Schauplatz seiner Thätigkeit begleiten, das Bild des Mannes, seine Vergangenheit und seinen Charakter etwas näher ins Auge zu fassen.

Geboren um das Jahr 1489 zu Gap im Delphinat als der Sohn angesehener Eltern, die ihn ursprünglich für die militärische Laufbahn bestimmt hatten[4]), wurde Wilhelm Farel in Paris, wo er den Studien oblag, durch den Umgang mit Lefèvre für die neuen religiösen Ideen gewonnen und kam von hier auf die Empfehlung seines Lehrers nach Meaux in den reformatorisch gesinnten Kreis, der sich um den Bischof Briçonnet gebildet hatte. Eine heftige, feurige,

---

[1]) Vgl. *Herminjard* II, 426 ff. 489.

[2]) Vgl. *Herminj.* II, 435. Ich schliesse mich in Beziehung auf dieses Schreiben der Ansicht Herminjards gegen Ruchat an.

[3]) Dass Olivetan schon um diese Zeit in Genf angekommen sein muss, ergibt sich daraus, dass Farel und Saunier ihn im Herbst bereits anwesend fanden. Vgl. *Frommont*. p. 1, 5. Die Pseudonyme in den Vorreden zu seiner Bibelübersetzung deuten an, dass er zu den Genfer Reformatoren schon früh in ein näheres Verhältniss getreten. Vgl. Bulletin de la soc. de l'hist. du Protest. franc. X, 211 ff.

[4]) Vgl. *Haag*, La France protestante V, p. 59; auch Calvin nennt seine Familie eine „splendidior".

südländische Natur, erfasste er die neuen Lehren mit der ganzen
Leidenschaft seines Charakters, wie er vor seiner Sinnesänderung ein
leidenschaftlicher Anhänger der alten Kirche und ihrer Gebräuche,
ja nach seinem eigenen Ausdruck „papistischer als das Papstthum
selbst" gewesen war.[1]) Farel ging entschieden weiter als der deutsche
Reformator, der ihm zu rücksichtsvoll und conservativ schien. Der
Katholicismus ist ihm lediglich das Reich des Antichrists, Rom der
Sitz und die Wiege aller Laster und Verruchtheiten — kein Verbrechen, kein Laster, kein Unglück, das nicht von Rom ausgegangen[2])
— der Papst des Satans erstgeborener Sohn,[3]) die Messe und der
ganze katholische Cultus ein heidnischer, verabscheuungswürdiger
Götzendienst. Insbesondere kehrt sich sein Grimm gegen die von
ihm selbst früher so eifrig gepflegte Heiligen- und Bilderverehrung.
Er nennt die Kaiserin Helena „die vermaledeite unter allen Weibern",
weil sie „mit ihrer Auffindung des Kreuzes" zuerst diesen Götzendienst eingeführt,[4]) und erklärt die Anfertigung von Bildern und
Statuen sogar für eine Versündigung an den Gaben der Natur.[5])
Nicht Worte genug kann er finden, um das Unwürdige, Unsinnige,
Gräuelhafte der Bilderverehrung auszudrücken. Unbegreiflich ist ihm,
dass Gott im Himmel solche Greuel, eine solche Verhöhnung seines
heiligen Namens durch das Papstthum und seine Anhänger so lange
duldet: zu gross findet er Gottes Güte und Langmuth. „Räche doch,

---

[1]) Man sehe Farels eigene Schilderung seines frühern katholischen Fanatismus und seines masslosen Eifers für Heilige, Bilder u. s. w. („*tellement que
je pouvoye bien estre tenu pour un registre papale, pour martyrologe et tout ce
qu'il faut en toute l'idolatrie et diablerie papale en laquelle n'ai cognue aucun qui
m'ait vaincu*") in der *Epître à tous seigneurs et peuples et pasteurs d'qui le seigneur m'a donné acces* aus dem Jahre 1530', abgedr. bei *Ruchat-Vulliemin*, Hist.
de la Réformation de la Suisse III, 528 ff. Diese Schilderung erklärt allerdings viel. Vgl. auch die Darstellung seiner Bekehrung in dem Bericht an
Galéot bei *Herminj. II*, 41 ff.

[2]) Vgl. *G. Farel*, Forme d'oraison pour demander à Dieu la saincte predi-
cation de l'Evangile, Genève 1545, p. 114, 124, 148, Stellen, die vielleicht das
Stärkste enthalten, was je gegen Rom geschrieben ist.

[3]) Vgl. Le glaive de la parolle veritable par *G. Farel*, Genève 1550, p. 199 u. a.

[4]) Vgl. Du vray usage de la croix de Jesus Christ par *G. Farel* (Fick'sche
Ausgabe) p. 77.

[5]) „*Car mesme on fait injure au bois et à la pierre et à tout ce qu'on prend
pour faire une image. Car en faisant servir la creature seulement pour estre
une image par cela est elle retirée de sa nature et n'a point sa droicte operation
et son effect à quoy tu (dieu) l'as creée.*" Forme d'oraison p. 44.

gerechter Richter," ruft er einmal in ungestümem Gebet aus, „o räche deine Kirche, welche so lange verlassen ist und zu dir schreit, räche sie, gütiger und gerechter Richter." „Wirst du, o Herr, mehr Mitleid haben mit den Bestien, als mit jenen, die nach deinem heiligen Worte seufzen?"[1])

Es lässt sich denken, dass ein Mann von solcher Richtung sich nicht lange in der mystischen Gesellschaft des vorsichtigen und zaghaften Bischofs von Meaux heimisch fühlte. Der gelehrte, vornehme, höfische Ton, welcher in jenem Kreise herrschte, passte nicht für den jungen, rauhen Eiferer, der ein rückhaltloses Bekenntniss für die erste Pflicht hielt und von höfischen Verbindungen eben so wenig für seine Sache erwartete als von den Wirkungen der Wissenschaft, die er, obgleich Magister der freien Künste, nicht hoch anschlug. Der Eifer für die Sache, der er sich gewidmet, trieb ihn bald in das südliche Frankreich zurück, um dort als Missionär dem neuen Evangelium Anhänger zu werben. Allein der Erfolg entsprach nicht seinen Wünschen. Seine Landsleute fanden seine Lehren gotteslästerlich und statt des Beifalls erntete er Verfolgungen. „In Wäldern, Hainen und Sümpfen" hat er umherirren müssen, bis die immer heftiger werdende Verfolgung ihn nöthigte, sein Vaterland gänzlich zu verlassen. Seit dem Ende des Jahres 1523 finden wir ihn in den benachbarten deutschschweizerischen Gebieten,[2]) auch hier sofort mit allem Eifer für sein „Evangelium" thätig. Als stürmischer Apostel der neuen Lehre zieht er, obgleich nicht einmal der deutschen Sprache mächtig, von Stadt zu Stadt, predigt und disputirt in lateinischer oder französischer Sprache; Constanz, Zürich, Schaffhausen, insbesondere aber Basel, Strassburg und Mömpelgard waren Zeugen seines Eifers. In Zürich besuchte er Ulrich Zwingli, der ihn durch sein einfaches, offenes Wesen vollständig gewann; es war ganz nach Farels Geschmack, dass der Reformator bei ihrem ersten Zusammentreffen sich alle Complimente und weitläufigen

---

[1]) Forme d'oraison p. 125, 139. Aehnlich schon in dem Summaire et briefve declaration p. 88: „*Et vons, seigneur Dieu, estes vous si misericordieux et si tardif a ire et vengeance contre ung si tres grand oultrage faict contre vous?*" (Ausgabe von Baum).

[2]) Vgl. Lange an Farel d. d. Meaux 1. Januar 1524; man ersieht aus diesem Schreiben, dass Farel damals schon einige Zeit in Basel gelebt hatte. *Herminjard* I, 178. Die von Herminjard mitgetheilten Briefe verbreiten überhaupt über die damaligen Schicksale Farels und seine zahlreichen Verbindungen mehrfach neues und interessantes Licht.

Höflichkeitsformen mit ächt republicanischer Einfachheit verbat.¹) Auch Luther gedachte er zu besuchen, ohne indess, wie es scheint, diesen Plan ausgeführt zu haben.²) Farel konnte hier, ohne für sein Leben fürchten zu müssen, seinen Gefühlen Luft machen, und er that es. Könne man auch, war sein Grundsatz, die Ketzer nicht überzeugen, so müsse man ihnen doch, wie Christus den Sadducäern, die Wahrheit derb ins Gesicht sagen.³) In Basel, wo er zuerst sein Glück versuchte und eine freundliche Aufnahme fand, hatte er schon nach einigen Monaten durch Disputationen, Vorlesungen, Predigten so mancherlei Anstoss gegeben, dass er durch einen Beschluss des Raths aus der Stadt gewiesen wurde.⁴) In Mömpelgard hat er einst, als er einer Prozession begegnete, dem Geistlichen die Reliquien aus der Hand gerissen und ins Wasser geschleudert.⁵) Gleichzeitig suchte er auch durch kleinere litterarische Arbeiten, unter denen insbesondere die „Kurze Erläuterung einiger Punkte, die jeder Christ nothwendig wissen muss," gleichsam als der erste Versuch einer populären französisch protestantischen Dogmatik Beachtung verdient,⁶) die evangelische Sache zu fördern. Doch besass er zu einer wirksamen litterarischen Thätigkeit weder die Geduld noch, wie er selbst offen genug gesteht, das erforderliche Geschick.⁷) Das Hauptgewicht legte er selbst immer auf ein thatkräftiges, persönliches

---

¹) Vgl. Epistolae ab eccles. Helv. ref. vel ad eos scriptae p. 283. Ueber das innige Verhältniss Farels zu Zwingli vgl. insbesondere *Herminjard*, Corresp. II, 20.

²) Vgl. *Herminj.*, Corresp. I, 214, 215; *Crottet*, Petite chronique protestante p. 30, lässt Farel die Reise wirklich ausführen, doch hat dieser wohl nie Wittenberg gesehen.

³) Le glaive de la parolle veritable p. 256.

⁴) Die Darstellung dieser Vorgänge bei *M. Kirchhofer*, Leben Farels I, 17 ff., wird ergänzt durch Farels eigenen Bericht an den Rath bei *Herminjard* I, 358—64. Daraus ergibt sich, dass die letzte Veranlassung zu dem Einschreiten des Raths Farels Predigten gaben. „Cessit hinc", schreibt Erasmus einem Freunde, „nec opinor rediturum, sic rem gessit." *Herminj.* I, 289.

⁵) Vgl. *Kirchhofer* I, 48 mit *Ranke*, Französ. Gesch. I, 169.

⁶) Summaire et briefve declaration daucuns lieux fort necessaires a vng chascun Chrestien, wahrscheinlich Ende 1524 oder Anfang 1525 erschienen. Durch die Wiederherausgabe dieser Schrift (Genf 1867) hat sich Baum ein Verdienst erworben. Ueber die anderen kleinen Schriften, welche F. um diese Zeit veröffentlichte, vgl. *Herminj.* I, 223, 246, 252, 279, 280, 290.

⁷) *Kirchhofer*, Ueber Farels litter. Thätigkeit in den Theol. Studien und Kritiken, Jahrg. 1831, p. 290, 297. *Sayous*, Études litter. I, 43.

Kampschulte, J. Calvin etc.

handeln. Den Freunden der Reformation machte sein massloser, ungestümer Eifer manche Sorge, und wiederholt mussten sie ihn zur Mässigung ermahnen. „Du bist ausgesandt", schreibt ihm Oecolampad einmal, „das Evangelium zu verkünden, nicht Schmähungen auszustossen. — Lerne von Christus Milde und Demuth."[1]) Von einem Andern wird er zurechtgewiesen, weil er Christum zum Vorwand nehme, um den Wissenschaften den Krieg zu erklären.[2]) Doch konnte Keiner dem rauhen, derben, opferwilligen Streiter, der vor keiner Gefahr zurückwich, durch kein Missgeschick gebrochen wurde, auf die Dauer zürnen. Alle erkannten in ihm ein brauchbares Werkzeug für die Zwecke der Reformation, an das sie, namentlich im Hinblick auf Frankreich, grosse Hoffnungen knüpften. „Er ist hinlänglich ausgerüstet," schrieb Oecolampad an Luther, „die ganze Sorbonne in Noth zu bringen, wenn nicht gar über den Haufen zu werfen."[3]) Nur Erasmus, der feingebildete Humanist, empfand gegen diesen ungehobelten Franzosen, der ihn überdies in Basel sofort persönlich beleidigt hatte, einen tiefen Widerwillen; nie in seinem Leben, schreibt er einem Freunde, sei ihm ein so anmassender, schmähsüchtiger und schamloser Mensch vorgekommen.[4])

Bis zum Jahre 1526 war Farels Thätigkeit trotz alles Eifers doch nur von einem mässigen Erfolge gewesen. Eine bedeutendere Wirksamkeit aber eröffnete sich ihm seit dem Ende jenes Jahres, als der Canton Bern in Farel den geeigneten Mann zur Einführung der Reformation in den benachbarten, zum Theil von Bern abhängigen wälschen Landschaften zwischen dem Genfer und Neuenburger See erkannte, und ihn zu diesem Zwecke, anfangs schüchtern, dann aber unverhohlen, in Dienst nahm und mit allen Mitteln unterstützte.[5]) Erst hier, wo er sich wieder inmitten einer ihm durch Sprache und Sitten verwandten Bevölkerung fand, hat er jene entscheidenden Erfolge gefeiert, die ihm den Namen des „wälschen Luther" verschafften. Er ist auch hier leidenschaftlich und ungestüm, ja roh und gewaltthätig aufgetreten, wie es

---

[1]) *Herminj.*, Corresp. I, p. 265, 66. Aehnlich p. 255.
[2]) l. c. I, 212. Farels Urtheil über die Universitäten s. Summaire p. 62.
[3]) *Herminj.*, Corresp. I, 215.
[4]) l. c. I, 299. Im Original lautet die Stelle noch schärfer. Vgl. p. 280.
[5]) Vgl. Berner Rathsmanual zum 8. März und 3. Juli 1527 bei *Stürler* I, p. 48, 56. *Herminj.* II, p. 28, 105, 110, 125, 135, 168, 197, 205, 253, 269, 327 u. s. w. Das überaus nahe und innige Verhältniss, in welchem Farel insbesondere zu dem Berner Staatssecretair Giron stand, verdiente eingehender untersucht zu werden.

dem Streiter Gottes nicht anstand. Wo der kleine, hässliche Mann mit seinem sonnengebräunten Gesicht, rothen Bart und struppigen Haar erschien[1]) und Gottes Wort verkündete, waren Kampf und Sturm unausbleiblich. Selten, dass eine seiner Predigten ohne Tumult endete. Es war seine Lust, den Zorn der Gegner herauszufordern, unter wildem Lärm das Wort zu ergreifen und mit seiner gewaltigen, von einem Zeitgenossen mit dem Donner verglichenen Stimme die Rufe einer aufgeregten Masse zu übertönen. Noch während der Priester am Altare das Messopfer verrichtet oder die Geistlichen im Chor singen, dringt er mit seinem Anhang in die Kirche ein, besteigt die Kanzel und predigt wider die Gräuel des Antichrists. Einen Franziskaner unterbricht er mitten in seiner Predigt, um ihn sofort zu widerlegen; von einem seiner Genossen wird dem katholischen Geistlichen die Hostie aus der Hand gerissen; ja selbst in einen thätlichen Kampf ist er wohl mit dem Gegner gerathen. Von allen Seiten liefen bald Klagen und Beschwerden in Bern ein über diesen gewaltthätigen, rohen, unduldsamen, bilderstürmerischen Evangelisten.[2]) Nicht überall begnügte man sich mit blossen Beschwerden. An mehr als Einem Orte erhob sich die altgläubige Bevölkerung zu energischer Gegenwehr, und sauer genug ist dem Schützlinge Berns der Sieg zuweilen geworden. Den Katholiken war kein Name verhasster als der Name Farels. Die katholische Geistlichkeit bot alle ihre Kräfte gegen den verhassten Eindringling auf, das Landvolk rottete sich gegen ihn zusammen. Wiederholt wurde er auf seinen Wanderungen überfallen, mit Schlägen und Fusstritten misshandelt oder gar ins Gefängniss abgeführt. Allein weder Kerker noch Misshandlung konnten seinen Muth brechen: mit den noch frischen Wundmalen ging er unverdrossen wieder ans Werk, und diese seine Ausdauer, sowie der wirksame Schutz der Berner Behörden, die ihren „geliebten Farel" in keiner Gefahr verliessen und seine Erfolge als ihre eigenen ansahen, verschafften ihm schliesslich fast allenthalben den Sieg. In einer Reihe von Ortschaften, in Aigle, Morat, Neuchâtel, Valangin, Moutier ist die Reformation durch Farel eingeführt, in anderen der Sturz des „papistischen Götzendienstes" durch ihn wenigstens eingeleitet worden.

[1]) Eine anschauliche Schilderung der Persönlichkeit Farels gibt der *Chroniqueur*, mitgetheilt von *Henry*, Leben Calvins I, 167.

[2]) Man vgl. insbesondere das Schreiben der Katholiken von Grandson (d. d. 7. Octob. 1531) bei *Herminj.* II. 366 ff., welches von der gewaltsamen evangelischen Thätigkeit Farels ein anschauliches Bild entwirft.

Aber in dem äussern Erfolge, in der Zahl der reformirten Gemeinden lag nicht allein die Bedeutung dieser missionarischen Thätigkeit Farels.

In Frankreich selbst geächtet und verfolgt, fand der Geist der Reformation hier in dem äussersten Winkel des französischen Sprachgebietes zum ersten Mal ein sicheres Asyl. Indem der deutsche Canton Bern den wälschen Reformator in seinen Schutz nahm, seine Predigt mit allen Mitteln unterstützte und förderte, ist er gewissermassen die Geburtsstätte und Wiege des französischen Protestantismus geworden. Jene Erfolge Farels waren die ersten bleibenden, welche die Reformation auf romanischem Boden erkämpft hat, und ihre Bedeutung ist von den Zeitgenossen sofort erkannt worden. Schon bald sammelten sich aus den verschiedensten Gegenden Frankreichs Jünger und Gehülfen um den kühnen Reformator von Gap, als den eigentlichen Hort und Stammhalter des französischen Protestantismus. Als solcher wurde Farel auch von den Reformatoren der deutschen Grenzlande betrachtet. Die Bucer, Capito, Oecolampad sandten französische Flüchtlinge, die wegen ihrer religiösen Ueberzeugungen das Vaterland verlassen hatten, an Farel, damit er sie zu Streitern für das reine Gotteswort heranbilde. „Du bist uns die einzige Zierde Frankreichs," schrieb ihm Bucer schon im Frühjahr 1528, „Gott wolle dich erhalten!" Es war endlich eine feste Operationsbasis gewonnen, von der aus der Kampf gegen den romanischen Katholicismus mit Aussicht auf Erfolg weiter geführt werden konnte. Schon wurde auch die Evangelisirung Savoyens ins Auge gefasst: von Turin selbst, wo Farel geheime Anhänger hatte, wurden Andeutungen über die Mittel und Künste gegeben, durch die man vielleicht sogar den Herzog für das Evangelium gewinnen könne.[1]) Noch wichtiger aber als der Turiner Hof musste die Gewinnung Genfs

---

[1]) Vgl. insbesondere den interessanten Brief des Emil Perrot, eines alten Schülers Farels, an Pierre Giron, den Berner Rathssecretair (d. d. Turin 3. Februar 1530) bei *Herminj.* II. 235 ff. Von religiöser Seite, meint Perrot, lasse sich wohl nicht auf Carl III. einwirken, wohl aber durch seine πλεονεξία, „*per quam forte effici posset, ut quod religionis praetextu non potest, hoc saltem ampliandi ejus patrimonii titulo ab eo impetraretur.*" Auch würde es gut sein, den Herzog an seine deutsche Abkunft, insbesondere an seine Abstammung von den Sachsen zu erinnern, die er durch Annahme der von den Sachsen ausgegangenen Reformation am besten ehren werde u. s. w. Vgl. auch *Herminj.* II. 207 ff. Auf die Bedeutung der damaligen Thätigkeit Farels und Berns für den französischen Protestantismus habe ich schon hingewiesen in Reusch, Theol. Literaturbl. Jahrg. 1868, p. 464.

für die Pläne Farels erscheinen. Im Mittelpunkte des grossen Weltverkehrs gelegen, war diese Stadt wie keine andere geeignet, auch für die neue religiöse Propaganda den Mittelpunkt abzugeben.

In der That waren Farels Absichten schon seit längerer Zeit auf Genf gerichtet gewesen. Die Ereignisse des Sommers 1532 brachten seinen Plan zur Reife. In den ersten Tagen des October traf er in Begleitung seines Freundes Saunier und versehen mit einem Empfehlungsschreiben der Berner Behörden in Genf ein.

Farel trat in Genf mit grösserer Mässigung auf, als es sonst seine Gewohnheit war. Es scheint, dass die Grösse der Stadt auf ihn, der bis dahin fast nur vor kleineren Gemeinden gepredigt, doch einigen Eindruck machte. Vielleicht erkannte er auch sofort, dass der Boden noch nicht in dem Grade für seine Predigt vorbereitet war, wie er nach den in Umlauf gesetzten Gerüchten geglaubt. Er trat desshalb nicht wie gewöhnlich sofort öffentlich vor das Volk, sondern begnügte sich damit, einstweilen in seiner Wohnung, wo auf das Gerücht von seiner Ankunft alsbald eine grosse Anzahl evangelisch Gesinnter zusammenströmte, die neue Lehre zu verkünden.[1]

Nur zu bald zeigte sich, wie sehr diese Vorsicht gerechtfertigt war. Wir haben gesehen, dass trotz der reformfreundlichen Haltung der Behörden und trotz des zunehmenden Beifalls, welchen die neue Lehre seit dem Jahre 1530 auch in weiteren Kreisen fand, doch die grosse Masse der Bürgerschaft in Genf von einem wirklichen Bruche mit der alten Kirche noch weit entfernt war. Man hatte das Treiben Baudichons und seiner Anhänger geduldet, nicht weil man ihre religiösen Anschauungen theilte, sondern weil man in ihnen die entschlossensten Gegner Savoyens erkannte. An eine ernstliche Gefahr für den Bestand der Kirche wurde nicht geglaubt. Schon der Ablasstumult hatte aber in diesem Zustande eine Aenderung hervorgebracht und eine Klärung der Lage begünstigt. Seit dem Erscheinen Farels war vollends keine Täuschung mehr möglich. Die Ankunft dieses radicalsten und ungestümsten unter allen „Lutheranern" musste auch dem Kurzsichtigsten über die Bedeutung dessen, was in Genf seit Jahren vorbereitet war, die

---

[1] Fromment, dessen „Actes et gestes" neben dem Berichte der Jeanne de Jussie der Darstellung dieser Vorgänge hauptsächlich zu Grunde liegen, führt p. 4 die Namen der angesehensten Freunde des Evangeliums: Perrin, Baudichon, Chautemps, Bernard u. s. w. besonders auf. Vgl. dazu Farels Briefe an Guerin, bei *Herminj.* II. 461.

Augen öffnen, und sie rüttelte jetzt endlich die träge und sorglose Masse aus ihrer Unthätigkeit auf. Sogar Viele, die bisher sich zur Opposition gehalten, erschracken über die Ankunft eines Mannes, dessen Auftreten überall Kampf und Zerstörung bedeutete.

So geschah, was Baudichons Partei am wenigsten erwartet hatte: gerade Farels Erscheinen setzte die bis dahin schlummernden Kräfte in Thätigkeit, brachte das in der Masse noch lebende katholische Bewusstsein zum ersten Mal in energischer Weise zum Durchbruch und wurde das Signal zu einer Reaction im katholischen Sinne. Nicht blos die Geistlichkeit, die sofort Alles in Bewegung setzte, sondern auch das Volk erklärte sich mit grosser Entschiedenheit gegen den verwegenen Eindringling und Friedensstörer. Selbst der Rath, welcher bisher eine nichts weniger als cleridale Haltung gezeigt, war durch Farels Ankunft sehr unangenehm überrascht und suchte sich des ungebetenen Gastes wieder zu entledigen. Zwar wagte er es aus Furcht vor Bern nicht, selbst gegen denselben entschieden einzuschreiten, aber er gab doch gern seine Einwilligung dazu, dass dies von der geistlichen Behörde geschehe. Es kam — zum ersten Mal seit geraumer Zeit — zwischen dem bischöflichen Generalvicar und dem Rathe ein Uebereinkommen zu Stande, dem zufolge Farel nebst seinen Freunden Saunier und Olivetan durch zwei Syndike und den Secretair des Bischofs vor das bischöfliche Conseil zur Verantwortung geladen wurde.

Das Verhör fand ohne Verzug im Beisein einer grossen Menge von Clerikern in der Wohnung des Generalvicars statt. Zum ersten Mal erlebte Genf einen jener stürmischen Auftritte, an denen die Geschichte der nächsten Jahre so reich ist. Je länger der katholische Geist gleichsam geschlummert, desto furchtbarer war jetzt sein Erwachen. Schon auf dem Wege in das Conseil wurden die Vorgeladenen von den Volkshaufen, welche sich zusammengerottet hatten, mit Schmähungen und Verwünschungen empfangen. In der Versammlung selbst fuhr der bischöfliche Official Farel mit rauhen Worten an. Man nannte ihn einen Teufel, einen aufrührerischen Menschen und Volksverführer, der unstät umherschweife und alle Welt in Unordnung bringe. „Wer hat dich angewiesen, in diese Stadt zu kommen?" hiess es. „Wer gab dir Vollmacht zu predigen?" Farel, der in seinem Leben mehr als einmal den Sturm einer aufgeregten Versammlung bestanden, verlor die Fassung nicht. Mehr herausfordernd als eingeschüchtert berief er sich auf seine göttliche Mission, gab der Versammlung den Vorwurf des Aufruhrs zurück, indem er sich mit Elias, seine

Widersacher mit Achab verglich; er erklärte unter steigendem Lärm sich bereit, von seinem Glauben Rechenschaft abzulegen, und fing an von Menschensatzungen und den Lastern des Clerus zu sprechen. Allein schon war die Geduld des Conseils erschöpft. „Wozu bedarf es weiterer Zeugnisse?" ertönte es von verschiedenen Seiten. „Er hat Gott gelästert, er ist des Todes schuldig." Kaum, dass man sich thätlicher Misshandlungen enthielt. Unter wildem Lärm wurde die Versammlung geschlossen und Farel angewiesen, den Saal zu verlassen. Als er mit seinen Genossen ins Freie trat, empfing ihn die draussen harrende Menge mit dem Rufe „In die Rhone mit ihm!" und „Tödtet ihn!" Nicht ohne Lebensgefahr schritt er durch die erbitterten Haufen: man versetzte ihm Fusstritte und Schläge, ein Diener des Generalvicars legte seine Büchse auf ihn an, ein Geistlicher hielt drohend das Schwert gegen ihn gezückt. Nur der Dazwischenkunft der Syndike war es zu danken, dass es nicht zu Blutvergiessen kam.[1])

Mit Farels Predigt war es zu Ende. Unmittelbar nach Beendigung der stürmischen Sitzung wurde ihm im Namen der geistlichen und weltlichen Behörden der Stadt, sogar unter Androhung der Todesstrafe, eröffnet, dass er mit seinen Genossen ungesäumt und ohne alles Aufsehen Genf zu verlassen habe. Am nächsten Tage — es war der vierte October — bestiegen die enttäuschten Glaubensboten, in aller Frühe und nur von einigen getreuen Anhängern begleitet, ein bescheidenes Fahrzeug, welches sie an die gegenüberliegende waadtländische Küste brachte.[2])

---

[1]) Bei kleineren Abweichungen im Einzelnen stimmen doch *Fromment* p. 4 ff. und *Jussie* p. 46 ff. bei der Erzählung dieses Vorganges in der Hauptsache überein. Die Nonne malt das leidenschaftliche Auftreten der Geistlichen noch anschaulicher aus als Fromment. Vgl. auch den kurzen Bericht in der Chronik du *Marchand* in den Mem. et doc. XIII, 31, der Fromments Darstellung in einigen Puncten bestätigt.

[2]) Nach Jeanne de Jussie kann dieser Aufenthalt Farels, da er nach ihr erst im October eintraf und schon am Tage des h. Franciscus (4. Octob.) die Stadt wieder verliess, nur 2—3 Tage gedauert haben. Auch Fromments Darstellung lässt einen rapiden Verlauf erkennen. Ebenso berichten die verschiedenen handschriftlichen Biographien Farels diesen ersten Aufenthalt in Genf nur kurz; selbst die ausführliche dem Perrot zugeschriebene bedient sich des Ausdrucks: *Farel et son compagnon retournans ... passerent par la ville de Genève.* Nur die werthlose Compilation von *Badolet* (Bern. Stadtbibl.) gibt den 1. September als Tag seiner Ankunft an, was nachweisbar falsch ist. Die Betrachtungen, welche *Polens* I, 315, *Guberel* I, 112 und selbst *Kirchhofer* I, 158

Der erste Versuch war also vollständig gescheitert. Indess Farel gab die Hoffnung nicht auf. Unläugbar war die erlittene Niederlage zum grossen Theil dem schlimmen Rufe zuzuschreiben, der seiner Person vorausging. Es kam zunächst darauf an, den noch nicht hinlänglich vorbereiteten Boden durch eine weniger verhasste Persönlichkeit weiter bearbeiten zu lassen. Und bald war der geeignete Mann gefunden.

In dem waadtländischen Städtchen Orbe traf Farel einen jungen Landsmann und Glaubensgenossen, der ihm vom Himmel selbst zu jenem Zwecke gesandt schien. Es war Antoine Fromment, derselbe, dem wir die Schilderung dieser Vorgänge verdanken, damals in dem jugendlichen Alter von 22 Jahren stehend, von gewinnendem Aeussern, gewandt und voll evangelischen Eifers. Nicht ohne Zagen ging der junge Mann auf Farels Vorschlag ein und machte sich auf den Weg nach Genf, wo er in den ersten Tagen des November eintraf. Die ersten Eindrücke, welche er hier empfing, waren wenig ermuthigend. Baudichon und seine Parteigenossen, welche er besuchte, schienen durch die letzten Erfahrungen eingeschüchtert. Indess Fromment rechtfertigte das in ihn gesetzte Vertrauen. Durch Maueranschläge kündigte er sich den Bürgern von Genf als Sprachlehrer an, „der Jeden ohne Unterschied, Kinder und Erwachsene, Männer und Frauen innerhalb eines Monats französisch schreiben und lesen lehre, und Nichts für seine Mühe verlange, wenn der Erfolg der Ankündigung nicht entspreche." Der Kunstgriff gelang völlig. Der junge Sprachlehrer fand Zulauf, und von den Anfangsgründen der Grammatik wurde bald zur Bibel übergegangen. Fromments Hörsaal in dem Hause „zum goldenen Kreuz" war in Kurzem die regelmässige Versammlungsstätte der evangelisch gesinnten Bürger. Die Gewandtheit und Beredtsamkeit des jungen Predigers gewann dem Evangelium manche neue Anhänger. Man trat in Erinnerung der letzten Vorgänge vorerst noch mit grosser Behutsamkeit auf und vermied Alles, was öffentlich Anstoss geben konnte. Auch Farel selbst ermahnte in einem Schreiben von Murten aus einstweilen noch zur Vorsicht und Geduld: bald werde man die Hülfe des himmlischen Vaters erfahren.[1]) So durfte Fromment längere Zeit seine

über Farels segensvolle Wirksamkeit, die Bildung eines frommen Kreises u. s. w. anstellen, werden dadurch gegenstandslos.

[1]) Farel an Guerin Muete d. d. Morat 18. Novemb. 1532, *Herminj.* II. 459 ff. „*Soyez prudens comme serpens et simples comme columbes.*" „*Ayons ung peu de patience et procedons en la fiance de Dieu et (en) brief on verra l'ayde du*

Thätigkeit unbehelligt fortsetzen. Der Rath übte, obschon die eigentliche Bedeutung der Fromment'schen Lehrstunden bald ruchbar wurde, Nachsicht, so lange nur die öffentliche Ordnung keine Störung erfuhr.

Eine solche blieb indess nicht lange aus. Ermuthigt durch die ersten Erfolge, glaubten die Jünger Fromments bald weiter gehen zu dürfen: sie legten die anfängliche Scheu ab und fingen an, auch öffentlich unter ihren Mitbürgern über die Irrthümer des Papstthums und das Evangelium zu disputiren. Andrerseits wurden die strengen Katholiken und die Geistlichen über das Duldungssystem des Rathes mit jedem Tage ungehaltener. Schon am Sylvestertage wäre es in Folge einer Disputation, welche vier dem Kreise Fromments angehörige Bürger mit dem Vicar von S. Madeleine begannen, beinahe zu einem Aufruhr gekommen. Der Rath schritt vermittelnd ein, verfuhr indess mit grösserer Strenge gegen die katholischen Geistlichen als gegen die disputirsüchtigen Bürger. Aber Fromments Wirksamkeit wurde jetzt doch auch der Behörde bedenklich, und sie richtete an seine Gönner die Ermahnung, denselben nunmehr zur Einstellung seiner Vorträge zu bewegen.[1]

Gerade das Gegentheil geschah. Als Fromment am nächsten Tage (1. Januar 1533) seinen Vortrag in gewöhnlicher Weise eröffnen wollte, war der Andrang grösser als je zuvor: der Saal konnte die Menge der Anwesenden nicht fassen. Es ertönten Stimmen „zum Molard!" und sofort strömte Alles dorthin, den Prediger mit sich fortreissend. Unter dem Beifallsrufe der versammelten Menge bestieg Fromment eine Bank und begann eine Predigt über den Text der Bibel: „Hütet euch vor den falschen Propheten, die in Schafskleidern zu euch kommen, inwendig aber reissende Wölfe sind." Die Anwendung lässt sich errathen: nicht lange liess der Redner seine Zuhörer darüber in Zweifel, wer jene Wölfe seien. Vor den Augen von ganz Genf, auf dem Hauptplatze der Stadt, wurde dem Papstthum durch den jungen zweiundzwanzigjährigen Franzosen das Todesurtheil gesprochen.[2]

Père." Zugleich aber weist er doch auch auf weltliche Hülfe hin. Dass auch die Genfer Gläubigen an Farel schrieben, ersieht man aus dem Schreiben Lecoqs bei *Herminj.* II, 473.

[1] Rathsprot. 31. Dec. 1532. *Jeanne de Jussie* p. 49 stellt den Vorgang etwas anders dar, während ihn Fromment ganz übergeht.

[2] *Fromment* theilt p. 22—43 die damals gehaltene Predigt nebst dem dabei verrichteten Gebet vollständig mit. Dass wir indess hier keine wortgetreue Wiedergabe derselben, sondern theilweise eine spätere Bearbeitung

Es war eine Herausforderung, deren verderbliche Folgen auf ihre Urheber selbst zurückfallen mussten. Der Rath, über die schnöde Missachtung seiner Autorität höchlich entrüstet, liess den verwegenen Molardprediger sofort durch den Grossweibel Schweigen gebieten. Fromment antwortete mit den oft wiederholten Worten der Bibel, dass man Gott mehr gehorchen müsse als den Menschen, und sprach weiter. Bald aber setzte sich unter Anführung von zwei städtischen Beamten eine bewaffnete Schaar von Geistlichen und Laien von der Peterskirche her gegen den Molardplatz in Bewegung. Schrecken erfasste die Zuhörer Fromments bei ihrem Anblick. Die Versammlung wurde auseinandergesprengt und löste sich in wilder Flucht auf.

Die Folgen des Vorfalls erstreckten sich aber weiter. Am andern Tage erliess der Rath der Zweihundert eine Verordnung, welche das Predigen ohne Erlaubniss der Syndike und des Generalvicars sowohl in Privathäusern als auf öffentlichen Plätzen streng untersagte und die Bürger verpflichtete, unberufene Prediger, die sich vielleicht noch in Genf aufhielten, sofort den Behörden zur Anzeige zu bringen.[1]) Fromments Rolle war ausgespielt: mit Hülfe seiner Freunde entwich er an einem der nächsten Tage heimlich aus der Stadt.

So war auch dieser Versuch gescheitert. Allein Fromments Wirksamkeit blieb doch nicht ohne nachhaltige Folgen. Die Monate lang fortgesetzten regelmässigen Zusammenkünfte im „goldenen Kreuz" hatten die Anhänger der neuen Lehre einander näher gebracht und eine festgeschlossene, organisirte Partei, eine eigentliche evangelische Gemeinde geschaffen, die, wenn auch vorläufig unterlegen, doch durch den Eifer und die gesellschaftliche Stellung mancher ihrer Mitglieder fortan einen nicht zu unterschätzenden Factor im öffentlichen Leben bildete. Es gehörten ihr Männer an, die wie die Chautemps, Dada u. A. zu den ersten und angesehensten Familien der Stadt zählten und der Partei einen mächtigen äussern Rückhalt verliehen. Zudem zeigte sich sofort, dass der Rath keineswegs gesonnen war, sich als Werkzeug für die Bestrebungen des Clerus herzugeben, und an gewaltsame Massregeln gar nicht dachte. Vielmehr wurde eben in jener Sitzung, in welcher

---

des Textes vor uns haben, ist einleuchtend. *Jussie* berührt p. 49 den Vorfall nur kurz und gibt als Datum ausdrücklich den 1. Januar an.

[1]) Rathsprot. 2. Januar 1533. Dass neben Fromment noch mehrere Winkelprediger thätig waren, ersieht man auch aus dem Protocoll zum 31. Decemb. 1532.

die energische Verordnung gegen die Winkelprediger erlassen wurde, der evangelisch gesinnte Franziskanerprediger im Rivekloster, Christoph Boucquet, in Schutz genommen und ihm gestattet, auch noch ferner zu predigen, „da Mehrere nach dem Worte Gottes Verlangen trügen!"[1]) Der Rath hielt auch dann noch an diesem Beschlusse fest, als sich im Schoosse des Ordens entschiedener Widerspruch erhob: er bestellte den Mönch gleichsam als officiellen Stadtprediger und wollte sogar den Pfarrclerus zur Unterhaltung desselben verpflichtet wissen.[2])

Der Magistrat mochte hoffen, auf solche Weise beide Theile zu befriedigen: war durch die Entfernung Fromments den Wünschen der Geistlichkeit und der Katholiken entsprochen, so konnten durch die Anstellung des Mönches die billigen Wünsche der Gegenpartei befriedigt scheinen. Bereits am Tage nach dem Tumult auf dem Molard war in diesem Sinne eine öffentliche Versöhnungsfeier angeordnet worden, bei der die sämmtlichen Bürger und Einwohner der Stadt das Versprechen geben mussten, sich das Geschehene einander zu verzeihen.[3])

Allein, wie voraus zu sehen, blieb der Vermittelungsversuch der Behörden ohne die gehoffte Wirkung. Am wenigstens zeigte sich die Gemeinde „der Gläubigen" befriedigt. Ihnen genügte der officiell bestellte Reformationsprediger keineswegs. Sie wünschten Farel und Fromment zurück und verziehen es dem Rathe nicht, dass er zur Verbannung dieser Männer die Hand geboten. Ihre Verstimmung wurde noch erhöht durch den Ausfall der nächsten Magistratswahlen. Von den vier neuen Syndiken, welche am 9. Februar aus der allgemeinen Volkswahl hervorgingen, waren drei aufrichtig katholisch gesinnt und Freunde Bezansons, ein Beweis, dass das katholische Bewusstsein seit den letzten Wahlen erwacht war und die Partei Baudichons durch das Auftreten Farels und Fromments bedeutend in der öffentlichen Meinung verloren hatte. Die neuen Vertreter der Stadt nahmen sofort eine entschiedener katholische Haltung an. Den Freiburgern, welche über die Vorgänge in Genf äusserst ungehalten wa-

---

[1]) Rathsprot. 2. Januar 1533. Auch *Fromment* bezeichnet p. 21 Boucquet als einen „congnoyssant la vérité."

[2]) Rathsprot. 13. 31. Januar 1533.

[3]) „*Quia ratione praedicantis praedicti* (d. i. Fromments) *fuerunt inter plures odiosa, irritatoria et discordii incitatoria verba prolata, fit et concluditur ac juramento per manus dexterae levationem in altum assertatur, quod quilibet civium, burgensium, incolarum unus alteri de commissis et offensis indulget omnemque noxiam remittit.*" Rathsprot. 2. Jan. 1533.

ren und durch Briefe und Gesandtschaften für den Fall eines Sieges der „lutherischen Secte" mit der Auflösung des Burgrechts drohten, wurde erklärt, dass man nicht daran denke, lutherisch zu werden, sondern mit den alten Verbündeten in früherer Eintracht leben wolle. Boucquet erhielt in gnädiger Weise seine Entlassung, und die nächsten Fastenpredigten wurden im Dominikanerkloster wieder durch einen eifrig katholischen Mönch gehalten. Sogar die kirchlichen Fastengebote wurden von dem neuen Magistrate wieder in Erinnerung gebracht, als einmal eifrige Jünger Fromments einen Pastetenbäcker an einem Fasttage zur Bereitung von Fleischspeisen nöthigen wollten, und allen Wirthen und Fleischern die Verabreichung von Fleisch an den Fasttagen untersagt.[1])

Kein Wunder, wenn die entschiedenen Anhänger der neuen Lehre sich von dem Rathe bald vollständig lossagten. Sie setzten ihre heimlichen Zusammenkünfte trotz des erlassenen Verbotes fort, und es lässt sich denken, welche Sprache in denselben geführt wurde. Namentlich thaten sich die nicht wenig zahlreichen Fremden durch Eifer und Ungestüm hervor. Die gegenwärtige Haltung des Magistrats, seine Wiederannäherung an Freiburg war diesen Männern ein schmählicher Verrath am heiligen Evangelium, und nicht lange dauerte es, so führte der evangelische Eifer zu offenen Widersetzlichkeiten. Guerin Muëte, ein schriftgelehrter Strumpfwirker und Vertrauter Farels, wagte es eines Tages den in einem Garten vor der Stadt versammelten Gläubigen öffentlich das Abendmahl auszutheilen. Ein anderes Mitglied der Gemeinde erklärte auf offener Strasse vor einer grossen Volksmenge alle diejenigen, welche die Messe besuchten, für Götzendiener. Die natürliche Folge dieser Vorgänge war, dass der Rath nur noch mehr auf die katholische Seite getrieben wurde. Die beiden Friedensstörer wurden ohne langen Prozess aus der Stadt verwiesen.[2]) Gleiche Strafe traf den vor Kurzem nach Genf zurückgekehrten Schicksalsgefährten Farels, Robert Olivetan, als derselbe durch eine Herausforderung des Predigers in der Dominikanerkirche einen Tumult in der Kirche veranlasste.[3]) Selbst Baudichon, der Gefürchtetste der „Gutwil-

---

[1]) Rathsprot. 9, 11, 21, 23. Februar, 4. März 1533. Vgl. *Jeanne de Jussie* p. 50. — Das Schreiben Freiburgs an Genf d. d. 6. Februar 1533 ist mit der Genfer Antwort abgedruckt in dem Archiv für die schweiz. Reformationsgesch. I, 839.
[2]) *Fromment* p. 48, *Spon-Gautier* I, 221.
[3]) Vgl. *Fromment* p. 48, 49, wo der Vorgang möglichst glimpflich dar-

ligen", wurde vor den Rath gefordert und erhielt wegen verschiedener Ungebührlichkeiten und Drohungen, die er sich gegen den katholischen Prediger erlaubt hatte, einen Verweis mit der Eröffnung, dass man im Wiederholungsfalle mit Strenge gegen ihn einschreiten werde.[1]

Der Rath schien endlich entschlossen, mit seiner ganzen Autorität für die Aufrechterhaltung der alten kirchlichen Ordnung einzutreten. Allerdings legte ihm das Verhältniss zu Bern Rücksichten auf, und nicht zu weit durfte er in seinem katholischen Eifer gehen. Auf Berns Empfehlung wurde im Frühjahr 1533 dem französischen Buchdrucker Pierre Vingle gestattet, eine französische Ausgabe der Bibel zu veranstalten, jedoch mit dem Bedeuten, dass sie „genau so sein müsse wie die in Antwerpen gedruckte." Andere Bücher religiösen Inhalts zu drucken, wurde ihm dagegen nicht erlaubt, obschon von Bern auch dies gewünscht worden war.[2] Es sollte Alles vermieden werden, was die Gemüther aufregen und die Ordnung stören konnte.

Die Aussichten der evangelischen Partei verdüsterten sich mehr und mehr. Sie selbst begann nach so manchen Enttäuschungen einzusehen, dass sie ohne fremde Hülfe gegen die überlegene Macht des Katholicismus einen hoffnungslosen Kampf führen werde, und richtete jetzt ihre Blicke nach Aussen.

III.

BERN UND FREIBURG.

Man darf wohl sagen, dass keine Stadt des sechzehnten Jahrhunderts zu der Bedeutung, die sie durch die Reformation erlangte, selbst weniger beigetragen hat als Genf, „das protestantische Rom". Nur

---

gestellt wird. Wann Olivetan, der damals Hauslehrer bei J. Chautemps war und von diesem auch beschützt wurde, nach Genf zurückgekehrt ist, lässt sich nicht bestimmen. Dass er mit Farel und Saunier die Stadt verlassen hat, zeigt das Schreiben des letztern bei *Herminjard* II, p. 451, 454. Mit seinen Zöglingen hat er übrigens wenig Ehre eingelegt. Vgl. z. B. Rathsprot. 4. Januar 1546.

[1] Rathsprot. 7. März 1533.
[2] Rathsprot. 13. März 1533. Das Empfehlungsschreiben der Berner ist abgedr. bei *Herminj.* II, 466.

durch die rastlose Thätigkeit der Berner Agenten kam es in Genf zur Bildung einer evangelischen Partei. Nur Fremde sahen wir als Verkünder der neuen Lehre auftreten, während der einheimische Clerus wie die weitaus überwiegende Mehrzahl der Bürger sich derselben Anfangs gleichgültig, dann entschieden feindselig gegenüber stellte. Selbst der Rath, obschon mit dem Bischof längst zerfallen und für den politischen Machtzuwachs, welchen die neuen Ideen ihm in Aussicht stellten, nicht unempfänglich, lehnte doch jede Gemeinschaft mit Farel und Fromment ab und nahm seit dem Anfang 1533 wieder eine energisch katholische Haltung an. Es kann keine Frage sein: ohne Hülfe von Aussen würde der Protestantismus nicht durchgedrungen und Genf eine katholische Stadt geblieben sein.[1])

Die Hülfe, welche die Entscheidung herbeiführte, kam abermals von Bern.

Im März 1533 machte sich Baudichon mit Claude Salomon, einem angesehenen, gleichgesinnten Bürger, nach Bern auf den Weg, um die Hülfe des mächtigen Alliirten von 1526 für seine bedrängten Parteigenossen anzurufen. Baudichon fand bei seinen alten Freunden bereitwilliges Entgegenkommen: den Leitern der Berner Politik war Nichts willkommener als ein solches Anliegen. Schon am 25. März langte in Genf ein Schreiben an, worin die Berner Behörden in sehr scharfen Ausdrücken sich über die ihrem Prediger Farel und anderen Freunden der Wahrheit angethane Behandlung beschweren und ihre Genfer Mitbürger nachdrücklich ermahnen, dem Evangelium gemäss zu leben und die Predigt der Wahrheit in Schutz zu nehmen, anstatt sie zu verfolgen. Es wird die Erwartung ausgesprochen, dass man in Genf fortan auf Berner Empfehlungsschreiben mehr Gewicht legen werde als bisher, und eine rasche Antwort verlangt, „damit man sich zu verhalten wisse."[2])

---

[1]) Charakteristisch ist in dieser Hinsicht die Aeusserung Fromment's in den „Deux Epistres préparatives aux histoires et actes de Genève." A Genève 1554, B 6 a, wo die Evangelisirung Genfs bei der Theilnahmlosigkeit der Bürger geradezu für eine göttliche That erklärt wird. Ehrlicher als der Genfer ist der Berner Chronist, welcher (handschriftl. Forts. ad a. 1534) mit Befriedigung constatirt, dass Genf „die Reformation von einer christlichen handvesten Stadt Bern hat angenommen." Auch das schon früher erwähnte Schreiben des Chautemps schildert die namenlosen Mühen, denen sich die ersten Evangelisten wegen der entschiedenen Abneigung der Bürger hätten unterziehen müssen, „car tous étaient contraires."

[2]) Abgedr. bei *Gaberel* l. c. I, pièc. just. p. 39—40. Vgl. Bern. Rathm.

Als dieses Schreiben im Rathe verlesen wurde, entstand eine allgemeine Aufregung. Der stolze, gebieterische Ton empörte Alle: Genfs staatliche Ehre und Selbstständigkeit schien verletzt. Man liess sofort Baudichon und Salomon vorladen und stellte sie zur Rede. Die herausfordernde Offenheit, womit diese, der Unterstützung Berns sicher, den gethanen Schritt einräumten, musste die Erbitterung noch steigern. Am nächsten Tage erschienen zweihundert angesehene katholische Bürger in der Versammlung des Raths, um eine strenge Bestrafung derjenigen zu verlangen, welche sich in so schmählicher Weise gegen die Ehre und Freiheit der Stadt vergangen. Es sei endlich Zeit, erklärte der Wortführer Thomas Moine, dem Treiben einiger Unruhestifter ein Ziel zu setzen; die guten Bürger seien es müde, sich noch länger Papisten und Pharisäer schelten zu lassen. Man verlange Gerechtigkeit und werde den Rath unterstützen, wenn er diese gewähre; wo nicht, so werde man sich selbst helfen müssen.[1]

Der Rath befand sich in grosser Verlegenheit. Mochte er auch selbst mit den stürmischen Bittstellern einverstanden sein, er durfte dennoch ihren Wunsch nicht erfüllen. Eine sofortige Auflösung des Burgrechts mit Bern, dessen Beistand man bei den noch fortdauernden savoyischen Feindseligkeiten in keiner Weise entbehren konnte, würde die unvermeidliche Folge gewesen sein. Und noch ein anderer Umstand musste der Behörde Vorsicht gebieten. Das Machtverhältniss der beiden Parteien wurde mit dem 25. März ein wesentlich anderes. Hatte das Berner Schreiben bei den katholischen Bürgern Unwillen und Erbitterung hervorgerufen, so erweckte es dagegen bei den „Gutwilligen" Muth und Siegeszuversicht. Manche schwankende, manche alte politische Parteigenossen Baudichons, welche sich dem Farel-Fromment'schen Kreise ferngehalten hatten, schlossen sich ihm an, als sie Bern gleichsam die Leitung übernehmen sahen. Aus Fromments kleiner Gemeinde wurde durch jene Kundgebung Berns eine mächtige kirchlich-politische Partei.

Während der Rath noch unschlüssig über das, was geschehen sollte, hin und her verhandelte, handelten die beiden Parteien. Die

---

25. März 1533: „Gan Jenuff der gutwilligen halb, auch das sy m. H. (meiner Herren) glouben bei yrer huld nütt lassen schelten, auch den buchtrucker lassen trucken etc. göttlich wort verkünden lassen."

[1] Rathsprot. 25 und 26. März 1533. Das Auftreten der 200 Bürger finde ich richtig gewürdigt bei *Charpenne*, Hist. de la réf. et des réformat. de Genève p. 223.

katholische Mehrzahl schickte sich sofort an, ihre Drohung zur Ausführung zu bringen: sie war entschlossen, den widerwärtigen Händeln einmal ein Ende zu machen, eine Entscheidung herbeizuführen. Die Lutheraner nahmen den angebotenen Kampf an. Wie zu einer förmlichen Schlacht wurde von beiden Seiten gerüstet. Der 28. März — es war der Freitag vor dem Passionssonntag — sah Genfs Bürger schlagfertig und unter dem Geläute der Sturmglocke zum Bruderkampfe gegen einander ausrücken. Während die „Gutwilligen", die sich um Baudichons Wohnung versammelt hatten, von hier auf den Platz de la Fusterie vordrangen, setzten sich die Katholiken unter Absingung des kirchlichen Hymnus „Vexilla regis prodeunt" von der Cathedrale nach dem Molardplatze in Bewegung. Die Stadt war in wilder Aufregung. Selbst Weiber und Kinder waren von der allgemeinen Erbitterung ergriffen und suchten nach Waffen. Schweres Geschütz, von beiden Seiten aufgefahren, bedeckte die Strassen. „Es war ein jammervoller Anblick", sagt der protestantische Bericht, der hier einmal mit dem katholischen sich in Uebereinstimmung befindet, „denn der Sohn stand gegen den Vater, der Bruder gegen den Bruder, der Nachbar gegen den Nachbar, jeder bereit, den andern zu tödten."[1])

Doch wurde das Schlimmste noch einmal abgewandt. Einige in der Stadt anwesende Freiburger warfen sich im Augenblick der höchsten Gefahr als Vermittler auf. Die schlichten, eindringlichen Vorstellungen dieser Männer, die sich mitten unter die tobenden Haufen wagten, machten Eindruck. Der Rath, welcher keinen Augenblick aufgehört hatte, an der Versöhnung der Parteien zu arbeiten, schöpfte wieder Muth und verdoppelte jetzt seine Anstrengungen. Durch Bitten und Beschwören, durch Erinnerung an die alte Eintracht und die gemeinsam überstandenen Leiden gelang es, die erhitzten Gemüther nach und nach zu beruhigen. Die lutherische Partei gab als die

---

[1] *Fromment* p. 54, *Jussie* p. 54. Beide bedienen sich fast derselben Ausdrücke. Im Uebrigen weichen die beiden Berichte vielfach von einander ab, namentlich sucht Fromment die Katholiken, die Nonne dagegen die Lutheraner als die schuldigen Urheber des Tumults hinzustellen. Fromment p. 50 verlegt überdies, — und auch Roget folgt ihm hier — um das Verfahren der Gegner noch mehr zu brandmarken, den Vorfall auf den Charfreitag, was eine offenbare Unwahrheit ist. Der Tumult fiel nach den Rathsprotocollen wie auch nach Jussie auf den 28. März, also, da Ostern 1533 auf den 13. April fiel, auf den Freitag vor dem Passionssonntag.

schwächere zuerst nach, dann folgte auch die katholische. Man vereinigte sich vorläufig über einen Waffenstillstand, zu dessen Sicherung jede Partei bis zur völligen Beilegung der Irrungen drei ihrer Hauptführer als Geisseln stellte. Am 30. März wurde in feierlicher Rathssitzung die Wiederherstellung des Friedens verkündet. Alles Geschehene soll vergessen und verziehen, alle Feindschaft abgethan, die alte Eintracht wieder hergestellt sein. Die verletzenden Parteinamen sind verpönt. Man will Jedem Freiheit der Meinung lassen, aber es ist untersagt, die Sakramente der Kirche öffentlich zu lästern und die kirchlichen Fastengebote zu übertreten. Niemand darf ohne Erlaubniss der geistlichen Behörde, der Syndike und des Raths predigen. Die alleinige Richtschnur für die Prediger aber bildet die Bibel. Jeder Bürger und Einwohner von Genf verpflichtet sich endlich durch einen Eid, diesen Bestimmungen getreulich nachzukommen und nach Kräften für die Verbreitung einer friedfertigen Gesinnung in weiteren Kreisen thätig zu sein. Zur Besiegelung des Friedens wurde eine feierliche Prozession gehalten, an welcher die gesammte Bürgerschaft Theil nahm. Am 2. April ging auch das lange berathene Antwortschreiben nach Bern ab; es war ganz im Geiste der neuen Uebereinkunft gehalten und bat den strengen Alliirten, Genf „nach seinen alten Gewohnheiten leben zu lassen."[1]

So war der Friede wiederhergestellt, aber nicht auf die Dauer und mehr zum Schein als in Wirklichkeit. Die Lage blieb bedenklich und unsicher. Bern war mit der empfangenen Antwort nicht zufrieden. In Genf standen die beiden Parteien sich innerlich noch unausgesöhnt gegenüber. Die Friedensartikel, obschon in einem Moment patriotischer Erhebung angenommen, befriedigten in ihrer Halbheit keinen Theil. Die Bürgerschaft blieb in zwei Heerlager getrennt, die einander misstrauisch beobachteten, jedes voll Furcht, von dem andern ange-

---

[1] „Dimittant nos secundum nostros usus agere", Rathsprot. 2. April. vgl. Rathsprot. 28, 29, 30. März 1533. Jeanne de Jussie p. 55 ff., Fromment p. 55 ff. Die drei Berichte ergänzen sich gegenseitig. Die Nachricht von dem entscheidenden Auftreten der Freiburger hat blos Fromment, nicht aber das Rathsprotocoll. Es ist indess nicht denkbar, dass Fromment hier den katholischen Freiburgern eine so ehrenvolle Rolle sollte angedichtet haben, während es sehr wohl begreiflich ist, wenn der officielle Bericht des Raths blos seiner eigenen Verdienste um die Wiederherstellung des Friedens gedenkt.

griffen und überfallen zu werden. Die Tage des Osterfestes wurden, wie der katholische Bericht sagt, in grosser Angst und Sorge zugebracht. Beide Theile hielten trotz aller Rathsverbote gesonderte Zusammenkünfte, und immer inniger schloss sich der lutherische an Bern an. Schon zu Anfang April finden wir Baudichon und Salomon wieder in Bern, um „von der Gutwilligen wegen" eine neue „Supplication" einzureichen und gegen die jüngst von Genf abgegangene Antwort zu protestiren.[1]) Mit den Berner Gesandten wurde fortwährend ein verdächtiger Verkehr unterhalten. Abmahnungen und Verweise von Seiten des Raths blieben wirkungslos: Bern nahm die Widerspenstigen offen in Schutz und erklärte in einem neuen Schreiben vom 7. April geradezu, es werde jede Beleidigung, die man Baudichon, Salomon und ihren Gesinnungsgenossen zufüge, als ihm selbst angethan ansehen.[2])

So wurde hüben und drüben die Stimmung gereizter. Feindseliger als einst Mamelucken und Eidgenossen traten sich Katholiken und Lutheraner entgegen.[3]) Alles trug Waffen; bewaffnet erschien man auf öffentlichen Plätzen, bewaffnet in der Predigt; selbst die Geistlichen gingen nicht ohne Waffen aus. Damals ging in Erfüllung, meint die Schwester Johanna, was der Heiland sagt: wer kein Schwert hat, der verkaufe seinen Rock und kaufe sich eins! Bald verging kein Tag mehr, an welchem nicht die steigende Aufregung einzelne Ruhestörungen und tumultuarische Scenen herbeiführte.

Ein ernstlicher Zusammenstoss der Parteien erfolgte am 4. Mai. Aus einer unbedeutenden Streitigkeit, wie sie auf dem Molardplatz an

---

[1]) Bern. Rathsm. 5. April 1533. Aus der Instruction, welche Bern seinen Gesandten am 17. Mai gab, ersieht man, dass die Gutwilligen von Bern geradezu „einen christenlichen prädicanten begärt" haben; vgl. Berner Staatsarchiv Instructionsbuch B, f. 252.

[2]) Bern an Genf 7. April 1533, Arch. für schweiz. Ref.-Gesch. I, 843; vgl. Rathsprot. 11, 16, 18, 22. April 1533. Neben den beiden Genannten erscheinen Favre, Dada, Perrin, Goulaz und Chamot als die Eifrigsten der Partei.

[3]) *Gaberel* l. c. I, pièc. just. p. 61 gibt ein Verzeichniss der angesehensten Bürger von beiden Parteien, das indess von der Stärke derselben kein richtiges Bild gibt. Vgl. übrigens dazu die Bemerkungen Galiffe's in den Nouvelles pages d'histoire exacte p. 8, 9. Der Name Lutheraner wurde nach und nach ein Ehrenname, dessen ursprüngliche Bedeutung sich verlor, „*car Luther*", meint Fromment p. 70, „*en la langue germanique, vault autant à dire en nostre langue Françoyse que cler (clair)!*"

der Tagesordnung waren, entwickelte sich am Abende jenes Tages ein förmlicher Kampf. Ein Katholik, der seine Parteigenossen im Gedränge glaubte, zog die Sturmglocke. Bewaffnete Schaaren von Geistlichen und Laien eilten hierauf aus der obern Stadt auf den Molardplatz zusammen, von wo dann der Kampf sich über die angrenzenden Stadttheile verbreitete. Erst in später Nacht gelang es der Umsicht und Entschlossenheit der Syndike, von denen selbst einer verwundet wurde, die Kämpfenden zu trennen und die Ruhe wiederherzustellen.[1]

Der Vorfall des 4. Mai blieb nicht ohne ernste Folgen. Einer der hervorragendsten Geistlichen der Stadt, der Domherr Pierre Werly, ein eben so feuriger Anhänger seiner Kirche als tüchtiger Streiter, der auf den Hülferuf der Seinigen, kühn seine Hellebarde schwingend, unter den Ersten auf den Kampfplatz geeilt war, verlor in jenem Tumult sein Leben. Mit mehreren Wunden bedeckt, wurde seine Leiche am andern Morgen in der Nähe des Molard vor der Wohnung eines der lutherischen Parteiführer aufgefunden. Der Rath erschrack. Der Ermordete gehörte, abgesehen von seiner hohen kirchlichen Stellung, zugleich einer der angesehensten Familien des verbündeten Freiburg an. Seine zahlreiche, mächtige Verwandtschaft, die ganze Stadt Freiburg war verletzt und verlangte in sehr energischer Weise von Genf Genugthuung.[2] Der anfängliche Versuch der Genfer Behörden, durch Hervorkehrung der eigenen Schuld Werlys den Zorn seiner Landsleute zu entwaffnen, musste aufgegeben werden. Man liess die bereits in St. Peter beigesetzte Leiche wieder ausgraben und in feierlichem Zuge nach Freiburg bringen. Eine strenge Untersuchung gegen die des Mordes Verdächtigen wurde eingeleitet und eine Reihe von Verhaftungen vorgenommen. Es trat in Folge der Katastrophe Werly's eine der bei solchen Parteikämpfen nicht ungewöhnlichen Reactionen ein, welche die katholische Partei und den Einfluss Freiburgs entschieden wieder ins Uebergewicht brachte. Die Lutheraner fühlten sich gelähmt durch jene Art von Muthlosigkeit, die immer einer Ausschreitung zu folgen pflegt. Selbst Bern, obschon es seiner Rolle getreu blieb, wagte doch

---

[1] Rathsprot. 4. Mai, *Jussie* p. 61 ff., *Fromment* p. 57 ff. Auch hier wird nur durch die Vergleichung der drei Quellen ein richtiges Bild gewonnen.

[2] Vgl. *Berchtold*, Fribourg et Genève l. c. II, 93, 128, wo auch das Schreiben Freiburgs an Genf mitgetheilt ist.

nicht, den Mord Werlys offen in Schutz zu nehmen, sondern begnügte sich damit, seine Vermittelung anzubieten.[1]

Der Moment war zu günstig, als dass Freiburg nicht hätte den Versuch machen sollen, ihn im eigenen und katholischen Interesse zur Erlangung eines dauernden Erfolges zu benutzen. In dieser Absicht richtete es am 29. Mai an den pflichtvergessenen Bischof die ernste Aufforderung, jetzt endlich nach Genf zu seiner Herde zurückzukehren.[2] Pierre de la Baume erschrack fast über eine solche Zumuthung. Erst nachdem er die beruhigendsten Zusicherungen über die Gefahrlosigkeit der Reise empfangen und auf Betreiben der Freiburger eine Deputation des Genfer Raths selbst ihn zur Rückkehr eingeladen hatte, entschloss er sich, dem Wunsche seiner Freunde zu willfahren.[3] Von einem Freiburger Geleit umgeben, erschien der Bischof am 1. Juli vor der Stadt, die er seit fast sechs Jahren nicht mehr gesehen. Der Empfang war kühler als vor zehn Jahren — wie hätte es auch anders sein können? — aber er ermangelte doch nicht der gebührenden Ehren. Noch einmal wurde Pierre de la Baume als „Fürst von Genf" empfangen: Rath und Syndike zogen ihm entgegen, Freudenschüsse verkündeten seinen Einzug.[4] Am 3. Juli fand auf seinen Wunsch eine feierliche Prozession statt, nach deren Beendigung die grosse Glocke sämmtliche Bürger zu einem Generalrath in das Domkloster berief. Der Bischof sprach hier selbst einige Worte, welche auf die Anwesenden den besten Eindruck machten. Noch einmal gaben an diesem Tage die versammelten Bürger Genfs die feierliche Erklärung ab, dass sie ihren Bischof für den rechtmässigen Herrn von Genf hielten und ihm stets nach Massgabe ihrer alten Freiheiten, wie er sie selbst beschworen, zu gehorchen bereit seien.[5]

---

[1] Vgl. Rathsprot. 4, 5, 6, 8, 9, 18, 21, 23. Mai 1533; Bern. Rathsm. 15, 17. Mai 1533 und die Instruction der Berner Gesandten vom 17. Mai 1534 (Bern. Staatsarchiv., Instructionsb. B, f. 252). Es ist nicht recht klar, ob die in einem anonymen Genfer Schreiben aus dem Juni 1533 (bei *Galiffe*, Besançon Hugues p. 199) gemeldete „Abschwörung des Lutherthums", der sich nur „Baudichon, die Vandel, Perrin, Goulaz und einige Andere" entzogen hätten, auf diese Reaction oder auf die Beschwörung der Friedensartikel vom 30. März sich bezieht. Der letzteren Annahme scheint eine Angabe bei *Jussie* p. 59 entgegenzustehen, wonach nur Einer den Versuch gemacht haben soll, den Eid auf die Friedensartikel zu verweigern.

[2] Abgedr. bei *Berchtold* l. c. II, 129.

[3] Rathsprot. 20, 21. Mai 1533.

[4] Rathsprot. 30. Juni, 1. Juli 1533.

[5] Rathsprot. 3. Juli; *Jussie* p. 67, 68.

Die Rückkehr des Bischofs und die feierliche Wiederanerkennung seiner Rechte war ein Triumph Freiburgs und der katholischen Partei, aber die daran geknüpften Hoffnungen gingen nicht in Erfüllung. De la Baume war nicht der Mann, die ihm von Freiburg zugedachte Rolle durchzuführen. Er war nur mit widerstrebendem Herzen zurückgekehrt und machte gegen seine Umgebung kein Hehl daraus, dass er sich in Genf nicht heimisch fühle. Feige und doch wieder eifersüchtig auf seine Rechte, kleinlich und misstrauisch, beging er überdies eine Taktlosigkeit nach der andern und erregte nach den verschiedensten Seiten hin Anstoss. In dem Prozesse gegen die Mörder Werlys begann er in der ungeschicktesten Weise einen Jurisdictionsstreit mit den städtischen Behörden, der sofort das alte Misstrauen gegen ihn wieder wach rief.[1]) Schon nach wenigen Tagen war der günstige Eindruck, den sein erstes Auftreten gemacht, vollständig verschwunden. Die Lutheraner fassten neuen Muth und begannen durch allerlei Demonstrationen und nächtliche lärmende Aufzüge den furchtsamen Prälaten zu ängstigen.[2]) Auch gegen Freiburg schlug die Stimmung bald wieder um. Die Masslosigkeit, mit der insbesondere die Anverwandten Werlys fortwährend von Genf Genugthuung verlangten, rief einen gerechten Unwillen hervor. Bern unterliess es nicht, die sich gegen seinen Rivalen entwickelnde Missstimmung zu nähren, und fing an, gegen denselben eine entschiedenere Sprache zu führen. Bald durfte Jean Philippe, einer der eifrigsten Parteigänger Berns, es wieder wagen, die Freiburger öffentlich als „nichtswürdige Verräther" zu bezeichnen.[3])

Pierre de la Baume sehnte sich mit jedem Tage mehr nach der sichern Ruhe und den Annehmlichkeiten der schönen Abtei Arbois zurück. Bereits am 13. Juli liess er den Syndiken eröffnen, dass er die Stadt für einige Zeit zu verlassen gedenke, aber bald zurückkehren werde. Es blieb ohne Wirkung, dass der Rath ihm Gegenvorstellungen machte, ihn zu ermuthigen und durch Hinweisung auf die nachtheiligen Folgen eines solchen Schrittes von seinem Vorhaben abzubringen suchte. Am 15. Juli nahm er von Genf Abschied, um es nie

---

[1]) Rathsprot. p. 5, 8, 9, 10. Juli 1533.
[2]) Rathsprot. 14. Juli 1533; *Jussie* p. 68.
[3]) Vgl. Bern. Rathsm. 1. Juli 1533.: Die Boten sollen den Freiburgern vorhalten, „das sy mit andern fugen das recht vordrint, dann solcher gewaltiger gestallt," und sie an die Schranken des Burgrechts erinnern. Vgl. *Berchtold* l. c. II, 95.

wieder zu sehen.¹) Nutzlose Proteste und ohnmächtige Verordnungen waren das Einzige, was Genf von seinem Oberhirten seitdem noch erfuhr.

Der fluchtähnliche Aufbruch des Bischofs bezeichnet den Zeitpunkt, mit welchem das Uebergewicht sich auf die lutherische Seite zu neigen beginnt. Der letzte Versuch Freiburgs, die Pläne des stärkern Rivalen zu durchkreuzen, war misslungen. Die katholische Schutzmacht war verstimmt und missmuthig. Bern behauptete seitdem fast unangefochten in Genf das Feld und betrieb jetzt die evangelische Propaganda offen und mit allen Mitteln, welche ihm die Gunst der Lage an die Hand gab. Schon wenige Tage nach der Flucht de la Baumes kehrte Fromment mit noch einem zweiten französischen Emigranten, Alexander Dumoulin, nach Genf zurück, um das früher unterbrochene Werk unter dem Schutze Berns jetzt wieder aufzunehmen.²) Der Rath, obschon in seiner grossen Mehrzahl katholisch gesinnt, wagte nicht zu widersprechen. Nicht nur die Unentbehrlichkeit der Hülfe Berns zur Behauptung der Unabhängigkeit Genfs gegen Savoyen, sondern auch die nicht unerheblichen Schuldforderungen, welche der mächtige Alliirte noch aus dem Jahre 1530 her zu machen hatte, geboten Rücksicht. Sehr geschickt stellten die Berner Deputirten bei ihren Unterhandlungen und evangelischen Forderungen gerade die Geldfrage stets in den Vordergrund.³) Dem Magistrat blieb in dieser Lage nichts übrig, als in den meisten Fällen Nachgiebigkeit zu üben. Wies er auch das schon im Mai von Bern gestellte Ansinnen, den Lutheranern eine Kirche zur öffentlichen Abhaltung ihres Gottesdienstes einzuräumen,⁴) entschieden ab, so legte er doch im Uebrigen dem Umsichgreifen der neuen Lehre kein Hinderniss in den Weg. In Ermangelung eines öffentlichen Gotteshauses predigten Fromment und Dumoulin in Privathäusern und Schenken, „zuweilen aber auch auf Strassen und öffentlichen Plätzen, zum grossen Nutzen des göttlichen Worts und

---

¹) Rathsprot. 13. Juli 1533. *Rosets* Chronik III, c. 15 (M. S. der Genf. Bibl.).

²) Vgl. *Fromment* p. 66. Dumoulin führt auch den Namen Canus.

³) Rathsprot. 4, 7. August, 19, 31. Oct. 28. Nov. 1533; 5, 25. Januar, 10, 13. Februar 1534 u. s. w. Noch mehr wird der Geldpunkt in dem Berner Rathm. selbst betont; vgl. z. B. 16. März, 17. Mai, 15. Mai, 6, 23. Juni, 8. Juli, 20, 27. Sept. 1532; 30. Juli, 31. December 1533; 26. Februar, 14, 16, 22. März 1534 u. s. w.

⁴) Rathsprot. 27. Mai 1533.

zum Schaden des Papstthums."¹) Die Zahl der Gläubigen mehrte sich durch Uebertritte und Einwanderung fast zusehends, und mit der Zahl wuchs der Muth. Schon seit dem Juli liefen bei dem Rathe von Zeit zu Zeit Nachrichten über nächtliche Zertrümmerungen von Heiligenbildern ein. Mit Zuversicht wurde verkündet, bis zum Weihnachtsfeste 1533 werde die Messe und der ganze papistische Gottesdienst aus den Kirchen Genfs verschwunden sein.²)

Sehr erschwert wurde die Lage der Katholiken durch eine neue thörichte Handlung ihres Bischofs. Nachdem Pierre de la Baume bereits im October von seinem Ruhesitze Arbois aus eine Aufforderung an die Geistlichkeit gerichtet hatte, nur „nach der guten Gewohnheit zu predigen", erliess er am 20. November 1533 ein Schreiben an den Fiscalprocurator und die Syndike, welches unter Beklagung der traurigen Folgen der Winkelpredigten alles Predigen und Reden über das Evangelium und die heilige Schrift, sei es heimlich oder öffentlich, ohne besondere bischöfliche Genehmigung bei Strafe des Kirchenbanns und schwerer Geldbusse einfach untersagte. Der Fiscalprocurator wurde angewiesen, Sorge dafür zu tragen, dass diese Verordnung beim Schall der Trompete feierlich auf allen Strassen und öffentlichen Plätzen Genfs verkündet werde.³)

Mit solchen Mitteln glaubte der durch das herrschende System zum Wächter des katholischen Glaubens bestellte Prälat der Neuerung Halt gebieten zu können! Es lässt sich denken, welchen Eindruck ein so wenig verhülltes Eingeständniss der eigenen Schwäche und des

---

¹) *Fromment* p. 66. Vgl. auch die Aeusserung Farels in dem Schreiben an Bucer d. d. 22. October 1533 bei *Kirchhofer* I, 170 und die Mémoires de *Pierrefleur* p. 104. Nach dem erwähnten Schreiben des Chautemps fanden die evangelischen Predigten in der Regel statt „chez Baudichon, chez Cl. Bernard, chez Dada, chez Cl. Paste, chez moi, en l'Evechè."

²) *Jussie* p. 74. Die erste Nachricht über eine evangelische Bilderzerstörung finde ich in dem Rathsprot. zum 14. Juli 1533.

³) Abgedr. bei *Gaberel*, pièc. just. p. 42, 43. „*Statuimus et ordinamus*," heisst es u. a., „*neminem sub penis ab ipso jure introductis indignationisque nostre, perpetue excommunicationis et centum librarum gebennensium licere in civitate nostra predicta et episcopi confinibus clam, palam, occulte vel publice sacram paginam, sacrumve Evangelium predicare, exponere aut alias quomodocunque dicere vel instruere instruive, exponi aut predicari facere per quemque, nisi prius nostra seu vicarii nostri generalis expressa interveniat auctoritas et licentia.*" Eine Rechtfertigung dieses Verfahrens versucht der Aufsatz: Protestantisme à Genève, in dem Arch. für schweiz. Ref.-Gesch. I, 820.

Mangels an Vertrauen zu der eigenen Sache in Genf hervorbrachte. Mehr als alle Predigten Fromments, hat jener bischöfliche Erlass in der öffentlichen Meinung der katholischen Sache geschadet. Der Rath war betroffen und entrüstet über diesen neuen seelenhirtlichen Act; unter Protest verliess das gesammte Collegium den Sitzungssaal, als das bischöfliche Schreiben zum ersten Mal zur Verlesung kam.[1]

Und dennoch war es die von dem Bischof so sehr gefürchtete Predigt, welche den Genfer Katholicismus allein noch retten konnte und ihn wirklich in der nächsten Zeit noch einmal mit einem Schimmer von Hoffnung umgab.

Wir erinnern uns, in welchem Ansehen in Genf von jeher die hergebrachten, gewöhnlich von auswärtigen Geistlichen gehaltenen Advents- und Fastenpredigten standen. Die katholische Partei besass in ihnen noch immer ein nicht zu unterschätzendes Mittel, auf die öffentliche Stimmung einzuwirken. Sie beschloss, es jetzt noch einmal anzuwenden. Ein geistlicher Redner von hervorragender Bedeutung und von so unzweifelhaft kirchlicher Gesinnung, dass er selbst dem Bischof nicht verdächtig sein konnte, der Dominikaner Guy Furbity aus Montmelian, wurde für die Adventspredigten 1533 gewonnen. Furbity war Doctor der Pariser Sorbonne, mit der herrschenden Schulgelehrsamkeit ausgerüstet, voll Feuer und Eifer.[2] Er eröffnete seine Vorträge in der Cathedrale unter grossem Zulauf von Katholiken und Lutheranern. Scharf und entschieden genug trat er auf. In schwungvollen Worten suchte er die Erhabenheit und die Vorzüge der katholischen Kirche, ihrer Lehren und Einrichtungen gegenüber den Behauptungen der Ketzer alter und neuer Zeiten in das hellste Licht zu stellen. Die katholische Lehre ist ihm das Eine untheilbare Gewand Christi, die Ketzer dagegen, unter denen er namentlich auch die „Deutschen" aufzählt, gleichen jenen Kriegsknechten unter dem Kreuze, welche das Gewand des Herrn unter sich getheilt haben.

Furbitys Vorträge brachten eine sichtliche Wirkung hervor. In Wirthshäusern und auf öffentlichen Plätzen war bald von Nichts mehr die Rede, als von den Predigten des Mönches in St. Peter. Die Katholiken und wohl auch manche Schwankende fühlten sich wieder gehoben. Um so grösser war die Erbitterung der Lutheraner, die, weit

---

[1] Rathsprot. 30. Nov., 2. Dec. 1533.
[2] *Jussie* p. 70 ff. Vgl. auch das Urtheil, welches Farel über ihn fällt: Dispute tenue à la Genève l'an 1534 p. 14.

entfernt, durch die vorgebrachten Argumente überzeugt zu sein, den katholischen Prediger vielmehr einen Schriftverfälscher schalten. Schon am 2. December, als Furbity die Heiligkeit und Erhabenheit des Priesterthums in überschwänglichen Ausdrücken pries, kam es in der Kirche zu einem Tumult, indem Fromment und Dumoulin, die sich unter den Zuhörern befanden, unmittelbar nach der Predigt sich erhoben, um den Redner zu widerlegen.[1]) Der Rath schritt gegen die Ruhestörer ein. Dumoulin wurde aus der Stadt verwiesen, gegen Fromment, der sich verborgen hielt, ein Haftbefehl erlassen; aber auch an Furbity richtete die Obrigkeit jetzt die Forderung, „nur das Evangelium zu predigen, um Aufruhr zu vermeiden." Dieser Befehl, durch welchen der Rath sich offenbar gegen Bern sicher stellen wollte, wurde indess wenig beachtet. Furbity setzte, ohne seinen Ton zu mässigen, unter dem steigenden Beifall der Katholiken seine Predigten fort. Man freute sich in den katholischen Kreisen des unerschrockenen Vertheidigers der Wahrheit, drängte sich wohl nach beendigter Predigt um die Kanzel, um dem Redner für seinen mannhaften Muth zu danken, ihm Beifall zu bezeigen.[2]) Seit längerer Zeit hatte sich das katholische Bewusstsein in Genf nicht mehr mit solcher Entschiedenheit geäussert.

Allein die Freude der Katholiken sollte nur von kurzer Dauer sein. Schon in der ersten Hälfte des December finden wir „den Hauptmann der Lutheraner," Baudichon, von Fromment und Dumoulin begleitet, abermals auf dem Wege nach Bern, um die evangelische Schutzmacht zum Einschreiten gegen den katholischen Mönch zu bewegen.[3])

In Bern hatte man nur auf einen solchen Anlass geharrt. Mit festen Hülfszusagen und einem neuen Schreiben an den Genfer Rath kehrte Baudichon schon nach wenigen Tagen zurück. Ihn aber begleitete — Wilhelm Farel: nach langem Harren und Sehnen war jetzt endlich seine Stunde gekommen. Auch Fromment und Dumoulin fanden sich bald wieder ein. Unter den katholischen Bürgern verbreitete die Nachricht von dieser neuen Denunciation Baudichons und der Ankunft des verhassten Glaubensstürmers eine furchtbare Aufregung. Sofort trat eine grosse Volksversammlung auf dem Molardplatze zusammen. Man griff zu den Waffen und umstellte die Peterskirche.

---

[1]) Rathsprot. 2. December *Fromment* p. 70 ff. Vgl. die Chronique du Marchand de Genève in den Mém. et doc. XIII, p. 32.

[2]) *Jussie* p. 75.

[3]) Vgl. *Fromment* p. 74.

Genf gewährte wieder dasselbe Bild wie in den Tagen des März. Auch die Gutwilligen, von Farel selbst sofort angefeuert, traten unter Waffen. Nur durch die energische Dazwischenkunft der Behörden wurde auch dieses Mal der Ausbruch eines Kampfes verhindert.[1]

Es waren nutzlose Aufregungen und Anstrengungen, welche den Gang der Ereignisse, wie ihn Berns Staatsmänner bei sich festgesetzt hatten, nicht mehr aufhielten.

Am 22. und 23. December kam das neue Berner Schreiben im kleinen und grossen Rathe zur Verlesung. Dasselbe war in noch schärferen und verletzenderen Ausdrücken abgefasst, als die früheren.[2] Es begann mit der Erinnerung an die Geldforderung Berns, verlangte in der bündigsten Form ungesäumte Bezahlung und verbreitete sich hierauf über die kirchliche Frage. Bern habe, hiess es, zu seinem grossen Leidwesen erfahren, dass alle guten und heilsamen Ermahnungen, die es an Genf gerichtet, von diesem verachtet worden seien. Man habe in Genf die Anhänger des göttlichen Worts verfolgt, verletzt, geschmäht, statt sie in Schutz zu nehmen. Man habe Farel auf eine gewaltthätige Weise misshandelt. Man habe die göttliche Wahrheit durch schmähsüchtige Mönche ungestraft verunglimpfen lassen und zuletzt die Kanzel einem Dominikanermönch anvertraut, der nichts als Lügen, Blasphemien und Schmähungen predige. Als endlich Alexander und Fromment, „ihre Diener", sich öffentlich gegen diesen Unfug erhoben, habe man sie verfolgt, verhaftet, verbannt. Bern könne und wolle eine solche Behandlung sich nicht länger mehr gefallen lassen: „in Kraft des Burgrechts" verlange es, dass jener Heuchler verhaftet und vor Gericht gestellt werde, um sich zu verantworten, wie es die Pflicht und der Eid, welchen Genf seinem Alliirten geleistet habe, erheische; werde dem nicht entsprochen, lasse man den Mönch entwischen, so werde man sich an Genf selbst halten und dieses verantwortlich machen.[3]

Wohl erhob sich im Rathe der Zweihundert gegen den Urheber

---

[1] Rathsprot. 22. December 1533., *Jussie* p. 71 ff., *Fromment* p. 79 ff.
[2] Bern an Genf 17. December 1533. Arch. f. schweiz. Ref.-Gesch. I, 842—3. (Berner Staatsarchiv., Welsch Missivenbuch A, f. 289 ff.)
[3] *Comme vostre debvoir porte et vostre serment que nous avés faict le requiert, assavoir de maintenir nostre honneur et avancer nostre prouffit et voultrement sy laisses aller le dit Jacobin nous nous en recourrons sur vous et nous prendrons en cause et aurons action contre vous au lieus du dit Caffard!*

und Ueberbringer dieses Schreibens ein Sturm des Unwillens, so dass Baudichon es gerathen fand, die Versammlung zu verlassen. Allein den Forderungen Berns zu widersprechen, hatte man nicht mehr den Muth. Vielmehr wurde der Generalvicar ersucht, „zum Besten der Stadt" Furbity in sichern Verwahr zu nehmen und einen Tag zur Verhandlung der Anklagen, welche Bern gegen denselben erhoben, anzusetzen. Als die geistliche Behörde dies ablehnte, ordnete der Rath selbst die polizeiliche Ueberwachung und Aufbewahrung des Mönches im bischöflichen Palast an, „damit, wenn die Herren von Bern kämen, sie gegen ihn verhandeln könnten." Die Fortsetzung seiner Predigten blieb Furbity einstweilen noch unverwehrt.[1])

In den ersten Tagen des neuen Jahres (5. Januar) kamen die Berner Gesandten, vier an der Zahl, selbst an. In ihrem Gefolge befand sich abermals ein Diener des Evangeliums, der junge, talentvolle und wortgewandte Pierre Viret aus Orbe, ein Freund und Schüler Farels, den er bereits seit einiger Zeit bei den stürmischen Missionsfahrten im Waadtlande unterstützt hatte. Obwohl von milderm, bescheidenerm Wesen, nicht so rauhen, gewaltthätigen Sinnes wie der Meister, stand Viret diesem doch an Eifer für das neue Gotteswort in keiner Weise nach: noch trug er an seinem Leibe die frischen Wundmale aus einem Handgemenge, das er erst eben mit den Katholiken in Payerne bestanden.[2]) Deutlich kündigte eine solche Begleitung den Zweck der Gesandtschaft an.

Mit dem rauhen Stolze altrömischer Senatoren traten Berns Deputirte vor den Rath. Vor allen Dingen drangen auch sie auf die Bezahlung ihrer alten Schuldforderung, die auf eine sehr bedeutende Summe berechnet wurde. Dann folgten die Beschwerden über die ihnen durch Furbity angethanen Beleidigungen und die Forderung einer entsprechenden Genugthuung. Der verwegene Mönch, welcher durch die Wirkung seiner Predigten Berns Pläne zu durchkreuzen drohte, sollte zunächst aus dem Wege geschafft werden. Man erfuhr erst jetzt, worauf sich Berns Anklage eigentlich gründete. Es war vornehmlich jene Aeusserung, wodurch Furbity die „Deutschen" den Ketzern bei-

---

[1]) Rathsprot. 22, 23, 24, 25, 26. Decemb. 1533. *Fromment* p. 78. *Jussie* p. 74.

[2]) Vgl. *Fromment* p. 79, *Pierrefleur*, Mémoires p. 37. Ein sehr günstiges Urtheil, das indess durch Virets Schriften keineswegs überall bestätigt wird, fällt Farel über die Friedensliebe und Bescheidenheit seines Freundes in den Epp. ab eccles. Helv. ref. vel ad eos scriptae p. 281.

gezählt, welche er den das Gewand des Herrn theilenden Kriegsknechten unter dem Kreuze gleichgestellt.[1]) Die Gesandten erklärten, diese Beschimpfung auf „ihre Herren", die auch Deutsche seien, beziehen zu müssen, und verlangten demgemäss strenge Bestrafung des Missethäters. Der Rath gab sich alle Mühe, „die grossen, lieben Bürger von Bern" zu beruhigen und sie von ihrer seltsamen Forderung abzubringen. Er führte aus, dass die ganze Angelegenheit eine geistliche sei und vor das Gericht des bischöflichen Officials gehöre. „Gern jedoch werde man", hiess es, „bei diesem den Herren von Bern zur Erlangung ihres Rechts nach Kräften behülflich sein." Allein an solcher Antwort, erzählt der Berner Chronist, fanden die Boten keinen Gefallen, sondern ein grosses Missfallen und Bedauern. Sie lehnten es ab, sich mit einem geistlichen Gerichte in irgend welche Unterhandlung einzulassen, appellirten an den grossen Rath und verlangten eine unumwundene Erklärung darüber, ob ihren tiefgekränkten Mitbürgern Genugthuung werden solle oder nicht. Als auch der grosse Rath bei jener ausweichenden Antwort blieb, machten sie von ihrer letzten und gefährlichsten Waffe Gebrauch: sie drohten mit Auflösung des Burgrechts. Am 8. Januar legten die vier Gesandten vor dem versammelten Rath der Zweihundert die Bundesurkunde auf den Tisch und forderten die Anwesenden auf, das Siegel abzunehmen.[2])

Es war ein Moment peinlicher Verlegenheit! Während Bern die Preisgebung des katholischen Predigers zur Bedingung der Fortdauer des Burgrechts machte, wurde der Rath von dem andern Alliirten in dem gerade entgegengesetzten Sinne bestürmt. In denselben Tagen, als jene Unterhandlungen mit den Abgeordneten Berns geführt wurden, traf eine nochmalige Gesandtschaft von Freiburg ein, welche mit gleicher Entschiedenheit die völlige Aufrechthaltung der katholischen Predigt verlangte. Auch diese stellte die Auflösung des Bundesverhältnisses in sichere Aussicht, wenn ihren Vorstellungen kein Gehör geschenkt werde.[3])

---

[1]) „Vnd damit Jr wüssend vmb was artikell jr den münnch anclagen vnd berechtigen söllind", heisst es in der den Gesandten mitgegebenen Instruction vom 31. December, „Ist nämlich der erst, das er die Tutschen, des namens m. H. sin, Henker gescholten, die den rock Jesuchristi geteillt." Vgl. Bern. Staatsarch., Instructionsb. B, f. 332 ff.

[2]) Rathsprot. 5, 7, 8. Januar 1534, Instruction der Berner Gesandten l. c. *Valerius Anshelm*, Ungedr. Fortsetzung ad a. 1534.

[3]) Rathsprot. 7, 8. Januar 1534, vgl. Rathsprot. 27. Dec. 1533. Das hier

Der Augenblick war gekommen, wo Genf zwischen seinen beiden alten Verbündeten eine Wahl treffen musste. Wohin diese schliesslich fallen werde, liess sich voraussehen. Zwar fehlte es nicht an entschlossenen Männern, die, wie Claude Baud, auch ohne Bern die Würde und Unabhängigkeit ihrer Vaterstadt zu wahren sich zutrauten. Aber ihre Anzahl war nicht gross. Und woher sollten, wenn man sich auch zur Auflösung des Burgrechts entschloss, die Mittel genommen werden, um Berns Schuldforderungen zu befriedigen? Umsonst hatte sich der Rath an die noch anwesenden Mitglieder des Domcapitels gewandt und sie ersucht, aus dem Capitelsvermögen der bedrängten Stadt Beistand zu leisten. Der Rücksicht auf die Armuth und hülfsbedürftige äussere Lage der Stadt mussten die kirchlichen Bedenken zuletzt weichen. Furbity wurde dem Wunsche Berns gemäss in förmliche Haft genommen. Man einigte sich dahin, dass derselbe öffentlich vor dem versammelten grossen Rathe den Vertretern Berns Rede stehen solle.[1]

Ohne Verzug führten die Gesandten (9. Januar) mit grossem Gepränge ihre drei „Diener" Farel, Viret und Fromment in den grossen Rath, um den Mönch durch sie verhören zu lassen.[2] Welch' glänzende Genugthuung für Farel und Fromment! Indess fanden die geistlichen Wortführer Berns ihre Aufgabe nicht so leicht, als sie sich gedacht haben mochten. Furbity benahm sich mit vielem Takte und würdig. Er kannte die Formen des Rechts und unterliess nicht, von denselben zu seinen Gunsten Gebrauch zu machen. Ein längerer Aufschub wurde dadurch herbeigeführt, indem der Angeklagte anfänglich jede Auskunft verweigerte und vor einen geistlichen Richter gestellt zu werden verlangte. Der Rath, welcher früher selbst diese Forderung als eine berechtigte bezeichnet hatte, gab sich noch einmal Mühe, die Angelegenheit zu einem friedlichen Ausgleiche zu bringen. Er sandte Boten nach Bern und an den Bischof, um beide zur Nachgiebigkeit zu bewegen.[3] Der Bischof wurde in ehrfurchtsvollen Ausdrücken und unter

---

erwähnte Freiburger Schreiben, welches der Gesandtschaft vorausging, ist abgedr. Arch. für schweiz. Ref.-Gesch. I, 843.

[1] Rathsprot. 8, 9. Januar 1534.

[2] Rathsprot. 9. Januar 1534.

[3] Vgl. Berner Rathsmanuale 19 und 20. Januar 1534 und die dem Gesandten an den Bischof mitgegebene Instruction d. d. 12. Januar 1534 im Berner Staatsarchiv: Genfer Angelegenheiten von 1162—1557. Zwei weitere Schreiben wurden in derselben Angelegenheit am 21 und 27. Januar an den Bischof gerichtet. Aus allen drei Schreiben ersieht man, dass es dem Rath mit der Erhaltung des Katholicismus noch völliger Ernst war.

Hervorhebung des von Bern ausgeübten Drucks ersucht, „für dieses Mal" nachzugeben und einen geistlichen Richter zu ernennen, welcher in Gemeinschaft mit dem Rathe die „Entschuldigung" des Mönches anhöre, damit das sonst drohende aufregende und gefährliche Schauspiel einer öffentlichen Disputation vor dem Volke vermieden werde. An Bern erging die Bitte, auch einen geistlichen Schiedsrichter zuzulassen. Allein hier wie dort blieb der Versuch ohne Erfolg. Die geistliche Behörde berief sich auf den Buchstaben des Gesetzes, und Bern antwortete mit einem Schreiben, welches die früheren Forderungen und Drohungen noch durch neue überbot. So blieb dem Rathe nichts übrig, als den Dominikaner dem von Bern verlangten Verfahren zu unterwerfen, und dieser selbst verstand sich schliesslich auf die eindringlichen Vorstellungen der weltlichen Behörde zur Nachgiebigkeit.[1]

Am 27. Januar fand das lang erwartete Verhör vor den Zweihundert statt. Furbity wies die gegen ihn erhobenen Anklagen mit Ruhe zurück, indem er entweder die ihm zur Last gelegten Aeusserungen überhaupt bestritt, oder unter Hinweisung auf die ganz allgemeine Fassung derselben die Absicht einer Beleidigung bestimmter Personen in Abrede stellte. Seine Erklärungen waren der Art, dass, wenn von den Gesandten lediglich eine Genugthuung beabsichtigt worden wäre, sie hätten völlig befriedigt sein müssen. Allein die „Herren von Bern" waren nicht gesonnen, sich das Opfer so leichten Kaufs entgehen zu lassen. Sie stellten jetzt die unerhörte Behauptung auf, dass auch die ganz allgemeinen Sätze in Furbitys Predigten Beleidigungen für Bern enthielten. „Denn," erklärten sie mit einer ganz neuen Logik, „wenn wahr wäre, was der Mönch gepredigt, so verdienten sie selbst — als Ketzer — körperlich gestraft zu werden; eben deshalb müssten sie nach dem jus talionis darauf bestehen, dass über den Prediger die nämliche Strafe verhängt werde, welche, wofern derselbe Wahres gesprochen, sie selbst habe treffen müssen."[2]

Es war mehr, als billig erwartet werden durfte, dass Furbity auch nach solchen Proben der Berner Dialektik, „eingedenk der Ermahnung des Apostels Petrus," sich noch bereit erklärte, Alles, was er gepredigt, öffentlich aus der h. Schrift zu beweisen. Das Anerbieten wurde von den Gesandten „vorbehaltlich ihrer Rechte" angenommen, und Farel

---

[1] Rathsprot. 10, 11, 12, 19, 25, 26. Januar 1534. Das Schreiben Berns ist vom 21. Januar, Berner Staatsarch., Teutsch Missivenbuch U, f. 66 ff.
[2] Rathsprot. 27. Januar 1534.

und Viret empfingen die Weisung, mit dem Mönche zu disputiren. Die Disputation wurde unverzüglich eröffnet, allein der Ausgang war der bei solchen theologischen Wortgefechten gewöhnliche: kein Theil vermochte den andern zu überzeugen. Am zweiten Tage brach der Rath, der vielen Unterhandlungen müde, das Gespräch ab, „da genug disputirt sei."[1])

In der That war es auch ohne Disputation klar genug, dass der Mönch den Bernern geopfert werden musste.

Aber eben so klar war es, dass damit zugleich der katholischen Sache überhaupt eine Niederlage der entscheidendsten Art bereitet werde, dass die Freiheit der katholischen Predigt mit Furbity stehe und falle. Unter den Katholiken selbst gab man sich darüber keiner Täuschung hin, und mit gespanntester Aufmerksamkeit war deshalb von Anfang an Furbitys Prozess von ihrer Seite verfolgt worden. Als nach den letzten Vorgängen ihre Hoffnungen immer geringer wurden, geriethen sie in eine fieberhafte Aufregung. Während die Einen in die Kirchen eilten, und für den „Märtyrer" der katholischen Sache Gebete anstellten,[2]) glaubten die Ungeduldigeren das drohende Geschick

---

[1]) Rathsprot. 29, 30. Jan. 1534. Ueber diese Disputation erschien bald darauf unter dem Titel „*Letres certaines d'aucuns grands troubles et tumultes advenus à Genève avec la disputation faicte l'an 1534*" ein anonymer Bericht, von welchem Manget 1644 unter dem Titel „*Dispute tenue à la Genève l'an 1534*" eine neue Ausgabe mit lateinischer Uebersetzung veranstaltet hat. Der Berichterstatter nimmt die Maske eines Freundes und Verehrers von Furbity an, der aber durch die Macht der Wahrheit dennoch auf die Seite der Prediger gebracht worden, obgleich er gegen diese anfänglich eine Abneigung empfunden. Der Verfasser dieser Schrift ist kein Anderer als Farel, welcher auf solche Weise die katholischen Leser hinter Licht zu führen suchte und sich selbst über diese Tendenz seines Machwerks mit lobenswerther Offenheit in dem vertraulichen Schreiben an Libertet ausspricht; vgl. *Kirchhofer*, Farels lit. Thätigkeit in den Theol. Stud. und Kritiken, Jahrg. 1831 p. 292. Furbity wird demgemäss scheinbar mit grosser Achtung behandelt, in Nebendingen gelobt, um sich aber in der Hauptsache um so mehr Blössen zu geben. Als historische Quelle, wie dies noch von Kirchhofer, Gaberel u. A. geschehen, kann die Schrift nicht benutzt werden. Ein so einfältiger Mensch, wie Furbity nach der Farel'schen Relation gewesen sein müsste (vgl. z. B. Dispute p. 120) würde schwerlich von den Bernern mit solchem Eifer verfolgt worden sein: die Genfer Rathsprotocolle vor dem 8. Februar 1534 zeigen ihn in einem ganz andern Lichte. Dass der Berner Chronist ihn in dem gehässigsten Lichte darstellt, versteht sich von selbst.

[2]) *Jussie* p. 76.

mit den Waffen in der Hand abwenden zu können und versuchten nochmals einen Aufstand. Der Versuch misslang vollständig, wie nicht anders zu erwarten war, und brachte nun gerade durch die Reaction, welche er naturgemäss hervorrief, die Partei der „Gutwilligen" vollends ins Uebergewicht.[1])

Die nächsten allgemeinen Wahlen am 8. Februar machten dies offenbar. Die in ihrer Mehrzahl noch katholischen Syndike des verwichenen Jahres, welche trotz aller Nachgiebigkeit gegen den mächtigen Dränger die endgültige Entscheidung des Furbity'schen Prozesses doch immer wieder hinausgeschoben hatten, wurden durch Anhänger Berns ersetzt und in dem entsprechenden Geiste auch der Rath umgestaltet. Michel Sept, einer der eifrigsten unter den Gutwilligen, erhielt das Amt des ersten Syndiks.

Die neue Behörde säumte nicht lange, ihren Berner Schutzherrn die verlangte „Genugthuung" vollständig zu gewähren. Umsonst, dass Freiburg seine frühere Drohung wiederholte.[2]) Am 13. Februar wurde Furbity einem neuen Verhör unterworfen. Die lange Haft und die fortwährenden Verhöre hatten den Mann geistig und körperlich gebrochen, so dass sein Anblick eher Mitleid als Zorn erregte. Nicht mehr im Stande, den Verhandlungen zu folgen, und von der Nutzlosigkeit weitern Widerstandes überzeugt, verzichtete er auf jede Gegenrede und räumte ein, was man wollte. Das hierauf gefällte Urtheil lautete auf öffentlichen Widerruf und Abbitte vor versammelter Gemeinde. Triumphirend führten die Berner am 15. Februar ihr Opfer noch einmal in St. Peter, um dort Zeugen seines öffentlichen Widerrufs zu sein. Allein diese Freude sollte ihnen nicht werden. Auf der Kanzel kehrte dem vielgeplagten Manne sein alter Muth zurück; es ergriff ihn Reue über die bewiesene Schwäche, und der erwartete Widerruf wurde nicht geleistet. Bern musste sich mit einer Verschärfung der gegen den angeblichen Beleidiger seiner Ehre verhängten Freiheitsstrafe zufriedenstellen. Erst zwei Jahre später, als Genf bereits längst eine evangelische Stadt geworden, sah Furbity durch die Zwischenkunft Frankreichs die Pforten seines Kerkers sich öffnen.

---

[1]) Rathsprot. 3, 4, 5, 6, 8. Febr. 1534; vgl. *Fromment* p. 244.
[2]) Rathsprot. 7 und 11. Febr. 1534.
[3]) Vgl. Rathsprot. 8, 13, 15, 20. Febr. 1534, Berner Rathm Febr., *Jussie* p. 77, 78., Marchand de Genève l. c. XIII, p. 33, 34 Mémoires p. 111, Arch. f. schweiz. Ref.-Gesch. I, 837, 845. Jussie ihr Werk schrieb, befand sich Furbity noch in Haft;

Nachdem mit Furbity die Freiheit der katholischen Predigt gefallen war, galt es, das den Katholiken entrissene Recht auf Berns Glaubensgenossen zu übertragen.

Dass dies die vornehmste und eigentliche Aufgabe der Berner Gesandten war, brauchen wir kaum noch ausdrücklich zu erwähnen. Schon in der ersten Instruction, welche sie von den heimathlichen Behörden empfingen, wurden sie angewiesen, Alles aufzubieten, „dass die Gutwilligen zu Genf einen Prädicanten erhalten, der ihnen das göttliche Wort verkünde."[1]) Die späteren Verhaltungsbefehle, welche ihnen aus der Heimath zukamen, erinnerten sie wiederholt an diese Pflicht, und schon im Verlaufe des Furbity'schen Prozesses sehen wir demgemäss die Gesandten zu verschiedenen Malen mit der Forderung vor den Rath treten, „Conscienz und Glauben frei zu lassen" und einen öffentlichen Prediger des Evangeliums zu bewilligen. Es war natürlich, dass die Anwesenheit der vier Gesandten und ihre energisch evangelische Sprache die Gutwilligen ermuthigte und den religiösen Eifer derselben steigerte. Bei den Predigten, welche Farel, Viret und Fromment hie und da in Privatwohnungen hielten, waren oft mehrere Hundert anwesend.[2]) Ernster als je drangen deshalb die Gesandten nach der Beseitigung des Dominikaners in den Rath, nunmehr eine der städtischen Kloster- oder Pfarrkirchen für die öffentliche Predigt des Evangeliums einzuräumen. Allein selbst dieser so ganz unter dem Einflusse Berns gewählte Magistrat sträubte sich gegen die Bewilligung einer solchen Forderung. Politische und religiöse Erwägungen, Rücksichten auf das katholische Freiburg, das man nicht von Neuem verletzen mochte, und eine auch bei dieser neuen Behörde noch hervortretende Abneigung gegen den schonungslosen Radicalismus Farels, dessen öffentliche Anerkennung, wie sie Bern verlangte, einen Kampf auf Le-

---

[1]) Instruction vom 31. December 1533. Bern. Staatsarch., Instructionsb. B, f. 332 ff.

[2]) Anshelm erzählt, die vier Boten hätten ihre Forderung vor dem Rathe insbesondere damit begründet: „Vil volks, wyb vnd mann, louffend jnen nach vmb Evangelische Predicanten zu haben. Nächst Sontags syent ob 300 menschen Inns Herrn von Torang (Thorens) huss zur predig gewesen." Ungedr. Forts. ad a. 1534. Dass aber auch um diese Zeit noch die Katholiken weitaus die Mehrzahl bildeten, ersieht man aus den Schreiben des Bischofs an die fünf Orte und an den Official von Besançon vom 12. und 13. Januar 1534. Berner Staatsarchiv, Genfer Angel. 1162—1557. Mächtig, heisst es in dem ersten Schreiben, seien die Neuerer nur „von weginn der vanderhaltung so sie anderswo har habinn."

ben und Tod innerhalb der Bürgerschaft zur nothwendigen Folge haben musste, wirkten in gleichem Grade auf die Haltung des Collegiums. Man suchte, wie schon so oft früher, Bern wieder durch eine halbe Massregel zufrieden zu stellen: ein entschieden im Rufe evangelischer Gesinnung stehender Franziskanermönch, Namens Coutelier, wurde für die bevorstehende Fastenzeit als Prediger bestellt; er musste den Text seiner Predigten vorher dem Rathe zur Genehmigung vorlegen und empfing die Weisung, hauptsächlich die christliche Liebe und die Werke der Barmherzigkeit zu empfehlen, dagegen die Jungfrau Maria, das Fegefeuer und die Heiligenverehrung in seinen Vorträgen nicht zu berühren. Allein es war eitle Täuschung, wenn man den zudringlichen Bundesgenossen auf solche Weise zu befriedigen hoffte. Der neue Prediger wurde in Bern nicht evangelisch genug befunden. Die Gesandten wiederholten ihre Forderung mit grösserm Nachdruck und unter Drohungen. Der geängstigte Rath gab endlich nach. „Er habe zwar nicht das Recht," liess er am 22. Februar den ungestümen Bittstellern eröffnen, „ihren Predigern eine öffentliche Kanzel einzuräumen, — jenes stehe nur dem Fürsten von Genf und seinem Stellvertreter in der geistlichen Regierung zu — aber wenn sie selbst eine Kanzel in Besitz nehmen wollten, so seien sie ja dazu mächtig genug: der Rath werde weder den Muth noch auch die Kraft haben, ihnen Widerstand zu leisten." [1])

Diese Erklärung war deutlich genug. Als am Sonntag den 1. März der Franziskanermönch in der Rivekirche seine Predigt beendigt hatte, drangen Baudichon, Perrin und Farel an der Spitze eines lutherischen Volkshaufens in das Kloster ein. Man zog die Glocken. Unter dem Beifallsruf der Menge bestieg Farel die Kanzel und hielt die erste öffentliche evangelische Predigt an geweihter Stätte. [2])

Am andern Tage erschienen die vier Gesandten vor dem Rath, um die wunderbaren Fügungen der göttlichen Gnade zu preisen. „Was sie so lange gewünscht," liessen sie sich hier vernehmen, „das sei nun durch die göttliche Fügung ganz ohne ihr Wissen geschehen.

---

[1]) Rathsprot. 16, 20, 22. Februar 1534. Schreiben Berns an die Gesandten in Genf d. d. 26. Febr. Bern. Staatsarch., Teutsch Missivenb. U, f. 101; *Froment* p. 83.

[2]) *Jussie* p. 81. Die Erklärung vom 22. Februar wurde am 1. März noch einmal wiederholt: „*Ipsi sunt potentes, quibus, si bene locum ubi voluerint occuparent, non possumus amovere: quod faciant ut sibi placebit, potestati enim sue nequimus contradicere.*"

Sie fühlten sich Gott zum Danke verpflichtet, dass er es den Bürgern, ohne dass Jemand sie dazu aufgefordert, lediglich durch seinen heiligen Geist eingegeben (sola spiritus sancti inspiratione), sich der h. Stätte zu bemächtigen." Zugleich dankten sie dem Rathe für seine gütige Nachsicht, versprachen, seine vortreffliche Aufführung zur Kenntniss ihrer Behörden zu bringen, und ermahnten ihn, auch in Zukunft Farel „an dem Orte, den ihm der Herr gegeben", das Wort Gottes verkündigen zu lassen, ihn gegen jeden Angriff zu schützen. Der Rath war über das ihm gespendete Lob selbst betroffen und versuchte schüchtern einige Gegenbemerkungen. Eine aus den Syndiken und andern Mitgliedern des Collegiums bestehende Deputation, welche sich in die Wohnung der Gesandten begab, liess nicht undeutlich merken, dass sie den frommen Herren bei den gepriesenen Fügungen der göttlichen Gnade eine wesentliche Mitwirkung zuschrieb, und wagte sogar noch einmal im Interesse des öffentlichen Friedens um die Entfernung Farels zu bitten. Allein die barsche, zurechtweisende Antwort, welche auf diese Vorstellung erfolgte, musste die Väter der Stadt überzeugen, dass weiterer Widerstand hier fruchtlos sein werde. „Der Rath," hiess es, „möge sein Verhalten so einrichten, dass es den Bernern möglich sei, ihm auch noch ferner Dienste zu leisten; er möge aber bedenken, dass diejenigen nicht Berns Freunde sein könnten, die den Freunden des göttlichen Wortes Hindernisse entgegenstellten."[1])

Einige Tage später, am 7. März, reisten die vier Gesandten ab. Mit Zufriedenheit durften sie auf den Erfolg ihrer zweimonatlichen Thätigkeit zurückblicken. Sie hatten ihre Mission erfüllt und sich ihrer Aufgabe in einer Weise entledigt, die sie als würdige Repräsentanten der vielgepriesenen Berner Staatskunst erscheinen liess. Ja, man wird vielleicht sagen dürfen, dass nur selten das Verfahren der Abgeordneten des altrömischen Senats mit solchem Geschick und Glück nachgeahmt worden ist. Wie hatte sich in jenen zwei Monaten die Lage der Dinge in Genf so vollständig verändert! Während der Wortführer des alten Glaubens im Kerker schmachtete, verkündete jetzt Farel, der vor anderthalb Jahren Geächtete, unangefochten in einem der angesehensten Gotteshäuser Genfs die neuen Glaubenslehren. Ihm und dem Eifer seiner Gutwilligen durfte man getrost das Weitere überlassen. In einem besondern Schreiben drückte Bern nach der Rückkehr seiner Gesandten den Mitbürgern in Genf seine Zufriedenheit aus. „Wir preisen Gott,"

---

[1]) Rathsprot. 2. März 1534.

schreiben Schultheiss und Rath, „dass er Euch die Gnade verliehen, sein heiliges Wort anzunehmen, und bitten ihn, dass er Euch die Gnade der Beharrlichkeit und Standhaftigkeit gebe, auf dass seine Ehre unter Euch zunehme für und für."[1]

Eine vorauszusehende Folge dieser Vorgänge war die Auflösung des Burgrechts zwischen Genf und Freiburg.

Durch die Verurtheilung Furbitys und die gewaltsame Einführung Farels in das Rivekloster hatte die schon längst vorhandene Spannung zwischen den beiden Städten den höchsten Grad erreicht. Es kam hinzu, dass auch das Herrscherrecht des Bischofs, welches der Bundesbrief von 1526 ausdrücklich gewährleistete, durch die Auslegung, die Bern und seine Parteigänger in Genf dem Burgrecht gaben, mehr und mehr erschüttert wurde. Freiburg sah alle seine Mahnungen und Vorstellungen in Genf thatsächlich verachtet, seine Gesandten hinter den Vertretern Berns in offenkundigster Weise zurückgesetzt; es fühlte sich in seinen religiösen Ueberzeugungen wie in seiner politischen Ehre tief verletzt und beschloss die wiederholt ausgesprochene Drohung jetzt zur Ausführung zu bringen: sich von der undankbaren Stadt gänzlich zurückzuziehen. Am 27. März erschienen vier Bevollmächtigte Freiburgs vor dem Rathe in Genf, um im Namen ihrer Mitbürger schriftlich und mündlich das Burgrecht wegen offenbarer Verletzung seiner Bestimmungen für erloschen zu erklären und zur förmlichen Auflösung des bisherigen Bundesverhältnisses einen Tag in Lausanne anzusagen. Dieselbe Erklärung wurde am 29. und 30. März vor dem grossen und dem allgemeinen Rathe wiederholt.[2]

Wie lange auch ein solcher Ausgang vorauszusehen gewesen, wie sehr er auch von einem Theile der Bürgerschaft selbst herbeigewünscht worden: jene Mittheilung rief dennoch eine ungewöhnliche Aufregung in Genf, ja, bei der grossen Masse der Einwohner eine wahrhafte Bestürzung hervor. Es erwachte in diesem Augenblicke noch einmal die Erinnerung an die edelmüthige Haltung, die Freiburg in den Tagen

---

[1] d. d. 16. März 1534: Bern. Staatsarch., Weltsch Missivenbuch A, f. 301. Unter demselben Datum theilt das Arch. f. schweiz. Ref.-Gesch. I, 844 ein zweites Schreiben Berns mit, welches nochmals Farel dem Schutze der Obrigkeit energisch empfiehlt. Es ist wohl dasselbe, welches Farel selbst am 27. März dem Rath überreichte und welches, wie es scheint, ihm zugesandt wurde, um davon nach Umständen Gebrauch zu machen; vgl. *Fromment* p. 91. Berner Rathsm. 13, 14. März 1534.

[2] Rathsprot. 27, 29, 30. März 1534. Das Schreiben Freiburgs d. d. 23. März 1534 ist abgedr. Arch. f. schweiz. Ref.-Gesch. I, 844.

schwerer Noth bewiesen, an die grossen und unzweifelhaften Verdienste, die es sich in dem frühern Kampfe gegen Savoyen um Genfs Freiheit erworben hatte. War doch Freiburg der älteste, eifrigste und opferwilligste Verbündete von Genf gewesen, der an dem Wohl und Wehe der Nachbarstadt stets den lebhaftesten Antheil genommen, ja mehr als einmal für diese das eigene Interesse aufs Spiel gesetzt hatte, während das mächtigere Bern immer eine zurückhaltende, zweideutige, nichts weniger als uneigennützige Politik befolgt hatte. Und flösste etwa die gegenwärtige Haltung desselben Vertrauen ein? Man machte den Gesandten Gegenvorstellungen, man protestirte, man entschuldigte sich wegen des Vorgefallenen und wälzte die Schuld auf Bern, man rief sogar Bern selbst um seine Vermittelung an. Allein Freiburg blieb unerbittlich, da seine Hauptforderung: Rückkehr zu einer entschieden katholischen Haltung, von Genf wegen seiner Abhängigkeit von Bern nicht erfüllt werden konnte. Auch die Zusammenkunft in Lausanne blieb fruchtlos. Am 15. Mai gab eine neue Deputation von Freiburg dem Genfer Rath das abgeschnittene Bundessiegel zurück.[1])

Es war ein neuer schwerer Schlag für die Sache der Katholiken, die seitdem begannen, sich auf das Schlimmste gefasst zu machen.

IV.

SIEG DER REFORMATION.

Mit der Auflösung des Freiburger Burgrechts war der weitere Gang der Ereignisse in Genf entschieden. Von den beiden Schutzmächten der Stadt hatte die katholische selbst das Feld geräumt: nur die protestantische war geblieben. Mochten die katholischen Bürger auch noch die Mehrzahl bilden, ein unbefangener Beobachter konnte doch seit dem Frühjahr 1534 über den Ausgang des Kampfes nicht mehr zweifelhaft sein: schon meldeten in dem benachbarten Walliser Lande Gerüchte den völligen Sturz des Katholicismus in Genf.[2])

---

[1]) Rathsprot. 11, 13. April, 1, 5, 14 und 15. Mai 1534, Bern. Rathsm. 22. März, 22. April 1534. Instruction vom 28. März 1534, Instructionsb. B, f. 357 ff. *Fromment* p. 119, *Berchtold*, Fribourg et Genève l. c. II, 97.

[2]) Vgl. die beiden Schreiben Berns an die Gesandten in Genf und an Wallis vom 31. März 1534, Bern. Staatsarch., Teutsch Missivenb. U, f. 131.

Wohl suchte der Rath auch jetzt noch die Rolle eines neutralen Vermittlers und Friedensstifters fortzusetzen und sowohl gegen die Gutwilligen Berns als gegen die Katholiken seine Autorität zu behaupten. Er gab Farel, dessen demagogisches Treiben ihn mit gerechter Besorgniss erfüllte, wiederholt Beweise seines ernsten Missfallens und verwies die evangelischen Heisssporne, die Perrin, Goulaz, Levet, zuweilen sogar durch Gefängnissstrafen „bei Wasser und Brod" zur Ruhe.[1]) Doch wie hätte das eine Bewegung aufhalten können, die jeden Augenblick Berns mächtigen Arm zu ihrer Verfügung hatte! Das Wort Gottes, sagt der evangelische Bericht, machte seit der Abreise der Gesandten tagtäglich erstaunliche Fortschritte. Unter steigendem Zulauf setzte Farel, unterstützt von seinen Freunden, die Vorträge im Rivekloster fort. Schon seit Ostern begann er, öffentlich mit Verachtung des alten Ritus Taufen und Trauungen vorzunehmen. Katholische Geistliche wurden auf offener Strasse verhöhnt, die gottesdienstlichen Uebungen der Katholiken mit rohem Muthwillen gestört.[2]) Es war vergebens, dass selbst Bern, welches schon nach einigen Wochen wieder eine neue Gesandtschaft nach Genf abfertigte, um „die Gutwilligen bei göttlichem Wort" zu schützen und Coutelier zum Schweigen zu bringen, an die Gemeinde der Gläubigen die Mahnung richtete, nicht gewaltsam, sondern „mit Glimpf und Fug" vorzugehen, nicht zu sehr auf Berns Macht zu „pochen" und Aufruhr zu vermeiden.[3]) Bilderstürmerische Scenen wurden immer häufiger und schlossen sich zuweilen unmittelbar an eine evangelische Predigt an.[4]) Als am 15. Mai aus den umliegenden Landgemeinden mehrere Processionen vor der Stadt erschienen, um in gewohnter Weise in der Augustinerkirche ihre Andacht zu verrichten, fielen lutherische Pöbelhaufen unter der Anführung von Baudichon, Perrin und Goulaz über die betenden Schaaren her, sprengten sie auseinander, verhöhnten ihre Gebete, zerrissen ihre Fahnen und traten Kreuze und Heiligenbilder in den Koth. Der Rath hatte nicht mehr den Muth, gegen den Unfug einzuschreiten; er begnügte sich damit, den misshandelten Pilgern

---

[1]) Vgl. Rathsprot. 17. März, 17. April, 4. Mai 1534.
[2]) *Fromment* p. 92, *Jussie* p. 86, 96, Rathsprot. 4. Mai 1534.
[3]) Vgl. Instruction vom 28. März 1534, Bern. Staatsarch., Instructionsb. B, f. 357 ff. und das Schreiben an die „Evangelistes de Genève" vom 21. April 1534. Weltsch Missivenb. A, f. 302.
[4]) Vgl. *Jussie* p. 88 ff.

gleichsam zur Entschädigung vor den Thoren auf städtische Kosten eine Erfrischung reichen zu lassen.[1]) Selbst die noch von dem Magistrat angeordnete grosse städtische Frohnleichnamsprozession konnte nur unter argen Störungen gehalten werden.[2])

Mehr und mehr gewann Genf das Aussehen einer für den Katholicismus verlorenen oder doch nicht lange mehr zu haltenden Stadt. Unter den katholischen Bürgern griff seit dem Rücktritte Freiburgs Muthlosigkeit und Niedergeschlagenheit um sich: manche wanderten aus, andere machten mit der Neuerung ihren Frieden. Schon begann der Abfall auch in den Reihen der Geistlichkeit. Als Farel am Pfingstfeste in dem Rivekloster feierlich das Abendmahl austheilte, erschien Louis Bernard, einer der zwölf Habilitez von St. Peter, warf nach der Predigt vor der versammelten Gemeinde das priesterliche Gewand ab und erklärte sich für „einen Gefangenen des Evangeliums." Zwei Tage darauf schritt der Neubekehrte zu der Ehe mit einer jungen Wittwe. Denselben Schritt that einige Zeit später der Pfarrer von St. Germain, Thomas Vandel.[3]) Auch der Ordensclerus blieb nicht zurück. Einen Mönch des Dominikanerklosters sah man eines Sonntags nach beendigter Predigt das Ordensgewand ablegen und die Kanzel besteigen, um die Anwesenden mit der Erklärung zu überraschen, dass er bisher alle Welt getäuscht habe. Unter den Franziskanermönchen, welche sich zur neuen Lehre bekannten, befand sich auch der Guardian des Klosters, Jacques Bernard, ein geborener Genfer aus einer der angeseheneren Familien.[4]) Den Beschluss der Bekehrung bildete in der Regel der Eintritt in den Ehestand. Eine sehr grosse Klugheit, meint der evangelische Bericht, hätten dabei die Franziskanermönche bewiesen, welche vor ihrem Austritt aus dem Orden sich einen Theil des Klostervermögens aneigneten, um dasselbe als Mitgift für ihre künftigen Lebensgefährtinnen, „die anders nicht

---

[1]) Rathsprot. 15. Mai 1534, *Fromment* p. 93.

[2]) Rathsprot. 4. Juni, *Jussie* p. 89.

[3]) Vgl. Haller an Bullinger d. d. 6. Jun. 1534, *Kirchhofer* I, 185. *Jussie* p. 89, *Fromment* p. 128. L. Bernard machte später noch das Verdienst geltend, welches er als der erste verheirathete Geistliche sich erworben habe. Vgl. Rathsprot. 2. Sept. 1541.

[4]) *Jussie* p. 94, Mémorial du Notaire Messiez in den Mém. et doc. IX, p. 24, *Fromment* p. 128. Uebrigens erfolgten die Uebertritte aus dem geistlichen Stande verhältnissmässig nicht in grosser Anzahl, wie selbst *Fromment* p. 141 gesteht.

zu haben waren," zu verwenden. Manchen Familienvätern, fügt der Berichterstatter hinzu, habe diese neue Art von Ausstattung sehr gefallen, doch sei sie bald wieder in Abnahme gekommen.[1]

Und wie die Anzahl ihrer Anhänger wuchs, steigerten nun auch die evangelischen Prediger ihre Ansprüche gegenüber der städtischen Obrigkeit. Sie erschienen vor derselben nicht mehr als arme Verfolgte und Schutzflehende; ihre Sprache wurde gebieterisch, ihre Vorstellungen klangen oft wie Drohungen. Im Vertrauen auf ihre Gutwilligen und überdies jederzeit der Hülfe Berns sicher, das die Genfer Prediger gleichsam als seine Residenten ansah und die Gesandten auf ihren Rath anwies,[2] wagten Farel und Viret bald eine Oberaufsicht über das gesammte Genfer Kirchenwesen für sich in Anspruch zu nehmen. Der Vicar von St. Gervais, welcher es noch gewagt hatte, öffentlich katholische Grundsätze zu lehren, wurde, „weil er das Evangelium verfälsche" von Viret in Gegenwart des Rathes strenge verhört und angewiesen, in Zukunft nur „die Wahrheit" zu predigen. Als er dieser Weisung nach der Ansicht Farels nicht nachkam, wurde er einige Wochen später abermals vorgeladen und vor versammeltem Rathe von Farel und Viret zurechtgewiesen. Der Magistrat wiederholte dann den frühern Befehl, „nur das Evangelium nach der Wahrheit zu predigen," in noch strengerer Form und richtete an Farel die förmliche Bitte, damit zufrieden zu sein.[3] So tief war der Rath mit seiner „Stellung über den Parteien" bereits gesunken! Der vermittelnde Standpunkt, den er einzunehmen trachtete, erwies sich den mächtigen Drängern gegenüber als unhaltbar und lähmte nur seine Thätigkeit. Es war eine nothwendige Folge jener vermittelnden und neutralen Haltung, dass seine Massregeln jederzeit den Charakter der Halbheit an sich trugen, dass sie der rechten Energie und eben desshalb auch des Gehorsams entbehrten. Welchen Erfolg konnte sein Einschreiten gegen die Bilderzerstörungen haben, wenn er gleichzeitig die Erklärung gab, „die Bilder seien in der That nach dem göttlichen Gesetze weg-

---

[1] *Fromment* p. 128, 129.

[2] Man vgl. schon die Instruction vom 28. März 1534 (Instructionsb. B, f. 357 ff.), welche die Gesandten anweist, den Handel gegen Coutelier „uff meyster Wilhelm Farels wyter bericht" vor den Rath zu bringen.

[3] Rathsprot. 8. Juni, 20, 21, 24. Juli 1534. Umsonst verlangten mehrere katholische Bürger, an deren Spitze Girardin de la Rive stand, am 24. Juli, „dass man ihrem Prediger zu predigen gestatte, wie es Farel gestattet werde, damit man in Frieden lebe."

zunehmen und zu zerstören, nur gebühre das Recht dazu allein der Obrigkeit?"[1]) Darf es Wunder nehmen, wenn Diener und Anhänger des Evangeliums nach dieser Erklärung nur noch muthiger wurden und, entschlossen vorgehend, einer solchen Obrigkeit mehr und mehr das Terrain abgewannen?

Wesentlich gefördert und beschleunigt wurde dann aber der Fortgang der evangelischen Bewegung durch die üble Lage, in welche Genf im Sommer 1534 durch Pierre de la Baume gerieth. Abermals sehen wir den Bischof der protestantischen Tendenz, gerade indem er sie unterdrücken will, in wirksamster Weise zu Hülfe kommen; es ist das Oberhaupt der Genfer Kirche selbst, welches die Katastrophe des Katholicismus beschleunigt hat.

Es ist bezeichnend für Pierre de la Baume, wenn er, nachdem er Jahre lang der Bewegung unthätig zugeschaut, dann durch ein einfaches Verbot sie zu hemmen gesucht hatte, nunmehr in der Anwendung äusserer Gewalt das einzig mögliche Heilmittel erblickte. Schon zu Anfang 1534 stand diese Ueberzeugung bei ihm fest, und seitdem war sein ganzes Sinnen und Trachten nur darauf gerichtet, mit Hülfe benachbarter Mächte eine grosse kriegerische Unternehmung gegen Genf zu Stande zu bringen, um auf solche Weise wieder in den Besitz seiner durch die „neue Secte" gestörten „Autorität und Herrlichkeit" zu gelangen. Eingedenk der wiederholt mit dem Turiner Hofe gemachten Erfahrungen, wandte er sich dieses Mal gerade an die Gegner seines frühern Verbündeten um Hülfe. Er sandte im Januar 1534 Boten und Hülfsgesuche an die Eidgenossenschaft, die er jetzt als die beständige Beschirmerin „seiner armen Kirche" pries, an die fünf katholischen Orte, an Freiburg, ja sogar an die „grossmächtigen Herren von Bern."[2]) Seine Haupthoffnung setzte er auf Freiburg; er ernannte sogar ein Mitglied des Freiburger Raths zu seinem „Guber-

---

[1]) Rathsprot. 26. Juli 1534.

[2]) „Wenn mir durch Gott vnnd vch", heisst es in dem Schreiben an die fünf Orte vom 12. Januar, „nit wirt geholffnn, so statt min arme statt Jenuff in grosser gefarlichkeit zu fallen in die vngeschicklichkeit dieser verfluchten lutherischen Sect vnnd das durch wärbung ettlicher miner vnnderthanen derselbinn Statt." Bern. Staatsarchiv: Genf. Angel. 1162—1557, wo auch die an die Eidgenossenschaft (d. d. 12. Januar) und an Bern gerichteten Schreiben — alle in deutscher Sprache — sich befinden. Letzteres ist im Namen des Bischofs von einem seiner Beamten geschrieben.

nator und Statthalter" in Genf.¹) Allein alle diese Gesuche und Versuche blieben, wie sich voraussehen liess, ohne Erfolg. Von Freiburg liefen wenig ermuthigende Nachrichten ein.²) Die fünf Orte wurden durch die Rücksicht auf die Eidgenossenschaft gelähmt, welche, abgesehen von der Verschiedenheit der Religion, auch aus politischen Gründen von einer Einmischung in die Genfer Händel nichts wissen wollte. Bern endlich antwortete mit der strengen Weisung an den Rath in Genf, den neuen Freiburger Vicedom „keineswegs anzunehmen," und drohte mit „grossem Schaden."³) So blieb dem von Allen verlassenen Prälaten nur der Savoyarde als Helfer übrig, und abermals ging er die verhängnissvolle Allianz mit demselben ein. Als Karls III. Bundesgenosse begann Pierre de la Baume im Sommer 1534 gegen seine Unterthanen den offenen Krieg, sammelte Truppen, verwandelte seine Schlösser Peney, Jussie und Thiez in Waffenplätze zur Einschliessung der rebellischen Stadt und forderte alle getreuen Unterthanen auf, Genf zu verlassen.⁴)

Es war nicht möglich, der Sache des Katholicismus in diesem Augenblicke einen härtern Schlag zu versetzen. Indem die höchste kirchliche Autorität an der Seite des alten Erbfeindes von Genf die Katholiken zum Kampfe gegen ihre Vaterstadt aufrief, drängte sie den Rath und alle Schwankenden vollends in das entgegengesetzte Heerlager und überlieferte die Gewalt geradezu den Händen der Neuerungspartei. Farel und seine Gehülfen, fremde, aus weiter Ferne hergekommene Männer, die nur durch den Schutz einer fremden Macht sich Eingang in Genf verschafft und oft genug die patriotischen Gefühle der Bürger verletzt hatten, befanden sich jetzt in der günstigen Lage, sich als die eigentlichen Patrioten hinstellen zu können, während

---

¹) Die Ernennungsurkunde ist vom 12. Januar 1534 und befindet sich ebenfalls in lateinischer und deutscher Abschrift im Bern. Staatsarch. L 6. Dem Statthalter soll in weltlichen Dingen wie dem Bischof gehorcht werden, derselbe soll die alten vom Bischof gegebenen und beschworenen Freiheiten zur Richtschnur seines Handelns nehmen.

²) Pierre de la Baume an das Domcapitel am 1. Febr. 1534. Bern. Staatsarch., Genfer Angel. 1162—1557.

³) Bern an Genf 6. Febr. 1534, Bern. Staatsarch. Teutsch Missiv. 81 ff. Auch bei dieser Gelegenheit wird wieder das „Geld" in Erinnerung gebracht. — Vgl. Rathsprot. 11. Febr., Bern. Rathsm. 20. Febr.

⁴) Vgl. Fromment p. 115 ff. Schon im Juli liess der Bischof seine Ansprüche durch die herzoglichen Gesandten vertreten, bleibt dies Regel; vgl. Bern. Rathsm. 17, 20. Juli, 12. Aug.

die treugebliebenen Katholiken, eingeborene Genfer, die zum grossen Theil in den früheren Kämpfen für die städtische Freiheit und Unabhängigkeit Gut und Blut eingesetzt,[1]) jetzt als Feinde des Vaterlandes, ja als Hochverräther erschienen. Zwar leistete nur ein Theil derselben dem bischöflichen Aufgebot wirklich Folge; viele, ja weitaus die meisten katholischen Bürger folgten bei dem peinlichen Conflict, in welchen das patriotische und das religiöse Gefühl geriethen, dem ersten und thaten als gute Genfer redlich ihre Pflicht. Allein der Hass, der auf ihren emigrirten Glaubensgenossen lastete, traf doch auch sie; man beobachtete auch sie mit stetem Argwohn und Misstrauen, und der Umstand, dass bald einige katholische Bürger auf geheimen episcopalen Umtrieben ertappt wurden, gab dieser Stimmung eine gewisse Berechtigung. Mit Einem Worte: der katholische Theil der Bürgerschaft wurde im Sommer 1534 in eine Lage versetzt, die peinlicher kaum gedacht werden konnte.

Und dazu kam, dass der Kampf selbst einen für Pierre de la Baume höchst ungünstigen Verlauf nahm. Wohl gelang es den Peneysanern, wie die Streiter des Bischofs nach dem Schlosse Peney, ihrem Hauptwaffenplatz, gewöhnlich genannt wurden, durch Verhinderung der Zufuhr die Stadt zeitweilig in grosse Bedrängniss zu bringen, aber ein wirklicher Erfolg ward nirgends erfochten. Karl III., der im Hintergrunde das habsüchtige Bern auf seinen Vortheil lauern sah, wiederholte das frühere Spiel und vermied offene Hülfeleistung. Eine nächtliche Ueberrumpelung der Stadt, welche die Bischöflichen zu Ende Juli versuchten, misslang vollständig, da man von Bern zeitig gewarnt wurde, und hatte nur eine Verschlimmerung der Lage der zurückgebliebenen katholischen Bürger zur Folge. Mehrere angesehene Katholiken wurden wegen Einverständnisses mit dem Feinde verhaftet, andere entzogen sich der Einkerkerung durch die Flucht ins bischöfliche Lager und wurden, wie einst die geflüchteten Mamelucken, ihrer Güter verlustig erklärt.[2]) Die weiteren Feindseligkeiten

---

[1]) Selbst *Fromment* p. 67 muss eingestehen, dass unter den Katholiken viele gute Genfer und ehemalige Streiter für die Unabhängigkeit der Stadt gewesen seien. Dagegen finden wir unter den Lutheranern ehemalige Mamelucken. Vgl. *Galiffe*, Bez. Hugues p. 22, 23.

[2]) Vgl. *Fromment* p. 123, *Mestiez*, l. c. Mém. et doc. IX, 24, 25; L'escalade de 1534 bei *Gaberel* l. c. I. pièc. just. p. 62 ff., Rathsprot. 7 und 31. Aug. 1534, Bern. Rathsm. 24. Juli, 1, 7, 10. Aug. 1534.

und Gewaltthaten der Peneysaner dienten nur dazu, die Stimmung der Bürger zu verbittern und Repressalien hervorzurufen; sie nutzten der Sache des Bischofs eben so wenig, als der gegen die Stadt geschleuderte Kirchenbann, der blos dem katholischen Theile Verlegenheiten bereitete und den Einfluss Berns erhöhte.[1]) Die Stadt entwickelte in dem Kampfe eine ungewöhnliche Energie und Entschlossenheit. Die Angehörigen der Emigrirten wurden unbarmherzig ausgewiesen und jeder Verkehr mit den „Verräthern von Peney" auf das strengste untersagt. Man traf mit Eifer und Umsicht alle nöthigen Sicherheitsmassregeln, bewaffnete sämmtliche Bürger, stellte Sicherheitswachen aus und vermehrte das schwere Geschütz durch Einschmelzung von Glocken. Zur Erhöhung der Widerstandsfähigkeit der Stadt wurde endlich im August 1534 der schon früher angeregte Beschluss gefasst, die Vorstädte, welche die Vertheidigung erschwerten, niederzureissen. Es war eine harte Massregel, die gegen 6000 Bürger obdachlos machte und deshalb auch auf mehrfachen Widerspruch stiess; allein der Aufgabe der Vertheidigung musste jede andere Rücksicht weichen.[2]) Farel und seine Gehülfen im Dienste des Wortes spielten bei allen diesen Vorgängen die eifrigsten Patrioten. Man sah sie bei den Wachtposten wie bei den Befestigungsarbeiten. Durch kräftigen Zuspruch suchten sie den Muth ihrer Mitbürger aufzurichten und die noch nicht Bekehrten für das Evangelium zu gewinnen.[3]) Ihnen kam natürlich Alles darauf an, die ganze Bewegung mehr und mehr mit dem evangelischen Geiste zu durchdringen und den Bruch mit dem Bischof zu einem unheilbaren zu machen.

In der That schwanden die Aussichten auf die Möglichkeit eines Ausgleichs immer mehr. Bischof und Stadt überboten sich gegenseitig an Masslosigkeiten und Heftigkeit der Beschuldigungen. Liess jener gegen 200 der angesehensten Bürger wegen Ungehorsam und Rebellion namentlich vor seinen Richterstuhl laden und verurtheilen,[4]) so betrachtete und behandelte diese die emigrirten Anhänger de la Baumes

---

[1]) *Jussie* p. 97, *Fromment* p. 116, *Pierrefleur*, Mémoires p. 116. Ueber die „violences des Peneysans" und die Beschwerden des Bischofs gegen die Stadt vgl. die von *Gaberel* l. c. I, p. j. p. 65 ff. u. 77 ff. mitgetheilten Actenstücke.

[2]) Vgl. Rathsprot. 18, 23. Aug., 13, 14, 18, 19. Sept. 1534. *Jussie* p. 97, 98, 116. *Picot*, Hist. de Genève I. 321, 322. Die Faubourgs Rive, S. Victor, S. Leger und de la Corraterie wurden damals nach und nach zerstört.

[3]) Vgl. *Fromment* p. 126, 127.

[4]) Ihre Namen s. bei *Gaberel* l. c. I, p. j. p. 59.

als Hochverräther. Als der Bischof die Verlegung des geistlichen Gerichtshofes von Genf nach Gex anordnete, legte der Rath feierlich Protest dagegen ein, hielt das bischöfliche Siegel zurück und untersagte der städtischen Geistlichkeit auf das strengste jeden Verkehr mit der auswärtigen Behörde.[1]) Einige Wochen später, am 18. September, finden wir den Rath bereits mit dem Gedanken beschäftigt, dem Bischof förmlich den Prozess zu machen.[2]) Die Berner Gesandten, welche um diese Zeit Genf fast nicht mehr verliessen, um der Stadt „mit Hülfe und Rath" beizustehen, und mit jedem Tage grössern Einfluss gewannen, versäumten, wie man denken kann, nichts, um diese Stimmung zu nähren, und bald war man bei dem Aeussersten angelangt. Am 1. October begab sich eine Deputation von Syndiken und Rathsherren zu dem Domcapitel und ersuchte dasselbe, für die Ausübung der dem Kirchenfürsten noch verbliebenen Jurisdiction andere Richter zu ernennen, da der Bischof alle seine Pflichten gegen die Stadt, sowie auch insbesondere gegen die „Excellenz der sehr geehrten Herren von Bern, welche immerdar und gänzlich die Beschützer dieser Stadt gewesen seien und noch seien," in der schmählichsten Weise verletzt und „der bischöfliche Stuhl als erledigt angesehen werden müsse."[3])

In aller Form, durch die gesetzlichen Vertreter der Gemeinde war damit Pierre de la Baume der Gehorsam aufgekündigt.

Kaum scheint es glaublich und dennoch ist es unzweifelhaft: selbst in diesem Augenblicke noch suchte der Rath die von ihm in der religiösen Frage eingenommene Mittelstellung zu behaupten und dem völligen Bruch mit der alten Kirche, wie ihn Farel und Bern verlangten, auszuweichen. Sein Abfall galt nur der Person des Bischofs, nicht dem bischöflichen Institut, welches vielmehr in jener dem Domcapitel gemachten Vorstellung als solches anerkannt wird. Wie gros-

---

[1]) Rathsprot. 4. Sept. 1534. Vgl. *Spon-Gautier* I, 248.
[2]) Rathsprot. 18. Sept. 1534.
[3]) Rathsprot. 1. Oct. 1534. Die abgegebene Erklärung ist abgedr. bei *Gaberel* l. c. I, p. 192. Der Inhalt derselben macht es unzweifelhaft, dass dieser Schritt hauptsächlich auf Veranlassung Berns geschah, dessen Gesandter Triboulet damals nach dem Ausdrucke *Jussies* p. 98 „*par commandement des Bernois ordonnoit par la Cité à son plaisir.*" Von der damaligen Abhängigkeit der Genfer Behörde legen übrigens sowohl die Genfer Rathsprotocolle z. B. 19. Sept., als das Berner Rathsmanuale (vgl. 10, 17, 23, 25. Aug., 11, 15, 19. Sept. u. s. w.) Zeugniss ab.

sen Einfluss er auch Farel und Viret hatte einräumen müssen, er betrachtete doch nicht sie, sondern immer noch die katholischen Geistlichen als die officiellen Vertreter des religiösen Cultus Genfs und verlangte von ihnen nur, dass sie das, was er „das Evangelium nach der Wahrheit" nannte, sich aneigneten. Die unausgesetzte, sehr lebhafte Verbindung, welche Farel und seine Partei — noch neben dem officiellen Verkehr zwischen den beiden Städten — mit Bern unterhielt, erfüllte den Rath überdies mit einem gewissen Misstrauen.[1]) So geschah es, dass in denselben Tagen, als dem Bischof der Gehorsam aufgekündigt wurde, die Franziskanermönche gegen die ungestümen Zudringlichkeiten Farels in Schutz genommen, der Reformator durch einen Weibel verwarnt und gegen unbefugte Bilderstürmer strenge Strafen verhängt wurden, „um den Anderen damit ein Beispiel zu geben."[2])

Hatte aber schon vorher die Vermittelungspolitik des Rathes sich als unausführbar erwiesen, so war sie jetzt vollends aussichtslos. Im vollen Gefühl der Ueberlegenheit, welche ihr der Gang der äusseren Ereignisse verlieh, riss die lutherische Partei seit dem Herbst 1534 mehr und mehr alle Gewalt an sich. Die Abmahnungen der Behörden wurden nicht mehr beachtet, die erkannten Strafen kamen selten noch zur Ausführung, der katholische Theil der Bürger wurde mit steigender Rücksichtslosigkeit behandelt, indem man ihn für alles Ungemach, welches der Bischof über die Stadt brachte, verantwortlich machte. Es wiederholten sich die Zustände, die Genf in den Tagen der „Eidgenossen" und „Mamelucken" erlebt hatte; kaum minder glimpflich als einst die unterlegenen Anhänger Savoyens wurden jetzt die Katholiken von der Partei der Prädicanten behandelt. Man erschwerte ihnen auf jede Weise die Ausübung ihres Bekenntnisses, nöthigte sie oft mit Gewalt zur Theilnahme an dem neuen Gottesdienste und liess keine Gelegenheit vorübergehen, ihre religiösen Gefühle zu verletzen.[3]) An den katholischen Feiertagen wurden die lärmendsten Arbeiten ver-

---

[1]) Am 29. September liess der Rath ein Schreiben, welches Claude Bernard und andere „Gutwillige" an Bern richten wollten, zurückhalten (Rathsprot. 29. Sept. 1534). Das Schreiben ist gleichwohl abgegangen und befindet sich nebst einem andern ähnlichen vom 20. November in dem Bern. Staatsarchiv: Genf. Angel. 1162—1557.
[2]) Rathsprot. 25, 28, 29. Sept. 1534.
[3]) Beispiele bei *Jussie* p. 106 ff. Die Verfasserin lobt bei dieser Gelegenheit die katholischen Frauen, die sich standhafter gezeigt hätten als die Männer.

richtet. — Bilderstürmerische Scenen und gewaltsame Störungen des katholischen Gottesdienstes kamen fast jeden Tag vor. Selbst die in stillster Zurückgezogenheit lebenden Nonnen des Clarissenklosters sahen sich durch rohe Banden, welche in ihre Kirche eindrangen, in ihren religiösen Uebungen gestört, verspottet, bedroht und riefen am 25. October in einem flehentlichen Gesuch die Hülfe des Rathes an.[1] Am Weihnachtsfeste wagte das Domcapitel erst nach eingeholter Erlaubniss des Rathes die hergebrachten Feierlichkeiten vorzunehmen; Syndike standen mit bewaffneten Dienern der öffentlichen Sicherheit vor den Kirchthüren Wache, um neuen Unruhen vorzubeugen.[2] „Die Christen," sagt der katholische Bericht, „hatten bereits allen Muth verloren und wagten nicht mehr, den Mund zu öffnen." Die nächsten allgemeinen Wahlen machten ihre Lage noch hoffnungsloser; man wählte vorzugsweise solche, welche der Bischof vor einigen Monaten als Rebellen und Ungehorsame vor seinen Richterstuhl geladen hatte. Es war eine der ersten Handlungen der neuen Behörde, dass sie auch die Kirche St. Germain für die evangelische Predigt einräumen liess.[3]

Nicht lange darauf schlug ein eigenthümlicher, räthselhafter Vorfall die katholische Sache vollends zu Boden. Ein in zweideutigem Rufe stehendes evangelisches Frauenzimmer aus der benachbarten burgundischen Landschaft Bresse, das seiner religiösen Ueberzeugungen wegen sich vor einiger Zeit nach Genf geflüchtet und in dem Hause des Claude Bernard, welches auch den Predigern als Herberge diente, Aufnahme und Beschäftigung gefunden, wurde eines Vergiftungsversuches gegen die drei Diener des Wortes angeklagt. Viret war nach dem Genuss einer von ihr bereiteten Speise, von der Farel und Froment nur durch einen Zufall nichts genossen, von einem plötzlichen Unwohlsein befallen worden. Die Umstände schienen auf eine Vergiftung hinzudeuten. Verhaftet und vor Gericht gestellt, legte die Angeklagte alsbald umfassende Geständnisse ab, Geständnisse, die sie als das Werkzeug einer weitverzweigten katholischen Priesterverschwörung erscheinen liessen, in die selbst katholische Bischöfe als Urheber verwickelt sein sollten. Die Angaben lauteten ungeheuerlich und mussten um so mehr Bedenken erregen, als Charakter und Lebenswandel

---

[1] Abgedr. bei *Roget* II, 127, *Jussie* p. 102 ff.
[2] Rathsprot. 24. December 1534, *Jussie* p. 104.
[3] Rathsprot. 7, 8 und 12. Februar 1535.

der Person, welche sie machte, ihnen keineswegs Anspruch auf Glaubwürdigkeit verliehen. Trotzdem fanden sie Glauben und einige Geistliche wurden sofort als angebliche Mitschuldige in Haft genommen. Zwar ergab die Untersuchung nicht das erwartete Resultat; die verhafteten Geistlichen sind später wieder in Freiheit gesetzt worden, und es ist unzweifelhaft, dass der Domherr Hugonin d'Orsières, ein Sohn des eifrigen Patrioten dieses Namens, den man als einen Hauptschuldigen darzustellen suchte, das Opfer einer schmählichen Intrigue gewesen ist. Aber es gelang doch auch nicht, das Dunkel, welches über dem Vorfalle schwebte, völlig aufzuklären, und die evangelische Menge liess sich schwer überzeugen, dass bei Virets Erkrankung nicht ein papistisches Complott im Spiele gewesen. Die Ansicht von einer zur Ermordung der Diener des göttlichen Wortes angezettelten Priesterverschwörung erhielt sich und wurde in dem Kreise der Gutwilligen geflissentlich genährt. Die Prediger selbst glaubten daran; sie liessen sich zu ihrer wunderbaren Errettung Glückwünsche darbringen. Der Rath nahm sie jetzt gleichsam officiell unter seinen Schutz und liess ihnen in dem Rivekloster eine Wohnung einräumen. Das Volk aber pries den Vorfall als einen neuen Beweis, dass der Herr sichtlich mit seiner schützenden Hand über seinen Dienern wache.[1])

Mag es sich mit dem Thatbestand dieses angeblichen Attentats verhalten wie immer, jedenfalls versetzte es der katholischen Sache den letzten Stoss.

---

[1]) Vgl. Rathsprot. 11. März, 13, 15, 16, 27. April, 14. Juli, 30. Aug. *Fromment* p. 94 ff. 102 ff., *Jussie* p. 105–6 — natürlich, dass Fromment und Jussie sich hier schroff gegenüberstehen — *Gaberel* l. c. I, 205 und p. just. p. 80–82, wo die angeblichen Geständnisse der angeklagten und am Juli als Giftmörderin wirklich hingerichteten Antonia Vax nach einer Berner Abschrift abgedruckt sind. Ueber die gegen d'Orsières angezettelte sauberliche Intrigue spricht sich der ältere Galiffe, der die sämmtlichen Processacten einem sorgfältigen Studium unterwarf, in seinen Notices généal. I und III, Introd. p. XXIV mit grosser Entrüstung aus. Vgl. auch Magnin, Etablissement de la réforme à Genève p. 169, der das Vorhandensein der Vergiftung zugibt, aber die Geistlichkeit von der Schuld der That freispricht. Mir scheint selbst das Vorhandensein einer Vergiftung, die nicht blos Farel (Epp. ab eccl. ref. Helv. p. 273), sondern auch Viret, man aus der Dedicationsepistel zu seiner „Instruction Chrestienne" ersieht, in seinen späteren Jahren daran glaubte, keineswegs festgestellt. Solche Gerüchte waren in Genf sehr häufig; eines ähnlichen angeblichen Vergiftungsversuches gegen die Clarissen gedenkt *Jussie* p. 27.

Vorbereitungen zur Disputation.

Der evangelischen Partei schien der Augenblick jetzt gekommen, auch in Genf jenen Act, der in den benachbarten schweizerischen Städten den völligen Sturz des Katholicismus anzukündigen pflegte, in Scene zu setzen. Schon längst war eine grosse öffentliche Disputation Farels Lieblingswunsch gewesen. Doch hatte ihm die Behörde bisher in diesem Punkte beharrlich widerstanden, und auch jetzt noch durfte er nicht hoffen, die gewünschte Erlaubniss für sich zu erhalten, da selbst die Räthe des Jahres 1535, obschon in der Mehrzahl entschieden der Neuerung zugethan, gegen die Person und Wirksamkeit des rücksichtslosen Glaubensstürmers ein unverkennbares Misstrauen an den Tag legten. Auf Farels Veranstalten kam deshalb einer seiner Genfer Freunde, der Franziskanerguardian Jacques Bernard, am 23. April 1535 bei dem Rathe um Gestattung einer öffentlichen Disputation ein, indem er eine Reihe von „christlichen Sätzen" vorlegte, die er sich zu vertheidigen erbot, „damit die Irrenden die Wahrheit besser erkennen könnten."[1]) „Nach einer reiflichen Berathung" gab das Collegium endlich seine Einwilligung und setzte, um beiden Theilen Zeit zur Vorbereitung zu geben, den Anfang der Disputation auf den 30. Mai fest. Ihr Ausfall sollte über die kirchliche Zukunft Genfs entscheiden. Die Abhaltung der in diese Zeit fallenden grossen Frohnleichnamsprozession, welche bis dahin noch regelmässig stattgefunden, wurde durch einen Beschluss der Zweihundert aufgeschoben, bis die Disputation über „die Zulässigkeit dieser Ceremonien" entschieden haben würde. Von Seiten der Prediger wie der Behörden wurden die Vorbereitungen zu dem entscheidenden Colloquium mit grossem Eifer getroffen. Die Thesen wurden gedruckt, öffentlich angeschlagen, durch Stadt und Land verbreitet. Der Rath ernannte acht Commissarien zur Leitung des Gesprächs und vier Secretaire zur Aufzeichnung der Verhandlungen. Geistliche und Laien, Mönche, ja sogar Nonnen wurden zur Theilnahme eingeladen und Allen ein sicheres Geleit zugesagt. Zur Wahlstatt war der grosse Sprechsaal des Franziskanerklosters bestimmt. Unter Trompetenschall kündigten öffentliche Ausrufer

---

[1]) Farellus Calvino d. d. Neocomi 11. Jun. 1545, vgl. Epistolae et responsa Calvini, in der Amsterdamer Gesammtausgabe der Opera Calvini Tom. IX. p. 35 a; Rathsprot. 23. April 1535. Wenn Farel in dem Schreiben an Calvin die Majorität des Raths noch als katholisch bezeichnet, so bezeugt er damit eben, dass die eigentlichen Anhänger Farels noch in der Minorität waren.

den Beginn der grossen Entscheidungsschlacht den Bürgern von Genf an.[1]

Als aber der Kampf beginnen sollte und Jacques Bernard, begleitet von Farel und Viret, seine Thesen verlesen wollte, trat eine Schwierigkeit der eigenthümlichsten Art ein: es fehlten die Gegner. Kein Geistlicher, kein Wortführer der katholischen Sache war erschienen. Furbitys Schicksal war noch in zu frischem Andenken, und überdies wurde durch einen ausdrücklichen bischöflichen Befehl den Katholiken jede Theilnahme an der Disputation untersagt.[2] Die Verlegenheit war keine geringe. Der Rath erneuerte seine Einladungen, aber vergeblich.[3] Farel, der über diese allgemeine Enthaltung im höchsten Grade erbittert war, drang in den Magistrat, die renitenten Geistlichen durch Zwangsmassregeln zur Theilnahme zu nöthigen, und in der That sind einzelne Widerspänstige durch Gerichtsdiener aus ihren Wohnungen abgeholt und mit Gewalt in den Sprechsaal der Franziskaner geführt worden.[4] Nach vielen Bemühungen gelang es endlich, zwei Geistliche für die Rolle eines katholischen Sachwalters zu gewinnen. Der eine war der Dominikanermönch Jean Chapuis, der indess bereits evangelische Neigungen verrieth und von seinen Oberen nach einigen Tagen abberufen wurde; der andere war der erst vor Kurzem in der Stadt angekommene Franzose Pierre Caroly, ein Mann von unruhigem Geist und wandelbaren Grundsätzen, der, wenn auch noch nicht förmlich übergetreten, doch in seinem Streite mit der Sorbonne sich bereits offen zu den neuen Meinungen bekannt hatte, in Paris wegen Verdachtes der Ketzerei 1534 verfolgt worden war und, wie selbst Farel gesteht, mit den „Papisten" in ausgesprochener Feindschaft lebte.[5] Der Kampf mit solchen Gegnern war leicht. Nichtsdestoweniger dauerte

[1] Rathsprot. 25, 26, 29. Mai, *Fromment* p. 135 ff., *Jussie* p. 111, 112, *Senebier*, Hist. lit. I, 163.

[2] Rathsprot. 31. Mai, *Pierrefleur* p. 111, *Jussie* p. 112. Ein im Namen des Bischofs erlassenes Schreiben vom 13. Juni (abgedr. bei *Gaberel* I. p. j. p. 40—42) untersagt unter Androhung der Excommunication und einer Geldstrafe von 25 Livres allen Unterthanen sogar jeden Verkehr nicht blos mit den Predigern, sondern auch mit den Syndiken und Bürgern von Genf, „so lange die genannten falschen Prediger noch in der Stadt sein werden."

[3] Rathsprot. 31. Mai. Schon am 29. Mai hatte der Rath in seiner Noth den Versuch gemacht, den noch immer eingekerkerten Furbity noch einmal zum öffentlichen Auftreten zu bewegen; natürlich, dass dieser ablehnte.

[4] Rathsprot. 8. Juni 1535, *Jussie* p. 125.

[5] Farellus Calvino d. d. Neocomi 11. Juni 1543 l. c. p. 35. a. Bulletin de la société de l'histoire du Protestantisme français X, 34, XI, 253. *Haag*,

das Scheingefecht unter völliger Theilnahmlosigkeit der Katholiken mehrere Wochen, um endlich den Ausgang zu nehmen, der schon am ersten Tage feststand.[1])

Nach Beendigung der Disputation verlangten die, welche sie angestellt, auf Grund des erfochtenen Sieges ungesäumte Einführung des Evangeliums und Abschaffung des Papstthums. Es sei, erklärte Claude Bernard, der Bruder des neubekehrten Guardians, im Namen seiner Partei am 28. Juni vor dem versammelten Rath, es sei durch die Disputation klärlich dargethan, dass Bilder, Messen und dergleichen als Heuchelei und Götzendienst beseitigt werden müssten; zwar wagten einige Taugenichtse (nebulones) noch zu behaupten, die Disputation sei keine rechte gewesen, aber der Rath möge endlich einen einmüthigen Entschluss fassen und ein Ende machen.[2]) Die Prediger richteten an den Rath die ernste Mahnung, nunmehr Gott die Ehre zu geben und nicht zu dulden, dass die seiner Obhut Anvertrauten noch länger im Irrthum lebten; sie wiesen ihn auf das Beispiel anderer frommer Obrigkeiten hin und drohten mit schwerer Verantwortung, wenn er noch länger säume, seine Pflicht zu erfüllen.[3])

Allein auch jetzt noch zauderte der Rath, den letzten entscheidenden Schritt zu thun. Er erklärte auf jene ungestüme Vorstellung Claude Bernards, man müsse erst die Acten des Colloquiums voll-

France prot. III, 220. — *Maimbourg*, Hist. du Calvinisme (Paris 1682) p. 45, spendet dem Dominikaner Chapuis ein unverdientes Lob, indem er dem Berichte der Jussie zu sehr folgt.

[1]) *Froment* p. 140 erzählt, die beiden katholischen Collocutoren hätten sich schliesslich zu den Thesen bekannt und sie unterschrieben „*en sorte que ces deux ont dempuys prins femmes en mariage et ont esté Predicans . es la terre et Seigrie de Berne.*" Chapuis war indess (vgl. Rathsprot. 8. Juni, *Jussie* p. 136) bei dem Schlusse der Disputation nicht mehr anwesend; übergetreten ist freilich auch er. Ueber die wahre Bedeutung der Disputation urtheilt schon *Ruchat-Vulliemin* l. c. III, 360 ziemlich unbefangen; die Bemerkungen in der Critique générale gegen Maimbourg (Ville Franche 1682) p. 130, 131 sind völlig haltlos.

[2]) *Intrarunt Claudius Bernhard et alii ejus socii, exponunt: Sicuti omnibus est notum factam fuisse publicam disputationem et per eam bene patere, imagines, missam et alias similes dissimulationes et ydolatramenta debere amoveri, nihilominus tamen nebulones nonnulli per civitatem horatim clamitant susurrant et irrident verdatis praedicatores et amatores, dicentes qualis fuit illa disputatio etc.* Rathsprot. 28. Juni 1535.

[3]) Vgl. das schon erwähnte Schreiben Farels an Calvin vom 11. Juni 1543, Epp. et resp. l. c. p. 36 b.

ständig einschen¹) und suchte die erregte öffentliche Meinung durch andere Concessionen zufrieden zu stellen. Er verkündete am 13. Juli das blutige Strafurtheil gegen eine lange Reihe von emigrirten Anhängern des Bischofs und liess am 14. Juli endlich das Todesurtheil gegen die angebliche Giftmischerin vollstrecken. Drei Tage später wurde einer der angesehensten katholischen Bürger der Stadt, der schon seit einem Jahre wegen hochverrätherischer Verbindungen mit dem Bischof in Haft gehaltene Jacques Malbuison, als gemeiner Verbrecher auf dem Molardplatz öffentlich hingerichtet.²) Es waren die Opfer, welche der immer ungestümer drängenden lutherischen Partei gebracht wurden, um sie zu beschwichtigen und, wo möglich, ihre Aufmerksamkeit von der Hauptfrage abzulenken.

In der That eine merkwürdige Stellung nimmt dieser Genfer Rath in der Reformationsbewegung ein! Schon seit dem Anfang des Jahres 1534 in seiner Mehrheit nicht mehr katholisch, von der protestantischen Partei und unter dem Einfluss des protestantischen Bern gewählt, um die Reformation definitiv in Genf einzuführen, sehen wir ihn immer wieder vor dieser Aufgabe zurückweichen. Selbst der Rath des Jahres 1535, obgleich die protestantische Tendenz in ihm unverkennbar sich mächtiger regt, kehrt doch bald zu dem frühern Zaudersystem zurück. Er hält wieder inne, nachdem er durch die Gestattung der Disputation einen bedeutenden Schritt vorwärts gethan, und sucht von Neuem Aufschub zu gewinnen. War' es allein die Rücksicht auf die äussere Lage der Stadt, was seine Haltung bestimmte?³) Oder hat nicht vielmehr auch die noch nicht erstorbene Macht des katholischen Gedankens und jene so oft wahrgenommene Abneigung gegen Farels kirchlichen Radicalismus darauf einen Einfluss ausgeübt?

Aber die Zeit des Zauderns und Hinhaltens war endlich vorüber. Farels und der Seinigen Geduld erschöpft. Von den Kanzeln wurde offen und ohne Hehl zur Zerstörung des „Götzendienstes der Bilder, der Messe und des ganzen Papstthums" aufgefordert.⁴) Da der Rath trotz aller Ermahnungen aus „menschlicher Klugheit" in seiner Un-

¹) Rathsprot. 28. Juni 1535.
²) Rathsprot. 13, 14 und 17. Juli 1535; vgl. *Jussie* p. 95 ff., welche die Hinrichtung Malbuisons ausführlich schildert, ihn als Märtyrer der katholischen Sache preist und sogar von Wundern bei seinem Tode zu erzählen weiss. Auch J. Malbuison stand wie seine Brüder in den frühern Kämpfen auf der Seite der Freiheit.
³) Vgl. *Roget* II. 160.
⁴) *Fromment* p. 142 ff.

thätigkeit verharrte und sogar noch den Einflüsterungern der katholischen Geistlichkeit von einem allgemeinen Concil Gehör schenkte,[1]) beschlossen die Prediger, nunmehr selbst zu handeln und den göttlichen Eingebungen freien Lauf zu lassen. Am 23. Juli, dem Feste der h. Magdalena, drang Farel an der Spitze eines lutherischen Pöbelhaufens in die Magdalenenkirche ein, vertrieb die eben zum Gottesdienst versammelten Katholiken, bestieg die Kanzel und nahm die Kirche in Besitz.[2]) Als der Rath den verwegenen Kirchenstürmer sofort vorladen liess und ihm die Fortsetzung der Predigt in der eingenommenen Kirche untersagte, antwortete er frei und unumwunden, dass er diesem Befehle nicht Folge leisten werde, „der Rath möge gerechte Gesetze erlassen, denen man gehorchen könne, damit er nicht genöthigt werde, das wahre Wort zu wiederholen: man müsse Gott mehr gehorchen als den Menschen." Zugleich beantragte er die Einberufung der Sechzig oder der Zweihundert.[3]) Es war eine Sprache, wie sie der Rath noch nicht vernommen hatte, und hinter den Worten blieben die Thaten nicht zurück. Wenige Tage später erfolgte, aller Gegenvorstellungen der Behörden ungeachtet, auf gleich gewaltsame Weise die Einnahme der Pfarrkirche von S. Gervais, und am Tage des h. Dominicus (5. August) drangen Farels Glaubensschaaren auch in die Dominikanerkirche ein.[4]) Endlich, am 8. August, hielt „der Eroberer" unter dem Geläute der grossen Glocke auch seinen Einzug in St. Peter und verkündete das neue Gotteswort in der Genfer Metropole. Die Einnahme der Hauptkirche versetzte die Obrigkeit in die grösste Aufregung und Bestürzung. Abermals wurde Farel herbeigeholt und zur Rede gestellt. Allein der Reformator war sich seiner überlegenen Macht bewusst und führte eine herausfordernde Sprache. Das Benehmen des Rathes, erklärte er, setze ihn höchlich in Erstaunen, es handle sich hier um eine Sache Gottes und seines heiligen Evangeliums, er müsse auf der Einberufung der Zweihundert bestehen. Der Rath sah seine Autorität auf die Neige gehen. Er entliess Farel mit dem matten Befehl, die Predigten in St. Peter bis auf Weiteres einzustellen, und beraumte zur weitern Berathung der zu ergreifenden Massregeln eine neue Sitzung auf den nächsten Tag an.[5])

[1]) *Fromment* p. 143.
[2]) Rathsprot. 23. Juli 1535, *Jussie* p. 127.
[3]) Rathsprot. 27, 30. Juli 1535.
[4]) *Jussie* p. 127, vgl. *Spon* I, 256.
[5]) Rathsprot. 8. August 1535.

Allein Gott, sagt der evangelische Berichterstatter,[1]) verachtete die Rathschläge der Weisen und erweckte gegen den Verstand der Grossen die unerwachsene Jugend. Noch am Nachmittag desselben Tages fiel ein lärmender Haufen von „kleinen Kindern" in die Domkirche ein, unterbrach den Gesang der Geistlichen, die trotz der vorausgegangenen Predigt Farels sich in gewohnter Weise zum Vespergottesdienste eingefunden hatten, und erfüllte, „ohne dass Jemand daran dachte," die Kirche mit wildem Geschrei. Die „Erweckung der Kinder" war das Signal für die Erwachsenen. Die Baudichon, Perrin, Goulaz, der eingewanderte Franzose Maigret und die übrigen Führer der gutwilligen Schaar waren alsbald zur Stelle, und in wenigen Augenblicken war der lange erwartete, oft verkündete allgemeine Bildersturm organisirt. Es folgten Scenen des rohesten Vandalismus, Auftritte, wie sie selbst im Reformationszeitalter nicht häufig vorgekommen sind. Altäre, Heiligenstatuen, Chorstühle wurden umgestürzt, Crucifixe und Bilder mit rohem Muthwillen zerschlagen, Reliquien, wahre und vermeintliche, unter die Menge geschleudert, Hostien den Hunden vorgeworfen. Alle Versuche, den fanatischen Bilderstürmern Halt zu gebieten, blieben fruchtlos. Von St. Peter wälzte sich der Strom der Verheerung auf die übrigen Gotteshäuser. Unter Vortritt eines Tambours setzten sich die von Baudichon, Vandel und Perrin angeführten evangelischen Haufen[2]) am andern Morgen gegen die noch nicht gereinigten Kirchen von S. Gervais, der Dominikaner und der Augustiner in Bewegung, um das Treiben des vorigen Tages zu wiederholen. Werthvolle Heiligenschreine und hervorragende Werke altitalienischer Kunst, womit einst die Freigebigkeit florentinischer Kaufleute Genfs Kirchen beschenkt hatte, fielen dem Vandalismus der Farel'schen Glaubensschaaren zum Opfer. Vergebens suchten die herbeieilenden Syndike dem Wüthen der Menge wiederholt Einhalt zu thun und die werthvollen Kunstgegenstände zu retten. Mit der Hinweisung auf die Bibel, welche die Zerstörung der Götzenbilder zur Pflicht mache, wurde jede Einrede beseitigt. Nicht einmal öffentliche Monumente und Grabsteine fanden vor den Augen des bilderfeindlichen Pöbels Gnade. Es war eine furchtbare Ausführung der Lehre Farels von der unbedingten Verwerflichkeit der Bilder.

---

[1]) Vgl. *Fromment* p. 144 ff., wo diese Vorgänge mit sichtlichem Behagen geschildert werden. Der Bericht der katholischen *Jeanne de Jussie* p. 141 ist viel kürzer.

[2]) Vgl. Rathsprot. 9. August 1535.

Die Vorgänge des 8. und 9. August überzeugten endlich die Behörde, dass weiterer Widerstand unnütz sein werde. Dem Antrage Farels gemäss wurden am 10. August die Zweihundert berufen. Als Sieger über die Autorität des kleinen Rathes und umgeben von seinen Amtsbrüdern, erschien der Reformator vor der Versammlung, führte nochmals in längerer Rede aus, dass das stattgehabte Religionsgespräch die Unhaltbarkeit und Schriftwidrigkeit der papistischen Ceremonien dargethan habe, und verlangte in bestimmten Worten die Anerkennung des Resultats der Disputation: förmliche Abschaffung des Papstthums.[1]) Nach einer längern Debatte — es fanden sich auch unter den Zweihundert noch zahlreiche Vertheidiger der Messe — vereinigte sich die Majorität zu einem Beschlusse, der zwar Farels Wunsch nicht völlig erfüllte, aber doch thatsächlich seinen Sieg aussprach: man kam überein, noch einmal die katholische Geistlichkeit vorzuladen und zur Vertheidigung der Messe und der Bilder aufzufordern, inzwischen aber sowohl das Lesen der Messe als die Fortsetzung des Bildersturms zu untersagen und den Herren von Bern über Alles Bericht zu erstatten. Dass man sich indess über die eigentliche Bedeutung und Tragweite dieses Beschlusses keiner Täuschung hingab, zeigt der Inhalt eines zweiten Beschlusses, durch den die Aufzeichnung und Ueberwachung des noch vorhandenen Kirchenguts angeordnet wurde, „weil der gestrige Bildersturm den Priestern einen solchen Schmerz bereitet, dass sie wahrscheinlich die Stadt verlassen würden, und der Verdacht geäussert werde, sie möchten Eigenthum der Kirche mit sich nehmen und der Stadt entfremden."

Zwei Tage später, am 12. August, fand das Verhör der Geistlichkeit statt. Der Anfang wurde mit dem Ordensclerus gemacht, von welchem zwölf Mitglieder aus den verschiedenen Conventen der Vorladung Folge leisteten. Nach Verlesung eines kurzen Berichts über Inhalt und Verlauf der Disputation wurden sie aufgefordert, das Resultat derselben entweder anzunehmen oder zu widerlegen und ihre Beweise für die Beibehaltung der Messe, Heiligenverehrung und Bilder vorzutragen. Die Erschienenen, zum Theil hochbetagte Männer, von geringer Bildung und wohl auch durch die Ereignisse der letzten Tage eingeschüchtert, erklärten sich mit einfachen Worten für unfähig, auf die ihnen vorgelegten Streitfragen einzugehen. „Sie seien einfache Leute," lautete die Erklärung, welche einer nach dem andern abgab,

---

[1]) Vgl. Rathsprot. 10. August 1535.

„die gewohnt seien zu leben, wie es ihnen von ihren Vätern überliefert worden, und solchen Fragen nie nachgeforscht hätten; darum bäten sie die Herren, sie bei ihren bisherigen gottesdienstlichen Uebungen zu belassen und ihre Dienste anzunehmen wie bisher."

Würdiger gehalten, aber freilich noch weniger geeignet, auf die Behörde einen günstigen Eindruck zu machen, war die Antwort der Weltgeistlichen, welche am Nachmittag desselben Tages durch eine Deputation des Rathes in der Wohnung des Generalvicars vernommen wurden. In strenger Befolgung der bischöflichen Weisung verbaten sie sich mit kurzen Worten die Verlesung des auch ihnen vorgelegten Berichts über die Disputation, überhaupt jede Discussion über die religiöse Frage; sie erklärten einfach ihren Entschluss, katholisch zu bleiben, und ersuchten die Abgeordneten, sie nicht weiter zu behelligen.[1])

Durch diese Erklärungen hatte sich der Genfer Katholicismus selbst das Todesurtheil gesprochen, und der Rath säumte nun nicht länger, Farels Wünschen zu entsprechen. Der von einigen Mitgliedern gestellte Antrag, wenigstens noch eine Zeitlang die Messe zu gestatten, wurde abgelehnt, weil für diesen Fall neue Unruhen zu befürchten seien.[2]) Seit dem 10. August 1535 wurde in Genf katholischer Gottesdienst öffentlich nicht mehr geduldet.

So ging Genf aus dem Bildersturme als evangelische Stadt hervor. Baudichon, der Anführer der Farel'schen Glaubensschaaren vom 8. und 9. August, empfing einige Wochen später die Würde eines Generalcapitains. Von Bern aber lief bald ein evangelisches Glückwunschschreiben an „die edlen, erlauchten und weisen Herren Syndike, die lieben Freunde und theuern Mitbürger" ein, welches in frommen Ausdrücken die Güte und Barmherzigkeit Gottes pries, der ihre Herzen endlich mit dem Lichte seiner Wahrheit erleuchtet habe, und daran heilsame Ermahnungen zur Eintracht und Ausdauer knüpfte.[3])

---

[1]) Rathsprot. 12. August 1535.
[2]) Rathsprot. 13. August 1535.
[3]) D. d. 28. August 1535, abgedr. bei *Roget* II. 167.

V.
DIE SCHWESTERN VON ST. CLARA.

Es ist niemals im Laufe der Geschichte eine Macht ohne alle eigene Schuld zum Falle gekommen.

Dass die gewaltige Katastrophe, die im sechzehnten Jahrhundert über einen grossen Theil der katholischen Kirche hereinbrach, nicht unverschuldet eingetreten ist, wurde schon von unbefangenen katholischen Zeitgenossen erkannt und mit edler Offenheit ausgesprochen,[1]) und es hiesse, scheint uns, der katholischen Kirche selbst einen schlechten Dienst erweisen, dies heute in Abrede stellen zu wollen. Mögen auch politische Motive in nicht geringer Zahl und Stärke bei dem grossen Abfall mit wirksam gewesen sein; mögen sociale Missstände ihn beschleunigt, Cabinetsinteressen ihn gefördert haben: es wäre doch eine Beschränktheit, darauf das welthistorische Ereigniss ganz oder auch nur vorzugsweise zurückführen zu wollen. Wäre die Kirche noch in Wahrheit, wie ehedem, des christlichen Volkes Mutter und Pflegerin, der Hort der Völkerfreiheit, die unbefleckte, uneigennützige Verwalterin der göttlichen Gnaden gewesen; hätte die kirchliche Wissenschaft sich nicht von dem Leben entfernt, sich nicht einer falschen Sicherheit überlassen und vielmehr mit der fortschreitenden Entwickelung gleichen Schritt gehalten;[2]) wäre die Geistlichkeit das Salz der Erde

---

[1]) Selbst ein Parteischriftsteller wie Florimond de Raemond legt dies Geständniss ab: „*Sur tous les vices et l'ignorance de plusieurs Prestres (confessons hardiment que tous nos malheurs sont en partie visiblement nais de là) leur servit d'un beau pretexte pour les esloigner de l'ancienne Eglise . . . Cependant qu'il dorment profondement dans leur ignorance et dans leurs vices, Dieu qui ne sommeille pas après une longue patience, venant avec des pieds de laine, les surprend endormis et les esveille avec un bras de fer.*" Hist. de la naissance, progrez et decadence de l'hérésie, Rouen 1648, p. 903.

[2]) „*Unde nobis*", sagt der Jesuit Maldonat in einer Schilderung der Stagnation und der Erstarrung der kirchlich-scholastischen Wissenschaft, „*unde nobis id ipsum fere accidit superioribus annis quod illiusmodi nimis securis militibus solet evenire, ut cum de repente exorto bello hostes irruerint, imparatos nos et inermes occuparent et qui sua se spinosa illa et inculta theologia tueri conantur, non aliter contemnerentur aut riderentur, quam si contra munitissimum exercitum inutile lignum arripuissent. . . . Nonne ridiculus esse videretur, qui provocatus ab aliquo, ut gladio singulari certamine cum illo indicta die dimicaret, hasta se aut arcu toto medio tempore exerceret? Atqui hoc ipsum mihi facere videntur, qui in legendis nescio quibus quaestionibus et tractandis a sacris litteris et usu temporis alienis operam perdunt.*" Vgl. *J. M. Prat*, Maldonat et l'université de Paris, Paris 1856, p. 564—5.

gewesen, wie es das Wort des Stifters der Kirche vorschreibt: der von der deutschen Elbestadt ausgegangene Sturm würde nicht jene gewaltigen Verheerungen angerichtet haben.

So oft wir den Erfolgen der Reformation im Einzelnen nachgehen, tritt uns diese Wahrheit stets aufs Neue entgegen. Dieselben Ursachen bringen überall dieselben Wirkungen hervor. Mögen auch Licht und Schatten nicht immer auf gleiche Weise vertheilt sein, im Wesentlichen ist es doch überall dasselbe Bild, welches sich vor uns aufrollt. Wo der Katholicismus zum Falle kommt, fällt er nicht ohne eigene Schuld.

Auch der von uns betrachtete Kampf am Genfersee verkündet diese Wahrheit. Richtig ist es allerdings, dass die politische Lage Genfs der protestantischen Tendenz einen mächtigen Vorschub leistete, dass der Canton Bern zu Gunsten des neuen Evangeliums auf die wehrlose Stadt einen Druck ausübte, wie er den angeblichen Vorkämpfern für die „Freiheit des Glaubens" gewiss nicht anstand; aber alles dies würde nicht hingereicht haben, die Stadt in so kurzer Zeit dem Protestantismus in die Arme zu führen, wenn der alte kirchliche Zustand ein gesunder, wenn die Diener der Kirche von ihrer Aufgabe und Pflicht durchdrungen gewesen wären. Wir haben gesehen, wie wenig dies der Fall war. Ein Bischof, der in der Stunde der Gefahr seine Heerde verliess und aus der Ferne durch Verbot und Bann dem Umsichgreifen der „verdammten Secte" eine Schranke setzen zu können glaubte; eine Weltgeistlichkeit, die zum Theil besser das Schwert des Kriegers als das des göttlichen Wortes zu handhaben verstand und selbst in den ernstesten Momenten von der weltlichen Obrigkeit an die Pflicht, einen ehrbaren Wandel zu führen, erinnert werden musste; ein Ordensclerus endlich, der, zur Vertheidigung seiner Sache aufgefordert, mit nackten Worten seine Unfähigkeit und Unwissenheit eingestand: solche Führer und Hirten freilich konnten der ihnen anvertrauten Heerde gegen den herannahenden Sturm wenig Schutz gewähren. Fast noch nachtheiliger als der sittliche Zustand der Geistlichkeit wirkte das gänzliche Darniederliegen wissenschaftlicher Bildung, jenes „achten Sacraments für den Priester", wie der h. Franz von Sales die Wissenschaft einmal treffend genannt hat. War der sittliche Zustand auch im Allgemeinen ein traurigerer, so gab es hier doch immer noch einzelne rühmliche Ausnahmen. Dagegen war Unwissenheit die fast ausnahmslose Regel: nicht den Ordensclerus allein traf dieser Vorwurf.¹) Die, welche Lehrer und Hirten der Gemeinde hiessen, kannten selbst nicht einmal die tieferen Gründe der kirchlichen Lehren und Gebräuche, welche aus der Vergessenheit nur wieder ans Licht gezogen zu werden brauchten, um einige Menschenalter später dem Katholicismus wieder das Uebergewicht zu verleihen. Es genügt, an die einzige Thatsache zu erinnern, dass in dem ganzen städtischen Clerus auch nicht Ein Mitglied tüchtig genug befunden wurde, um den Kampf mit den Gegnern aufzunehmen. Von Aussen wurden die Männer berufen, in deren Hände man „die Vertheidigung der katholischen Wahrheit" legte. Selbst nicht einen Guy Furbity hatte der Genfer Clerus aufzuweisen.

So ist die katholische Bischofsstadt gefallen, weil sie fallen musste, wie eine Festung, deren Vertheidigung den Händen von Feigen und Unfähigen anvertraut ist. Einen Theil der Geistlichkeit sahen wir schon während des Kampfes die Flucht ergreifen: mit den stürmischen Vorgängen des 8. und 9. August 1535 begann der allgemeine Aufbruch. Der Generalvicar Aimé de Gingins zog sich in die ihm gehörige Abtei Bonmont zurück. Die wenigen noch anwesenden Domherren sowie die Mitglieder des Maccabäerstifts fanden in dem benachbarten Annecy ein Unterkommen. Die Angehörigen der verschiedenen Klöster, unter denen die Congregation von S. Victor schon seit einiger Zeit völlig aufgelöst war,²) zerstreuten sich nach verschiedenen Gegenden. Die Pfarrgeistlichen endlich wandten sich zum grössten Theil nach Savoyen. Von Seiten der evangelischen Behörden wurden die Abziehenden mit verletzender Rücksichtslosigkeit behandelt. Nur den Mitgliedern des Maccabäerstifts wurde, vielleicht in dankbarer Erinnerung an die mancherlei Dienste, welche diese Congregation in schlimmen Zeiten der Stadt erwiesen hatte, gestattet, ihr Privateigenthum sowie ihren Kirchenschmuck und ihre Reliquien mitzunehmen.³)

¹) Eine ähnliche Erklärung, wie die zwölf Ordensgeistlichen am 12. August, gaben am 29. November einige noch in der Stadt zurückgebliebene Weltgeistliche ab: „Suu non esse sustinere talia, cum nec sint sufficientes nec sciant!" Die Dominikaner hatten schon bei Gelegenheit der Disputation dem Rathé erklärt, „dass sie in ihrem Kloster keinen gelehrten Mann hätten." Vgl. Rathsprot. 29. Mai, 29. November 1535.
²) Vgl. Rathsprot. 10 und 18. Aug. 1534.
³) Die lascive Schilderung, welche *Froment* p. 154 ff. von den abziehenden Geistlichen entwirft, scheint mir doch mehr für den Autor, als für die geschilderten Personen charakteristisch. Vgl. *Besson*, Mém. p. 87 ff., *Magnin* l. c. p. 202.

Das Loos der fliehenden Geistlichen war allerdings ein hartes, aber auf jene Theilnahme, welche wir jederzeit dem Besiegten, der nach männlichem Kampf dem Gegner das Feld geräumt hat, gern zuwenden, haben sie keinen Anspruch. Es lässt sich nicht einmal sagen, dass sie — einzelne rühmliche Ausnahmen gibt es freilich auch hier — ihr Schicksal mit Ernst und Würde ertragen hätten. Man traut kaum seinen Augen, wenn man selbst in den Tagen des allgemeinen Aufbruchs in den Rathsprotocollen noch von Unordnungen, Streitigkeiten und ärgerlichen Auftritten in dem Dominikanerkloster liest, welche den Prior und einen Theil der Mönche sogar veranlassten, die Hülfe der weltlichen Obrigkeit anzurufen.[1]) Der unrühmlichen Führung des Kampfes entsprach bei den Meisten die Haltung nach erfolgter Niederlage.

Nur eine einzige unter den geistlichen Corporationen Genfs hat in jenen Tagen einen männlichen Muth bewiesen, und diese Eine war eine Genossenschaft von weiblichen Religiosen. Während Capitel, Mönche und Curatclerus den Kampfplatz mit so wenig Würde räumten, waren es die Schwestern von der Regel der h. Clara, welche gewissermassen die Ehre des Katholicismus wahrten und durch die ernste, würdige Haltung, mit der sie zuletzt der äussern Gewalt wichen, selbst den Gegner zur Achtung und Anerkennung nöthigten. Diesen muthigen Klosterfrauen an dieser Stelle noch einen Augenblick unsere Aufmerksamkeit zuzuwenden, wird um so mehr gerechtfertigt sein, als sie selbst in den Aufzeichnungen einer ihrer Mitschwestern uns von ihren damaligen Erlebnissen, Drangsalen und Gefahren eine höchst anschauliche und anziehende Schilderung hinterlassen haben, die zugleich über die Art und Weise der Einführung der Reformation überhaupt noch interessantes Licht verbreitet.

Das Kloster der Clarissen war von den Stürmen, welche die evangelische Predigt hervorrief, länger als die übrigen verschont geblieben. Ein Rest von Ritterlichkeit hielt Baudichon und seine Schaar längere Zeit ab, an den wehrlosen Nonnen, die niemals öffentlichen Anstoss gegeben hatten, ihren Muthwillen auszulassen. Der Rath behandelte sie auch mit Rücksicht auf ihre vornehme Abkunft — die meisten gehörten edlen Familien an — mit einer gewissen Auszeichnung und sagte ihnen wiederholt seinen Schutz zu. Selbst auf die

---

[1]) Rathsprot. 27. August 1535.

rauhen Deputirten Berns machte die ungeheuchelte Frömmigkeit dieser Nonnen in der ersten Zeit einigen Eindruck.

Erst seit dem Jahre 1534, als Farels Einfluss herrschend wurde, begann auch für die Schwestern von St. Clara die Zeit schwerer Prüfungen. Der ihnen bisher von den Behörden gewährte Schutz hörte auf. Man fing an, sie in rohester Weise zu belästigen. Lärmende Frauenzimmer drangen mit Verachtung der Clausur in die Klosterräume ein, um angebliche „Verwandte" zurückzufordern und ihrem evangelischen Bekehrungseifer Luft zu machen. Lose Buben erschienen während des Gottesdienstes in der Kirche, unterbrachen die Betenden durch lautes Geschrei, verunreinigten das Weihwasser und liessen an Bildern und Crucifixen in pöbelhafter Weise ihren Uebermuth aus. Andere bestiegen die Mauern des Klostergartens, stimmten anstössige Lieder an, verhöhnten die Schwestern oder warfen wohl gar mit Steinen nach ihnen, so dass die Geängstigten bald nicht mehr wagten, ihre Zellen zu verlassen.[1]) Hülfsgesuche an den Rath blieben fruchtlos. Vielmehr wurde der Rath selbst in Folge der Zugeständnisse, die er Bern und der Partei der Gutwilligen machen musste, immer mehr zu einer entschieden feindseligen Haltung gegen die Schwestern getrieben.

Offen trat diese zum ersten Mal bei Gelegenheit der grossen Disputation hervor. Mit mehreren evangelischen Bürgern begaben sich am Freitag nach Frohnleichnam die Syndike, ohne auf die Clausur noch weiter Rücksicht zu nehmen zu den Nonnen ins Kloster, um auch sie zur Theilnahme an dem gelehrten Wortgefecht in dem Franziskanersaal aufzufordern. Es entspann sich darüber zwischen den evangelischen Syndiken und den Klosterfrauen ein höchst interessantes Gespräch: es ist vielleicht das erste gewesen, in dem die Vertreter der evangelischen Sache ernstlich ins Gedränge kamen.[2]) Die hochbetagte und kränkliche Abtissin, welcher die „stellvertretende Mutter", eine Dame von Geist und Entschlossenheit zur Seite stand, erklärte in sehr höflichen, aber entschiedenen Worten, in diesem Punkte den Weisungen der Herren nicht folgen zu können, da die Clausur ihnen die Theilnahme an dem angeordneten Gespräche nicht gestatte. Die Syndike wiederholten ihren Befehl mit grösserm Nachdruck. Der Obrigkeit, hiess es, sei Jedermann Gehorsam schuldig:

---

[1]) Vgl. *Jussie* p. 86 ff., 99, 102, 111.
[2]) Vgl. *Jussie* 117 ff.

es seien durchaus rechtschaffene Männer zu dem Gespräch berufen, damit die Wahrheit des Evangeliums ans Licht komme und erprobt werde, denn man müsse zur Einheit im Glauben gelangen. „Aber," wendeten die beiden Nonnen ein, „Disputiren ist doch nicht eine Sache der Frauen, ja nicht einmal eine Sache nicht gelehrter Männer; deshalb wurden auch noch nie Frauen zu Disputationen hinzugezogen, selbst nicht als Zeugen, und wir wünschen nicht den Anfang zu machen." „Alle diese Gründe nützen Euch nichts," lautete die barsche Antwort, „Ihr müsst dennoch kommen, Ihr mögt wollen oder nicht." „Meine Herren", erwiederte hierauf die stellvertretende Oberin, die jetzt das Wort allein führte, „stehen Sie doch davon ab, uns zu solchen Dingen zwingen zu wollen; wir müssen sogar daran zweifeln, wirklich die Herren Syndike vor uns zu haben; denn diese halten wir für zu weise, als dass sie uns solches gegen unsern Willen zumuthen sollten." Die Unterredung nahm nach dieser scharfen Bemerkung einen gereizten Charakter an. Die Magistratspersonen, die so redegewandte Gegner hier nicht erwartet hatten, befanden sich sichtlich in Verlegenheit und ergingen sich jetzt in allgemeinen Schmähreden über das müssige und unevangelische Leben der Nonnen, deren Institut sie sogar als ein satanisches bezeichneten. Verdorbene Frauenzimmer, hiess es, seien sie, ihre angebliche Frömmigkeit und Keuschheit sei unmöglich und beruhe auf Betrug und Heuchelei. Die Frage der Wortführerin der Schwestern, „ob es vielleicht im Evangelium stehe, dass man Andere in solcher Weise schmähen dürfe," wurde mit der Aufforderung zu schweigen beantwortet. Man drohte ihnen, sie sofort zu trennen, unter evangelische Bürger zu vertheilen und mit Gewalt zur Predigt führen zu lassen. Das unnütze Klosterleben müsse aufhören und eine allgemeine Bekehrung erfolgen. Einer der Syndike wies sogar, um den Nutzen des Evangeliums darzulegen, auf sein eigenes Beispiel hin: er sei ein schlechter, ausschweifender, nichtsnutziger Mensch gewesen, bis er durch das Evangelium zur Einsicht gelangt sei. „Es ist sehr schön," unterbrach ihn hier die Nonne, „dass Ihr Euch gebessert und Eurem schlechten Lebenswandel entsagt habt; aber unsere Gesellschaft ist nicht so weit vom Rechten abgewichen, und sie hat deshalb auch nicht nöthig, ihren Wandel zu ändern." „Ihr seid sehr anmassend," meinte der Syndik, „wollt Ihr unsern Zorn erregen, so werden wir dafür sorgen, dass die Reue nicht ausbleibt." „Es sind doch nur körperliche Strafen, die ihr verhängen könnt," antwortete die Nonne, „und ich bin, wie alle meine

Schwestern, gern bereit, für den heiligen Glauben zu leiden; hat Euch aber meine Rede verletzt, so will ich dafür die Strafe allein tragen, und damit Ihr über meine Person nicht im Ungewissen seid, so wisset, dass ich Schwester Pernette de Monthuel oder de Chasteau fort bin." Sie nannte damit den Namen eines sehr edlen Geschlechtes. In höchster Aufregung und mit dem nochmals wiederholten, aber, wie sie selbst wussten, fruchtlosen Befehl, sich zur Disputation einzufinden, verliessen die Deputirten das Kloster. Ein solcher Widerstand war ihnen bis dahin noch nicht entgegengetreten.

Eine ähnliche Scene erfolgte wenige Wochen später, nach Beendigung der grossen Disputation.[1]) Von mehreren eifrigen Lutheranern umgeben erschienen die Syndike und die drei Prediger Farel, Viret und Jacques Bernard am Samstag nach Mariä Heimsuchung vor dem Kloster, in das sie sich unter Androhung von Gewalt Eingang verschafften. Im Capitelsaal angelangt, liessen sie sämmtliche Schwestern zusammentreten. Es galt die Annahme des Resultats der Disputation durchzusetzen. Farel hielt einen längern Vortrag gegen das Ordensleben und die Jungfräulichkeit, der, wie unsere Berichterstatterin sagt, „den armen Schwestern das Herz durchbohrte." Währenddes nahmen die übrigen Anwesenden einige der Religiosen, namentlich jüngere, bei Seite, um sie durch Ueberredung und Schmeicheleien zur Ablegung des Schleiers zu bewegen. Die stellvertretende Oberin, welche ihrer Entrüstung darüber in lauten Worten Luft machte, den zudringlichen Bekehrern ihr ungebührliches Benehmen verwies und Farels Rede dadurch unangenehm unterbrach, wurde auf Befehl der Syndike unter dem Weinen und Klagen ihrer Mitschwestern aus dem Saale entfernt. Farel sprach noch eine Zeitlang weiter, aber er überzeugte sich bald, dass er hier seine Beredtsamkeit umsonst verschwende. Die Verstocktheit der Nonnen brachte ihn fast ausser Fassung, und machte ihn, wie der Bericht sagt, vor Aerger zittern. Nach ihm nahm einer seiner geistlichen Collegen das Wort und erging sich in noch massloseren Schmähungen über den Ordensstand und seine Unsittlichkeit, indem er die Vorzüge „der Ehe und der Freiheit" eben so sehr pries. Wie Farel, wandte auch er sich vorzugsweise an die jüngeren Schwestern, die in der nächsten Nähe des Redners aufgestellt waren; noch hoffte er, wenigstens bei diesen geneigtes Gehör zu finden. „Wir wissen

---

[1]) Vgl. *Jussie* p. 128 ff., *Roget* II, 163 setzt den Vorgang irrthümlich in die Zeit nach den Augustereignissen.

es wohl," sagte er, „dass manche von diesen armen jungen Wesen gern dem Evangelium folgen und die grossen Vortheile des ehelichen Lebens vorziehen würden, wenn Ihr — hier wandte er sich an den anwesenden Beichtvater und die älteren Schwestern — sie nicht in so strenger Unterwürfigkeit hieltet." Hier erfolgte eine neue Unterbrechung durch Pernette, welche die letzten Worte draussen gehört hatte. „Elender, nichtswürdiger Mensch!" rief sie aus, indem sie sich in grösster Erregtheit wieder in den Saal stürzte. „Deine gleissnerischen Worte sind vergebens, hier wirst du Nichts ausrichten." Die Syndike kamen dem angegriffenen Redner abermals mit ihrer Autorität zu Hülfe, aber seine Worte wurden nicht weiter mehr gehört. Die Nonnen legten immer lauter ihren Unwillen an den Tag, sie verstopften ihre Ohren und bekreuzten sich, bis endlich der Redner seine Ermahnungen einstellte.

Nachdem der Versuch der Prediger so kläglich gescheitert, machten sich noch die Syndike und die Bürger an das Bekehrungswerk. Sie suchten namentlich jene Mitglieder des Ordens zu gewinnen, die durch ihre Geburt oder Erziehung Genf angehörten.[1]) Weder Drohungen noch Schmeicheleien wurden gespart. Man näherte sich den Wehrlosen in der zudringlichsten Weise, man suchte einzelnen mit Gewalt den Schleier wegzunehmen, man liess Nichts unversucht, um ihre Standhaftigkeit zum Falle zu bringen. Allein was Farel nicht gelungen, sollte den weltlichen Glaubensboten eben so wenig gelingen: diese schutzlosen Jungfrauen machten alle Bekehrungsversuche zu Schanden und wussten auch die Bibel mit Geschick zu handhaben. Nach einem siebenstündigen Verhör waren endlich die Abgeordneten selbst der Sache müde, die Schwestern völlig erschöpft. Die Syndike stellten ihnen beim Weggehen eine baldige Wiederholung ihres Besuches in Aussicht; Farel dagegen und die Prediger meinten, es sei unnütz, diesen verstockten Heuchlerinnen noch weitere Vorstellungen zu machen; man müsse sie vielmehr ohne viele Umstände aus ihrer Höhle hervorholen und mit Gewalt in die Predigt führen.[2])

So war dieser Angriff noch einmal glücklich zurückgewiesen, aber

---

[1]) „Ils cherchoient", sagt Jussie p. 133, „principalement les deux de la ville et celles qui y vivoient esté à l'escole, desquelles ils avoyent cognoissance. Et moy estant du nombre fus cogneue d'un d'iceux qui par force me vouloit descouvrir etc." Die Verfasserin macht der alten Genfer Schule keine Unehre.

[2]) Jussie p. 134. vgl. Fromment p. 163.

die Lage der Schwestern wurde seitdem immer misslicher. Es verging fast kein Tag, an dem sie nicht durch lärmende Haufen beunruhigt wurden. Männer und Frauen, Verwandte, abgefallene Mönche und Geistliche ersahen die Schwestern von St. Clara zum Gegenstande ihres Bekehrungseifers. Nirgendwo fanden die Geplagten Ruhe und Hülfe. Selbst ihr Beichtvater liess sie im Stich. Nur einige katholische Bürgerfrauen schlichen sich zuweilen heimlich zu ihnen, um sie aufzurichten. Ihre einzige Hoffnung war Gott, ihr Trost das Gebet: Stunden lang lagen sie vor dem Altare hingestreckt, um die Gnade der Standhaftigkeit zu erflehen. Man gab sich, als bald das Gerücht von der bevorstehenden Auflösung des Convents sich verbreitete, nochmals gegenseitig das feierliche Versprechen — nur Eine der Religiosen schloss sich aus — bis an das Ende in dem Orden auszuharren und sich nicht trennen zu lassen![1])

Noch schlimmer gestaltete sich die Lage nach dem Bildersturme, der die Hoffnungen der Genfer Katholiken völlig vernichtete. Am Bartholomäustage brachen Baudichon und Peter Vandel, die Helden des 8. August, an der Spitze eines fanatischen Pöbelhaufens in das Kloster ein, zerstörten in den Zellen, was sie an Bildern, Crucifixen, Büchern vorfanden, und richteten hierauf in der Kirche, wo die Schwestern, vor dem Altar hingestreckt, laut um Gnade flehten, die gleiche Verwüstung an.[2]) „Ich glaube nicht, sagt unsere Berichterstatterin, „dass jemals so übermüthige, verabscheuungswürdige und barbarische Handlungen verübt worden sind." Nachdem die Bilderstürmer ihre Arbeit vollbracht, drangen neue Schaaren von Weibern und Männern ein, um den Schwergeprüften noch einen härtern Schmerz zu bereiten. Es war dem evangelischen Bekehrungseifer wirklich gelungen, eine der Schwestern, Namens Blaisine, wankend zu machen. Im Triumph wurde diese jetzt den Händen ihrer weinenden und klagenden Mitschwestern, welche sie mit Gewalt festzuhalten suchten, entrissen und der Welt zurückgegeben. Der Rath selbst hielt diesen Erfolg für so wichtig, dass er ihn in seinem Sitzungsberichte mitten unter den wichtigen öffentlichen Ereignissen aufführen liess und der Neubekehrten, als sie bald darauf durch die Heirath mit einem ehemaligen Geistlichen das Bekehrungswerk vollendete, aus dem Klostergut eine ansehnliche Ausstattung gewährte.[3])

[1]) *Jussie* p. 138
[2]) *Jussie* p. 141 ff.
[3]) Rathsprot. 24. Aug. 1535, *Jussie* p. 151 *Frommens* p. 164.

Man darf wohl annehmen, dass der Rath seine Ansicht über den Werth solcher Bekehrungen später geändert hat. Zehn Jahre nachher finden wir den Namen der Neubekehrten abermals in seinen Sitzungsberichten erwähnt. Aber die ihn trägt ist nicht mehr der Stolz und die Freude der evangelischen Behörde, sondern ein sittlich verkommenes Frauenzimmer.[1])

Jedenfalls war der Abfall Blaisines für die ganze Genossenschaft ein harter Schlag und die Quelle neuer Heimsuchungen. Nachdem Eine nachgegeben, schien die Hoffnung nicht ganz grundlos, auch die Uebrigen zum Falle zu bringen. Die Ausgetretene selbst hatte mit Bestimmtheit noch weitere Bekehrungen in Aussicht gestellt und geradezu mehrere ihrer früheren Mitschwestern als zum Uebertritt geneigt namhaft gemacht. Aus diesem Grunde wurde auch das Gesuch der Oberin, welche endlich den Rath um freien Abzug nach Annecy bat, wo die herzogliche Regierung dem Orden ein Asyl eröffnet, einstweilen nicht bewilligt,[2]) obwohl man ohne Zweifel über dasselbe im Grunde erfreut war. Es sollte zuvor auf die Standhaftigkeit der schutzlosen Klosterfrauen noch ein letzter Angriff unternommen werden. War doch der Triumph des Evangeliums viel vollständiger, wenn es gelang, auch sie zum Eintritt in die neue Kirche zu bewegen.

Mehrere Tage wurde den armen Religiosen in dieser Absicht nochmals mit allen Mitteln zugesetzt. Syndike, Prediger, Deputirte von Bern, bibelfeste Bürger, die Schwester Blaisine, die jetzt gegen den Orden die schmählichsten Beschuldigungen erhob, vereinigten sich zu diesem letzten Sturmlauf und lösten einander ab. Es folgten die bewegtesten Scenen. Der religiöse Fanatismus schien alles Gefühl für Ritterlichkeit erstickt zu haben. Obwohl die Angaben der Apostatin über die evangelischen Neigungen ihrer Mitschwestern, wie ihre übrigen Anklagen, sich bald als unwahr erwiesen,[3]) wurden die

---

[1]) Rathsprot. 4. Januar 1546: *Michel etc. détenu pour avoir paillardé avec la Blaisine (Varembert) femme de Mo. Thomas Genod, étant en sa maison par plusieurs fois.* Trotzdem erzählt *Fromment* p. 164: *Laquelle s'empuys après fust mariée à ung Prebstre de S. Gervez, Messire Thomas Genotz, laquelle a vescu fort honnestement en mariage, durant sa vie.* Die ehemalige Nonne wurde zu Gefängniss und öffentlicher Busse verurtheilt!

[2]) Rathsprot. 25. Aug. 1535. *Jussie* p. 153.

[3]) Unter den zum Abfall Geneigten war unsere Berichterstatterin an erster Stelle genannt, was überhaupt auf den Werth jener Angabe schliessen lässt. Vgl. *Jussie* p. 155. Die beste Widerlegung der übrigen Anschuldi-

Bekehrungsversuche doch mit dem grössten Eifer und ohne den Geplagten einen Moment der Ruhe zu gönnen, fortgesetzt. Man wiederholte die oftmals vergeblich angewandten Künste. Man malte die Freuden des ehelichen Lebens mit den verlockendsten Farben aus, stellte eine reiche Mitgift, eine angenehme Zukunft in Aussicht. Daneben erging man sich in Drohungen, sprach in unumständigen Ausdrücken von schmutzigen Handlungen, deren Schauplatz das Kloster gewesen sein sollte, von Betrug und Heuchelei. Selbst an Versuchen zu Thätlichkeiten hat es nicht gefehlt. Allein das Herz dieser Frauen war fest gepanzert gegen alle Angriffe, und keine sah man auch nur einen Augenblick wanken. Vergebens erschöpfte selbst Viret seine Beredtsamkeit. „Weil jedermann seine Freiheit ehrt," rief die stets schlagfertige Pernette dem zudringlichen Gesandten Berns zu, „so behaltet Ihr die Eurige und lasset uns die unsrige." Auch eine auf Blaisines Rath vorgenommene Visitation sämmtlicher Klosterräume, von der man sich ein die Zuversicht der Nonnen herabstimmendes Resultat versprach, blieb ohne den gewünschten Erfolg. Man fand weder Schätze, wie man gehofft, noch irgend welche Spuren, die auf vorgefallene Unordnungen hätten deuten können; auch diese Probe wurde rühmlich bestanden.[1])

Ein letzter Versuch der Bekehrung wurde am 27. August gemacht. In Begleitung von achtzehn eifrigen und angesehenen Lutheranern und der Schwester Blaisine erschien der Lieutenant im Kloster. Nochmals wurden von der Apostatin die Vortheile der neuen Freiheit in glänzenden Farben geschildert und die Ehe als des Lebens höchstes Ziel gepriesen. Hierauf liess der Lieutenant eine Zählung der Nonnen vornehmen, und

---

gungen ist die Ruhe, womit Johanna dieselben aufzählt. Interessant ist es dass Blaisine u. a. auch von ihren Mitschwestern misshandelt sein will, „pource que je n'avois voulu prendre la Bible avec elles et que je filois ma quenouille le jour de la feste Dieu" p. 171. Man sieht also, dass in dem Clarissenkloster weder das Bibellesen noch weibliche Arbeit ausser Uebung gekommen war.

[1]) *Jussie* p. 173. *Fromment* p. 165—6 gibt gleichwohl allerlei scandalöse Entdeckungen zum Besten, die im Convent der Clarissen bei ihrem Auszuge gemacht sein sollen, und die spätere protestantische Sage erzählt sogar von unterirdischen Gängen. Die wahrlich nicht zu Gunsten der Nonnen redigirten Rathsprotocolle wissen von alle dem nichts, so dass der Verfasser der dem Fromment'schen Werke beigefügten Extraits p. CV meint: „qu'elles soient plus sages."

dann der Reihe nach alle einzeln zu sich in ein besonderes Gemach bescheiden, um ihre endgültige Entschliessung zu vernehmen. Der Beamte hoffte durch das Einzelverhör, welches die jüngeren Schwestern dem Einflusse der älteren entzog, namentlich jene zu einer Uebertrittserklärung zu bewegen, und bot noch in diesem letzten Augenblick seine ganze Ueberredungskunst auf. Aber der Erfolg war nicht der erwartete. Von der ältesten bis zur jüngsten erklärten die Verhörten einmüthig, dass es ihr ernster Wille und Entschluss sei, bis an ihr Lebensende treu in ihrem Orden auszuharren. Die Erklärung erfolgte mit einer solchen Einstimmigkeit und Entschiedenheit, dass selbst die Gegner ihr Erstaunen darüber nicht verbergen konnten.[1]

Nach diesem Verhör endlich musste man sich von der Nutzlosigkeit aller weiteren Bekehrungsversuche überzeugen. Schon hatte sich überdies in den letzten Tagen sowohl in dem Rath als in der Bürgerschaft vielfach ein Gefühl der Theilnahme für die Misshandelten kundgegeben. Nur unter dem Drucke Berns und aus Furcht vor den Banden Baudichons hatte der Rath zu den letzten gewaltsamen Bekehrungsversuchen seine Einwilligung gegeben.[2] Als daher am nächsten Tage die Oberin dem Lieutenant ihre Bitte um freien Abzug und sicheres Geleit wiederholen liess, wurde ihrem Wunsche Gehör gegeben und den Schwestern selbst die Bestimmung des Tages ihrer Abreise überlassen. Sie wählten gleich den nächsten Morgen. Der Rath war einverstanden, und sofort wurden die nöthigen Vorkehrungen zur Reise getroffen.[3] Am späten Abend versammelte die Abtissin noch einmal die Schaar der Treugebliebenen um sich in der Kirche, segnete sie unter vielem Weinen und sprach ihnen Muth ein. Auch ihre Stellvertreterin sprach einige Worte des Trostes und der Ermuthigung und ermahnte zu einem würdigen Verhalten während des Auszuges am nächsten Morgen.

Fast wäre der Plan noch im letzten Augenblicke vereitelt worden.[4]

[1] Jussie p. 182.

[2] Einer der Syndike erklärte dies einmal den Nonnen selbst: „Certes, belles Dames, il nous desplaist grandement de vous voir ainsi affligées, ce n'est pas de nostre consentement, ce sont les enfans de la ville qui ne se gouvernent pas par nous, et Messieurs de Berne ont commandé qu'il nous fault tous vivre en union de foy, et à la verité de l'Evangile, vous n'estes pas unies vous tenant icy recluses et faisant tant d'hypocrisies". Jussie p. 152—3.

[3] Jussie p. 187 ff. Zur Befriedigung der angeblichen Ansprüche Blaisines stellte man sämmtliches Klosterinventar zur Verfügung.

[4] Jussie p. 190 ff.

Während der Nacht kam den Reisefertigen durch zwei ihnen zugethane katholische Bürger, Jean Balard und Etienne Pecolat, die Nachricht zu, dass die evangelische Jugend Genfs einen Ueberfall auf sie verabredet habe. Es war Gefahr im Verzuge. Man beschloss deshalb die Abreise zu beschleunigen und noch vor Tagesanbruch anzutreten. Die städtischen Behörden, denen ein neuer Tumult höchst unwillkommen gewesen wäre, waren gern einverstanden und liessen sich noch während der Nacht von den Geängstigten einen Verzicht auf ihr Eigenthum ausstellen. Noch ehe der Tag graute, standen die Vielgeprüften, durch ein letztes thränenreiches gemeinsames Gebet gestärkt, reisebereit, das Brevier und die nöthigsten Kleidungsstücke unter dem Arm, in dem Vorhofe des Klosters. Pernette, die jetzt ganz das Amt der Oberin übernahm, bat den anwesenden Syndik kniefällig, sie gegen Gewaltthaten zu schützen. „Wir haben beschlossen," sagte sie, „das Kloster schweigend zu verlassen und keinen Menschen anzureden; gebet deshalb auch den Uebrigen den Befehl, uns weder anzureden, noch zu berühren, noch sich uns aus irgend einem Grunde zu nähern, damit kein Anlass zu Tumult gegeben werde." Der Beamte fand den Vorschlag gut und erliess den gewünschten Befehl.

So setzte sich der seltsame Zug in der Frühe eines unfreundlichen regnerischen Augustmorgens ernst und schweigend in Bewegung. Voran gingen die älteren Schwestern, zum Theil auf Stäbe gestützt und kaum noch im Stande zu gehen, die jüngeren, ebenfalls wie jene in Paaren zu zwei vereinigt, bildeten den Schluss. Ein Syndik, der Lieutenant und einige angesehene Bürger gaben das Geleit. Dreihundert städtische Schützen waren als Schutzwache aufgestellt, um etwaigen Angriffen zu begegnen. Trotz der ungewohnten Zeit und der Ungunst der Witterung hatten sich auf das rasch verbreitete Gerücht von der beschleunigten Räumung des Klosters die Strassen mit Neugierigen und Theilnehmenden gefüllt, von denen Viele sich dem Zuge anschlossen. Die Klosterfrauen erbleichten, als sie der grossen Volksmenge ansichtig wurden. Allein dieses Mal war ihre Furcht grundlos. Keine ernstliche Störung fiel vor. Der Anblick dieser standhaften Dulderinnen, die für ihre Ueberzeugung Alles zu opfern bereit waren, machte selbst auf ihre Gegner einen tiefen Eindruck. Als unter den älteren Schwestern mehrere vor Müdigkeit nicht weiter konnten, eilten bereitwillig kräftige Männer herbei, sie zu unterstützen. Einige aus der Gesellschaft Baudichons, welche sich den Abziehenden in zudringlicher Weise näherten und sie verhöhnen wollten, wurden von dem Syndik mit strengen Worten zurückgewiesen und zogen sich bald zurück, da sie merkten, dass die allgemeine Stimmung gegen sie war.[1]) Nach mehreren Stunden langte man endlich an der Arve an, welche zwischen dem städtischen und savoyischen Gebiete die Grenze bildete. Der Abschied war ernst und rührend, obschon die „Kinder von Genf," welche dem Zuge von ferne gefolgt waren, es nicht an höhnischen Bemerkungen fehlen liessen. Man sah manche Thräne in dieser Stunde fliessen. Der Syndik brach, als er die Scheidenden auf die Arvebrücke führte, in ein lautes Weinen aus. „Lebet wohl," sagte er, „Euer Abzug dauert mich. Genf, du verlierst heute deinen Ruhm und deine Zierde, aber der Beschluss ist gefasst, und es gibt kein Heilmittel mehr; sprechen wir nicht weiter darüber."[2])

Wir verfolgen hier nicht die weiteren Schicksale dieser würdigen Genossenschaft. Wäre der Genfer Clerus mit gleicher Würde und Festigkeit, mit eben so viel Berufstreue und Ernst dem Gegner gegenübergetreten, wie die Congregation von St. Clara, so würde die Geschichte Genfs eine andere Gestalt angenommen und der Gesetzgeber von Noyon in der alten Bischofsstadt schwerlich seinen Herrscherstuhl aufgerichtet haben.

VI.

DIE BEFESTIGUNG DER POLITISCHEN UNABHÄNGIGKEIT GENFS.

Hatte früher der politische Unabhängigkeitskampf durch den Einfluss, welchen er Bern gestattete, der Aufnahme der Reformation vorgearbeitet, so hatte der vollständige Sieg der kirchlichen Revolution wieder eine Vervollständigung der politischen zur Folge.

---

[1]) „Car à celle heure," sagt Johanna p. 195, „furent tellement changes, illumines et meus de pitié les mauvais, que plus ne desiroient la perdition des sœurs ains furent conducteurs et les gardoient des autres ennemis heretiques."

[2]) l. c. p. 197. „Et ceste," schliesst der Bericht über den Auszug, „est la maniere au vray de la pitoyable sortie des pauvres Sœurs Religieuses de leur Convent et de la Cité de Genève, qui fut ce mesme Lundy jour de saint Felix le 29 d'Aoust 1535 à cinq heures du matin." Vgl. auch die kurze Aeusserung von Pierrefleur l. c. p. 113.

Noch war die politische Lage der Stadt unsicher und fortwährenden Gefahren ausgesetzt. Zwar die savoyische Fremdherrschaft war gestürzt, und seit dem Herbst 1534 wurde thatsächlich auch der Bischof als beseitigt angesehen. Genf nahm für sich die Rechte eines selbstständigen republicanischen Gemeinwesens in Anspruch und übte dieselben innerhalb seiner Ringmauern auch wirklich aus. Allein es fehlte dem neugeschaffenen Zustande jede Bürgschaft seines Fortbestehens: auf die Dauer schien er kaum zu behaupten. Keine der fremden Mächte hatte das Geschehene förmlich anerkannt. Der von der Schweiz vermittelte Vertrag von Payerne, welcher die erste Revolution zum Abschluss brachte und seit 1531 gewissermassen die Grundlage der staatsrechtlichen Existenz Genfs bildete, erkannte nicht nur die Rechte des Bischofs, sondern principiell sogar noch den Anspruch des Herzogs auf das Vicedomat an. Alle schweizerischen Tagsatzungen, welche im Laufe der nächsten Jahre in Veranlassung der Genfer Wirren zusammentraten, hielten im Wesentlichen an dieser Auffassung fest, und noch zu Anfang 1535 kam sie in sehr entschiedener Weise auf der Tagsatzung von Luzern zum Ausdruck.[1]) Selbst die beiden verbündeten Cantone liessen Genf wiederholt wissen, dass sie sich an die Bestimmungen von Payerne gebunden erachteten, und wagten wenigstens nicht, denselben offen entgegenzutreten.[2]) Am wenigsten dachten die beiden Gestürzten, der Herzog und der Bischof, daran, sich in das Geschehene zu ergeben. Karl III., dem nicht einmal der Spruch von Payerne genug that, nannte die Genfer nach wie vor seine „Lieben und Getreuen," und Pierre de la Baume erliess Urtheile und Verordnungen, als befände er sich noch im vollen Besitz seiner Gewalt. Vereint schritten dann beide im Sommer 1534 zum Angriff, um die rebellische Stadt zum Gehorsam zurückzuführen. Der erste Versuch misslang zwar, aber der Kampf wurde seitdem ununterbrochen fortgeführt. Man verstärkte die Besatzungen in Peney und den übrigen Schlössern, schnitt den Bürgern beharrlich die Zufuhr ab, hinderte namentlich von dem das Rhonethal beherrschenden Fort La Cluse aus jede Verbindung mit Frankreich, misshandelte, beraubte oder tödtete gar die Angehörigen der Stadt, welcher man habhaft wurde, und versuchte nächtliche Ueberfälle.

---

[1]) Vgl. *Roget* II, 130, 169. *Hidber*, Waadt wird schweizerisch, p. 34.

[2]) Das Berner Archiv bewahrt (Savoy-Buch p. 93) eine Originalurkunde Karls III. d. d. 7. Januar 1533, wodurch der Herzog sich verpflichtet, die Genfer milde zu behandeln, namentlich mit Rücksicht darauf, dass Bern und Freiburg ihm zur Wiedererlangung des Vicedomats behülflich sein wollten.

Genf befand sich in einem unausgesetzten Belagerungszustande, und gelang es auch dem Muthe und der Wachsamkeit der Bürger, die Angriffe der Gegner auf die Stadt selbst zu vereiteln, ja sogar zuweilen durch glückliche Ausfälle den „Peneysanern" nicht unerhebliche Verluste beizubringen, so legte ihnen doch der fortwährende Kampf Opfer auf, welche auf die Dauer nicht zu ertragen waren.[1])

Mit den Ereignissen des August, mit dem Bildersturm und dem gewaltsamen Sturz des Katholicismus nahm nun aber dieser Kampf einen noch gefährlichern und verhängnissvollern Charakter an. Hatte bisher ein friedlicher Ausgleich nicht zu dem Unmöglichen gehört, so war durch die Vorgänge des 8. und 9. August die letzte Brücke zu einem solchen abgebrochen. Der Kampf wurde zu einem Entscheidungskampf auf Leben und Tod: nur die völlige Unterwerfung Genfs konnte den Herzog und Bischof zufrieden, nur die gänzliche Niederwerfung der herzoglich-bischöflichen Macht die Stadt sicher stellen. Beide Theile waren sich dessen vollkommen klar bewusst.

Und erst jetzt begann für Genf die Stunde der ernsten Gefahr. Karl III. und de la Beaume hatten fortan keine Rücksichten mehr zu nehmen. Die Anstrengungen wurden verdoppelt, die Truppen vermehrt, die Gewaltthätigkeiten gesteigert, die Heere rückten von verschiedenen Seiten der Stadt näher. Es kämpften unter dem herzoglich-bischöflichen Banner nicht blos die alten Gegner Genfs, die savoyischen Edelleute, die geächteten „Mamelucken" und die ursprünglichen Anhänger des Bischofs, die schon seiner ersten Aufforderung gefolgt waren: zahlreiche katholische Bürger, theils durch die letzten Ereignisse, welche eine massenhafte katholische Auswanderung zur Folge hatten,[2]) theils schon vorher durch den Terrorismus der Farel'schen Partei aus der Stadt vertrieben, waren noch nachträglich in das bischöfliche Lager

---

[1]) Das Rathsmanuale von Bern ist seit dem Herbst 1534 voll von Klagen der „Potten von Jenff" über die Räubereien, Gewaltthätigkeiten etc. der savoylsch-bischöflichen Krieger: die durch sie herbeigeführte Handelssperre lähmte den Handel und Wandel in der ganzen Eidgenossenschaft. Vgl. Rathsm. 25. Nov. 1534. Auf dem Tage zu Baden klagten die Genfer Boten nach *Valerius Anshelm* (Ungedr. Forts. ad a. 1534) kläglich über „abstrickung der spyss, Raub, fang vnd todtschlagen." Vgl. Petit mémorial de Mesdez, in den Mém. et doc. IX, 24, 25. *Pierrefleur*, Mémoires p. 114, und das Schreiben Berns an Zürich d. d. 8. Mai 1535, Teutsch Missiveub. U. f. 487.

[2]) Vgl. Rathsprot. 13. Aug. 1535.

geeilt und brannten vor Begierde, als Sieger wieder in den St. Petersdom einzuziehen. Der Kampf wurde durchaus als ein Glaubenskampf angesehen.

Als einen solchen sahen ihn aber auch die daheimgebliebenen evangelischen Bürger an und leisteten herzhaften Widerstand. Den verdoppelten Angriffen setzten sie eine verdoppelte Wachsamkeit und verdoppelte Sicherheitsmassregeln entgegen. Alles wurde militärisch organisirt. Baudichon, der neue Generalcapitain, hatte eine Schaar von vierhundert Freiwilligen unter seinem besondern Befehl, die jeden Augenblick kampfbereit war. Man bemannte eine kleine Flotte, um auch zur See dem Feinde entgegentreten zu können. Man betrieb mit Eifer die noch nicht vollendete Niederlegung der Faubourgs und wandte das aus den zerstörten Kirchen und Klöstern gewonnene Material zur Aufführung neuer Festungswerke an. Farel und die Diener des Worts predigten jeden Tag Muth und Gottvertrauen, stellten das Volk Israel als Vorbild hin und verkündeten sichern Sieg.[1]

Doch die Anstrengungen der Bürger schienen vergeblich. Die savoyisch-bischöfliche Macht war der städtischen überlegen. Man hoffte im Lager des Herzogs mit Zuversicht, die Stadt werde sich bald ergeben. Ihre Einschliessung wurde immer enger und unerträglicher, ihre Leiden erreichten eine Höhe, wie nie vorher.[2] Der von Farel wachgerufene religiöse Enthusiasmus verschwand vor der bittern Noth. Selbst der Rath begann den Muth sinken zu lassen. „Wenn Gott keine Hülfe gewähre," lesen wir bereits zu Anfang October in den Rathsprotocollen, „so werde man den blutigen Händen der Feinde nicht entgehen können."[3] Ohne Hülfe von Aussen schien in der That die von allen Seiten eingeschlossene, überdies durch die Auswanderung eines grossen Theils ihrer besten Bürger geschwächte Stadt rettungslos verloren.

Und wenig Aussicht war auf eine wirksame Hülfeleistung von Aussen vorhanden. In der Schweiz fand die Sache Genfs wohl viel-

---

[1] Vgl. *Fromment* p. 179, ſu.

[2] „*Nous sommes ici inclos,*" schrieb der Rath am 3. November an Ami Portal, *„comme pauvres prisonniers à qui on ne donne parole qui soit conformable, mais toute désolation."* Abgedr. bei *Roget* II, 177.

[3] Rathsprot. 3. October 1535. In Bern sprachen sich die Genfer Gesandten schon am 14. Mai in diesem Sinne aus. Rathsm. 14. Mai 1535. Bereits um diese Zeit hielt der Herzog die Unterwerfung der Stadt für nahe bevorstehend, Rathsm. 31. Mai 1535.

fach Sympathien und wohlwollende Theilnahme, aber keine wirkliche Unterstützung. Die Eidgenossenschaft selbst war zwischen das alte und neue Bekenntniss getheilt, und auch die reformirten Orte trugen Bedenken, für das entlegene Genf einen Kampf zu beginnen, der bei den Familienverbindungen des Herzogs für die ganze Eidgenossenschaft schlimme Folgen haben konnte. Die Cantonsregierungen verharrten um so mehr bei ihrer Neutralitäts- und Vermittelungspolitik, als Karl III. ihnen stets mit ausgesuchter Höflichkeit entgegenkam, und erklärten den Genfer Gesandten, welche sich darüber unzufrieden zeigten, zuletzt auf dem Tage von Baden im September 1535 sogar, „dass sie sich überhaupt um die Genfer ferner nicht mehr kümmern würden."[1]) Ein evangelisches Freischaarencorps, das zu Anfang October unter der Anführung des Neuenburgers Wildermuth, eines eifrigen Lutheraners, zum Entsatz der bedrängten Stadt aufbrach, musste nach einem ruhmreichen Gefecht bei Gingins in Folge schweizerischer Intervention den Rückzug antreten.[2]) Woher sollte Genf Hülfe kommen? Von seinen beiden alten Verbündeten stand jetzt der eine, das katholische Freiburg, auf der Seite des Herzogs und des Bischofs. Nur Bern war übrig geblieben: wie „eine christliche handveste Stadt Bern," nach dem Ausdrucke des Berner Chronisten, Genf das Evangelium gegeben hatte, so fiel ihr jetzt auch allein die Aufgabe seiner Vertheidigung zu.

Aber gerade Bern war es, dessen Haltung während dieser Tage das grösste Befremden erregte.

Dem Eifer und der Entschiedenheit, womit Bern die Einführung der Reformation in Genf betrieb, entsprach der materielle Beistand, den es leistete, keineswegs. Die Politik, welche wir den Sieger von 1530 seit dem Vertrage von Payerne seinem hülfsbedürftigen Bundesgenossen gegenüber befolgen sehen, ist eine höchst eigenthümliche und seltsame. Kühl, zurückhaltend, und doch wieder eine unverkennbare Theilnahme für Genf verrathend, bald aufmunternd, bald entmuthigend, bald den Bruch mit Savoyen befördernd, bald ihn verhindernd, besorgt für die Erhaltung der Stadt, aber zugleich im höchsten Grade egoistisch, abwechselnd grossmüthig, rauh, lieblos, schwankend zwischen Thätigkeit und Unthätigkeit, bildete die Politik

---

[1]) Vgl. Rogel II, 169.
[2]) Vgl. Rathsprot. 5, 10, 11. October 1535, Frommant p. 191, Marchand de Genève l. c. XIII, 36, Hidber p. 35.

Berns in der Genfer Frage während jener Jahre gleichsam eine Reihe von Räthseln, die Freund und Feind an dem mächtigen Canton irre machen konnten. Dasselbe Bern, das 1530 in einem einzigen Feldzuge die savoyische Macht am Genfersee niederwarf und den Vertrag von Payerne erzwang, fordert schon in der nächsten Zeit das gerettete Genf auf, die Errungenschaften von Payerne theilweise wieder preis zu geben, von dem Burgrecht zurückzutreten, den Vicedom wieder anzuerkennen, sich mit Savoyen auf freundlichen Fuss zu setzen, wie wenig auch der Turiner Hof zu einer gewissenhaften Ausführung des geschlossenen Vertrags Miene machte;[1] es tadelte das „allzu hitzige" Freiburg, weil dieses einen neuen Krieg gegen den Herzog für nöthig hielt, mahnte von allen kriegerischen Handlungen ab,[2] erinnerte aber um so häufiger und nachdrücklicher an die noch rückständigen Geldforderungen, deren Berichtigung in diesem Augenblicke bei der finanziellen Bedrängniss Genfs eine Unmöglichkeit war, und erklärte im Sommer 1534 geradezu, dass es sich mit den Genfer Händeln nicht mehr befassen könne.[3] Daneben aber sehen wir Bern doch wieder eine Rolle spielen und seinem „Mitbürger" Dienste leisten, welche mit jener zur Schau getragenen Gesinnung wenig übereinstimmen: es verwendet sich bei dem Herzog wiederholt in nachdrücklicher Weise zu seinen Gunsten und vertritt auf den Tagsatzungen die Sache Genfs mit einem Eifer, der die übrige Eidgenossenschaft wohl mit Argwohn erfüllte. Gab es sich den Genfern gegenüber den Anschein, als sei es von der Rechtmässigkeit der Ansprüche ihrer Gegner überzeugt, so führte es in Turin und bei der Eidgenossenschaft oft die gerade entgegengesetzte Sprache.

Diese Haltung wurde auch nach dem Ausbruch des Krieges im Sommer 1534 im Wesentlichen nicht verändert. Wohl hatten die Berner Behörden seitdem ein wachsameres Auge auf Genf: man sieht, dass sie ein Interesse daran hatten, die Stadt nicht in die Gewalt ihrer Feinde fallen zu lassen. Sie setzen ihre „Mitbürger" von bevorstehenden Angriffen in Kenntniss, schicken auch wohl Boten mit strengen

---

[1] Bern. Staatsarch., Instructionsb. B, f. 134 ff. Instr. vom 31. Dec. 1531; Weltsch Missivenb. A, f. 246; Bern. Rathsm. 15. Nov. 1531; *Valerius Anshelm*, ungedr. Forts. ad a. 1531.

[2] Instructionsb. B, f. 150, Instruction vom 28. März 1532. Teutsch Missivenb. T, 352, 386, 394, Schreiben vom 19. Febr., 18 und 24. März 1532.

[3] Bern. Rathsm. 29. Juni, 1 und 3. Juli 1534, Rathsprot. 7. Juli 1534. Das „Gällt" ist schon seit 1531 in dem Bern. Rathsm. ein stehender Artikel.

Instructionen an den Herzog, sondern ihn und die „Peneysaner" auf, den Kampf gegen ihre Mitbürger einzustellen;[1]) einmal — im September 1534 — wird sogar der Beschluss gefasst, der bedrängten Stadt mit der ansehnlichen Macht von 4000 Mann zu Hülfe zu eilen.[2]) Allein der Beschluss kam nicht zur Ausführung, weil Bern die Lage schliesslich für nicht so gefährlich hielt. Man kehrt wieder zur Vermittelungspolitik zurück, weist Genf an, „still zu stehn"[3]) und sich „freundlich" mit dem Feinde zu vertragen, mochten die Aussichten auf die Möglichkeit eines Friedens auch noch so gering sein. So hatte es den Anschein, sagt der Berner Chronist, „der Bär wollt nicht kratzen bis zu letzter Verzweiflung der Stadt Genf."[4]) Und immer geringer schien seitdem Berns Neigung zu werden, sich mit thatkräftiger Hülfe des bedrängten Nachbars anzunehmen. In mehreren Schreiben, welche es seit dem Anfang 1535 an die Hülfesuchenden richtete, spricht es im Tone des Beleidigten von den vielen fruchtlosen Mühen, Gesandtschaften, Verhandlungen und Arbeiten, denen es sich Genf zu Liebe unterzogen habe, und bittet unter Zusendung des Abschiedes von Luzern, es nicht länger mehr zu belästigen. Man sei der Händel und Praktiken überdrüssig, Genf möge selbst für sich sorgen und das Nöthige veranstalten. Mit Bedauern vernimmt man nach einem andern Schreiben, dass die Genfer einen Angriff auf das Schloss Peney gewagt haben, und räth ihnen ernstlich, sich solcher Angriffe zu enthalten; „widrigenfalls", heisst es, „werden wir unsere Hände von Euch zurückziehen und uns nicht mehr um Euere Händel bekümmern."[5])

Alle Gegenvorstellungen, Gesandtschaften, Geschenke, Bitten, Klagen blieben ohne Erfolg. Umsonst erinnerte Genf daran, dass die gegenwärtige Bedrängniss nur eine Folge der „Freigebung" des Evangeliums sei, welche auf Berns „guten Rath und freundliches Zureden geschehen."[6]) Vergeblich war es, dass die Gesandten die Gewalt-

---

[1]) Bern. Rathsm. 10, 23, 25. Aug., 15, 16. Sept. 1534; Schreiben an die Boten in Genf d. d. 25. Aug. 1534, Teutsch Missivenb. U, f. 284; an die von Peney d. d. 31. Oct. 1534, Weltsch Missiv. A, f. 330 u. s. w.

[2]) Bern. Rathsm. 21. Sept. 1534, Teutsch Missivenb. U, f. 321, *Valerius Anshelm*, ungedr. Forts. ad a. 1534.

[3]) 2. Octob. 1534, Teutsch Missivenb. U, f. 343.

[4]) *Valerius Anshelm*, ungedr. Forts. ad a. 1534.

[5]) Bern an Genf am 22. Januar, 17. März und 14 Mai 1535, Weltsch Missivenb. A, f. 333, 338, 342.

[6]) Syndike, kleiner und grosser Rath an Bern 14. Juli 1535, Bern, Staatsarch., Genf. Angel. 1162—1557. Aehnlich schon früher; vgl. Bern. Rathsm. 14. März 1534 u. a.

thaten der Peneysaner mit den grellsten Farben ausmalten. Bern war taub gegen alle Klagen Genfs und verharrte in seiner Unthätigkeit.

Im Herbst 1535 schien Bern von dem Gedanken, Genf zu Hülfe zu eilen, weiter entfernt als jemals. Gerade die Berner Regierung war es, die das in diese Zeit fallende Unternehmen Wildermuths mit den ungünstigsten Augen ansah und die Freischaaren zum Rückzug nöthigte.[1]) Man liess Genf in der bündigsten Weise zum Frieden auffordern, in den selbst die Peneysaner einbegriffen sein sollten, und blieb auch dann noch bei dieser Forderung, als der Genfer Generalrath einmüthig einen solchen Frieden für unmöglich erklärte.[2]) Die Gesandten mussten sogar mit Auflösung des Burgrechts drohen, wenn Genf nicht „ruhig" sei und sich nicht auf Friedensunterhandlungen einlasse: die Herren von Bern seien durch die Anerbietungen des Herzogs völlig zufrieden gestellt.[3]) Im November traten dann Abgeordnete von Bern und Turin in Aosta zu einer neuen Friedensconferenz zusammen. Obschon hier der Herzog keineswegs eine aufrichtige Friedensliebe an den Tag legte, sondern seine Absicht, nächstens „zum Kaiser zu reiten und dem die Sache anzuzeigen, damit er mit Rath des Kaisers desto besser wisse zu antworten" offen mittheilen liess, wurde gleichwohl das Resultat der Conferenz — ein Waffenstillstand von fünf Monaten — von Bern dem Genfer Rathe in gebieterischem Tone zur Annahme vorgelegt. Man wisse zwar nicht, hiess es in dem Schreiben, was der Herzog mit dem Waffenstillstand insgeheim bezwecke, aber die Verweigerung desselben werde „schnellen Krieg" zur Folge haben. Genf möge sich nicht auf Bern verlassen: dieses habe genug gethan — auch des „Geldes" wird hier wieder gedacht — und könne sich für eine fremde Stadt nicht aufopfern, denn „das Hemd sei einem jeden näher gelegen denn der Rock."[4])

---

[1]) Bern. Rathsm. 6. Oct. 1535, Instructionsb. C, f. 34, *Fromment* p. 196, Marchand de Genève l. c. XIII, p. 37, *J. Kessler*, Sabbata, herausgeg. von E. Goetzinger, II, 426 ff.

[2]) Rathsprot. 22. 24. Oct. 1535. Anweisung für die Berner Gesandten 22. Oct. 1535, Teutsch Missivenb. W, 85.

[3]) Bern. Rathsm. 29. Oct. 1535: „An die potten zu Jenaffen. Was der pott von Savoy fürtragen, daran m. H. gefallens, daruff söllen sy mit den Jenffern ernstlich verschaffenn, das sy ruwig syennd, nütt nuws kleines noch grosses mit worten noch wercken fürnamind, dann wo sy nit volgen noch zymlicher handlung bestan vnd darhalten, würden m. H. geursachet sich Ira nutzit mer zu beladen, des burgrechts vssxin. Das sölten sy Inen fry haruss sagen." Vgl. Rathsprot. 1. Nov. 1535.

[4]) Bern. Rathsm. 12. Dec. 1535. Rathsprot. 14. Dec. 1535; vgl. Rathsprot.

Seltsame Politik, die ihr eigenes Werk in fast muthwilliger Weise wieder preis gibt! Abermals erscheint uns das Verhalten Berns räthselhaft und widerspruchsvoll.

Man hat, um das Räthsel zu erklären, auf die schwierige äussere Lage, in welcher Bern damals sich befunden, hingewiesen. Es ist richtig, dass die Berner Regierung während jener Jahre nicht völlig freie Hand hatte, dass der Katholicismus seit dem Tage von Kappel in der ganzen Schweiz wieder mächtig das Haupt erhob und selbst in den Grenzen des eigenen Cantons eine Reaction versuchte, dass sogar die reformirten Orte Berns Schritte stets eifersüchtig und misstrauisch beobachteten, dass endlich ein vollständiger Bruch mit Karl III., dem Schwager Karls V., vorher wohl überlegt sein wollte. Allein Bern hat sich früher und später über solche Bedenken hinweggesetzt, und in keinem Falle erklären sie jene seltsame Sprache, die es gegen Genf führte.

In Wahrheit ist diese niemals ernstlich gemeint gewesen. Als die Stadt Constanz zu Anfang 1535 Bern aufforderte, im Interesse der öffentlichen Ruhe sich der Genfer Händel zu entschlagen, da antwortete es in einem sehr empfindlichen Tone: nicht von Ueberdruss und unerträglichen Opfern ist da die Rede, sondern von „ergangenen Rechten" und „rechtlichen Erkenntnissen", bei denen Bern und Genf verharren und von denen sie nicht ablassen wollen.[1]) Kein Wunder, wenn der Verdacht, dass Bern am Genfersee geheime Pläne im Schilde führe, sich bei der Eidgenossenschaft erhielt.[2])

Dieser Verdacht war nur zu begründet: wie früher, so war auch dieses Mal die Handlungsweise der Staatsmänner an der Aar allem Anscheine nach eine wohlüberlegte und berechnete.

Wir haben bemerkt, dass Bern von Anfang an grosse Hoffnungen an die Bewegung in Genf knüpfte und diese fortwährend im Auge behielt. Durch den Vertrag von Payerne hatte es auf die Waadt, das nächste Ziel seines Strebens, gleichsam die erste Hypothek erhalten. Um so näher trat seitdem die Frage der Erwerbung Genfs,

---

26. Nov., Rathsm. 19, 22. Nov. und die Instruct. für die nach Aosta gehenden Gesandten Diesbach und Nägeli d. d. 15. Oct. 1535, Instructionsb. C.

[1]) Bern an Constanz am 1 und 26. Februar 1535, Teutsch Missivenb. U, 405 und 418.

[2]) Selbst bei dem Freischaareneinfall im October 1535 sah Bern sich noch veranlasst, ein beruhigendes Schreiben an Basel zu richten. Berner Rathsm. 16. Oct. 1535.

welches zur Wiederherstellung der „altburgundischen Grenzen" unentbehrlich war. Der erneuerte Angriff der bischöflich-savoyischen Macht kam den geheimen Planen der Berner Politiker in gewünschter Weise entgegen. Man wusste, dass es unter den „Gutwilligen" nicht wenige gab, die im Stillen die Plane des begehrlichen Protectors begünstigten und in einem offenen Anschluss an den mächtigen deutschen Freistaat die angemessenste Lösung der schwebenden Wirren erblickten. Der gegenwärtige Moment der Noth und Gefahr war ganz dazu angethan, Genf in fühlbarer Weise von der Nützlichkeit und Nothwendigkeit eines Anschlusses an Bern zu überzeugen, jene Ansicht in der Masse zum Durchbruch zu bringen. Es ist offenbar eine Kundgebung in diesem Sinne erwartet worden. Aus diesem Grunde wurde die Hülfeleistung, zu der Bern, wie sich aus vielen Zeichen ergibt, von dem ersten Augenblicke an entschlossen war, von Jahr zu Jahr verzögert und einstweilen nur verhütet, dass die Stadt in die Gewalt ihrer Feinde fiel. Man legte es durch die stets wiederholten unerschwinglichen Geldforderungen nahe, dass Genf noch andere Opfer werde bringen müssen, um auf den Beistand Berns rechnen zu können. Auch die scheinbare Annäherung an Savoyen hatte hauptsächlich wohl nur den Zweck, auf Genf einen Druck auszuüben. Es war ein hartes, gefühlloses Verfahren, das zuletzt selbst von dem Berner Volke Missbilligung erfuhr,[1]) aber den Lenkern des Staates, den Naegeli und Diesbach, den Triboulet, Graffenried, Erlach, Stürler waren Gefühlsregungen fremd, wo es sich um Durchführung grosser Staatszwecke handelte.

Doch die erwartete Kundgebung erfolgte nicht, obschon die Winke der eigennützigen Verbündeten in Genf sehr wohl verstanden wurden.[2]) Das Unabhängigkeitsgefühl war bei der Mehrzahl der Bürger

[1]) Vgl. das aus den Collectaneen Galiffes mitgetheilte Schreiben Baudichons d. d. 9. December 1535 bei *Roget* II, 182. Andrerseits gab es aber in Bern auch eine engherzig deutsche und, wie es scheint, namentlich von den Predigern gestützte Partei, die wirklich jede Verbindung mit der wälschen Stadt aufgehoben wissen wollte und sogar — wahrlich mit Unrecht — das Burgrecht von 1526 als ein papistisches ansah. So äussert sich namentlich der Reformator B. Haller. Vgl. *M. Kirchhofer*, Berthold Haller p. 223, 224. Auch der Chronist Anshelm scheint der Verbindung mit Genf nicht gerade hold gewesen zu sein.

[2]) „*Plusieurs qui sont morts, comme Michel Balthesard, Amy Bandière conseilliers, Jehan Philippe capitayne general et aultres disoynt: Certes, ils n'atendent aultre chose sinon que nous rendions à eulx, mais nous n'en ferions rien.*" *Fromment* p. 170, 171.

doch zu mächtig, und überdies lebte man der festen Ueberzeugung, Bern werde auf die Dauer sich nicht der Theilnahme an einem Kampfe enthalten können, der seine eigenen Interessen so nahe berührte.

Die Voraussetzung Genfs traf ein. Bern sah sich bald genöthigt, auch unaufgefordert der bedrängten Stadt zu Hülfe zu eilen. Die Beute, die es fast schon in den Händen zu haben glaubte, drohte bei längerer Zögerung einem gefährlichen Rivalen zuzufallen.

Es war der König von Frankreich, welcher seine Hand nach der schön gelegenen Stadt ausstreckte. In der That lag Franz I., der eben im Begriff stand, den dritten grossen Waffengang mit seinem kaiserlichen Nebenbuhler zu wagen, und entschlossen war, den Anfang mit der Einnahme der savoyischen Lande zu machen, Nichts näher, als sich in den Besitz von Genf zu setzen. Der katholische Monarch trug kein Bedenken, hier als Freund und Beschützer von religiösen und politischen Doctrinen aufzutreten, die er in dem eigenen Lande mit blutiger Strenge verfolgte. Eben die in Genf angesiedelten, französischen Emigranten, die bereits um diese Zeit eine Rolle zu spielen anfingen,[1]) wurden von ihm als Mittel benutzt. Ein hervorragendes Ansehen genoss unter den französischen Flüchtlingen ein gewisser Laurent Maigret mit dem Beinamen des Prächtigen, ein Mann von zweideutigem Charakter, aber weitreichenden Verbindungen und einer entschieden evangelischen Gesinnung, die er namentlich bei dem Bildersturm in St. Peter bewährt hatte.[2]) Dieser rühmte sich schon im Herbst 1535 wiederholt bei mehreren Bürgern, dass er mit Unterstützung seiner Freunde, namentlich eines Herrn von Verey, der Hauptmann in königlichen Diensten war, der Stadt werde Hülfe und Schutz verschaffen können, wenn sie ihm Vertrauen schenken wolle. Die Noth war gross, und der Rath wies das Anerbieten, als es zu seiner Kenntniss gelangte, keineswegs zurück, sondern fasste nach Hinzuziehung mehrerer angesehener Bürger den Entschluss, Beistand anzunehmen, von wem er auch kommen möge, nur dürfe — wurde vorsichtig hinzugefügt — das Hülfsheer nicht die Stadt betreten.[3]) Es kam in Folge dessen

---

[1]) Vgl. Quelques pages d'histoire exacte soit les procès criminels intentés à Genève en 1547 contre Perrin et contre son accusateur A. Maigret dit le Magnifique par *J. B. G. Galiffe*, Genève 1862 p. 73.

[2]) *Galiffe* l. c. p. 21 ff., *Fromment* p. 146.

[3]) Vgl. Rathsprot. 1 und 3. Octob. 1535. „Die Hülfe des Königs von Frankreich schlägt man aus und befiehlt sich der Gnade Gottes", meint *Henry*, Leben Calvin I, 150. Im Gegentheil preisen die Genfer Chronisten Messier

zwischen den beiden französischen Edelleuten und mehreren angesehenen Bürgern, welche dazu ermächtigt wurden, eine Art von Vertrag zu Stande, in welchem Maigret und Verey, die unter dem Namen von französischen Kaufleuten auftraten, sich verpflichteten, das zunächst an Genf angrenzende savoyische Gebiet auf eigene oder „des Königs von Frankreich" Kosten zu erobern und nach gewonnenem Siege mit Genf zu theilen.[1]) Einige Wochen später erschien „der von Gott gesandte Capitain" wirklich an der Spitze einer französischen Reiterschaar von 700 Mann in der Nähe von Genf, um die Stadt zu entsetzen. Allein der Versuch misslang: die überlegenen Truppen des Herzogs sprengten bei Saleneuve die Schaar völlig aus einander. Nicht viel besser erging es einem zweiten Hülfsheer, welches Verey im December der Stadt zuführen wollte: nur mit genauer Noth gelang es dem Führer, sich mit einigen kläglichen Ueberresten seiner Mannschaft nach Genf durchzuschlagen, wo er in völlig hülflosem Zustande ankam und von den Bürgern mit grosser Theilnahme aufgenommen wurde.[2])

Erschien bis dahin das ganze Unternehmen fast nur als ein abenteuerliches Spiel, so trat jetzt die ernste Seite desselben und die wahre Absicht seiner Urheber hervor. Einige Tage nach seiner Ankunft begab sich Verey zu den Syndiken, um ihnen wichtige Eröffnungen zu machen. Sein Herr, erklärte er, der König von Frankreich, in dessen Namen und Auftrag er zu ihnen gekommen, sei von den Gefühlen des lebhaftesten Wohlwollens für Genf durchdrungen und hege den heissen Wunsch, dies baldigst durch die That zu beweisen; aber damit er dazu bessere Gelegenheit habe, sei es nöthig, ihm irgend ein Recht über die Stadt zu verleihen. Genf habe früher einen Bischof gehabt mit dem Hoheits- und Begnadigungsrechte, daneben einen Vicedom, der in der Stadt Hof gehalten und dem man habe Gehorsam leisten müssen; es habe dann den Schutz der Schweiz angerufen, allein Jedermann wisse, wie übel man dabei gefahren; Genf sei dadurch fast ruinirt. Die Ausführung des Vertrags von Payerne werde die alte Tyrannei wieder herstellen. Der König verlange nichts

---

und der Marchand de Genève den französischen Capitain als einen von Gott *(par le vouloir et permission divin)* gesandten Helfer. Vgl. Mém. et doc. IX, 25, XIII, 37. Nach *Valerius Anshelm* ad a. 1535 wäre der erste Schritt sogar von Genf selbst geschehen.

[1]) Vgl. *Fromment* p. 187 ff.

[2]) Rathsprot. 15, 16. November, 14, 17. December 1535. *Fromment* p. 201, *Pierrefleur* 118, 119, *Val. Anshelm* ad a. 1535.

als den Titel eines Beschützers der Freiheiten, Rechte und alten Gewohnheiten der Stadt nebst dem Begnadigungsrechte, wie es früher der Bischof ausgeübt. Wolle man diesem Wunsche entsprechen, so werde er Genf mit dem grössten Nachdruck und auf eigene Kosten gegen jeden Angriff vertheidigen und es jederzeit unter seinen mächtigen Schutz nehmen.[1])

Die Genfer Behörden hatten durch ihren langjährigen Verkehr mit den savoyischen Fürsten zu viel gelernt, um nicht sofort die wahre Bedeutung des Antrags zu erkennen. Nach einer längern Berathung, zu der die vornehmsten Bürger beigezogen wurden, antworteten die Syndike, die Angelegenheit sei zu wichtig, als dass sie schon jetzt dem Volke, welches noch nichts von Hülfe wahrgenommen habe, vorgelegt werden könne; Verey möge aber von seiner löblichen Absicht, Genf zu helfen, nicht ablassen; dies würde dem Bürger Muth und Zuversicht einflössen; „und," fügten sie hinzu, „wir glauben, dass, wenn wir dann die Angelegenheit dem Volke vorlegen, dieses einen Beschluss fassen wird, der den König zufriedenstellt." Der Hauptmann war durch diese vorsichtige Antwort nichts weniger als befriedigt. Er verbarg nicht, dass er ein bereitwilligeres Entgegenkommen erwartet habe, und hob nochmals die Uneigennützigkeit seines königlichen Herrn hervor, der nur die Rechte und Freiheiten der Stadt beschützen wolle. Allein es gelang ihm nicht, den Magistrat zu einer weiter gehenden Erklärung zu bewegen. Man fand, „dass es eine grosse Gefahr sei, einem solchen Fürsten in die Hände zu fallen." Auch ein Schreiben, welches der Rath an den König selbst richtete, ging, wie bescheiden es auch in der Form gehalten war, doch über die ersten Zugeständnisse nicht hinaus: man war voll des Dankes und erbot sich zu allen möglichen und billigen Diensten, liess aber dabei nicht undeutlich durchblicken, dass von einer Aufopferung der Unabhängigkeit nicht die Rede sein könne.[2])

Indess weit genug waren diese Verhandlungen doch bereits gediehen, um Bern mit ernster Besorgniss zu erfüllen. Verey blieb in Genf und erlangte, da er sich bei dem Kampfe gegen Savoyen durch Eifer und Umsicht hervorthat, ein gewisses Ansehen.[3]) Die Lage der Stadt fing sogar an, Dank seiner umsichtigen Leitung, sich etwas

---

[1]) Rathsprot. 17. December. 1535.
[2]) Rathsprot. 17, 18, 20, 21. December 1535.
[3]) Vgl. Rathsprot. 13. Januar, 8. März 1536. Erst Ende März verliess er Genf; auch die Chronisten sind voll des Lobes für ihn.

günstiger zu gestalten. Für Bern lag Gefahr im Verzug. Nägeli, der Gesandte, eilte heim, um seine Regierung von dem Stand der Dinge in Genf und den gefährlichen Absichten Frankreichs zu unterrichten. „Eilet schnell," wurde ihm von seinen Genfer Freunden zugerufen, „sonst werden die Herren von Bern zu spät kommen; denn sind die Franzosen einmal im Lande, so werden wir sie nicht mehr entfernen."[1]) Da endlich, meint Valerius Anshelm, „bedacht eine fürsichtige Stadt Bern die Sache recht," und beschloss Genf zu Hülfe zu eilen, „ehe denn der König den Vortanz gewinne."

Und rasch, wie es Berns Weise war, wenn es einmal einen festen Entschluss gefasst, wurde jetzt zur Ausführung geschritten. Noch in den letzten Tagen des Jahres 1535 verkündete ein Manifest „an Stadt und Land" die Gründe, aus denen Bern sich der Erfüllung seiner Pflichten gegen Genf nicht länger mehr entziehen dürfe. Genf habe das Evangelium angenommen, das Papstthum ausgerottet und dadurch den Zorn der Feinde des göttlichen Wortes auf das höchste gesteigert. Bern werde sich mit ewiger Schande bedecken, wenn es der bedrängten Stadt nicht Beistand leiste.[2]) Dann ergingen Schreiben in ähnlichem Sinne an die sieben Orte, an Zürich, Basel, Constanz, Mühlhausen, selbst an den französischen König.[3]) Weder die bedenkliche Stimmung der Eidgenossenschaft, noch die drohende Haltung des Kaisers, von dem einige Zeit später ein Abmahnungsschreiben anlangte, noch endlich die Abneigung, die sich bei einem Theile der Berner Landgemeinden gegen den „fremden Krieg" kund gab, konnte den gefassten Entschluss erschüttern.[4]) Mitte Januar erfolgte die förmliche Kriegserklärung an den Herzog.[5]) Und nachdem Bern das Signal gegeben, fanden sich auch noch andere Gegner Savoyens. Freiburg, das durch den Vertrag von Payerne zu gleichen Ansprüchen berechtigt war, entschloss sich nach einigem Ueberlegen gleichfalls zum Kriege, um nicht die ganze Beute in die Hände Berns fallen zu lassen. Ebenso hielten die Walliser den Moment für geeignet, einen

---

[1]) *Fromment* p. 201.

[2]) Vgl. *Valerius Anshelm*, ungedr. Forts. ad a. 1535 und 36. Das Manuscript wird in diesem Abschnitte lückenhaft.

[3]) Vgl. Bern. Rathsm. 5, 13, 14 Januar 1536. Die verschiedenen Schreiben befinden sich in den Missivenbüchern.

[4]) Vgl. Teutsch Missivenb. W, 147. Instructionsb. C, 40 ff. *Valerius Anshelm* l. c.

[5]) Bern. Rathsm. 13, 16. Januar 1536.

längst gewünschten Theil des savoyischen Chablais jetzt in ihren Besitz zu bringen. Bern legte kein Hinderniss in den Weg, sondern fand es zweckmässig, jene „in ihrem Fürnehmen, auch eine Feder von der Gans zu rupfen," nicht zu stören, um die Last des Krieges nicht allein tragen zu müssen. Nur mit dem französischen Könige, dessen Heer sich gleichzeitig von Westen her gegen die savoyischen Lande in Bewegung setzte, wurde jede Verbindung gemieden.[1]) Von allen Seiten kam jetzt der bedrängten Stadt der Schutz, um den sie so lange vergeblich gefleht.

Am 22. Januar rückte das Berner Heer, über 6000 M. stark, in schönster Ordnung aus. Der kriegskundige Feldhauptmann, Hans Franz Naegeli, der auf den Schlachtfeldern Italiens das Waffenhandwerk erlernt, führte den Oberbefehl. Ein ausgewählter Ruth von „Kriegsregenten" stand ihm zur Seite. Schon am 24. Januar betrat man bei Payerne das savoyisch-waadtländische Gebiet, welches jetzt sofort für die Berner Regierung in Besitz genommen wurde. Es wiederholte sich das Schauspiel, das diese Gegenden schon 1530 erlebt. Fast unaufgehalten und freudigen Muthes durchzogen die Truppen das ihnen noch aus dem ersten Feldzuge wohl bekannte Land. Wie die Berner sich näherten, sagt der genferische Bericht, flohen Savoyarden, Italiener, Spanier, welche die Pässe verlegen sollten, aus einander zu Fuss und zu Pferd.[2]) Nur an einigen Stellen wurde Widerstand geleistet. So erschien das siegreiche Heer am 2. Februar vor Genf.

In Genf hatte man in der letzten Zeit auf Berns Beistand kaum noch gerechnet und fast bedurfte man seiner in diesem Augenblicke schon nicht mehr. Es wird erzählt, der Bote, welcher die erste Nachricht von dem Heranrücken der deutschen Eidgenossen brachte, habe erst dann Glauben gefunden, als er sich mit seinem Leben für die Wahrheit seiner Mittheilung verbürgte. Gross war dennoch die Freude, als das lange erwartete Hülfsheer nach vielem Harren und Sehnen jetzt endlich in die Stadt einzog, und der Jubel wollte nicht enden, als die Kriegsregenten verkündeten, alle Leiden seien jetzt vorüber, und der ganze Feldzug werde in Kurzem glücklich beendet sein. Man gönnte den Truppen einige Tage Rast, die dazu benutzt wurden, die ausgehungerte Stadt mit Lebensmitteln zu versehen und die

---

[1]) Vgl. *Hidber* l. c. 52, 55.
[2]) *Fromment* p. 209, vgl. *Hidber* l. c. p. 50 ff.

Umgegend von Feinden zu säubern. Aerger noch als fünf Jahre vorher haben Berns Kriegsschaaren damals gehaust. Nicht blos Edelleute und Geistliche, sondern auch das umwohnende katholische Landvolk traf ihr Grimm. Schlösser und Dörfer wurden eingeäschert. „Auf allen Seiten", sagt der evangelische Bericht, „sah man Burgen und Häuser brennen, so dass es wegen des Rauches schien, als hätten sich dichte Wolken zwischen das Gebirge und den See gelagert." In einem Umkreise von vier bis fünf Meilen flüchteten die katholischen Bauern sich ins Gebirge, um der Wuth dieser evangelischen Streiter zu entgehen.[1])

Verstärkt durch städtisches Geschütz, brach Naegeli mit den Truppen am 5. Februar von Genf auf, um seinen Sieg durch die Einnahme des linken Seeufers zu vervollständigen. Man überschritt die Arve und drang bis St. Julien vor. Auch hier wich Alles der Ueberlegenheit der deutschen Kriegsleute. Von der Arve bis hinauf zur Dranse wurden am ganzen Ufer des Sees und in allen Thälern Edelleute und Dorfgemeinden für Bern in Eid und Pflicht genommen. „Da schwören Gehorsam viel Edele!" ruft triumphirend der Berner Chronist aus. Es fehlte jetzt nur noch das einige Meilen unterhalb der Stadt an der Rhone gelegene Fort La Cluse, welches, als der Thorschlüssel des Jura, für die neuen Eroberungen von grosser Wichtigkeit war; und auch diese bisher für uneinnehmbar gehaltene Festung, des Herzogs „Trost und Schirm," erlag schon nach einigen Tagen dem kühnen Angriffe der Berner Krieger.[2])

Mit Ruhm bedeckt begab sich das siegreiche Heer nach einem nochmaligen kurzen Aufenthalte in Genf am 18. Februar auf den Heimweg. Unter unermesslichem Jubel hielten Heer und Führer am 1. März ihren Einzug in Bern. Noch aber war die Arbeit nicht völlig gethan. Von Bern aus unternahm der „grosse Capitain" nach kurzer Rast einen neuen Feldzug an den obern See, besetzte das bischöflich-lausannische Gebiet, eroberte am 29. März mit Hülfe der Genfer Flottille das im östlichsten Winkel des Sees gelegene Felsenschloss Chillon, das savoyische Staatsgefängniss, und gab den hier eingekerkerten Genfer Patrioten die lange entbehrte Freiheit wieder. Erst damals hat auch der Abt von Sanct Victor, welchen Karl III. im Wider-

---

[1]) Vgl. die anschauliche Schilderung bei *Fromment* p. 211 ff.
[2]) Ueber das Einzelne vgl. *Fromment* p. 215 ff., *J. Kessler*, Sabbata II, 432 ff., *Hidber*, l. c.

spruch mit den Bestimmungen des Payerner Vertrags seit sechs Jahren hier in strengster Haft zurückgehalten hatte, seine Freiheit wieder erhalten. Als Martyrer wurden die Heimkehrenden am 1. April von ihren jubelnden Mitbürgern in Genf empfangen.[1])

Mit Chillon hatte Savoyen den letzten festen Punkt am See verloren. Von allen Seiten brach jetzt das Missgeschick über Karl III. herein. Wie Bern, so waren auch Freiburg und Wallis nicht unthätig gewesen, um wenigstens einen Theil der Beute zu erhalten. Noch grössere Gefahr nahte sich von Westen, wo die französischen Truppen den Pass von Susa einnahmen und ganz Piemont überschwemmten. Am 24. März musste die Hauptstadt Turin der Armee Franz I. ihre Thore öffnen. Dergestalt wurde jetzt, meint der schadenfrohe Chronist, der arme Herzog von allen Seiten gerupft, so dass er fast keine Feder mehr übrig behielt.[2])

Die Macht, welche länger als ein Jahrhundert Genfs Unabhängigkeit und Freiheit bedroht hatte, war zu Boden geschlagen und, wie es schien, für immer vernichtet. Das befreite Genf jubelte und überliess sich in ausgelassener Freude allen Ausschweifungen des Sieges. Die „Kinder von Genf" insbesondere suchten sich für die lange erlittenen Entbehrungen durch Misshandlung und Beraubung des umwohnenden katholischen Landvolkes zu entschädigen, und den „Kindern" schlossen sich auf ihren täglichen evangelischen Streifzügen auch Weiber, ja sogar diejenigen an, „welche man für die Ersten im Evangelium hielt." Wie das Volk Gottes im Alten Bunde die angrenzenden götzendienerischen Stämme mit Raub und Unterjochung strafte, so suchte — nach dem evangelischen Bericht — jetzt auch das neue Volk Gottes am Genfersee die benachbarte katholische Bevölkerung mit Raub, Plünderung und Gewaltthaten der ärgsten Art heim, so dass sogar die Prediger sich endlich veranlasst sahen, ihre Stimme dagegen zu erheben, und das evangelische Raubwesen bei den katholischen Bauern und Edelleuten sprichwörtlich wurde.[3])

Aber schon früh kam in diesen Siegesjubel ein Missklang durch die Sprache, welche die Befreier zu führen anfingen.

Bern hatte seine geheimen Absichten nicht aufgegeben. Da der ursprüngliche Plan, in Genf selbst annexionistische Kundgebungen

---

[1]) *Fromment* p. 218 ff., Rathsprot. 1. April 1536.
[2]) *Fromment* p. 218, vgl. *Roget* II, 225, 226.
[3]) Vgl. die Schilderung bei *Fromment* p. 222—224.

abzuwarten, durch die französischen Intriguen durchkreuzt worden war, so blieb jetzt nichts übrig, als auf das erstrebte Ziel offen und gerade los zu gehen. Und dies geschah.

Noch während des Feldzugs, am 5. Februar, als Nägelis Truppen die Stadt besetzt hielten, beschieden die Kriegsregenten die Syndike vor sich, um ihnen mit nackten Worten zu eröffnen, dass Bern in die sämmtlichen Rechte des Bischofs und des savoyischen Vicedoms einzutreten wünsche und dazu ihre Zustimmung verlange. Man mochte hoffen, dass die Anwesenheit einer so stattlichen Kriegsmacht einigen Eindruck machen werde. Doch die Syndike behielten Fassung genug, um den Bernern dieselbe Antwort zu geben, die sie erst eben dem Könige von Frankreich gegeben hatten: nur dazu erklärten sie sich bereit, die Angelegenheit auch dem Rathe vorzulegen. Mit ebenso wenig Erfolg wurde zehn Tage später, nachdem das Heer inzwischen neue glänzende Erfolge erfochten, Berns Anliegen im grossen Rathe verhandelt. Die Versammlung beschloss, zwar in höflichster Form den Herren von Bern für die vielen der Stadt geleisteten Dienste den öffentlichen Dank auszusprechen und zu erklären, dass nächst Gott ihre Hoffnung auf Bern beruhe, aber daran zugleich die Vorstellung zu knüpfen, dass man nicht deshalb seit siebenzehn bis zwanzig Jahren den Herzog und Bischof bekämpft und alle Leiden und Drangsale des Krieges ertragen habe, um sich schliesslich dennoch der Freiheit zu begeben. Vergebens, dass die Kriegshauptleute über die ihnen ertheilte Antwort laut ihre Unzufriedenheit äusserten und eine nochmalige Berathung ihres Antrags veranlassten: auch die dritte Antwort, wie ehrerbietig sie auch in der Form war, hielt mit aller Entschiedenheit an der Forderung der Unabhängigkeit und Selbstständigkeit Genfs fest.[1])

Die Kriegsherren mussten unverrichteter Sache abziehen. Aber der Gedanke, Genf zu gewinnen, wurde in Bern nicht so bald aufgegeben: gerade nach den ausserordentlichen Erfolgen des letzten Krieges wurde der Besitz dieser Stadt doppelt wünschenswerth. Bern war mit einem Male durch die glücklichen Waffenthaten seines Feldhauptmanns der Gebieter fast sämmtlicher Küstenlande des Genfersees geworden: es erhielt nicht nur die Waadt und das bischöflich-lausannische Gebiet, sondern überdies noch den grössten Theil der

---

[1]) Rathsprot. 5, 15, 17. Februar 1536.

savoyischen Landschaften am linken Ufer des Sees,[1] so dass Genf jetzt in derselben Weise von den Bernischen, wie früher von den herzoglichen Besitzungen eingeschlossen war. Dieselben Gründe, welche vordem die Turiner Politik gegen Genf bestimmt hatten, machten sich jetzt in Bern geltend.

Mit dem grössten Eifer wurden deshalb nach der Rückkunft des Heeres die in Genf unterbrochenen Unterhandlungen von Bern wieder aufgenommen. Boten gingen während der nächsten Monate zwischen beiden Städten hin und her. Bern verhehlte nicht, wie grosses Gewicht es auf seine Forderung lege, und nahm bald zu Bitten, bald zu Drohungen seine Zuflucht. Es zählte „die Kosten, Mühen und Arbeiten" auf, „die es 28 Monate lang gegen den Bischof und Savoyen geleistet," um seine Ansprüche zu begründen, und unterliess nicht, beizufügen, dass man für den Fall der Gewährung derselben Genf werde besser beschützen können. Es drohte mit der Auflösung des Burgrechts und lehnte es, da nach dem Bundesbriefe eben in dem Jahre 1536 eine Erneuerung desselben stattfinden musste, geradezu ab, den Bundesschwur zu leisten, bis sein Verlangen bezüglich „des Vicedomats und des Bischofs Herrlichkeit" erfüllt sei. Allein Genf blieb fest und liess sich nicht beirren. Man fuhr fort, die grossen Verdienste der Berner um Genf in den rühmendsten Ausdrücken anzuerkennen: wie Moses das israelitische Volk, heisst es in einem Schreiben, so habe Bern die Stadt Genf aus der Gefangenschaft befreit, und man sei gern bereit, mit Leib, Gut und Leben dafür erkenntlich zu sein; aber seine Freiheit — dies war der stets wiederholte Schluss — könne Genf nicht aufgeben, noch werde es von dem Burgrecht ablassen.[2]

Bern hatte einen solchen Widerstand nicht erwartet. Es kam zu höchst bitteren Erörterungen. Das Verhältniss zwischen den beiden Städten wurde im Sommer 1536 ein sehr gespanntes.

---

[1] Die Landvogteien Thonon und Ternier, die 1564 wieder savoyisch und katholisch wurden. Es verstand sich von selbst, dass Bern in den neugewonnenen Gebieten sofort die Reformation einführte. Freiburg und Wallis mussten sich mit geringeren Abfindungen zufrieden geben.

[2] Bern. Rathsm. 4, 9, 11, 24. März, 26, 28. April, 11, 12. Mai, 1, 3, 5, 27. Juli 1536; Rathsprot. 25. Februar, 3, 15. März, 9. April, 5. Mai; Bern. Instructionsb. C. f. 71; Bern. Arch., Genf. Angel. 1162—1557, wo die Abschrift eines höchst charakteristischen Briefes von Genf an Bern aus dem Jahre 1536 sich findet. Man ersieht aus den Verhandlungen, dass Genf seine Gesandten jetzt in der Regel mit strengen schriftlichen Anweisungen versah damit sie von den Bernern nicht überlistet würden.

Allein dieses Mal befand sich Genf in der günstigern Lage. Der äussere Feind war zurückgeschlagen und die Gefahr beseitigt. Bern konnte bei der entschiedenen Weigerung Genfs, seine Selbstständigkeit aufzugeben, nur durch offene Gewalt zu seinem Ziele gelangen. Diese aber würde die Stadt unfehlbar Frankreich in die Arme getrieben haben, welches auch während des letzten Feldzuges seine Verbindungen mit den Bedrohten nicht aufgegeben hatte.[1]) Es gab in Genf eine entschieden französisch gesinnte Partei, welche dem Einflusse des deutschen Cantons insgeheim entgegenarbeitete. Sollte Bern das bereits Erreichte leichtsinnig wieder aufs Spiel setzen und neue Verwicklungen mit Frankreich heraufbeschwören? Unter solchen Umständen entschloss es sich endlich zu einer Mässigung seiner Forderungen.

Am 7. August wurde nach langen Unterhandlungen der „ewige" Friede unterzeichnet, durch den, wie der amtliche Bericht sagt, die Genfer „Herren ihrer Stadt blieben." Drückend genug waren indess die Friedensbedingungen für Genf auch jetzt noch, und eine gewisse Abhängigkeit wurde durch dieselben thatsächlich doch begründet. Genf verpflichtet sich, kein Bündniss, kein Burgrecht, keine Ueberreinkunft irgend welcher Art mit einer fremden Macht zu schliessen, noch irgendwo Hülfe zu suchen ohne Wissen und Willen Berns. Die Stadt soll jederzeit „den Mitbürgern" geöffnet sein: weder im Frieden noch im Kriege darf Bern der Eintritt verwehrt werden. Es werden ihm ferner nicht ganz unerhebliche Territorialabtretungen in der Nähe der Stadt, sowie alle kirchlichen Stiftungen eingeräumt, welche das Haus Savoyen auf dem jetzt von Bern occupirten Gebiete zu Gunsten Genfs gemacht hatte. Endlich verpflichtet sich Genf, noch vor Ablauf des Jahres alle seine Schulden abzutragen. Dagegen verzichtet Bern auf „Bisthum und Vicedomat", sowie auf seine sonstigen Ansprüche; es verspricht die Herstellung billiger Grenzen und erkennt die Unabhängigkeit Genfs an. Dem Abschluss des Friedens folgte noch an demselben Tage die Erneuerung des Burgrechts. Die in dem Bundesbriefe von 1526 zu Gunsten des Bischofs und Herzogs gemachten Vorbehalte fallen jetzt weg. Bern und Genf geben sich, als zwei unabhängige Gemeinwesen — nur der Beziehungen zum deutschen Reich und zur Eidgenossenschaft wird noch gedacht — das eidliche Versprechen, in allen Gefahren sich getreulich beizustehen, einander zu schützen und vor Schaden zu bewahren, vorkommende Streitigkeiten durch Schiedsrichter friedlich

[1]) Vgl. Rathsprot. 22, 24. Februar 1536.

auszugleichen und überall gewissenhaft die Pflichten des Burgrechts zu erfüllen. Die nunmehrige Uebereinstimmung im Glauben, worauf der neue Bundesbrief mit besonderm Nachdruck hinweist, soll die Bürgschaft für ein dauerndes Einvernehmen sein.[1])

Durch die Augustverträge trat Genf nach einem fast dreissigjährigen Kampfe in die Reihe der selbstständigen Freistaaten ein. Thatsächlich wurde indess durch sie kaum noch etwas verändert, da die Umgestaltung des gesammten öffentlichen Zustandes im Sinne staatlicher Selbstständigkeit sofort nach der Befreiung der Stadt und theilweise schon vorher erfolgt war. Schon seit dem November 1535 übte man selbstständig das Münzrecht aus.[2]) Auch in seiner äussern Erscheinung verkündete Genf bereits seit dem Herbst 1535, dass es mit der Vergangenheit gebrochen. Die noch vorhandenen Denkmäler aus der bischöflich-katholischen Zeit wurden nach dem Bildersturme in rascher Folge beseitigt, kirchliche Gebäude für weltliche Zwecke in Anspruch genommen, der bischöfliche Palast in ein Gefängniss, das Clarissenkloster in ein städtisches Hospital umgewandelt, während die alten Spitäler, welche katholischer Eifer geschaffen, aufgehoben wurden.[3]) Wie die Stadt selbst, so empfing nach dem Abzug der Berner auch ihre Umgebung ein anderes Aussehen. Die früher von dem Bischof oder von geistlichen Corporationen abhängigen Landgemeinden wurden städtisches Eigenthum, in städtische Verwaltung genommen und neu organisirt. Städtische Burgvögte traten an die Stelle der bischöflichen.[4]) Es verstand sich von selbst, dass auch die Landgemeinden sofort das Evangelium annehmen mussten. Umsonst baten die vor den Rath geladenen Landpfarrer um eine Frist von einem Monat, um sich mit dem Inhalt der neuen Lehre vorher bekannt zu machen. Obwohl selbst Bonnivard diese Bitte für billig erklärt haben

---

[1]) Beide Vertragsurkunden finden sich in französischer Uebersetzung bei *Spon* II, 183 ff., 186 ff. Vgl. Bern. Rathsm. 7. Aug., 22. Sept. 1536. Ueber die Abtragung der Schuld kam es bald zu neuen Verhandlungen, da Genf an der Summe markten wollte. Vgl. Bern. Rathsm. 27, 29. Dec. 1536.

[2]) Vgl. Rathsprot. 24 und 26. Nov. 1535, *Fromment* p. 229, *Spon-Gautier* I, 364, 65. Schon im Mittelalter hatte übrigens die Stadt zeitweilig Münzen schlagen lassen. Die auch von Mignet und Polenz wiederholte Angabe, es sei damals die alte Devise Genfs „Post tenebras spero lucem" in „Post tenebras lux" umgewandelt worden, wird schon von *Gautier* l. c. widerlegt; beide Formen kommen vor und nach dieser Zeit vor.

[3]) Vgl. *Fromment* p. 230 ff., 233 ff.

[4]) *Fromment* p. 227 ff.

soll, trug doch die Ansicht Farels, der darin eine Widersetzlichkeit gegen das Werk Gottes erblickte, den Sieg davon, und die unverzügliche Aufhebung des katholischen Gottesdienstes wurde durch den Rath angeordnet.[1] Man sieht, mit welcher Entschiedenheit der neue Freistaat sofort die evangelische Tendenz zur Geltung brachte. Eine Inschrift, welche der Rath zum Andenken an die Reformation und die politische Befreiung Genfs über einem Stadtthore anbringen liess, stellt beide Ereignisse gleichsam als ein einziges dar und preist sie als sichtbare Zeichen der göttlichen Gnade, als besondere Wunder der göttlichen Allmacht.[2] Es ist fast, als habe die junge Republik von ihrer künftigen Bedeutung für die protestantische Sache schon eine Vorahnung gehabt.

Für den Augenblick indess hatte es noch nicht den Anschein, als ob Genf zu einer hervorragenden Rolle berufen sei; vielmehr stellten die in Wirklichkeit bestehenden Verhältnisse dem jungen Freistaat eine nichts weniger als grossartige und bedeutende Zukunft in Aussicht. Mit unbefangenem Auge betrachtet, erschien die Lage Genfs nach Beendigung des grossen Freiheitskampfes kaum gebessert, ja fast verschlimmert. Nicht nur, dass das Verhältniss zu Bern im Grunde wieder eine neue Abhängigkeit in sich schloss und eine freie Bewegung nicht gestattete: auch die inneren Zustände boten einen wenig erfreulichen Anblick. Der Wohlstand war durch den langjährigen Kriegszustand und die letzten Anstrengungen zerrüttet. Handel und Gewerbe lagen darnieder. Der Sinn für ruhig schaffende Thätigkeit war dem Bürger unter dem Lärm der Revolutionsjahre abhanden gekommen. Ein grosser Theil der wohlhabendsten und betriebsamsten Familien befand sich in der Verbannung; viele Häuser standen leer und waren dem Einsturz nahe. Unter den Zurückgebliebenen herrschten Parteiungen und Zwistigkeiten.[3] Die Masse des Volks war unzu-

---

[1] Rathsprot. 3, 6. April 1536; vgl. *Spon* I, 272 ff.

[2] Die Inschrift s. bei *Ruchat-Vulliemin* IV, 37, *Magnin* p. 227. Es ist doch wohl ein übertriebener Euphemismus, wenn *Gaberel* l. c. I, p. j. p. 93 —94 einen Generalrathsbeschluss vom 6. Februar, der allerdings eine allgemeine Amnestie verspricht und den Gebrauch der Parteinamen untersagt, aber zum Schluss Allen die Annahme des Evangeliums vorschreibt, als „Toleranzedict" aufführt!

[3] „*Res adhuc incompositae et urbs in pravas et noxias factiones scissa,*" schildert Calvin kurz den damaligen Zustand in der Praef. in Psalm., vgl. Opera Calvini ed. Amstelod. Tom. III.

frieden und schien Grösseres von der neuen Freiheit erwartet zu haben. Das Schlimmste war, dass es an Männern fehlte, die allgemeines Vertrauen einflössten. Die Persönlichkeiten, welche bei den Ereignissen der letzten Jahre in den Vordergrund getreten waren, die Baudichon, Vandel, Perrin, Goulaz, glänzten nicht durch Lauterkeit ihres Charakters und am wenigsten durch Uneigennützigkeit. Mit den eingezogenen Privat- und Kirchengütern wurde in unverantwortlicher Weise gewirthschaftet; trotz der massenhaften Confiscationen befand sich der Staat in fortwährender Geldverlegenheit. Baudichon, der Generalcapitain, welcher mehr als irgend Jemand den Sieg der neuen Ordnung hatte herbeiführen helfen, musste wegen seines wüsten, unordentlichen Treibens schon im Frühjahr 1536 aus seinem Amt entfernt und sogar in Haft genommen werden.[1]) Auch die besseren Führer der jetzt herrschenden Partei, Männer wie Porral und Salomon, standen doch weit hinter den alten Freiheitskämpfern zurück. Patrioten von der edlen Mässigung und Opferwilligkeit eines Bezanson Hugues besass das neue Genf nicht mehr. Der einzige Repräsentant der alten Zeit, der noch übrig war und sich mit den neuen Verhältnissen abfand, Bonnivard, der Gefangene von Chillon, war leider derjenige, welcher die Gesinnung jener Zeit am wenigsten rein in sich darstellte, und gab jetzt seinen Mitbürgern, anstatt ihnen mit Rath und That zur Seite zu stehen, eben so wohl durch seine fortwährenden Entschädigungsforderungen als durch seinen unsittlichen Lebenswandel öffentliches Aergerniss.[2]) Wohl war es da gerechtfertigt, wenn aufrichtige Patrioten mit ernster Besorgniss der Zukunft entgegensahen.

Aber noch ernstere Schwierigkeiten erhoben sich von einer andern Seite.

---

[1]) Rathsprot. 23, 25, 26. Februar 1536. Ueber die Vandel, Goulaz, Perrin brachten die Verhandlungen der nächsten Jahre manche unliebsame Enthüllungen.

[2]) Schon die Pension und das Bürgerrecht, welche ihm der Rath im Herbst 1536 verlieh, wurde an die Bedingung geknüpft: *quamdiu infra civitatem honeste vixerit et non alias* (Rathsprot. 4. Sept. 1536). Einige Monate später wird bereits über einen ihn betreffenden Unsittlichkeitsfall verhandelt. Vgl. Rathsprot. 29. Januar 1537.

VII.

DIE KIRCHLICHE LAGE.

Seit dem Herbst 1535 war Genf eine evangelische Stadt. Katholischer Gottesdienst wurde nicht mehr geduldet, Priester, Mönche, Domherren waren im Exil, in allen Kirchen ertönte die Predigt des reinen Gotteswortes. Man meinte, seit der Apostel Zeiten habe es keine so reine Kirche gegeben, als die von Genf.[1]

Allein bald genug zeigte sich, wie wenig noch erreicht war. Nur die eine Hälfte der Aufgabe war gelöst; an die zweite, die wichtigere und schwierigere war noch kaum im Ernste gedacht worden. Man hatte das alte zerstört, den Papismus, wie die Berner bezeugten, sehr gut ausgerottet, aber darüber war man nicht hinausgekommen; über das Neue, das an die Stelle des Zerstörten treten sollte, befand man sich in völliger Unklarheit.[2] Die Predigt allein, bisher fast der einzige gottesdienstliche Act, genügte, wie „rein" sie auch sein mochte, auf die Dauer um so weniger, als sie von den Dienern des Worts mehr zur Bekämpfung des „römischen Antichrists" als zur sittlichen Hebung und Erbauung der Gläubigen benutzt wurde. Es war ein neues kirchliches Leben zu begründen, man bedurfte einer Kirchenverfassung, einer neuen gottesdienstlichen Ordnung, neuer Disciplinargesetze, ja selbst noch eines neuen Glaubensbekenntnisses, da das Evangelium trotz seiner gerühmten Klarheit sich nicht als hinreichendes Einigungsband erwies und mancherlei Differenzen nicht verhinderte.

So lange der Krieg dauerte, empfand man dieses Bedürfniss weniger; anders aber wurde es nach der Beendigung desselben und nach der Herstellung des Friedens. Da konnte auch die Ordnung, Regelung und Neugestaltung der kirchlichen Verhältnisse nicht länger mehr verschoben werden. Farel, der bisher blos im Zerstören seine Tüchtigkeit gezeigt, sah sich vor eine ganz neue, ihm völlig ungewohnte Aufgabe gestellt. Auch er sollte jetzt die Erfahrung machen,

---

[1] *Fromment* p. 160.
[2] Vgl. die interessanten Aeusserungen Calvins über den damaligen kirchlichen Zustand Genfs in der Vorrede zu der lateinischen Ausgabe seines ersten Catechismus (J. Calvini opera ed. *G. Baum, E. Cunitz, E. Reuss*, Brunsvigae 1863 sqq., Tom. V, 319) und in seiner Abschiedsrede an die Genfer Prediger (Lettres Françaises de Jean Calvin recueillies par *Jules Bonnet*, Paris 1854, II, 574).

dass es leichter ist, den alten Bau niederzureissen, als einen neuen aufzuführen. Ueberall traten ihm Schwierigkeiten entgegen, als er den Versuch machte, ordnend und neugestaltend in die herrschende Verwirrung einzugreifen — Schwierigkeiten, die um so schwerer zu überwinden waren, als sie mit seiner frühern Thätigkeit auf das innigste zusammenhingen, ja durch sie grossentheils herbeigeführt waren. Farel hatte es nicht verschmäht, die Leidenschaften des Pöbels wach zu rufen, sie zu entfesseln, um sie für die Sache des Evangeliums in Dienst zu nehmen; er durfte sich nicht beklagen, wenn die durch ihn selbst geweckten Kräfte ihm jetzt ihren Dienst versagten, sich gegen ihn kehrten. Gerade in der Ungebundenheit der Geister, in der Anarchie und sittlichen Zerfahrenheit, welche während und grösstentheils in Folge der evangelischen Bewegung in Genf aufgekommen, lag das Haupthinderniss, welches sich der Herstellung einer festen kirchlichen Ordnung und Zucht entgegenstellte.

Es ist allerdings der damalige Sittenzustand Genfs oft mit allzu düstern Farben ausgemalt worden, um das Werk des gewaltigen Mannes, der bald die Geschicke Genfs in seine Hand nehmen sollte, in einem um so hellern Lichte erscheinen zu lassen;[1] aber, läugnen lässt sich doch nicht, dass die allgemeine Zerfahrenheit und Demoralisation der Gesellschaft in Genf einen bedenklichen Grad erreicht hatte, und fast ein Wunder müsste es genannt werden, wenn dies nicht der Fall gewesen wäre. Der ganze Verlauf der Reformationsbewegung, die Beschaffenheit der evangelischen Predigt, das endlose Schmähen auf die Betrügereien und die Unsittlichkeit des alten Clerus, die fast täglich wiederkehrenden Tumulte und bilderstürmerischen Scenen, der rohe Unfug, der mit Gegenständen getrieben wurde, die Jahrhunderte lang für heilig gegolten,[2] — alles dies konnte nicht anders als demo-

---

[1] Es geschieht dies insbesondere von dem Chronisten Roset, Calvins „Archigrammateus," welcher gleichsam die officiell calvinische, vom Rathe approbirte (vgl. Rathsprot. 2, 8. Juni, 8. Juli 1562) Auffassung der Genfer Geschichte vertritt, und von Bonnivard, welcher der siegenden Macht huldigte. Ihre Ansicht beherrscht noch die Darstellungen von Henry, Guizot, Schmidt, Stähelin u. s. w. Diesen entgegen urtheilen sehr günstig über die damaligen Genfer Zustände die beiden Galiffe, Fazy und insbesondere Roget, welcher, (l. c. II, 271) in dem neuen Genf sogar einen Musterstaat erblickt. Dass es indess arge Missstände gab, zeigen schon die zahlreichen sittenpolizeilichen Verordnungen des Rathes.

[2] Vgl. insbesondere *Frumment* p. 230 ff.

ralisirend wirken. Wo Männer wie Baudichon und Goulaz die öffentliche Meinung beherrschten, da gab es für das Walten eines sittlich ernsten Geistes keine Stätte mehr. Die alten Bande der socialen, sittlichen und kirchlichen Ordnung waren gelockert oder beseitigt, ohne durch neue ersetzt zu werden, und das Evangelium wurde die Losung, unter der, wie selbst sein Lobredner zuweilen klagt,[1]) der ärgste Unfug, Ausschweifungen und Gewaltthaten verübt wurden. Die neuen Prediger selbst waren in ihrer Mehrzahl nichts weniger als Muster von Sittenreinheit. In der Regel ausgetretene Mönche, die vor Begierde brannten, die neue Freiheit so rasch als möglich zu geniessen, dienten sie dem evangelischen Volke in Stadt und Land eher zum Aergerniss als zur Erbauung.[2]) Scenen der ärgerlichsten Art kamen vor: jene „Klugheit" der Mönche aus dem Rivekloster, welche, bevor sie ihr Habit ablegten, sich der Klosterschätze bemächtigten, um sofort zu einem ehelichen Leben die Mittel zu haben und Frauenzimmer anzulocken, stand keineswegs vereinzelt da. Nachtheilig wirkte ferner in sittlicher Hinsicht die evangelische Einwanderung, der Andrang von zahlreichen Fremden. Man nahm in der ersten Zeit Alles auf, was sich evangelisch nannte, und unter dem Vorwande, ihrer evangelischen Ueberzeugung wegen Schutz zu suchen, liessen sich in Genf Menschen von dem zweideutigsten Rufe nieder: Gauner und Abenteurer, untreue Ehegatten, schlechte Frauenzimmer, namentlich aber zuchtlose Mönche, die das zusammengeraubte Klostergut in Wirthshäusern und schlechter Gesellschaft durchbrachten, bis zuletzt unfreiwillige Armuth an die Stelle der einst gelobten freiwilligen trat. Darüber wird von Fromment an mehr als einer Stelle bittere Klage geführt. Endlich übten auch die gleichzeitigen politischen Kämpfe einen ungünstigen Einfluss aus. Seit Jahren befand sich die Stadt in einem Ausnahmezustande, in einer fortwährenden fieberhaften Aufregung. Die alte politische Ordnung war über den Haufen geworfen und der Hass der Menge gegen den hundertjährigen Unterdrücker zum Durchbruch gekommen. Der Kampf gegen Savoyen war gleich-

---

[1]) *Fromment* p. 223.
[2]) Ueber Jacques Bernard, den angesehensten unter den Ausgetretenen, fällt Calvin in einem Schreiben an Bullinger (vgl. *Henry* l. c. I, Beilagen p. 53) das vernichtende Urtheil: „*Christum aliquando in uxoris formu contemplatus est, quam simul atque habuit secum, modis omnibus corrupit, qui ipso monachatu visceral foedissime et impurissime.*" Dass Letzteres nicht unrichtig war, zeigt z. B. das Rathsprot. 4. Mai 1534.

sam die persönliche Angelegenheit jedes einzelnen Bürgers. In solchen Zeiten werden nur zu häufig die Grenzen zwischen Tugend und Laster verrückt. Für Patriotismus gilt da noch, was in anderen Zeiten als Zuchtlosigkeit mit der Strenge des Gesetzes geahndet werden würde.

So vereinigten sich innere und äussere, religiöse und politische Gründe, um die Gemüther zu entfesseln, und nicht zu verwundern ist es, wenn die öffentlichen Zustände Genfs ein fast unheimliches Aussehen gewonnen hatten. Ein Geist der Zügellosigkeit und Ungebundenheit durchdrang namentlich die niederen Classen. Tumult und Parteigetriebe waren an der Tagesordnung und fast zum täglichen Bedürfniss geworden. Ein loses, ausgelassenes Treiben herrschte in den Wirthshäusern, deren Besuch von jeher ein Lieblingsgenuss der fröhlichen Bürger gewesen. Von wirklich evangelischem Leben und Wesen war trotz der gehäuften Predigten wenig wahrzunehmen. Selbst Männer, die zu Anfang der Bewegung sich durch eifrig evangelische Gesinnung hervorgethan, die laut gegen den papistischen Prunk und die früher herrschende Ueppigkeit geeifert, blieben nicht treu, klagt unser Berichterstatter, sondern änderten Sprache und Haltung, nachdem sie durch das Kirchengut oder auf andere Weise in den Besitz eines reichen Vermögens gelangt waren.[1]) Wohl gab es Ausnahmen, aber nicht in grosser Zahl. Sogar die Schuljugend blieb von dem herrschenden Geiste nicht unberührt. Die Schulen geriethen in Verfall. Schon im Sommer 1534 wird von dem Rector über eine bedenkliche Abnahme des Schulbesuchs geklagt.[2]) Bis zu welchem Grade die Verwilderung der jugendlichen Gemüther im Jahre 1535 bereits gestiegen war, zeigen die Vorgänge des 8. August, der von den „kleinen Kindern" eröffnete Bildersturm in St. Peter.

Wir sehen: es waren Zustände in Genf eingetreten, welche einer Umgestaltung und Reformation eben so dringend bedurften, als sie die Durchführung derselben erschwerten. Was aber die Aufgabe des Reformators noch schwieriger machte, war, dass sich ihm zugleich noch Hindernisse ganz anderer Art entgegenstellten.

Zunächst ergab sich, dass der Katholicismus in Genf mit nichten schon so vollständig ausgerottet war, als man geglaubt. Man hatte mit Kolben und Schwert wohl die äussern Erscheinungsformen des alten Glaubens, aber nicht seine Macht über die Gemüther zerstören

---

[1]) Vgl. *Froment* p. 19, 20.
[2]) Vgl. Rathsprot. 26. Juli 1534, 6. April 1535.

können. Schon im September 1535, wenige Wochen nach dem allgemeinen Bildersturm, wagte Pierre Lullin, ein angesehener Bürger, im Namen zahlreicher Gesinnungsgenossen bei dem Rathe offen um Wiederherstellung der Messe einzukommen. Es war natürlich, dass dem Gesuche nicht entsprochen wurde; aber auch ohne öffentlichen Gottesdienst blieb eine katholische Partei bestehen. Sie befriedigte ihre religiösen Bedürfnisse in der Stille und heimlich, wie einst die Jünger Fromments. Mehrere auch nach den Augustscenen in der Stadt zurückgebliebene Geistliche lasen in Privathäusern Messe, segneten hier Ehen ein und nahmen Taufen vor. Abmahnungen und Verbote des Rathes fruchteten wenig. Es gab Leute, die ihre Kinder lieber selbst tauften, als dass sie diese Handlung durch den „gesetzlichen" Prediger vollziehen liessen. Der Magistrat befand sich in nicht geringer Verlegenheit. Die Katholikenfrage ist die in den Rathsprotocollen dieser Zeit am häufigsten wiederkehrende: wieder und wieder wird darüber verhandelt, ohne dass etwas erreicht worden wäre. Als man gegen die zurückgebliebenen Geistlichen mit Strenge einschritt und sie anwies, entweder die Predigt zu besuchen oder die Stadt zu verlassen,[1]) suchten die ihnen zugethanen Bürger ausserhalb der Stadt Befriedigung ihrer religiösen Bedürfnisse, und als der Rath, „damit man in grösserer Eintracht lebe," auch dies verbot,[2]) waren sie doch durch Nichts zu bewegen, die evangelische Predigt zu besuchen. Es befanden sich unter ihnen Vertreter der ältesten und edelsten Familien Genfs, Männer wie Malbuison, Lullin, Richardet, Jean Balard, Girardin de la Rive, Ramel, welche in den eben beendigten Kämpfen für die Behauptung der Unabhängigkeit der Stadt gestritten und gelitten und sich entschiedenes Verdienst erworben hatten. Sie hätten, erklärten diese Männer jetzt, für die Freiheit, nicht aber für eine neue Knechtschaft gekämpft: sie verlangten Gewissensfreiheit. Grosses Aufsehen erregte namentlich das freimüthige und entschiedene Auftreten des Jean Balard, eines der angesehensten Bürger, welcher die höchsten Aemter bekleidet hatte, als eifriger Patriot 1534 von Pierre de la Baume proscribirt worden war und noch in dem letzten Kampfe selbst eine Compagnie angeführt hatte. Auf Farels Drängen vor den Rath gefordert, um sich wegen des unter-

---

[1]) Rathsprot. 15. October, 12, 29. November, 5, 6. December 1535; vgl. Gaberel l. c. I, p. j. p. 94 ff.
[2]) Rathsprot. 24. März 1536.

lassenen Besuchs der Predigt zu verantworten, erklärte er offen und unumwunden, dass er wohl dem Worte Gottes, nicht aber den neuen Predigern glaube, und schilderte in beredten Worten das widersinnige und unredliche Verfahren, jetzt die Bürger „zu zwingen, gegen ihr Gewissen zur Predigt zu gehen, nachdem man bei dem Beginn dieser Händel verkündet habe, dass Niemand über das Gewissen herrschen könne." Auf die weitere Aufforderung, sich der gesetzlichen Bestimmung zu fügen, gab er die Erklärung, dass er allerdings „nach dem Evangelium leben wolle, aber nicht wie es von einigen Privaten, sondern wie es von dem h. Geiste in der heiligen allgemeinen Kirche, an die er glaube, ausgelegt werde. Sein Gewissen erlaube ihm nicht, in die Predigt zu gehen, und gegen sein Gewissen werde er nicht handeln."[1]) Die offene, kühne Sprache dieses edlen Patrioten blieb nicht ohne Wirkung und ermuthigte die ganze katholische Partei. Als einige Zeit später, am 4. September 1536, im Rathe der Zweihundert abermals Klage darüber geführt wurde, dass viele angesehene Bürger — man nannte einige mit Namen — trotz allen Verordnungen die Predigt nicht besuchten, und auf strenge Massregeln gedrungen wurde, machte einer der Angeschuldigten, Claude Richardet, der erste städtische Justizlieutenant und Freund Balards, seiner Entrüstung über den ausgeübten Gewissenszwang in sehr heftigen Worten Luft und erklärte vor der ganzen Versammlung, Niemand habe über sein Gewissen ein Recht: auch auf den Befehl des Syndiks werde er nicht zur Predigt gehen.[2])

---

[1]) Rathsprot. 21, 24. Juli 1536; vgl. Rathsprot. 10. Januar 1536.

[2]) „*Ibidem fuit propositum,*" heisst es in dem Rathsprotocoll zum 4. Sept. 1536, *quod quamvis in generali Consilio fuerit promissum vivere et sequi evangelium, multi sunt veluti C. Richardet, P. Lullin, J. Balard et alii multi qui nolunt ire auditum sermonem, ad quod C. Richardet furibunde respondit, quod nemo dominabitur suae conscientiae, nec pro verbis sindici Porralis ibit ad sermonem.*" Grenus stellt in seinem Auszuge aus den Rathsprotocollen (Fragmens biograph. et histor. extraits des Registres du Cons. dès 1535—1792 p. 3) die Sache so dar, als hätten jene Bürger gegen eine Beschränkung ihres unsittlichen Treibens protestirt, „*ne pouvant point endurer les ministres qui les reprennent de leurs vices, protestent devant le conseil vouloir vivre en liberté,*" und ebenso stellt Rosets handschriftliche Chronik l. IV c. 1 den Vorgang dar: „*protestant vouloir vivre en liberté et ne vouloir être contraints au dire de prêcheurs, ni sujets à l'ordre de discipline ecclésiastique.*" So auch noch Stähelin (Johann Calvin I, 119). Allein nicht um Sittenverbesserung und Widerspänstigkeit gegen die Disciplin handelte es sich hier, sondern um Gewissensfreiheit.

Aber nicht von der katholischen Partei drohte die grösste Gefahr. Wenn irgendwo, so waren bei der Einführung der Reformation in Genf politische Motive mit wirksam gewesen. Eigentlich gaben sie den Ausschlag. Nicht weil man Farels theologische Ansichten theilte, sondern weil nur um den Preis ihrer Annahme das Berner Bündniss zu haben und dieses zur Behauptung der Unabhängigkeit unentbehrlich war, trug das Evangelium in Genf den Sieg davon. Nicht Bibelstellen und theologische Argumente, sondern Rücksichten auf den politischen Vortheil, auf die äussere Noth und Gefahr brachten die Entscheidung. Diesen politischen Gesichtspunkt finden wir namentlich in den höheren und gebildeten Classen vertreten, bei den leitenden Staatsmännern und höheren Beamten, bei den Syndiken und Rathsherren, Lieutenants, Gesandten und diplomatischen Agenten. Männer wie Ami Porral, für den die Lehrsätze der Reformatoren wirklich eine Sache der Ueberzeugung waren, gehörten unter ihnen zu den Ausnahmen. Während des Kampfes wurden derartige Differenzen innerhalb der grossen evangelischen Partei nur wenig bemerkt: gegen den äussern Feind hatten überzeugte Jünger Farels und Staatsmänner, Fanatiker und Politiker dasselbe Interesse. Sowie aber nach Beseitigung der äussern Gefahr die inneren Fragen, die eigene häusliche Einrichtung, die Ordnung und Regelung des neuen Zustandes in den Vordergrund traten, mussten auch sofort die vorhandenen Gegensätze zum Vorschein kommen. Es war nicht zu erwarten, dass die Partei der Politiker, die Philippe, Sept, Hoffischer, Favre, welche so viel zu dem Erfolge beigetragen, die kirchliche Neugestaltung Genfs ganz den Predigern und ihrem Anhang überlassen und nicht den Versuch machen würden, dieselbe in ihrem Sinne und nach ihren Grundsätzen zu leiten. Diese Männer waren nicht mehr katholisch, aber noch weniger standen sie auf dem Boden des Farel'schen Christenthums, das in seiner schroffen Unduldsamkeit und Rauhheit zu ihren staatsmännischen und zuweilen humanistisch-philosophisch gefärbten Ansichten über Religion und Kirche vielmehr den schneidendsten Gegensatz bildete. So viel liess sich mit Sicherheit voraussehen, dass übertriebene geistliche Ansprüche oder gar der Versuch, eine neue geistliche Macht der Diener des Wortes zu begründen, von dieser Seite einen ernstlichen Widerstand erfahren würden, dass von ihr mit Eifersucht das Recht des Staates werde gewahrt werden. Sehr verführerisch musste in dieser Hinsicht namentlich das Beispiel Berns wirken. Wenn in Bern, dem man ja das Evangelium verdankte, die

Staatsgewalt den neuen Clerus in völliger Abhängigkeit hielt und der Rath die anzustellenden Geistlichen durch zwei seiner Mitglieder in der Weibelstube, oder wo es ihm sonst gefällig war, examiniren liess,[1]) warum sollte in Genf nicht wenigstens Aehnliches möglich sein?

Es war eine schwere Aufgabe, die Farels harrte. Aber mit rührigem Eifer und muthig wie immer ging er ans Werk. Tag für Tag bestieg er die Kanzel, bald in dieser bald in jener Kirche, ermunterte und tadelte, mahnte und strafte. Sein kühnes, entschiedenes Auftreten blieb doch nicht ohne Wirkung. Gerade der Umstand, dass die herrschenden Uebelstände so gross und unläugbar waren, hatte für ihn wieder den Vortheil, dass alle Freunde der Ordnung, auch wenn sie im Uebrigen seine Ansichten nicht theilten, ihn unterstützten, um nur dem gegenwärtigen Zustande der Unordnung und Anarchie ein Ende zu machen.

Dies war namentlich bei den städtischen Obrigkeiten selbst der Fall. Ganz ungerechtfertigt ist die Ansicht, als habe der Rath den Absichten des Reformators von Anfang nur entgegengearbeitet. Aus seinen amtlichen Aufzeichnungen ergibt sich vielmehr, dass die Prediger von dem Magistrat mit grösster Achtung, ja mit Wohlwollen und Zuvorkommenheit behandelt wurden. Man trägt Sorge für ihren anständigen Unterhalt, man macht Meister Farel ehrenvolle Geschenke,[2]) man lässt ihn in den Rathsversammlungen erscheinen und hört mit Aufmerksamkeit seine Vorschläge. Insbesondere liess der Eifer, welchen die weltliche Behörde in der Ausrottung des Papstthums an den Tag legte, kaum etwas zu wünschen übrig. Sie schritt gegen die auch nach dem letzten Ausweisungsbefehl noch zurückgebliebenen katholischen Geistlichen ohne alle Schonung und Rücksicht ein und verbot wiederholt das Hören der Messe innerhalb wie ausserhalb der Mauern bei strengen Strafen. Als Farel trotzdem am 19. Mai 1536 sich im kleinen Rath über zahlreiche „Kalte im Glauben" beschwerte und Abhülfe verlangte, wurde zwei Tage später der Generalrath einberufen und in diesem den versammelten Bürgern von Genf durch Claude Savoye, den ersten Syndik, nochmals das feierliche Versprechen abgenommen, „das Evangelium, wie es seit der Abschaffung der Messe, der Bilder, Idole und übrigen papistischen Missbräuche in Genf tagtäglich gepredigt worden," annehmen und be-

---

[1]) Vgl. *Gelpke*, Gesch. der Bernischen Kirchenverfassung p. 11.
[2]) Vgl. z. B. Rathsprot. 7. April, 10. Mai, 15. September 1536.

folgen zu wollen.¹) Seitdem wurde die Behandlung der Katholiken noch strenger: mit Verbannung und Kerker wurde gegen sie verfahren. Ist doch selbst ein Mann wie Jean Balard schliesslich verurtheilt worden, eingekerkert und durch Gerichtsdiener täglich aus dem Kerker in die Predigt geführt zu werden.²)

Aber auch im Uebrigen leistete der Rath den geistlichen Reformatoren bereitwilligen Beistand. Er erlässt wiederholt Anordnungen in ihrem Sinne, er sorgt für Abhaltung eines regelmässigen Gottesdienstes, hebt dem Wunsche der Prediger gemäss die alten Feiertage auf, erklärt den sonntäglichen Besuch der Predigt für eine bürgerliche Pflicht und setzt eine Geldstrafe auf die Versäumung derselben. Vorschläge, welche eine Besserung der Sitten bezwecken, sind ihm jederzeit willkommen und werden durch polizeiliche Massregeln unterstützt. Die weltliche Behörde erlässt selbst strenge Verordnungen gegen das ausgelassene Treiben in den Wirthshäusern, gegen den Besuch derselben während der Predigt, gegen Spielen und Fluchen, wie in der katholischen Zeit die geistlichen Behörden, und belegt sittliche Ausschweifungen mit schweren bürgerlichen Strafen. Ihre Fürsorge erstreckt sich bis auf das Kleine und Unbedeutende: selbst bei den geringfügigsten Disciplinarbestimmungen kommt sie mit ihrer Autorität den Wünschen der Prediger zu Hülfe.³)

Ebenso gingen bei der Wiederherstellung des in den letzten Jahren völlig verfallenen Schulwesens Rath und Geistlichkeit Hand in Hand. Die Nothwendigkeit einer gründlichen und raschen Hülfe war hier beiden Theilen einleuchtend: war doch gerade der Verfall der wissenschaftlichen Bildung und der Schulen der Hauptvorwurf, der von katholischer Seite gegen die Evangelischen erhoben wurde.⁴) Auch hier gab die Geistlichkeit den ersten Anstoss. Nach längeren Berathungen beschloss der Rath die Errichtung einer neuen

---

¹) Rathsprot. 19, 21. Mai 1536.

²) Rathsprot. 15. August 1536, vgl. 16. Mai, 17. Juni (Verurtheilung Girardins de la Rive), 13, 16, 24. Juli u. s. w.

³) Vgl. Rathsprot. 22. Febr., 13, 16. Juni, 28. Febr., 17. Juni, 18. April 1536.

⁴) „Entre les mensonges innumerables," sagt Saunier in der Schrift L'Ordre et manière d'enseigner, „par lesquelles ils tachent de faire nostre cause odieuse ils nous reprochent principalement que nous n'estimons rien les bonnes lettres ni tous ars liberaulx et que desja par de ca ces choses la sont abatues et quasi du tout abolies: comme si l'Evangile avoit guerre contre les bonnes sciences."

oder vielmehr die Wiederherstellung der alten von Versonay gegründeten städtischen Schulanstalt, die man bereits im Herbst 1535 in das ehemalige Rivekloster verlegt hatte, und setzte für einen „Rector" und zwei Gehülfen, welche bestimmt waren, ihm zur Seite zu stehen, ein ansehnliches Gehalt aus.[1]) Sie sollten die Kinder ärmerer Bürger unentgeltlich unterrichten, wie auch in der katholischen Zeit von der „grossen Schule" der Unterricht unentgeltlich ertheilt worden war, und den niedern Unterricht mit dem höhern verbinden. Es war mehr als Farel erwarten konnte, dass gerade sein erster Gefährte in Genf, sein Freund und Landsmann Antoine Saunier, als erster Rector zur Leitung der Schule berufen wurde. Man übertrug dem neuen Rector die selbstständige und ausschliessliche Leitung des gesammten städtischen Schulwesens, so dass nicht einmal der Rath eine Controle ausübte und neben der Schule im Rivekloster keine andere errichtet werden durfte.[2])

Man sieht: die Willfährigkeit des Rathes gegen die neue Geistlichkeit ging in allen diesen Anordnungen doch weit genug. Ein Rathsbeschluss vom 8. September 1536 findet Farels schriftliche Gutachten sogar „göttlich" und setzt fest, dass fortan die Mitglieder des Collegiums vor jeder Sitzung in früher Morgenstunde einer Predigt beizuwohnen haben. Konnte die Devotion gegen die Diener des göttlichen Wortes noch weiter gehen?[3])

Aber ein Gegensatz zwischen den Vertretern der bürgerlichen Gewalt und der Geistlichkeit war dennoch vorhanden, und selbst die scheinbar so innige, ja fast zärtliche Freundschaft der ersten Zeit verdeckte denselben nicht völlig. Waren beide auch einig in der Ueberzeugung, dass der bestehende Zustand einer durchgreifenden Reform bedürfe, und von gleichem Eifer erfüllt, eine solche durchzuführen, so bestand diese Uebereinstimmung doch mit nichten in jener Frage, von deren Lösung wesentlich die Gestaltung des neuen Zustandes ab-

---

[1]) Rathsprot. 28. April, 19, 21. Mai, 13. Juni 1536; *Fromment* p. 239, 40, vgl. dazu *Galiffe*, Genève hist. et archéol. p. 252, 253.

[2]) Vgl. *E. A. Betant*, Notice sur le Collége de Rive. Suivie de l'ordre et manière d'enseigner en la ville de Genève au Collége avec la description de la ville de Genève, Genève 1866 p. 6 ff. Die Einrichtung der neuen Anstalt war keine sonderlich glückliche. Mit der Schule war eine Art Pensionat verbunden, welches für den Rector bald die Hauptsache geworden zu sein scheint. Die Leistungen waren nicht bedeutend und scheinen hinter denen der „grossen Schule" sehr zurückgeblieben zu sein.

[3]) Vgl. Rathsprot. 8. Sept. 1536.

hing. Man hatte die alte Kirchengewalt zertrümmert. Wer sollte in die dadurch entstandene Lücke eintreten? Wer war nach dem Sturze der alten der wahre und rechtmässige Träger der neuen Kirchengewalt? In der Beantwortung dieser Frage gingen die beiden scheinbaren Bundesgenossen weit aus einander. Wäre auch jene politische Partei nicht so stark im Rathe gewesen, als sie es war: die bürgerliche Obrigkeit konnte nach dem ganzen Verlauf der Reformationsbewegung, sowie insbesondere nach dem Vorbild, das sie nicht blos in Bern, sondern in der ganzen reformirten Schweiz vor Augen hatte, diese Frage nicht wohl anders als zu ihren Gunsten beantworten: sie betrachtete sich als den Rechtsnachfolger des Bischofs in kirchlichen wie in politischen Dingen und nahm die oberste kirchliche Leitung für sich in Anspruch. Dagegen musste Farel nach seinem innersten Wesen für das Recht und die Herrschaft des geistlichen Princips eintreten. Ihm würde es als ein schreiendes Unrecht erschienen sein, wenn die Verkünder des reinen, unverfälschten Gotteswortes eine geringere Selbstständigkeit und Gewalt über die Gläubigen hätten haben sollen, als vordem die Verkünder der falschen Lehren des Papstthums.

Es war die überall in den reformirten Ländern wiederkehrende grosse Streitfrage, welche auch in Genf Rath und Prediger entzweite. War es auch zu einem offenen Zerwürfniss noch nicht gekommen, so hatte ein Gegensatz der Tendenzen sich doch schon bei mehr als Einer Gelegenheit deutlich genug offenbart.[1]) Man war sich desselben auf beiden Seiten bewusst. Der edle Wetteifer, womit Magistrat und Clerus die Besserung der öffentlichen Zustände sich angelegen sein liessen, hängt zum grossen Theil damit zusammen und findet in diesem Verhältnisse seine Erklärung: kein Theil wollte sich durch den andern überflügeln lassen. Jene so ungewöhnliche und entgegenkommende Bereitwilligkeit, womit der Rath die von Farel ausgegangenen Reformvorschläge, mochten sie auch rein kirchlicher Natur sein, sich aneignete und durch bürgerliche Gesetze in Vollzug setzen liess, hatte ihren Grund nicht etwa blos in einem reinen Wohlwollen für den geistlichen Reformator oder in einer unbedingten Billigung der clericalen Reformvorschläge: sie ging vielmehr aus dem Streben hervor, die geistliche Gesetzgebung als einen Bestandtheil der weltlichen Gerechtsame erscheinen zu lassen. Man beeilte sich, die Vorschläge der Theologen

---

[1]) Schon bei der Schulfrage traten nach *Fromment* l. c. p. 239 ernste Differenzen hervor: die Protocolle schweigen darüber.

mit dem weltlichen Arme zur Ausführung zu bringen, um die Autorität des Rathes zu retten, um ihn als ihren eigentlichen Urheber darzustellen, und betrachtete Meister Farel, indem man sich verpflichtete, seine Predigten zu besuchen, doch nur als des Rathes „Diener."

Man erkennt, dass die Lage des Reformators nicht so günstig, seine Wirksamkeit nicht so frei und ungehindert war, als es auf den ersten Blick scheinen konnte. Jener innere Gegensatz trat bei jeder Gelegenheit offenkundiger hervor. Es gab gewisse Grenzen, über die Farel nicht hinausgehen durfte. Ueberdies war auch die Persönlichkeit des Reformators an sich keine solche, die dem Rathe gestattet hätte, ihm einen zu weiten Spielraum zu gewähren. Ein Mann, der mehr als einmal die Leidenschaften des Pöbels gegen die bestehende Obrigkeit aufgerufen und dem oft missbrauchten Schriftworte, dass man Gott mehr gehorchen müsse als den Menschen, eine so weite Ausdehnung gegeben, machte der Behörde, auch wenn er jetzt noch so aufrichtig für Sittenverbesserung eiferte, fortwährende Wachsamkeit zur Pflicht. Und diese wurde in der That von ihr keinen Augenblick vergessen.

Farel fühlte das Unbequeme und Missliche seiner Stellung je länger je mehr. Das Verhältniss zu dem Rath wurde für ihn peinlich und drückend. Er sah sich in seiner freien Thätigkeit gehemmt und aufgehalten; er musste Rücksichten nehmen, die seiner innern Natur zuwiderliefen. Mehr und mehr vermisste er bei den weltlichen Reformatoren den rechten ernsten Eifer. Manche Anordnungen des Magistrats blieben ohne jeden Erfolg, und es schien nicht, als ob denen, welche sie erlassen, viel an ihrer Befolgung läge. Nicht einmal die Straferlasse gegen die Katholiken kamen immer zur Ausführung. Jean Balard blieb trotz seiner Verurtheilung in Freiheit und enthielt sich noch fortwährend des Besuchs der Predigt.

Aber auch der Erfolg der eigenen reformatorischen Thätigkeit blieb hinter Farels Wünschen und Erwartungen sehr zurück. Es gelang ihm nicht, die Gläubigen mit dem neuen Geiste zu durchdringen. Die alten Uebelstände dauerten ungeschwächt fort, und eine Besserung war kaum wahrzunehmen. Die so leicht entfesselten Geister liessen sich nicht so leicht in die Schranken einer neuen Ordnung zurückbannen, auch wenn dieselbe Farel klarer vorgeschwebt hätte, als es der Fall war. Noch misslicher sah es auf dem Lande aus. Die neuen ländlichen Unterthanen waren trotz der gesetzlich eingeführten Reformation im Herzen noch katholisch und schenkten den „geschorenen Räubern", wie Farel die Mönche nannte, mehr Glauben als den ihnen zugesandten Predigern, die sie oft genug mit Misshandlungen empfingen.[1])

Am bittersten empfand Farel in dieser Lage den völligen Mangel an geeigneten Mitarbeitern. Prediger gab es zwar in hinreichender Anzahl, aber wir wissen bereits, dass es nicht die Männer waren, deren der Reformator zur Ausführung seines neuen Werkes bedurfte. Der Einzige, welcher ihm wirkliche Hülfe hätte leisten können, Pierre Viret, verliess Genf schon bald, um sich dem Dienste des Evangeliums in Neuenburg und Lausanne zu widmen. Fromment, der durch sich selbst gefeierte Molardprediger, zieht sich um diese Zeit mehr und mehr aus dem öffentlichen Leben in die Dunkelheit eines wenig erbaulichen Privatlebens zurück, das zu dem glänzenden Anlauf, den er in jungen Jahren genommen, einen unerfreulichen Contrast bildete. Ohne Hülfe sah sich Farel seiner schweren und verwickelten Aufgabe gegenüber, die trotz aller Anstrengungen nicht einmal in ihren ersten Anfängen gelöst war. Sie zu lösen bedurfte es aber nicht blos bedeutenderer Arbeitskräfte, sondern mehr noch eines bedeutenden organisatorischen Geistes, eines geistlichen Baumeisters von mehr als gewöhnlicher Kraft und Fähigkeit. Ein solcher aber war Wilhelm Farel nicht.

Vielleicht zum ersten Mal in seinem Leben ist der „Eroberer von Genf" damals sich seiner eigenen Schwäche bewusst geworden. Farel besass den Muth und die Beredtsamkeit eines revolutionären Volkstribuns, aber nicht die Eigenschaften eines Nomotheten und Reformators. Er verstand es, in feuriger Rede mit seiner Donnerstimme die Massen aufzuregen und in wildem Getümmel mit sich fortzureissen, aber es war ihm nicht gegeben, die in Bewegung Gesetzten zu beherrschen und dauernd unter seiner Autorität festzuhalten. Seine eiserne Natur war mehr dazu geschaffen, Bahn zu brechen, durch Zerstörung des Alten Anderen den Boden zu ebnen, als selbst aufzubauen. Dazu fehlte dem ungestümen Manne die Ruhe und Sicherheit des Charakters, die nöthige Klarheit und Tiefe, die schöpferische Kraft und das organisirende Talent.

Farel verhehlte sich dies selbst nicht. Mit jedem Tage wurde er seine Unzulänglichkeit mehr inne. Sein Muth begann zu wanken.

---

[1]) Darüber klagt Farel namentlich in mehreren noch ungedruckten Briefen an den Prediger Christoph Libertet aus den Jahren 1536 und 37.

Er klagte den gleichgesinnten Freunden in der Ferne seine Noth und bat sie um Hülfe. „Härter als der Tod," meinte er noch in späteren Jahren, sei die Arbeit gewesen, die damals auf ihm gelastet.[1])

In diesen Tagen langte Johann Calvin in Genf an.

---

[1]) Vgl. Farel an Christoph Fabri 6. Juni 1564, in der Fick'schen Sammlung: Du vray usage de la croix, suivi de divers écrits p. 314, *Kirchhofer*, Leben Farels I, 195 ff.

DRITTES BUCH.

CALVIN UND GENF BIS ZUM JAHRE 1541.

I.

CALVINS ANFÄNGE.

Im vollen Gefühl der eigenen Bedeutung vergleicht Calvin in jener berühmt gewordenen Vorrede zu seinem Psalmencommentar sich mit dem Propheten David. „Wie in einem Spiegel" glaubt er in dem Lebenslauf des Psalmisten ein Bild des eigenen und insbesondere des Beginns seiner Laufbahn zu erkennen. „Wie jener," ruft er aus, „von seiner Heerde hinweg zu der höchsten Würde im Reiche berufen wurde, so hat auch mich Gott aus der Dürftigkeit und Dunkelheit hervorgezogen, um mich mit dem ehrenvollen Amte eines Herolds und Dieners des Evangeliums zu betrauen."

Auch der französische Reformator ging, wie der deutsche, nicht aus den bevorzugten Kreisen der Gesellschaft hervor. Rühmte sich Luther, eines deutschen Bauern Sohn zu sein, so gehörte Calvin durch seine Abkunft dem Bürgerstande an. Sein Grossvater hatte in dem Städtchen Pont l'Evêque das Böttcherhandwerk betrieben; dem Vater, einem strebsamen Manne, war es durch Fleiss gelungen, sich zu einer angesehenern Lebensstellung emporzuarbeiten: er war bischöflicher Secretair, Fiscalprocurator der Grafschaft und Syndicus des Domcapitels zu Noyon in der Picardie.[1] Hier erblickte Johann Calvin, der zweite von vier Söhnen, am 10. Juli 1509 das Licht der Welt.[2]

---

[1] Vgl. *Jacques le Vasseur*, Annales de l'église Cathedrale de Noyon, Paris 1633, p. 1088, 1151. Statt der ursprünglichen Form des Namens: Cauvin bediente sich Calvin schon seit 1531 der lateinischen, obschon auch nach dieser Zeit in Urkunden, die ihn betreffen, die ältere Form noch vorkommt. „*Unus de plebe homuncio*" nennt Calvin sich selbst in der Vorrede zu seinem Commentar über Seneca.

[2] *Le Vasseur* l. c. p. 1152, 1157. J. Calvini vita a. *Th. Beza* ed. Nickel p. 2. Es gibt von dieser ältesten und wichtigsten Biographie des Reforma-

Ueber seine Jugendzeit besitzen wir nur spärliche Nachrichten. Die Verhältnisse im elterlichen Hause scheinen nicht erfreulicher Art gewesen zu sein; die Mutter starb früh; der Vater, ein vielbeschäftigter Beamter von strengem, herben Charakter, fand zur Erziehung seiner Kinder nicht die nöthige Zeit, noch verstand er es, ihre Liebe zu gewinnen. Der junge Calvin erhielt seine Erziehung ausserhalb des elterlichen Hauses bei einer dem Vater befreundeten adeligen Familie, welche den Knaben, der schon früh ein nicht gewöhnliches Talent verrieth, zu sich nahm und mit den eigenen Kindern unterrichten liess.[1]) So eignete er sich mit den Anfangsgründen des Wissens schon in jungen Jahren auch eine gewisse Feinheit der Sitte und jene vornehme Art an, die Calvin in so auffallender Weise von dem deutschen Reformator unterscheidet. Dankbar gedenkt er noch in späterer Zeit des vielen Guten, das er in dem Hause seines adeligen Gönners genossen. „Dir bin ich Alles schuldig, was ich bin und habe," sagt er in der Vorrede zu seiner Erstlingsarbeit, welche dem Abte von St. Eloy, einem von jenen adeligen Jugendgespielen gewidmet ist, „und dankbar erinnere ich mich noch an jene Zeit, da ich als Knabe in Eurem Hause erzogen, in dieselben Studien mit Dir eingeführt wurde und von Deiner edlen Familie die erste Anleitung zum rechten Wissen und Leben empfing." Die Erinnerung an jene

---

tors drei Redactionen: die erste erschien 1564 in französischer Sprache als Einleitung zu dem Commentar über Josue und auch abgesondert unter dem Titel: Discours de M. Theodor de Beze contenant en bref l'histoire de la vie et mort de maistre Jean Calvin, Genève 1564; die zweite, bedeutend erweiterte und viel wichtigere erschien 1565 ebenfalls französisch und rührt nach Bezas eigener Angabe, Tractat. Theologic. Vol. II, 356, von *Nic. Colladon* her. Diese Ausgabe ist neuerdings von A. Franklin (Vie de J. Calvin, Paris 1864), der sie, seltsam genug, für ein Werk Drelincourts zu halten geneigt ist, wieder herausgegeben worden. Die dritte Redaction ist die bekannte lateinische Vita, die 1575 als Einleitung zu den Briefen Calvins erschien und wieder Beza zum Verfasser hat. Die erste, sehr seltene Ausgabe ist nach den mir darüber von Prof. Baum gemachten Mittheilungen eine inhaltsarme laudatio und überdies vollständig in der zweiten enthalten. Ich ziehe deshalb blos die zweite und dritte Ausgabe in Betracht, von denen die lateinische allerdings einen umfassendern Blick verräth, während dagegen die französische für die persönliche Geschichte Calvins mehrfach wichtiger ist. Die panegyrische Tendenz, welche ihnen gemeinsam ist, macht sich bei Beza in höherm Grade und mit grösserem Geschick geltend.

[1]) *Beza* p. 2, *Colladon* (Ausg. von *Franklin*) p. 9.

edle Familie scheint die einzige angenehme zu sein, die ihm aus seiner Jugendzeit verblieben.[1]

Noch bevor der Knabe das zwölfte Jahr zurückgelegt hatte, befand er sich durch die Fürsorge des Vaters, der in geistlichen Kreisen wegen seiner amtlichen Stellung grossen Einfluss besass, im Genuss einer Caplanei an der Cathedrale.[2] Er sollte — so war des alten Calvin Plan — Geistlicher werden und durch den Glanz geistlicher Würden dereinst das Ansehen der Familie erhöhen.[3] Die Einkünfte seiner Pfründe machten es ihm möglich, die in der Heimath mit gutem Erfolg begonnenen Studien, ohne der Familie zu sehr zur Last zu fallen, in Paris, dem grossen Sammelplatze strebsamer Geister, fortzusetzen. Dreizehn Jahre alt, siedelte er mit Einwilligung des Domcapitels und in Gesellschaft seiner adeligen Mitschüler, im Jahre 1523 nach der Hauptstadt über. Das Zusammenleben mit seinen vornehmen jungen Freunden hörte jetzt auf, nur der freundschaftliche Verkehr dauerte noch eine Zeit lang fort. Calvin trat in das Collegium de la Marche ein, wo er namentlich unter Mathurin Cordier, einem erfahrenen und vielgenannten Schulmanne, in der üblichen Weise dem Studium der Grammatik oblag. Der junge Schüler von Noyon machte gute Fortschritte. Schon nach kurzer Zeit wurde er in das Collegium de Montaigu versetzt, welches mit dem grammatikalischen zugleich einen philosophischen und einen theologischen Lehrcursus verband. Hier widmete er sich, nachdem er den vorgeschriebenen humanistisch-grammatischen Cursus vollständig absolvirt hatte, unter der Leitung eines namhaften spanischen Gelehrten den üblichen dialectischen Studien.[4] Es war dasselbe Collegium, in welchem wenige Jahre später ein anderer berühmt gewordener Mann, der Spanier Ignaz Loyola, den Grund zu seiner Bildung legte.[5] Merkwürdige Fügung, dass die beiden Männer, welche in den grossen

---

[1] L. A. Senecae libri duo de clementia J. Calvini comment. illustrati, Praef. Opp. Calvini ed. Amstelod. T. VIII, ed. Brunsv. T. V.

[2] Vgl. *Jacques Desmay*, Remarques sur la vie de J. Calvin hérésiarque tirées des Registres de Noyon, Rouen 1657, p. 32.

[3] „*Theologiae me pater tenellum adhuc puerum destinaverat*," sagt Calvin selbst in der Vorrede zu seinen Comment. in librum Psalmorum, Opp. Calvini ed. Amstelod. T. III. Die Verleihung der Pfründe erfolgte bereits am 29. Mai 1521, *Le Vasseur* l. c. p. 1158.

[4] Vgl. *Beza* p. 2, *Colladon* p. 10, 11, *Desmay* l. c. p. 32, 33.

[5] Vgl. *Crevier*, Hist. de l'université de Paris, VI, p. 2.

religiösen Gegensätzen des Zeitalters gewissermassen die beiden äussersten Pole bilden sollten, beim Beginn ihrer Laufbahn in derselben Bildungsanstalt, zu den Füssen desselben spanischen Lehrers erscheinen!

Die wenigen Nachrichten, welche uns über diesen ersten Aufenthalt Calvins in Paris und seine damaligen Lehrjahre erhalten sind, lassen uns ein ernstes, in sich gekehrtes, von dem gewöhnlichen Treiben der Jugend abgewandtes Gemüth erkennen. Ein strenger, ja herber Zug, vielleicht eine Folge des strengen Tones, der in dem elterlichen Hause herrschte, geht durch sein ganzes Wesen.[1] Damit verbindet sich ein lebendiges Pflichtgefühl. Er führte ein stilles, zurückgezogenes Leben, verkehrte mit Wenigen, erfüllte seine religiösen und übrigen Pflichten, wie sie die Schulordnung ihm vorschrieb — und diese war namentlich in dem Collegium Montaigu, wo er die längste Zeit zubrachte, sehr strenge — mit grösster Gewissenhaftigkeit[2] und ergab sich den Studien mit solchem Eifer, dass er alsbald die besondere Aufmerksamkeit der Lehrer auf sich lenkte und noch vor der üblichen Frist „mit Zurücklassung seiner Mitschüler" in die höheren Abtheilungen aufrücken konnte. Bei seinen Studiengenossen war er, wie wir aus Manchem schliessen dürfen, nicht gerade beliebt.

---

[1] „*Animum meum, qui pro aetate nimis obduruerat*," sagt er selbst in der Praef. in Psalm. l. c.

[2] „*Tenera aetate mirum in modum religiosus*" nennt ihn Beza; damit stimmt seine eigene Angabe in der Vorrede zu den Psalmen; auch der katholische Florimond de Raemond sagt l. c. p. 884 von ihm: *C. fit monstre dès l'entrée de sa jeunesse, qu'il ne se laissoit enyvrer aux plaisirs de la chair et du ventre*. Ueber die streng kirchliche Ordnung des Collegiums Montaigu vgl. *Crevier* l. c. V, p. 20 ff. Die Angabe Bolsecs (De J. Calvini magni quondam Genevensium ministri vita, moribus, rebus gestis, studiis ac denique morte, Coloniae 1580, p. 30 — die französische Ausgabe erschien 1577) über eine grobe sittliche Verirrung Calvins in seiner Jugend und eine dafür erlittene entehrende Strafe verdient auch nach den Ausführungen von *Magnin* l. c. p. 423 ff. keine ernste Widerlegung. Uebrigens ist die Nachricht nicht von dem katholischen Biographen erfunden, sondern diesem von den protestantischen Gegnern Calvins in Genf selbst auf Grund eines angeblichen Berichts von Noyon mitgetheilt worden und die Darstellung Bolsecs sonst nicht so werthlos, als man gewöhnlich annimmt. Die Defense de Calvin von Drelincourt — mir stand nur die unter dem Titel: Vertheidigungs-Schrift des Calvini, Hanau 1671 erschienene deutsche Ausgabe dieses Werkes zu Gebote — beschäftigt sich fast nur mit dieser Anklage und widerlegt sie schon hinlänglich.

Sein strenges, schroffes und doch wieder scheues und zurückhaltendes Wesen, sowie der sittenrichterliche Ton, den er oft seinen Genossen gegenüber annahm, scheint unter diesen vielmehr eine ziemlich allgemeine Missstimmung gegen ihn hervorgerufen zu haben. Man machte, wenn wir späteren Angaben Glauben schenken dürfen, den kleinen, unbequemen Picarden gern zur Zielscheibe spöttischer Bemerkungen und benannte ihn, auf seine Neigung zum Anklagen anspielend, mit einem wenig schmeichelhaften Namen.[1]) Calvin fand dafür wohl einen Ersatz in dem Verkehr mit seinen Lehrern, die seinem Fleiss die gebührende Anerkennung nicht versagten. In ein nahes und inniges Verhältniss muss er insbesondere zu seinem ersten Lehrer Mathurin Cordier getreten sein, der ihm eine dauernde Liebe zu den humanistischen Studien einflösste. Ungern trennte er sich von dem liebgewonnenen Manne, als er in eine höhere Classe aufrückte, und noch fünfundzwanzig Jahre später ist er voll des Lobes für den wohlwollenden und kenntnissreichen Führer, der an der Schwelle seiner wissenschaftlichen Laufbahn seine Studien geleitet.[2])

So verstrichen mehrere Jahre und die Zeit rückte heran, die den stillen Zögling von Montaigu in die eigentlich theologischen Studien einführen sollte. Sein sittlicher Ernst, seine Neigungen, der Wille des Vaters — Alles schien sich zu vereinigen, ihn für den geistlichen Stand zu bestimmen. Der Vater, welcher ohne Unterlass in seiner Weise auf das Fortkommen des Sohnes bedacht war, hatte ihm mittlerweile durch seine geistlichen Verbindungen bereits eine zweite kirchliche Pfründe zuzuwenden gewusst. Kaum achtzehn Jahre alt und ohne noch eine geistliche Weihe empfangen zu haben, erhielt Calvin die Pfarre von Marteville, welche er zwei Jahre später mit jener von Pont l'Evêque, dem Stammsitz seiner Familie, vertauschte.[3]) Eine glänzende Zukunft schien ihm auf der clericalen Laufbahn bevorzustehen.

---

[1]) Le Vasseur p. 1158 erzählt nach einer Notiz Balduins, dass ihn seine Mitschüler den „Accusativ" genannt hätten. Auch von seinen späteren Gegnern wird ihm wohl vorgeworfen, dass er sich früh aufs Anklagen verstanden habe. Severus omnium in suis sodalibus vitiorum censor nennt ihn Beza l. c. p. 2.

[2]) Vgl. das an Mathurin Cordier gerichtete Dedicationsschreiben zu dem Commentar über den ersten Brief an die Thessalonicher d. d. Genevae 17. Cal. Mart. 1550, Opp. Calvini ed. Amstelod. VII, p. 405. Ueber Mathurin Cordier vgl. Bulletin de la soc. de l'hist. du Prot. Franç. XVII, 449.

[3]) Die Pfarre Marteville erhielt er am 27. Sept. 1527, vgl. Desmay p. 35.

Ganz unerwartet aber wurde dieser Plan durch eine neue Entschliessung des Vaters selbst durchkreuzt. Sei es, dass der ehrgeizige bischöfliche Secretair, bei dem Ansehen, welches damals der Rechtsgelehrtenstand in Frankreich genoss, sich von der Robe eine raschere und glänzendere Laufbahn versprach, als von der Stola, wie die Biographen erzählen,[1]) sei es, dass unangenehme Verwickelungen, in die er um jene Zeit mit den geistlichen Behörden in Noyon gerieth — Verwickelungen, die sogar seine Excommunication zur Folge hatten — ihn gegen den geistlichen Stand überhaupt einnahmen:[2]) genug, er änderte seinen Plan. Calvin empfing von dem Vater die Weisung, die Theologie mit der Rechtsgelehrsamkeit zu vertauschen. An strengen Gehorsam gewöhnt und von dem Rechte der väterlichen Autorität durchdrungen, folgte er, obschon der Wechsel ihm nicht zugesagt zu haben scheint, ohne Widerrede. „Ich bin zu dem Studium der Gesetze gezogen worden," sagt er selbst, „aber um des Vaters Willen zu erfüllen, habe ich mich demselben mit gewissenhaftem Fleiss ergeben."[3])

Den väterlichen Weisungen gemäss besuchte Calvin seit dem Ende des Jahres 1527 — genau wissen wir den Zeitpunkt nicht anzugeben — nach einander die Universitäten Orleans und Bourges, welche als Rechtsschulen eines besondern Rufes genossen. Er sass zu den Füssen der gefeiertsten Rechtslehrer der Zeit, eines Pierre de l'Etoile, eines Andreas Alciati, und widmete sich, wie auch seine Biographen versichern, dem neuen Berufsstudium mit angestrengtem

---

[1]) *Le Vasseur* p. 1155. Die hier mitgetheilten Thatsachen zeigen, in welchem Grade der bischöfliche Secretair sein Verhältniss zur Geistlichkeit auch zur Ausstattung seiner übrigen Kinder missbrauchte. Die sittliche Entrüstung, welche *Haag*, La France protest. III, 111, bei der Bekämpfung Audins an den Tag legt, scheint mir deshalb wenig gerechtfertigt. Vgl. auch *Drelincourt* p. 20, 170.

[1]) *Beza* p. 2, *Colladon* p. 12. So auch Calvin selbst in der Praef. in Psalm.

[2]) Vgl. die urkundlichen Mittheilungen bei *Le Vasseur* l. c. p. 1153 ff. Hierdurch erklärt sich der „dessein assez bizarre", wie *Maimbourg*, Hist. du Calvinisme p. 53, den neuen Entschluss des Vaters nennt, um so eher, als damit auch die bisherige ausnehmende Begünstigung des Sohnes durch die geistlichen Behörden voraussichtlich für die Zukunft wegfiel.

[3]) Praef. in Psalm. l. c. Der Angabe *Bezas* p. 2 und *Colladons* p. 12, dass er selbst den Wechsel gern vorgenommen, stehen Calvins eigene Worte entgegen.

Eifer. War auch die Richtung seiner Studien eine andere geworden, sein Fleiss blieb derselbe und wurde durch die mancherlei Anregungen, welche das neue Universitätsleben bot, sogar noch gesteigert. Nicht mehr an die Ordnung eines streng geregelten Lebens gebunden, frei und ungehindert durfte er jetzt dem Drange seines wissbegierigen Geistes folgen. Sein schwächlicher Körper litt sogar unter den übermässigen Anstrengungen, die er sich zumuthete. Er verkürzte die Zeit der nächtlichen Ruhe, entzog sich Speise und Trank, um seinen Wissensdurst zu befriedigen. Bis tief in die Nacht, erzählt Beza nach den Aussagen seiner damaligen Studiengenossen, sass er an seinem Arbeitstisch, durchdachte die Vorträge, die er den Tag über gehört, und brachte sie in Auszüge. Schon um diese Zeit scheinen Klarheit und strenge Methode als erstes Bedürfniss von ihm empfunden worden zu sein. Glänzende Fortschritte belohnten auch hier seinen rastlosen Fleiss, und nur kurze Zeit war vergangen, so war der gelehrte Picarde der Gegenstand der öffentlichen Aufmerksamkeit sowohl von Seiten der Lehrer als der Studirenden. Man bewunderte, erzählt selbst ein ihm feindlich gesinnter Schriftsteller, „seinen lebhaften Geist, sein starkes Gedächtniss, die Leichtigkeit der Auffassung und insbesondere die erstaunliche Gewandtheit, womit er die Vorträge und Disputationen seiner Lehrer alsbald in eleganter, gefälliger Sprache, nicht ohne Witz und launische Einfälle zu Papier brachte." Schon in Orleans erlangte er ein solches Ansehen, dass er mehr Lehrer als Schüler zu sein schien und wiederholt, wenn seine Lehrer verhindert waren, den ehrenvollen Auftrag erhielt, ihre Stelle zu vertreten.[1]

Die Anerkennung, welche Calvin in den Universitätskreisen fand, scheint auch auf seinen Charakter nicht ganz ohne Einfluss geblieben zu sein. Manches lässt uns erkennen, dass er das scheue, schüchterne Wesen und jenen düstern Ernst um diese Zeit abzulegen anfing. Er wurde zugänglicher und geselliger. In Orleans wie in Bourges finden wir ihn in einem Kreise von gleichgesinnten, strebsamen jungen Männern, mit denen er einen regen freundschaftlichen Umgang unterhielt. Viel verkehrte er namentlich mit François Daniel, einem jungen, talentvollen und wohlhabenden Juristen aus Orleans, der ihn auch in seine Familie und andere befreundete Kreise einführte.[2] Es fiel ein-

---

[1] Beza l. c. p. 2, 3; Colladon 13, 14, 15; Flor. de Raemond p. 883, 885.
[2] An ihn sind die meisten der uns erhaltenen und jüngst von Herminjard veröffentlichten Jugendbriefe Calvins gerichtet.

mal ein freundlicher Strahl in dieses ernste, düstere, ganz der Arbeit und dem Studium gewidmete Leben. Einer spätern Nachricht zufolge wäre Calvin in Orleans sogar eine Zeitlang Procurator der „picardischen Nation" gewesen.[1]) Indess entsprach das bunte, bewegte Treiben der akademischen Jugend doch zu wenig seiner ganzen Geistesrichtung, als dass er darin auch nur kurze Zeit hätte Befriedigung finden können. Ueber Alles ging ihm stets die Stille und Ruhe seines Studirzimmers.[²]) Sein näherer Umgang blieb, soviel wir sehen können, auf einige wenige vertraute Freunde beschränkt — ausser Daniel erfreuten sich insbesondere Duchemin und Connan, zwei gebildete junge Juristen seiner Freundschaft — und hauptsächlich war es das gleichartige wissenschaftliche Streben, was ihn mit denselben verknüpfte. Er vermied Alles, was ihn von seinen Studien abhalten konnte, und liess sich ungern, sagt der Biograph, in seinen Arbeiten stören. Selbst die Unterbrechung, welche die schwere Erkrankung seines Vaters ihm einmal aufnöthigte, empfand er hart. An dem Sterbelager im elterlichen Hause denkt er an seine Bücher und gelehrten Freunde. Mit dem Ausdruck einer fast unheimlichen Kälte meldet er dem jungen Duchemin die völlig hoffnungslose Lage des Kranken, um daran die Nachricht von seiner baldigen Rückkehr zu knüpfen. „Es ist soweit gekommen," schreibt er, „dass keine Hoffnung mehr vorhanden ist, ihn am Leben zu erhalten: die Gefahr des Todes ist gewiss. Wie immer die Sache sich auch wenden möge, ich werde Euch wiedersehen. Grüsse Daniel, Philipp und Deine ganze Gesellschaft." Ungeduldig harrt er des Tages, der ihn seinen gelehrten Studien wiedergeben wird.[³])

Niemand wird sich wundern, wenn ein Mensch von solchem Wissenseifer sich durch die ihm aufgedrungene Fachwissenschaft auf die Dauer nicht befriedigt fühlte. Calvin betrieb zwar die juristischen Studien mit gewohnter Gewissenhaftigkeit und erwarb sich, wie es scheint, noch in Orleans den Grad eines Licentiaten;[⁴]) er verfolgte auch den

---

[1]) *J. Desmay*, Remarques sur la vie de J. Calvin p. 43.
[²]) „*Natura subrusticus umbram et otium semper amavi*," sagt er selbst in der Praef. in Psalm. l. c.
[³]) Vgl. Calvin an Duchemin 14. Mai, *Herminjard* II, 332 ff. Mit Recht setzt der Herausgeber den Brief in das Jahr 1531.
[⁴]) Als „Maistre Jean Cauvin Licentié es Loix" erscheint er in einer Urkunde d. d. 14. Februar 1531 (1532) bei *Le Vasseur* p. 1169. Die Angabe *Bezas* p. 2, es sei Calvin bei seinem Abgange von Orleans „quasi optime de Academia merito" einstimmig die Doctorwürde „absque ullo precio" offerirt

damaligen Streit zwischen de l'Etoile und Alciati mit einem gewissen
Interesse und schrieb sogar zu der „Antapologie", mit der sein Freund
Duchemin für den ersteren in die Schranken trat, eine kleine Vorrede.[1]) Aber mit der Jurisprudenz verband er schon bald aus-
gedehnte Studien auf anderen Gebieten, die ihn kaum weniger beschäftigt zu haben scheinen, als seine Fachwissenschaft. Es waren
dies namentlich die schon in dem Collegium de la Marche liebgewonnenen humanistischen Studien, die er jetzt wieder aufnahm und mit beharrlichem Eifer fortsetzte. Einen geeigneten und freundlichen Führer
fand er für dieselben in dem deutschen Humanisten Melchior Volmar
aus Rottweil, der in jenen Jahren nach einander an den Hochschulen
von Orleans und Bourges wirkte. Calvin war in dem Kreise lern-
begieriger Jünglinge, der sich um diesen mittheilsamen Gelehrten
bildete, einer der eifrigsten und erwarb sich des Meisters volles Vertrauen. Volmar führte ihn zuerst in das Studium des Griechischen
ein und förderte überhaupt seine Kenntniss des classischen Alterthums durch persönlichen Umgang und Anregungen mannigfacher
Art in der wirksamsten Weise. Eine seiner frühesten exegetischen
Schriften hat Calvin diesem gelehrten Schwaben gewidmet, um auch
vor der Nachwelt den Dank zu bezeugen, zu dem er sich ihm verpflichtet glaubte.[2])

Die humanistischen Studien Calvins hatten aber noch andere in
ihrem Gefolge, die für ihn von grösserer Wichtigkeit werden sollten.

Mehr noch als in Deutschland war in Frankreich der Humanis-
mus ein Hauptträger der Opposition gegen das herrschende kirchliche
System. Jedermann weiss, dass Luthers Beginnen, während es die
französische Nation im Allgemeinen ziemlich kalt und gleichgültig
liess, gerade in den humanistischen Kreisen an den Universitäten vielfach sehr grossen Anklang fand. Waren sie auch nicht gerade mit

---

worden, ist wohl eine der vielen panegyrischen Uebertreibungen der vita;
Colladon p. 14 drückt sich etwas vorsichtiger aus.

[1]) Abgedr. bei *Herminjard* II, 314 ff.

[2]) J. Calvinus Melchiori Volmario Rufo J. C. d. d. Genevae Cd. Aug.
1546, Dedicationsepistel zu dem Commentar über den zweiten Corintherbrief,
Opp. Calvini ed. Amst. VII, 217. Man ersieht aus diesem Schreiben, dass
Calvin nicht erst zu Bourges, sondern schon in Orleans zu Volmar in ein
näheres Verhältniss getreten sein muss. Spätere Briefe, die zwischen beiden
gewechselt, harren noch ihrer Publication. — Man vgl. ferner noch *Beza* p. 3,
Colladon 15, 16, *Flor. de Rasmond* p. 882, 883, *Brez*, Vrais pourtraicts p. 149.

dem völligen Abfall, den er bald predigte, einverstanden, so freute man sich doch der ernsten Wahrheiten, die der deutsche Mönch mit schonungsloser Derbheit, wie noch Keiner vor ihm, den Trägern der Kirchengewalt entgegenhielt, und verfolgte seine Angelegenheit mit lebhafter Theilnahme.[1]) Eine solche Stimmung war es auch, die Calvin an den beiden von ihm besuchten Universitäten vorfand. Gerade Orleans und Bourges, berichtet die protestantische Tradition, zeichneten sich neben Toulouse durch ihre Sympathien für die Sache des Evangeliums aus.[2]) Es studirten an beiden Orten viele Deutsche, für welche der lutherische Streit die grosse Angelegenheit des Tages bildete. Orleans war bereits im Jahre 1528 der Schauplatz einer evangelischen Verfolgung.[3])

Es liesse sich kaum denken, dass ein junger Mensch von Calvins geistiger Regsamkeit in solcher Lage von dem grossen kirchlichen Kampfe sollte gänzlich unberührt geblieben sein. Ist es auch nicht wahrscheinlich, dass Calvin, wie allerdings seine meisten Lebensbeschreibungen melden, schon mit einer gewissen Empfänglichkeit für die neuen Ideen, mit welchen ihn zuerst sein Anverwandter Robert Olivetan bekannt gemacht haben soll, in Orleans angekommen,[4]) so musste hier doch sofort seine Aufmerksamkeit auf den grossen Kirchenstreit hingelenkt werden. Er sah täglich Männer, für welche die Reformation eine Herzensangelegenheit war. Nach einer alten Nachricht hätte er in Orleans sogar eine Zeitlang mit einem abgefallenen deutschen Dominikanermönch zusammengewohnt.[5]) Sein liebster Lehrer, Melchior Volmar, mit welchem er den vertrautesten Umgang hatte, hul-

---

[1]) Vgl. die interessante Stelle bei *Flor. de Raemond* p. 878, wo deshalb die „Regens et Maistres d'escole" für die ganze Reformation verantwortlich gemacht werden.

[2]) Vgl. Histoire ecclésiastique des églises réformées au royaume de France par *Theod. de Beze*) I, 6 (Liller Ausgabe).

[3]) Bucer an Farel 1. Mai 1528, *Herminjard* l. c. II, 131.

[4]) So namentlich *Beza* p. 2 und *Colladon* p. 12, die deshalb auch den vom Vater vorgeschriebenen Studienwechsel, im Widerspruch mit Calvins eigenen Worten, als einen Calvin selbst angenehmen bezeichnen. *Audin* Illst. de la vie de Calvin, Louvain 1844, I, p. 11, lässt ihn schon mit vierzehn Jahren ohne alle Begründung lutherische Bücher lesen.

[5]) *Desmay*, Remarques p. 43. Damit steht die Aeusserung *Bezas* p. 6. „*Vic. Chemino, quo amico et hospite usus Aureliae plurimum fuerat*" nicht in unvereinbarem Widerspruch.

digte den Grundsätzen der deutschen Reformation. War es für ihn möglich, sich theilnahmlos zu verhalten?

Calvins Wissenseifer eröffnete sich hier ein ganz neues Feld, und er hat es nicht unangebaut gelassen. Folgen wir der Erzählung seiner Freunde, so bildete schon in Orleans gerade die kirchliche Frage einen Hauptgegenstand jener angestrengten Studien, und wie die Neuerer ihre Waffen vorzugsweise aus der Bibel entlehnten, so beschäftigte auch ihn das Studium der biblischen Bücher am angelegentlichsten.[1] Ein Schreiben des Strassburger Reformators Bucer aus dieser Zeit kann sogar der Vermuthung Raum geben, dass Calvin schon von Orleans aus seinen Blick auf Deutschland gerichtet und bereits im Jahre 1528 vorübergehend sich in der Stadt Bucers und Capitos aufgehalten hat.[2] Gewiss ist, dass er schon früh zu dem „neuen Jerusalem", wie die evangelisch Gesinnten Frankreichs die freie Stadt Strassburg nannten, und zu den hier weilenden Reformatoren in ein

---

[1] *Colladon* p. 14, *Beza* p. 3. Auch ohne die Nachrichten der Biographen würde schon der Ton und die Sicherheit, welche bereits seine ersten theologischen Schriften zeigen, wie *Reuss* (Revue de Theologie, Jahrg. 1865, III, p. 232) mit Recht namentlich in Bezug auf die Vorreden zu Olivetans Bibelübersetzung hervorhebt, auf vorausgegangene langjährige theologisch-biblische Studien schliessen lassen.

[2] Vgl. das Schreiben Bucers an Farel d. d. Strassburg 1. Mai 1528, zum ersten Mal mitgetheilt von *Herminjard* II, 131 ff. „*Habeo hic*", schreibt Bucer, „*Noviodunensem juvenem, qui, oborta persecutione Aureliae, ubi literis operam dabat, huc migravit. Is Aureliae esse narrat qui idoneus esset ... Noviodunensis linguas statuit discere, praesertim Graecam et Ebraicam, in quibus nondum plane eruditus est.*" Man sieht, die Stelle passt mit allen Einzelheiten trefflich auf Calvin. Nimmt man hinzu, dass Calvin nach einem im Thomasarchiv zu Strassburg befindlichen Schreiben schon 1532 oder doch nicht viel später dem Bucer gleichsam als alten Bekannten einen Gesinnungsgenossen empfiehlt, dass er 1534 dem Capito das Manuscript seines Werkes über den Seelenschlaf zusendet, dass Florimond de Raemond, offenbar alten Traditionen folgend, ihn wiederholt nach Strassburg ziehen lässt, so liegt es nahe, unter jenem *juvenis Noviodunensis* Calvin zu vermuthen. Völlige Klarheit würde in den Sachverhalt wohl nur die Correspondenz des Volmar bringen. Das Schweigen Bezas und Colladons bedeutet wenig, da auch ihnen, wie *Colladon* p. 6 selbst zu verstehen gibt, die Einzelheiten aus Calvins Jugendgeschichte schon nicht mehr klar waren und sie sich oft genug genöthigt sahen, zu den Vorreden und Dedicationsschreiben Calvins ihre Zuflucht zu nehmen. Uebrigens sprechen auch sie von Strassburg als einem Studienorte und von Capito als einem Lehrer Calvins, wozu die Durchreise durch Strassburg zu Ende 1534 keine Veranlassung gibt.

näheres persönliches Verhältniss getreten ist. Doch könnte seine Abwesenheit von Orleans auf keinen Fall von langer Dauer gewesen sein. Diese Stadt, meint sein Schüler Colladon, sei es, wo er den eigentlichen Grund zu seiner spätern Gelehrsamkeit und Belesenheit in den heiligen Schriften gelegt habe.

Die in Orleans begonnenen Studien wurden in Bourges fortgesetzt. Calvin scheint hier, wo er sogar angesehene Geistliche traf, die der kirchlichen Bewegung das Wort redeten, mit dem, was ihm am Herzen lag, offener hervorgetreten zu sein. Es wird erzählt, dass er auf den Wunsch eines benachbarten Adeligen damals sogar einigemal in dem kleinen Orte Lignères gepredigt und durch seine freimüthige Sprache die Aufmerksamkeit und das Wohlgefallen des adeligen Herrn erregt habe.[1] Grossen Einfluss hat auf ihn namentlich in Bourges Melchior Volmar ausgeübt, dessen Lehreifer und liebevolle Freundschaft Calvin selbst, ohne freilich dabei einer religiösen Einwirkung zu gedenken, nicht genug rühmen kann. Volmar, sagt der katholische Geschichtschreiber des „Ursprungs der Häresie", hat ihm zuerst Geschmack an der Häresie beigebracht und das Gift derselben in die Seele des jungen Mannes geträufelt. Geradezu soll der deutsche Gelehrte, in seinem jungen Freunde den künftigen Reformator erkennend, ihn schon in Bourges aufgefordert haben, seinen Beruf in der Gottesgelehrsamkeit zu suchen und den Codex des Justinian mit dem Evangelium Jesu Christi zu vertauschen.[2]

Indess der Gedanke, zum kirchlichen Reformator berufen zu sein,

---

[1] *Bcza* p. 3. *Colladon* p. 16. Hist. ecclés. des égl. réf. p. 6, 7. Beza, der selbst damals bei Volmar in Orleans und Bourges lebte (vgl. *Baum*, Theod. Beza I, 11 ff.), konnte dergleichen wohl wissen. Allerdings ist nicht zu verkennen, dass er die reformatorische Bedeutung seines Freundes in dieser frühern Zeit panegyrisch ausmalt; aber solche Einzelheiten liessen sich doch nicht wohl erfinden.

[2] Vgl. *Flor. de Raemond* p. 882, 883. Merkwürdig ist die von *Raemond* p. 889 aus einem angeblichen Schreiben Volmars an Farel mitgetheilte Stelle: „*De Calvino nondum metuo ingenii sui* τὴν στρεβλότην *quam bene spero, id enim vitii aptum est rebus nostris, ut in magnum assertorem nostrorum dogmatum (?) evadat, non enim facile capi poterit, quia majoribus tricis adversarios involvet.*" Calvin selbst soll (l. c. 883) wiederholt Volmar als seinen treibenden Geist bezeichnet haben, wovon sich indess in den erhaltenen Briefen keine Spur zeigt. Ueberhaupt lassen R's Angaben die Tendenz des katholischen Franzosen, die Reformation auch in Frankreich auf einen deutschen Lutheraner zurückzuführen, doch zu deutlich durchblicken.

lag Calvin selbst um diese Zeit noch sehr fern: ganz anders dachte er sich damals seine Zukunft.

Denn durchaus irrig ist jene hergebrachte Ansicht, als sei Calvin während seiner Universitätsjahre bereits vollständig für die Reformation gewonnen gewesen und sogar mit grossem Erfolg als öffentlicher Vertheidiger und Beförderer derselben aufgetreten. Die Angaben seiner Biographen, welche dem noch nicht zwanzigjährigen Jünglinge eine höchst bedeutende reformatorische Thätigkeit zuschreiben, ihn gleichsam zum Orakel der evangelisch Gesinnten in Orleans, zum Mittelpunkte einer „wunderbaren" evangelischen Propaganda in Bourges machen,[1]) sind sichtlich aus dem Bestreben hervorgegangen, den künftigen Verfasser der „christlichen Institution" schon früh in einem seiner spätern Bedeutung entsprechenden Lichte erscheinen zu lassen. Nicht so leicht hat sich der ernste, besonnene Denker von der Berechtigung der kirchlichen Revolution und ihrer Lehren überzeugen lassen. Wir besitzen noch eine Reihe von Briefen Calvins aus den Jahren 1531 und 1532, die es zur Gewissheit machen, dass er selbst um jene Zeit den entscheidenden Schritt noch nicht gethan. Ebenso ersehen wir aus seinen gelegentlichen Aeusserungen in späteren Jahren, dass er, auch als der lutherische Streit für seine Umgebung schon die grosse Angelegenheit des Tages bildete, noch lange an den Lehren und Vorschriften der überkommenen väterlichen Religion festgehalten und erst nach schweren inneren Kämpfen ihren Gegnern sich angeschlossen hat. Zu sehr, äussert er wohl selbst, sei er dem päpstischen Aberglauben zugethan gewesen, als dass es leicht gewesen, ihn davon loszureissen.[2]) Wohl tauchten auch in seiner Seele unter den Studien

---

[1]) *Beza* p. 3, *Colladon* p. 14, Hist. eccles. p. 6. Die Stelle bei Beza über das Ansehen, das Calvin unter den evangelisch Gesinnten in Orleans genossen, ist offenbar der Reflex einer ähnlich lautenden Stelle in der Praef. in Psalm., die sich aber auf den spätern Pariser Aufenthalt bezieht. Schon L. Bonnet, Etudes sur Calvin, in der Revue Chrétienne, Jahrg. 1855, p. 745, hat auf das „Anticipiren" Bezas aufmerksam gemacht; doch drängt der Verfasser der „Studien" das Kirchlich-Theologische in Calvins Jugengeschichte wieder zu sehr zurück.

[2]) „*Quum superstitionibus Papatus magis pertinaciter addictus essem, quam ut facile esset, e tam profundo luto me extrahi.*" Praef. in Psalm. Man vergleiche damit ferner Aeusserungen wie: „*Deus ... cursum meum alio tandem reflexit*" und: „*Ego vero noritate offensus, difficulter aures praebui: ac initio fateor strenue animoseque resistebam ... aegerrime adducebar, ut me in ignoratione et errore tota vita versatum esse confiterer.*" Ad Sadoletum resp., in den Opp. Calvini ed. Amst. VIII, 114, ed. Brunsv. V, 412.

mancherlei Bedenken und Zweifel auf, Zweifel, die, wie er selbst gesteht, ihm die frühere Ruhe und Sicherheit raubten; wohl machten die Vorstellungen seiner lutherisch gesinnten Freunde einen tiefen Eindruck auf ihn: aber er konnte sich nicht entschliessen, ihnen zuzustimmen. Ein Freund von strenger Ordnung und Gesetzlichkeit, fühlte er sich vor Allem zurückgestossen durch das Chaos, das sich nach Beseitigung der Autorität der Kirche vor seinen Augen eröffnete.[1]) Der Gedanke an einen förmlichen Bruch mit der alten Kirche war ihm noch völlig fremd. Calvin theilte, soviel wir sehen können, vorläufig nur jene religiöse Opposition, die in den gebildeten Kreisen Frankreichs vielfach verbreitet war, jene conservative Opposition, die auf dem Boden der katholischen Kirche stehen blieb und auf eine „Reinigung des alten Gebäudes", nicht auf seine Zerstörung drang,[2]) und wird auch in ihrem Sinne sich öffentlich ausgesprochen und gewirkt haben. In diesem Lichte erscheinen uns auch die beiden jungen Gelehrten, mit denen er am meisten und vertrautesten verkehrte, Daniel und Duchemin. Beide zeigen sich als Männer von einer freieren Richtung und angehaucht von dem Geiste eines Erasmus und Lefèvre; beide folgen auch dann noch eine Zeitlang dem Freunde, als dessen Richtung selbst bedenklich zu werden anfing. Aber ihre Wege gingen aus einander, als der Verfasser der christlichen Institution offen die vollständige Lossagung von der alten Kirche als unerlässliche Forderung aufstellte.

Und selbst in jenen Ideen einer gemässigten kirchlichen Opposition lebte Calvin nicht mit voller Hingebung. Die Theilnahme, welche er überhaupt den religiösen Angelegenheiten zuwendete, war zunächst doch nur eine beschränkte. Mehr als die kirchlich-theologischen lagen ihm einstweilen noch auf jeden Fall die humanistisch-wissenschaftlichen Interessen am Herzen, und gerade das Gefühl der Unsicherheit und Unruhe, welches die Beschäftigung mit der religiösen Frage in ihm hervorgerufen, ist allem Anscheine nach eine Veranlassung für ihn geworden, sich mit um so grösserm Eifer den humanistischen Studien wieder zu ergeben, um in ihnen seine Ruhe

---

[1]) „Una praesertim res animum ab illis meum avertebat: ecclesiae reverentia." Ad Sadoletum resp. l. c.

[2]) Eine treffliche Schilderung dieser Art von Opposition s. bei Flor. de Raemond p. 879. Wenn katholische Schriftsteller melden, dass Calvin schon vor seinem förmlichen Abfall wegen seiner freien Glaubensrichtung bestraft worden sei (vgl. Drelincourt l. c. p. 9, 24), so ist diese Angabe an sich nicht unwahrscheinlich, aber es fehlt auch hier der Beweis.

wiederzufinden.¹) Es kam hinzu, dass ihn im Mai 1531 der Tod seines Vaters von der leidigen Jurisprudenz ganz befreite.²) Er war jetzt sein eigener Herr, konnte nunmehr unbehindert dem Zuge seines Herzens und seinen wissenschaftlichen Neigungen folgen. Entschieden tritt seitdem der humanistische Gesichtspunkt bei seinen Studien in den Vordergrund. Sein Plan war, sich durch gründliche Studien und tüchtige Leistungen in der humanistischen Welt einen Namen zu verschaffen und dereinst im Ruhme eines gelehrten Schriftstellers zu glänzen: so dachte er sich seine Zukunft. Nicht Luther und Zwingli, sondern die Reuchlin, Erasmus, Lefèvre standen ihm als leuchtende Vorbilder vor Augen.

In solcher Stimmung siedelte er im Sommer 1531, wahrscheinlich in Begleitung seines jüngern Bruders Anton, zum zweiten Mal nach Paris über. Für eine Laufbahn, wie sie dem zweiundzwanzigjährigen Licentiaten vorschwebte, war Paris, damals schon wie heute Frankreichs geistiger Mittelpunkt, der allein angemessene Ort. Von ihm selbst erfahren wir, dass er in der Hauptstadt eine recht freundliche Aufnahme fand. Er traf mehrere seiner früheren Studiengenossen von Orleans und Bourges, die sehr erfreut waren, ihn wiederzusehen. Einer von ihnen bot ihm sofort eine Wohnung in seinem elterlichen Hause an. Calvin lehnte indess das Anerbieten ab: das Haus war ihm zu weit von den Vorlesungen des gelehrten Hellenisten Danès entfernt, an welchen er sich eifrig zu betheiligen gedachte.³) Er nahm, wie es scheint, schon damals seine Wohnung in dem Collegium von Fortet, wo wir ihn noch im Jahre 1533 finden. Recht gewissenhaft wollte er den Aufenthalt in der Residenz zu seiner Ausbildung benutzen.

Calvins neues Leben in Paris war das eines angehenden Gelehrten, der mit Ernst sich für seinen Beruf vorbereitet und kein Bildungsmittel, das ihm dargeboten wird, vernachlässigt. Er besuchte

---

¹) Er selbst scheint dies anzudeuten, wenn er sagt: „*Quo me propius considerabam, eo acrioribus aculeis pungebatur conscientia, ut non aliud restaret solatium, quam me ipsum oblivione ludere.*" Ad Sadol. resp. l. c.

²) Der Vater starb am 26. Mai 1531; vgl. *Le l'asseur* p. 1155. Dass der Tod des Vaters seine Studien in Bourges abbrach, sagt er selbst in der angeführten Dedikationsepistel an Volmar, wie auch *Beza* p. 3 und *Colladon* p. 17.

³) Vgl. Calvin an Fr. Daniel 27. Juni 1531, *Herminjard* II, 346 ff. Dass Calvin damals bei dem evangelisch gesinnten Kaufmann de la Forge gewohnt habe, wie es bei *Haag* l. c. III, 113 heisst, habe ich nirgendwo gefunden. Calvin spricht nur von einem Umgange.

Vorlesungen, benutzte die Bibliotheken und verkehrte mit jungen Gelehrten, unter denen namentlich der junge Cop, ein Sohn des berühmten königlichen Leibarztes und Professor am Collegium von Sainte-Barbe, in ein näheres Verhältniss zu ihm trat. So erscheint uns sein Bild in den wenigen aus dieser Zeit erhaltenen Briefen, welche er von Paris an seine Freunde in Orleans richtete. Es sind meistens kurze Mittheilungen in knapper, gedrängter Sprache, frei von dem Wortreichthum und den Ueberschwenglichkeiten, woran die Correspondenzen junger Humanisten aus jener Zeit gewöhnlich leiden: nur selten gestattet er sich ausführlichere Mittheilungen. Ein ernstes, auf Erweiterung des Wissens gerichtetes Streben, ein für Freundschaft empfängliches, dankbares Gemüth tritt uns aus ihnen entgegen. Daneben nehmen wir eine strenge, fast peinliche Ordnungsliebe, Pünktlichkeit in Besorgung empfangener Aufträge und eine gewisse Reizbarkeit wahr. Er vermisst ungern ein ihm zugehöriges Buch auf längere Zeit und lässt es zurückfordern, auch wenn er es nicht bedarf. Wie er selbst überall pünktlich ist, so verlangt er das Gleiche von seinen Freunden. Auch die äusseren Formen der Freundschaft sind ihm nicht gleichgültig: die Unterlassung eines Grusses oder Besuches kann ihn tief verletzen und wird nicht einmal einem Daniel verziehen.[1]) Von einer Beschäftigung mit theologischen Fragen zeigt sich in jenen Briefen keine Spur: die Theilnahme an dem kirchlichen Streite war um diese Zeit offenbar ganz in den Hintergrund getreten. Als Daniel, dessen Schwester damals im Begriff stand, in der Hauptstadt in einen Orden zu treten, ihm auftrug, mit der Oberin des Klosters den Tag der Einkleidung zu vereinbaren, entledigte er sich dieses Auftrags mit gewohnter Gewissenhaftigkeit. Indem Kloster selbst hatte er mit der Schwester seines Freundes eine längere Unterredung. Die Sprache der jungen Novizin, die kein höheres Glück zu kennen schien als das Ordensleben und nach der Ablegung der Gelübde sich sehnte, berührte ihn etwas unangenehm. Es kam ihm vor, als nähme sie den wichtigen Schritt nicht ernst genug, und er ermahnte sie mit einigen Worten, sich der eigenen Kräfte nicht zu sehr zu rühmen und nicht vermessen auf sie zu vertrauen, sondern ihre Hoffnung auf Gott zu setzen.[2]) Aber er wollte sie nicht

---

[1]) „*Quod tamen omnium indignissimum est,*" schreibt er einem Freunde über einen andern, „*cum frater nuper huc veniret, ne salutem quidem illi commisit.*" Bern. Stadtbibl., Cod. manuscr. 141. Vgl. *Herminjard* II, 282, 409.

[2]) „*Diceres eam ludere cum pupis,*" schreibt er an Daniel, „*quoties audit voti nomen. Nolui eam deducere a sententia, quia non ejus rei ergo venissem:*

von ihrem Vorhaben abwendig machen: kein Wort des Tadels gegen das Ordensinstitut als solches kam über seine Lippen. Der Bericht, den er seinem Freunde darüber einsandte, zeigt, dass er von einer vollständigen Verwerfung der Lehren und Einrichtungen der katholischen Kirche damals noch weit entfernt war. Noch konnte Daniel es sogar für möglich halten, den talentvollen Benefiziaten von Noyon in ein höheres kirchliches Amt zu bringen.[1]

So verstrich abermals ein Jahr in geräuschlosem Verkehr mit der Wissenschaft und einigen gleichstrebenden Freunden, ohne dass irgend ein bemerkenswerthes Ereigniss dieses gelehrte Stillleben gestört zu haben scheint. Es war vielleicht die glücklichste Zeit im Leben Calvins. Nur scheint es, als sei seine äussere Lage damals nicht immer eine ganz sorgenfreie gewesen. Die Vermögensverhältnisse des Vaters waren in der letzten Zeit etwas in Unordnung gerathen,[2] und auch die Einkünfte von seinen geistlichen Aemtern scheinen nicht ganz regelmässig eingekommen zu sein. Man findet, dass er einmal bei seinem Freunde Duchemin, der ihn zu Ende des Jahres 1531 besuchte, zwei Kronenthaler leihen muss.[3] Indess wurde er durch die ihm nie versagte Theilnahme seiner Freunde in Orleans und wohl auch des Abtes von Saint Eloy, jenes ersten Studiengenossen, mit dem er noch fortwährend ein freundliches Verhältniss unterhielt,[4] ernster Sorgen überhoben.

Im Frühjahr 1532 glaubte der junge Gelehrte sich endlich hinlänglich vorbereitet, um mit einer grössern Arbeit vor die Oeffentlichkeit treten zu können. Seine Freunde ermuthigten ihn. Mit den Worten: „Endlich ist der Würfel gefallen!" kündigt er seinem Gönner

---

sed paucis admonui, ne suis se viribus efferret, ne quid sibi de se temere promitteret, sed omnia reponeret in Dei virtute, in quo sumus et vivimus." Herminjard II, 347. Diese Stelle zeigt übrigens deutlich, dass er über jenen werkheiligen Standpunkt, den er in der Responsio ad Sadoletum (Opp. Calvini ed. A. VIII, 114., ed. B. V, 411, 412) als den katholischen und von ihm selbst in seiner Jugendzeit eingenommenen bezeichnet, damals bereits hinaus war.

[1] Fr. Daniel an Calvin 27. December 1531, *Herminjard* II, 384.

[2] Vgl. *Le Vasseur* p. 1153 ff. Die Regelung der Vermögensverhältnisse erfolgte zu Paris durch einen notariellen Act d. d. 14. Febr. 1531 (l. e. 1532), in welchem Johann und Anton Calvin ihren ältern Bruder Carl zum Bevollmächtigten ernennen. Abgedr. bei *Le Vasseur* 1169, 1170.

[3] Calvin an Nic. Duchemin bei *Herminjard* II, 393.

[4] Vgl. Fr. Balduini responsio altera, in Biga responsionum ad Calv. et Bezam p. 279.

Daniel das Erscheinen seiner Erstlingsarbeit an.[1]) Es war ein Commentar zu Senecas Abhandlung „über die Milde," eine Arbeit, die trotz mancher Mängel, welche die heutige Kritik an ihr entdecken mag, doch dem jungen, dreiundzwanzigjährigen Verfasser alle Ehre macht.[2]) Eine ungewöhnliche Belesenheit, Klarheit der Gedanken Schärfe und Bestimmtheit des Ausdrucks, Selbstständigkeit des Urtheils — diese Vorzüge der späteren Werke des Theologen — traten schon hier zu Tage und verkündeten, dass nicht ein Schriftsteller gewöhnlichen Schlages seine litterarische Laufbahn eröffnete. Manches lässt noch den frühern Juristen erkennen. Dieser verräth sich namentlich durch die Aufmerksamkeit, welche den gleichzeitigen politischen Zuständen zugewandt wird. Mit einer Kühnheit, die in Erstaunen setzt, rügt der jugendliche Autor mitten unter grammatikalischen und antiquarischen Bemerkungen mit den Worten der Alten die politischen Missstände seiner Zeit, die Mängel in der Justizpflege, die Uebelstände in der Verwaltung, namentlich aber die Grundsätze des absoluten Regierungssystems: er gibt den Monarchen mit Sallust zu bedenken, dass nicht Heere und Schätze, sondern treue Freunde und die Liebe ihrer Unterthanen die sicherste Schutzwehr seien.[3]) Irren würde man indess, wollte man etwa darin den eigentlichen Zweck der Schrift erkennen, oder gar, wie dies in der That geschehen ist,[4]) dem Verfasser die Empfehlung der „Milde" gegen die Anhänger der neuen Lehre als geheime Absicht zuschreiben. Schon ein Blick auf die an den Abt von Saint Eloy gerichtete Vorrede genügt, um diese Annahme, mit der auch der in dem Werke ausgesprochene Tadel über die Neuerungslust des Volkes schwer vereinbar sein würde, als unhaltbar erscheinen zu lassen. Es ist lediglich eine gelehrte Abhandlung mit reichen Citaten, wie sie der Geschmack des Zeitalters verlangte, durch die sich der Verfasser in die humanistische Welt einführen will. Jede andere Absicht liegt ihm fern, und namentlich zeigt

---

[1]) Calvin an Fr. Daniel 22. April 1532, *Herminj.* II, 417.

[2]) L. Annei Senecae libri duo de clementia ad Neronem Caesarem J. Calvini Noviodunaei commentariis illustrati. Abgedr. Opp. Calv. ed. Amst. Tom VIII, ed Dr. V, 1—162. Die Vorrede ist datirt: Paris. prid. Non. April. anno salutis nostrae 1532.

[3]) l. c. ed. Amst. p. 5 b, 8 a, 11 b, 24 b, 33 a, 45 b.

[4]) So von *P. Henry* I, 52, *Weibel*, Essai sur l'influence de la réf. p. 13, und jüngst noch von *Dorner*, Gesch. der protest. Theol. p. 375. Dagegen betont *Stähelin* I, 14 mit Recht den philologischen Charakter des Buches.

sich von einer Theilnahme für die evangelische Bewegung in der ganzen Schrift keine Spur. Die Briefe, in denen er ihr Erscheinen seinen Freunden mittheilt, zeigen in fast naiver Weise die ganze Aufregung eines jungen Autors, der sein erstes Werk gedruckt sieht. Er sendet Exemplare nach allen Seiten, um die Aufmerksamkeit auf das Buch zu lenken: fünf Exemplare gehen nach Bourges, sogar hundert will er nach Orleans schicken; er ersucht Professoren in Paris und Bourges, seines Buches in ihren Vorlesungen zu gedenken; den Freunden legt er die Verbreitung desselben um so eindringlicher ans Herz, als es auf seine eigenen Kosten gedruckt sei; er glaubt eine, wenn auch nicht vollkommene, doch verdienstliche Arbeit geliefert zu haben, und hofft auf eine billige Beurtheilung. „Theile mir doch mit," schreibt er an Daniel, „wie mein Commentar aufgenommen wird, ob mit Beifall oder mit Kälte, und veranlasse auch den Landrinus zu einer Vorlesung darüber, damit mein Ruf sicher gestellt wird."[1]) Man sieht: es ist nicht der beginnende Reformator und Theologe, sondern der nach einer Lebensstellung und nach Anerkennung strebende junge Gelehrte, der hier spricht.

Und doch war, als er so schrieb, der Augenblick nicht mehr fern, wo der Reformator über den Humanisten den Sieg davon trug. Der Commentar über die Milde, der bestimmt schien, eine glänzende humanistische Laufbahn einzuweihen, ist Calvins einzige philologische Arbeit geblieben, und fast scheint es, als sei eben durch diesen ersten Versuch die Ueberzeugung bei ihm zum Durchbruch gekommen, dass sein wahrer Beruf auf einem andern Gebiete liege. Trügen nicht alle Zeichen, so fällt schon in die nächste Zeit die gewaltige innere Umwandlung, die für sein späteres Leben entscheidend geworden ist.

Wie über die ganze Jugendzeit Calvins, so sind wir auch über dieses wichtige Ereigniss nur dürftig unterrichtet. Ganz im Gegensatze zu dem deutschen Reformator, der mit einer gewissen Redseligkeit wieder und wieder auf seine papistische Verblendung und seine Erleuchtung zurückkommt, beobachtet Calvin über seine Vergangenheit ein vornehmes Schweigen: fast als fürchte er, sich durch die Darlegung derselben etwas zu vergeben, spricht der Autor der christlichen Institution, der Mann der strengen Autorität, als sei er stets derselbe gewesen. Nur zweimal — in dem Sendschreiben an den

---

[1]) Vgl. die beiden Briefe an Daniel aus dem April 1532, bei *Herminj.* II, 417, 418.

Cardinal Sadolet und in der Vorrede zu dem Psalmencommentar — gedenkt er seiner innern Umwandlung, aber nur in kurzen Worten und in einer Weise, die uns über die näheren Umstände, unter denen sie erfolgte, vollständig im Dunkeln lässt. Kein Name, weder Olivetan, noch Volmar, noch Lefèvre, wird hier genannt, keine nähere Mittheilung darüber gemacht, wo und wie die ersten religiösen Zweifel in seiner Seele entstanden, wann sie endlich zum Siege gelangt sind. Doch genügt das Wenige, was wir erfahren, um uns den folgereichen innern Umwandlungsprozess wenigstens in seinen Hauptmomenten noch erkennen zu lassen.

Wir nehmen wahr, dass Calvin schon längere Zeit der religiösen Frage gegenüber sich in einem Zustande der Unsicherheit und des Schwankens befand. Seine frühere Anhänglichkeit an die Religion der Väter war durch die Eindrücke, welche er während der Universitätszeit empfing, sowie durch seine theologischen Studien erschüttert worden. Die frühere Ruhe war hin: die Formen und Heilsmittel der katholischen Kirche gewährten ihm keine volle Befriedigung mehr. Was er von seiner Familie erfuhr, war nicht geeignet, ihn in dem Glauben der Kirche wieder zu befestigen. Der Vater starb im Kirchenbann, der älteste Bruder, Karl mit Namen, gerieth, obschon Geistlicher, ebenfalls mit den geistlichen Behörden in Conflict und wurde von den kirchlichen Censuren getroffen.[1]) Einer seiner nächsten Anverwandten, Robert Olivetan, huldigte geradezu den Grundsätzen der religiösen Neuerung und suchte, wie erzählt wird, auch ihn schon früh für diese zu gewinnen.[2]) Es war schwer, so vielen Anfechtungen auf die Dauer zu widerstehen.

Calvin hatte den Versuch gemacht, durch das mit um so grösserm Eifer betriebene Studium des classischen Alterthums seine religiösen Bedenken und Zweifel in den Hintergrund zu drängen, einer Entscheidung in der kirchlichen Frage auszuweichen. Es war natürlich, dass die einmal erwachten Bedenken dennoch von Zeit zu Zeit wieder auftauchten. Der Seelenzustand, in dem er sich befand, war auf die Dauer unhaltbar. Die äusseren Umstände drängten ihn nicht minder

---

[1]) Vgl. *Le Vasseur* p. 1153 ff. p. 1166.

[2]) *Ikm* p. 2, *Colladon* p. 13; ihre Angabe wird einigermassen unterstützt durch Calvin selbst, wenn er in der Vorrede zu Olivetans Bibelübersetzung (vgl. Epp. et resp. l. c. p. 245 b) nicht blos von einer *cognatio*, sondern auch von einer ‚*vetus nostra familiaritas*‘ spricht. Die Angabe des Papirius Masson bei *Drelincourt* l. c. 277 ist wohl auf Beza zurückzuführen.

zu einer Entscheidung als sein innerstes Wesen, welches ihn stets trieb, den Dingen bis auf den Grund zu gehen. Wie der Abfall von der alten Kirche in immer weiteren Kreisen um sich griff und dauernden Bestand zu gewinnen schien, trat auch an ihn die Aufforderung ernster heran, die aufgeworfenen Streitfragen nochmals einer gewissenhaften Prüfung zu unterziehen, sich über den Gegenstand des Streites völlige Klarheit zu verschaffen, sich selbst Rechenschaft zu geben. Bereits gab es in der Hauptstadt und anderswo förmliche Gemeinden von evangelisch Gesinnten, die mit den kirchlichen Ueberlieferungen vollständig gebrochen hatten und für ihre neuen religiösen Ueberzeugungen Gut und Blut einzusetzen bereit waren. Calvin kam in Paris mit einzelnen von ihnen, namentlich mit einem angesehenen und wohlhabenden Kaufmann, de la Forge, dessen er in seinen späteren Schriften rühmend gedenkt, in nähere Berührung. Sollte er weniger Muth besitzen als diese Männer und seine Entscheidung, um ein ruhiges Leben zu haben, noch länger aussetzen? Ohne gewissenlos zu handeln, konnte er dies nicht. So entschloss er sich endlich zu einer ernsten Prüfung. Er wurde überzeugt, dass er in der grossen kirchlichen Frage nicht länger mehr, „als gehe sie ihn nichts an," sorglos und ruhig sich verhalten dürfe. „Ich öffnete endlich" erzählt er selbst, „mein Ohr, und liess mich belehren." Und rasch erfolgte jetzt seine Entscheidung. Bald war das wichtigste Hinderniss, seine Ehrfurcht vor der Autorität der Kirche und die Scheu vor einer Lossagung von derselben, beseitigt: er liess sich belehren, „dass es ein Anderes sei, sich von der Kirche zu trennen, und ein Anderes, ihre Verbesserung zu erstreben." Nach Wegräumung dieses Hindernisses schwand leicht ein Bedenken nach dem andern. „Wie durch einen plötzlichen Lichtstrahl," so schildert er selbst, was mit ihm vorging, „erkannte ich jetzt, da mein Geist zu einer ernsten Prüfung schon vorbereitet war, in welchem Abgrunde von Irrthümern, in einem wie tiefen Schmutz ich mich befunden hatte. So that ich nun, o Herr, was meine Pflicht war, und begab mich, erschrocken und unter Thränen mein früheres Leben verdammend, auf deinen Weg!"[1])

Es ist schwer, den Zeitpunkt dieser entscheidenden Umwandlung zu bestimmen. Doch glauben wir nicht zu irren, wenn wir dieselbe in die zweite Hälfte des Jahres 1532 setzen. Spätere Aeusserungen des

---

[1]) Ad Sadol. resp. l. c. ed A. VIII, 114, ed. B. V, 412, 413. Auch in der Vorrede zu dem Psalmencommentar spricht er von einer *subita conversio*.

Reformators, nach welchen zwischen dem Austritt aus der katholischen Kirche und der ersten Flucht aus Paris wenigstens ein Jahr verflossen sein muss,[1] lassen es uns als kaum zweifelhaft erscheinen, dass der entscheidende Schritt noch 1532 geschehen ist.

Calvins Umwandlung war eine vollständige. Er hatte die neuen Ideen mit dem vollen Ernste eines innerlich Ueberzeugten ergriffen und trat fortan mit der ganzen Entschiedenheit seines Charakters für sie ein. Willig brachte er eine glänzende Zukunft, die ihm auf der eben verlassenen Laufbahn ohne Zweifel bevorstand,[2] zum Opfer, um ganz dem mühevollen Berufe eines Missionärs der neuen religiösen Ueberzeugungen zu leben. Nur die religiösen Interessen lagen ihm noch am Herzen. Die vor Kurzem mit so vielem Eifer betriebenen humanistischen Studien hatten, wie er selbst gesteht, keinen Reiz mehr für ihn und wurden vernachlässigt.[3] Der Humanist wurde Theologe; Bibel und Kirchenväter verdrängten die Classiker. Die kleine evangelische Gemeinde der Hauptstadt erkannte bald, einen wie bedeutenden Zuwachs sie in dem Neubekehrten erhalten hatte. Calvin nahm an ihren geheimen Zusammenkünften den thätigsten Antheil und erregte in Kurzem durch seinen evangelischen Eifer allgemeines Aufsehen. Ehe noch ein Jahr verstrichen, war der gelehrte Ausleger des Seneca trotz seiner Jugend der geistige Mittelpunkt der evangelisch Gesinnten in Paris. „Alles, was der reinen Lehre zugethan war," erzählt er selbst

---

[1] „*Nedum elapsus erat annus*," sagt er in der Vorrede zu den Psalmen, nachdem er vorher seine Bekehrung erwähnt hat, „*quum omnes purioris doctrinae cupidi ad me novitium adhuc et tyronem discendi causa ventitabant.*" Daraus muss doch geschlossen werden, dass, als er sich im Spätherbst 1533 flüchten und verbergen musste, wenigstens ein Jahr seit seiner Bekehrung verstrichen war. Ist das früher erwähnte, von Noyon prid. Non. Sept. datirte Schreiben an Bucer aus dem J. 1532, wie *J. Bonnet*, Letters of John Calvin, Edinburgh 1855, I, 109, meint, so wäre dasselbe ein neuer Beweis für die Richtigkeit unserer Annahme.

[2] „*Ego si meis rationibus consultum voluissem*," sagt er in der Responsio ad Sadoletum l. c. VIII, 106 (V, 385), „*nequaquam discessissem a vestra factione. Neque vero gloriabor, fuisse mihi in illa facilem ad honores obtinendos viam.*" Es verräth eine völlige Unkenntniss seines Charakters, wenn *Audin* l. c. I, 52, im Anschluss an eine alte von Soulier überlieferte Tradition, seinen Abfall auf kleinliche Motive und verletzten Ehrgeiz zurückführen will.

[3] „*Tanto proficiendi studio exarsi, ut reliqua studia, quamvis non abjicerem, frigidius tamen sectarer.*" Praef. in Psalm. l. c.

nicht ohne Genugthuung, „sammelte sich um mich, um von mir, dem jungen Manne und Neuling, zu lernen!"[1])

Indess nicht lange beschränkte sich sein Feuereifer auf diese stille Wirksamkeit innerhalb der Gemeinde.

Calvins Uebertritt fiel in eine Zeit, die der evangelischen Partei verhältnissmässig günstig war und der neuen religiösen Propaganda eine freiere Entfaltung zu gestatten schien. Nicht nur, dass an der Universität Paris die liberalere Richtung gegen die Partei des Beda mehr und mehr an Boden gewonnen hatte — ein Freund Calvins, der junge Nicolaus Cop, wurde im October 1533 sogar zum Rector gewählt,[2]) — auch in den höchsten Regionen war ein Umschwung zu Gunsten der Reformation eingetreten. Franz I., schwankend zwischen entgegengesetzten Richtungen, je nachdem die Tendenz der auswärtigen Politik und seine humanistischen Lieblhabereien, oder seine monarchisch-katholischen Neigungen in den Vordergrund traten, schien um diese Zeit allen Ernstes entschlossen, von der frühern Strenge gegen die Neugläubigen abzulassen. Seine Schwester, die Königin Margaretha von Navarra, die feingebildete Beschützerin der kirchlichen Opposition, gelangte zu bedeutendem Einfluss. Eben in den ersten Monaten des Jahres 1533 setzte sie es durch, dass mehrere Männer von unzweifelhaft reformatorischen Grundsätzen, wie Gerard Roussel und die beiden Augustiner Bertault und Courault, in Paris die Kanzel besteigen durften.[3]) Die scholastisch katholische Partei, welche ihren Hauptsitz in der Sorbonne hatte und stets strengen Massregeln das Wort redete, sah sich ihres bisherigen Einflusses beraubt. Es wurde mit Entschiedenheit gegen die Masslosigkeiten ultrakatholischer Eiferer eingeschritten. Als die Schüler des Collegiums von Navarra die Königin Margaretha in einer theatralischen Aufführung öffentlich verhöhnten, wurde dieses Uebermaas katholischen Eifers auf das strengste geahndet. Ebenso erhielt die Königin eine glänzende Genugthuung, als die Sorbonne über ihren „Spiegel der sündigen Seele" wegen der in diesem Buche enthaltenen bedenklichen Grundsätze das Verdammungsurtheil aussprach. Von dem Könige über das Verfahren gegen seine Schwester zur Rechenschaft aufgefordert, erklärten die übrigen Facultäten unter dem Vorsitz des Rectors, jener Spruch sei nicht von der ganzen Universität, sondern nur von

---

[1]) *Beza* p. 3, *Colladon* p. 18, 19. Praef. in Psalm. l. c.
[2]) Vgl. *Bulaeus*, Historia universitatis Parisiensis VI, 238.
[3]) Hist. eccles. p. 9, *Crottet* l. c. p. 73.

„Einigen" ausgegangen: sie lehnten es in aller Form ab, für die Handlungsweise der theologischen Facultät einzutreten.[1]

Unter solchen Umständen glaubte auch Calvin einen Schritt weiter gehen zu dürfen. Er fasste einen Plan, der kühn genug war und dem Feuereifer eines Neubekehrten entsprach: vor ganz Frankreich sollte bei feierlicher Gelegenheit offen das reine und lautere Gotteswort verkündet werden.

Am nächsten Allerheiligenfeste hatte sein Freund Nicolaus Cop als Rector der Universität nach altem Herkommen eine öffentliche Rede zu halten. Ihn ersah Calvin zu seinem Organe aus. Es mochte seltsam erscheinen, dass ein Mediciner über Fragen des Glaubens zuerst das Wort ergriff; auch liess sich nicht absehen, welcher Gewinn der evangelischen Sache aus einer solchen Demonstration erwachsen konnte: aber sie sagte dem Glaubenseifer des jungen Evangelisten zu, und der Plan wurde ausgeführt. Am festgesetzten Tage verlas Cop vor einer zahlreichen Zuhörerschaft eine von Calvin ausgearbeitete Rede „über die christliche Philosophie", die in wenig verhüllten Worten die Grundgedanken der neuen Theologie empfahl, Gesetz und Evangelium nach der Weise der deutschen Reformatoren einander gegenüberstellte und in scharfen Ausfällen gegen die „Sophisten" — es wurden damit unverkennbar die Theologen der Sorbonne bezeichnet — die Anwesenden aufforderte, die sophistische Häresie nicht länger mehr zu dulden.[2] Es war eine Herausforderung, wie sie das katholische Frankreich noch nicht vernommen hatte.

---

[1] Vgl. Calvin an Fr. Daniel (October) 1533, in Epp. et resp., Opp. Calv. ed. A. IX p. 1. *Bulaeus* VI, 238, *Crevier* V, 271 ff. Die Verhandlungen fallen in die zweite Hälfte des October. Der Bericht Calvins an Daniel, zu dem ein kurzes auf der Berner Bibl. (Cod. Manuscr. 141) befindliches kleines Billet (d. d. prid. Simonis) vielleicht das Begleitschreiben bildet, ist übrigens auch für den Standpunkt und die Parteistellung Daniels charakteristisch.

[2] Der noch ungedruckte lateinische Entwurf dieser Rede befindet sich, leider, wie es scheint, nicht ganz vollständig, unter den Manuscripten der Genfer Bibliothek, Cod. 145 f. 85, wo ihn J. Bonnet zuerst fand. Ich führe nur die Stelle über die Sophisten an: „*Hoc vitium* (die Vernachlässigung des Gegensatzes zwischen Gesetz und Evangelium) *perditissimi sophistae incurrunt, qui de lana caprina perpetuo contendunt, rixantur, altercantur. Nihil de fide, nihil de amore Dei, nihil de remissione peccatorum, nihil de gratia, nihil de justificatione, nihil de veris operibus disserunt; aut si certe disserunt, omnia calumniantur, omnia labefactant, omnia suis legibus, hoc est sophisticis coercent. Vos rogo, quotquot hic adestis, ut hac haereses, has in Deum contumelias numquam aequo animo feratis.*" Vgl. *Beza* p. 3, *Colladon* p. 19.

Der Vorfall erregte das grösste Aufsehen. Die Sorbonne war entrüstet über die ihr öffentlich angethane Schmach und verlangte Genugthuung. Nicht minder fühlte sich das Parlament durch die offene Kriegserklärung verletzt. Eine strenge Untersuchung wurde eingeleitet. Der Rector, zur Verantwortung vor das Parlament geladen, ergriff die Flucht und wandte sich nach Basel; die Privilegien der Universität schützten ihn in diesem Falle nicht mehr, obschon zwei Facultäten, die medicinische und die artistische, gegen die Vorladung ihres Oberhauptes als ungesetzlich protestirten.[1] Auch auf Calvin, den man bald als den Verfasser der Rede errieth, wurde die Verfolgung ausgedehnt. Es erging ein Haftbefehl gegen ihn. Während er sich bei Freunden verborgen hielt, drangen Diener der öffentlichen Sicherheit in seine Wohnung im Collegium Fortet ein und bemächtigten sich seiner Papiere. Zwar nahm die Königin Margaretha den Verfolgten in Schutz und legte Fürsprache für ihn ein,[2] allein der erregten öffentlichen Stimmung gegenüber gewährte dies keine Sicherheit. Sein weiteres Verbleiben in Paris war unmöglich geworden. Verkleidet — in der Tracht eines Winzers, wie die Sage erzählt — musste Calvin bald darauf die Hauptstadt verlassen.[3]

Der erste Versuch, entschieden hervorzutreten, war unglücklich abgelaufen. Der junge Eiferer hatte sich in seinen kühnen Berechnungen vollständig getäuscht. Gerade das Gegentheil von dem, was er beabsichtigt, trat ein: der Schlag traf die ganze evangelisch gesinnte Partei in Paris.[4] Es war für ihn eine Mahnung zur Besonnenheit und Vorsicht, eine Mahnung, die nicht ohne Wirkung geblieben zu sein scheint.

Calvin begab sich unter dem Namen eines Herrn von Espeville von Paris nach dem südlichen Frankreich.[5] Auf die ruhigen Lehrjahre in der Hauptstadt folgte ein bewegtes Wanderleben, dessen

---

[1] *Bulaeus* VI, 239, *Crevier* V, 275 ff.

[2] Dies berichtet wenigstens *Beza* p. J, 4, wogegen *Colladon* p. 20 das Einschreiten Margarethas nicht erwähnt.

[3] *Desmay*, Remarques p. 44, Papirius Masson bei *Drelincourt* l. c. p. 277, 278.

[4] Vgl. *Bulaeus* VI, 239 ff., Bullet. de la soc. du Prot. Franç. I, 437.

[5] Charles d'Espeville gehört neben Martianus Lucanius und Carolus Passelius zu den ältesten unter den mancherlei falschen Namen, hinter denen sich Calvin versteckt hat; der älteste ist vielleicht Passelius. Vgl. übrigens die auch heute noch besonders durch die mitgetheilten Briefe verdienstliche Diatribe de Pseudonymia J. Calvini von *Liebe*, Amstelod. 1723.

Einzelheiten indess für uns in Dunkel gehüllt bleiben, wie mancherlei Nachrichten uns auch darüber erhalten sind. Die Sage hat sich gerade dieser Zeit bemächtigt und schon früh die Erlebnisse des angehenden Reformators nach seiner Flucht aus der Hauptstadt in romanhafter Weise ausgeschmückt, so dass es heute kaum noch möglich ist, Dichtung und Geschichte zu scheiden.[1]) Doch scheint es unzweifelhaft, dass er den grössten Theil der nächsten Zeit in Angoulême zugebracht hat, wo noch im siebenzehnten Jahrhundert das Andenken an seinen damaligen Aufenthalt sich erhalten hatte.[2]) Er fand hier bei einem frühern Studiengenossen, dem jungen Canonicus Louis du Tillet, der mit dem Canonicat zugleich die Pfarrei in dem benachbarten Claix verwaltete, nicht blos eine freundliche und wohlwollende Aufnahme, sondern auch eine ungewöhnlich reiche Bibliothek — ein Fund, der ihm in seiner gegenwärtigen Gemüthsstimmung doppelt erwünscht sein musste. Unerkannt — das Volk nannte der Tradition zufolge den seltsamen Fremden wegen seiner Sprachenkenntniss den Griechen von Claix[3]) — lebte er hier eine Zeitlang in stiller Zurückgezogenheit seinen Studien und dem Verkehr mit einigen Freunden seines „Patrons", dessen Freundlichkeit und Liebenswürdigkeit er in einem Schreiben an Daniel nicht genug rühmen kann. Auch den Trägsten, schreibt er dem alten Freunde, müsse die edele Humanität seines Gönners zum Fleisse anspornen, und gut fürwahr müsse es um ihn stehen, da das Exil ihn in einen so schönen Ruhesitz geführt habe.

---

[1]) Calvin flüchtete sich aus Paris wahrscheinlich Ende 1533 und verliess Frankreich Ende 1534 oder Anfang 1535. In diese Zeit setzt die Ueberlieferung einen mehrjährigen Aufenthalt in Angoulême, einen längern Aufenthalt in Strassburg, eine längere reformatorische Wirksamkeit in Poitiers, einen längern oder kürzern Aufenthalt in Nerac, in der Normandie, in Noyon, in Orleans, in Valence, in Paris! Einige dieser Angaben stehen allerdings fest, andere lassen sich vielleicht in der Weise halten, dass man sie auf die frühere Zeit bezieht, wie wir das bezüglich des Strassburger Aufenthalts schon früher angedeutet haben. Was *Merle d'Aubigné* II, 234 ff. III, 3 ff. insbesondere über diese Zeit berichtet, ist, mehr noch als die Jugendgeschichte des Reformators, ein Roman, der unbekümmert um chronologische Widersprüche, selbst die Ueberlieferungen der Sage noch überbietet. Auch *Crottet*, Petite Chronique prot. de France p. 96 ff., folgt in seiner sonst verdienstlichen Arbeit noch zu sehr der Tradition.

[2]) *Drelincourt* l. c. p. 35 (deutsche Ausg.), *Crottet* l. c. p. 96.

[3]) Vgl. *Flor. de Raemond* p. 883, 885.

Er vertraue deshalb auf Gott und werde nun keine weit ausschenden Plane für die Zukunft mehr machen.[1]

Es lässt sich denken, dass er in dem kleinen Kreise, mit welchem er hier verkehrte, auch für die Verbreitung seiner neuen Ueberzeugungen nicht unthätig gewesen ist. Indess scheint er nach den in Paris gemachten Erfahrungen vorsichtiger geworden zu sein. Er trat nicht wieder sofort als offener Gegner der alten Kirche auf, verfasste sogar auf Bitten seines Freundes „einige geistliche Ermahnungen," die noch bei dem katholischen Gottesdienst benutzt werden konnten,[2] und wirkte durch dieses vorsichtige Auftreten mehr, als durch offenes Herausfordern der Gegner. Wichtiger jedoch als diese missionarische Thätigkeit sind auf jeden Fall die einsamen Studien geworden, welche Calvin bei dem Gastfreunde damals trieb. Ist es auch übertrieben, was der Geschichtschreiber des „Ursprungs der Häresie" berichtet, wenn er Angoulême geradezu als die Geburtsstätte der „christlichen Institution" bezeichnet, als „die Schmiede, wo dieser neue Vulcan auf seinem Amboss die unerhörten Lehren geschmiedet, die er seitdem in die Welt gesandt," so ist es doch unzweifelhaft und Calvin selbst deutet es an, dass ihn schon um diese Zeit die Vorstudien zu der „Institution" beschäftigt haben.[3]

Indess war auch Calvins Aufenthalt in Angoulême nicht von sehr langer Dauer. „Gott führte mich," äusserte er sich später selbst über sein damaliges Wanderleben, „auf so mannichfaltigen Umwegen herum, dass ich nirgendwo ausruhen konnte."[4] Sei es, dass er den Aufenthalt bei Tillet bald ganz aufgab, sei es, dass er ihn wiederholt unterbrach, jedenfalls unternahm er im Laufe des Jahres 1534 eine

---

[1] I. Calvinus Fr. Danieli, Ex Acropoli, Bern. Stadtbibl. Cod. 450, f. 117. „Si id tempus, quod vel exilio vel secessui destinatum est, tanto in otio transigere datur, praeclare mecum agi existimabo... Expertus sum, quod non liceat nobis in longum prospicere. Cum promitterem mihi omnia tranquilla, aderat in foribus quod minime sperabam. Rursus cum inamoenam sedem meditarer, nidus mihi in tranquillo componebatur praeter opinionem. Et haec omnia manibus Domini" etc. Das Schreiben gehört offenbar in diese Zeit.

[2] Vgl. Beza p. 4, Colladon p. 21, Flor. de Raemond p. 889.

[3] Vgl. Flor. de Raemond p. 883 und die sorgfältige Untersuchung in der Vorrede zu dem dritten Bande der neuen Ausgabe der Werke Calvins p. 12 ff. Dagegen ist es irrig, wie Reuss, Revue de Théologie, Jahrg. 1866, III, p. 318, nachweist, wenn Stähelin I, 88 Calvin in Angoulême an der Bibelübersetzung des Olivetan Theil nehmen lässt.

[4] Praef. in Psalm. l. c.

Menge von kleineren und grösseren Reisen im südlichen und mittleren Frankreich. Ueberall finden wir ihn im Verkehr mit den gebildeten Kreisen und, wenn auch behutsam, doch, wie es scheint, nicht ohne Erfolg, für die Verbreitung der neuen Ideen thätig. Jeder Winkel, sagt er einmal von dieser Zeit, habe sich ihm gleichsam zu einer Schule gestaltet. Im Mai 1534 treffen wir ihn nochmals in seiner Vaterstadt Noyon, um sich seiner kirchlichen Pfründen zu entledigen. Er konnte sie nicht länger beibehalten, ohne gewissenlos zu handeln, fand es aber mit seinem Gewissen noch vereinbar, sich für den Verzicht eine Entschädigung zahlen zu lassen.[1] Er besuchte auch den Hof der Königin Margaretha in Nerac und sah hier zum ersten Mal den greisen Lefèvre, den Vater der französischen Humanisten, der ihm seine künftige Grösse vorausgesagt haben soll.[2] Auch den Wohnsitz seiner beiden Freunde Daniel und Duchemin, das liebgewonnene Orleans, sah er auf diesen Wanderungen noch einmal wieder. Wichtig ist dieser kurze Aufenthalt in Orleans namentlich dadurch, dass er während desselben seine noch im Laufe des Jahres 1534 erschienene theologische Erstlingsarbeit vollendete.

Es war eine Abhandlung über den Seelenschlaf, welche sich gegen die auch in Frankreich sehr verbreitete Secte der Anabaptisten kehrte.[3] Calvin brannte, wie es scheint, nach seiner Bekehrung vor Verlangen, auch als theologischer Schriftsteller aufzutreten. Gegen den Rath des Capito, der den schriftstellerischen Eifer des jungen Gelehrten zu mässigen suchte und die Veröffentlichung der Abhandlung. — Calvin hatte sie ihm im Manuscript zugesandt — für wenig zeitgemäss und bedenklich erklärte,[4] liess er das Werk drucken, gleichsam um seinen

---

[1] „*Mediante pretio conventionis*," lautet der urkundliche Ausdruck, habe er die Benefizien abgetreten. *Le l'asseur* p. 1160, 1161. — „*Avec le desinteressement altier de Rousseau ou de Robespierre*" habe er seine Sinecuren geopfert, meint *Michelet*, Hist. de France, IX, p. 97.

[2] *Beza* p. 4, abweichend von *Colladon* p. 21, der blos von einer Unterhaltung spricht. Ueber eine ähnliche angebliche Zusammenkunft mit Erasmus, der in ihm die zukünftige Pest der Kirche erkannt haben soll, vgl. *Rasmond* p. 890.

[3] Psychopannychia. Vivere apud Christum non dormire animis sanctos qui in fide Christi decedunt. Assertio J. Calvini. (Paris 1534.) Die Vorrede ist von Orleans datirt. Abgedr. Opp. Calv. ed. Amst. VIII, 335 — 355, ed. Br. V, 166 — 232.

[4] Vgl. Viro pio ac docto Martiano Lucanio sibi in Domino observando Capito: „*De edendo, si nos audis, omnino proferes consilium in tempus commodius ... Argumentum foecundissimum erit rixarum ..... mallem etiam*

neuen Beruf auch als Schriftsteller zu erhärten. Recht eigentlich veranschaulicht uns diese Schrift die gewaltige Umwandlung, die mit ihm vorgegangen. Nur zwei Jahre sind seit jenem Commentar über die Milde vergangen, und doch wie völlig erscheint uns das Bild des Autors verändert! Ein schneidender, polemischer Ton ist an die Stelle des humanistischen getreten. Die „Psychopannychie" ist das Werk eines streng gläubigen Theologen, der humanistische Zierathen verschmäht, der nur die Bibel und nichts als die Bibel gelten lässt. Nicht einmal Plato findet Gnade. „Schweigen muss hier," heisst es gleich zu Anfang, „die menschliche Klugheit, die zwar viel über die Seele nachsinnt, aber nichts Gewisses weiss. Schweigen müssen die Philosophen, die, wenn sie schon in gewöhnlichen Dingen ohne Ende mit einander streiten, hier sich so sehr widersprechen, dass kaum zwei mit einander übereinstimmen."

Selbst nach Paris wagte sich Calvin gegen Ende des Jahres wieder zurück. Noch einmal sah er hier seine alten Bekannten. Allein die Eindrücke, welche er in der Hauptstadt empfing, waren nicht ermuthigend. Während unter den Anhängern des Evangeliums Zwiespalt herrschte und schwärmerische Secten, welche mit dem Papstthum Mark und Wesen des Christenthums überhaupt gefährdeten, an Boden gewannen — Calvin traf sogar mit mehreren namhaften Vertretern dieser Richtung persönlich zusammen[1]) — rüstete sich auf der andern Seite der durch den Fanatismus der Abtrünnigen gereizte Katholicismus zu einem neuen Angriffe. Es war das Jahr der „Placate." Calvins Anwesenheit in Paris fiel allem Anscheine nach zusammen mit der Veröffentlichung jenes berüchtigten Flugblattes „über die abscheulichen und grossen Missbräuche der päpstlichen Messe," welches, auf allen öffentlichen Plätzen der Hauptstadt, ja von verwegenen Händen selbst an den Thüren der königlichen Gemächer in Blois angeschlagen,

---

auspicareris scribendi industriam in argumento plausibiliore. Temperavi mihi nec poenitet" etc. Man sieht: Capitos Schreiben bezieht sich auf die erste Auflage dieser Schrift und gehört in das Jahr 1534: ein Beweis, dass Calvin damals schon in einem näheren Verhältniss zu Strassburg gestanden haben muss. Der Brief befindet sich in der Bibliothèque des pasteurs de Neuchâtel.

[1]) Vgl. *Beza* p. 4, *Calladon* 22. Calvin selbst erwähnt in der Refutatio errorum M. Serveti (Opp. Calv. ed. A. VIII, 511 a) sein damaliges Zusammentreffen mit Servet, irrt sich aber in der Jahreszahl. Dass er damals auch Quintin gesehen, sagt er in der Instructio adv. fanaticam sectam Libertinorum. Opp. Calv. ed. A. VIII, 376 b und 379 c.

die Gefühle der Katholiken auf das tiefste verletzte und eine neue Verfolgung aller evangelisch Gesinnten heraufbeschwor.[1]) Es folgten massenhafte Vorladungen,[2]) die Gefängnisse füllten sich mit Verdächtigen. Schon waren auch manche von Calvins näheren Freunden, wie jener eifrig evangelische de la Forge, von der Verfolgung erreicht und sahen im Kerker einer schweren Bestrafung entgegen.

Calvin überzeugte sich, dass unter solchen Umständen in Frankreich für ihn einstweilen keine Aussicht sei, und beschloss sein Vaterland zu verlassen, um in „irgend einem verborgenen Winkel" des deutschen Nachbarlandes in ungestörter Ruhe seinen theologischen Studien zu leben. Wohl noch vor Ablauf des Jahres 1534 ergriff er den Wanderstab. Von seinen vielen Freunden leistete ihm nur Einer Gesellschaft, jener Louis du Tillet, der junge Canonicus von Angoulême, welchen er für seine Ideen vollständig gewonnen hatte. Nicht ohne Abenteuer erreichten die beiden Flüchtlinge die französische Grenze. Einer von ihren Dienern ergriff in der Nähe von Metz die Flucht und nahm ihre ganze Baarschaft mit sich. Von allen Mitteln entblösst, gelangten sie nach Strassburg, der ersten und nächsten Zufluchtstätte französischer Emigranten. Nachdem sie hier einige Zeit gerastet, die Freunde begrüsst und sich mit den nöthigen Reisemitteln wieder versehen hatten, setzten sie die Reise fort. So kamen sie, wie es scheint, in den ersten Tagen des Jahres 1535, in Basel an.[3])

Basel war das eigentliche Ziel ihrer Reise. Diese gastliche Stadt, die vor zehn Jahren Farel als erste Zufluchtstätte gedient, die so eben noch Cop und Courault aufgenommen, gewährte auch dem neuen Flüchtlinge und seinem Begleiter eine freundliche Aufnahme. Calvin bezog ein stilles Quartier bei einer wohlhabenden Frau, Katharina Klein, welche noch nach dreissig Jahren einem andern berühmten Flüchtlinge, den sie beherbergte, dem Philosophen Petrus Ramus, von dem Leben und den

---

[1]) Abgedr. bei *Haag* l. c. Pièc. just. Nr. 2. Die Ansicht, dass Farel bei diesem Vorfall (October 1534) die Hand im Spiel gehabt, war, wie man auch aus einem Schreiben C. Gesners an Bullinger d. d. 27. Dec. 1534 sieht, sehr verbreitet; indess scheint mir eine Theilnahme Farels kaum annehmbar.

[2]) Vgl. Bullet. de la soc. de l'hist. du Prot. Franç. X, 34, XI, 253.

[3]) *Beza* p. 4, *Colladon* p. 23, 24. Letzterer setzt die Abreise in das Jahr 1534. Beza lässt dies unbestimmt. Dass schon im December französische Flüchtlinge in Strassburg ankamen, ersieht man aus dem angeführten Schreiben Gesners an Bullinger d. d. 27. Dec. 1534 (Simler'sche Sammlung in Zürich, Band 37). Vgl. übrigens Opp. Calv. ed. Br. III, Introd. p. 17 ff.

Studien des grossen Reformators zu erzählen wusste.[1] Froh „der lange entbehrten Ruhe," widmete er sich hier ganz seinen gelehrten Studien. Er vermied mit Absicht Alles, was Aufsehen erregen oder ihn in seiner Ruhe hätte stören können; er verbarg auch hier noch seinen wahren Namen und beschränkte seinen Verkehr auf einige wenige Gelehrte, unter denen er insbesondere den philologisch gebildeten Simon Grynäus hochschätzte.[2] Es waren namentlich die biblischen Studien, welche ihn beschäftigten. Damals trat er auch wohl zuerst zu dem schon seit längerer Zeit von seinem Verwandten Olivetan vorbereiteten Unternehmen einer neuen französischen Bibelübersetzung in nähere Beziehungen; in beredten Worten preist er in den beiden Vorreden, durch die er das im Jahre 1535 erscheinende Werk Olivetans empfiehlt, die Hoheit und Erhabenheit des in der Bibel niedergelegten göttlichen Wortes und das Recht der Gläubigen auf seinen unverkümmerten Besitz.[3]

Indess schon bald wurde er von diesen Studien wieder abgezogen. Auch in der Ferne konnte er das Vaterland nicht vergessen. Die Nachrichten, welche er aus Frankreich empfing, wurden für die Sache, die ihm am Herzen lag, immer ungünstiger. Calvin fasste den Plan, seinen bedrängten Glaubensgenossen daheim Hülfe zu bringen, und führte ihn in einer Weise aus, welche die Welt in Erstaunen setzte — durch die Veröffentlichung der Institutio religionis Christianae.

II.

DIE „INSTITUTIO RELIGIONIS CHRISTIANAE".

Der Gedanke einer systematischen Darstellung und Begründung der neuen Glaubenslehren hatte Calvin schon längere Zeit beschäftigt. Eine solche Arbeit entsprach eben so sehr seiner besondern

---

[1] Vgl. *Waddington*, Ramus, sa vie, ses écrits et ses opinions, Paris 1855 p. 194.

[2] Vgl. Calvinus Simoni Grynaeo d. d. Arg. 15 Cal. Nov. 1539, Dedicationsepistel zu dem Commentar über den Römerbrief, Opp. Calv. ed. A. VII, 1.

[3] Abgedr. in den Epp. et resp. Calvini l. c. p. 244 ff., 246 ff. Dass Calvin indess damals noch nicht den ihm gewöhnlich zugeschriebenen thätigen Antheil an der Uebersetzung selbst genommen hat, weist *Reuss* nach, Revue de Théologie 1866, III, 316 ff.

Geistesrichtung, als dem natürlichen Wunsche, seinen Austritt aus der alten Kirche vor der Welt zu rechtfertigen. Zwar hatte die reformatorische Literatur bereits mehrere Versuche dieser Art aufzuweisen: Melanchthon, Zwingli, Farel hatten es, jeder in seiner Weise, versucht, die Lehren der Reformation in ein System zu bringen und wissenschaftlich zu begründen. Aber es waren unvollkommene Anfänge geblieben, die das vorhandene Bedürfniss mehr ankündigten als befriedigten und dem streng systematischen Geiste Calvins, wenn sie überhaupt zu seiner Kenntniss gelangten, nicht genügen konnten.

Wie wir aus der Vorrede zu dem spätern Werke ersehen, war sein ursprünglicher Plan, ein kurzgefasstes, allgemein verständliches Handbuch der reinen evangelischen Lehre zum besondern Gebrauch für seine Landsleute zu schreiben, die ihm eines solchen Leitfadens dringend bedürftig schienen. Schon in Frankreich, namentlich in Angoulême, hat er sich mit dieser Arbeit beschäftigt. Doch würde bis zur Ausführung des Planes wohl noch eine geraume Zeit vergangen sein, wenn nicht die seit dem Anfang des Jahres 1535 immer heftiger auftretende Verfolgung der evangelischen Partei in Frankreich sie beschleunigt hätte.

Man weiss, in welcher Weise die französische Regierung jene Verfolgungen vor dem Ausland zu rechtfertigen suchte. Es handle sich nur, liess sie durch ihre Gesandten den protestantischen Fürsten Deutschlands eröffnen, um die Bestrafung einiger schwärmerischer Geister, die mit der göttlichen zugleich die bürgerliche Ordnung umzustürzen drohten. Auch dem Exilirten in Basel kam solches zu Ohren. „Es wäre mir wie Verrath vorgekommen," sagt er selbst darüber, „hätte ich noch länger geschwiegen." Er beschloss, das schon seit längerer Zeit vorbereitete Werk rasch zum Abschluss zu bringen und es nun zugleich als Vertheidigungsschrift für seine bedrängten Glaubensgenossen zu veröffentlichen.[1]) Der ursprüngliche Plan erlitt dadurch einige Veränderungen. Nicht nur stellte sich die Nothwendigkeit heraus, ein Werk, das auch ausserhalb der französischen Nation Wirkung hervorbringen sollte, in lateinischer Sprache erscheinen zu lassen: es musste auch auf die apologetisch-polemische Seite mehr Nachdruck gelegt werden, als dies ursprünglich Calvins Absicht gewesen war.[2]) Bereits im Herbst 1535 war er mit der Arbeit fertig.

---

[1]) Vgl. Praef. in Psalm. l. c.
[2]) Mit *Köstlin*, Calvins Institutio nach Form und Inhalt, in den Theol. Studien und Kritiken Jahrg. 1868, p. 26 ff., bin ich der Ansicht, dass wir

Ein halbes Jahr später, im Frühjahr 1536 — der Druck erlitt einige Verzögerungen — verliess das „Lehrbuch der christlichen Religion" in Basel die Presse.[1]) Es war ein mässiger Octavband von wenig mehr als fünfhundert Seiten, und dennoch, darf man kühn behaupten, bezeichnet das Erscheinen dieses Buches in der abendländischen Kirchengeschichte einen neuen Abschnitt.

Schon die Vorrede liess den gewaltigen Streiter erkennen, der mit diesem Buche den Kampf gegen die katholische Kirche eröffnete.

Sie ist gerichtet an den König Franz I. und beginnt mit bitteren Klagen über das den Freunden der evangelischen Wahrheit in Frankreich angethane Unrecht. Von gottlosen Menschen sei das Herz des Königs gegen das Evangelium eingenommen worden, mit List, Gewalt und Grausamkeit, mit Kerker und Verbannung werde gegen wehrlose Unschuldige verfahren. „Wohl weiss ich," wendet sich der Verfasser an den Monarchen selbst, „mit welch schwarzen Verleumdungen man Dir Ohr und Herz erfüllt hat, um Dir unsere Sache verhasst zu machen; aber Du wirst zu erwägen haben, dass Niemand schuldlos bleiben würde, wenn die blosse Anklage als Beweis genügte." Es ergeht die ernste Mahnung an den König, jenem Wüthen der Gottlosen Einhalt zu thun. „Glaube nicht," heisst es weiter, „dass ich hier meine eigene Vertheidigung führen wolle, um die Erlaubniss zur Rückkehr in mein Vaterland zu erhalten: ich bin demselben zwar mit aller Liebe zugethan, aber wie die Dinge jetzt liegen, entbehre ich es ohne grossen Schmerz. Ich führe die ge-

in den drei oder vier ersten Capiteln der ersten Auflage Calvins ursprünglichen, wohl noch in Frankreich entworfenen Plan vor uns haben: die beiden letzten Capitel dienen der dann dem Werke gegebenen polemisch-apologetischen Tendenz.

[1]) Christianae religionis Institutio, totam fere pietatis summam et quidquid est in doctrina salutis cognitu necessarium complectens. Omnibus pietatis studiosis lectu dignissimum opus ac recens editum. Praefatio ad Christianissimum regem Franciae, qua hic liber pro confessione fidei offertur. J. Calvino Noviod. autore. Basileae 1536 (mense Martio). Abgedr. Opp. Calv. ed. Brunsv. T. I, 1—251. Die Vorrede ist datirt vom 23. Aug. 1535, an welchem Tage also das Buch fertig war. Die so viel besprochene Frage, ob die Institutio zuerst in lateinischer oder in französischer Sprache erschienen sei, ist durch die Untersuchungen von J. Bonnet, A. Rilliet und namentlich durch die eingehenden Erörterungen in den werthvollen Vorreden der neuen Ausgabe endlich definitiv zu Gunsten der lateinischen Ausgabe entschieden. Die Existenz der angeblich anonymen französischen Ausgabe von 1535 beruht auf einem Missverständniss.

meinsame Sache aller Gläubigen und Christi selbst, die da in Deinem Königreiche so schmählich verlästert und unterdrückt wird und jammervoll zu Boden liegt." Calvin ist weit entfernt, das Mitleid des Königs für seine Glaubensgenossen anzurufen; er verlangt nicht Nachsicht, nicht Duldung, nicht Gnade „für den Irrthum und die Unerfahrenheit einiger einfältiger Leute" — so können nach ihm nur schwache Geister reden — er fordert eine ernste, gewissenhafte Prüfung ihrer Lehre und, als nothwendiges Resultat, die unbedingte Anerkennung, die Annahme derselben durch die gesammte Nation. Dieser Forderung zu entsprechen und zunächst eine unbefangene Prüfung zu gewähren, ist die erste und vornehmste Pflicht des Königs, der stets bedenken soll, dass er nur der Diener Gottes ist, von dem Allmächtigen gesetzt, um dessen Reich zu verwalten. Wehe ihm, wenn er der an ihn ergehenden Mahnung sein Ohr verschliesst! Denn „in einem grossen Irrthum befindet sich, wer langes Glück für ein Reich hofft, welches nicht durch das Scepter Gottes, d. i. durch sein heiliges Wort regiert wird!"

Dass aber die Anklagen der Gegner nichts als Verläumdungen sind, dass er und seine Glaubensgenossen nicht muthwillig sich empört, sondern nur nothgedrungen von der päpstlichen Kirche sich losgesagt haben, dass es nur das reine Evangelium ist, wofür sie Leiden und Verfolgungen erdulden — das sucht Calvin dann schon in dieser Vorrede zu zeigen. Wir müssen es uns versagen, auf die beredte Apologie der evangelischen Bewegung, die der sechsundzwanzigjährige Jüngling hier folgen lässt, näher einzugehen. Eine schärfere, schneidendere Sprache ist wohl nur selten von einem Reformator gegen die Würdenträger der katholischen Kirche, ihre wahren und vermeintlichen Sünden geführt, und vielleicht nie ist die kirchliche Erhebung des sechzehnten Jahrhunderts mit einer solchen Kraft der innern Ueberzeugung, mit so gründlicher Kenntniss der kirchlichen Vergangenheit und mit einem solchen Feuer der Beredtsamkeit vertheidigt worden, als es in dieser Anrede an Franz I. geschieht. Es ist nicht der Geist christlicher Milde, der in ihr herrscht; der Ton ist scharf, verletzend, tief leidenschaftlich, aber auch auf den Gegner verfehlt die Festigkeit der Ueberzeugung, die sich hier ausspricht, die Fülle der Gedanken und die oft schwungvolle Sprache nicht ihren Eindruck.

„Ich habe," wendet sich der Apologet zum Schluss an den König zurück, „die giftige Bosheit unserer Verleumder nun vor Dir aufgedeckt, so dass Du nicht mehr durch ihre falschen Reden betrogen werden kannst. — Dein Herz ist uns entfremdet und feindselig gestimmt, aber ich hege das Vertrauen, dass wir Deine Huld wiedergewinnen werden, wenn es Dir gefällt, diese unsere Bekenntnissschrift, welche ich Dir hiermit überreiche und welche unsere Vertheidigung bei Dir führen soll, ruhig und unbefangen zu lesen. Wenn aber die Zuflüsterungen boshafter Menschen Dich so sehr umgarnen, dass den Angeklagten keine Möglichkeit der Vertheidigung bleibt, und jene rasenden Furien fortfahren, ohne dass Du es ihnen wehrest, durch Kerker, Folter, Geisseln, Schwert und Feuer ihre Grausamkeit auszuüben — nun so werden wir, wie Schafe, die zur Schlachtbank geschleppt werden, das Aeusserste ertragen, unsere Seele in Geduld fassen und auf die starke Hand des Herrn harren. Denn ohne Zweifel wird Er erscheinen zu seiner Zeit in der Rüstung seiner Stärke und den Streit für uns anheben, damit Er die Elenden erlöse und verderbe die Stolzen, die jetzt in sicherer Ruhe frohlocken. Der Herr, der König der Könige, möge Deinen Thron aufrichten in Gerechtigkeit und Deinen Sitz in Billigkeit!"

Dieser Vorrede entspricht das Werk. Die „christliche Institution" ist nicht nur die wichtigste That Calvins, sie ist das Programm seines Lebens, eines Lebens, welches dem unversöhnlichen Kampfe gegen die katholische Kirche gewidmet ist. Es wird nöthig sein, bei ihrem Inhalte etwas länger zu verweilen.

Wahr ist allerdings, dass das Buch, wie es 1536 in Basel die Presse verliess, in seiner äussern Gestalt von den späteren Bearbeitungen noch sehr verschieden erscheint. „Es war noch nicht," sagt der Verfasser später selbst, „jene schwere, mühsame Arbeit, die man jetzt hat, sondern nur ein kurzer Leitfaden, durch welchen der Glaube derjenigen bezeugt wurde, die ich schmähen sah."[1]) Der Umfang ist in den folgenden Auflagen um das Fünffache gestiegen. Aus den sechs Capiteln der ersten Ausgabe sind in den letzten vier Bücher mit achtzig Capiteln geworden. Fast sein ganzes Leben hindurch hat der Verfasser an der Vervollkommnung des Werkes gearbeitet, an welches sich vor Allem sein Ruhm knüpfen sollte: die Sätze sind zu zählen, welche völlig unverändert geblieben sind. Allein diese Veränderungen betreffen nur den Umfang und die formelle systematische Gestaltung des Stoffes, nicht die leitenden Gedanken, nicht den wesentlichen In-

---

[1]) Praef. in Psalm. l. c.

halt. Die Gedanken und Ueberzeugungen der ersten Ausgabe sind auch die der letzten.[1]) Selbst die Grundzüge der Anordnung und Darstellung sind im Wesentlichen dieselben geblieben: überall sehen wir den Verfasser schon 1535 dasselbe Ziel verfolgen, bei dem er 1559 glaubte stehen bleiben zu müssen. Ganz naturgemäss hat seine theologische Bildung im Laufe jener vierundzwanzig Jahre bedeutende Fortschritte gemacht: sein Gesichtskreis ist erweitert worden, er hat sich tiefer in das Studium der Bibel und der Kirchenväter versenkt, er hat in Hinsicht auf Verfassung und äussere Gestaltung der Kirche Erfahrungen gemacht, Bedürfnisse kennen gelernt, die ihm früher entgangen waren, vor Allem hat er Angriffe erfahren, die ihn zu einer nochmaligen Prüfung seiner Ansicht nöthigten, die bei den späteren Bearbeitungen nicht unberücksichtigt bleiben durften. So hat er denn das Werk erweitert, die Beweisführung an manchen Stellen vertieft, zahlreiche kleinere kirchenhistorische, apologetische, polemische Excurse eingefügt, indem er nicht selten den Inhalt der von ihm in der Zwischenzeit veröffentlichten Gelegenheitsschriften für das Hauptwerk verwerthet,[2]) er hat neue Bedürfnisse berücksichtigt, seine Ideen über kirchliches Verfassungsleben klarer entwickelt, manches auch unter anderen Gesichtspunkten behandelt; insbesondere hat er sein System polemisch gegen alle Gegensätze schärfer und fester abgeschlossen. Endlich ist auch die Sprache eine andere geworden: sie ist in den spätern Bearbeitungen gelehrter und schwerfälliger und unterscheidet sich er-

---

[1]) Ganz mit Unrecht vermisst *Bretschneider*, Ueber Bildung und Geist Calvins (Reformationsalmanach 1821 p. 76) in der ersten Ausgabe die Prädestinationslehre: sie findet sich, wenn auch noch nicht so ausführlich entwickelt, wie später, doch deutlich genug p. 91—92, p. 138—139. Vielleicht war er gerade diese Lehre, deren Annahme ihm jene harten Kämpfe kostete. Mit mehr Grund lässt sich, wie schon *Richter*, Gesch. der evangel. Kirchenverf. p. 167, und *Stählin* l. c. p. 481 hervorgehoben, in den Ideen Calvins über die kirchliche Verfassung ein wirklicher Fortschritt und eine bedeutende Einwirkung der praktischen Erfahrungen wahrnehmen, obschon doch auch schon in der ersten Ausgabe p. 384 die Idee der Berufung der Geistlichen durch das Volk u. s. w. sich ausgesprochen findet.

[2]) So, finde ich sind, u. A aus den Scholien zu der Admonitio paterna Pauli III. aus der Schrift gegen das Interim manche Gedanken und Ausführungen in die Hauptschrift aufgenommen. Auch in den biblischen Commentaren finden sich oft Gedanken, die in der Institutio wiederkehren. Hier dürfte indess das Verhältniss ein umgekehrtes sein. Eine Untersuchung des Textes der Institutio in seinem Verhältnisse zu den übrigen Werken des Reformators wäre eine interessante Aufgabe.

heblich — nicht eben zu ihrem Vortheil — von dem frischen, einfachern Ausdruck des ursprünglichen Werkes. Eine andere Entwickelung und Wandelung aber, als diese rein äusserliche und selbstverständliche nehmen wir bei dem Verfasser und seinem Werke nicht wahr. „In der Lehre," durfte der Biograph von Calvin sagen, „ist er von seinem Anfange bis zum letzten Athemzuge stets derselbe geblieben: nie hat er das Geringste verändert, was sich nur von wenigen Theologen dieses Zeitalters lässt behaupten."[1]) Der junge Mann von sechsundzwanzig Jahren dachte in allen wesentlichen Punkten wie der Greis am Abschluss seiner Laufbahn: innere Wandlungen, Wechsel in den verschiedenen Lebensperioden sind nicht vorhanden, so dass wir, ohne uns eines Anachronismus schuldig zu machen, schon an dieser Stelle unserer Darstellung jene spätere Fassung des Werkes zu Grunde legen dürfen, in welcher der Autor selbst den vollkommensten Ausdrucke dessen, was ihm vorgeschwebt, erkannte.[2])

Wir treten dem Inhalte des Werkes näher.

Das System Calvins, wie es in der Institution niedergelegt ist, hat die Erfolge und Errungenschaften der deutschen Reformatoren zur Voraussetzung und Grundlage. Auf dem von jenen gelegten Fundamente führt der Verfasser der Institution sein stolzes, kühn emporstrebendes Gebäude auf. Wesentlich Luthers Ideen sind es, die ihm das Baumaterial liefern. Aber indem er daran geht, dasselbe zu ordnen, die Bausteine in einander zu fügen, die einzelnen Lehren systematisch zu verknüpfen, erhält das Werk unter seinen Händen ein wesentlich anderes Gepräge, als die neue kirchliche Ordnung, die in den deutschen Landen aufgerichtet worden, so dass es einem völligen Neubau ähnlich wird. Was Luther und Zwingli, dem Drange ihres ungestümen Geistes nachgebend, in erregten Momenten, oft ohne die Tragweite zu ahnen, als ihre Ansicht hingeworfen, sieht Calvin bei ruhiger Prüfung sich genöthigt zu beschränken und zu modificiren,

---

[1]) *Beza*, Vita Calvini p. 41.

[2]) Die neue Ausgabe der Opera Calvini bringt in den beiden ersten Bänden den Text von sämmtlichen drei Hauptausgaben, welche man unterscheidet (1536, 1539, 1559), und zwar den Text der mittlern, von der uns wieder mehrere Bearbeitungen vorliegen, in synoptischer Form, ausserdem im 3. und 4. Bande die namhaftesten französischen Bearbeitungen, so dass wir hier den Entwickelungsgang des Verfassers, so weit von einem solchen die Rede sein kann, vor Augen haben. Unsere Citate beziehen sich auf die Ausgabe von 1559, wenn nicht eine frühere Jahreszahl beigefügt ist.

Vor seinem systematischen Geiste hat Manches keinen Bestand, was man sich in Wittenberg herausgenommen. Es waren Widersprüche und Inconsequenzen zu entfernen, Dunkelheiten zu beseitigen, Lücken auszufüllen, Schlussfolgerungen zu ziehen, wo der Vorgänger vor der Consequenz der eigenen Lehre noch zurückgebebt. Calvins strenge Logik gestattete ihm nicht, auf halbem Wege stehen zu bleiben. Insbesondere wird gegen die verlassene Kirche eine rücksichtslosere Kritik geübt. Manches noch dem Wesen der katholischen Kirche Angehörige in der äussern Gestaltung des kirchlichen Lebens, das der deutsche Mönch aus Ehrfurcht vor dem Herkommen beibehalten, wird von dem Nachfolger, der jenes Gefühl nicht mehr kannte, schonungslos abgethan. So wird das calvinische System nicht blos klarer, logischer, consequenter als das lutherische: es wird von vornherein auch antikatholischer und radicaler als dieses.[1])

Indess wird der eigentliche Charakter des calvinischen Systems damit doch nicht erschöpft. Diesen lernen wir nur aus einer genauern Betrachtung des Inhalts der „christlichen Institution" selbst kennen. Wir machen im Folgenden den für uns eben so schwierigen als unerlässlichen Versuch, wenigstens die Hauptideen, welche den Verfasser geleitet, und vornehmlich jene, durch welche er in der religiösen Bewegung des sechzehnten Jahrhunderts eine eigenthümliche Stellung behauptet, in möglichster Kürze darzulegen.

Sehr klar tritt uns das eben angedeutete Verhältniss zwischen Calvin und dem deutschen Reformator schon gleich in der Auffassung und Durchführung des „Formalprincips" der Reformation entgegen, in der verschiedenartigen Stellung, welche beide der Schrift und Tradition gegenüber einnehmen.

Darin stimmen allerdings beide überein, dass sie in der Bibel die alleinige Quelle und Norm des Glaubens erkennen: aber in wie viel schrofferer Weise wird dieses Princip von Calvin durchgeführt und zur Geltung gebracht! Während Luther, bewusst oder unbewusst, daneben doch der Tradition noch wichtigen Einfluss gestattet und die Schrift selbst wieder oft noch aus dem Gesammtbewusstsein der alten Kirche interpretirt, löst Calvin dieselbe von jedem Zusammenhange mit der kirchlichen Vergangenheit und wird im eigentlichen Sinne des Wortes

---

[1]) So darf *Nisard*, Hist. de la litterature Franç. (3. ed.) I, 267 sagen: „*Le système de Luther était à beaucoup d'égards une transaction; le système de Calvin fut un changement radical.*"

antitraditionell. Es lässt sich nicht verkennen, dass der so ganz verschiedene Entwickelungsgang, welchen die beiden Reformatoren genommen, hier von Einfluss gewesen ist. Luther hat die grössere Hälfte seines Lebens im Dienste der alten Kirche zugebracht und mit ihrem Geiste sich durchdrungen. Calvin, schon unter dem Kampfe der neuen Meinungen aufgewachsen, hat sich, wie dies auch seine späteren Schriften deutlich zeigen, nicht mehr eigentlich in den Geist des Katholicismus hineingelebt. Was ihn so lange in der Kirche festhielt, war, scheint uns, weniger eine feste Ueberzeugung, als sein angeborener Ordnungssinn, der ihn in der wohlgegliederten katholischen Hierarchie die von Gott gewollte Ordnung erblicken liess. Als diese Anschauung einmal überwunden war, genügte ihm auch der Standpunkt Luthers nicht mehr. Lediglich die durch das Zeugniss des h. Geistes im Innern des Menschen beglaubigte h. Schrift bildet nach Calvin die Glaubensregel.[1]) Es gilt einzig und allein die Autorität des Schriftworts. In ihm hat Gott ein für allemal seinen absoluten Willen als feste und unwandelbare Norm für uns niedergelegt und die ganze neutestamentliche Lebensordnung geregelt. Der Verfasser der Institution verlangt deshalb die strengste Unterordnung des gesammten Lebens unter den Buchstaben der Bibel. Nicht blos für Glaubens- und Sittenlehren, auch für die Verfassung und äussere Gestaltung des kirchlichen Lebens ist die Schrift massgebend. Eine Verschiedenheit der Erscheinungsformen des kirchlichen Geistes in den verschiedenen Jahrhunderten widerspricht dem Wesen des Christenthums, ein historisches Werden gibt es in der Kirche nicht. Das Christenthum ist auch in seiner äussern Gestalt etwas durchaus Fertiges, durch den Buchstaben der Schrift Abgeschlossenes, über allen Wechsel und Wandel der Zeiten Erhabenes: es ist und bleibt stets und in Allem genau dasselbe, welches uns die Evangelien und die Apostelgeschichte zeigen.

Klar ist, dass mit einer so nachdrücklichen Betonung der Bibel als der allgemeinen Autorität, mit jener Verleugnung alles historischen Lebens in der Gemeinschaft der Gläubigen auch das Recht der kirchlichen Tradition, oder vielmehr diese selbst fallen muss. Kirchliche Tradition, apostolische Succession sind leere Worte und für den Gläubigen völlig gleichgültig. Die Kirchenväter haben für Calvin nur so viel Bedeutung, als das Gewicht ihrer Gründe oder vielmehr der Grad ihrer Uebereinstimmung mit der h. Schrift — worüber er selbst ent-

---

[1]) Institutio rel. christ. lib. I, cap. VII, sect. 1, 2, 3, 4, 5.

scheidet — ihnen verleiht; sie müssen sich, auch den „besten" Augustinus nicht ausgenommen, je nach den Umständen, die wegwerfendste Behandlung gefallen lassen. Es würde durchaus ungerechtfertigt sein, ihnen ein tieferes Verständniss des Schriftwortes beizumessen.

Eben so wenig aber — und dadurch gewinnt das aufgestellte Princip an Schroffheit — als der Hülfe der angeblichen Tradition, bedarf das auf den Buchstaben der Bibel gegründete Christenthum der Hülfe der menschlichen Vernunft und der Philosophie. Die Bibel ist etwas „an sich Glaubwürdiges."[1]) Calvin überbietet durch schroff dogmatischen Positivismus selbst Luther und scheut sich, der menschlichen Vernunft irgend ein Zugeständniss zu machen.[2]) Er bannt unsern Blick in den streng geschlossenen Raum der biblischen Offenbarung und lässt selbst das Wahre der natürlichen Gotteserkenntniss nicht gelten, wenn es nicht durch die h. Schrift bestätigt wird. Der alten katholischen Kirche wird von ihm vorgeworfen, sie habe auf die angeblichen Leistungen der Philosophie zu viel Gewicht gelegt.[3]) Er weist es als eine schmähliche Verleumdung zurück, dass seine Auffassung der Abendmahlslehre den Einfluss der menschlichen Vernunft erkennen lasse, und rühmt ausdrücklich von ihr, dass sie ein Wunder annehme.[4])

So wird, dürfen wir sagen, das Christenthum nach calvinischer Auffassung, fast wie der Islam, zu einer „Religion des Buches." Starr und entwickelungslos, allen Einwirkungen der Geschichte und Philosophie entzogen, in Lehre, Verfassung und Leben ein für allemal fertig und an den Wortlaut der biblischen Offenbarungsurkunde gebunden, hat es gewissermassen in dem wandel- und entwickelungslosen

---

[1]) „*Maneat ergo hoc fixum .... hanc quidem esse αὐτοπιστον, neque demonstrationi et rationibus subjici eam fas esse: quam tamen meretur apud nos certitudinem, Spiritus testimonio consequi ... Talis ergo est persuasio, quae rationes non requirat, talis notitia, cui optima ratio constet, nempe in qua securius constantiusque mens quiescit, quam in ullis rationibus*" etc. Instit. l. I, c. 7, s. 5.

[2]) Instit. l. II, c. 2, s. 25 u. a. Auch in den übrigen Schriften kommen zahlreiche Stellen dieser Art vor; vgl. Praelectiones in libr. Proph. Danielis, Opp. ed. A. T. V, 39 a u. s. w. Vgl. auch Gass, Gesch. der protest. Dogmatik I, 101, 102, 105.

[3]) Instit. II, c. 2, s. 4. Vgl. den Commentar zur Apostelgesch. Opp. ed. A. VI, 227 b.

[4]) Inst. IV, c. 17, l. 24.

Leben des Reformators selbst sein wahres Vorbild.[1]) Dieser exclusiv
dogmatisch-biblischen Richtung entspricht es auch, wenn Calvin überall,
wo er den Geist der Reformation sich regen sieht, vor allen Dingen
auf die Aufstellung eines festen, klar gefassten, streng biblischen Lehr-
begriffes dringt, um dem „Vorwitz und den neuen Erfindungen" der
Menschen vorzubeugen.[2])

Sehen wir schon hier den Verfasser der christlichen Institution
entschieden über den deutschen Reformator hinausgehen und zu theilweise eigenthümlichen Auffassungen gelangen, so tritt uns diese Erscheinung in noch viel höherm Grade entgegen, wenn wir auf den
Inhalt seines Lehrsystems einen Blick werfen.

Die Lehre von der Rechtfertigung, von der absoluten Unfähigkeit des Menschen, sein Heil selbst zu wirken, dieser Mittel- und Ausgangspunkt der lutherischen Dogmatik, nimmt auch in dem Systeme
Calvins eine hervorragende Stellung ein. Aber Calvin führt auch hier
den Gedanken seines Vorgängers mit grösserer Consequenz und, wie
er überzeugt ist, an der Hand der Bibel weiter durch und gelangt
in Folge davon zu einer wesentlich abweichenden Auffassung und
Gestaltung der Grundgedanken der christlichen Glaubenslehre. Ist
der Mensch nach der h. Schrift gänzlich unfähig, sein Heil zu wirken,
ist seine Bekehrung allein das Werk der göttlichen Gnade, so folgt
dem Verfasser der Institution mit logischer Nothwendigkeit, dass Bekehrung und Nichtbekehrung des Menschen lediglich von dem göttlichen Willen abhängen: die unumstössliche, durch die Bibel bezeugte
Thatsache, dass nicht alle Menschen bekehrt und selig werden, muss
deshalb in dem ewigen Willen Gottes selbst ihren Grund haben. Calvin findet für diesen furchtbaren Satz in dem Wortlaut der h. Schrift
den directesten Beweis und verfolgt ihn mit rücksichtsloser Consequenz.
Dem anthropologischen Standpunkte Luthers gegenüber macht er den
theologischen geltend: geht jener von der Hülfsbedürftigkeit des Menschen aus, so stellt er die Souverainetät der göttlichen Gnade in den
Vordergrund — vorzugsweise in diesem Sinne ist er der „Theologe"
genannt worden. Der absoluten Majestät Gottes gegenüber ist ihm

---

[1]) Am nachdrücklichsten finde ich diesen Charakter des calvinischen Systems betont bei *Heppe*, Gesch. des deutschen Protestantism. I, 13 ff. Vgl.
auch *Dorner*, Gesch. der protest. Theologie, p. 380 ff.

[2]) Vgl. namentlich das interessante Schreiben an den Herzog von Sommerset 22. Oct. 1548 bei *Bonnet*, Lettres Françaises I, 272, 273.

der Mensch und alles Creatürliche nur ein Mittel göttlicher Selbstverherrlichung. In der vollen Ausübung seiner unumschränkten Gewalt hat Gott in seinem ewigen, unwandelbaren Rathe von Anfang an den einen Theil der Menschheit zum ewigen Heil, den andern zum ewigen Verderben vorherbestimmt, um in verschiedener Weise in beiden seinen Namen zu verherrlichen. Die menschlichen Begriffe und Gefühle, menschliche Gerechtigkeit, menschliches Erbarmen müssen schweigen, wo es sich um Gottes Majestät und Ehre handelt. Weder der Erwählte noch der Verworfene darf über Unrecht klagen. Jenes „ewige Decret" aber, wodurch Gott „bei sich festgesetzt hat, was aus jedem Menschen werden soll," wodurch er die Einen zum ewigen Leben, die Anderen zum Tod bestimmt hat, nennt Calvin die Prädestination.[1]

Diese ewige Prädestination ist, wie Calvin nicht oft und entschieden genug wiederholen kann, durchaus Gottes freie That und von allem menschlichen Thun und Lassen unabhängig. Sie ist, namentlich insofern sie sich als Gnadenwahl äussert, gewissermassen ein neuer Schöpfungsact, der ebenso wie der erste nur in dem freien Willen des Schöpfers gegründet ist. Sie beruht nicht etwa auf einem Vorherwissen der menschlichen Handlungen: diese selbst sind vielmehr nur eine Folge der Vorherbestimmung;[2] sie ist auch nicht eine Folge des Glaubens: Gläubige gibt es nur, weil es Erwählte gibt;[3] sie ist auch nicht eine blos generelle: sie muss an jedem Einzelnen bethätigt werden.[4] Und ebenso liegt die Verwerfung, die Reprobation, lediglich in Gottes Hand. Wie er die Einen erwählt ohne alle Rücksicht auf menschliche Würdigkeit, so verdammt er die Anderen, „bevor sie Gutes oder Böses gethan," um durch ihre Verdammung seine Majestät zu verherrlichen."[5] Keineswegs beschränkt sich Gott auf eine blosse Zulassung: er beschliesst die Verwerfung, er verhärtet die Verworfenen und treibt sie zum Bösen an. „Der Mensch fällt, weil die Vorsehung es so anordnet — aber er sündigt dennoch durch eigene Schuld,"

---

[1] „*Praedestinationem vocamus aeternum Dei decretum, quo apud se constitutum habuit, quid de unoquoque homine fieri vellet. Non enim pari conditione creantur omnes: sed aliis vita aeterna, aliis damnatio aeterna praeordinatur. Itaque prout in alterutrum finem quisque conditus est, ita vel ad vitam vel ad mortem praedestinatum dicimus.*" Instit. III, c. 21, s. 5.
[2] Instit. l. III, c. 22, s. 2, 3.
[3] Instit. l. III, c. 2, s. 11.
[4] Instit. l. III, c. 21, s. 7.
[5] Instit. l. III, c. 24, s. 14.

lautet der furchtbare Satz. Nicht anders ist es mit dem Fall der ersten Menschen. „Eine frostige Einbildung" nennt es Calvin, den Fall Adams von der göttlichen Verordnung ausnehmen zu wollen.[1]) Dass die Prädestination im guten wie im schlimmen Sinne ewig und unabänderlich ist, folgt von selbst und mit Nothwendigkeit daraus, dass Gottes heiliger Wille keinen Wandel kennt. Wer einmal als Erwählter in das Buch des Lebens eingetragen ist, kann nicht aus demselben getilgt werden; wer die Gnade einmal besitzt, verliert sie niemals. Nur ein solcher kann wahrhaft glauben, beten, Gott fürchten. Der Verworfene ist unabänderlich „ein Gefäss des göttlichen Zornes," und Alles gereicht ihm zur Verdammniss. Seine Tugenden, sein Glaube sind nur Schein; ja Gott erzeugt zuweilen absichtlich in ihm einen Scheinglauben und schleicht sich in das Gemüth des Verworfenen ein, um ihn desto unentschuldbarer zu machen.[2])

Die Lehre von der göttlichen Vorherbestimmung ist der Grundgedanke, welcher das ganze calvinische System beherrscht. Man darf sagen: von ihr wird Calvins Lehrgebäude in allen seinen Theilen getragen, von ihr empfängt es Charakter und Farbe. Die gesammte Auffassung der göttlichen Heilsoekonomie ist von den Gedanken der Prädestination durchdrungen. Die Erscheinung Christi auf Erden ist gewissermassen nur die historische Beglaubigung des göttlichen Gnadenrathschlusses. Alle einzelnen Lehren, die Lehre von Schöpfung und Erlösung, von Sünde und Freiheit, von den göttlichen Heils- und Gnadenmitteln, werden zu dem ewigen Rathschlusse in Beziehung gesetzt und empfangen von hier ihr eigenthümliches Gepräge.[3]) Auch die calvinische Abendmalslehre, an welcher das lutherische Deutschland so grossen Anstoss nahm, ist im Grunde nur die weitere Durchbildung und Anwendung der Prädestinationsidee: nur die Erwählten, die wahrhaft Gläubigen, empfangen mit dem äussern Zeichen wirklich innere Gnade, nicht die Reprobirten — ihnen ist der wirkliche Empfang der im Sakramente dargebotenen Gabe unmöglich.[4])

---

[1]) Instit. l. III, c. 23, s. 7.
[2]) Instit. l. III, c. 2, s. 11; vgl. *Möhler*, Symbolik (4. Aufl.) p. 122. Recht scharf wird die Unverlierbarkeit der Gnade auch schon in der Ausgabe von 1536 p. 139 ausgedrückt.
[3]) So heisst es z. B. schon in der Ausgabe von 1536 p. 138: „*Itaque Dominus, dum suos vocat, justificat, glorificat, nihil aliud quam suam aeternam electionem declarat, qua hos eos destinaverat, antequam nascerentur.*"
[4]) Vgl. *Heppe* l. c. p. 15, 18. Der Versuch Bungeners (Calvin, sein Le-

Calvin ist überzeugt, mit dieser Lehre nichts als die in der Bibel bezeugte göttliche Wahrheit, diese aber in ihrer ganzen Schärfe vorzutragen. Er wirft den Kirchenvätern, die nicht seiner Ansicht sind — und den h. Augustinus ausgenommen, trifft sie alle sein Tadel — mangelhaftes Verständniss der h. Schrift vor.[1]) Als „knabenhafte Schwätzer" und schlimmer noch bezeichnet er diejenigen unter seinen Zeitgenossen, welche diese „seine" Lehre zu bestreiten wagen. Sie ist seine Lieblingslehre, sie ist für ihn gleichsam eine persönliche Herzensangelegenheit geworden: in Zeiten schwerer Prüfung und Trübsal schöpft er aus dem Dogma von der göttlichen Gnadenwahl Muth und Zuversicht.[2])

Wohl hat Calvin selbst das Furchtbare und Gefährliche einer Lehre, die allem menschlichen Denken und Fühlen Hohn spricht und folgerichtig Gott selbst zum Urheber der Sünde macht,[3]) sich nicht ganz verhehlen können. Es erfasst ihn zuweilen ein Bangen und er nennt einmal jenen ewigen Rathschluss „einen Schauder erregenden."[4]) Aber der kurzsichtige Mensch hat sich hier in Demuth der Majestät des göttlichen Wortes zu unterwerfen. Nicht als wenn er sich des Gedankens an die Prädestination entschlagen sollte: Alles, was uns durch den h. Geist in der Schrift gelehrt wird, ist wichtig für uns zu wissen. Aber mehr als je soll der Mensch, wenn er diese Lehre betrachtet, den menschlichen Hochmuth und Fürwitz unterdrücken und nicht über die Geheimnisse der göttlichen Allmacht nachgrübeln. Gott hat uns mitgetheilt, was uns zu wissen frommt: mehr wissen zu wollen, würde Vermessenheit sein. Wer hinaufsteigen wollte, um den ewigen

---

ben, sein Wirken und seine Schriften p. 65), die Prädestinationslehre in dem Systeme Calvins nur als ein Anhängsel erscheinen zu lassen, dürfte doch schwerlich vielen Anklang finden.

[1]) Instit. l. III, c. 22, v. 8 sqq.

[2]) Man vgl. z. B. den Schluss der Vorrede zu den Vorlesungen über den Propheten Daniel, Opp. ed. A. T. IV (hier irrthümlich als Vorrede zu den Vorlesungen über Jeremias mitgetheilt). Vgl. auch *Polenz*, Gesch. des französ. Calvinismus I, 544 ff.

[3]) Calvin sucht dieser Consequenz dadurch vorzubeugen, dass er zwischen dem göttlichen Willen (velle) und Gebot (praecipere) unterscheidet. Doch wird auch dieser Unterschied, wie mir scheint, nicht immer festgehalten. — In den Vorlesungen über Daniel (Opp. ed. A. T. V) p. 66 b sagt er: *„Ergo tenemus sic mundum administrari arcana Dei providentia, ut nihil accidat nisi quod jussit et decrevit."*

[4]) Inst. l. III, c. 23, v. 7.

Rathschluss Gottes zu erkennen, würde die ganze Ordnung des Herrn umstossen. Es ist dies die gefährlichste Versuchung, die Satan den Gläubigen bereitet. Indem der sündige Mensch sich vermisst, in die unerforschlichen Geheimnisse der Gottheit einzudringen, um zu erfahren, was über ihn beschlossen, begibt er sich in ein Labyrinth, aus dem kein Ausweg führt, stürzt er sich in einen Abgrund, in dem er untergehen wird.[1] Es gibt keinen Fehler, vor dem Calvin häufiger und eindringlicher warnt, als die menschliche Neugierde. „Besser ist," ruft er mit dem h. Augustinus aus, „gläubige Unwissenheit als verwegenes Wissen!"[2]

So sinkt also der ewige Rathschluss, nachdem er uns Licht gezogen, gewissermassen wieder in den Abgrund des Unerforschlichen zurück, und der Mensch, dem so eben aller Selbstzweck abgesprochen wurde, darf und soll seinerseits nichts desto weniger seiner Seligkeit mit Ernst und Eifer nachtrachten. Wird auch der göttliche Rathschluss nicht durch menschliches Verhalten bestimmt, so nöthigt er uns doch, alle uns gebotenen Gnadenmittel willkommen zu heissen und als Zeichen unserer Berufung anzusehen. Der Mensch soll derartigen Zeichen und Zeugnissen jederzeit gläubig folgen, jeden Zweifel an der Wirklichkeit seiner Berufung als gefährliche Versuchung zurückweisen und vertrauensvoll den Weg wandeln, den ihm der Herr zeigt, wenn ihm auch Ende und Ausgang verborgen bleiben. Man sieht: das praktisch-sittliche Bewusstsein des Reformators trägt hier den Sieg davon über seine Theorie. Dem sittlichen Fatalismus, der streng genommen aus der Prädestinationslehre sich nothwendig ergibt, wird vorgebeugt und damit zugleich die Möglichkeit einer äussern Kirche gewonnen.[3]

Die Lehre von der Kirche, mit welcher das vierte Buch der Institution sich beschäftigt, ist eine der wichtigsten und folgenreichsten in dem calvinischen System.[4]

Allerdings ist die wahre und eigentliche Kirche eine unsichtbare:

---

[1] Inst. l. III, c. 21, s. 1, 2.

[2] Inst. l. III, c. 23, s. 5.

[3] Vgl. Gass, Gesch. der prot. Dogmatik I, 120.

[4] Wir dürfen uns hier um so mehr auf den allgemeinen Ideengang Calvins beschränken, als wir auf die weitere Durchbildung und praktische Gestaltung seiner Grundsätze bei der Darstellung seiner organisatorischen Thätigkeit in Genf werden zurückkommen müssen.

ihre Mitglieder sind eben die Erwählten, die nur Gott kennt.[1]) Unsichtbar sind indess die Mitglieder der wahren Kirche für uns blos insofern, als sie in der grossen Menge, mit welcher sie zusammenleben, von den Uebrigen nicht zu unterscheiden sind: in dieser ihrer Vereinigung mit den Nichterwählten bilden sie die sichtbare Kirche. Die sichtbare Kirche ist daher gleichsam nur die Hülle der unsichtbaren. Da wir aber diese nur in jener haben können, so ist die Theilnahme an der sichtbaren Kirche unerlässlich und zur Erlangung des Heils durchaus erforderlich. „Wir können nicht anders zum Leben eingehen, als wenn sie uns in ihrem Schoosse erzeugt, an ihrer Brust ernährt, unter ihrer Obhut und Zucht erhält, so lange bis wir, von diesem sterblichen Leibe befreit, den Engeln gleich sein werden." Trennung von der sichtbaren Kirche ist Verläugnung Gottes und Christi. „Ausser ihrem Schoosse gibt es keine Verzeihung der Sünden, gibt es kein Heil."[2])

Nachdem auf solche Weise einmal die Wirklichkeit und Nothwendigkeit einer äussern Kirche allerdings mehr angenommen als bewiesen ist, kann es nicht fehlen, dass die Cardinallehre der calvinischen Dogmatik, der Prädestinationsgedanke, sich auch hier wieder in ihrer vollen Strenge geltend macht und auf die Gestaltung wie den ganzen Geist der neuen Kirche einen hervorragenden Einfluss gewinnt. Bilden die Erwählten den eigentlichen Kern der Kirche, so ist einleuchtend, dass die Wirkungen des göttlichen Rathschlusses auch in ihr sich offenbaren und äusserlich in die Erscheinung treten müssen. Die Verherrlichung Gottes durch die wirkliche und volle Herrschaft seines Wortes muss eine Wahrheit werden, es muss das Leben der kirchlichen Gemeinde nothwendig in der Form vollendeter Sittlichkeit erscheinen. Daher die unbeugsame Strenge der Sittenzucht, welche neben der Predigt der reinen Lehre und der schriftgemässen Verwaltung der von Gott hinterlassenen Heilsmittel das dritte und bedeutsamste Merkmal der calvinischen Kirche bildet und sie wesentlich von der Kirche Luthers unterscheidet. Nicht stark genug kann Calvin die Nothwendigkeit einer strengen Sittenzucht betonen, und wenn überhaupt ein Fortschreiten bei ihm stattgefunden hat, so dürfte es am ersten in dem steigenden Nachdruck sich wahrnehmen lassen, mit

---

[1]) „Cum ecclesia sit populus electorum Dei," heisst es schon in der Ausgabe von 1536.
[2]) Instit. l. IV, c. 1, s. 4.

welchem er in den späteren Ausgaben seines Werkes die disciplinarische Aufgabe der Kirche hervorhebt.[1]) Dass die Katholiken an vielen Orten auf das „lose evangelische Treiben" als eine Wirkung der neuen Predigt hinweisen konnten, war für ihn ein Sporn mehr, sich der Sittenzucht mit allem Eifer anzunehmen. Die Disciplin macht das eigentliche Wesen „der geistlichen Politik" aus; ohne sie kann keine Kirche bestehen. „Wenn schon überhaupt keine Gesellschaft," heisst es einmal, „ja nicht einmal eine Familie ohne Zucht sich halten kann, wie viel weniger wird die Kirche, welcher die höchste Ordnung geziemt, sie entbehren können? Ist die Lehre die Seele der Kirche, so ist die Disciplin gleichsam der Nerv, wodurch die Glieder des Leibes verbunden werden. Die, welche die Kirchendisciplin aufgehoben wissen wollen, gehen auf die völlige Auflösung der Kirche aus."[2]) Geradezu wird die Disciplin von Calvin wohl als zu der „Substanz" der Kirche gehörig bezeichnet.[3]) Die Kirche hat nicht etwa blos das Recht, sondern die Pflicht, welche sie, ohne sich selbst aufzugeben, nicht vernachlässigen kann, gegen ihre Mitglieder überall und stets die strengste Zucht zu üben, sie einzeln unter ihre Obhut zu nehmen, sie in ihrem öffentlichen und häuslichen Leben zu überwachen und gegen Säumige und Widerspänstige mit unnachsichtiger Strenge einzuschreiten. Das vornehmste Zuchtmittel, die letzte und schärfste Waffe der Kirche ist der Bann, der in allen schweren Fällen angewendet wird. Dreifacher Art ist der Nutzen und Zweck dieser Strafe: sie verhindert zunächst, dass Gott zum Schimpf solche Christen genannt werden, die ein lasterhaftes Leben führen; sie beugt den Uebelständen des Zusammenlebens der Bösen mit den Auserwählten vor; sie wird endlich ein Mittel sein, die Ausgeschlossenen mit Scham und Reue zu erfüllen.[4]) Heilig soll die Kirche sich auch äusserlich darstellen, wie es für das auserwählte Volk Gottes, aus dem allein ihre wahren Mitglieder bestehen, sich ziemt.

Von wem aber wird jene erziehende, überwachende, strafende Ge-

---

[1]) Vgl. Austin, Ueber Calvins Institutio nach Form und Inhalt l. c. p. 481.
[2]) Instit. l. IV, c. 12, s. 1 ff.
[3]) Vgl. Brevis instructio adv. errores Anabapt., Opp. ed. A. T. VIII, 360 b.
[4]) Inst. l. IV, c. 12, s. 5. Es ist bezeichnend, dass die Besserung des excommunicirten Sünders an letzter Stelle aufgeführt wird. Streng genommen freilich sollte von Besserung gar nicht die Rede sein; denn rechtmässig kann der Bann doch nur gegen Reprobirte verhängt werden — Inst. IV, c. 12, t. 4 nennt ihn Calvin selbst die Promulgation der göttlichen Sentenz — die Reprobirten aber sind und bleiben Gefässe des göttlichen Zornes.

walt in der Kirche ausgeübt? Wer ist überhaupt der Inhaber und Träger der Kirchengewalt?

Wir berühren mit dieser Frage eine zweite, für die spätere Entwickelung viel wichtigere Eigenthümlichkeit der calvinischen Lehre von der Kirche. Erkannten wir in der Förderung einer strengen Kirchenzucht die Einwirkung der Prädestinationslehre, des Materialprincips der Theologie Calvins, so nehmen wir in seiner Ansicht über die kirchliche Verfassung, über den Sitz der Kirchengewalt den Einfluss des Formalprincips wahr. Indem Calvin von dem Proteste gegen jede von historisch-kirchlichen Ordnungen getragene Tradition der Heilsgaben ausgeht und in unbedingtester Weise die jedem Gläubigen durch den h. Geist zugängliche Bibel als die alleinige Quelle und Norm des Glaubens, als die einzige Autorität hinstellt, verleiht er dem Individuum eine Bedeutung, die mit Nothwendigkeit zu einer demokratischen Auffassung und Gestaltung des gesammten Kirchenwesens führt. In der That erklärt sich Calvin für eine solche in den entschiedensten Worten. Die kirchliche Souverainetät liegt ihm in dem Gesammtwillen der Kirche selbst, d. h. aller Mitglieder, aus denen sie besteht: selbstthätig und selbstständig hat die Gemeinde ihr kirchliches Leben zu gestalten, ihren Glauben zu bewähren. Während in der lutherischen Kirche der Gedanke des allgemeinen Priesterthums ein Princip über der Verfassung blieb, das auf ihren Bau nur geringen Einfluss ausübte,[1]) bildet er nach Calvin das oberste Princip der Verfassung selbst, von dem diese getragen wird. Zwar hat der spätere Beherrscher von Genf, als er seine Theorie in die Wirklichkeit übersetzte, die souveraine Gemeinde, „wegen der Schwäche der Zeit" thatsächlich in der Ausübung ihres theoretischen Rechtes in einer Weise beschränkt, dass das aufgestellte Princip in Wirklichkeit ungefähr in sein Gegentheil umschlug; aber der Schein der Selbstregierung der Gemeinde wurde doch von ihm gewahrt und nach wie vor die aufgestellte Theorie von der kirchlichen Souverainetät der Gemeinde mit allem Nachdruck verkündet. Man kann kaum schärfer gegen die Priesterherrschaft in der Kirche sprechen, als es von dem Verfasser der Institution geschieht. „In keiner Weise," äussert er, „ist es zuzugestehen, dass die Kirche in der Versammlung der Geistlichen besteht." Die Geschichte aller Zeiten liefere Beweise, dass die Wahrheit nicht immer im Schoosse der Geistlichen genährt werde und dass die Wohlfahrt

---

[1]) Vgl. *Stahl*, Die lutherische Kirche und die Union p. 245, 248.

der Kirche nicht von dem geistlichen Stande abhange.[1]) Er erklärt es für einen Irrthum, das Amt des Geistlichen auf eine besondere göttliche Berufung zurückzuführen. Eine solche göttliche Berufung hat nach ihm allerdings bei den Aposteln stattgefunden; aber die Lage und Stellung der Apostel war eine ganz ungewöhnliche, aus der für die spätere Zeit Nichts gefolgert werden darf. Die gewöhnliche Berufung der Geistlichen zu ihrem Amte ist eine rein menschliche Handlung:[2]) die Diener des Worts werden berufen und gewählt von dem Volke nach Massgabe ihrer Tüchtigkeit; nur sollen, damit Unordnungen und leichtsinnigem Abstimmen vorgebeugt wird, einige Geistliche bei der Wahlhandlung den Vorsitz führen.[3])

Man sieht: das gesammte Kirchenregiment beruht nach Calvin durchaus auf demokratischer Grundlage. Die Geistlichen sind die von der Gemeinde bestellten Diener des göttlichen Wortes; sie sind ausgestattet mit der Lehrgewalt, um den Gläubigen den Inhalt der göttlichen Offenbarungsurkunde mitzutheilen; gehen sie darüber hinaus, so erlischt ihr Mandat, und „sie sind ihres Ehrentitels zu berauben, damit sie Keinen durch ihre Maske täuschen."[4]) Sie sollen der Gemeinde vorangehen, sie zur Frömmigkeit anleiten, die h. Mysterien verwalten, gute Zucht und Ordnung halten; sie sollen alle Gewalt, Ehre, Weisheit und Hoheit dieser Welt der göttlichen Majestät unterwerfen, ja sie sollen „donnern und blitzen — aber Alles in Gottes Wort;" wie weit dieses reicht, entscheidet die Kirche, die Gesammtheit der Gläubigen. Das vornehmste Recht der kirchlichen Gewalt die Excommunication,

---

[1]) Instit. l. IV, c. 9, s. 4 und 7.

[2]) Instit. l. IV, c. 3, s. 13, 14; vgl. Ausg. von 1536 p. 379.

[3]) „*Habemus ergo,*" heisst es Instit. IV, c. 3, s. 15, „*esse hanc ex verbo Dei legitimam ministri vocationem, ubi ex populi consensu et approbatione creantur, qui viri fuerint idonei. Praeesse autem electioni debere alios pastores, ne quid vel per levitatem vel per mala studia vel per tumultum a multitudine peccetur.*" In der ersten Ausgabe p. 364 lässt er es noch unentschieden, ob es nothwendig sei, dass alle Mitglieder der Kirche an der Wahl Theil nehmen; die späteren Redactionen der zweiten Ausgabe zeigen den Satz schon in obiger Gestalt. Vgl. den Commentar zur Apostelgeschichte in den Opp. ed. A. T. VI, p. 48 b, 132 a. Auch in der Supplex exhortatio an Karl V. (1544) beklagt er sich darüber, dass dem Volke das Wahlrecht entrissen sei. Opp. ed. A. VIII, p. 49 a—b.

[4]) Vgl. Instit. l. IV, c. 8, s. 9, Comment. zur Apostelgesch. Opp. ed. A. T. VI p. 44 a und Comment. zum Johannesevangelium l. c. T. VI, p. 88 a—b.

dürfen die Geistlichen nicht ausüben ohne Hinzuziehung der Vertreter der Gemeinde; noch viel weniger darf diese Strafe von einem Einzelnen verhängt werden.[1]) Es war nur consequent, dass die Souverainetät der Gemeinde in der Ausübung dieses wichtigsten kirchlichen Rechtes auch in besonderer Weise äusserlich zum Ausdruck gelangte.

So erscheint uns also die Kirche Calvins als eine nach streng demokratischen Grundsätzen organisirte, von dem Geiste strenger Zucht durchdrungene Vereinigung von Gläubigen, die in dem Buchstaben der h. Schrift die einzige Autorität erkennen und diesem alle gottesdienstlichen Formen und das gesammte äussere Leben unterordnen. Als die Schaar der Auserwählten steht sie entgegen dem Reiche der Finsterniss und des Antichrists und führt mit diesem einen unversöhnlichen Kampf.

Da erhebt sich nun die wichtige Frage: Welche Stellung hat dieses kirchliche Gemeinwesen der weltlichen Gewalt gegenüber einzunehmen? Welche Bedeutung hat für den Gläubigen der Staat? Der Beantwortung dieser Frage ist vorzugsweise das letzte Capitel der Institution gewidmet.

Calvin unterscheidet mit grossem Nachdruck zwischen staatlicher und kirchlicher Gewalt und nimmt mit Entschiedenheit das Recht des Staates sowohl gegen die Uebergriffe mittelalterlicher Kirchengewalt als gegen die communistischen Ansichten jener schwärmerischen Secten in Schutz, welche den Staat als etwas Sündhaftes, mit dem Geiste des Christenthums Unvereinbares bezeichneten.[2]) Der Staat ist, welche Form er auch immer annehmen möge, für den Menschen, so lange er noch hienieden im Fleische wandelt, nothwendig; er ist eine göttliche Einrichtung und für uns eben so unentbehrlich wie Speise und Trank, wie Wasser und Licht. Calvin findet sogar, dass eine zu strenge weltliche Obrigkeit leichter zu ertragen und besser sei, als eine zu milde, und lobt jenes alte römische Sprüchwort, dass ein Fürst, der Nichts erlaube, zwar ein Uebel, ein solcher aber, der Alles erlaube, ein noch viel grösseres sei. Die Obrigkeit soll das Schwert gebrauchen, das ihr Gott selbst in die Hand gegeben hat: gebrauchen soll sie es zum Schutze der Unterdrückten, zur Bestrafung der Lasterhaften, zur Auf-

---

[1]) Instit. l. IV, c. 11, s. 6; l. IV, c. 12, s. 7; l. IV, c. 12, s. 4 wird der Excommunicirte demnach „fidelium suffragiis damnatus" genannt. Vgl. das Schreiben an Liser, Epp. et resp. l. c. p. 82 a.

[2]) Instit. l. IV, c. 20, s. 1. ff.

rechthaltung der öffentlichen Ordnung und Ruhe, der Ehrbarkeit des gesammten bürgerlichen Lebens.[1]) Aber kein Recht hat die Staatsgewalt über die Gewissen, noch darf sie aus sich selbst sich irgend eine Autorität in Glaubenssachen anmassen: ihre Machtsphäre ist auf das Gebiet des äussern Lebens beschränkt. Eine willkürliche Vermengung geistlicher und weltlicher Gewalt ist wider Gottes Wort, und mit scharfen Worten wird deshalb von Calvin einmal über Heinrich VIII. das Verdammungsurtheil gesprochen: er nennt es eine Blasphemie, einen König als „das höchste Haupt der Kirche unter Christo" zu bezeichnen.[2])

Aber keineswegs, lehrt der Verfasser der Institution, stehen Staat und Kirche darum völlig beziehungslos neben einander; vielmehr haben beide im Grunde ganz dieselbe Aufgabe. Denn wie das äussere, leibliche Leben — das Gebiet des Staates — nur dem höhern Leben der Seele dient, so erfüllt auch der Staat nur durch den innigsten Anschluss an die Kirche in Wahrheit seine Aufgabe, und hat er auch an sich auf dem Gebiete des kirchlichen Lebens keine Rechte, so hat er doch die Pflicht, die Wirksamkeit der Kirche hier nach Kräften und mit allen Mitteln zu unterstützen, sich von ihrem Geiste durchdringen zu lassen, ihren Impulsen zu folgen. So fällt Calvin, indem er die Anschauungsweise des Mittelalters bekämpft, selbst wieder in dieselbe zurück. Der Staat wird zu einem religiösen Gemeinwesen. Er soll mitarbeiten an der Ausbreitung des Reiches Gottes auf Erden, die darauf gerichteten Bestrebungen der Kirche mit äusseren Mitteln unterstützen, Götzendienst, Lästerungen des göttlichen Namens und Schmähungen der göttlichen Wahrheit verhindern, das Christenthum, wie es in der Bibel niedergelegt ist und von den wahren Dienern des Worts verkündet wird, rein bewahren, die Disciplinargewalt der Kirche fördern. Religion und Gottesfurcht bilden durchaus die Grundlagen des Staatslebens. Verkehrt ist jede Politik, die nicht an erster Stelle für Frömmigkeit sorgt,

---

[1]) Instit. l. IV, c. 20, s. 9 ff. Auch in den übrigen Schriften, namentlich in den biblischen Commentaren finden sich zahlreiche Stellen zerstreut über das Recht der bürgerlichen Obrigkeit, über die Nothwendigkeit einer streng durchgreifenden Staatsgewalt, über die Pflicht des Gehorsams u. s. w.

[2]) Vgl. Praelectiones in duodecim Prophetas minores, Opp. ed. A. T. V, p. 223 a, vgl. auch p. 6 a. Calvin findet, dass die katholische Kirche den Fürsten oft zu viel Rechte eingeräumt; dass er indess mit seiner Theorie wohl eine äussere Beaufsichtigung der Kirche durch den Staat, eine äusserliche Unterordnung der erstern unter die Staatsgewalt vereinbar findet, wird sich später zeigen.

verkehrt jedes Gesetz, welches ohne Rücksicht auf Gott blos menschlichem Vortheil dienen will.[1] Eine rechtschaffene Obrigkeit wird deshalb jederzeit den Vorstellungen und Ermahnungen der Kirche und ihrer Diener williges Gehör schenken, sie ehren und ihrem Urtheil, auch wenn es hart sein sollte, sich unterwerfen. Calvin gedenkt mit besonderm Wohlgefallen des Kaisers Theodosius und rühmt die Demuth, womit dieser grosse Monarch sich dem Ausspruche des frommen Bischofs von Mailand unterworfen. Ihn sollen die christlichen Fürsten sich zum Muster nehmen und bedenken, „dass sie ihrer Ehre Nichts vergeben, wenn sie sich Christo unterwerfen, noch murren, wenn sie von der Kirche verurtheilt werden; denn da sie an ihren Höfen nur Schmeicheleien hören, ist es mehr als nöthig, dass sie durch den Mund des Priesters vor dem Herrn zurechtgewiesen werden. Sie sollen vielmehr wünschen, dass der Priester sie nicht verschone, damit Gott ihrer schone!"[2]

Wie aber, wenn die weltliche Obrigkeit diese ihre Pflicht in schnöder Weise missachtet?

Calvin gesteht zu, dass dieser Fall häufig eintrete. Ja, nach dem scharfen, höchst ungünstigen Urtheil, welches er über die verschiedenen weltlichen Regierungsformen, insbesondere auch über die Monarchie fällt,[3] muss angenommen werden, dass derselbe sogar die Regel bildet. Denn in den grellsten Farben schildert er das gewöhnliche Treiben der Regierungen, die, während sie sich „von Gottes Gnaden" nennen, Gott seiner Herrschaft berauben, göttliches und menschliches Recht mit Füssen treten, ihre Unterthanen knechten, des Volkes Eigenthum verschwelgen, Unschuldige morden, wie Strassenräuber rauben.[4] Aber auch in solchen Fällen will Calvin die Pflicht des Ge-

---

[1] Instit. l. IV, c. 20, s. 2, s. 9; l. IV, c. 11, s. 4. In ähnlicher Weise spricht er sich auch oft in seinen biblischen Commentaren über die Pflicht der Obrigkeit aus, z. B. in den Homil. in libr. I. Samuelis (Opp. ed. A. T. II) p. 113 b: *„non tantum habere jus gladii in sontes et injurias hominet, sed esse oportere tutores et nutricios Ecclesiae,"* u. s. w.

[2] Instit. l. IV, c. 12, s. 7. Es entspricht dem, dass er auch über Kaiser Heinrich IV., „*homo levis et temerarius, nullius consilii magnae audaciae et vitae dissolutae,*" sehr ungünstig urtheilt, obgleich er seinen Gegner Hildebrand, „*qui lacessitus ab eo fuerat,*" natürlich ebenso wenig in Schutz nimmt. Inst. l. IV, c. 11, s. 13; vgl. damit die Stelle über Heinrich IV. in der Admonitio paterna, Opp. ed. A. T. VIII, 186 a.

[3] Instit. l. IV, c. 20, s. 8.

[4] Instit. l. IV, c. 20, s. 24. Ueber das „Dei gratia" der Fürsten spricht

horsams noch beobachtet wissen: eine Ausnahme gestattet er nur dann, wenn durch die Befolgung der Befehle der bürgerlichen Obrigkeit jener Gehorsam verletzt wird, den wir Gott, unserer höchsten Obrigkeit, schulden.[1])

Eine allerdings bedenkliche, dehnbare und zumal im Reformationszeitalter gefährliche Ausnahme! Calvin fühlt dies selbst und betont, bevor er den folgenschweren Satz ausspricht, das Recht der Obrigkeit und die Pflicht des Gehorsams in allen übrigen Dingen um so nachdrücklicher und entschiedener. Weit entfernt, den Unterthanen ein unbedingtes Revolutionsrecht einzuräumen, verlangt er von ihnen vielmehr an erster Stelle Demuth, Bescheidenheit und Zurückhaltung in ihrem Urtheil über die Vorgesetzten. Sie sollen stets von der Obrigkeit das Beste denken, ruhig ihre bürgerlichen Pflichten erfüllen, Zölle und Steuern willig zahlen, ohne über die reichen Einkünfte und den Aufwand der Staatslenker zu klagen,[2]) keine müssige Kritik ausüben und nicht nutzlose Disputationen über die beste Staatsform anstellen[3]) — eine Forderung, die aus dem Munde eines Mannes, welcher selbst eine so rücksichtslose und vernichtende Kritik gegen die verschiedenen Staatsformen ausübt, allerdings merkwürdig klingt. Auch wenn eine Regierung in offenkundiger Weise ihre Gewalt missbraucht, bleibt sie die von Gott gesetzte Obrigkeit, der wir zum Gehorsam verpflichtet sind. Nur wo die Verfassung eines Landes selbst solche Fälle vorgesehen, wie dies im alten Athen, Sparta, Rom der Fall war und in Ländern mit ständischer Verfassung noch der Fall ist, dürfen die dazu eingesetzten Behörden den Uebergriffen der Machthaber entgegen-

---

er sehr scharf im Comment. in Psalm. (Opp. ed. A. T. III) p. 311 b und in den Praei. in libr. Proph. Danielis (l. c. T. V.) p. 64 b. Vgl. auch die scharfen Aeusserungen in den Praei. in XII Proph. minores (l. c. Tom. V.) p. 363 b u. s. w.

[1]) Inst. l. IV, c. 20, s. 32. Die Stelle findet sich wörtlich so schon in der Ausg. von 1536 p. 513. Noch schärfer kehrt derselbe Gedanke an vielen Stellen der biblischen Commentare wieder; vgl. z. B. Comment. in Acta apost. (Opp. ed. A. T. VI)p. 44 a. „Si rex aut princeps aut magistratus eo usque se extollat, ut Dei honorem ac jus diminuat, non nisi homo est. Idem et de pastoribus sentiendum. Qui enim munus suum transgreditur, quia Deo se opponit, spoliandus est honoris sui titulo, ne sub larva decipiat." Aehnlich l. c. p. 153 a u. s. w.

[2]) Instit. IV, c. 20, s. 22, 23, 13; sie sollen auch nicht „nimium scrupulose inquirere, quo quisque jure adeptus sit imperium;" vgl. Comment. in epist. canonic. (Opp. ed. A. T. VII) p. 15 a.

[3]) Instit. IV, c. 20, s. 8; ebenso die erste Ausgabe p. 479.

treten.¹) Nie aber besitzt der einzelne Unterthan das Recht, die Majestät des Thrones, den Gott aufgerichtet, anzutasten. Der Gläubige wird das Unrecht, welches eine tyrannische Regierung über ihn verhängt, in Geduld ertragen, er wird darin die rächende Hand des Herrn erkennen, der uns mit schlechten Obrigkeiten wie mit anderen irdischen Plagen straft, und das Urtheil über die Handlungen seiner Vorgesetzten allein Gott anheimstellen.²)

Gott aber, das ist über allen Zweifel erhaben, wird, wenn die Zeit gekommen ist, den bedrängten und misshandelten Unterthanen Hülfe bringen und Rettung aus ihrer Trübsal. Die Geschichte aller Zeiten lehrt es uns — und hier zeigt sich die wunderbare Güte und Macht des Allerhöchsten — dass er von Zeit zu Zeit einige aus seinen Dienern als seine Rächer erweckt und mit dem Auftrage ausrüstet, die gottlosen Herrschaften zu zerstören und das geknechtete Volk zu erlösen. „Der Herr vollführte sein Werk, indem er die blutigen Scepter übermüthiger Könige zerbrach und die unerträglichen Herrschaften umstiess; die Könige sollen es hören und erzittern!"³)

So der Verfasser der Institution. Die Ausführung jenes Satzes, dass niemals ein Befehl der weltlichen Gewalt gegen das Wort Gottes verpflichten könne und dass in einem solchen Falle der Gehorsam sofort aufhören müsse, bildet hierauf den Schluss seines Werkes.

Calvins Lehrbuch der christlichen Religion ist ohne Frage das hervorragendste und bedeutendste Erzeugniss, welches die reformatorische Literatur des sechzehnten Jahrhunderts auf dem Gebiete der Dogmatik aufzuweisen hat. Schon ein oberflächlicher Vergleich lässt uns den gewaltigen Fortschritt erkennen, den es gegenüber den bisherigen Leistungen auf diesem Gebiete bezeichnet. Statt der unvollkommenen, nach der einen oder andern Seite unzulänglichen Versuche Melanchthons, Zwinglis, Farels erhalten wir aus Calvins Hand das Kunstwerk eines, wenn auch nicht harmonisch in sich ab-

---

¹) Instit. l. IV, c. 20, s. 31, erste Ausgabe p. 512; derselbe Gedanke wird entwickelt in den Homil. in I. libr. Samuelis (Opp. ed. A. Tom. II) p. 121 a—b, vgl. p. 387 b.

²) Inst. l. IV, c. 20, s. 29. Dass indess alle diese strengen Vorschriften und Lehren durch den darauf s. 32 zu Gunsten der Pflichten gegen Gott gemachten Vorbehalt völlig wieder entkräftet werden, bemerkt mit Recht schon *Baudrillart*, J. Bodin et son temps p. 40, 41.

³) Inst. l. IV, c. 20, s. 30 und 31; die letzten Worte finden sich gleichlautend in der ersten Ausgabe p. 512.

geschlossenen, so doch wohlgegliederten, durchgebildeten Systems, das in allen seinen Theilen die leitenden Grundgedanken widerspiegelt und von vollständiger Beherrschung des Stoffes zeugt. Es hatte eine unverkennbare Berechtigung, wenn man den Verfasser der Institution als den Aristoteles der Reformation bezeichnete. Die ausserordentliche Belesenheit in der biblischen und patristischen Literatur, wie sie schon in den früheren Ausgaben des Werkes hervortritt, setzt in Erstaunen. Die Methode ist lichtvoll und klar, der Gedankengang streng logisch, überall durchsichtig, die Eintheilung und Ordnung des Stoffes dem leitenden Grundgedanken entsprechend; die Darstellung schreitet ernst und gemessen vor und nimmt, obschon in den späteren Ausgaben mehr gelehrt als anziehend, mehr auf den Verstand als auf das Gemüth berechnet, doch zuweilen einen höhern Schwung an. Calvins Institution enthält Abschnitte, die dem Schönsten, was von Pascal und Bossuet geschrieben worden ist, an die Seite gestellt werden können: Stellen, wie jene über die Erhabenheit der heiligen Schrift, über das Elend des gefallenen Menschen, über die Bedeutung des Gebetes, werden nie verfehlen, auf den Leser einen tiefen Eindruck zu machen. Auch von den katholischen Gegnern Calvins sind diese Vorzüge anerkannt und manche Abschnitte seines Werkes sogar benutzt worden.[1]) Man begreift es vollkommen, wenn er selbst mit dem Gefühl der Befriedigung und des Stolzes auf sein Werk blickt und in seinen übrigen Schriften gern auf das „Lehrbuch" zurückverweist.

Und dennoch beschleicht uns, trotz aller Bewunderung, zu der uns der Verfasser nöthigt, bei dem Durchlesen seines Werkes ein unheimliches Gefühl. Ein System, das von dem furchtbaren Gedanken der doppelten Prädestination ausgeht, welches die Menschen ohne jede Rücksicht auf das eigene Verhalten in Erwählte und Verworfene scheidet und die Einen wie die Andern zu blossen Werkzeugen zur Verherrlichung der göttlichen Majestät macht, welches mit völliger Gefangennehmung der Vernunft unter den Gehorsam des Glaubens die Hülfe der menschlichen Vernunft und der Philosophie verschmäht und verachtet, welches die ausschliessliche Herrschaft des äussern Wortlautes der Bibel verkündet und in starrem Festhalten der Zustände eines bestimmten Zeitraums gewissermassen auch die äusseren Erschei-

---

[1]) Schon dem Albert Pighius macht Calvin (Opp. ed. A. T. VIII. p. 121 b) diesen Vorwurf. Ueber die Bedeutung der Institution für die katholische Literatur s. ein interessantes Urtheil bei *Nisard* l. c. I, 291. 292.

nungsformen des kirchlichen Lebens dogmatisirt — ein solches System kann unmöglich dem denkenden, Belehrung und Trost suchenden Menschengeist innere Ruhe und Befriedigung gewähren. Und noch mehr als der Inhalt wirkt die Form, der Ton, welchen der Verfasser gegen seine Widersacher anschlägt, abstossend. Calvin erklärt seine Auffassung der göttlichen Heilswahrheiten in den schärfsten Ausdrücken für die allein berechtigte, das von ihm aufgestellte System für die allein zulässige und wahrhafte Form des Christenthums; er verschmäht jede Accommodation: geradezu nimmt er Unfehlbarkeit für sich in Anspruch; er will, dass man sich bei seinem Ausspruche beruhigen soll.[1]) Die Gegner sind ihm Widersacher der göttlichen Wahrheit, boshafte Schmäher und Verläumder, Werkzeuge des Satans, die wider ihr besseres Wissen handeln und nicht scharf genug gezüchtigt werden können. Dieser Geist der leidenschaftlichen Polemik wirft auf das ganze Werk seinen düstern Schatten. Die erhabensten Gedanken, die ergreifendsten Schilderungen werden jeden Augenblick durch gehässige Invectiven unterbrochen. Er gefällt sich in den masslosesten Ausfällen, und kein Ausdruck ist ihm zu wegwerfend: „unreine Hunde", „zischende Schlangen", „wilde Bestien" nennt er seine Gegner.[2]) Es ist bezeichnend, dass er sich selbst mit Vorliebe unter dem Bilde eines treuen Hundes darstellt, welcher belle, wenn sein Herr angegriffen werde.[3]) Selbst wenn es sich um Fragen von so unergründlicher Tiefe handelt, wie die Prädestinationslehre, oder wenn sich seine Polemik gegen Männer

---

[1]) „*Et en cela je ne doibs estre accusé de présumption*," schreibt er z. B. an den Herrn von Aubeterre, „*comme si je cuidois estre plus sage que les aultres. Car puisque Dieu m'a faict la grâce de me déclairer ce qui est bon ou mauvais, il fault que je me règle à ceste mesure.*" Bonnet, Lettres Françaises I, 389.

[2]) „Hlaterones, nebulones, nugatores, phrenetici, insulso cavillo ludentes, ore rabido latrantes, insulse stridentes, rabulae, sacrilegi, nebulones prodigiosi, calumniatores, helleboro magis quam argumentis digni, canes, canes impuri, angues, angues tortuosi, furiosae belluae, porci" sind die gewöhnlichen Bezeichnungen für seine Gegner. Selbst unwürdige Witze scheut er nicht immer, vgl. z. B. L. III, c. 4, s. 7. Die sonst so massvolle wissenschaftliche Sprache lässt diese Behandlung der Gegner um so greller hervortreten.

[3]) Wenigstens viermal finde ich dieses Bild in seinen Schriften von ihm angewandt: In der Supplex exhortatio an Karl V. (Opp. ed. A. T. VIII, p. 54 bb. in der Schrift gegen Pighius (l. c. p. 130 b), in der Instructio adv. Libert. (l. c. p. 377 a) und in einem Briefe an die Königin von Navarra (Lettres franç. I, p. 114).

von so reinem Charakter und so gediegener wissenschaftlicher Bildung richtet wie Pighius, sind es nur „knabenhafte Schwätzer", „Possenreisser", „Gotteslästerer", „giftige Hunde" und „Schweine", die ihm gegenüberstehen. Ein gewisses Bangen ergreift uns vor einer Auffassung des Christenthums, die ihren Vertreter so wenig mit dem Geiste evangelischer Milde und christlicher Resignation zu durchdringen vermochte. Es ist nicht der Gott der Versöhnung und Barmherzigkeit, wie ihn uns das Evangelium offenbart, es ist mehr, möchte man sagen, der zürnende und strafende Jehova des alten Bundes, der aus Calvins Institution zu uns spricht, und die ungewöhnlich häufige Berücksichtigung und Anführung alttestamentlicher Bibelstellen, welche sich durch das ganze Werk hindurchzieht, ist nicht ein blosser Zufall.

Doch der Geist des Reformationszeitalters war nicht der unserer Zeit. Gerade was uns verletzt, wurde von jenem Calvins Arbeit vielfach als Verdienst angerechnet. Vielleicht niemals hat ein gelehrtes Werk von solchem Umfange einen Erfolg gehabt wie das christliche Lehrbuch. Es wirkte zwar nicht mit jener zündenden Kraft auf die Masse, wie Luthers Flugschriften „Von der Freiheit eines Christenmenschen," „An den Adel deutscher Nation": es ergriff hauptsächlich nur die gebildeten und gelehrten Kreise, wirkte aber hier um so nachhaltiger. „Es ist uns klar," schrieb Bucer schon im Herbst 1536 an den Verfasser, „dass der Herr Dich zu seinem Werkzeuge ausersehen hat und durch Dich seiner Kirche des Segens reichste Fülle zuwenden will."[1]) Und dieses Urtheil brach sich in immer weiteren Kreisen Bahn. Der Beifall stieg von Jahr zu Jahr. Eine neue Auflage folgte auf die andere, namentlich seitdem der Verfasser 1541 auch eine französische Ausgabe veranstaltet hatte. Calvins Lehrbuch wurde gewissermassen das kanonische Buch des französischen Protestantismus und erlangte für die französische Literatur eine ähnliche Bedeutung, wie Luthers Bibelübersetzung für die deutsche.[2]) Doch beschränkte sich sein Einfluss nicht auf Frankreich; fast in alle europäische Sprachen ist es übersetzt worden; man brachte es in Auszüge, man verherrlichte es in Versen als ein Werk, dem kein anderes seit der Apostel Zeiten an die Seite zu stellen sei. Als „der Koran," als „der

---

[1]) Epp. et resp. l. c. p. 2. „*Oh! que ne possedons-nous un grand nombre de Calvins!*" schrieb einige Monate später der Franzose Sainte-Marthe, Bulletin VI, 142.

[2]) Vgl. *Nisard*, Hist. de la litt. franç. I, 273, 279, 285.

Talmud der Häresie," als die „vornehmste Ursache unseres Verderbens" bezeichnet das Buch der katholische Florimond de Raemond.[1]) In der That wurde es gleichsam das gemeinsame Arsenal, aus dem die Gegner der alten Kirche ihre schärfsten Waffen entliehen: keine Schrift des Reformationszeitalters ist von den Katholischen mehr gefürchtet, eifriger bekämpft und verfolgt worden, als Calvins christliche Institution.

Eine solche Bedeutung würde indess das Werk wohl schwerlich erlangt haben, wenn nicht der Verfasser schon wenige Monate nach jener ersten Ausgabe auf einen Schauplatz geführt worden wäre, der den theologischen Schriftsteller auch zum Reformator machte und zur thatsächlichen Durchführung des aufgestellten Programms in nicht geahnter Weise die Möglichkeit bot.

III.

CALVINS ANKUNFT UND ERSTE WIRKSAMKEIT IN GENF.

Als die christliche Institution im Frühjahr 1536 in Basel die Presse verliess, hatte Calvin noch keine Ahnung von der entscheidenden Wendung, welche damit in seinem Leben eintreten sollte. Der Gedanke an ein thatkräftiges, persönliches Eingreifen in den grossen Kampf, wie es sich nah und fern die Freunde der Reformation von dem Verfasser dieses kühnen Protestes gegen die alte Kirche versprachen, lag ihm noch durchaus fern. Noch war damals die ihm angeborene Schüchternheit und Scheu vor öffentlichem Auftreten so wenig überwunden, dass er es in Basel mit der grössten Aengstlichkeit vermied, die öffentliche Aufmerksamkeit auf seine Person zu lenken, und zu einer andern als gelehrten schriftstellerischen Thätigkeit sich unfähig glaubte. In stiller Zurückgezogenheit und unbelästigt von der Welt, wollte er den Kampf gegen das Papstthum, wie er ihn begonnen, weiter führen und der evangelischen Sache mit den Erzeugnissen seines Fleisses und seines Talents dienen: so dachte er sich seine nächste Zukunft. Einen andern Ehrgeiz kannte er nicht; der Reiz, den das öffentliche Wirken und der Beifall der Menge auf

[1]) Hist. de la naissance de l'hérésie p. 838, 883.

den jungen Mann auszuüben pflegt, war für ihn nicht vorhanden. Kaum scheint es glaublich, und dennoch dürfen wir nach seiner bestimmten Aussage,[1]) nicht daran zweifeln: mit solcher Aengstlichkeit entzog Calvin in Basel sein Thun und Treiben den Augen der Welt, dass nicht einmal die Bekannten von dem grossen Plane, der ihn beschäftigte, erfuhren, und Niemand in dem stillen fremden Gelehrten, der sich Martianus Lucanius nannte, den Verfasser des epochemachenden Werkes ahnte.

Vielleicht gerade um den Unannehmlichkeiten einer möglichen Entdeckung aus dem Wege zu gehen, entschloss sich Calvin unmittelbar nach der Herausgabe des Werkes — wenn nicht schon vorher — Basel wieder zu verlassen.[2]) Es zog ihn nach Italien, wohin damals so mancher junge Gelehrte pilgerte, um an den klassischen Stätten Roms dem Geiste des Alterthums seine Huldigung darzubringen. Nicht darauf freilich war der Sinn des Gelehrten von Noyon gerichtet. Neue Streitschriften gegen das Papstthum beschäftigten seinen Geist, als er — immer noch von seinem treuen Louis du Tillet begleitet — im Frühjahr 1536 die Reise über die Alpen antrat,[3]) und nicht Rom, sondern der Hof der Herzogin Renata von Ferrara, der evangelisch gesinnten Tochter Ludwigs XII., war das Ziel derselben. Einige Zeit verweilte er in Ferrara. Er traf hier noch andere Gesinnungsgenossen und Landsleute und gewann das volle Vertrauen der Fürstin selbst, die seit jener Zeit ununterbrochen in brieflichem Verkehr mit ihm geblieben ist.[4]) Doch war der Aufenthalt nicht von langer Dauer. Nur um sie bald wieder zu verlassen, habe er Italiens Grenzen überschritten, pflegte Calvin selbst später von dieser Reise zu sagen.[5]) Die Wachsamkeit der Inquisition und wohl auch die allgemeine Stimmung nöthigten ihn zu rascher Rückkehr, ohne dass ihm zu jenen

---

[1]) Vgl. Praef. in Psalm.

[2]) Vgl. Lettre à M. J. H. Merle d'Aubigné sur deux points obscurs de la vie de Calvin par *A. Rilliet*, Genève 1864, p. 20 ff.

[3]) Nach *Colladon* l. c. p. 33 sind die beiden an Duchemin und Roussel gerichteten (vgl. *Beza* p. 6) Sendschreiben „De fugiendis impiorum illicitis sacris" und „De Christiani hominis officio" von ihm während der italienischen Reise geschrieben. Abgedr. Opp. ed. A. T. VIII, p. 409 ff. und ed. B. T. V, p. 233 ff.

[4]) Vgl. *Colladon* p. 25, 26; *Beza* p. 5. *Desmay* p. 39 und *Drelincourt* l. c. p. 30 lassen ihn auch Rom, Venedig und Padua besuchen.

[5]) *Beza* p. 5.

thatenreichen Missionsfahrten, mit denen die spätere Sage auch diese Reise ausgeschmückt hat, Zeit geblieben wäre.[1])

Noch einmal wagte er es, aus Italien zurückgekehrt, den Boden Frankreichs zu betreten. Er sah sogar, wenn wir den Biographen Glauben schenken dürfen, seine Vaterstadt wieder, brachte in Ordnung, was von seinen Familienangelegenheiten noch zu ordnen war, und nahm dann für immer von der Heimath Abschied. Sein jüngerer Bruder Anton, den er längst für seine Ideen gewonnen hatte, leistete dem Scheidenden Gesellschaft.[2]) Calvins Plan war, sich in einer grössern evangelischen Stadt Deutschlands, etwa in Strassburg oder Basel, dauernd niederzulassen, von dem Erwerb seiner Feder zu leben und für das Evangelium zu wirken. Allein der Reise stellten sich Schwierigkeiten entgegen. Die Kriegsunruhen des Jahres 1536 versperrten die gerade Strasse durch Lothringen und nöthigten ihn, den weiten Umweg über Savoyen zu machen. So kam er eines Abends — es war in den ersten Tagen des Juli — ermüdet von der Reise in Genf an. Nur eine Nacht wollte er hier zubringen und dann weiter ziehen. Aber es war anders beschlossen.[3])

In Genf traf Calvin seinen frühern Reisegefährten Louis du Tillet wieder, der sich nach der Rückkehr aus Italien in Basel von ihm getrennt hatte, um in Genf seinen Wohnsitz zu nehmen. In der Freude

---

[1]) Vergl. darüber die Untersuchungen Rilliets: Lettre à Merle d'Aubigné, p. 20 ff. J. Bonnets Entgegnungen (Revue Chrétienne XI, p. 461 ff. und Bulletin XIII, p. 183 ff.) dürften an dem Resultate Rilliets, der die Vorgänge von Aosta u. s. w. in das Gebiet der Legende verweist, schwerlich viel ändern, wenn auch zugegeben werden kann, dass Rilliet dem Aufenthalt Calvins in Italien eine zu kurze Dauer gibt.

[2]) Vgl. *Beza* p. 5, *Colladon* p. 27. Die Nachricht über den nochmaligen Aufenthalt Calvins in Noyon hat Bedenken erregt. Vgl. Bulletin XI, p. 325. In der That wäre es auffallend, wenn der Verfasser der Institution, der doch in Noyon seinen Namen nicht verbergen konnte, daselbst im J. 1536 noch hätte frei auftreten und unangefochten seine Familienangelegenheiten ordnen können; auch sieht man nicht recht, was nach den von Le Vasseur mitgetheilten Urkunden 1536 in Noyon noch zu ordnen war. Es wäre möglich, dass hier eine Verwechselung mit dem Noyoner Aufenthalte von 1534, den Beza nicht erwähnt, vorläge. Die Angaben von Desmay, der p. 49 noch mehrere Personen aufführt, die Calvin von Noyon gefolgt sein sollen, und von Le Vasseur sind für diese Zeit ungenau und verworren. Daran ist allerdings nicht zu zweifeln, dass Calvin damals nochmals in Frankreich gewesen ist und seinen Bruder Anton abgeholt hat.

[3]) Praef. in Psalm., *Beza* p. 5, *Colladon* p. 27; vgl. *Rilliet* l. c. p. 35.

über das Wiedersehen des Freundes beging dieser die Unvorsichtigkeit, einigen Bekannten den wahren Namen des Neuangekommenen mitzutheilen.¹) Rasch verbreitete sich die Kunde von der Ankunft des berühmten Gelehrten durch die Stadt und drang bald bis zu den Ohren Farels. Als ein vom Himmel selbst gesandter Helfer und Retter erschien dem bedrängten und rathlosen Oberhaupte der Genfer Kirche der angekommene Fremde. Sein Entschluss, ihn in Genf festzuhalten, stand sofort fest:

Calvin mochte nicht wenig erstaunt sein, als Farel bei ihm eintrat und mit kurzen Worten sein Anliegen vortrug. Der zudringliche Mann verlangte von ihm nichts Geringeres, als seinen Lebensplan zu ändern, sich in Genf niederzulassen und seine nächste Thätigkeit ganz der Einrichtung und Ordnung der hier gegründeten neuen Kirche zu widmen! Man kann denken, wie Calvin sich dagegen sträubte. Er wies auf seine Jugend hin, auf seine Unerfahrenheit und Schüchternheit, auf die Nothwendigkeit, seine Studien noch länger fortzusetzen, wozu er Ruhe bedürfe; er bat dringend, ihn zu verschonen. Es war Farels Weise nicht, sich durch Gegenreden in einer einmal gefassten Meinung beirren zu lassen; er wiederholte seine Bitte nur um so ungestümer und schritt endlich, als Bitten fruchtlos blieben, zu Drohungen. „Du schützest Deine Studien vor," rief er in grosser Aufregung aus, „aber im Namen des allmächtigen Gottes verkünde ich Dir: Gottes Fluch wird Dich treffen, wenn Du uns in dem Werke des Herrn Deine Hülfe versagst und Dich mehr suchest als Christum!"²)

Der Augenblick war gekommen, der über Calvins Leben entscheiden sollte. In tiefster Seele durch Farels Drohung erschüttert, gab er allen Widerstand auf und versprach zu bleiben. Nur bat er um die Erlaubniss, zuvor noch eine Reise nach Basel machen zu dürfen, wo er wohl von dem frühern Aufenthalte her noch Manches zu ordnen hatte. Dies wurde ihm bewilligt.³)

Getreu seinem Versprechen, kehrte Calvin nach Erledigung der Angelegenheiten in Basel gegen Ende August zu Farel zurück, um

---

¹) Praef. in Psalm., *Colladon* p. 27, 28.

²) Praef. in Psalm., *Beza* p. 5, *Colladon* p. 28; vgl. das Schreiben Farels an Christoph Fabri, in der Sammlung: Du vray usage de la croix p. 314 und Epp. ab eccles. Helv. ref. p. 279.

³) Das Letzte ergibt sich aus dem Schreiben Calvins an Daniel d. d. Lausannae 3 Jd. Oct. 1536, Berner Stadtbibl. Cod. 450 f. 128.

fortan an seiner Seite an dem Aufbau der Genfer Kirche zu arbeiten. Wie war doch sein Lebensplan durch diesen rücksichtslosen Mann so vollständig durchkreuzt worden! Gerade was er so ängstlich zu vermeiden gesucht hatte, wurde jetzt sein Beruf: er sollte öffentlich wirken, er sollte organisiren und Ordnung herstellen — in einer Stadt, die ihm und der er völlig fremd war.

Und bescheiden genug trat er in der ersten Zeit auf. Aus Aengstlichkeit lehnte er es ab, für den Anfang schon ein bestimmtes Amt zu übernehmen. Seine öffentliche Thätigkeit beschränkte sich zunächst auf exegetische Vorlesungen über einige Bücher des Neuen Testaments, welche er des Nachmittags zum Nutzen der Gläubigen in St. Peter hielt.[1]) Am 5. September setzte Farel den Rath von der Eröffnung der Vorlesungen in Kenntniss und bat denselben, für den Unterhalt des neuen Collegen, dessen Lehrthätigkeit unentbehrlich sei, Sorge zu tragen. Es scheint indess nicht, als habe der Magistrat auf „diesen Franzosen," wie Calvin einfach in den Rathsprotocollen genannt wird, grosses Gewicht gelegt: es verging geraume Zeit darüber, bis man Anstalt traf, Farels Wunsch zu erfüllen.[2]) Noch liess in diesen ersten Wochen Nichts die künftige Bedeutung ahnen, welche dieser schüchterne, noch dazu kränkliche Lector für die Stadt gewinnen sollte. Mehr als Genf schien Calvin immerfort noch das Schicksal seiner Glaubensgenossen in Frankreich, und mehr als das öffentliche Wirken in der Gemeinde seine schriftstellerische Thätigkeit am Herzen zu liegen. Er veröffentlichte um diese Zeit zwei neue, während der italienischen Wanderung vorbereitete Flugschriften über die Nothwendigkeit eines vollständigen Bruches mit den katholischen Einrichtungen, die ganz besonders für die französischen Verhältnisse berechnet waren; er arbeitete an einer französischen Uebersetzung der

---

[1]) Vgl. Praef. in Psalm. l. c. Resp. ad Sadoletum, Opp. ed. B. V, 386, *Colladon* p. 20. Eine interessante Stelle über die Vorträge in St. Peter findet sich in Sauniers Ordre et manière. Calvin selbst nennt sich um diese Zeit *sacrarum litterarum in ecclesia Genev. professor* (Opp. ed. B. V, 233) und noch im Herbst 1537 heisst er in einem Schreiben der Berner *lecteur en la sainete escripture à Genève*. (Weltsch Missivenb. B, f. 15.)

[2]) Vgl. Rathsprot. 5. Sept. 1536: „*Farellus exponit sicuti sit necessaria illa lectura, quam initiavit ille Gallus in S. Petro: propterea supplicat videri de ipso retinendo et sibi alimentando.*" Zum 13. Febr. 1537 heisst es: „*quid ua encore guere receu et arreste que on luy delivre vng six escus soleil.*" Mit dem Jahre 1537 kommt in den Rathsprotocollen die französische Sprache auf.

christlichen Institution und nahm lebhaften Antheil an den diplomatischen Vermittelungsversuchen, welche damals von einigen deutschen und schweizerischen Städten zu Gunsten der bedrängten Protestanten in Frankreich gemacht wurden.[1]) Auf der von der Berner Regierung zur vollständigen Evangelisirung des Waadtlandes veranstalteten grossen Disputation von Lausanne, wohin er im October 1536 seinem Meister Farel folgen musste, spielte er dagegen eine wenig hervorragende Rolle. Nur zweimal ergriff er das Wort, um Farel zu unterstützen.[2]) Wohl machten schon hier seine Ausführungen durch ihre Klarheit und Gelehrsamkeit einen bedeutenden Eindruck: aber als der Hauptvertreter der evangelischen Sache erschien doch in Lausanne wie in Genf noch der ältere Farel.

Indess nicht lange dauerte es, so machten sich die Wirkungen der Anwesenheit Calvins in Genf fühlbar. Seine Vorträge in der Cathedrale — sie behandelten namentlich die paulinischen Briefe — fanden Anklang und wurden fleissig besucht. Bald wurde er zum Prediger gewählt und auch als solcher hatte er Glück. Rascher, als er geglaubt, begann er auf dem neuen Boden sich heimisch zu fühlen. Farel hegte für seinen neuen Amtsbruder eine fast abergläubische Verehrung und wurde mit jedem Tage mehr von seinem hohen Werthe durchdrungen. Calvins tiefe Gelehrsamkeit, sein klarer, geordneter Geist machten auf ihn in demselben Grade Eindruck, als ihm selbst diese Vorzüge abgingen. Er schenkte ihm bald unbedingtes Vertrauen, hörte in Allem seinen Rath und that Nichts ohne ihn. Leichter verzieh Farel einen ihm selbst angethanen Schimpf als eine Beleidigung seines Freundes, von dem er überzeugt war, dass Gott selbst ihn nach Genf gesandt habe. Recht deutlich veranschaulicht uns diese rückhaltlose Hingebung, womit der rauhe, zwanzig Jahre ältere Reformator von Gap sich so bald unter den jüngern Gehülfen beugt, die rasch hervortretende geistige Ueberlegenheit des Mannes, der von nun an

[1]) In einem im Basler Archiv aufbewahrten Schreiben, welches die Strassburger unter dem 4. Nov. 1536 in dieser Angelegenheit an Basel richten, erscheinen „der wolgelahrt Johannes Calvinus vnnd Gauchius Farellus" sogar als die eigentlichen Veranlasser dieser Intervention. Dass Calvin sich damals mit der Uebersetzung seines Hauptwerks beschäftigte, ersieht man aus dem angeführten Lausanner Schreiben.

[2]) Vgl. *Ruchat-Vulliemin* IV, 180 ff. Die vollständigen Acten dieser Disputation befinden sich noch in der Berner Bibliothek in einer sehr saubern Abschrift.

mehr und mehr die Geschicke Genfs in seine Hand nimmt. Galt auch vor der Welt noch längere Zeit „Meister Farel" als der berufene Lenker der Genfer Kirche, als das geistliche Oberhaupt von Genf, so war doch schon seit dem Ende des Jahres 1536 Calvin die eigentliche Seele von dem, was geschah.

Mit dem beginnenden Einfluss Calvins kam in das Genfer Reformationswerk ein anderer Geist. Es verband sich mit dem Feuereifer des „Eroberers" der streng methodische, organisatorische Sinn des Verfassers der Institution. Die evangelische Unordnung, wie sie unter Farels Leitung um sich gegriffen hatte, fand Calvin unerträglich. „War auch", erzählt er selbst, „das Papstthum mit seinem Aberglauben durch Rathsbeschluss abgeschafft, so schien uns doch die Kirche noch keineswegs jene Gestalt zu haben, wie sie die gesetzliche Verwaltung unseres Amtes erforderte."[1]) Mit klarem Blicke erkannte er sofort die Mängel in Farels Wirken und suchte Abhülfe zu schaffen. Ihm war einleuchtend, dass durch blosses Schelten auf die Gräuel des Papstthums und durch einzelne wenig zusammenhängende disciplinarische Verordnungen eine neue Kirche mit wahrhaft kirchlichem Leben nicht begründet werden könne, dass in das bisherige verworrene Treiben Plan und System gebracht werden müsse. Es galt zunächst, durch Aufstellung eines festen Lehrbegriffs eine sichere Grundlage zu gewinnen, sodann die Kenntniss der neuen Glaubenswahrheiten allgemein unter dem Volke zu verbreiten, und endlich ein geordnetes Kirchenregiment mit entsprechender Sittenzucht herzustellen.

Wir deuten damit die drei Hauptrichtungen an, in denen sich sofort Calvins Einfluss erkennen lässt.

Als das erste und wesentlichste Erforderniss zur Begründung eines geordneten kirchlichen Zustandes erschien ihm die Aufstellung einer klaren und bestimmten evangelischen Bekenntnissformel. Wir wissen, wie grosses Gewicht Calvin überhaupt auf einen festen Lehrbegriff und das Bekenntniss desselben legte: Nichts war ihm mehr zuwider als ein unbestimmtes Schwanken des Geistes, als jener „En-

---

[1]) Vorrede zu der lateinischen Ausgabe des ersten Katechismus, Opp. Calvini ed. B. V, 319. Viel weniger schonend sprach er sich später über die damaligen Zustände aus: *„Quand je vins premièrement en ceste Eglise, il n'y avoit quasi comme rien. On preschoit et puis c'est tout. On cerchoit bien les idoles et les brusloit-on: mais il n'y avoit aucune réformation. Tout estoit en tumulte."* Lettres franç. II, 574.

thusiasmus, welcher der Lehre glaubt entbehren zu können."[1]) Nicht blos ein Einigungsband, sondern auch eine Schutzwehr gegen die Neuerungen unberufener Menschen sollte das Bekenntniss sein. Noch nicht drei Monate waren seit Calvins Ankunft vergangen, als auch für Genf eine Bekenntnissformel aufgestellt wurde. Sie war der Fassungskraft des Volkes angepasst und verbreitete sich in 21 Artikeln kurz über die Hauptlehren der Reformation, mehr den praktischen Gesichtspunkt als die feineren, dogmatischen Unterschiede ins Auge fassend.[2]) Sie sollte eben, sagt Beza, einem noch ungebildeten, kaum „aus dem Schmutze des Papstthums auftauchenden" Volke zum Gebrauche dienen. Verfasser der Confession war, nach Stil und Haltung zu urtheilen, Farel, welchem als dem ältern und gleichsam officiellen Vertreter des Evangeliums in Genf die Formulirung des Bekenntnisses billig überlassen blieb. Dass aber Calvin nicht blos den Anstoss dazu gegeben, sondern auch der Abfassung der Formel nicht fremd geblieben ist, zeigt insbesondere der Nachdruck, womit die Bedeutung und Nothwendigkeit der Excommunication betont wird.[3]) Am 10. November wurde die aufgestellte Glaubensnorm dem Rathe zur Annahme vorgelegt. Die Absicht war, sie nicht blos von der weltlichen Behörde genehmigen, sondern als das neue kirchliche Staatsgrundgesetz für

---

[1]) Vgl. z. B. Praelect. in libr. Proph. Jeremiae (Opp. Calv. ed. A. T. IV) p. 382 b, Comm. in acta apost. (l. c. T. VI) p. 150 a, Comm. in epist. canon. (l. c. T. VII) p. 22 b. Lettres franç. I, p. 272 ff.

[2]) *Confession de la Foy laquelle tous bourgeois et habitans de Genève et subjects du pays doibvent jurer de garder et tenir.* Abgedr. bei *Gaberel* l. c. I, p. j. p. 120 ff. und häufiger; lateinische Uebersetzung in Opp. Calv. ed. B. T. V, 355 ff.

[3]) Vgl. Art. 19. Der hier angeführte dreifache Zweck der Excommunication stimmt ganz genau mit den Ausführungen der Institution (l. IV, c. 12, s. 5) über diesen Gegenstand, während Farel in seinem Leitfaden (Sommaire c. 32) sich über die Excommunication anders ausdrückt und die Besserung des Sünders in den Vordergrund stellt. Die Aeusserung von *Schmidt,* W. Farel und P. Viret p. 23, ist deshalb irrig. *Beza* p. 5 nennt Calvin geradezu den Verfasser, was mir indess bei dem Tone der Schrift bedenklich scheint. Wenn man aber (vgl. Opp. Calv. ed. B. T. V. Proleg. p. 43) daraus auf zwei Bekenntnissformeln, eine von Farel — die vorliegende — und feine von Calvin, die verloren gegangen sei, hat schliessen wollen, so widerspricht dieser Annahme wieder der von Beza gemachte Zusatz „*formula vix dum emergenti e Papatus sordibus Genev. ecclesiae accommodata,*" welcher zeigt, dass er eben die uns vorliegende Confession gemeint hat. Vgl. auch *Colladon* p. 29.

Genf verkünden und von allen Bürgern, Einwohnern und Unterthanen der Stadt beschwören zu lassen.[1])

Hand in Hand mit dem Versuche, eine feste Glaubensnorm herzustellen und durchzuführen, gingen die Bemühungen zur Hebung des Religionsunterrichts. Die religiöse Bildung des Volkes lag, obgleich das Licht des Evangeliums schon mehrere Jahre geleuchtet, in Genf noch sehr im Argen. Um diesem Uebelstande abzuhelfen und eine feste Grundlage für den Unterricht zu gewinnen, unterzog sich der gelehrte Verfasser der Institution selbst der Mühe, ein elementares Lehrbuch in der Sprache des Volkes, einen evangelischen Katechismus zu schreiben. Das Werk war rasch vollendet. Es war gleichsam ein kurzer Auszug aus der christlichen Institution, aus der manche Stellen wörtlich aufgenommen sind, nur populärer als das Hauptwerk, „mehr fromm und verständlich als gelehrt und scharfsinnig," wie der Verfasser selbst sagt, aber dennoch in der Form vielleicht nicht populär genug und mehr zum Selbstunterricht für Erwachsene als zum Schulgebrauch geeignet. Man merkt es dem Verfasser an, dass er sich auf einem ungewohnten Boden bewegt: die für solche elementare Lehrbücher gewöhnliche und für die Jugend vorzugsweise geeignete Behandlung des Stoffes in Fragen und Antworten ist ihm noch nicht geläufig. Auch der Katechismus wurde dann dem Rathe vorgelegt und zur officiellen Einführung empfohlen.[2])

Allein die blosse Erkenntniss der evangelischen Lehre genügte nicht. Es sollten auch Vorkehrungen getroffen werden, um ihre Befolgung zu sichern. Sehr entschieden tadelt Calvin den Leichtsinn derjenigen Geistlichen, die da glauben, durch die Predigt allein ihrer

---

[1]) Vgl. Rathsprot. 10. Nov. 1536, Vorrede zum lat. Katechismus, Opp. ed. B. V, 319, 320. Dass der Gedanke, die Confession beschwören zu lassen, von Calvin ausgegangen ist, lässt sich auch aus dem Briefe an Sommerset (Lettres franç. I, 272) schliessen.

[2]) Nur die 1538 erschienene lateinische Uebersetzung dieses Katechismus ist uns erhalten und auch diese (Catechismus sive Christianae religionis institutio communibus renatae nuper in evangelio Genev. ecclesiae suffragiis recepta) findet sich nur in der Braunschweiger Ausgabe der Opera Calvini, T. V, 313—362. Die französische Originalausgabe ist verloren gegangen. Die Zeit, wann dieselbe erschienen, lässt sich schwer genau bestimmen. Rosel L. IV. c. 34 setzt sie offenbar viel zu spät, wie sich schon aus der Geschichte des Caroli'schen Streites ergibt. Vgl. Prolegom. p. 42, 43, 44 und Epp. et resp. l. c. p. 227 a. Auch hinsichtlich des Katechismus befolgt Calvin nur genau die Vorschrift, die er selbst dem englischen Protector gibt: Lettres franç. I, 272.

Aufgabe gerecht zu werden. „Mögen Andere anders denken," äussert er in der Vorrede zu dem Katechismus, „ich halte nicht dafür, dass unserm Amte so enge Schranken gezogen sind, dass wir nach gehaltener Predigt, als hätten wir unsere Pflicht erfüllt, die Hände ruhig in den Schooss legen dürfen."

In dieser Absicht reichten Farel und Calvin zugleich mit der Confession dem Rathe eine Denkschrift ein, worin sie ihre Ansicht über die künftige Organisation der Kirche in Genf entwickelten. Das merkwürdige Schriftstück — es ist erst vor Kurzem wiederaufgefunden worden — gibt eine Zusammenstellung und Erläuterung der wichtigsten Massregeln und Einrichtungen, welche die beiden Reformatoren für nöthig hielten, damit die evangelische Lehre im Leben zur Wahrheit werde. Häufige und würdige Feier des Abendmahls, strenge Handhabung der Excommunication, Psalmengesang, Jugendunterricht und Abschaffung der papistischen Ehegesetze sind die Hauptfragen, mit denen sich die Eingabe beschäftigt.[1])

Vor Allem wird die Nothwendigkeit einer regelmässigen und würdigen Abendmahlsfeier betont. Nur da, heisst es, wo diese oft und in würdiger Weise begangen wird, kann eine Kirche als fest gegründet und wohl geordnet angesehen werden. Wenigstens einmal in jedem Monat soll nach dem Vorschlage das Abendmahl, und zwar abwechselnd in den drei Hauptkirchen, gefeiert werden.

Zur Verhütung von Unordnungen, zur Aufrechthaltung einer guten Zucht in der Kirche ist aber die Excommunication, wodurch die Unwürdigen von dem Genusse des Abendmahls ausgeschlossen werden, unumgänglich nothwendig. Die Excommunication ist eine altapostolische, durchaus in der Bibel begründete Einrichtung, die aber durch die papistischen Bischöfe oder vielmehr Räuber in der schmählichsten Weise missbraucht worden ist: sie muss wieder streng im Geiste der Bibel gehandhabt werden. Um dies zu ermöglichen, wird der Rath ersucht, aus der Mitte der Bürger zuverlässige, gottesfürchtige, unbescholtene Männer zu wählen und zu Aufsehern für die verschiedenen städtischen Bezirke zu bestellen, damit sie den sittlichen Wandel der Gläubigen ihres Quartiers überwachen, dieselben ermahnen, wenn sie

---

[1]) Mémoire de Calvin et Farel sur l'organisation de l'église de Genève, mitgetheilt von *Gaberel* l. c. I, p. J. p. 102—110. Es ist wohl nicht ohne Absicht geschehen, wenn in der Einleitung die Excommunication, obschon sie den bei weitem grössten Raum einnimmt (p. 103—108), nicht als ein besonderer Gegenstand aufgeführt wird.

fehlen, und, wenn keine Besserung erfolgt, den Predigern anzeigen. Bleiben auch die Ermahnungen der Geistlichen fruchtlos, so tritt die förmliche Excommunication ein, die feierliche Ausschliessung des Sünders aus der Gemeinschaft der Christen. Der Ausgeschlossene hat keinen Antheil mehr an dem h. Sakramente, sein Name wird allen Gläubigen mitgetheilt, auf dass sie den Verkehr mit ihm meiden, er ist zeitweilig der Gewalt des Teufels überlassen. Verachtet er endlich auch diese Strafe, verspottet er die kirchliche Censur und die Wirkungen des Bannes, so wird es die Sache der bürgerlichen Obrigkeit sein, gegen eine solche Verhöhnung Gottes und seines heiligen Evangeliums einzuschreiten.

Ist die Excommunication aber schon gegen solche nothwendig, welche durch ihren Wandel Anstoss geben, um wie viel mehr wird sie gegen jene eintreten müssen, die sich sogar im Glauben von dem h. Evangelium entfernen! Die Denkschrift verhehlt nicht, dass es deren leider noch Viele in Genf gebe. Um sie kennen zu lernen, empfiehlt sie nun als das geeignetste Mittel die Beschwörung der eingereichten Glaubensformel durch sämmtliche Bürger und Einwohner von Genf. Der Rath möge als wahrhaft christliche Obrigkeit in Vereinigung mit der Geistlichkeit diese Sache in die Hand nehmen und dadurch, dass er selbst zuerst den Eid ablege, den übrigen Bürgern mit einem guten Beispiele vorangehen.

Ebenso wird der Psalmengesang als eine altapostolische, schon durch den Apostel Paulus bezeugte Einrichtung zur Einführung empfohlen; er ist ein vorzügliches Mittel, unser Herz zu Gott zu erheben, es zu Bitt- und Lobgebet anzuregen.

Mit besonderm Nachdruck betont die Denkschrift den Jugendunterricht. Es wird als durchaus nothwendig dargestellt, dass auch das Kind schon von seinem Glauben Rechenschaft zu geben wisse und ein öffentliches Bekenntniss ablege. Für den Unterricht ist der Katechismus zu Grunde zu legen, aus dem die Kinder durch den Geistlichen zu bestimmten Zeiten und so lange geprüft werden sollen, bis sie in den Grundwahrheiten des christlichen Glaubens hinlänglich befestigt sind. Der Rath soll die Eltern anweisen, mit aller Sorgfalt darüber zu wachen, dass ihre Kinder regelmässig dem Religionsunterricht der Geistlichen beiwohnen.

Endlich wird die Errichtung einer besondern, geistlich-weltlichen Behörde zur bessern Ordnung der Ehesachen beantragt, damit auch in diesen der klare Buchstabe der Bibel gegen die schriftwidrigen,

Alles verwirrenden Satzungen des Papstthums wieder zur Geltung gelange.

Die Eingabe schliesst mit einer eindringlichen Ermahnung an die Mitglieder des Rathes, kühn Hand ans Werk zu legen, und die Vorschläge, die nur die Ehre Gottes und die Erhaltung seiner Kirche bezweckten, mit unverdrossenem Eifer zur Ausführung zu bringen. „Lasset Euch," heisst es, „durch keine Schwierigkeit, die vielleicht Jemand vorschützen könnte, abschrecken. Denn wir müssen vertrauen, dass, wenn wir die göttlichen Befehle zu vollbringen trachten, Gott uns auch in seiner Güte beistehen und unser Unternehmen zu einem gedeihlichen Ausgang führen wird."[1]

Man sieht: es waren nicht unbedeutende Anforderungen, welche die beiden Reformatoren an die Träger der weltlichen Gewalt stellten. Allein die Entschiedenheit, Sicherheit und Planmässigkeit, womit sie auftraten und ihre Forderungen entwickelten, machte Eindruck. Die Zusammensetzung des Rathes war überdies damals eine für die geistlichen Tendenzen günstige: Ami Porral, der eifrige und überzeugte Anhänger Farels, war 1536 Syndik und übte grossen Einfluss aus. Auch mochte die scheinbar hervorragende Rolle, welche der geistliche Entwurf den weltlichen Machthabern bei dem Reformationswerke einräumte, ihrem Ehrgeiz schmeicheln. Allerdings erregten manche Artikel Bedenken: man begnügte sich zunächst damit, eine Anerkennung der Tendenzen des Entwurfs im Allgemeinen auszusprechen, vermied es aber, sich über die einzelnen Forderungen bestimmt zu erklären. Natürlich, dass die Antragsteller sich damit nicht zufrieden gaben. Am 16. Januar 1537 erliess endlich der grosse Rath eine Reihe von Verord-

---

[1] *Colladon* p. 29 bezeichnet Calvin auch als Verfasser der Denkschrift, und jedenfalls ist sie, wenn auch von Farel eingereicht, unter wesentlicher Mitwirkung Calvins abgefasst. Die Ausführungen über die Excommunication und ihren Zweck, über Psalmengesang enthalten genau die Gedanken der Institution (vgl. l. III, c. 20, s. 32; l. IV, c. 12, s. 5 u. a.), und die Aufforderung an den Rath, die Confession zu beschwören, findet sich ganz in derselben Wendung in der Denkschrift und in der Vorrede zu dem latein. Katechismus. Wenn *Roget* II, 254 das Memoire mit der spätern calvinistischen Verfassung, welche dem Rathe keine so wichtige Rolle ertheilt, wenig im Einklang findet, so wäre dies, wenn überhaupt richtig, nur ein Beweis, dass Calvin 1538 gelernt hätte. In Wahrheit aber ist der Unterschied nicht so gross, als es auf den ersten Blick scheint, und das von Roget besonders betonte Consistorium schon hier im Keime vorhanden. Vgl. auch den neunten der Züricher Artikel bei *Henry* l. c. I, Beil. p. 48.

nungen, welche zwar nicht eine vollständige Billigung der geistlichen Vorschläge enthielten, vielmehr Einiges, wie z. B. den Bann, übergingen, Anderes milderten — namentlich wurde statt der monatlichen eine dreimonatliche Abendmahlsfeier genügend befunden — aber doch im Wesentlichen auf den Geist und die Tendenz der Denkschrift eingingen und besonders an Strenge gegen die noch übrigen Reste des Katholicismus und die Ungebundenheit der Sitten Nichts zu wünschen übrig liessen. Ganz im Sinne der Prediger beschlossen die Zweihundert, alle noch vorhandenen Bilder aufsuchen und verbrennen zu lassen, den Sonntag strenge zu feiern, schlechte Gesänge, Spiel, ausgelassenes Wesen nicht mehr zu dulden. Porral wurde insbesondere damit beauftragt, für Befolgung der erlassenen Sittenverordnungen Sorge zu tragen.[1])

Ganz ohne Widerspruch scheint die Annahme des neuen Katechismus erfolgt zu sein: „durch das einstimmige Urtheil der im Evangelium wiedergeborenen Genfer Kirche gebilligt," wurde Calvins Werk als officieller Leitfaden für den öffentlichen Religionsunterricht eingeführt.

Grössere Schwierigkeiten dagegen bereitete die beantragte allgemeine Beschwörung der neuen Glaubensformel. In der Bürgerschaft erhob sich Widerspruch; doch der Rath zeigte auch hier guten Willen. Im April liess er die Confession drucken und an die einzelnen Bürger vertheilen. Am 29. Juli erging auf eine nochmalige Vorstellung der Prediger ein Befehl der Zweihundert an alle Genfer ohne Unterschied, sich zu der vorgeschriebenen Eidesleistung in St. Peter einzufinden. Angeführt von den Bezirksmännern, hatten die Bewohner der verschiedenen Stadtviertel, Alt und Jung, Männer und Frauen — ein Bezirk nach dem andern — sich zur Cathedrale zu verfügen und dort den durch den Stadtsecretair von der Kanzel herab verlesenen Eid mit aufgehobener Rechte zu schwören. Es kamen hie und da Störungen und Fälle von Widersetzlichkeit vor; indess der Rath liess sich nicht wankend machen, und nach einigen Wochen wurde das Geschäft der Eidesleistung als in der Hauptsache erledigt angesehen. Von der grossen Menge war scheinbar der Eid mit vielem Eifer geleistet worden. Den noch Widerspänstigen wurde mit Ausweisung gedroht.[2])

---

[1]) Rathsprot. 10. Nov. 1536, 16. Jan. 1537. *Gaberel* I, p. 278, 279.
[2]) Vgl. Rathsprot. 27. April, 29. Juli 1537; *Roset*, Chronik l. IV c. 9. Wenn Calvin selbst von der Eidesleistung ganz allgemein sagt: „*Quae erat*

Farel und Calvin durften mit diesem Erfolge zufrieden sein. Mit frischem Muthe gingen sie an die weitere Arbeit, um das Werk der kirchlichen Neugestaltung Genfs zu vollenden. Man predigte und hielt Visitationen, unterrichtete Kinder und Erwachsene, ermahnte die Schwachen und strafte die Zügellosen; man besuchte die Versammlung des Rathes, so oft man Anliegen hatte, hielt den Rathsherren „schöne Ermahnungen" und nahm den weltlichen Arm in Anspruch, wo geistliche Mittel nicht fruchten wollten. Auch die für das Jahr 1537 gewählten Behörden waren den geistlichen Bestrebungen gewogen. Die erlassenen Strafedicte traten sofort in Kraft. Wer den kirchen- und sittenpolizeilichen Verordnungen entgegenhandelte, verfiel bürgerlichen Strafen. Und nicht immer glimpflich waren diese. Ein Spieler wurde, nachdem man ihm seine Karten um den Hals gehängt, öffentlich an den Pranger gestellt. Eine Haarkräuslerin musste auf einige Tage ins Gefängniss wandern, weil sie eine junge Frau mit einem unpassenden Haarschmuck versehen; die gleiche Strafe traf drei Damen, die dazu mitgewirkt oder nur ihre Einwilligung gegeben hatten.[1]) Es galt kein Ansehen der Person, und eben diese strenge Unparteilichkeit scheint dem neuen Systeme bei dem gemeinen Mann für den Augenblick eine gewisse Popularität verschafft zu haben. François Bonnivard, der eben noch gefeierte Gefangene von Chillon, empfing wegen seines ausschweifenden Lebenswandels, der allerdings mit der Strenge der calvinischen Kirchenzucht wenig im Einklang stand, wiederholt vor dem Rathe Zurechtweisungen.[2]) Mit besonderer Strenge wurde immer eingeschritten, wo noch eine Hinneigung zum Papstthum zum Vorschein kam. Wer nur einen Rosenkranz als theures Erbstück seiner Vorfahren aufbewahrte, oder an den abgeschafften katholischen Feiertagen nicht arbeitete, verfiel strengen Strafen.[3]) Farel begab sich wohl selbst zu den Gefangenen in den

---

postulati nostri aequitas impetravimus, ut plebs decurialim convocata in confessionem istam juraret. Cujus in praestando juramento non minor fuit alacritas quam in edicendo senatus diligentia" (Opp. ed. B. T. V, 320), so steht diese Aeusserung mit den Rathsprotocollen doch nicht im Einklang; vgl. Rathsprot. 21. Aug. 19, 28. Sept. 1537. *Colladon* p. 30 hat hier, wie auch sonst wohl, Calvin ausgeschrieben.

[1]) Rathsprot. 20. Januar, 23. Februar, 30. October 1537, vgl. *Bolsec*, Vita Calvini p. 33.

[2]) Rathsprot. 29. Januar, 25. Nov. 1537.

[3]) Rathsprot. 6. März, 4. Juni 1537.

Kerker, überhäufte sie mit Schmähungen und forderte sie unter Drohungen auf, in sich zu gehen und sich zu bessern.[1]

So weit ging Calvin nie. Er trat überhaupt auch im Jahre 1537 noch äusserlich weniger hervor als Farel. Die Einsichtsvolleren erkannten nichts desto weniger in ihm mehr und mehr die Seele und den Urheber des neuen Regiments. Farels Ungestüm führte nur aus, was Calvins organisatorischer Geist vorbereitet. Beide Männer, wie verschieden sie auch in ihrem ganzen Wesen waren, passten dennoch zu einander und ergänzten sich in seltener Weise. „Wie ein Herz und eine Seele haben wir gewirkt," sagt Calvin selbst später von dieser ersten Zeit ihres gemeinschaftlichen Zusammenwirkens, „keine unangenehme Eifersucht hat je unser Verhältniss getrübt."[2] Einen eifrigen und rührigen Gehülfen hatten sie in dem französischen Augustinermönche Courault, der sich wie Calvin zur Zeit der Verfolgung von Paris nach Basel geflüchtet hatte und von hier noch im Jahre 1535 nach Genf kam. Obgleich bereits ein betagter Greis und fast völlig erblindet, stand Courault doch an Eifer seinen jüngeren Collegen in keiner Weise nach. Der Rath ehrte im Sommer 1537 die Verdienste, die sich der alte rüstige Streiter seit zwei Jahren um die Stadt erworben, durch ein öffentliches Geldgeschenk.[3] Auch Saunier, der Schulrector, stand ganz auf Seite der Prediger und leistete ihnen gute Dienste, und zu ihm kam bald noch als Gehülfe in der Leitung der Schule Mathurin Cordier, jener erste Lehrer Calvins im Collegium de la Marche, der mittlerweile ebenfalls für die neuen Lehren gewonnen worden und seinem Zöglinge in alter Liebe zugethan war.[4] Oft fand sich auch Viret von dem benachbarten Lausanne ein, um seine Freuden in Genf zu unterstützen und Zeuge ihres Erfolges zu sein.

So fehlte es nicht an Mitarbeitern, und man arbeitete nicht ver-

---

[1] Vgl. *Bolsec* l. c. p. 34. Bolsec ist, wenn er auch Wahres und Falsches durch einander wirft und in der Chronologie irrt, doch gerade für diese Zeit von seinem Freunde Berthelier gut unterrichtet worden. Manches verdankt er geradezu dem Rathsprotokoll, dem „rothen Buch," wie er es nennt.

[2] J. Calvinus eximlis duobus servis Christi G. Farello et P. Vireto d. d. Genev. 3. Cal. Dec. 1549. Opp. Calv. ed. A. T. VII, p. 493.

[3] Rathsprot. 6. Juni 1537; Bezas Angabe über seine Ankunft in Genf beruht auf einem Irrthum.

[4] Er wird schon in Sauniers „Ordre et manière" (Januar 1538) als dessen Mitarbeiter aufgeführt und sagt selbst (Bulletin XV, p. 416), dass ihn Saunier, Farel und Calvin berufen hätten, daher er nicht wohl erst nach der Verbannung derselben, wie *Bétant* l. c. p. 9, 10 meint, berufen sein kann.

geblich. Die öffentlichen Zustände gewannen nach und nach ein anderes Aussehen. Die Kirchen wurden fleissig besucht. Der Rath beharrte bei seiner guten Gesinnung: er fuhr fort, die Wünsche der neuen Prediger nach Möglichkeit zu erfüllen und ihre Wirksamkeit in Schule und Kirche mit bürgerlichen Gesetzen und äusseren Mitteln, ja sogar mit Aufbietung der städtischen Polizei nachdrücklich zu unterstützen.[1]) Es war ein vielversprechender Anfang, an den Calvin selbst, auch als er später viel Grösseres erreicht hatte, noch immer gern zurückdachte. Zu Anfang des Jahres 1538 veröffentlichte Saunier eine Einladung zum Besuche der von ihm geleiteten Schulanstalt, die voll des Lobes ist für den neuen Zustand. Hoch wird da gepriesen die gute Stadt Genf, die zu ihren alten weltbekannten Vorzügen, ihrer herrlichen Lage, ihrer fruchtbaren Umgebung, ihrem lieblichen See, ihren prächtigen Strassen und Plätzen und ihrer Wohlhabenheit nunmehr noch den neuen Vorzug der ächten, reinen evangelischen Lehre hinzuerworben habe. Gepriesen werden die herrlichen Vorlesungen, welche Farel und Calvin tagtäglich in der Cathedrale über die griechischen und hebräischen Theile der h. Schrift hielten, die schönen und lehrreichen Disputationen, vor Allem die reiche Fülle evangelischer Predigten: fünf würden allein des Sonntags gehalten, ausserdem noch zwei an jedem Wochentage, und dabei sei die schöne Einrichtung getroffen, dass es ganz wohl möglich sei, sie alle nach einander zu hören. Nirgendwo könne es zur Erlernung der Wissenschaft und Aneignung wahrer evangelischer Gesinnung einen passendern Ort geben. Man müsse kommen und sich überzeugen![2]) Und schon fing man in der Ferne an, auf das neue Licht, das in Genf aufgegangen, aufmerksam zu werden. Bereits in den letzten Monaten des Jahres 1537 sehen wir junge englische Protestanten an den Genfersee pilgern, „um Calvin und Farel zu sehen."[3])

---

[1]) Vgl. z. B. Rathsprot. 24. Febr., 3. Juli, 30. Oct., 21. Dec. 1537. „*Disciplina, quae illic mediocris nuper apparebat, cogebat accerrimos religionis nostrae adversarios dare Deo gloriam,*" sagt Calvin selbst später vor dieser Zeit; vgl. Calvin an Bullinger, Juni 1538, *Henry* I, Beil. p. 53.

[2]) L'ordre et manière d'enseigner en la ville de Genève au Collège. Description de la ville de Genève Genève 1538. (Neue Ausgabe von Fick, Genf 1866.) Man wird sich hüten müssen, was hier über die Leistungen der Schule gesagt wird, als baare Münze zu nehmen: es ist eben nur ein Prospect, der Schüler anlocken soll.

[3]) Bullinger an Calvin 1. November 1537, in der Simler'schen Sammlung in Zürich, Band 43.

Aber schon im Jahre 1537 zeigten sich am Horizonte Genfs einige trübe Wolken, die für die Zukunft nichts Gutes verkündeten.

Eben waren Farel und Calvin mit der Einführung der neuen Ordnung eifrig beschäftigt, als — es war im März 1537 — zwei Männer in der Stadt ankamen, welche den Anspruch erhoben, die h. Schrift noch gründlicher zu verstehen, als die, welche jetzt in Genf das reine Evangelium zu lehren vorgaben. Sie waren aus den fernen Niederlanden hergekommen und gehörten jener weitverzweigten Secte der Wiedertäufer an, die allwärts im Gefolge der reformatorischen Bewegung auftauchten, durch ihre mystisch phantastischen Lehren sowohl als ihren sittlichen Ernst auf gewisse Classen der Bevölkerung grossen Einfluss erlangten und den officiellen Predigern des Evangeliums überall — namentlich auch in der Schweiz — grosse Hindernisse bereiteten.[1] Calvin und Farel nahmen mit Schrecken wahr, dass die beiden Fremden auch in Genf Sympathien fanden und einen Kreis von Anhängern um sich zu sammeln anfingen. Die Sache wurde dem Rathe angezeigt, welcher die unberufenen Eindringlinge sofort vorladen liess. Hermann von Lüttich und André Benoit — so nannten sich die Fremden — legten die Artikel, welche sie lehrten, vor und erboten sich, sie in einer öffentlichen Disputation gegen die Prediger zu vertheidigen. Dem Rathe schien eine öffentliche Disputation bedenklich: er fürchtete „wegen der Schwäche der Gemüther" eine schlimme Einwirkung auf das Volk und hielt es für das Beste, diese Ruhestörer nur im Beisein der Zweihundert zu hören. Allein Farel, dem es nie an Vertrauen auf die Stärke seiner Sache fehlte, bestand auf der Oeffentlichkeit und drang durch.[2] Die Disputation wurde am 14. März im Rivekloster eröffnet und dauerte mehrere Tage. Was der Magistrat befürchtet, trat wirklich ein. Die beiden Täufer machten grossen Eindruck; viele Zuhörer wurden in ihrem Glauben wankend, manche nahmen offen für die Fremden Partei, und je länger disputirt wurde, desto grösser wurde ihr Anhang. Die Behörde fand es gerathen, das Colloquium abzubrechen, um Schlimmeres zu verhüten. Es wurde beschlossen, die Acten nicht durch den Druck veröffentlichen zu lassen und die Sectirer für überwunden zu erklären. Am 19. März empfingen sie vor versammeltem Rath durch den ersten

---

[1] Vgl. die charakteristischen Klagen Hallers an Bullinger in den Epp. ab eccles. Helv. ref. vel ad eos scriptae p. 94, 96; vgl. auch *Cornelius*, Geschichte des Münster. Aufruhrs II, 10 ff.

[2] Rathsprot. 13. März 1537, *Spon-Gautier* I, 274, 75. *Gaberel* I, 281, 82.

Syndik ihr Urtheil, welches sie unter Androhung der Todesstrafe für ewige Zeiten aus Stadt und Gebiet von Genf verwies. Ueber ihre Anhänger wurde die gleiche Strafe ausgesprochen.[1]) Diese Strenge wirkte; doch dauerten die Nachwehen des Vorganges noch längere Zeit. Noch im October hören wir Farel und Calvin im Rathe Klage darüber führen, dass die Stadt unter ihren Einwohnern viele heimliche Anhänger der Wiedertäufer zähle. Sogar unter den Geistlichen wurden anabaptistische Sympathien entdeckt.[2])

Noch gefährlicher für die Autorität der Reformatoren war ein Angriff, den sie um dieselbe Zeit von dem benachbarten Lausanne her erfuhren.

Hier war jener Pierre Caroli, der 1535 bei der grossen Disputation in Genf eine so wenig ehrenvolle Rolle gespielt hatte, von der Berner Regierung nach der Besitznahme des Waadtlandes neben Viret zum Prediger und Reformator bestellt worden. Vielleicht verletzt durch das grössere Vertrauen, welches Bern in die reformatorische Tüchtigkeit des jüngern Viret zu setzen schien, vielleicht auch durch wirkliche Ueberzeugungen geleitet, welche bei diesem leichtfertigen Manne mit den Jahren wechselten, begann Caroli nach einiger Zeit, als Viret eben wieder bei den Genfer Freunden auf Besuch war, öffentlich von der Kanzel die Rechtgläubigkeit seiner Collegen und der Genfer Reformatoren anzufechten. Die erste Anklage, welche er erhob, betraf die Unterlassung des Gebetes für die Abgestorbenen und schadete den Angegriffenen wenig, da sie eine katholische Färbung trug; um so grösseres Aufsehen aber erregte eine zweite, bei der es sich um einen der Fundamentalartikel des christlichen Glaubens handelte. Die von Caroli den Angegriffenen vorgeworfene Irrlehre war keine geringere als die antitrinitarische des Arius.[3]) Calvin war ausser sich, als er davon hörte. Was er nicht für möglich gehalten hatte,[4])

---

[1]) Rathsprot. 14, 18, 19. März 1537. Von dem glänzenden Siege Calvins über diese angeblichen Werkzeuge des Satans, den *Beza* p. 6 und *Colladon* p. 31 melden, wissen die Rathsprotocolle Nichts. Aus den Briefen Farels an Capito (5. Mai 1537, Strassb. Thomasarchiv) und Calvins an Viret (23. April 1537, Siml. Samml. Band 43) ersieht man, dass sich beide den Vorgang sehr zu Herzen nahmen.

[2]) Rathsprot. 5, 6. Oct. 1537. Damit fallen die Angaben Bezas und Colladons über das völlige Verschwinden der Täufer von selbst.

[3]) Vgl. *Trechsel*, die protest. Antitrinitarier vor F. Socin, I, 158 ff. *Ruchat-Vulliemin* V, 21 ff.

[4]) Calvin an Grynäus, Epp. et resp. l. c. p. 227 a—b.

war geschehen: seine Rechtgläubigkeit, worauf selten ein Mensch so stolz gewesen ist als er, war von einem Manne, der mit ihm auf dem Boden des Evangeliums stand, angetastet worden! Seine Ehre, seine ganze Wirksamkeit, sein Alles stand ihm auf dem Spiele. Nicht wenig quälte ihn auch der Gedanke, dass die Papisten aus dem Vorfall Nutzen ziehen könnten. Wir ersehen aus seinen damaligen Briefen, wie ihn der Angriff in tiefster Seele kränkte, in welcher Aufregung er sich befand. „Dieser satanische Betrüger," schreibt er einem Freunde, „hat uns einen Flecken eingebrannt, der nicht geduldet werden darf; sorget dafür, dass eine Versammlung sämmtlicher französischer Prediger einberufen werde." Vor versammelter Synode wollte er den Ankläger strafen, das ihm angethane Unrecht rächen: er reisete sofort nach Lausanne und scheute selbst eine Reise nach Bern nicht, um eine solche zu veranlassen.[1])

Sein Wunsch ging in Erfüllung. Auf Anordnung Berns trat im März 1537 in Lausanne eine Synode von mehreren hundert Geistlichen zur Schlichtung des Streites zusammen. Von Genf fanden sich ausser Calvin auch Farel und Courault ein.

Nicht so ganz grundlos war Caroli's Anklage. Weder die Genfer Bekenntnissformel noch auch die Vertheidigungsschrift, welche Viret als der zunächst Angegriffene in der Versammlung verlas, enthielt die Ausdrücke „Trinität" oder „Person." Kein Wunder, wenn Caroli sich nicht zufrieden gab und seine Anklage aufrecht hielt. Da erhob sich Calvin. Hier zum ersten Mal zeigte der Reformator von Genf offen jene furchtbare Leidenschaftlichkeit, mit der er später so oft seine Widersacher daheim niedergeschmettert hat. Mit einer Heftigkeit, welche die Versammlung zittern machte, fiel er über den Gegner her, überhäufte ihn mit Schmähungen, warf ihm ein sittenloses Leben vor, nannte ihn einen lasterhaften, lügnerischen, charakterlosen Menschen, einen Gottesläugner, der nicht mehr Glauben habe als „ein Hund oder ein Schwein," und suchte dann seine Ansichten vor den Versammelten zu rechtfertigen. Als Caroli auch nach einer solchen Abfertigung noch das Wort ergriff und von den Gegnern die Unterschrift der drei ältesten Symbole der Kirche verlangte, wurde selbst dies abgeschlagen, weil man dem Ankläger einen solchen Triumph nicht bereiten dürfe, noch überhaupt einen derartigen Glaubenszwang in der

---

[1]) Vgl. Epp. ab eccles. Helv. ref. scriptae p. 173, *Henry* I, 179 ff., wo mehrere diesen Streit betreffende Briefe mitgetheilt werden.

Kirche einführen wolle — als wenn der in Genf geforderte Glaubenseid nicht ein solcher gewesen wäre! Von dem Symbolum Athanasianum hat Calvin damals geradezu erklärt, dass es eine wahre Kirche nie genehmigt haben würde.¹)

Merkwürdig genug, gelang es Calvin auch nach solchen Erklärungen noch, die Versammlung von seinem Rechte zu überzeugen und schliesslich einen Spruch von ihr zu erwirken, welcher die Genfer für vollkommen gerechtfertigt, Carolis Anklage für eine boshafte Verläumdung erklärte. Noch aber beruhigte sich der Kläger nicht dabei. Auf seinen Antrag fand unter zahlreicher Betheiligung des grossen Rathes eine nochmalige Verhandlung der Sache in Bern statt. Indess auch aus dieser ging Calvin als Sieger hervor. Sehr kam ihm jedenfalls der persönliche Charakter des Anklägers zu Statten, dessen vergangenes Leben arge Blössen bot, sowie der Umstand, dass Caroli bald darauf in Solothurn wieder in die Messe ging. Die Angeklagten erhielten eine vollständige Genugthuung: Schultheiss und Rath von Bern stellten ihnen sogar am 7. Juni in aller Form ein Rechtgläubigkeitsattest aus, und triumphirend durfte Calvin von Bern aus seinem Freunde Grynäus melden: „Jener Sykophant ist durch Senatsbeschluss verbannt, wir aber sind gänzlich freigesprochen worden nicht blos von der Schuld, sondern auch von allem Verdachte!"²)

Aber ungetrübt war Calvins Freude nicht. In seiner Seele blieb ein Stachel zurück. Er fühlte es tief und konnte es nicht vergessen, dass man gewagt, die Reinheit seiner Lehre anzugreifen, seinen Namen mit dem Makel der Ketzerei zu behaften. Zwar besass er jetzt sogar eine schriftliche Beglaubigung seiner Orthodoxie. Aber enthielt nicht dieses von unwissenden Laien ausgestelltes Zeugniss für ihn, der stolz war auf den Namen eines Theologen, eine neue Demüthigung? Und das einmal geweckte Misstrauen wurde auch durch jenes Schriftstück nicht beseitigt. Das Urtheil der Synode von Lausanne war nicht das allgemeine: selbst jene, die in Lausanne und Bern für die Angeklagten eingetreten waren, fingen schon nach einiger Zeit an, anders zu urtheilen. Man fand doch den Eifer der Genfer gegen die ältesten Symbole der Kirche und die Auflehnung gegen die altkirchliche Ter-

---

¹) „*Cuius symbolum nulla unquam legitima ecclesia approbasset*," bei *Henry* I. 181.

²) Epp. et resp. l. c. p. 227 b. Das Berner Rechtgläubigkeitsattest ist abgedr. bei *Ruchat-Vulliemin* V, p. 39—40.

minologie ungerechtfertigt und blickte seitdem mit wachsendem Misstrauen auf das Genfer Reformationswerk. Namentlich gab sich in Bern eine bedenkliche Stimmung gegen dasselbe kund.[1] Theologen und Staatsmänner begegneten sich hier in dem ungünstigen Urtheil über die masslose Heftigkeit dieser wälschen Prädicanten. Die Megander und Haller erklärten sie in ihren vertrauten Briefen für streitsüchtige Lärmmacher und verhehlten nicht ihre Bedenken gegen die Rechtgläubigkeit derselben. Noch weniger verbargen die Berner Staatsmänner ihre Missstimmung. Schon am 13. August erliessen Schultheiss und Rath ein in sehr scharfen Ausdrücken abgefasstes Schreiben an „Wilhelm Farel den Prediger und Johann Calvin den Lehrer der h. Schrift in Genf," worin sie sich über ihre weitere Haltung in der Trinitätsfrage beschweren und namentlich Calvin vorwerfen, dass er sich in ungebührlicher Weise des Sieges gerühmt: trete keine Aenderung darin ein, „so werde man genöthigt sein, andere Massregeln zu ergreifen."[2] Farel hatte seine frühere Popularität in Bern schon seit längerer Zeit eingebüsst.[3] Calvin wurde von den schlauen Staatsmännern von vornherein mit Misstrauen angesehen. Die seit dem Misslingen des grossen Planes im Jahre 1536 in Bern zurückgebliebene Missstimmung gegen Genf hatte durch diese theologischen Reibungen neue Nahrung erhalten. Die Folgen traten bald genug zu Tage.

Die antitrinitarischen und anabaptistischen Streitigkeiten waren das Vorspiel zu einem ernstern Kampfe, aus dem die Angegriffenen nicht so siegreich hervorgingen.

IV.

ERSTER KAMPF UND NIEDERLAGE DER REFORMATOREN.

Ein Wunder würde es zu nennen sein, wenn Ansprüche, wie sie Calvin und seine Mitarbeiter erhoben, in der beweglichen, Freiheit und Genuss liebenden Bevölkerung Genfs nicht bald auf Widerstand gestossen wären.

---

[1] Vgl. *Hundeshagen*, Conflicte des Zwinglianismus, Lutherthums und Calvinismus in der Berner Landeskirche p. 120.

[2] Bern. Staatsarchiv, Weltsch Missivenb. B, f. 15.

[3] Schon im Februar hatte Bern seinem Gesandten in Genf eine Instruction in Beziehung auf Farel gegeben, die in sehr rauhen und verletzenden Worten abgefasst ist. Teutsch Missivenb. W, f. 426.

Erst wenige Monate waren seit dem Beginn ihrer neuen Wirksamkeit verflossen, als bereits Symptome einer sehr ernsten Missstimmung sichtbar wurden. Nicht blos Wiedertäufer und geheime Katholiken, die aller Strafedicte ungeachtet noch immer zahlreich genug waren, sondern auch alte Anhänger Farels, Männer, die wie Peter Vandel sich anerkannte Verdienste um die Einführung der Reformation in Genf erworben hatten, fühlten sich bald durch die neue Ordnung verletzt und legten dies unzweideutig an den Tag. Man hatte wohl im Anfange, in einer Anwandlung geistlichen Eifers und theilweise auch durch die Neuheit der Sache angelockt, zu den Vorschlägen Calvins und Farels seine Zustimmung gegeben; allein die schroffe Strenge, mit der das geistliche Programm ins Leben trat, hatte den anfänglichen Eifer rasch abgekühlt und einen Rückschlag herbeigeführt. Die Verstimmung nahm zu mit den steigenden Ansprüchen der Prediger.

Auch noch ein anderer Umstand erregte Unzufriedenheit. Die, welche sich als Genfs Gesetzgeber aufgeworfen hatten und so strenge Anforderungen stellten, waren ohne Ausnahme Fremde, eingewanderte Franzosen, und sie verläugneten dies nicht. Es bildete sich um sie aus Verwandten und Landsleuten sofort ein engerer Kreis von Bevorzugten und Vertrauten, der nicht gerade durch Masshaltung und Bescheidenheit sich ausgezeichnet zu haben scheint. Mit Calvin liess sich sofort sein Bruder Anton und für einige Zeit auch wieder sein Vetter Olivetan in Genf nieder; ebenso fanden sich zwei Brüder von Farel ein; wie Saunier waren auch Courault und Cordier eingewanderte Franzosen. Und noch eine weitere Verstärkung dieser fremden Elemente stand in Aussicht, da Calvin eifrig bemüht war, neue Mitarbeiter aus der Heimath zu gewinnen.[1]) Der Genfer war nicht engherzig, aber doch durchdrungen von seinem eigenen Werthe und stolz auf seine Abkunft: diese Bevorzugung der Fremden und Ausländer kränkte ihn. Hatte er deshalb seine Freiheit und Selbstständigkeit gegen Savoyen, Frankreich und Bern so eifrig vertheidigt, um sich schliesslich diesen französischen Refugiés zu unterwerfen und von ihnen zu ertragen, was ihm in den Zeiten der „päpstlichen Tyrannei" nie zugemuthet worden? Noch war die Zeit dazu nicht gekommen.

---

[1]) Man ersieht dies schon aus dem Schreiben an Daniel d. d. Lausanne 13. Oct. 1536, Bern. Bibl. Cod. 450. Dagegen fand Fromment es für gut, die Stadt zu verlassen; vgl. Rathsprot. 21. Sept. 1537.

Schon im Herbst 1537 erkannten die beiden Reformatoren, dass der Erfolg doch nicht so glänzend war, als es Anfangs geschienen, dass schwere Kämpfe ihnen noch bevorstanden.

Zum offenen Ausbruch kam die Unzufriedenheit durch jene Verordnung, die sämmtlichen Bürgern und Angehörigen der Stadt Genf die feierliche Beschwörung der neuen Confession vorschrieb. Ein Glaubenseid, nachdem man eben erst die angebliche Tyrannei des Papstthums gestürzt, um die Freiheit der Gewissen zu schützen, schien Vielen doch eine seltsame Forderung, und die freimüthigen Worte, welche das Jahr zuvor der katholische Jean Balard vor dem Rathe gesprochen, fanden jetzt bei mehr als Einem seiner damaligen Gegner Beifall. Einen besondern Anstoss nahmen Manche auch daran, dass die neue Glaubensformel vollständig die zehn Gebote enthielt: diese beschwören, meinten sie, hiesse sich von vornherein zum Meineidigen machen.¹) Die Behörde befand sich sehr im Irrthum, wenn sie den Befehl vom 29. Juli nach einigen Wochen im Wesentlichen für erledigt hielt. Eine genaue Untersuchung ergab das missliche Resultat, dass ein erheblicher Theil der Einwohnerschaft sich der Eidesleistung gänzlich entzogen hatte. Nicht einmal auf die Bezirksvorsteher war in diesem Punkte Verlass. Der Rath versuchte Strenge, er drohte mit Ausweisung und erliess wirklich gegen einzelne Ungehorsame Verbannungsdecrete. Allein die Anzahl der Eidweigerer war zu gross, und es befanden sich unter ihnen Männer aus den angesehensten Familien. Mehrere von diesen protestirten gegen das Verfahren des Raths als ein ungesetzliches und den Freiheiten der Stadt zuwiderlaufendes. Ihre kühne Sprache gab auch Anderen Muth. Als der Magistrat auf Drängen der Geistlichen den Widerspänstigen zur Ablegung des Eides einen letzten Termin ansetzte, machten nur Wenige davon Gebrauch: die Bewohner der Rue des Allemands erklärten ohne Ausnahme, sie würden weder schwören, noch auch die Stadt verlassen! Vorstellungen und Bitten blieben fruchtlos. Da führte der Rath seine frühere Drohung aus und verwies am 12. November sämmtliche Eidweigerer aus der Stadt. Aber indem die Behörde eine Massregel beschloss, von

---

¹) Vgl. Instruction für die Berner Gesandten vom 8. Dec. 1537, Bern. Staatsarch. Instructionsb B, f. 168; Calv. Opp. ed. B. T. V, 320; Calvin selbst findet l. c. 319 die Billigkeit seiner Forderung zu einleuchtend, „*quam ut defensione ulla saltem apud cordatos prudentesque viros opus habeat. Atqui ne sic quidem quorumdam criminationes effugere potuit. Tanta est imperitiae morositas, ut vel in rebus probatissimis habeat semper quid reprehendat.*"

deren Unausführbarkeit sie von vornherein überzeugt war, brachte sie sich selbst um ihr Ansehen und stärkte sie die Opposition in bedenklicher Weise. Nicht einmal der Versuch ist gemacht worden, das Ausweisungsdecret zur Ausführung zu bringen.[1])

Es hatte nur eines solchen äussern Anstosses bedurft, um die noch schlummernden feindlichen Elemente in Thätigkeit zu setzen. Die Auflehnung gegen den Glaubenseid war das Signal zum offenen Kampfe gegen die neue Ordnung überhaupt. Es zeigte sich bald, wie wenig die Reform Calvins noch durchgedrungen, wie wenig ergebene Anhänger sie zählte. An den geleisteten Eid erachteten sich die Wenigsten mehr gebunden: auch die Vereidigten stimmten mit ein in den allgemeinen Ruf der Klage und Unzufriedenheit. Man fand, dass Sprache und Haltung der Prediger eine Verletzung für Bürger einer freien Stadt seien, und fast noch mehr als gegen die Geistlichen richtete sich der öffentliche Unwille gegen ihre weltlichen Parteigänger, gegen den clerical gesinnten Rath und namentlich gegen Ami Porral, denen man eigenmächtiges Handeln und Missachtung des Volkes und seiner Rechte zum Vorwurf machte. Stürmische Scenen erfolgten am 25. November in der regelmässigen allgemeinen Bürgerversammlung, welche der Rath, angesichts der drohenden Haltung des Volkes, mehrere Wochen über den gesetzlichen Termin hinaus verschoben hatte. Die Freiheiten der Stadt, hiess es, seien unterdrückt, rechtschaffene Männer alles Einflusses beraubt, während einige Wenige sich die Herrschaft angemasst. In scharfen Ausdrücken machte sich die Erbitterung insbesondere gegen Ami Porral Luft, der es nicht gewagt, sich in der Versammlung einzufinden. Porral, rief einer der Anwesenden aus, habe es sich zur Aufgabe gestellt, Genfs Bürger zu Knechten Farels zu machen und ihnen in einem Tone predigen zu lassen, als seien sie Strassenräuber! Von Farel selbst wurden die verletzendsten, ja wahrhaft blutdürstige Aeusserungen hinterbracht. Die Versammlung war von einem Geiste leidenschaftlicher Aufregung beherrscht. Nur mit Aufbietung aller Beredtsamkeit, durch fromme Ermahnungen und Erinnerung an die grossen Wohlthaten, die Gott der Stadt erwiesen, durch Hinweisung auf Jeremias und Nehemias, deren Beispiel man bei Anordnung des Glaubenseides gefolgt sein wollte, sowie endlich auch durch eine zufriedenstellende Erklärung, welche Farel am folgenden

---

[1]) Rathsprot. 19, 21, 28. September, 30. October, 12. November 1537. *Roset* l. IV, c. 10.

Tage wegen der ihm zur Last gelegten Aeusserungen gab, gelang es den Machthabern, den aufsteigenden Sturm noch einmal zu beschwichtigen.[1])

Aber die Lage der geistlichen Gesetzgeber fing doch an, bedenklich zu werden. Die Scenen des 25. November waren der Ausdruck einer tiefgewurzelten Missstimmung, die sich durch freundliches Zureden wohl für den Augenblick beruhigen, aber nicht auf diese Weise beseitigen liess. Der Rath, welcher bisher überall mit seiner Autorität für die Geistlichen eingetreten war, wurde nach den letzten Kundgebungen wankend und wagte es nicht mehr, Farels und Calvins Bestrebungen so offen in Schutz zu nehmen; auf keinen Fall wollte er die Menge durch weitere Schritte reizen. Die Unsicherheit der Behörde blieb nicht lange unbemerkt und konnte den Muth der Opposition nur erhöhen. Es ergab sich sogar, dass nicht Wenige im Rathe sassen, welche selbst die Bedenken der Unzufriedenen vollkommen theilten.

Wohl wäre auch jetzt noch eine Aussöhnung möglich gewesen, wenn die Reformatoren sich hätten entschliessen können, die Härten ihres Systems in einigen wenigen Punkten zu mildern und den Verhältnissen einigermassen Rechnung zu tragen. Allein für Männer wie Calvin und Farel war gerade der Widerspruch, den sie fanden, ein Sporn, um so rücksichtsloser vorzugehen. Statt in gemässigtere Bahnen einzulenken, forderten sie die Leidenschaften vielmehr heraus; statt ihre Forderungen zu mildern, bestanden sie mit um so grösserer Strenge auf ihrer vollständigsten Durchführung. Entschiedener als je verlangten sie nach den letzten Vorgängen ausnahmslose Durchführung des Glaubenseides und Einführung der längst beantragten Excommunication. Der Rath widerstand: die Zweihundert beschlossen, dass Keiner vom Abendmahl auszuschliessen sei.[2]) Es war das erste Mal, dass die städtischen Rathscollegien dem Drängen der Geistlichkeit entschiedenen Widerstand entgegensetzten, und es war zugleich ein Fingerzeig für die Antragsteller. Eine Mahnung anderer Art war es für Calvin, dass selbst ein Mann wie Louis du Tillet, sein vieljähriger Freund und Reisegefährte, durch die leidenschaftlichen Kampfesscenen verletzt, Genf damals verliess, ohne sich von ihm zu verabschieden. Aber man überschätzte die eigene Kraft und war durch die Erfolge der ersten Zeit verwöhnt:

---

[1]) Rathsprot. 23, 25, 26. November 1537, Roset l. IV, c. 10; vgl. Calv. Opp. ed. B. T. V, 321.

[2]) Rathsprot. 3, 4. Januar 1538.

der Kampf war begonnen und sollte zu Ende geführt werden. Die Predigten wurden von Tag zu Tag heftiger und leidenschaftlicher. Courault, der Calvin und Farel an Heftigkeit noch übertraf, führte auf der Kanzel eine Sprache, wie sie wohl nur selten in einer christlichen Kirche gehört sein mag; selbst aufrichtige Anhänger der Reform nahmen Anstoss daran.

Die Folgen waren traurige. Der Riss, welcher sich zwischen Geistlichkeit und Gemeinde bildete, war bald so tief, der Gegensatz der Meinungen so schroff, dass an eine seelsorgliche Leitung nicht mehr zu denken war. Eine Masslosigkeit rief die andere hervor. Die Anmassungen und die Tyrannei der Prediger bildeten in Wirthshäusern und öffentlichen Versammlungen fast den alleinigen Gegenstand der Unterhaltung. Ihre treu gebliebenen Anhänger wurden öffentlich verhöhnt und bedroht.[1]) Der Rath sah seine Autorität auf die Neige gehen. Die Opposition sprach es bald unumwunden aus, dass nur der völlige Sturz des geistlichen Regiments sie befriedigen, die Ruhe in Genf wieder herstellen werde. Und so wenig zweifelte man an dem eigenen Siege, dass bereits bei der Abschliessung von Verträgen von „der Vertreibung der Prediger" als festzustellendem Zahlungstermin die Rede war.[2])

Was der Oppositionspartei namentlich diese Siegeszuversicht verlieh, war ihr Verhältniss zu Bern.

Bern hatte Anfangs dem Kampfe wenig Aufmerksamkeit geschenkt und jede Parteinahme in demselben vermieden. Die seit den Erfahrungen von 1536 zurückgebliebene Missstimmung gegen Genf traf ebenso wohl die gegenwärtige Oppositionspartei als ihre clericalen Gegner: beide hatten sich gegen den helfenden Freund gleich undankbar gezeigt. Ja es konnte eine Zeitlang sogar scheinen, als neige sich Bern mehr auf die Seite der Prediger, die den bösen Eindruck ihres Auftretens im Caroli'schen Streite später durch nachgiebiges Entgegenkommen wieder gut zu machen gesucht hatten.[3]) Auf die Vorstellungen Calvins und Farels, die selbst eine wiederholte Reise nach Bern nicht scheuten, versahen Schultheiss und Rath die für Genf bestimmten neuen Gesandten mit einer Instruction, die grosses Bedauern über den

---

[1]) *Roset* l. IV, c. 10; vgl. Rathsprot. 16. Januar 1538.

[2]) So heisst es wenigstens in der am 27. April 1538 in Bern eingereichten Klageschrift: Pleints de Farel et de Calvin présentées de Berne. Genfer Archiv, Pièc. hist. Nr. 1201.

[3]) Vgl. Berner Rathsm. 21. Sept. 1537.

ausgebrochenen Zwist ausdrückte und in einem den geistlichen Ansprüchen unverkennbar günstigen Tone gehalten war.[1] Kam diese Gesandtschaft in Folge anderer Berichte, die inzwischen von Genf einliefen, auch nicht in der beschlossenen Weise zur Ausführung, so beharrte man doch bei den kundgegebenen friedlichen Gesinnungen und ermahnte beide Theile zur Eintracht und zum freundlichen Zusammenleben.[2]

Aber nach und nach begann diese Stimmung einer ungünstigern zu weichen, und Berns Sprache gegen Farel und Calvin wurde ungnädiger.[3] Von Genf selbst erhielt man Nachrichten, welche mehr und mehr über die eigentliche Bedeutung des Streites aufklärten. Zu sehr widersprachen doch die von den Genfer Reformatoren aufgestellten Grundsätze dem in Bern herrschenden Systeme, als dass man bei genauerer Kenntniss der Sachlage für dieselben noch hätte eintreten können.

Dazu kam, dass Bern mit der kirchlichen Ordnung in Genf schon seit längerer Zeit noch aus einem andern Grunde unzufrieden war. Es wurde dort übel empfunden, dass Genf, welches doch dem deutschen Alliirten allein die Reformation verdankte, sich bei der Einführung derselben sofort einige Abweichungen erlaubt hatte.[4] Die Differenzen waren zwar an sich nicht erheblich, sie betrafen die Feier von einigen katholischen Festtagen, den Gebrauch des ungesäuerten Brodes bei dem Abendmahle und die Taufsteine, sowie den Haarschmuck der Bräute — Bern hielt in allen diesen Fragen noch an der katholischen Tradition fest, während die radicaleren Theologen Genfs diese vollständig verwarfen — aber sie griffen doch vielfach störend in die Berner Kirche ein, da die wälschen Unterthanen des Cantons dem Beispiele von Genf zu folgen pflegten, und erschienen überdies als eine Verletzung der Bern gebührenden Achtung. Man hatte sich 1536 zur Anerkennung der politischen Selbstständigkeit Genfs verstehen müssen; sollte man abermals zugeben, dass es sich auch kirchlich von der

---

[1] Bern. Staatsarch., Instructionsb. B, f. 168 ff. Instruction vom 8. Dec., mit dem Zusatz: „die pollen sind nöt verritten, hinderstellig gemacht es widerbringen Hugs Wändels."

[2] Vgl. die Schreiben vom 6 und 9. December, Welsch Missivenb. B, f. 47 und 48, Bern. Rathsm. 2 und 8. December 1537.

[3] Vgl. das Schreiben an Farel vom 28. Dec. 1537, Welsch Missivenb. B, f. 52.

[4] Vgl. Bern. Rathsm. 2. Dec. 1537, Instruction vom 8. Dec. l. c.

Mutterkirche vollständig emancipire? Die Gelegenheit war günstig, Genf einmal wieder Berns Uebergewicht fühlen zu lassen und sich für die 1536 erfahrene Zurücksetzung durch Wiederherstellung der kirchlichen Abhängigkeit jetzt gleichsam Genugthuung zu verschaffen. Geheime Zuflüsterungen von Genf mögen hinzugekommen sein. Genug: es wurde an die Genfer Geistlichen die Forderung gestellt, die abgethanen „Berner Gebräuche" der Gleichförmigkeit wegen baldigst wiederherzustellen, und als sie dazu keine Miene machten, begannen offene Feindseligkeiten. Die Berner Theologen, welche noch von dem Caroli'schen Streite her eine tiefe Abneigung gegen das Genfer Wesen empfanden, behandelten Calvin und Farel als offenbare Ketzer. Von Berner Landvögten wurde den ihnen untergebenen Geistlichen jeder Verkehr mit der anrüchigen Genfer Kirche auf das Strengste untersagt.[1]

So sahen sich Farel und Calvin jetzt von zwei Seiten angegriffen, und von selbst versteht sich, dass zwischen den Angreifenden sich ein Einvernehmen bildete. Der anticlericalen Partei in Genf hätte nichts Erwünschteres begegnen können. Die Annahme der Berner Gebräuche war fortan für alle Gegner des geistlichen Regiments die gemeinsame Losung, und Bern übernahm in dem Kampfe nunmehr gleichsam die Führung; die alten Parteigänger Berns, vor Allem die Brüder Vandel, trugen das Haupt wieder hoch. Auch Bonnivard, der den gegenwärtigen Machthabern wegen Nichtbefriedigung der Ansprüche zürnte, die er als ehemaliger Abt von St. Victor zu haben glaubte, trat in diese Coalition ein, um seine Forderung jetzt mit Hülfe des mächtigen Berns durchzusetzen.[2] Dass auch dieser schlaue Mann mit Calvins und Farels Gegnern Hand in Hand ging, kündigte deutlicher als alles Andere an, dass ein gründlicher Macht- und Systemwechsel in Genf nahe war.

Alles hing zunächst von dem Ausfall der bevorstehenden allgemeinen Wahlen ab. Am 3. Februar 1538 fanden sie in gewohnter Weise statt. Calvin und Farel verhehlten sich ihre Bedeutung nicht und machten in Vereinigung mit den Anhängern des alten Magistrats die grössten Anstrengungen, die bisher herrschende Partei im Besitz der

---

[1] Vgl. Calvin an Bucer 12. Januar 1538, bei *Henry* l. c. I, Beil. p. 40 ff. Farel an Christoph Libertet 14. Januar 1538, in der Simler'schen Samml. Band 44.

[2] Vgl. die Schreiben Berns an Genf vom 2. und 8. Januar 1538, Weltsch Missivenb. B, f. 55 ff. Bonivard setzte bei dem anticlericalen Rathe wirklich die Befriedigung seiner Forderungen durch. Vgl. Rathsprot. 13. Feb. 1538.

Macht zu erhalten. Allein die Opposition war zu stark. Vier erklärte Gegner des clericalen Systems: Claude Richardet, jener muthige Streiter für Gewissensfreiheit, Jean Philippe, Jean Lullin und der bernisch gesinnte Ami de Chapeaurouge wurden zu Syndiken gewählt. In ähnlichem Sinne fiel in den nächsten Tagen die Neubildung der verschiedenen Rathscollegien aus: auch hier bildeten die Gegner des geistlichen Systems die Majorität. Stürmisch genug ging es bei den Wahlen her.[1])

Mit dem Eintritt der neuen Behörden nahm der Kampf einen andern Charakter an. Es war fortan die gesetzlich gewählte Obrigkeit selbst, welche, gestützt auf die grosse Mehrzahl des Volkes, den geistlichen Gesetzgebern entgegenstand. Die Rollen waren umgetauscht: Calvin und Farel befanden sich jetzt in der Opposition.

Es lässt sich nicht leugnen: die neuen Syndike traten mit mehr Umsicht und Mässigung auf, als sich nach einem so stürmischen Emporkommen erwarten liess. Man bemerkt bei ihnen in der ersten Zeit noch eine gewisse Scheu, gegen Männer, deren anfängliche Wirksamkeit allgemeine Anerkennung gefunden, von denen der Eine in den Tagen schwerer Heimsuchungen durch seine patriotische Haltung den Bürgern ein Trost und eine Stütze gewesen, von ihrer Amtsgewalt vollen Gebrauch zu machen. Sie schenkten den Predigern bereitwillig Gehör, als diese am 17. Februar sich über die zunehmende Unordnung und Sittenlosigkeit beklagten, und schritten mit grosser Strenge dagegen ein. Sie liessen mit Trompetenschall ausrufen, dass es verboten sei, unanständige Lieder zu singen, des Abends nach neun Uhr auszugehen, auf den Strassen Lärm und Streitigkeiten anzustiften: Zuwiderhandelnde sollten mit dreitägigem Gefängniss bei Wasser und Brod bestraft werden. Mit gleicher Bereitwilligkeit wurde am 13. Februar dem Antrag Farels und Calvins auf Ernennung einiger Prediger für die Landgemeinden Folge gegeben.[2]) Aber entschieden wurden ihre Forderungen doch zurückgewiesen, wenn sie Unbilliges zu verlangen schienen. Von erster Stunde an zeigten sich Syndike und Rath entschlossen, das höhere Recht der weltlichen Obrigkeit auch der Geistlichkeit gegenüber zur Geltung zu bringen. Die Anhänger der Geistlichen bekamen bald zu fühlen, dass das Regiment in andere Hände übergegangen. Ein Bruder Farels musste schon am 5. Februar wegen herausfordernder Reden ins Gefängniss wandern.

---

[1]) Rathsprot. 3, 4, 12. Februar 1538.
[2]) Rathsprot. 12, 13. Februar 1538.

Man wollte sich Bern zum Muster nehmen, eine neue Ordnung schaffen, den Uebergriffen der Prediger ein Ende machen und gegen sie nachholen, was in den letzten Jahren versäumt worden. Seit langer Zeit hatte in den städtischen Rathscollegien nicht mehr ein solcher Eifer, eine solche Thätigkeit geherrscht, als in den ersten Wochen nach dem Eintritt der neuen Behörden.[1]

Aber nachzugeben gedachten Calvin und Farel jetzt noch weniger als früher. Es würde ihnen als Verrath an der heiligen Sache Gottes erschienen sein, diesen neuen Machthabern gegenüber von der Strenge ihrer Forderungen auch nur in einem Punkte abzulassen. Durchführung des Glaubenseides und Anerkennung des Kirchenbannes in der von ihnen vorgeschlagenen Form blieben die Forderungen, die sie bei jeder Gelegenheit mit aller Heftigkeit wiederholten. Sie erklärten den Bestand der Kirche für gefährdet, wenn nicht die Excommunication, dieses apostolische Zuchtmittel, bald eingeführt werde.[2] Mochten auch die Ansichten, diese Forderung durchzusetzen mit jedem Tage geringer werden: sie waren entschlossen, lieber völlig zu unterliegen, als nachzugeben.

Nicht ohne Besorgniss blickte man aus der Ferne in evangelischen Kreisen auf diesen merkwürdigen Kampf. Nur von Wenigen wurde die Handlungsweise der Prediger vollkommen gebilligt: man fand sie leidenschaftlich und sprach wohl gar von einem neuen Papstthum, das am Genfersee aufgerichtet werden solle.[3] Befreundete Theologen riethen Farel und Calvin zur Mässigung und Behutsamkeit. Namentlich suchte der milde Simon Grynäus aus Basel in diesem Sinne auf sie einzuwirken. Man müsse Milde und Nachsicht üben, meinte er, und dürfe nicht allzu scharf und misstrauisch sein; insbesondere legte er ihnen ans Herz, im Fall eines Sieges — der also immer noch für möglich gehalten wurde — mit den Ueberwundenen schonend zu verfahren, denn für Keinen zieme sich Milde und Versöhnlichkeit mehr, als für den Geistlichen.[4]

Aber die wohlgemeinten Ermahnungen der Freunde blieben in Genf wirkungslos. Die Sprache auf den Kanzeln wurde mit jedem

---

[1] Rathsprot. 5, 18. Februar, 18. März 1538.
[2] Vgl. darüber die Briefe Calvins an Bullinger und Farels an Pellican vom 21. und 22. Februar 1538, in der Siml. Sammlung, Band 44.
[3] Vgl. Capito an Farel, Epp. et resp. p. 2b—3a.
[4] Vgl. Grynäus an Farel und Calvin 4. März 1538 (Genf. Bibl. Cod. 112 f. 165) und Grynäus an Farel 20. März 1538 (Siml. Sammlung, Band 44).

Tage heftiger. Man missbrauchte die geweihte Stätte zu den leidenschaftlichsten Ausfällen und Anschuldigungen und schonte selbst die Obrigkeit nicht. „Trunkene Säue" nannte der alte Courault diejenigen, welchen er zum geistlichen Hirten bestellt war.[1]) Dürfen wir uns wundern, wenn einer solchen Sprache gegenüber auch die Volksstimmung sich immer drohender und leidenschaftlicher äusserte?

Die Kluft zwischen Geistlichkeit und Volk erweiterte sich zusehends. Es kam zu bedauerlichen Auftritten; Schmähschriften wurden gegen die Diener des Worts in Umlauf gesetzt, man verhöhnte sie in Spottliedern. Fast allabendlich fielen Ruhestörungen und drohende Kundgebungen vor ihren Wohnungen vor. An seinem Arbeitstische vernahm Calvin oft noch in später Stunde von lärmenden Volkshaufen den Ruf: „In die Rhone mit den Verräthern!" Kolbenschläge gegen die Thüre seines Hauses schreckten ihn aus seiner Ruhe auf.[2]) Wir wissen nicht, ob es mit Grund geschah, wenn die Bedrohten den bestellten Hütern der Ordnung solchen Vorgängen gegenüber Fahrlässigkeit oder gar noch Schlimmeres zum Vorwurfe machten. Jedenfalls war die Sprache, welche sie selbst gegen die rechtmässig gewählte Obrigkeit ohne Unterlass führten, wenig geeignet, diese zu gewissenhafter Pflichterfüllung anzuspornen. Ging doch selbst Calvin, in der Form sonst der Massvollste, so weit, in öffentlicher Predigt das Rathscollegium als ein Collegium des Teufels zu bezeichnen.[3]) Es war nur die natürliche Folge, wenn nach solchen Herausforderungen der Magistrat in der That anfing, den Leidenschaften der erhizten Menge freien Lauf zu lassen, und jene umsichtige, besonnene Haltung, die er in den ersten Tagen beobachtet, mehr und mehr aufgab.

Und mitten in diese Kämpfe fiel nun vollends ein Ereigniss, welches auf die Pläne der geistlichen Partei noch von anderer Seite ein ungünstiges Licht warf. Ueber Bern empfing man die Nachricht von einer neuerdings angezettelten Intrigue, Genf unter französische Botmässigkeit zu bringen. Unter dem Vorgeben, dass Bern damit umgehe, statt des ehemaligen savoyischen einen neuen bernischen Vicedom in Genf einzusetzen, hatte sich zu Anfang des Jahres 1538

---

[1]) *Bolsec* p. 35.

[2]) Vgl. die spätern Auslassungen Calvins über diese Zeit: in den Lettres franç. II, 575 und in dem Schreiben an die Zürcher bei *Henry* l. c. I, Beil. p. 82, *Roset* l. IV, c. 17.

[3]) Rathsprot. 12. März 1538, *Bolsec* l. c. p. 34; vgl. auch *Roset* l. IV, c. 14.

ein Herr von Montchenu mündlich und schriftlich an mehrere angesehene Bürger von Genf gewandt und sie für den Plan einer Unterwerfung der Stadt unter die französische Krone zu gewinnen gesucht. Der König, wurde von dem Agenten — ganz wie zwei Jahre vorher — vorgestellt, wolle die Stadt nur glücklich machen, er werde sie bei ihrer Religion belassen, auf eigene Kosten befestigen, ihr neue Messen gewähren und sie gegen jeden Angriff beschützen.[1]) War es blosser Zufall, dass der Versucher sich gerade an die vornehmsten Vertreter der geistlichen Partei gewandt hatte? Mehrere von ihnen, auch Porral, hatten sich mit Montchenu bis zu einem sehr bedenklichen Grade eingelassen. Eine grosse Aufregung bemächtigte sich der Gemüther, als diese Umtriebe offenkundig wurden. Bern, welches sich durch den ihm von Frankreich gemachten Vorwurf tief verletzt fühlte, ordnete sofort eine Gesandtschaft nach Genf ab und schürte das Feuer.[2]) Leidenschaftlicher als je entbrannte der öffentliche Unwille gegen die clericale Partei. Das Volk verlangte stürmisch strenge Untersuchung und Bestrafung. Die geschäftslos in der Stadt sich aufhaltenden Franzosen wurden ausgewiesen, „um sich vor Verrath zu schützen," die Bürger, die mit Montchenu in Verbindung getreten, aus dem Rath ausgestossen; an die Prediger erging in drohenden Worten die Weisung, „sich jeder Einmischung in die Politik zu enthalten und das Evangelium zu verkünden, wie es Gott angeordnet."[3]) Ihre Sache erhielt durch diesen Vorfall einen neuen Schlag, von dem sie sich nicht wieder erholt hat.

Die Entscheidung wurde zuletzt durch die kirchlichen Differenzen mit Bern herbeigeführt.

Um diese endlich zum Austrag zu bringen, beriefen die Berner Behörden in der zweiten Hälfte des März eine neue Synode nach Lausanne. Auch Genf wurde eingeladen. Calvin und Farel empfingen

---

[1]) Vgl. Bern. Rathsmanuale 21. Februar 1538, wo die ausführlichsten Nachrichten darüber sich finden und von den Genfern insbesondere „Balthasar, Savoye, Johann Goula, Porralis und Mag. Maigret" als compromittirt bezeichnet werden. Vgl. auch *Stettler*, Berner Chronik (M. S. zu Bern) ad a. 1538 und *Galiffe*, Quelques pages d'hist. exacte p. 15, 16. Die hier erwähnten Briefe Montchenus lagen mir durch die Freundlichkeit Galiffes zum Theil in Abschrift vor.

[2]) Vgl. die Instruction vom 25. Februar 1538 und später vom 15. März 1538. Bern. Instructionsbuch B, f. 193, 199, Rathsprot. 3. März 1538.

[3]) Rathsprot. 11, 12. März 1538, *Roset* l. IV, c. 14; *Ruchat-Vulliemin* V, 62.

von dem Rathe den Befehl, der Versammlung beizuwohnen, und machten sich gegen Ende des Monats, von dem Syndik Jean Philippe begleitet, nicht ohne Sträuben nach Lausanne auf den Weg.[1]) Die Synode entschied sich einmüthig für die Annahme der Berner Gebräuche. Die Genfer Theologen weigerten sich, dieses Resultat anzuerkennen, wie sie sich auch von den Verhandlungen selbst von Anfang an fern gehalten hatten. Sie erklärten jetzt, weniger gegen die Berner Gewohnheiten an sich einzuwenden zu haben — nur die Wiedereinführung der vier Feiertage verwarfen sie unbedingt — als gegen die beabsichtigte Art und Weise ihrer Wiederherstellung: sie verlangten wenigstens Aufschub und nochmalige Verhandlung dieser Angelegenheit auf einer allgemeinen Synode. Bern war der Verhandlungen müde und lehnte diese Forderung ab. Calvin und Farel beharrten bei ihrer Weigerung, und ohne die erstrebte Eintracht hergestellt zu haben, ging die Synode auseinander.[2])

Unter diesen Umständen entschloss sich endlich der Genfer Rath zu energischem Handeln. Gestützt auf die Beschlüsse von Lausanne und gedrängt von der erregten Menge, verlangte er von den heimgekehrten Theologen rückhaltlose Anerkennung und Annahme der Berner Gebräuche. Allein was Calvin und Farel in Lausanne den Bernern abgeschlagen, waren sie noch viel weniger gesonnen, den verhassten Widersachern daheim einzuräumen. Nicht minder entschlossen als der Rath gingen auch sie in diesen letzten Kampf: ja sie selbst schienen ihn zu wünschen. Geradezu herausfordernd war die Sprache, welche der alte Courault führte. Am 7. April bestieg er die Kanzel, um den Gläubigen zu verkünden, dass es in Genf keine Gerechtigkeit mehr gebe: von den Syndiken werde das Recht mit Füssen getreten. Er verglich Genf mit dem Staate der Frösche, nannte die Bürger Ratten, die im Stroh leben, eine ausgelassene, gewissenlose Horde![3]) Der Rath begnügte sich damit, dem schmähsüchtigen Prädicanten die Kanzel zu verbieten, traf aber, da die Zeit der österlichen Communion heranrückte, Vorkehrungen, das Abendmahl jetzt nach Berner Ritus zu feiern. Am Charfreitag wurden Calvin und Farel in feierlicher Rathssitzung in aller Form aufgefordert, sich den Berner Gebräuchen nicht

---

[1]) Rathsprot. 26. März 1538, Bolsec l. c. p. 36. Die Einladung Berns ist vom 20. März 1538, Weltsch Missivenb. B, f. 68.

[2]) Vgl. Ruset l. c. 16, das Schreiben Calvins an die Zürcher bei Henry I. Beil. p. 83, und Kirchhofer, W. Farel I, 239.

[3]) Rathsprot. 8. April 1538, Bolsec p. 36.

länger zu widersetzen und nach ihnen bei der bevorstehenden Abendmahlsfeier zu verfahren. Von Bern waren neue Schreiben an Rath und Geistliche angekommen, welche, unter Mittheilung der in Lausanne vereinbarten Artikel, im Interesse der Eintracht dringend um Annahme derselben baten und die Prediger insbesondere auf die Ungefährlichkeit der bestrittenen Ceremonien hinwiesen.[1]) Die Antwort lautete entschieden verneinend. Der Prediger Henri de la Mare, der Anfangs zur Nachgiebigkeit geneigt schien, liess sich durch seine Amtsbrüder einschüchtern.[2]) Courault wagte sich sogar am folgenden Tage trotz des ergangenen Verbots in St. Gervais wieder auf die Kanzel und tobte heftiger als je zuvor. Da liess der Rath den rebellischen Alten in Haft nehmen. Sofort erschienen Calvin und Farel, begleitet von einer Anzahl ihrer Freunde, in leidenschaftlicher Aufregung vor dem Rath, um über das ihrem Amtsbruder widerfahrene Unrecht Beschwerde zu führen und in herausfordernden Worten seine Freilassung zu verlangen. „Es war eine schlechte, nichtswürdige, schändliche Handlung," rief Farel aus, „Courault in Haft zu nehmen! Wollet Euch doch, Ihr Herren, daran erinnern, dass Ihr ohne mich hier nicht sitzen würdet." Was er mit den letzten Worten andeutete, war nicht grundlos, und hauptsächlich daraus erklärt es sich, dass die weltlichen Machthaber, aller Herausforderungen der geistlichen Eiferer ungeachtet, es bisher vermieden hatten, zu dem Aeussersten zu schreiten; allein ihre Geduld war endlich erschöpft. Die „Herren" blieben fest und liessen sich weder durch Drohungen noch durch Anerbieten wankend machen. „Annahme des Berner Missives," lautete die Bedingung, ohne deren Erfüllung es fortan keine Nachgiebigkeit mehr gab.[3])

---

[1]) „Considerant, heisst es in dem Schreiben an Calvin und Farel, que la dissension nest de sy grosse importance quelle puisse nuyre à la vérité quant vous accepteres les trois articles." Beide Schreiben sind vom 15. April 1538 Welsch Missivenb. B, f. 71). Bemerkenswerth ist, dass hier zuerst „Maistre Calvin" vor Farel genannt wird, was mit dem 19. April auch in den Genfer Rathsprotocollen geschieht, ein Beweis, dass um diese Zeit Calvin bereits auch äusserlich als der Führer hervortrat.
[2]) Rathsprot. 19. April 1538, Bolsec p. 37, 38.
[3]) Rathsprot. 20. April 1538; vgl. Bolsec p. 38, 39, Gaberel I, p. 291 ff. Zur Charakteristik der beiden Parteien wird es übrigens nicht überflüssig sein, zu erwähnen, dass die Cl. Savoye, Chautemps, Curtet u. s. w., die damals mit den Predigern vor dem Rathe erschienen, keineswegs Muster strenger Sittlichkeit waren, wie denn z. B. J. A. Curtet, einer der eifrigsten Clericalen, vor und nach dieser Zeit wegen sittlicher Ausschweifungen bestraft

Aber auch der Rath befand sich in misslicher Lage. Es war am Tage vor dem Osterfeste, an dem, wie beschlossen war, die Communionfeier zum ersten Mal nach Berner Ritus vor sich gehen sollte. Woher die Geistlichen nehmen? Der furchtsame de la Mare, an den man sich noch einmal wandte, wagte nicht, dem ausdrücklichen Willen seiner Amtsbrüder, die ihn sogar mit der Excommunication bedrohten, entgegen zu handeln.[1]) Es mochte den Rathsherren Ueberwindung kosten, aber die Verlegenheit war so gross, dass man sich entschloss, nochmals Calvin und Farel um Vornahme der kirchlichen Handlungen nach Vorschrift des Berner Missives zu ersuchen. Noch spät am Abend begab sich der Grossweibel in die Wohnung der Prediger, um ihnen das Anliegen des Rathes vorzutragen. Calvin, der allein zu Hause getroffen wurde, verweigerte jede Antwort. Da untersagte der Magistrat den beiden halsstarrigen Geistlichen in aller Form die Kanzel.[2])

Es war eine seltsame Osterfeier, die Genf im Jahre 1538 beging. Obschon die Bemühungen des Rathes, andere Geistliche für die Vornahme des Gottesdienstes zu gewinnen, nicht den gewünschten Erfolg gehabt hatten, war der Zudrang zu den Kirchen am Ostermorgen grösser als seit langer Zeit. Manche der Andächtigen führten Schwerter und andere für gottesdienstliche Uebungen ungewöhnliche Gegenstände mit sich. Schon am Vorabend hatte sich das Gerücht verbreitet, Calvin und Farel seien überein gekommen, trotz des Verbotes der Obrigkeit zu predigen. Und so geschah es. Von entschlossenen Freunden umgeben, begaben sich beide am Ostertage in gewohnter Weise zu ihren Kirchen — Calvin nach St. Peter, Farel nach St. Gervais — und bestiegen die Kanzel. Sie erklärten in übereinstimmender Weise ihren festen Entschluss, das Abendmahl in Genf nicht mehr auszutheilen, um das h. Geheimniss nicht zu entweihen, und ergingen sich in heftigen Worten über die Gottlosigkeit der Stadt. Die Menge wurde bald unruhig und drängte sich um die Kanzel. Man sah drohende Bewegungen und gezückte Schwerter. Unter steigendem

---

worden ist, und dass der Rath bei aller Nachsicht, die er den Feinden der Geistlichen gegenüber geübt haben mag, doch noch am 19. April sehr energisch gegen Tumultuanten einschreiten liess.

[1]) *Bolsec* p. 41, 42.

[2]) Rathsprot. 20. April 1538. Nach *Bolsec* p. 39, 40 hätte im letzten Augenblicke namentlich noch der Berner Gesandte Diesbach Farel und Calvin zur Nachgiebigkeit zu stimmen gesucht.

Lärm schlossen die Redner ihren Vortrag. Dann verliessen sie, geschützt von ihren Freunden, das Gotteshaus und begaben sich in ihre Wohnungen zurück.¹)

Der Magistrat erkannte, dass seine Autorität auf dem Spiele stand. Noch am Ostertage selbst trat er zu einer Sitzung zusammen, um über die zu ergreifenden Massregeln zu berathen. Die Aufregung war gross; aber in gerechter Würdigung des Ernstes der Lage beschloss man, jede leidenschaftliche Uebereilung zu vermeiden und die Entscheidung dem grossen und dem allgemeinen Rathe anheimzustellen. Das Resultat konnte kaum zweifelhaft sein. Schon am folgenden Tage sprachen die versammelten Zweihundert unter nochmaliger Gutheissung der Berner Gebräuche in aller Form über Calvin und Farel die Strafe der Amtsentsetzung und Ausweisung aus: nur noch bis zur Ernennung geeigneter Nachfolger sollte ihnen der Aufenthalt in Genf gestattet sein. Noch energischere Beschlüsse fasste einen Tag später der Generalrath: nicht erst nach Anstellung neuer Prediger, sondern sofort, innerhalb dreimal vierundzwanzig Stunden, befahlen die versammelten Bürger den rebellischen Geistlichen die Stadt zu räumen.²)

Calvin und Farel vernahmen dieses Urtheil, welches ihnen noch an demselben Tage durch den Boten des Rathes mitgetheilt wurde, scheinbar mit grosser Ruhe und Fassung: „Wohlan," sagte der Erste, „hätten wir Menschen gedient, so wären wir schlecht belohnt, aber wir dienen einem höhern Herrn, der unsern Lohn uns nicht vorenthalten wird!" Aehnlich äusserte sich auch Farel.³) Ohne Verzug schickten sie sich zur Abreise an. Ja er habe sogar, erzählt Calvin später, über seine Verbannung eine lebhafte Freude empfunden, „mehr als sich eigentlich geziemte."⁴)

Allein so ganz wohl war den Verurtheilten doch nicht zu Muthe, und jedenfalls aufrichtiger war die Freude des Volkes, welches den Sturz des geistlichen Regiments durch Freudenfeste feierte und die Vertriebenen, insbesondere Meister Farel, nachträglich in öffentlichen Aufzügen verhöhnte.⁵) Gegen die gehobene und freudige Stimmung, in der sie im ersten Augenblicke das Urtheil aufgenommen, trat, wie

---
¹) Rathsprot. 21. April 1538, *Roset* l. IV, c. 18, *Bolsec* p. 42 ff. Roset und Bolsec geben als Ort, wo Calvin gepredigt, die Rivekirche an.
²) Rathsprot. 21. 22. 23. April 1538.
³) Rathsprot. 23. April 1538.
⁴) Praef. in Psalm. l. c.
⁵) *Roset* l. IV. c. 22.

in solchen Fällen gewöhnlich, ein Rückschlag ein, als die ruhige Ueberlegung über die anfängliche Aufregung den Sieg davon trug. Erst da wurde ihnen die ganze Tragweite und Bedeutung des Geschehenen klar. Nicht blos, dass ihr schmählicher Ausgang inmitten einer Bevölkerung, die sie vorher mit so grosser Auszeichnung und offenbarem Wohlwollen behandelt hatte, auf ihre Wirksamkeit in den Augen der Welt ein ungünstiges Licht werfen musste — sie selbst konnten sich bei ruhigem Nachdenken nicht verhehlen, dass sie Fehler begangen[1]) — sondern es schien ihnen sogar der gänzliche Abfall Genfs von der evangelischen Sache nicht unmöglich. Wenn sich schon bei Gelegenheit des Caroli'schen Streites die katholische Gesinnung wieder offener hervorgewagt,[2]) was liess sich da erst jetzt erwarten? Der erste Syndik Claude Richardet war derselbe, der 1536 so entschieden für die Gewissensfreiheit der Katholiken gesprochen, und auch noch andere unter den gegenwärtigen Machthabern standen in dem Verdachte, katholische Sympathien zu hegen.[3])

So sehen wir die beiden Exilirten, nachdem sie kaum die Stadt verlassen, sofort Alles aufbieten, um ihre Wiedereinsetzung zu erwirken; sie zweifelten nicht daran, dass sie ihnen gelingen werde.

Die Macht, welche sie zunächst um ihre Vermittelung und Hülfe anriefen, war keine andere, als — Bern.

In Bern war man im ersten Augenblick über den Sieg der eigenen Sache fast bestürzt. Man hatte sich in den Kampf der Genfer Parteien eingelassen und ihm Vorschub geleistet, weil er Berns Uebergewicht zu befestigen schien; man hatte insbesondere der Geistlichkeit ihre Abhängigkeit recht fühlbar machen wollen. Statt dessen war durch den allzu raschen Eifer der verbündeten Partei das ganze geistliche Regiment gestürzt und ein Zustand herbeigeführt worden, der nicht nur die Stadt wieder völlig geeinigt zeigte, sondern auch, wenn den ersten Berichten zu trauen war, eine ernste Gefahr für das kaum eingeführte Evangelium in sich barg. Unter diesen Umständen trugen

---

[1]) Vgl. Calvin an Farel, Epp. et resp. p. 177 b.

[2]) Vgl. das von *Henry* I, 181 mitgetheilte Schreiben Calvins.

[3]) Wie schmerzlich gerade aus diesem Grunde die Katastrophe in calvinischen Kreisen empfunden wurde, ersieht man aus manchen Briefen. „*Oh mon Dieu,*" schreibt z. B. der Secretair Le Macon an Claude Savoye, „*quelle plus grande joie pourroit advenir aux Pharisiens et ennemis de ton sainct nom, sinon que de voir tel divorce advenir en une ville que l'on disoit du tout à toi être dediée.*" Collectaneen von Galiffe.

Schultheiss und Rath kein Bedenken, den Hülfe suchenden Geistlichen, deren Sturz sie selbst hatten herbeiführen helfen, jetzt eine wohlwollende Aufnahme zu gewähren und die von ihnen gewünschte Vermittelung zu übernehmen. Calvin und Farel reichten eine Klageschrift ein, worin sie sich in bitteren Ausdrücken über die ungerechte Verhaftung ihres Mitbruders Courault beschwerten, gegen den ihnen gemachten Vorwurf der Rebellion protestirten, da sie nicht wegen der Berner Gebräuche, sondern um das heilige Sakrament nicht zu entweihen, die Austheilung des Abendmahls verweigert hätten, und ihre Verbannung als das Werk einer lange vorbereiteten Intrigue darstellten. Unter Beifügung dieser Eingabe richteten dann die Berner Behörden schon am 27. April an ihre Freunde in Genf ein sehr eindringliches Schreiben, welches sie zur Freilassung „des armen blinden Courault" und zur Wiederannahme der vertriebenen Prediger ermahnte und insbesondere hervorhob, dass die jetzt in Genf herrschende Unordnung nur den Feinden des Evangeliums eine Freude bereite.[1] Allein der Widerspruch zwischen der gegenwärtigen und der frühern Haltung Berns lag doch zu offen zu Tage, als dass diese Mahnung hätte Eindruck machen können. Genfs Antwort traf schon nach einigen Tagen ein: sie bezeichnete die Angaben der Prediger einfach als unwahr, wies den Vorwurf der Unordnung zurück und gab den festen Entschluss kund, das erlassene Verbannungsdecret aufrecht zu erhalten. Courault, hiess es, sei sofort in Freiheit gesetzt worden: man hatte ihn bereits am 25. April seinen Collegen ins Exil nachgesandt.[2]

Calvin und Farel liessen sich durch diesen ersten misslungenen Versuch nicht abschrecken. Was Bern nicht vermocht, hofften sie von der Dazwischenkunft der allgemeinen schweizerischen Synode, die eben um diese Zeit in Zürich tagte. Ohne Verzug machten sie sich, obschon der deutschen Sprache unkundig, dahin auf den Weg, trafen die Synode noch versammelt und schilderten, was sie erlebt, sowie die Gefahren, die dem Evangelium in Genf drohten. Bereits führten sie eine gemässigtere Sprache: sie legten das Geständniss ab, dass sie wohl hie und da zu strenge gewesen sein möchten, und erklärten, „sich gern weisen lassen zu wollen." Doch mögen die von Calvin

---

[1] Genfer Archiv, Pièc. hist. Nr. 1201, Bern. Arch., Weltsch Missiv. B, f. 38; vgl. Bern. Rathsm. 27. April 1538.

[2] Genf. Archiv, Pièc. hist. Nr. 1201. Die Antwort ist vom 30. April; vgl. Rathsprot. 25. April 1538.

aufgesetzten vierzehn Artikel, von deren Bewilligung er die Wiederaufnahme ihrer Thätigkeit in Genf abhängig machte, eigenthümliche Gefühle in der Versammlung erweckt haben. Was Calvin nach erlittener Niederlage verlangte, war mehr, als die geistliche Gewalt in irgend einer der schweizerischen Kirchen durchzusetzen im Stande gewesen war. Die versammelten Väter erkannten den Eifer der beiden Männer und „ihr zur Förderung christlich ehrbarer Sachen geneigtes Gemüth" gern an, empfahlen ihnen aber unter dem noch nicht hinreichend erleuchteten Volke „christliche Sanftmüthigkeit." Sie richteten auch zu ihren Gunsten ein freundliches Schreiben an die Gemeinde in Genf; aber sich weiter mit diesen wälschen Händeln zu befassen, zeigten die deutschen Theologen keine Lust. Man fand es hinreichend, Bern den Auftrag zu geben, nochmals in Genf die Wiedereinsetzung der Verstossenen zu versuchen.[1]

Missmuthig kehrten Calvin und Farel nach Bern zurück. Schon waren ihre Hoffnungen sehr herabgestimmt. Aber alles bisher Erfahrene überboten die neuen Demüthigungen, die sie jetzt in Bern über sich ergehen lassen mussten. Die Stimmung war hier inzwischen völlig zu Gunsten Genfs umgeschlagen. Man hatte genauere Nachrichten von da erhalten und sich überzeugt, dass die Schilderungen der Exilirten in hohem Grade übertrieben gewesen, dass für das Evangelium einstweilen nichts zu fürchten war.[2] So wurden jetzt Calvin und Farel nach ihrer Rückkehr von Rath und Geistlichkeit ganz anders, ja mit geflissentlicher Zurücksetzung und offenbarer Verachtung empfangen. Wie arme Sünder mussten sie oft Stunden lang vor den Thüren ihrer Amtsbrüder harren, bis sie vorgelassen wurden. Kunz, damals der einflussreichste unter den Berner Predigern, empfing sie nach wiederholter Abweisung endlich mit den leidenschaftlichsten Vorwürfen und überhäufte sie der Art mit Anklagen und Drohungen, dass selbst ein Mann wie Farel seine Fassung verlor. Nie haben die beiden Genfer Reformatoren die damals in Genf erlittenen Demüthigungen vergessen können.[3] Mitleidiger als die Theologen zeigte sich am

---

[1] Vgl. *Kirchhofer*, W. Farel I, 244 ff.; die 14 Artikel sind mitgetheilt bei *Henry* I, Beil. p. 46 ff.

[2] Zugleich mit dem Verbannungsdecret war beschlossen worden, Gott und seinem h. Evangelium gemäss zu leben; vgl. Rathsprot. 23. April 1538. Vgl. auch Bern. Rathm. 2. Mai 1538.

[3] Vgl. darüber das Schreiben Calvins an Bullinger, Juni 1538, abgedr. bei *Henry* I, Beil. p. 48 ff.

Ende die weltliche Behörde, welche, wenn auch erst nach manchen Winkelzügen und demüthigenden Verhandlungen und nachdem hinsichtlich der „Ceremonien" eine völlig zufriedenstellende Erklärung abgegeben war, sich entschloss, die beiden Prediger dem in Zürich empfangenen Auftrage gemäss durch eine Gesandtschaft nach Genf geleiten zu lassen und zur Zurücknahme des Volksbeschlusses vom 23. April einen letzten Versuch zu machen. Hoffnung und Muth lebten noch einmal in Calvin und Farel auf, als sie sich am 18. Mai mit den Berner Gesandten nach Genf auf den Weg machten.[1]

Eitele Hoffnung! Nicht einmal die Stätte ihrer früheren Wirksamkeit wiederzusehen, sollte ihnen vergönnt sein. Die Gesandten waren noch eine Meile von Genf entfernt, als ihnen ein Abgeordneter des Rathes entgegentrat, um den beiden Geistlichen auf Grund des erlassenen Verbannungsdecrets den Eintritt in die Stadt zu untersagen.[2] Mit schwerem Herzen verstanden sie sich dazu, dem Befehle Folge zu leisten und die Vertheidigung ihrer Sache den Begleitern zu überlassen. Umsonst suchten diese nach ihrem Eintritt den Rath wenigstens zum Anhören der beiden Exilirten zu bewegen. Am 24. Mai kam das Hauptanliegen im grossen Rathe zur Verhandlung: unter Vorlegung der mitgebrachten Empfehlungsschreiben baten die Abgeordneten Berns, die verstossenen Seelsorger wieder aufzunehmen und ihnen zu „verzeihen." Die Zweihundert antworteten mit der Hinweisung auf den entgegenstehenden Volksbeschluss und neuen Beschwerden über die vielen Unwahrheiten, welche die Prediger gegen Genf in Umlauf gesetzt hätten. Die eigentliche Entscheidung wurde dem Generalrath anheimgestellt, welcher zwei Tage später zusammentrat. Die Gesandten vertheidigten die Sache der Geistlichen vor dem versammelten Volke nicht ohne Geschick und glaubten einigen Eindruck gemacht zu haben. Aber die Wirkung ihrer Rede war sofort hin, als Peter Vandel die von Calvin in Zürich eingereichten vierzehn Artikel zum Vorschein brachte und unter bitteren Bemerkungen den

---

[1] Instruction vom 18. Mai 1538 für die nach Genf gehenden Gesandten Erasmus Rytter etc. „zusampt Vireto," der sich der Gesandtschaft in Lausanne anschloss. Instructionsb. C f. 208 ff. Die Instruction weist vornehmlich wieder auf die Freude hin, die der Vorgang den Feinden des Evangeliums bereitet habe, und gedenkt bei Farel insbesondere „der Trübsale so gemeldter Farellus insonders mitt einer statt Genff erlitten in jren nöthen." Vgl. Bern. Rathsm. 18. Mai und Calvin an Bullinger l. c. p. 51.
[2] Rathsprot. 22. Mai 1538. Calvin an Bullinger l. c. p. 52.

Anwesenden vorlas. Fast einstimmig — nur Ami Perrin und ein paar andere Bürger erhoben sich dagegen — erklärte sich der Generalrath für Aufrechthaltung der früher gefassten Beschlüsse.[1]

Der letzten Hoffnung beraubt, begaben sich Calvin und Farel mit den Gesandten nochmals nach Bern zurück. Eine bittere Stimmung bemächtigte sich ihrer. Sie mochten nicht davon hören, als einige Freunde sich für ihre Anstellung im Bernischen Gebiete bemühten; der Aufenthalt in Bern, das ganze Predigtamt war ihnen verleidet. Ohne sich von dem Ruthe verabschiedet zu haben, verliessen sie die Stadt, in der sie so viel Widerwärtiges, so herbe Täuschungen erfahren hatten, um in dem freundlichern Basel abzuwarten, was „Gott über sie verfügen werde." Selbst die Kräfte der Natur schienen ihnen zu zürnen. Auf der Reise überfiel sie ein schweres Unwetter; als sie über einen hochangeschwollenen Bergstrom setzten, wurde der Eine von den Wellen fast fortgerissen. „Doch," sagen sie mit bitterer Ironie,[2] „wir haben den Fluss barmherziger gefunden als die Menschen." Völlig erschöpft von den Aufregungen und Anstrengungen der letzten Wochen kamen beide in Basel an, wo sie endlich ausruhen und unter theilnehmenden Freunden wieder freier aufathmen konnten. Aber die innere Ruhe fanden sie nicht so bald wieder, und düster blickten sie in die Zukunft. Die Nachrichten, welche ihnen aus Genf zukamen, wurden mit jedem Tage hoffnungsloser und niederschlagender. Courault, ihr Leidensgefährte, war noch von ihnen getrennt, und befand sich, wie sie vernahmen, in hülfloser Lage; die Versuche, ihm ein Unterkommen zu verschaffen, blieben erfolglos. Die öffentliche Meinung war überwiegend gegen sie. Louis du Tillet erkannte in den Genfer Ereignissen den Finger Gottes. „Du wirst zu erwägen haben," schreibt er um diese Zeit an Calvin, „ob nicht Gott Dir damit sein Missfallen über Dein Thun ausdrücken und Dich demüthigen will, damit Du die herrlichen Talente und Gaben, mit denen er Dich ausgestattet hat, in besserer Weise gebrauchest zu seinem Ruhme und zum Heile seiner Erwählten."[3] Selbst ein ihm so wohlgesinnter Mann wie Bucer stand nicht unbedingt auf seiner Seite

---

[1] Rathsprot. 23. 24. 26. Mai 1538, Calvin an Bullinger l. c. p. 52.

[2] „Sed plus in ipso flumine clementiam sumus experti, quam in hominibus nostris." Farel und Calvin an Viret und Courault, Genf. Bibl. Cod. 106, f. 13; vgl. auch *Henry* I, 203 ff., wo aus mehreren diese Zeit betreffenden Briefen Calvins deutsche Auszüge mitgetheilt werden.

[3] Vgl. *Bonnet*, Lettres franç. I, 19.

und äusserte sich tadelnd. Als Viret von Lausanne aus die beiden Verbannten in Basel besuchen wollte, widerriethen sie ihm selbst dieses Vorhaben, damit der Hass, der auf ihrer Person laste, nicht auch ihn treffe. Aber auch wohlmeinende Freunde riethen von unnöthigen Zusammenkünften und Besprechungen einstweilen ab, weil bei ihrer noch fortdauernden Aufregung nichts Gutes davon zu erwarten schien.[1])

Nach und nach begann indess diese Stimmung einer ruhigern zu weichen. Neben so vielem Herben, was man erfahren, hatte es doch auch nicht an Beweisen treuer Theilnahme gefehlt. Calvin war der Erste, der seine Fassung wieder gewann. Er tröstete sich wegen des Geschehenen mit der göttlichen Vorsehung, die Alles so angeordnet habe, und wusste auch den nicht so bald ausgesöhnten Farel mit diesem Gedanken zu beruhigen. „Demüthigen wir uns," schreibt er ihm einmal im Hinblick auf neue ungünstige Nachrichten aus Genf, „und widerstreben wir nicht, wenn Gott uns erniedrigt. Inzwischen aber wollen wir seinen Tag abwarten. Denn schnell wird verwelken die Krone des Stolzes der Trunkenen aus Ephraim."[2]) Aus seinen religiösen Ueberzeugungen schöpfte er den Trost und die Gewissheit, dass seine Rolle in Genf noch nicht ausgespielt sei.

Und auch die äussere Lage der Verstossenen gestaltete sich bald günstiger. Courault fand für die wenigen Tage, die ihm noch beschieden waren — er starb bereits im Herbst 1538 — eine Anstellung in dem Städtchen Orbe. Farel folgte nach siebenwöchentlichem Aufenthalte in Basel einem Rufe an die Kirche von Neuenburg. Calvin endlich nahm einige Zeit später, freundlichen Einladungen folgend, seinen Wohnsitz auf deutschem Boden, in jener Stadt, in der er sich schon vor zwei Jahren hatte niederlassen wollen.

---

[1]) Vgl. die bei *Henry* I, p. 204, 214, 205, 206 mitgetheilten Briefe.
[2]) „*Humiliemur ergo nisi Deo in humilitationem nostram velimus obluctari. Interim diem illius exspectemus. Cito enim marcescet corona superbiae temulentorum Ephraim.*" Calvin an Farel 4. Aug. 1538, Genf. Bibl. Cod. 106 f. 16.

V.

CALVINS AUFENTHALT IN DEUTSCHLAND.

Schon in den ersten Wochen seines Baseler Aufenthalts waren Calvin Briefe von Bucer zugegangen, die ihn in freundlichen Ausdrücken ersuchten, seine in Genf verschmähten Dienste der Kirche von Strassburg zu widmen.

Man mochte in Bucers Umgebung nicht wenig überrascht sein als der Eingeladene auf das wohlgemeinte Anerbieten ablehnend antwortete. Noch völlig beherrscht von dem Eindrucke der Genfer Ereignisse und durch die erlittene Niederlage tief gebeugt, bebte Calvin vor dem Gedanken an eine neue öffentliche Wirksamkeit zurück; er war die erste Zeit fest entschlossen, kein neues Amt wieder anzunehmen.[1] Unangenehm berührte es ihn überdies, dass die Einladung blos an ihn, nicht auch an seinen Leidensgefährten Farel gerichtet war, von dessen rauhem, ungestümem Wesen die friedliebenden, stets zur Vermittelung geneigten Strassburger Theologen eine Störung ihrer friedlichen Verhältnisse besorgt zu haben scheinen. Indess wurde in Strassburg die Absicht, den Verfasser der Institution zu gewinnen, nicht aufgegeben. Und auf die Dauer widerstand Calvin nicht. Nach wiederholten Bitten und langen Unterhandlungen, als sein Gemüth sich allmählich beruhigt, als Farel seine förmliche Einwilligung gegeben, hatte,[2] als Bucer, dessen Bemühungen auch von Grynäus eifrig unterstützt wurden, ihm zuletzt das Beispiel des Propheten Jonas warnend vor Augen stellte, gab er dem Drängen der Freunde nach.[3] Mit einer gewissen Hast und Ungeduld, wie sie oft eintritt, wenn nach langem Kampf eine innere Abneigung endlich überwunden ist, brach er dann von Basel auf[4] und trat in der ersten Hälfte des September in seinen neuen Wirkungskreis ein.

---

[1] Noch am 26. August belobt ihn Courault in einem für die Stimmung beider sehr charakteristischen Schreiben aus Orbe wegen seines Vorsatzes, kein Predigtamt wieder anzunehmen. Genf. Bibl. Cod. 404 f. 791.

[2] „*Habemus tibi magnam gratiam*", schreibt Bucer am 11. Sept. 1538 an Farel, „*qui nobis concessisti Calvinum!*" Genf. Bibl. Cod. 113 f. 62; vgl. Calvin an Farel, bei *Henry*, I, 207.

[3] Praef. in Psalm. l. c. Calvin an J. Bernard, Epp. et resp. 261 a.

[4] Vgl. Calvin an Farel, Epp. et resp. 177a.

Dieses Mal war seine Furcht grundlos gewesen.

Wie vor fünf Jahren den aus Paris Geflüchteten das freundliche Angoulême aufgenommen und wieder aufgerichtet hatte, so heilte in ähnlicher Weise Strassburg die Wunden, die Genf geschlagen. Binnen kurzer Zeit war Calvin mit seiner neuen Lage völlig ausgesöhnt und erfreut, dem Rufe gefolgt zu sein. In den Strassburger Theologen Bucer, Capito, Hedio fand er wohlwollende und theilnehmende Freunde. Auch zu einigen angesehenen Laien trat er in ein angenehmes Verhältniss. Der Rath warf ihm ein kleines Gehalt aus. Von allen Seiten wurde er mit einer Aufmerksamkeit behandelt, wie er sie lange nicht mehr erfahren. Die Anwesenheit zahlreicher französischer Emigranten liess es ihn kaum fühlen, dass er das Land seiner Sprache verlassen hatte. Er fühlte sich bald in der deutschen Handelsstadt vollkommen heimisch. Schon im nächsten Sommer erwarb er sich das Bürgerrecht und liess seinen Namen in die ehrsame Zunft der Schneider eintragen,[1] ein Beweis, dass er zu längerm Bleiben entschlossen war. Und noch fester musste es ihn an seinen neuen Wohnsitz knüpfen, als er sich nach einiger Zeit sogar zur Gründung eines eigenen Hausstandes entschloss. Es war hauptsächlich der beredte Zuspruch seiner Freunde, der ihn zu diesem Schritte bestimmte, und lange genug dauerte es, bis in Idelette von Buren, einer Wittwe, eine Frau ausfindig gemacht war, die jenes Mass von häuslichen Tugenden, von Zärtlichkeit, Demuth, Sparsamkeit, Geduld und liebevoller Aufopferung besass, das er von einer Lebensgefährtin verlangte.[2] Im Herbst 1540 wurde mit einem gewissen Gepränge Hochzeit gehalten. Unter so veränderten Verhältnissen traten die trüben Genfer Erinnerungen immer mehr zurück. Was allein seine Lage in Strassburg zuweilen trübte, waren die beschränkten Vermögensverhältnisse, in denen er lebte. Das ihm von dem Rathe ausgesetzte Gehalt reichte für seine Bedürfnisse bei weitem nicht aus. Auch der Ertrag seiner schriftstellerischen Thätigkeit blieb hinter den Erwartungen zurück: von seinen Verlegern empfing er Nachrichten über den schlechten Abgang seiner Bücher. Um kleinere Reisen unternehmen zu können, musste er sich von den Freunden Geld vorstrecken lassen; sogar die

---

[1] Vgl. *Bretschneider*, J. Calvini, Th. Bezae, Henrici IV. aliorumque litterae quaedam nondum editae p. 5. Beza verfällt p. 10 in seinen gewöhnlichen Fehler, wenn er das erkaufte zu einem Ehrenbürgerrecht macht.

[2] Vgl. Calvin an Farel 19. Mai 1539 und 29. März 1540, Epp. et resp. p. 10 b, 259 a, Bulletin IV, 638.

Entrichtung der Wohnungsmiethe machte ihm Sorge. In seiner damaligen Correspondenz gedenkt er mitten unter den wichtigsten Angelegenheiten wohl auch eines Kronenthalers, den ihm die Waldenser Brüder seit mehreren Jahren schuldig sind. „Meine Lage ist der Art," schreibt er einmal an Farel, „dass ich keinen Heller bezahlen kann." Er sah sich genöthigt, sein theuerstes Besitzthum, seine in Genf zurückgebliebene Bibliothek zu veräussern, und junge Leute gegen Bezahlung zu sich ins Haus zu nehmen, um die Mittel zur Bestreitung der nöthigen Ausgaben zu gewinnen.[1]) Aber für solche Einschränkungen und Entbehrungen fand er sich reichlich entschädigt durch die vollständige Unabhängigkeit und die reiche Fülle geistiger Anregungen, die ihm Strassburg gewährte: vornehmlich diese söhnten ihn so rasch mit seinem neuen Wohnsitze aus.

Man darf vielleicht sagen, dass ein günstiger Stern über dem Protestantismus waltete, als Martin Bucer dem entmuthigten Freunde in der Hauptstadt des Elsasses ein Asyl eröffnete und durch beharrliche Ausdauer den Widerstrebenden zur Annahme desselben nöthigte. Kaum hätte sich ein Ort finden lassen, der sich mehr zu einer weitern Bildungsschule für den beginnenden Reformator eignete, der Calvin in so hohem Grade die Möglichkeit bot, zu ergänzen, was ihm noch fehlte, und sich in seiner Grundrichtung zu befestigen, als Strassburg. Die Stellung, welche diese Stadt in der grossen geistigen Bewegung des Zeitalters einnahm, entsprach vollkommen ihrer hohen politischen Bedeutung und der Gunst ihrer geographischen Lage. Nach Wittenberg, schrieb Bucer an Bern, möge es wohl kaum eine Stadt geben, die den allgemeinen Interessen des Evangeliums eine solche Theilnahme zuwende, die so sehr von universellen Gesichtspunkten sich leiten lasse.[2]) Gleichzeitig berührt von den Wellenschlägen der Wittenberger und Züricher Reformation, überdies durch zahlreiche französische Flüchtlinge, welche es als das „neue Jerusalem" aufsuchten,[3]) in fort-

---

[1]) Vgl. darüber namentlich Calvins Mittheilungen an Farel, Epp. et resp. 260 b, 6 a, 9 b, *Henry* I. 405, 406. Der Verkauf der Bibliothek geschah durch Libertet, der darüber genaue Rechenschaft ablegt. Genf. Bibl. Cod. 109, f. 2.
[2]) Bucerus Bernensibus, Jun. 1540, Genf. Bibl. Cod. 196, f. 80. Die Zürcher bezeichnen in einem Schreiben an Calvin Strassburg als das Antiochia des Reformationszeitalters, Epp. et resp. p. 261 b. Vgl. auch *Cornelius* l. c. II, 75.
[3]) „*Ce fut dans Argentine*, ruft *Florimond* l. c. p. 838 aus, „*qu'ils appellèrent la nouvelle Jerusalem, laquelle se glorifie d'estre voisine de la France, où*

währender Verbindung mit der kirchlichen Opposition der romanischen Lande, gewährte Strassburg wie nur wenige Städte dem Fremden die Möglichkeit, den Gang der Ereignisse in weitem Ueberblicke zu überschauen und zu einem tiefern Verständniss des grossen Kampfes durchzudringen.

So wurde Strassburg nicht blos durch die freie, ungehemmte Thätigkeit, die es Calvin auf Kanzel und Katheder eröffnete, für ihn eine neue Schule: er erfuhr hier zugleich Einwirkungen der bedeutendsten Art. Calvin war ein anderer geworden, als er sich nach drei Jahren von der deutschen Reichsstadt verabschiedete. Sein Gesichtskreis war erweitert, sein Wissen vertieft; er war mit Erfahrungen bereichert, in seiner Grundrichtung befestigt. Es bedurfte noch dieser drei neuen Lehrjahre, um aus ihm den gewaltigen Reformator und Gesetzgeber zu machen, als den wir den Verfasser der Institution im Herbst 1541 nach Genf zurückkehren und seitdem sich hier gegen alle inneren und äusseren Unruhen behaupten sehen.

Calvin bekleidete in Strassburg zunächst das Amt eines Predigers und Seelsorgers der französischen Emigranten-Gemeinde, die bis dahin eines besondern Gottesdienstes entbehrt hatte. Unter grossem Zulauf von Franzosen und Deutschen hielt er in der St. Nicolauskirche, die ihm von der Stadt eingeräumt wurde, seine erste Predigt und mit allem Eifer widmete er sich sofort seinem neuen Amte. Viermal predigte er in jeder Woche.[1]) Er befand sich hier als Seelsorger in der erwünschtesten Lage. Der städtische Magistrat liess ihm in der fremden Gemeinde durchaus freie Hand; es gab hier keine alten Parteien, die ihm hätten Schwierigkeiten bereiten können, wie in Genf, noch auch war von Gläubigen, die ihrer evangelischen Gesinnung wegen das Vaterland verlassen, Hinneigung zum Papstthum oder Mangel an evangelischem Eifer zu besorgen. Was in Genf an dem Widerstande der feindlichen Mächte gescheitert, das auszuführen war Calvin hier Gelegenheit geboten. Und so fasste er selbst seine Aufgabe auf: es sollte eine französische Musterkirche gegründet werden, deren Ein-

---

l'hérésie à plusieurs testes dressa son arsenal et recueillit une partie de ses forces, pour la venir assaillir. Ce fut la retraite et le rendez-vous des Lutheristes et Zvingliens, sous la conduite de Martin Bucer, grand ennemi du nom Catholique. Ce fust le receptacle des bannis de la France et l'hostesse de celui" etc.

[1]) Vgl. Calvin an Farel, Epp. et resp. p. 177 b, J. Zwick an Bullinger, 9. Nov. 1538, Siml. Samml. Band 45; J. Sleidani Comment. de statu rel. et relp. ed. Am Ende, II, 125.

richtungen dann das Vorbild für die Heimath würden.[1]) Es versteht sich von selbst, dass er auch hier sofort auf Herstellung einer strengen Kirchenzucht das Hauptgewicht legte: fast in jedem Briefe, den er von Strassburg aus an Farel schreibt, beschäftigt er sich mit dieser Frage. Schon in den ersten Wochen wurde die monatliche allgemeine Feier des Abendmahls beschlossen, eine Einrichtung, die in Genf selbst bei den Frommen auf Widerstand gestossen war. Und mit der grössten Strenge wird hier darüber gewacht, dass kein Unwürdiger dem Tische des Herrn nahe. Jeder, der das Abendmahl zu empfangen wünscht, hat sich vorher dem Seelsorger zu stellen, ein Verhör zu bestehen und Besserung zu geloben; wer dies unterlässt oder verweigert, wird von dem Empfange ausgeschlossen: hier machte ihm keine weltliche Gewalt das Ausschliessungsrecht streitig.[2]) Zwar fanden die Forderungen des strengen Seelenhirten selbst bei diesen französischen Flüchtlingen Widerspruch. Insbesondere machten ihm seine jüngeren Landsleute, die in Strassburg den theologischen Studien oblagen, viel zu schaffen. Man hielt die eingeführte Excommunication für papistisch, und es fehlte nicht an Versuchen, ihr zu trotzen. Allein Calvin blieb unerbittlich und drang durch. „Ich habe zwar auch hier," schreibt er einmal an Farel, „Kämpfe und recht schwere Kämpfe, aber sie dienen mir zur Schule, und ich unterliege nicht."[3]) Strassburg hatte in Kurzem eine blühende, wohlgeordnete französische Flüchtlingsgemeinde mit Predigt und Bibelstunden, mit regelmässiger Abendmahlsfeier und Psalmengesang, insbesondere aber mit einer strenge gehandhabten Disciplin, und nicht ohne Staunen erzählten die deutschen Pastoren bald einander von den Einrichtungen und dem merkwürdigen Eifer der neuen Emigrantenkirche in Strassburg.[4])

Mit der Thätigkeit des Seelsorgers verband Calvin auch in Strassburg bald das Amt des Lehrers. Schon nach einigen Monaten nöthigten ihn seine Freunde zur Uebernahme von theologischen Vorlesungen an der Strassburger Schule, und im Frühjahr 1539 erfolgte seine förmliche Anstellung als theologischer Lehrer. „Wider meinen Willen hat mich Capito dazu gezwungen," schreibt er an Farel — „so halte ich nun

---

[1]) Vgl. Calvin an Farel bei *Henry* I, 215 und die treffende Bemerkung bei *Flor. de Raemond* p. 838.
[2]) Vgl. Calvin an Farel bei *Henry* I, 215, 221 ff.
[3]) Vgl. Calvin an Farel, Epp. etc. resp. p. 9 a und 259 a.
[4]) Man vgl. z. B. das Schreiben des J. Zwick an Bullinger, Constanz 9. Nov. 1538, Siml. Samml. Band 45.

täglich Predigten oder Vorlesungen."[1]) Er las, wie in Genf, vornehmlich über die paulinischen Briefe, nahm Theil an den öffentlichen Disputationen und führte bei denselben auch wohl, indem er selbst Thesen aufstellte, den Vorsitz. Seine Vorträge trugen zur Hebung des Ansehens der Schule namentlich in Frankreich nicht wenig bei. „Viele wissbegierige Jünglinge und auch gelehrte Männer," meldet ein gleichzeitiger Bericht, „kamen aus Frankreich zu uns, um Calvin zu hören. Von Tag zu Tag nahm die französische Kirche zu."[2]) Auch der städtische Magistrat widmete dem vielgesuchten Lehrer in steigendem Masse seine Aufmerksamkeit und zog ihn in allen wichtigen kirchlichen Angelegenheiten zu Rathe. Einen besondern Anspruch auf seine Dankbarkeit und Anerkennung erwarb sich Calvin durch das erfolgreiche Wirken, welches er in Vorträgen und Disputationen gegen die hier noch vorhandenen Reste des Anabaptismus entfaltete. Mehrere namhafte Anhänger dieser Secte, die in den Tagen Melchior Hofmanns Strassburg als das neue Zion angesehen, wurden von ihm bekehrt.[3]) Es befand sich unter ihnen sogar einer seiner früheren Genfer Gegner, jener Hermann von Lüttich, mit dem er im März 1537 disputirt hatte. „Er hat bekannt," berichtet er darüber triumphirend an Farel, „dass ausser der Kirche keine Hoffnung des Heils, dass bei uns die wahre Kirche, dass es also ein Abfall gewesen sei, eine neue Secte, von der Kirche getrennt, zu stiften. Diesen Frevel hat er eingestanden und um Verzeihung gebeten!"[4]) Calvin gewann durch diese Bekehrungen ein solches Ansehen, dass aus einem Umkreise von fünf bis sechs Meilen die Kinder der Anabaptisten ihm zur Taufe gebracht wurden.[5])

Wichtiger als Predigten und Vorlesungen, Disputationen und Bekehrungen war indess die schriftstellerische Thätigkeit, für die der unermüdliche Mann auch unter den sich häufenden Berufsarbeiten noch Zeit zu erübrigen wusste. Während des Genfer Aufenthalts waren seine literarischen Arbeiten ins Stocken gerathen; der Katechismus blieb die einzige grössere schriftstellerische Leistung jener getümmelvollen Jahre.

---

[1]) Calvin an Farel, Januar 1539, Genf. Bibl. Cod. 111, f. 16. Nach einem Schreiben des Bedrotus an Myconius vom 12. Mai 1539 (Siml. Samml. Band 46) hätte seine Anstellung erst um diese Zeit stattgefunden.
[2]) Joh. Sturmii Rect. Arg. Antipappi l. IV, p. 21; vgl. *Henry* I, 226.
[3]) Vgl. *Beza* p. 9, *Colladon* p. 41, Papirius Masson bei *Drelincourt* p. 282.
[4]) Mitgetheilt von *Henry* I, 272; er fand jetzt, dass Hermann ein recht frommer Mann sei!
[5]) So erzählt er selbst: Lettres franç. II, 378.

In Strassburg wurde das Versäumte nachgeholt. Eben hier nahm er die erste Umarbeitung und Erweiterung seiner christlichen Institution vor, wohl die wichtigste und durchgreifendste, die das Werk überhaupt erfahren hat: die erste Auflage ist durch diese neue so vollständig verdrängt worden, dass von Späteren geradezu Strassburg als die Geburtsstätte des calvinischen Hauptwerkes bezeichnet wird.[1]) Bereits im Sommer 1539 konnte das Werk dem Druck übergeben werden. Noch in demselben Jahre veröffentlichte Calvin die Erklärung des Römerbriefes, eine seiner wichtigsten exegetischen Leistungen, welche die lange Reihe seiner biblischen Commentare in bedeutender Weise eröffnet. Es ist bezeichnend für ihn, dass er sich durch die bereits vorliegenden mannigfachen Bearbeitungen des paulinischen Briefes — die ersten evangelischen Autoritäten, Melanchthon, Bucer, Bullinger, hatten sich daran bereits versucht — nicht abhalten liess, mit einem neuen Commentar aufzutreten. „Man wird mir, denke ich, zugeben," äussert er in dem an Grynäus gerichteten Widmungsschreiben, „dass kein menschliches Werk je so vollkommen war, dass es dem Fleisse des Nachfolgenden nicht zu thun übrig liess. Ich wage von mir Nichts zu sagen, als dass ich diese Arbeit nicht für eine nutzlose halte, und dass mich kein anderer Grund zu derselben bestimmt hat, als das öffentliche Wohl der Kirche."[2]) Mehr populären Inhalts und darum in der Sprache seines Volkes geschrieben ist der „kleine Tractat über das heilige Abendmahl," durch welchen Calvin den schlimmen Einwirkungen der noch immer mit grosser Heftigkeit zwischen Lutheranern und Zwinglianern geführten Sakramentsstreitigkeiten auf die Gemüther einfacher Gläubigen vorzubeugen sucht.[3]) Beide Theile, erklärt der Verfasser schliesslich nach einer Prüfung der entgegenstehenden Ansichten, sowohl Luther als Zwingli, haben gesündigt und sind in leidenschaftlichem Eifer von der Wahrheit abgewichen; aber deshalb soll man sich nicht voreilig zu einem unbilligen Urtheil über jene beiden

---

[1]) *Flor. de Raemond* p. 838, 880. Eine eingehendere Beurtheilung dieser Strassburger Ausgabe gibt *Köstlin*, Theol. Studien und Kritiken, Jahrg. 1868 p. 33 ff.

[2]) Opp. Calv. ed. A. T. VII, 1 ff.

[3]) Petit Traicté de la la saincte cene de nostre Seigneur Jesus Christ, abgedr. Opp. Calv. ed. Br. V, 429—60. Die Amsterd. Ausgabe enthält VIII, 1—9 die lateinische Uebersetzung des Gallasius. Ueber den Zweck dieser Schrift spricht sich Gallasius (vgl. p. 51 der Vorrede zu der Braunschweiger Ausg.) deutlich aus: *Stähelin* I, 209 übertreibt die irenische Tendenz derselben. Vgl. auch *Colladon* p. 40.

Männer verleiten lassen, sondern eingedenk bleiben der grossen Wohlthaten und Gnaden, welche Gott durch sie der Menschheit erwiesen hat. Der Gläubige muss auf eine Vereinigung der streitenden Parteien hoffen; diese aber ist nur möglich durch die allgemeine Annahme der von dem Verfasser aufgestellten und entwickelten Ansicht.

Zum ersten Mal sehen wir Calvin hier in einer öffentlichen Schrift auch den deutschen Reformatoren eine grössere Aufmerksamkeit zuwenden und nicht nur eine bemerkenswerthe Kenntniss der deutschen Verhältnisse, sondern auch eine wohlwollende Theilnahme für dieselben an den Tag legen, wie sie nach so manchen scharfen Aeusserungen, die die er früher und noch in der letzten Zeit über den deutschen Reformator gethan,[1]) kaum von ihm erwartet werden durfte.

Und eben darin liegt hauptsächlich die Bedeutung dieses Strassburger Aufenthaltes, dass er seinen Blick auf die germanische Welt richtete, ihn zu den deutschen Theologen in ein näheres Verhältniss brachte. Trefflich kamen ihm da insbesondere die mannichfaltigen und weitreichenden Beziehungen seines Freundes Bucer zu Statten. Schon im October 1538 knüpft er durch Bucers Vermittelung Verbindungen mit Melanchthon an, der ihm mit gewohnter Freundlichkeit entgegenkam. Auch zu Luther selbst kam er in nähere Beziehungen: wenigstens nahm der Wittenberger Reformator von einer seiner neuesten Schriften mit Wohlgefallen Kenntniss und übersandte dem gelehrten Franzosen durch Bucer einen respectvollen Gruss, eine Artigkeit, die den also Geehrten um so mehr erfreute, als Melanchthon gleichzeitig meldete, dass er „hoch in Gnaden stehe."[2]) Aber nicht allein, dass Calvin von Strassburg aus mit den deutschen Personen und Verhältnissen eine nähere Bekanntschaft machte: er wurde durch die Ereignisse sogar selbst als mithandelnde Person auf den deutschen Schauplatz geführt, um in einem der merkwürdigsten Momente unserer Geschichte vor Kaiser und Reich an Verhandlungen Theil zu nehmen, die bestimmt schienen, in den Geschicken Deutschlands einen entscheidenden Wendepunkt zu bilden.

---

[1]) „*Peccet sane Lutherus*", schreibt er noch im October 1538 an Farel, „*a quo mihi non satisfieri ingenue ipse fateor.*" Genf. Bibl. Cod. 106 f. 20. Viel schärfer drückt er er sich einige Monate früher in dem Schreiben an Bucer aus, *Henry* I, Beil. p. 37.

[2]) Vgl. Calvin an Farel bei *Henry* I, 215, 266 ff. *De Wette*, Luthers Briefe V, 210.

Calvins Aufenthalt in Strassburg fiel in die Zeit der grossen deutschen Religionsgespräche.

Es war jene Zeit, die den deutschen Protestantismus auf der Höhe seiner Macht zeigte. Fast ohne Unterbrechung hatte während der letzten Jahre die von geschickter Hand geleitete Staatskunst der schmalkaldischen Verbündeten und der Eifer der lutherischen Theologen Erfolg auf Erfolg errungen. Wichtige Provinzen waren im Norden und im Süden Deutschlands dem Katholicismus entrissen worden und neue Verluste drohten demselben. Der Versuch des kaiserlichen Vicekanzlers Held, durch einen Bund katholischer Stände dem protestantischen eine Schranke aufzurichten, war gescheitert, wie ähnliche frühere. In dem katholischen Lager herrschten Muthlosigkeit und Zerfahrenheit. Unaufhaltsam schien der Protestantismus seinem vollständigen Siege in Deutschland entgegenzueilen. Wenn in einem solchen Momente der schwächere katholische Theil mit dem überall siegreich vordringenden protestantischen Gegner zu einem Religionsgespräch zusammentrat, um über eine Wiedervereinigung zu berathen, musste es da nicht scheinen, als suche man nur den Weg zu einer ehrenvollen Capitulation? Eine neue, grossartige Aussicht eröffnete sich damit dem protestantischen Princip auf jeden Fall.

So fasste Calvin auf seiner „Warte" in Strassburg die Lage der Dinge auf. Er war durchdrungen von der Wichtigkeit der Entscheidung, die sich in diesem Augenblicke in Deutschland vorzubereiten schien. Nicht blos für Deutschland, für ganz Europa hofft er den Sieg der evangelischen Sache.[1]) Seit dem Anfange des Jahres 1540 ist seine ganze Aufmerksamkeit, seine ganze Sorge und bald auch seine ganze Thätigkeit den Unionsverhandlungen im deutschen Reiche zugewendet.

Gleichsam die Vorbereitung für diese neue Thätigkeit bildet die schon zu Anfang des Jahres 1539 in Bucers Gesellschaft unternommene Reise nach Frankfurt, die ihn mit den Zuständen des deutschen Reiches und seinem Organismus zum ersten Mal in unmittelbarer Nähe bekannt machte. Es tagte in Frankfurt damals eben jene Reichsver-

---

[1]) So drückt er sich in seinem Berichte über das Regensburger Gespräch sogar noch in Beziehung auf dieses aus, obgleich zur Zeit der Regensburger Verhandlungen seine Hoffnungen bereits sehr herabgestimmt waren. Vgl. Les Actes de la journée imperiale tenue en la cité de Regespourg aultrement dicte Ratispone, Opp. Calv. ed. B. V, 682. Widerwillig, wie er in der Praef. in Psalm. glauben machen will, hat sich Calvin — wenigstens in der ersten Zeit — keineswegs an den deutschen Angelegenheiten betheiligt.

sammlung, in der zuerst die Idee eines neuen Religionsgesprächs auftauchte und ihre baldige Ausführung zum Beschluss erhoben wurde.[1]) Handelte es sich auch' für Calvin bei dieser Reise zunächst nur darum, Melanchthons persönliche Bekanntschaft zu machen und die Aufmerksamkeit der deutschen Fürsten auf die Lage seiner Glaubensgenossen in Frankreich zu lenken, so liess er sich doch dadurch nicht abhalten, die deutschen Dinge überhaupt mit aufmerksamem Blick zu verfolgen und insbesondere sein Augenmerk auf das Verhältniss der beiden grossen Parteien zu richten. Hier im Mittelpunkte des Reiches hat er die ersten ernsten Studien über die deutsche Frage gemacht. Die Berichte, welche er seinem Freunde Farel über die Frankfurter Versammlung und die deutschen Zustände zukommen liess, sind ein merkwürdiges Denkmal seiner Beobachtungsgabe. Treffend schildert er die Hauptmomente der in Frankfurt gepflogenen Verhandlungen und die Schwierigkeiten, welche einige Streitpunkte boten; seine Ausführungen über die verwickelte Frage der Kirchengüter zeugen von einer umsichtigen Würdigung der hier in Betracht kommenden Verhältnisse. Und auch über die allgemeine Lage zeigt er sich gut unterrichtet. Er charakterisirt die hervorragendsten Fürsten und ihre Parteistellung; er prüft die Streitkräfte auf beiden Seiten; er zählt die zuverlässigen und die schwankenden Reichsstände, knüpft an die einen Hoffnungen und tadelt andere; er stellt Vermuthungen auf über die künftige Haltung der einzelnen Churfürsten. Er findet, dass es ein mächtiger Zuwachs für das „Reich Christi" sein werde, wenn der schwankende Herzog von Cleve, „der mächtigste Fürst von Niederdeutschland," sich für das Evangelium entscheide, und hofft, dass es seinem Schwager, dem sächsischen Churfürsten gelingen werde, ihn auf die evangelische Seite herüberzuziehen. Die grösste Hoffnung setzt er auf den schmalkaldischen Bund. Vollkommen klar erkennt er, wie sehr die auswärtigen Verwickelungen des Kaisers die protestantische Tendenz begünstigen: er gedenkt der englischen und französischen Verhältnisse, mit grosser Ausführlichkeit hält er sich bei dem geldrischen Streit auf. Es entgeht Nichts seiner Aufmerksamkeit. An die Nachricht von dem plötzlichen Tode des Erbprinzen in Dresden knüpft er sofort die Hoffnung auf eine Evangelisirung auch des herzoglichen Sachsens, da der alte Herzog keine Nachkommen mehr zu erwarten habe, und nun unzweifelhaft „jener Moritz, der Sohn Heinrichs, welcher zum Bunde gehöre,"

---

[1]) Vgl. *Ranke*, Deutsche Gesch. im Zeitalter der Ref. IV. 105. (3. Aufl.)

zur Nachfolge gelangen werde. Ein Einheimischer hätte die Lage nicht treffender beurtheilen können, als es durch den des Deutschen unkundigen Franzosen geschieht. Was nach seiner Ansicht den evangelischen Ständen allein Noth thut, ist Entschlossenheit und Einigkeit, und in diesem Sinne hat er schon in Frankfurt im persönlichen Verkehr mit Theologen und Staatsmännern zu wirken gesucht. Die protestantische Partei, meint er, müsse alle ihre Kräfte zusammenfassen, von kleineren Differenzen, Zwistigkeiten, Unvollkommenheiten im eigenen Heerlager absehen und auch den Schweizern in Liebe die Hand reichen. Geschehe dies, so zweifelt er nicht an einem vollständigen Siege. Man ersieht aus seinen Berichten, dass er im schlimmsten Falle auch vor einem deutschen Bürger- und Religionskriege nicht zurückbebt; vielmehr fasst er die Möglichkeit eines Krieges, der nach seiner Ansicht von der Gegenpartei selbst gewünscht wird, schon mit aller Entschiedenheit ins Auge.[1])

Durch den Beschluss der Stände in Frankfurt, „auf eine löbliche christliche Vereinigung zu handeln," schien nun aber die Nothwendigkeit eines Kampfes beseitigt und der Sieg des Protestantismus auf unblutige Weise sicher gestellt.

Calvin war, als dieser Beschluss gefasst wurde, bereits abgereist; aber von Strassburg aus verfolgte er die darauf bezüglichen Verhandlungen mit gespanntester Aufmerksamkeit. Was ihm von der Rührigkeit der schmalkaldischen Verbündeten zu Ohren kam, erhöhte seine Zuversicht; doch blieb der wirkliche Gang der Ereignisse hinter seinen Wünschen zurück. Die in Frankfurt verabredete Friedensconferenz trat erst im Juni 1540, ungefähr ein volles Jahr später, als verabredet worden, in Hagenau zusammen, und auch dann noch war die Theilnahme eine geringe. Calvin war wiederholt mit seinen Freunden an dem Orte der Conferenz anwesend; das spärliche und langsame Erscheinen der Fürsten und Theologen berührte ihn unangenehm. Doch tröstete es ihn, dass unter den anwesenden protestantischen Theologen

---

[1]) Vgl. namentlich die beiden Schreiben an Farel aus dem März 1539, Epp. et resp. 5b—6a und 6b—8b. Auch die im April an denselben gerichteten Schreiben (l. c. 8b ff.) beschäftigen sich vielfach mit der deutschen Frage. Eine noch interessantere Schilderung der deutschen Zustände, Stimmungen und Parteien gibt er später, im Frühjahr 1541, von Regensburg aus (vgl. Epp. et resp. p. 15—17): neu ist hier insbesondere die Classificirung der deutschen Katholiken in kriegerisch gesinnte Heisssporne, patriotisch Gesinnte und solche, die der Reformation zuneigen (l. c. p. 16 b).

ein gutes Einvernehmen bestand. Er trat zu denselben, obschon er ein öffentliches Mandat nicht besass, in ein näheres Verhältniss und machte insbesondere auf den an Stelle Melanchthons erschienenen Caspar Cruciger ebensowohl durch den Eifer, welchen er an den Tag legte, als durch sein Wissen bedeutenden Eindruck.

Aber nicht den Theologen allein galt sein Umgang. Aus den Berichten, die er über die Hagenauer Versammlung an seine Freunde sandte, ersehen wir, dass die politische Seite der Verhandlungen ihn nicht minder als die theologische interessirte.[1]) Wie stark auch sein Glaube an die innere Kraft der evangelischen Wahrheit sein mochte: er erblickte in der Politik doch immer ein nicht zu verachtendes Hülfsmittel, und auch in Hagenau finden wir ihn, wie in Frankfurt, mit allerlei politischen Combinationen und Berechnungen beschäftigt. Es freut ihn, dass dem Kaiser, welchem er Schlimmes zutraut, durch mancherlei Rücksichten die Hände gebunden sind, und er selbst ist für seinen Theil eifrig bemüht, die Schwierigkeiten der Lage Karls V. zu vermehren. Noch immer betrachtete der Gelehrte von Noyon sich als Unterthanen der französischen Krone, Franz I. als „seinen" König; noch hatte er die Hoffnung nicht aufgegeben, denselben für seine Sache zu gewinnen. Die eben damals wieder mit grossem Eifer betriebenen Verhandlungen über eine Allianz Frankreichs und der protestantischen Stände gegen Karl V. kamen deshalb im höchsten Grade seinen Wünschen entgegen und erhielten in ihm einen eifrigen Fürsprecher und Beförderer. Eine solche Verbindung schien ihm ebenso förderlich für die Zwecke der evangelischen Propaganda in Frankreich, als für den Sieg der protestantischen Stände in Deutschland. Wir wissen nicht, in welcher Weise er Gelegenheit gefunden, in diesem Sinne eine Wirksamkeit zu entfalten, aber Seine allerchristlichste Majestät war von der damaligen Thätigkeit des emigrirten Ketzers in hohem Grade erbaut, und durch seine Schwester Margaretha, mit welcher Calvin durch Vermittelung seines in gleicher Richtung thätigen Freundes und Schützlings Sleidan correspondirte, liess Franz I. ihn bitten, fortzufahren, der Krone Frankreich gute Dienste zu leisten.[2])

---

[1]) Vgl. namentlich Calvin an Farel 21. Juni 1540. Genf. Bibl. Cod. 111 f. 36, Calvin an du Tailly 28. Juli 1540, Lettres franç. I, 24 ff. Bemerkenswerth ist namentlich in dem letztern Schreiben Calvins Urtheil über die Churfürsten. Auch die Explicatio consilii paterni Pauli III. (Opp. ed. B. V, 497, 98) zeigt, dass er den politischen Verhandlungen in Hagenau nahe gestanden.

[2]) „*Monsieur Calvyn,*" schreibt Margaretha am 25. Juli 1540 an ihn, „*j'ay*

Die Versammlung in Hagenau kam über die Vorberathungen nicht hinaus. Erst im Spätherbst 1540 wurde in Worms ein förmliches Religionsgespräch, wie man es in Frankfurt beschlossen, unter den Augen der Stände veranstaltet. In freudiger Stimmung machte sich Calvin jetzt dahin auf den Weg. Bereits hatte er sich durch sein bisheriges Auftreten in geistlichen und weltlichen Kreisen in ein solches Ansehen gesetzt, dass einer der vornehmsten deutschen Reichsstände, der Herzog von Lüneburg, ihn zu seinem Bevollmächtigten für Worms ernannte; auch die Stadt Strassburg wünschte seine Anwesenheit daselbst dringend.[1] Er hatte nun an den Verhandlungen einen officiellen Antheil und die katholischen Collocutoren bekamen das Gewicht seiner Anwesenheit zu fühlen. Es ist unverkennbar, dass die grössere Entschiedenheit, welche Melanchthon, hier wieder der Wortführer der protestantischen Theologen, an den Tag legte, nicht zum geringsten Theil auf Calvins Einwirkungen zurückzuführen ist: gerade zu Melanchthon trat derselbe in Worms in ein nahes und inniges Verhältniss. Doch that ihm die Haltung seiner Glaubensgenossen keineswegs genug. Er findet sie zu langsam und mattherzig, zu rücksichtsvoll und nachgiebig. Die weitläufigen Vorverhandlungen und Formfragen erregen seinen Unwillen. Von den katholischen Collocutoren spricht er in den wegwerfendsten Ausdrücken. Eck ist ihm ein schamloser Schwätzer. „Stelle Dir das Bild eines barbarischen Sophisten vor," heisst es in dem Berichte an Farel, „der unter ungelehrten Leuten mit stolzer Anmassung prahlt, und Du hast ungefähr zur Hälfte sein Bild." Einen andern der gegnerischen Theologen nennt er „nicht einen Menschen, sondern eine widerwärtige Furie."[2] Nach seiner Auffas-

receu vostre lettre par Selidanus, lequel je n'ay eu grand peine de justifier envers le roy, veu les bons tesmoings qu'il a eu de son service, auxquels il a adjousté plus de foy que à tous les rapports faux qu'on lui eust sceu faire. Et entendes que ledict seigneur est merveilleusement satisfaict de bons services que vous et les vostres lui faictes par delà, desquels il est bien adverti... Je vous prie aussi continuer à faire le service au roy que vous avex faict jusques icy." Mitgetheilt: Bulletin XVII, p. 375. Das bisher gänzlich übersehene innige Verhältniss zwischen Calvin und Sleidan bestand schon seit einiger Zeit und wurde später noch inniger. „*Sic igitur statuere debes*", antwortet Sleidan bereits am 22. Mai 1539 von Paris aus dem Freunde, „*mi Calvine, te mihi carissimum esse cum propter eruditionem insignem tum vero ob pietatis hoc studium et flagrans in Dei cognitionem desyderium.*" Genf. Bibl. Cod. 405 f. 12. Ueber das Verhältniss Calvins zu Margaretha vgl. auch *Raemond* I. c. 836.

[1] Vgl. *Sturmii* Antip. IV, 20, Lettres franç. I, 30.
[2] Vgl. Calvin an Farel 31. Januar 1541, Epp. et resp. 260 b.

sung musste von vornherein darauf verzichtet werden, mit dem Papste und seinen Creaturen zu einem Einverständniss zu gelangen. Die Aufgabe und Bedeutung des Colloquium bestand für ihn lediglich darin, dass es die Ueberlegenheit der evangelischen Wahrheit über die Sophistereien des Papstthums vor den Augen der ganzen deutschen Nation darthue, die Streiter Roms und damit dieses selbst niederwerfe. In diesem Sinne suchte er sowohl bei den Vorberathungen der Theologen, als ausserhalb der Versammlung durch öffentliche Disputationen zu wirken. Nur des Muths und der Entschlossenheit, meinte er, bedürfe es, und die Tage der Herrschaft des römischen Antichrists seien gezählt. In einem Siegesgedicht auf Christus, womit er das neue Jahr 1541 begrüsst — es ist das einzige Gedicht, welches wir von ihm besitzen — lässt er bereits den Papst, „den Führer der gottesräuberischen Kriegsschaar", nachdem er über zwanzig Jahre die Streiche des Schwertes Christi verachtet, die Schwere dieses neuen Angriffes empfinden und unter den empfangenen Wunden tief seufzen: schon müssen die vornehmsten Streiter des Papstthums, Eck, Cochläus, Nausea, Pelargus, überwunden und gefesselt hinter dem Siegeswagen Christi einher marschiren, um den verdienten Lohn zu empfangen.[1])

Aber auch Worms liess seine Hoffnungen unerfüllt. Das Colloquium wurde schon im Januar 1541, nachdem es kaum ernstlich begonnen, wieder abgebrochen, um nach der bevorstehenden Rückkunft des Kaisers in Gegenwart desselben in Regensburg wieder aufgenommen zu werden. Calvin fand sich auch in Regensburg ein. Er vertrat dieses Mal die Stadt Strassburg, welche ihn auf ausdrücklichen Wunsch Melanchthons zu ihrem Abgeordneten ernannt hatte.[2]) Mochten beide Männer auch in Charakter und Grundrichtung sehr von einander abweichen, so hatte Melanchthon doch den strengen, scharfblickenden Mahner gern um sich, um in schwierigen Fragen seine Hülfe nicht zu entbehren und wohl auch, um durch ihn vor allzu grosser Nachgiebigkeit bewahrt zu werden. Allein Calvin zog gen Regensburg schon nicht mehr in der frühern freudigen Stimmung; seine Hoffnungen waren durch die in Hagenau und Worms gemachten Erfahrungen sehr herabgestimmt; er sah im Voraus die müheseligen

---

[1]) Vgl. Epinikion Christo cantatum ab J. Calvino Cal. Jan. A. 1541, Opp. ed. A. VIII, p. 10, ed. Br. V, 421 ff. Vgl. *Colladon* p. 44. Ueber eine Disputation, die er in Worms gegen den Decan von Passau hielt, vgl. *Sturmii* Antip. IV, 21, 22, *Henry* I, 368.

[2]) Calvin an Farel 31. Januar 1541, Epp. et resp. 260 a—b.

Vorverhandlungen, Verzögerungen und Formfragen, die schon in Worms seine Geduld auf die Probe gestellt hatten, sich wiederholen; es ward ihm mehr und mehr zur Gewissheit, dass auch das neue Colloquium nicht in dem von ihm gewünschten Geiste stattfinden, dass man bei einer Art der Verhandlung stehen bleiben werde, „für die er nicht geeignet sei."[1])

Calvins Befürchtungen gingen in Erfüllung, und schon die ersten Eindrücke, welche er in Regensburg empfing, waren ungünstig genug. Als er mit seinen Strassburger Freunden hier eintraf, waren von den Mitgliedern des Reichstags erst wenige anwesend. Mehrere Wochen vergingen darüber, bis Fürsten und Abgeordnete in hinlänglicher Anzahl beisammen waren, um die Versammlung eröffnen zu können. Nicht ohne einen Anflug von bitterer Ironie schildert er einen Monat nach seiner Ankunft dem Freunde in Neuenburg, wie der Kaiser habe warten müssen, bis die Abgeordneten angelangt seien, „allmählich, der eine nach dem andern, endlich auch einige von den Fürsten," wie einige noch erwartet und andere noch fortwährend von dem Reichsoberhaupt an ihre Pflicht erinnert würden. Am zeitigsten trafen gerade diejenigen ein, die er am liebsten hier gar nicht gesehen hätte, die katholischen Mitglieder; unter ihnen befanden sich zwei, die seinen Hass ganz besonders herausforderten. Es waren zwei Ausländer, wie er selber, die beiden päpstlichen Abgeordneten, der Cardinal-Legat Contarini, der Stellvertreter Pauls III., und der „besonders gesandte" Bischof Morone, welcher bereits in Worms anwesend gewesen. Es stimmte ihn nicht milder, dass Contarini ein Mann von den edelsten und reinsten Absichten war, dass er den Protestanten mit einem gewissen Wohlwollen entgegenkam: er mied und hasste ihn nichts destoweniger. „Der Eine, Morone, will uns mit Blut," schreibt er an Farel, „der Andere ohne Blut unterwerfen." Schon die blosse Anwesenheit dieser beiden Männer war ihm ein Gräuel.[2]) Noch vor der

---

[1]) „*Invitissime enim Ratisponam trahor,*" schreibt er drei Tage vor seiner Abreise an Farel, „*tum quod ipsam profectionem molestissimam prospicio futuram, quod valde timeo, ne diuturna mora futura sit, ut solent saepenumero comitia ad decimum mensem producere, tum quod minime idoneus mihi ad tales actiones videor, quidquid alii judicent.*" Calvin an Farel 19. Februar 1541. Genf. Bibl. Cod. 111, f. 46.

[2]) Vgl. Calvin an Farel 29. März 1541, Epp. et resp. 15b—16a. Man vgl. damit das anerkennende Urtheil, welches Bucer in den Acta Colloquii in comitiis *imperii* Ratisponae habiti (Argent. mense Septembri 1541) Ee 2b

eigentlichen Eröffnung des Reichstags machte er diesen Gefühlen in einer pseudonymen Flugschrift Luft. Unter dem Namen Eusebius Pamphilus veröffentlichte er im März 1541 als Antwort auf jene „väterliche Ermahnung," welche der päpstliche Legat Farnese im Namen Pauls III. vor Kurzem an den Kaiser gerichtet hatte, zugleich mit dem Wortlaute derselben „eine fromme und heilsame Erklärung",[1]) worin er mit ungestümer Heftigkeit die nationalen Leidenschaften gegen Rom von Neuem aufzustacheln und insbesondere jene eines Bessern zu belehren sucht, die noch an der Ansicht festhielten, es dürfe der Papst bei den bevorstehenden Friedensunterhandlungen nicht übergangen werden. Im Tone des deutschen Patrioten, in einer Sprache, wie sie die deutsche Nation seit den Tagen Huttens nicht häufig mehr gehört hatte, warnt hier der emigrirte Franzose, der erst eben noch für seine guten Dienste den Dank Franz I. geerntet, „sein Deutschland" vor dem blutgierigen römischen Tyrannen und seiner bepurpurten gottlosen Bande! Zwar nicht Alle, meint er, die gegenwärtig noch in Deutschland auf papistischer Seite ständen, seien dem römischen Blutmenschen unbedingt zugethan, aber es gebe unter ihnen nichtswürdige Vaterlandsverräther, die um schnöden Geldgewinn oder aus angeborener Bosheit die Nation zu verderben, das Herz des edlen Kaisers zu vergiften trachteten. Möge Deutschland gegen Roms Fallstricke und Ränke auf seiner Hut sein und jenes System der Gottlosigkeit, der Lüge, der Beraubung, der Wollust sich jetzt nicht von Neuem befestigen lassen![2])

Man kann sich denken, mit welchen Gefühlen er bei dieser Grundanschauung den endlich eröffneten Friedensverhandlungen folgte. Mit der Zulassung des päpstlichen Legaten war in seinen Augen über

---

über den Cardinal Contarini, „*virum aetate reverendum, eruditione maximum, vitae quoque castitate et probitate suspiciendum*," fällt.

[1]) Consilium admodum paternum Pauli III. Pontificis Romani datum imperatori in Belgis per Card. Farnesium et Eusebii Pamphili ejusdem consilii pia et salutaris explicatio. Impr. per Joh. Zelotem Nicopoli Pamphiliae. Am Schluss: Datum Bethullae Judeae a. 1541 mense Martio. Zum ersten Mal als Calvins Werk abgedr. Opp. Calv. ed. B. V, 461—508. Vgl. Proleg. p. 52 ff. Das hier angeführte Zeugniss *Sleidans* l. c. II, 186 beseitigt bei dem innigen Verhältniss, in dem beide Männer zu einander standen, jeden Zweifel über den Verfasser.

[2]) Vgl. insbesondere den Schluss p. 507, 508. Bemerkenswerth ist der Ingrimm, mit welchem er sich hier und schon vorher p. 497 und 98 namentlich gegen den Vicekanzler Held und den Dr. Braun wendet.

das ganze Unternehmen schon der Stab gebrochen und jeder Erfolg im Voraus vereitelt. Ihm steht fest, dass die römische Curie, die nicht an Gott glaubt und das Christenthum für Thorheit hält, die göttliche Wahrheit nicht ans Licht kommen lassen und durch ihr Werkzeug Alles aufbieten wird, um Verwirrung und Unheil anzurichten.[1]) Die hervorragende Stellung, welche er Contarini einnehmen sieht, erfüllt ihn mit Aerger und Zorn; er urtheilt über den edlen Mann ungerecht und lieblos und scheut in seinem Berichte selbst gemeine Ausfälle und Verdächtigungen nicht.[2]) Er findet, dass die protestantischen Theologen ihm nicht mit der nöthigen Entschiedenheit entgegentreten.[3]) Die grosse Anzahl von anwesenden geistlichen Reichsständen erhöhte noch seine Missstimmung.[4]) Den eigentlichen Friedensunterhandlungen folgte er mit Widerwillen. Befand er sich auch nicht unter den öffentlichen Collocutoren, so konnte er sich doch der Theilnahme an den theologischen Vorberathungen, wie viel Ueberwindung ihm dieselbe auch kosten mochte, nicht entziehen. Es fiel ihm schwer, sich auch nur äusserlich in die ihm zugewiesene Vermittlerrolle zu finden, und allein der Gedanke, dass er doch zuweilen einigen Nutzen stiften und das Schlimmste verhüten könne, tröstete ihn einigermassen über seine Anwesenheit.[5]) Natürlich, dass der vom Kaiser vorgelegte Pacificationsentwurf, von dessen wahrem Ursprung er keine Ahnung gehabt zu haben scheint, ihn in keiner Weise befriedigte. Er fand das darin angedeutete Vermittelungsverfahren durchaus unzulässig: Christus könne keine Gemeinschaft mit Belial haben, die göttliche Wahrheit müsse rein und klar erhalten werden, man dürfe sie nicht durch Lügen

---

[1]) Vgl. die eigenen Bemerkungen Calvins in den Actes de Ratispone l. c. V, 652, 653, 654; vgl. auch 672. Das erste Hauptstück der päpstlichen Theologie sei, „qu'il n'y a point de Dieu, le second point c'est que la chrestienté n'est que folie" l. c. 654.

[2]) Vgl. Les Actes de Ratispone l. c. V, 659.

[3]) Charakteristisch sind in dieser Hinsicht besonders die Bemerkungen, die er in seinem Berichte (vgl. Actes p. 656 ff.) auf die Mittheilung Contarinis vom 12. Juli (vgl. auch Corp. ref. IV, 507 ff.) folgen lässt: sie sind ungleich schärfer, als die dann folgende Antwort der protestantischen Theologen.

[4]) Calvin an Farel 29. März 1541, Epp et resp. 16 a, Les Actes de Ratisp. p. 672. „Pfaficus ordo" nennt er die Geistlichen.

[5]) Vgl. Calvin an Farel 11. Mai 1541 (Epp. et resp. 17 a), welches Schreiben überhaupt über seine Theilnahme an den Verhandlungen das meiste Licht verbreitet.

und Zweideutigkeiten verdunkeln.[1]) Seine Verstimmung stieg, wie die Verhandlungen fortschritten. Er erklärt in einem vertrauten Schreiben an Farel die ausfindig gemachten Concordienformeln für lauter Dunst und hält das ganze Verfahren für verworren und unklar. Melanchthon geht ihm in der Friedensliebe zu weit, und in noch höherm Grade erregt der vermittelungseifrige Bucer, der schon in Worms mit katholischen Theologen in einen verdächtigen Verkehr sich eingelassen hatte,[2]) seine Unzufriedenheit, obschon er von dem guten Willen beider Männer überzeugt ist. „Sie haben wohl ihre Gründe," schreibt er dem Freunde, „ich aber kann das Verfahren nicht billigen." Sehr im Widerspruch mit den sonst für sich selbst geltend gemachten Grundsätzen, will er Bucer nicht gestatten, sich durch Berufung auf sein Gewissen vor der Welt zu rechtfertigen.[3]) Er kann es sich zwar nicht verhehlen, dass auch die Gegenpartei sich nachgiebig zeigte, er drückt über ihre Zugeständnisse in der Rechtfertigungslehre wohl selbst sein Erstaunen aus;[4]) aber seine Ansicht wurde dadurch nicht geändert. Eher Aerger und Verdruss als Befriedigung empfand er über das freundliche Entgegenkommen des andern Theils. Es war für ihn eine Genugthuung, als endlich mit der Abendmahlslehre, über die er selbst zum Gutachten aufgefordert wurde, das Colloquium auf eine Frage stiess, die durch vermittelnde Formeln nicht zu lösen war, über die eine Einigung nicht erzielt werden konnte.[5]) Aber man war ihm schon zu weit gegangen, als dass die in diesem Punkte bewiesene Festigkeit ihn mit den evangelischen Collocutoren hätte aussöhnen können, und auch die grössere Entschiedenheit, welche seitdem überhaupt von protestantischer Seite bei den Verhandlungen bewiesen wurde, stimmte ihn nicht um.

[1]) Les Actes de Ratisp. l. c. V, 648.

[2]) Vgl. *J. Gropper*, An die Römsche Keyserliche Majestat vnsern Allergnedigsten Herren Warhaftige Antwort (Köln 1545). Der hier f. VII—XX mitgetheilte Bericht über die zwischen Bucer, Gropper und Veltwick in Worms und Regensburg getroffenen theologischen Vereinbarungen wirft auf die Entstehung des „Regensburger Buches" bedeutsames Licht und scheint Melanchthons Ansicht (vgl. *Hergang*, Das Religionsgespräch zu Regensburg p. 50) zu bestätigen.

[3]) Calvin an Farel 12. Mai 1541, Epp. et resp. 17b—18a; damit vergl. man das Schreiben an denselben l. c. 172.

[4]) Calvin an Farel 11. Mai 1531, Epp. et resp. 17a.

[5]) Calvin an Farel am 11 und 12. Mai 1541 l. c. 17a. Möglich, dass,

Kampschulte, J. Calvin etc.

Vergeblich haben selbst angesehene katholische Prälaten den Versuch gemacht, ihn für eine Versöhnung zu gewinnen, und ihm in lebhaften Farben die traurigen Folgen einer fortdauernden Spaltung geschildert.¹) Nur vollständige, unbedingte Unterwerfung hätte ihn zufriedenstellen können. Er war trotz aller Vorstellungen, die ihm von katholischer Seite gemacht wurden, nicht zu bewegen, sich mit Contarini auch nur in ein Gespräch einzulassen.²) Gegen die Wortführer der katholischen Sache fühlte er einen persönlichen Hass. Als Eck während des Colloquiums schwer erkrankte, äusserte er unverhohlen Freude darüber und mit Bedauern vernahm er das Gerücht, dass es wieder besser mit ihm werde. „Die Welt verdient noch nicht," schreibt er an Farel, „von jener Bestie befreit zu werden."³)

Allein Calvins Gesinnungen waren nicht die der deutschen Protestanten. Mochten auch die zum Colloquium versammelten Theologen ihn, wie der Biograph erzählt, wegen seiner Gelehrsamkeit bewundern, deutsche Fürsten, wie der Landgraf Philipp, ihn zur Tafel ziehen: man hat doch eine gerechte Scheu vor den Grundsätzen dieses fanatischen Fremden empfunden, die, wenn sie in Regensburg durchgedrungen wären, schon im Jahre 1541 über Deutschland die Leiden eines Bürgerkriegs gebracht haben würden. Das Schweigen, welches die deutschen Berichte über Calvin beobachten, verkündet deutlich die isolirte Stellung, in der er sich befand. Ihm selbst wurde es immer klarer, dass er sich gründlich geirrt, als er an die Entwickelung in Deutschland so glänzende Hoffnungen für seine Pläne knüpfte, dass er sich in Regensburg in einer Umgebung befand, die für ihn und für die er nicht passte. Es steigerte noch das Unbehagliche seiner Lage, dass

---

wie auch *Beza* p. 9 anzudeuten scheint, gerade Calvins Gutachten zu der entschiedenen Haltung Melanchthons in dieser Frage beigetragen.

¹) Er selbst erzählt später in der Schrift de scandalis (Opp. ed. A. VIII, 89 a), dass namentlich der „Episcopus Aquilanus" in diesem Sinne in einem Privatgespräch auf ihn zu wirken gesucht.

²) Vgl. darüber seine eigene Aeusserung in der an Eduard VI. gerichteten Widmungsschrift seines Commentars über die katholischen Briefe (Opp. ed. A. T. VII).

³) Calvin an Farel 12. Mai 1541, Epp. et resp. 18a. Günstiger urtheilt er einige Wochen vorher in dem Schreiben an Farel vom 24. April 1541 (vgl. *Bonnet*, Letters of Calvin I, 232) über Pflug und Gropper. Doch meint er von Pflug, derselbe sei wenig theologisch gebildet und überdies eitel, von ihm sei nichts zu erwarten; Gropper gebe wohl weiter, aber er wolle ein Mittelding zwischen Christus und Welt schaffen, was natürlich ihm nicht genügte.

er wegen der Unkenntniss der deutschen Sprache den Verhandlungen nicht einmal vollständig zu folgen vermochte. Er fing bald an, sich von Regensburg wegzusehnen. „Wie ein Gebundener werde ich hier festgehalten," schreibt er schon in dem ersten Berichte an Farel, „und fast vergehe ich vor Ueberdruss."[1])

Und mit doppelter Schwere fiel es jetzt auf seine Seele, dass er hier in Deutschland, um den gehofften grossen Erfolg zu ermöglichen, Manches auf dem kirchlichen Gebiete hatte hingehen lassen, was er unter den französischen Glaubensgenossen nimmer geduldet haben würde, dass er hier zum ersten Mal von der gewohnten Strenge seiner Forderungen abgelassen.

Denn gleich bei dem ersten Eintritt in Deutschland hatte er sich gestehen müssen, dass der Zustand, den die Reformation hier geschaffen, seinen Ideen mit nichten entsprach. Eine Kirchenzucht, wie er sie vor allen Dingen verlangte, fehlte in Deutschland ganz und gar. Als er 1539 in Frankfurt bei einer Zusammenkunft mit Melanchthon das Gespräch auf diesen Gegenstand lenkte, antwortete Meister Philippus „mit einem Seufzer, wie alle Uebrigen;" und in der That, äusserte er gegen Farel, sei der Zustand der Kirche ein solcher, dass er sich mehr beklagen, als bessern lasse.[2]) Ebenso wenig konnte er die Form des lutherischen Gottesdienstes billigen: er fand, wie er Melanchthon geradezu erklärte, noch zu viel Judenthum darin.[3]) Am meisten aber missfiel ihm die untergeordnete Stellung des geistlichen Standes. Schon in Strassburg war es ihm aufgefallen, in wie geringem Ansehen hier die Geistlichen standen. Noch traurigere Wahrnehmungen machte er bei näherer Bekanntschaft mit den deutschen Verhältnissen. Es empörte ihn, dass gelehrte, würdige Seelsorger, „weil sie mit den Lastern keine Nachsicht üben wollten," von den städtischen Magistraten ohne viele Umstände ihres Amtes beraubt und ins Exil geschickt wurden, wie solches in Ulm und Augsburg geschah.[4]) Und wie stand es vollends mit der Selbstständigkeit des geistlichen Amtes in den fürstlichen Reichsgebieten! Die Abhängigkeit, welche die deutschen Theologen von den Fürstenhöfen geduldig und fügsam ertrugen, war in seinen Augen eine Herabwürdigung des geistlichen Dienstes, eine Umkehr der von Gott gewollten Ordnung.

[1]) Epp. et resp. 17a.
[2]) Calvin an Farel, März 1539, Epp. et resp. 6a.
[3]) Calvin an Farel, April 1539, l. c. 9b.
[4]) Epp. et resp. 6a, vgl. *Henry* I, 221.

Dennoch hatte er geschwiegen, weil er sich gerade von den Fürsten für den allgemeinen evangelischen Sieg Grosses versprach.

Vielleicht war es eben diese auf die Hülfe der Fürsten gesetzte Hoffnung, von deren Nichtigkeit er sich am frühesten überzeugt hatte. Nicht nur, dass die katholische Richtung unter ihnen noch stärker vertreten war, als er angenommen, auch die evangelischen thaten ihm nicht genug. Er fand sie träge, nachlässig, ohne rechten Eifer für die Sache Gottes, mehr auf ihre materiellen Vortheile und Vergnügungen, als auf die Förderung des Evangeliums bedacht. Mit lebhaftem Unwillen meldet er Farel einmal von Frankfurt aus, dass der evangelische Herzog von Würtemberg eine Jagdbelustigung für wichtiger gehalten habe, als den Besuch des Reichstags, auf dem vielleicht die wichtigsten Sachen entschieden würden.¹) Selbst derjenige unter den evangelischen Reichsständen, auf den er die grösste Hoffnung gesetzt hatte, dem er am nächsten getreten zu sein scheint, der Landgraf Philipp, zeigte jetzt eine verdächtige Halbheit und gab überdies durch seine Doppelehe der ganzen christlichen Welt Aergerniss. Auch darüber hatte Calvin hinweggesehen und es den lutherischen Theologen sogar übel genommen, dass sie über diese Angelegenheit so viel Lärm erhoben²) — nur um die Eintracht nicht zu stören. Und was war der Erfolg?

Kein Wunder, wenn unter diesen Umständen der Aufenthalt in Regensburg ihm zuletzt geradezu widerwärtig wurde. Ungestüm und fast aufgebracht drang er in seine Freunde, ihn ziehen zu lassen, da seine Anwesenheit von keinem Nutzen mehr sei. Die Ankunft einer österreichisch-ungarischen Gesandtschaft, welche die Aufmerksamkeit des kaiserlichen Vermittlers auf die neuen Gefahren im Osten lenkte, bot ihm endlich die erwünschte Gelegenheit, „zu entschlüpfen." Bald nach Eröffnung der reichsständischen Berathungen über die Ergebnisse des Colloquiums kehrte er nach Strassburg zurück.³)

---

¹) Epp. et resp. p. 7b. Ueber die deutsche Saumseligkeit im Besuche der Reichstage spöttelt er noch viele Jahre später, wie z. B. in einem Schreiben an einen Ungenannten l. c. p. 235 b mit dem Zusatze: „*Novi Germaniae morem*".

²) „*Nova quotidie offendicula excitantur, quale est ἐν τῇ δυγαμη vel potius ἀσυγαμη,*" schreibt er am 29. März 1541 an Farel, „*neque tamen ideo deficior.*" Epp. et resp. 17 a. Er selbst speiste noch am 9. Mai bei dem Landgrafen, l. c. 17 b.

³) Calvin an Farel, Strassburg im Juli 1541, Epp. et resp. 18 a — b. „*Magna improbitate missionem extorsi magis quam impetravi*," schreibt er dem Freunde.

Alle seine kühnen Hoffnungen und Entwürfe waren zerronnen! Je zuversichtlicher er im Anfang einen grossen und allgemeinen Triumph des Evangeliums erwartet hatte, um so mehr schmerzte ihn der wirkliche Ausgang. Doch in dem festen Glauben an den endlichen Sieg seiner Sache fand er auch dieses Mal seine Ruhe wieder. Gleichsam zur eigenen Rechtfertigung verfasste er, wie auch mehrere andere Theilnehmer an dem Colloquium, nach Beendigung des Reichstages, noch im Jahre 1541, über die stattgefundenen Verhandlungen einen Bericht, in welchem er denselben auch eine günstige Seite abzugewinnen sucht und seine französischen Glaubensgenossen, die an dem Ausgange leicht Anstoss nehmen konnten, ermahnt, nicht kleinmüthig zu verzagen.[1]) Er entschuldigt den Misserfolg mit der Hinweisung auf die vielen Schwierigkeiten, die entgegengestanden: der Hauptgrund, wesshalb der mit so grossen Hoffnungen unternommene Versuch gescheitert sei, wird von ihm darin gefunden, dass der Antichrist noch eine zu grosse Macht besitze. Aber habe das Religionsgespräch auch nicht, wie alle Guten zuversichtlich erwarteten, den Sieg des Evangeliums herbeigeführt, so sei es doch, meint er, keineswegs ohne allen Erfolg geblieben, und an dem endlichen Siege dürfe nicht gezweifelt werden. Schon das sei ein wichtiger Erfolg, dass die göttliche Wahrheit einmal offen vor Kaiser und Reich dargelegt und die Schande des Antichrists aufgedeckt worden sei. Der

---

Nach einem Schreiben des Bedrotus an Grynaeus vom 27. Juni (Siml. Samml. Bd. 50) hat Calvin schon „postridie Joannis" einen Brief von Bucer überbracht; er muss also schon bald nach Mitte Juni Regensburg verlassen haben. Die reichsständischen Berathungen begannen am 8. Juni, der Reichstagsabschied erfolgte erst am 29. Juli; vgl. *Hergang* p. 338, 470.

[1]) Abgedr. im T. V, p. 509—684 der neuen Ausgabe der Opera, deren Herausgeber auch diese Arbeit Calvins wieder ans Licht gezogen haben. Calvins Berichte liegen offenbar Bucers Acta zu Grunde, aus denen er die mitgetheilten Actenstücke, so viel ich sehe, im Ganzen treu übersetzt hat, nur dass die Bestimmung des Werkes für das französische Volk hie und da kleinere Aenderungen, Auslassungen von Citaten u. dgl. herbeiführt und die Ordnung theilweise eine andere und bessere ist. Eine bedeutende Abweichung dagegen zeigen die eingeschobenen Bemerkungen, welche bei Calvin eine ganz andere Bedeutung haben als bei Bucer und die eigentliche Tendenz des Berichts ausdrücken. In ihnen macht er seinen Gefühlen Luft. Ziemlich günstig urtheilt er über den Kaiser (p. 663—4) und das Churfürstencollegium (671—2), über das er sich auch sonst günstig äussert, gehässig dagegen über die Majorität der Fürsten, „die Pensionaire des Papstes" (672): sein Hauptgroll aber kehrt sich gegen die päpstlichen Legaten und den Papst selbst.

Protestantismus habe die Probe bestanden: trotz aller Friedensliebe der protestantischen Theologen sei doch in keinem wesentlichen Punkte von ihnen der reinen evangelischen Wahrheit etwas vergeben worden. Manche Gegner seien in Regensburg im Herzen bekehrt, und von mehreren Fürsten und Städten stehe zu erwarten, dass sie sich bald offen zur Wahrheit bekennen würden. Schon jetzt sei die Stellung der Hierarchie erschüttert worden, und wie sehr auch der Satan und sein Stellvertreter in Rom sich dagegen sträuben möchten, sie würden den Triumph der guten Sache schliesslich doch nicht verhindern können; „denn das ist unser vornehmster Trost," heisst es am Schlusse, „dass unsere Sache Gottes Sache ist, und dass, wenn Menschen sie verlassen, Gott selbst sie in seine Hand nehmen und zu einem glücklichen Ende führen wird. — Hoffen wir also mit Zuversicht, auch wenn menschliche Einsicht keinen Grund dafür zu entdecken vermag: Gott wird unser Hoffen und Erwarten übertreffen."

Ohne Zweifel aber haben die in Worms und Regensburg gemachten Erfahrungen sehr dazu beigetragen, ihm den Abschied vom deutschen Boden, der ihm nahe bevorstand, zu erleichtern. Nur noch wenige Wochen hatte er nach seiner Rückkehr von dem Reichstage in Strassburg zu weilen. Bereits banden ihn feste Zusagen, dahin zurückzukehren, von wo er vor drei Jahren durch allgemeinen Volksbeschluss vertrieben worden. Mit der grössten Sehnsucht wurde er schon seit längerer Zeit in Genf zurückerwartet.

Hier hatten sich inzwischen merkwürdige Dinge zugetragen.

VI.

WIRREN IN GENF.

Selten haben Revolutionen einen so regelmässigen, man möchte sagen, logischen Verlauf genommen, wie diejenige, deren Schauplatz in der Reformationsepoche Genf war.

Nach jedem Siege, den sie erfochten, sehen wir die siegreiche Partei sich spalten: die kühnere Hälfte, durch den errungenen Erfolg ermuthigt, aber nicht befriedigt, stellt weiter gehende Forderungen, setzt den Kampf fort und wendet sich nun gegen die gemässigtere, welche so eben noch an ihrer Seite focht. Als die Independenten unter der Führung Bezansons, unterstützt von Freiburg und Bern, in langem, mühevollen Kampfe die savoyische Partei überwunden und den Vicedom gestürzt hatten, erhoben sich sofort die Ikatolichon, Vandel und ihr Anhang, um, im Widerspruch mit den alten Kampfesgenossen, die Stadt auch von dem geistlichen Gebieter zu befreien. Es folgte ein neuer mehrjähriger Kampf, welcher damit endete, dass auch der Bischof gestürzt ward — mit Hülfe des deutschen Verbündeten Bern und durch Annahme der Reformation. Nachdem dies erreicht, die katholische Bischofsstadt in ein evangelisch-republicanisches Gemeinwesen umgewandelt worden war, gingen die Sieger aufs Neue aus einander. Gegen den Einfluss Berns und die von ihm vertretene deutsche Auffassung der Reformation erhob sich alsbald eine Partei, welche der deutschen Reformationsidee die radicalere romanische entgegenstellte und die Berner Allianz durch eine Anlehnung an Frankreich zu ersetzen trachtete. Abermals kehrten die alten Parteigenossen die Waffen gegen einander. Der Ausgang dieses neuen Kampfes war durch den bisherigen Gang der Ereignisse gewissermassen schon im Voraus entschieden. Bern, welches zur Beseitigung der bischöflichen Gewalt das Meiste gethan, sah sich bald zurückgedrängt, wie es selbst Freiburg, das gegen den Herzog das Meiste gethan, vorher verdrängt hatte, und die romanische Anschauungsweise trug bei der kirchlichen Neugestaltung Genfs über die deutsche um so leichter den Sieg davon, als Bern selbst zur Ausführung seiner Plane sich romanischer Prediger hatte bedienen müssen.

Da kam dem deutschen Canton die Masslosigkeit der französischen Reformatoren selbst noch einmal zu Hülfe. Die gewaltsame Katastrophe von 1538 war wesentlich ein Sieg der von Bern getragenen deutschen Reformation über die romanische Richtung.

Allein Calvins und Farels Verbannung konnte den Sieg der von ihnen vertretenen Idee wohl eine Zeitlang aufhalten, aber nicht auf die Dauer verhindern, und Calvin beurtheilte die Lage der Dinge richtig, wenn er den Gegnern eine kurze Herrschaft prophezeite. Noch ehe ein Jahr verstrichen war, verkündeten bereits zahlreiche Anzeichen die Unhaltbarkeit des neugeschaffenen Zustandes.

Die Stellung des Magistrats nach dem Volksbeschlusse vom 23. April war an sich eine schwierige. Einerseits hatte er mit allen jenen Uebelständen zu kämpfen, welche ein vorausgegangener revolutionärer Zustand zu begründen pflegt, andererseits war das verhasste geistliche System mit dem Sturze seiner Hauptträger noch keineswegs selbst vollständig gestürzt. Es völlig zu beseitigen und zugleich eine neue kirchliche Ordnung herzustellen, welche die erregten Gemüther in die Schranken des Gehorsams und der Zucht zurückführte, war eine Aufgabe, die eben so sehr Vorsicht und Besonnenheit als Festigkeit und Entschiedenheit erforderte. Unleugbar waren bei der Vertreibung der Prediger auch Elemente mit wirksam gewesen, die jeder strengen Zucht widerstrebten.

Indess gingen die neuen Machthaber mit Eifer und nicht ohne Geschick ans Werk, und der erste Erfolg war günstig. Es gelang die Gemüther zu beruhigen, weiteren Störungen der öffentlichen Ordnung vorzubeugen. Binnen kurzer Zeit war die kirchliche Neugestaltung vollendet. Oeffentliche Ausrufer verkündeten am 29. Mai unter Trompetenschall auf allen Strassen und öffentlichen Plätzen die Beschlüsse der Synode von Lausanne.[1]) Schon vorher war, am Sonntag nach Ostern, das Abendmahl in grösster Ordnung nach dem Berner Ritus begangen worden. Vertreter des Rathes wachten darüber, dass die Feier in würdiger Weise vor sich ging. An Calvins und Farels Stelle traten zwei einheimische Prediger, Jacques Bernard, der ehemalige Franziskanerguardian, und jener furchtsame Henri de la Mare, welche jetzt zum grossen Aerger Calvins das ihnen angetragene Amt gern annahmen. Zu ihnen kamen einige Wochen später noch zwei von Bern berufene Geistliche, Morand und Marcourt, ein nicht ungelehrter Mann, der bereits auch als Schriftsteller aufgetreten war.[2]) Man setzte den neuernannten Dienern des Wortes einen sehr ansehnlichen Gehalt aus[3]) und liess es nicht an allen jenen äusseren Ehren fehlen, auf die sie durch ihr Amt Anspruch hatten.

Aber mit jener geistlichen Allgewalt, wie sie Calvin und Farel angestrebt und theilweise schon zur Anerkennung gebracht hatten, war es jetzt zu Ende. Nicht blos für die in Lausanne angenommenen Ceremonien wurde der „Berner Gebrauch" massgebend. Das Verhältniss

---

[1]) Rathsprot. 29. Mai 1538.

[2]) Vgl. Sommaire de Farel, Ausgabe von *Baum* p. 41; die Verhandlungen wegen Morands werden erwähnt Bern. Rathsm. 6. Juli 1538. Ueber Beide schüttet Calvin seinen Zorn aus in einem Briefe an Farel vom 24. Oct. 1538, Genf. Bibl. Cod. 106, f. 21. Die Bezi'sche Ausgabe (Epp. et resp. p. 4–5) bringt diesen Brief verstümmelt. Noch mehr erbittert äussert sich Calvin über J. Bernard und de la Mare; vgl. *Henry* I, Beil. p. 53.

[3]) Rathsprot. 7 und 8. Mai, 9 und 10. Juli: die beiden ersten erhielten je 240, die beiden Berner je 300 Fl.

zwischen Staat und Kirche wird streng nach dem Grundsatze des höhern Rechts der Staatsgewalt aufgefasst und gehandhabt. Rath und Syndike betrachten diese neuen Prediger durchaus als ihre Unterthanen, die ihnen strengen Gehorsam zu leisten und auch in kirchlichen Dingen ihren Befehlen zu folgen haben. Vor dem nächsten Weihnachtsfeste erscheinen die Geistlichen vor dem Rathe, um zu erklären, dass sie das Abendmahl austheilen werden, „wie es den Herren gefallen wird, zu bestimmen."[1]) Mit Entrüstung schildert Farel in einem Briefe an Calvin die unwürdige Lage, in welche die Kirche in Genf versetzt sei: er ist empört über die schmähliche Pflichtvergessenheit, womit die neuen Prediger selbst die wichtigsten Rechte des geistlichen Amtes preisgeben, den Ansprüchen der weltlichen Gewalt sich fügen, ihr Alles einräumen, so dass „Nichts mehr für die Kirche übrig bleibt."[2]) Auch gegen jene clericale Franzosencolonie, die sich als die Hauptstütze des geistlichen Systems erwiesen hatte, wurde mit Strenge eingeschritten. Man unterwarf sie einer strengen Aufsicht und verfuhr fortan bei der Aufnahme von Flüchtlingen vorsichtiger. Alle Fremden, die ohne nachweisbaren Zweck sich in Genf aufhielten, wurden ausgewiesen.[3]) Der altgenferische Geist erhob sich zu einer Reaction gegen die bisher bevorzugten Emigranten. Selbst von der Kanzel wurde gegen sie geeifert, und der Prediger Bernard bezeichnete sie geradezu als flüchtige Verbrecher, die nicht des wahren Glaubens sondern der schlechten Werke wegen das Vaterland hätten verlassen müssen![4])

Im Uebrigen waren die Veränderungen nicht so gross. Die früher erlassenen Disciplinarverordnungen blieben der Hauptsache nach in Kraft. Die Rathsprotocolle zeigen, wie wenig der Magistrat daran

---

[1]) Rathsprot. 3. Dec. 1538.

[2]) „*Marcuetius* (Marcourt) *nihil facit reliqui ipsi ecclesiae, sed omnia tribuit magistratui .... esse magistratus pastores instituere ac destituere et non alterius, ad hunc spectare omnia constituere, ordinare, hodie cessandum, cras laborandum, adeo ut nihil liceat agere, nisi per magistratum id commendatur.*" Farel an Calvin 15. Januar 1539, Bibl. des Past. de Neuchâtel.

[3]) Rathsprot. 3. Juni 1538. Dass indess der Fremdenandrang damit nicht aufhörte oder dass er doch bald wieder begann, zeigt die Thatsache, dass in der Zeit vom 13. Oct. 1538 bis 4. Oct. 1539 nicht weniger als 10653 Durchreisende in dem städtischen Hospital ein Almosen empfingen; vgl. Mém. et doc. III, 167. Mit dem Emporkommen der Guillermins scheint auch der Fremdenandrang wieder zugenommen zu haben.

[4]) „*Relegatos in exilium non, ut dicunt, ob verbum Domini, sed propter scelera sua*" Farel an Calvin 15. Jan. 1539, Bibl. des Past. de Neuchat.

dachte, einer sittlichen und religiösen Ungebundenheit das Wort zu reden. Auf Müssiggang, Unsittlichkeit, nächtliches Lärmen, Umherwandeln während des Gottesdienstes, Spielen steht Gefängnissstrafe bei Wasser und Brod, im glimpflichsten Falle öffentliche Zurechtweisung; und es vergeht kaum eine Woche, in der nicht Vorladungen und Verurtheilungen dieser Art vorkommen.[1]) Nicht einmal den vorgeschriebenen Eid auf die Confession nahm man förmlich zurück. Wurde die Ablegung desselben auch nicht mehr verlangt, so ist es doch bezeichnend, dass man, statt jene Massregel, die den öffentlichen Unwillen zuerst zum Ausbruch gebracht hatte, mit Ostentation aufzuheben, es vorzog, mit Stillschweigen darüber hinwegzugehen. Auch die neuen Prediger zeigten Eifer und guten Willen und machten zur Hebung des religiösen Lebens und der öffentlichen Ordnung manchen zweckmässigen Vorschlag, der von dem Rathe ausgeführt wurde.[2]) Die nächste allgemeine Bürgerversammlung im November 1538 war eine der ruhigsten und geordnetsten, die seit langer Zeit in Genf stattgefunden: fromme Ermahnungen zum Frieden und Aufforderungen zum Gebet wurden an die Versammelten gerichtet.[3])

Man sieht: es war ungerechtfertigt, wenn die Exilirten ihren Freunden in der Schweiz, Deutschland und Frankreich die Zustände Genfs im leidenschaftlichsten Emigrantenstil als völlig verkommen und unchristlich schilderten; es war grundlos, wenn Calvin den Zürchern schrieb, dass nunmehr in Genf die nackte Bosheit triumphire und frevelhafter Muthwillen die Herrschaft habe, dass Alles in unglaublichem Grade in Lastern schwelge, dass das Evangelium verhöhnt, seine Diener verspottet würden, wenn er ein wiederholtes Wehe über die Urheber dieser Gottlosigkeit ausrief, oder wenn Farel den eben erst verlassenen Wirkungskreis gar mit Sodom verglich![4]) Die Genfer Behörden befanden sich in ihrem guten Rechte, wenn sie in Bern gegen

---

[1]) Rathsprot. 11. Juni, 19. Juli, 9. Aug., 1, 25, 29. Oct., 8. Nov. 1538, 3. Jan. 3. 19, 25. Febr., 11, 14, 18. März 1539 u. s. w.
[2]) Vgl. z. B. Rathsprot. 2. Aug., 3. und 7. Dec. 1538.
[3]) Rathsprot. 17. Nov. 1538.
[4]) Calvin an Bullinger Juni 1538, abgedr. bei *Henry* I, Beil. p. 53; Farel an Calvin 15. Januar 1539, Bibl. des Past. de Neuch. Aehnliche Schilderungen kehren in mehreren Briefen wieder. Durch *Roset* l. IV, c. 22 sind sie dann auch in die geschichtlichen Darstellungen eingeführt worden. Auch der charakterlose Fromment stimmt p. 234 wenigstens theilweise mit in diesen Ton ein.

die gehässigen Schilderungen der vertriebenen Prediger Verwahrung einlegten. Aber auch sie gingen zu weit, indem sie die neuen Zustände als durchaus geordnet und befriedigend, die Bürgerschaft als vollkommen einträchtig darstellten. Bald genug sollten sie die Wahrnehmung machen, dass die Gesinnung, aus der jene Anklagen hervorgingen, auch in Genf selbst noch Vertreter und Freunde hatte.

Denn trotz der Einstimmigkeit, womit die Verbannung der Prediger im Frühjahr 1538 beschlossen war, gab es in Genf doch eine nicht ganz unbedeutende andersdenkende Minderheit, welche in jenen stürmischen Tagen, da bei der leidenschaftlichen Erregtheit der Gemüther Widerspruch nutzlos war, sich zurückgezogen hatte, nun aber, als die erste Aufregung sich gelegt, wieder hervortrat. Vereinzelte Stimmen gegen die neue Ordnung wurden schon in den ersten Wochen vernommen. Bereits im Mai erkühnte sich ein Bürger, öffentlich zu behaupten, die neuen Syndike seien nur zu dem Zwecke ernannt, um die Unsittlichkeit wieder einzuführen. Ein Anderer meinte, die gegenwärtig verkündete Lehre sei nur ein Evangelium für acht Tage![1] Der Rath schritt mit Gefängnissstrafen und Verbannung ein, aber die Stimmung, die sich in solchen Aeusserungen aussprach, liess sich nicht verbannen. Die Sympathien für die Vertriebenen nahmen vielmehr zu. Mancherlei Missgriffe von Seiten der Machthaber, die unter solchen Verhältnissen nicht ausbleiben konnten, trugen dazu bei. Bei nicht Wenigen, die im ersten Eifer dem Verbannungsdecret zugestimmt hatten, riefen auch die näheren Nachrichten von den harten Erlebnissen der Verstossenen wieder eine natürliche Theilnahme für sie hervor. Nicht lange dauerte es, und die Gegner der neuen Ordnung durften es schon wagen, offen als Partei aufzutreten.

Es scheint, dass die Staatslenker, denen es überhaupt an einer bedeutenden Persönlichkeit fehlte, die aufsteigende Gefahr Anfangs unterschätzten. Man nannte die Unzufriedenen verächtlich Guillermins, von Meister Guillaume, wie Farel wohl bei dem Volke hiess. Aber diese Guillermins entwickelten eine ungewöhnliche Thätigkeit und waren unter sich einig, während unter den Führern der herrschenden Partei Spuren kleinlicher Eifersüchtelei sichtbar wurden.[2] Sie nahmen

---

[1] Rathsprot. 28. Mai, 21. Juni 1538.

[2] „*De primatu jam contenditur, nec minor erit uxorum quam virorum contentio,*" schreibt Farel schon am 8. August von Neuenburg aus an Calvin; Bibl. des Past. de Neuch.

bald eine geradezu schismatische Haltung an, weigerten sich, an dem Gottesdienst und dem Abendmahl Theil zu nehmen, und betrachteten nicht die vom Rathe eingesetzten, sondern die verstossenen Prediger als ihre geistlichen Oberen. Selbst in Bern suchten sie die neuen Seelenhirten zu verdächtigen, was indess nicht gelang.[1] Man stand sowohl mit Calvin als mit Farel in Verbindung, und namentlich fand mit Farel, seitdem derselbe sich in dem benachbarten Neuenburg niedergelassen, ein lebhafter, nicht blos brieflicher, sondern auch persönlicher Verkehr statt. In mehreren Sendschreiben sprach der alte Eroberer der getreuen Schaar Trost und Muth ein, und seine Worte fielen nicht auf unfruchtbaren Boden.[2] Die Führer der glaubensstarken Partei, die Perrin, Porral, Pertemps, Sept, traten dem Magistrat und seinen Anordnungen mit wachsender Kühnheit entgegen und begannen eine Sprache zu führen, die durch herausfordernden Trotz für die Zukunft das Schlimmste fürchten liess. Offen sprach es Ami Bandière bereits im Herbst 1538 aus, dass die gute alte Zeit — er meinte die calvinische — binnen Kurzem wieder da sein werde.[3]

Der eigentliche Sitz der Opposition und der Hauptheerd aller gegen die bestehende Ordnung gerichteten Umtriebe war die neue Schule im Rivekloster, deren Vorsteher, der Franzose Saunier, die Sache seiner vertriebenen Freunde und Gönner gleichsam als seine eigene ansah. Auf jede Weise, heimlich und offen, wurden von hier aus den Trägern der Gewalt Schwierigkeiten bereitet, gegen die neuen Prediger Verdächtigungen und Verleumdungen ausgestreut, um das Volk gegen sie aufzustacheln und von der Theilnahme an ihrem Gottesdienst abzuhalten. Schon im September sah sich der Rath genöthigt, gegen dieses Treiben ernstlich einzuschreiten: zwei Gehülfen Sauniers wurden ausgewiesen.[4] Allein diese Massregel fruchtete wenig. Die Männer von der Riveschule waren calvinischer als Calvin selbst, welcher um diese Zeit bereits die Dinge in Genf ruhiger und unbefangener zu be-

---

[1] Vgl. Bern an die Genfer Gesandten 30. Sept. 1538, Bern. Staatsarchiv, Teutsch Missivenb. W, f. 772 ff., Rathsprot. 7. Oct. 1538.
[2] Ein erstes Schreiben an „die theuern Brüder im Herrn" ging schon am 19. Juni 1538 von Basel ab, weitere folgten aus Neuenburg am 7. Aug. und 8. Nov. Genfer Archiv, Pièc. hist. Nr. 1206. Das zweite Schreiben wurde wohl von Perrin überbracht, der damals Farel besuchte; vgl. Farel an Calvin 8. Aug. 1538, Bibl. des Past. de Neuch.
[3] Rathsprot. 9. Oct. 1538.
[4] Rathsprot. 10 und 17. Sept. 1538.

trachten anfing. Ein Schreiben, welches derselbe am 1. October von Strassburg aus an „seine geliebten Brüder im Herrn, die Reliquien der zerstörten Kirche in Genf" richtete, zeigt durch Ton und Haltung im Vergleich mit den früheren Aeusserungen eine anerkennenswerthe Mässigung. Er ermahnt die Brüder, mit denen er sich auch in der Ferne verbunden fühlt, von denen er als ihr von Gott gesetzter Hirt nicht ablassen will, die über sie verhängte Prüfung mit Geduld zu tragen, die Gegner, die nur die unglücklichen Werkzeuge des Satans seien,[1] nicht persönlich zu verletzen, sondern zu bedenken, dass auch sie selbst nicht von Schuld frei seien, und geduldig auszuharren, bis Gott, der Keinen über seine Kräfte versuchen lasse, sich ihrer wieder annehme. In einem Schreiben an Farel missbilligt er geradezu die schismatische Haltung Sauniers und seiner Freunde und empfiehlt Versöhnlichkeit.[2] Die friedlichen — und wohl auch für die Oeffentlichkeit berechneten — Ermahnungen des Meisters fanden aber bei den Schülern wenig Anklang, riefen vielmehr lebhafte Unzufriedenheit hervor: fast wurde man irre an Calvin, dessen jetzige Sprache man mit seiner frühern Haltung nicht in Einklang zu bringen wusste.[3] Der Rath beschloss endlich, die Opposition im Rivekloster mit der Wurzel auszurotten, und forderte um Weihnachten Saunier auf, selbst an der Ausspendung des Abendmahls Theil zu nehmen. Als er dies abschlug, wurde er sammt „seinen Franzosen" aus der Stadt verwiesen, und die Zweihundert bestätigten dieses Urtheil. Auch der gleichgesinnte Cordier musste Genf verlassen.[4]

Damit hörten zwar die Umtriebe im Rivekloster auf, aber auch die Blüthe der Schule war hin, und die Guillermins, weit entfernt, eingeschüchtert zu sein, traten nur noch leidenschaftlicher auf. Schon begann unter dem Treiben der Opposition die öffentliche Sicherheit zu leiden. In den letzten Tagen des Jahres 1538 kam es wiederholt zu tumultuarischen Auftritten. Die Diener des Rathes wurden bei Ausübung ihres Berufs misshandelt; es fielen Verwundungen und Todt-

---

[1] „*Lequel use de leur malice comme d'instrument pour vous guerroier.*" Das Schreiben ist abgedr. Lettres franç. I, 11 ff.

[2] Calvin an Farel 24. Oct. 1538, Epp. et resp. p. 5 a.

[3] „*Mihi aliunde scribitur, vehementer offensos fuisse nonnullos argumento epistolae, qua fratres Genevenses a schismate dehortabar.*" Calvin an Pignäus 5. Januar 1539, Genf. Bibl. Cod. 111, f. 15.

[4] Rathsprot. 23, 26, 27. December 1538; vgl. *Betant*, Notice sur le Collège p. 10.

schlag vor.¹) Am 31. December reichten die vier Prediger gemeinschaftlich eine Beschwerdeschrift ein, in der sie unter bitteren Klagen über die Anfeindungen, denen sie fortwährend ausgesetzt seien, dem Rathe ihre Entlassung anboten. Redlich hätten sie stets ihre Pflicht gethan und das Volk nach Kräften zur Frömmigkeit und Eintracht anzuleiten gesucht. Dafür würden sie von einem grossen Theile desselben Ungläubige, Papisten und Fälscher der h. Schrift gescholten. Dies sei nicht länger mehr zu ertragen; es sei eine Schmach, nicht blos für sie selbst, sondern für „die ganze Reformation der deutschen Kirchen," und insbesondere für Bern, dessen Lehre sie gepredigt, von dessen Behörden sie empfohlen seien. Der Rath möge in seiner Weisheit und Klugheit Abhülfe schaffen, die gegen sie erhobenen Anklagen untersuchen und sich nach anderen Predigern umsehen: ihre Dienste würden bei der herrschenden Unordnung und Parteileidenschaft nicht mehr von Nutzen sein!

Der Magistrat suchte die Bittsteller, so gut es ging, zu beruhigen und versprach Abhülfe ihrer Beschwerden.²)

Kaum neun Monate waren seit Calvins Sturze verflossen, und schon begannen die Ereignisse seine Vorhersagung zu rechtfertigen. Zwar entwickelten Syndike und Rath wirklich eine grössere Energie, und brachten selbst Männer wie Porral und Pertemps durch ihr entschiedenes Auftreten für den Augenblick zur Nachgiebigkeit;³) auch fielen die nächsten allgemeinen Wahlen noch überwiegend in ihrem Sinne aus, ein Beweis, dass sie noch über die Mehrzahl geboten; aber es bildete die Minderzahl bereits eine Macht, die, wenn auch einstweilen noch zurückgedrängt, doch selbst an den nicht mehr fernen Sieg ihrer Sache fest und zuversichtlich glaubte.

Noch schwieriger wurde die Lage der herrschenden Partei durch die Verlegenheiten, welche ihr von katholischer Seite bereitet wurden.

Wir sahen, dass schon Calvin und Farel in Bern ihre Genfer Gegner einer geheimen Hinneigung zu dem Papismus beschuldigten: geradezu war von Farel die Wiederherstellung der Messe als die eigentliche Absicht der Widersacher bezeichnet worden.⁴) Wahr ist allerdings, dass sich unter denselben Männer befanden, die bis vor Kurzem sich

---

¹) Rathsprot. 23 und 30. December 1538.
²) Rathsprot. 31. Dec. 1538; das Schreiben der vier Prediger ist abgedr. bei *Magnin* l. c. pièc. just. p. 418.
³) Rathsprot. 8, 10. Januar 1539.
⁴) Vgl. z. B. Rathsprot. 2. März 1538.

zu der alten Religion bekannt hatten, dass in Genf auch um diese Zeit noch die katholischen Sympathien sehr verbreitet waren, und es ist nicht unwahrscheinlich, dass solche auch bei der Vertreibung der Prediger mit wirksam gewesen sind. Allein ein wirklicher Vortheil erwuchs dem Katholicismus aus dem Wechsel der Herrschaft nicht. Der einmal geweckte Argwohn Berns gestattete den neuen Machthabern nicht, — wenn überhaupt eine Neigung dazu vorhanden gewesen — ihren katholisch gesinnten Mitbürgern eine Erleichterung zu gewähren. Gleichsam um Bern zu beruhigen und zu versöhnen, wurde an demselben Tage, an welchem man sein Gesuch um Wiederannahme der Prediger zurückwies, gegen mehrere katholische Bürger, welche die Messe besucht hatten, die Strafe der Verbannung ausgesprochen.[1] Auch die spätere Haltung des Rathes zeigt nichts von Duldung oder von Begünstigung des Katholicismus. Wurde doch sogar der Scharfrichter einmal mit dreitägigem Gefängniss bestraft, weil er nach Vollstreckung eines Todesurtheils die Anwesenden nach altem Brauch zu einem Gebete für die Seele des armen Sünders aufgefordert hatte![2] Eben so wenig liessen es die neuen Prediger an Eifer und Wachsamkeit fehlen, wo es sich um Kundgebungen einer papistischen Gesinnung handelte.[3] Nur insofern, als überhaupt der Geist der neuen Verwaltung weniger schroff war und namentlich die Ablegung des Glaubenseides nicht mehr verlangt wurde, mag auch in der Lage der heimlichen Katholiken eine Milderung eingetreten sein.

Allein der Verdacht, dass das neue Regiment insgeheim zum Katholicismus neige, war einmal ausgesprochen und wurde von den Guillermins in und ausserhalb der Stadt, in Bern und anderswo geflissentlich unterhalten und verbreitet. Bern, durch die gegebenen Beweise der Rechtgläubigkeit völlig befriedigt, glaubte nicht daran.[4] Dagegen fand das Gerücht in den benachbarten katholischen Kreisen mehr Glauben und rief hier einen Plan hervor, der nicht in der Absicht der Guillermins gelegen hatte.

Noch lebte der Mann, der sich seit dem Jahre 1523 Bischof von

---

[1] Rathsprot. 24. Mai 1538. Als sie Reue zeigten, gab man sich später mit einer Geldstrafe zufrieden: Rathsprot. 3. Juni.
[2] Rathsprot. 7. Februar 1539.
[3] Vgl. Rathsprot. 20, 23. Aug. 1538.
[4] Vgl. Bern an die Boten in Genf 30. Sept. 1538, Teutsch. Missivenb. W, f. 772. „Sollt Inen anzoigen, das wir uff sölliche fliegende red nütt setzen und der keinen glouben gebenn."

Genf nannte. Pierre de la Baume hatte den Verlust der herrlichen Stadt noch nicht verschmerzt. Die Nachricht von der Verjagung der Prediger und von den katholischen Neigungen der städtischen Behörden belebte aufs Neue seine Hoffnung. Der Augenblick schien ihm gekommen, den bischöflichen Stuhl in Genf wieder aufzurichten: wenigstens beschloss er, in diesem Sinne jetzt einen ernsten Versuch zu machen.[1]

In Lyon, wo sich viele der geflüchteten Genfer Katholiken aufhielten, trat mit Gutheissung des Papstes eine Anzahl katholischer Prälaten unter dem Vorsitz des Cardinals von Tournon zu einer Conferenz zusammen, um über die Mittel zur Wiederherstellung des Katholicismus in Genf zu berathen. Namhafte Kirchenfürsten hatten sich ausser dem Genannten und de la Baume eingefunden. Doch scheint es, als habe eine genauere Prüfung der Sachlage ihre Hoffnungen bedeutend herabgestimmt. Man vereinte sich zuletzt zu dem ziemlich matten Beschluss, den Bürgern von Genf in einer offenen Zuschrift die Aussöhnung mit der Mutterkirche dringend ans Herz zu legen. Einer der Anwesenden, der Cardinal Sadolet, Bischof von Carpentras, wurde damit beauftragt.

Sadolet führte im März 1539 den Auftrag in einer Weise aus, welche die auf ihn gefallene Wahl rechtfertigte. In einer wohlwollenden, herzlichen Ansprache wendet er sich an „seine theuren Brüder, die Syndike, den Rath und die Bürger von Genf," um sie, die Irregeleiteten, zur Rückkehr in die um sie trauernde Mutterkirche einzuladen. Er spricht nicht im Tone des strafenden Busspredigers zu ihnen — nur der Verführer gedenkt er in scharfen Worten — noch auch lässt er sich auf weitläufige dogmatische Untersuchungen oder auf eine eingehende Widerlegung der neuen Glaubenssätze ein: es sind Worte, die sich an Herz und Gemüth wenden. Es ist die christliche Liebe, die kirchliche Einheit, das Alter und die Ehrwürdigkeit der Kirche, was er betont. Schön und wirkungsvoll ist namentlich jene Stelle, wo er zwei Vertreter des alten und des neuen Glaubens am Tage des Gerichts vor dem höchsten Richter selbst ihre Vertheidigung führen lässt: wie der Eine hinweist auf seine Uebereinstimmung mit allen heiligen Vätern und Lehrern und den Vorschriften der Kirche, der er sich demüthig unterworfen und von der er sich auch durch die Fehler mancher ihrer Diener nicht habe abwendig machen lassen,

---

[1] Vgl. *Besson*, Mémoires etc. p. 64 ff., *Magnin* l. c. 266.

wissend, dass das Urtheil über sie Gottes Richterspruch vorbehalten sei — und wie dagegen der Andere wegen vorübergehender Aergernisse in der Kirche, oder gar aus verletztem Ehrgeiz über das ganze kirchliche Alterthum, über Kirchenväter und Concilien den Stab bricht und mit anmassenden Worten verurtheilt, was auf Grund kirchlicher Entscheidung Jahrhunderte lang für heilig gegolten.[1])

Man darf vielleicht behaupten, dass die Geschichte Genfs eine andere geworden wäre, wenn Pierre de la Baume vor fünf Jahren statt jener machtlosen Proteste und Vorladungen solche Worte an seine Unterthanen gerichtet hätte. Auch jetzt noch machten sie Eindruck. Der Rath, welchem der Verfasser das Schreiben durch einen besondern Boten überreichen liess, nahm dasselbe wenigstens an und antwortete sogar mit einigen artigen Zeilen, eine weitere Rückäusserung sich vorbehaltend.[2]) Die heimlichen Katholiken schöpften wieder Hoffnung: schon die blosse Thatsache, dass ein angesehener und gelehrter katholischer Priester öffentlich ihre Vertheidigung übernommen, und dass seine Schrift von den Behörden nicht zurückgewiesen worden, wirkte ermuthigend. Mehrere Bürger wagten am 28. März den Antrag an den Rath, jetzt endlich auch den verfassungswidrigen Glaubenseid in aller Form zurückzunehmen! Sadolets Brief machte in den katholisch gesinnten Kreisen die Runde, und das Schweigen, welches die Prediger dem Angriff entgegensetzten, erhöhte seine Bedeutung. Man vernahm in Genf wieder öffentlich Aeusserungen einer entschieden katholischen Gesinnung. Schon glaubten einzelne Emigrirte auf die Kunde von diesen Ereignissen in ihre Vaterstadt zurückkehren zu dürfen.[3])

Mit tiefer Entrüstung vernahm Farel in dem benachbarten Neuenburg von diesen Vorgängen. Er sah bereits im Geiste das Papstthum mit allen seinen Gräueln in Genf wieder aufgerichtet, und führte in leidenschaftlichen Briefen bei dem Freunde in Strassburg Klage über die unaufhörlichen Aergernisse, die man an dieser Stadt erleben müsse.[4])

---

[1]) Abgedr. Opp. Calvini ed. A. VIII, 99 ff., ed. B. V, 369 ff. und öfter.
[2]) Rathsprot. 27. März 1539, vgl. 12. Januar 1540.
[3]) Vgl. Rathsprot. 28. März, 2. Juni 1539, Rosset I. IV, c. 28. In Bern vernahm man, dass in Genf Schulbücher gedruckt würden „darin, das papstumb gantz vnd gar vergriffen". Bern. Instructionsb. C, f. 354. Dass damals einzelne Katholiken, namentlich Geistliche, nach Genf zurückgekehrt sein müssen, ersieht man aus den späteren Vorladungen und Verhören.
[4]) „Lupanaria erecta sunt," schreibt er Calvin am 18. September, „Cutu-

Fast ausser sich über das Geschehene waren die Guillermins. Sie warfen dem Rathe sträfliche Nachsicht, ja offenbaren Verrath an dem h. Evangelium vor. Es wurde das Gerücht verbreitet und vielfach geglaubt, dass Jean Philippe, einer der Syndike des vergangenen Jahres, in Lyon mit den katholischen Prälaten in Verbindung gestanden und ihren Plan begünstigt habe.[1]) Mochte auch der Rath fortfahren, in strengen Verordnungen den Bürgern Genfs die Pflicht der Theilnahme an dem evangelischen Abendmahl einzuschärfen, die Beschuldigung, dass er mit dem bischöflichen Attentat einverstanden sei und die katholischen Bestrebungen heimlich fördere, trat mit jedem Tage offener und drohender auf.

Die protestantische Aufregung hatte bereits einen bedenklichen Grad erreicht, als von Strassburg die Entgegnung Calvins auf Sadolets Sendschreiben eintraf.

Calvin hatte Anfangs die Dinge in Genf mit viel grösserm Gleichmuth angesehen, als der heissblütige Farel. Schon beschäftigte ihn damals die deutsche Frage. Aber nach und nach begannen die Genfer Nachrichten auch ihn zu beunruhigen. Betrachtete er doch die Genfer Gemeinde fortwährend noch als „seine Heerde," an die er erst eben wieder ein neues Schreiben voll freundlicher Ermahnungen gerichtet hatte.[2]) Wie hätte er, noch dazu von ängstlichen Freunden dringend um Hülfe gebeten, auf die Dauer schweigen können? Am 1. September 1539 war Calvins „Antwort auf Sadolets Brief" vollendet; wenige Tage später befand sie sich bereits in den Händen der Genfer. Eine Arbeit von sechs Tagen nennt der Verfasser selbst das kleine Werk: in Wahrheit ist es eine der glänzendsten Streitschriften, die je aus seiner Feder geflossen, und auch wer seine Anschauungen nicht theilt, wird ihm in diesem Streite die Palme zuerkennen müssen. Leicht wurde ihm der Sieg allerdings dadurch gemacht, dass es die Absicht des Gegners nicht gewesen war, eine gelehrte Streitschrift oder wissen-

---

baptistae quotidie suas habent concunes, missae passim dicuntur, omnia sunt inversa nec possent deterius habere; concionatores tantum agunt de iis a quibus arguuntur." Bibl. des Past. de Neuch. Vgl. damit Rathsprot. 5. Oct. 1538.

[1]) Nicht erst in dem Prozess gegen Philippe, wie Galiffe, Quelques pages p. 18 anzunehmen scheint, sondern schon in einem Schreiben Farels an Calvin vom 21. Oct. 1539 (Siml. Samml. Band 47) tritt dieses Gerücht auf, ein Beweis, dass es schon im Herbst 1539 sehr verbreitet war. Die Quelle mag die von Galiffe angegebene, Cl. Savoye, sein.

[2]) Epp. et resp. p. 10 b ff.

schaftliche Rechtfertigung des katholischen Systems zu schreiben. Hatte Sadolet das Hauptgewicht auf die christliche Liebe, auf die Einheit, das Alter und die Ehrwürdigkeit der Kirche gelegt, so antwortet Calvin mit einer Schilderung der Verderbtheit dieser Einen und alten Kirche und zerstört so unbarmherzig das schöne Bild, welches der Gegner gezeichnet; hatte Sadolet die dogmatischen Differenzen kaum oberflächlich berührt, so stellt Calvin diese in den Vordergrund und entwickelt in der Vertheidigung des neuen Glaubenssystems eine Kraft der Rede, eine Gewandtheit der Beweisführung und eine Fülle der Gedanken, welche die rhetorischen, sentimentalen, oft auch inhaltsarmen Phrasen des Gegners um so mehr in ihrer Schwäche zeigen. Den Glanzpunkt der Schrift Calvins bildet aber vielleicht seine eigene Vertheidigung. Mit Recht durfte er den versteckten Angriffen des Cardinals gegenüber auf sein vergangenes Leben hinweisen, um den Beweis zu liefern, dass nicht die Aussicht auf irdischen Gewinn oder äussere Ehren, sondern eine ernste Ueberzeugung seine Schritte geleitet, dass er erst nach schweren inneren Kämpfen von der katholischen Kirche sich losgesagt.[1]) Diese Schrift war es, welche auch Luthers Herz für den wälschen Rivalen erwärmte. Damals konnte Melanchthon nach Strassburg melden, dass Calvin in Wittenberg „hoch in Gnaden stehe."

In Genf war die Wirkung der Schrift entscheidend. Dass der Verfasser zugleich in den stärksten Ausdrücken seine fortdauernde Liebe zu seiner alten Gemeinde betheuerte, der er als ihr von Gott gesetzter Hirt in ewiger Treue verbunden bleibe, erhöhte hier noch den Eindruck seiner Worte. Siegesjubel herrschte im Lager der Guillermins. Die bereits im Zuge befindliche streng protestantische Reaction nahm jetzt alsbald einen drohenden Charakter an. Auch Bern, das schon durch das Sendschreiben Sadolets misstrauisch geworden war und vor einigen Monaten einen einheimischen Geistlichen mit der Widerlegung desselben beauftragt hatte, glaubte nun nicht zurückbleiben zu dürfen und versah seine Gesandten bald mit strengen Weisungen zur Beschützung und Reinerhaltung des wahren evangelischen Glaubens in Genf.[2]) Die ungeheuerlichsten Gerüchte über die

---

[1]) Responsio ad Sadoleti epistolam, abgedr. Opp. ed. A. VIII, 105 ff., ed. B. V, 385 ff.

[2]) Vgl. das Schreiben an Genf vom 23. Mai 1539. Weltsch Missivenb. B. f. 116, und die Instruction vom 3. Januar 1540, Instructionsb. C f. 354, Rathsm. 2. J. Januar 1540.

Umtriebe der Katholiken wurden in Umlauf gesetzt. Der Rath musste sich beeilen, selbst eine eifrig evangelische Haltung anzunehmen, um der Bewegung Herr zu bleiben, und suchte durch strenge Massregeln gegen den Katholicismus die erregte öffentliche Meinung zu beschwichtigen. Untersuchungen und Glaubensverhöre wurden gegen diejenigen angeordnet, die im Verdachte katholischer Gesinnung standen. Den Anfang machte man mit den in Genf zurückgebliebenen oder in der letzten Zeit dahin zurückgekehrten ehemaligen katholischen Geistlichen, welche im December zur Verantwortung vor den Rath gefordert wurden. Das mit diesen Männern angestellte Verhör ergab indess alsbald, wie übertrieben die über sie verbreiteten Gerüchte waren. Viele erklärten auf Verlangen sofort, dass die Messe „schlecht" sei; Andere überliessen die Entscheidung dieser Frage dem hochweisen Rathe und schützten ihre Unerfahrenheit vor; wieder Andere wiesen auf die von ihnen eingegangene Ehe hin, die, wie sie meinten, ein hinreichender Beweis für ihre evangelische Gesinnung sei; nur Wenige entzogen sich dem Verhör.[1]) Nach den Geistlichen kam die Reihe an die übrigen Bürger. Sicherlich entsprach dieses inquisitorische Verfahren nicht den innersten Neigungen des Rathes selbst; aber die Guillermins drängten dazu, und ihr Einfluss war zu mächtig, als dass man gewagt hätte, ihnen zu widerstehen.

Nur ein einziges Mitglied des Collegiums besass Mannesmuth genug, um gegen dieses Treiben Einsprache zu erheben. Es war der alte Syndik Jean Balard, der bereits im Jahre 1536 sich offen und frei gegen den kirchlichen Terrorismus Farels erklärt hatte. Auch jetzt wieder von seinen Collegen im Amt vorgefordert, um sich über die Verwerflichkeit der Messe auszusprechen, lehnte er dies ab. „Wenn er gewiss wüsste," erklärte er in einer schriftlichen Eingabe, „ob die Messe gut oder schlecht sei, so würde er dies auf der Stelle sagen; weil er es aber nicht sicher wisse, dürfe er nicht verwegen darüber urtheilen, noch auch dürften seine Collegen ihn dazu anhalten; er werde sich indess Mühe geben, die Lehre, welche die Stadt angenommen, zu glauben; denn er wolle sich nicht von Genf trennen, sondern als guter Bürger stets seine Pflicht thun. Hinsichtlich der ihm vorgelegten Frage aber könne er nur erklären, dass er von der Messe halte, was der h. Geist und die h. allgemeine Kirche, an die er glaube,

---

[1]) Rathsprot. 9, 16, 22. Dec. 1539; vgl. *Spon-Gautier* I, 280, *Gaberel* I. pièc. just. p. 98, 99.

darüber lehrten." Als Antwort empfing Dalard noch an demselben Tage ein Decret des kleinen und grossen Rathes, durch welches er nebst allen denen, „welche die Messe für gut halten wollen," binnen zehn Tagen aus der Stadt verwiesen wurde. Am folgenden Tage stellte sich der Verurtheilte dem Rathe persönlich und klagte bitter über das harte unbillige Verfahren: er glaube hinlänglich geantwortet zu haben. „Da aber," fuhr er fort, „der kleine und grosse Rath verlangen, dass ich die Messe schlecht nenne, so erkläre ich denn hiermit, dass sie schlecht ist, dass ich aber noch viel schlechter bin, da ich verwegen über Dinge urtheile, die ich nicht verstehe. Wolle Gott mir meine Sünde vergeben!" Natürlich, dass auch diese Antwort nicht befriedigte. Der Rath suchte den ehrlichen Mann eines Bessern zu belehren: Balard aber blieb dabei, dass er die Messe für schlecht erkläre, weil es „den Herren" gefalle. Erst bei einem nochmaligen Verhör liess er sich zu einer allgemein gehaltenen Erklärung herbei, welche die Herren zufrieden stellte und die Zurücknahme des Verbannungsdecrets zur Folge hatte.[1]

Verhöre und Verbannungsdecrete blieben indess nicht die einzigen Massregeln, welche der Rath anordnete. Es folgten Haussuchungen, Verhaftungen, Güterconfiscationen. Am 30. März 1540 erging der Befehl, alle Bilder, die etwa noch in Privathäusern sein möchten, aufzusuchen und in das Hospital zu tragen, damit der Götzendienst in Genf völlig ausgerottet werde. Selbst durchreisende Fremde waren vor dem neu erwachten evangelischen Eifer nicht mehr sicher und wurden wohl zur Haft gebracht, wenn sie sich als Katholiken zu erkennen gaben.[2]

So endete also der schwache Versuch des Katholicismus mit dem geraden Gegentheil von dem, was beabsichtigt worden. Nicht Pierre de la Baume, welcher, von Paul III. mit dem Cardinalshut getröstet, einige Jahre darauf starb,[3] sondern sein Gegner und Nachfolger Johann Calvin erntete die Früchte. Schon hielten es die neuen Prediger selbst für rathsam, mit diesem ihren Frieden zu machen, sich vor Calvin zu rechtfertigen.[4] Die Schrift gegen Sadolet hatte ihm den Weg zu den Herzen auch mancher seiner alten Gegner gebahnt. Unter der Autorität des Rathes erschien zu Anfang des

---

[1] Rathsprot. 23, 23, 26. December 1539.
[2] Rathsprot. 30 März, 6, 9, 30. April 1540.
[3] Besson l. c. 65, 66.
[4] Vgl. Calvin an Farel 21. Juni 1540, Genf. Bibl. 111 f. 36.

Jahres 1540 in Genf selbst eine neue Ausgabe derselben — die erste war in Strassburg gedruckt — der bald eine französische Uebersetzung folgte, damit auch der Ungebildete das Werk des grossen Meisters verstehe.[1]) Der erste Schritt zu einer völligen Wiederaussöhnung war geschehen; mehr und mehr wandten sich seitdem die Blicke in Genf nach Strassburg. Das Ende konnte kaum mehr zweifelhaft sein.

Und nun kam vollends hinzu, dass auch der Gang der politischen Ereignisse der Partei Calvins eine überlegene Stärke verlieh.

Man erinnert sich, dass mit dem religiösen Gegensatze in Genf sich von vornherein ein politischer verband. Hatte die Partei des Rathes in dem deutschen Bern einen Rückhalt, so bildeten Sympathien mit Frankreich das charakteristische Merkmal ihrer Gegner. Gerade diese französischen Beziehungen hatten 1538 zum Sturze der Calvinisten nicht wenig beigetragen, und die Fortdauer derselben bildete fortwährend die schwache Seite der Partei. Nicht ohne Grund konnte ihr Mangel an Patriotismus und gar noch Schlimmeres zum Vorwurf gemacht werden. Der Rath glaubte wiederholt, neuen französischen Umtrieben auf der Spur zu sein. Der auf den Guillermins stets lastende und von Bern genährte Verdacht einer heimlichen Verbindung mit Frankreich stand ihnen in der öffentlichen Meinung sehr im Wege und bildete für die Machthaber ein treffliches Mittel, ihrer schon sinkenden Popularität immer wieder neue Stützen zu geben.[2])

Aber auch das Bündniss mit Bern hatte seine bedenkliche Seite. Bei dem Charakter der Berner Politik liess es sich fast mit Sicherheit voraussehen, dass die regierende Partei durch das Verhältniss zu den deutschen Verbündeten über kurz oder lang in eine den eigenen Interessen Genfs widerstreitende Stellung gerathen würde. Bern konnte die Niederlage von 1536 immer noch nicht verschmerzen: es bereute

---

[1]) Rathsprot. 6, 30. Januar 1540. Mehrere Drucker bewarben sich das Privilegium. Vgl. Opp. ed. B. V, Proleg. p. 41 ff.

[2]) Vgl. Rathsprot. 24. 30. Sept. 1538, 11. Mai 1539, Ramt I. IV, Noch im Sommer 1540 hielt die Partei der Guillermins es für nöthig in Bern von dem Verdachte der Franzosenfreundlichkeit zu reinigen Instruction für A. Curtet und Cl. Pertemps vom 15. Juli 1540, Bern Genf. Angel. 1162—1557. Unmittelbar vorher hatte Bern Rechenschaft über gefordert, „vss was vrsachen küng. Mt. (Königl. Majestät) verych u.ser mitburger von Genff Allies vnnd Confederen nemen Boten in Genf, Teutsch Missivenb. X. f. 299.

den geschlossenen Vertrag, durch den es sich übervortheilt glaubte,[1]) und suchte nachträglich die Folgen allzu grosser Nachgiebigkeit wieder gut zu machen. Mochte es auch übertrieben sein, wenn der französische Capitain ihm geradezu die Absicht zuschrieb, den savoyischen Vicedom durch einen bernischen zu ersetzen, so ist doch etwas Aehnliches jedenfalls im Schilde geführt worden: gerade die grosse Empfindlichkeit, die Bern über den ihm von Montchenu gemachten Vorwurf an den Tag legte, zeigt, dass es an einer verwundbaren Stelle berührt worden war.[2]) Schon seit dem Ende 1536 tritt uns aus den zwischen den beiden Städten geführten Verhandlungen unverkennbar das Bestreben Berns entgegen, den „ewigen" Frieden in einen zeitlichen umzuwandeln oder doch das neugeschaffene Rechtsverhältniss zu verdunkeln. Man klagt über Verletzung der Vertragspflichten von Seiten Genfs, regt Grenzstreitigkeiten an, findet in der Vertragsurkunde unklare Bestimmungen, die einer nähern Festsetzung bedürfen, erhebt weitgehende Ansprüche auf die ehemaligen Besitzungen des Klosters von St. Victor und des Domcapitels, man nimmt Genfer Unterthanen, die daheim von den Gerichten verfolgt werden, in Schutz und empfiehlt wiederholt im Tone des Ueberlegenen Fremde zur Niederlassung in Genf, man dringt auf neue Conferenzen und Berathungen.[3]) Genf widerstand, so gut es die Verhältnisse erlaubten, und auch die Gegner Calvins zeigten, als sie ans Ruder gekommen, keineswegs sofort die gewünschte Fügsamkeit. Aber im Frühjahr 1539 gaben sie endlich dem Drängen des Bundesgenossen nach. Drei namhafte Mitglieder ihrer Partei, Ami de Chapeaurouge, Jean Lullin und Gabriel Monathon gingen im März 1539 als Abgeordnete nach Bern, um in Gemeinschaft mit den Berner Deputirten eine Art Revision des Augustvertrags vorzunehmen und die 1536 unerledigt gebliebenen Fragen ins Reine zu bringen.[4])

[1]) Noch am 20. Januar 1557 schrieb der Berner Zerkintes an Calvin: „Nostri per conventa anni 1536 de suo jure incaute multa concessere, sed dolent, se rerum ignaros per eos, qui erant longe peritissimi circumventos." Genf. Bibl. Cod. 114 f. 125.
[2]) Die Reclamationen dauerten bis Ende 1539, vgl. Bern. Rathsm. 10, 24, 25. Nov. 1539, Weltsch Missivenb. B,f. 113, 141, 153.
[3]) Vgl. Bern. Rathsm. 27, 29. Dec. 1536, 17, 23, 25. April, 16. Juni, 27. Juli, 24. Aug., 2. Nov. 1537, 9. Febr., 20. Mai, 12, 15, 17. Juni, 13, 30. Sept., 10, 12. Oct. 1538, 2. Januar, 10, 12. März 1539 u. s. w. Vgl. Roset l. IV, c. 21, 29.
[4]) Vgl. Galiffe, Quelques pages p. 16, 17. Bern. Rathsm. 27, 30. März 1539.

Hier geschah was vorauszusehen war: die Verhandlungen endeten mit einem vollständigen diplomatischen Siege Berns. Die drei Genfer waren den politisch geschulten, mit den Verhältnissen vertrauten Bernern nicht gewachsen. Nicht einmal der deutschen Sprache in dem erforderlichen Grade kundig und als der schwächere Theil naturgemäss der nachgiebigere, machten sie den listigen Unterhändlern höchst bedenkliche Zugeständnisse, deren Tragweite und Bedeutung sie selbst im ersten Augenblicke nicht erkannt haben mögen. In der langen Reihe der von ihnen — wenigstens nach der Behauptung Berns — eingeräumten und vereinbarten Artikel befanden sich mehrere, welche wichtige Rechte Genfs geradezu preisgaben und seine staatliche Ehre antasteten.¹)

Als der Inhalt des Vertragsentwurfs in Genf bekannt wurde, entstand eine grosse Aufregung und Entrüstung. Die Guillermins bemächtigten sich sofort der Angelegenheit mit dem grössten Eifer und schrieen Verrath. Welche Genugthuung für sie, dass unter den Gesandten sich zwei der vorjährigen Syndike befanden, die Calvin und Farel vertrieben hatten! Aber nicht blos die unglücklichen Unterhändler, ihre ganze Partei wurde für die landesverrätherischen Artikel verantwortlich gemacht. „Articulanten" oder, wie sich das Wort im Munde des Volks bald gestaltete, „Artichauts"²) wurde der Name, mit welchem die Guillermins fortan alle ihre Gegner bezeichneten. An Annahme des Vertrags war nicht zu denken. Die „Erläuterungen," welche Bern gab, wurden nicht genügend befunden. Der Rath selbst konnte nicht anders als das Verhalten seiner Deputirten entschieden missbilligen. Es ging im Sommer 1539 eine neue Gesandtschaft nach Bern ab, um hier die Unmöglichkeit vorzustellen, einen solchen Vertrag zu genehmigen. Allein die Antwort lautete, die Artikel seien in gesetzlicher Weise vereinbart worden und deshalb für beide Theile verbindlich.

Die drei Bevollmächtigten suchten sich dem erbitterten Volke gegenüber, so gut es ging, zu rechtfertigen. Sie behaupteten, der von Bern übersandte Vertragsentwurf entspreche nicht den mündlichen Verabredungen. Es gelang ihnen hierdurch wirklich, — auch ihre

---

¹) Vgl. *Rosel* IV, c. 42. Bern behauptet in einer Instruction vom 8. Febr. 1540 bestimmt, dass die „gemeldten von Genuff Potten mit Credenzbriefen vnd instruction den Vertrag verrasset mit m. h. beradt vnd beschlossen vnd angenommen" u. s. w. Instructionsb. C. f. 367 ff.

²) *Bonnivard*, De l'anc. et nouv. pol. p. 42.

Freunde im Rathe mögen im Interesse der Partei ihren Einfluss für sie aufgeboten haben — die öffentliche Meinung zum grossen Theil wieder umzustimmen und in einem wiederholt gegen sie eingeleiteten Prozessverfahren sogar ihre förmliche Freisprechung vor kleinem und grossem Rath durchzusetzen. Man begnügte sich damit, zur Abschreckung für die Zukunft, die Strafgesetze gegen Landesverrath zu verschärfen und Bern in der bündigsten Form zu erklären, dass Genf die „unziemlichen Artikel" nicht annehme. Die Artichauts durften mit diesem Ausgang zufrieden sein. Am 1. Februar 1540 fand auf Veranstalten des Rathes in der Generalversammlung der Bürger eine allgemeine Versöhnungsfeier statt. Einer der Hauptführer der Artichauts, Jean Philippe, der Syndik von 1538, wurde hier sogar wieder zum Generalcapitain gewählt. Die Aussöhnung schien vollständig. Die Prediger brachten hocherfreut dem Magistrat zu dem wiederhergestellten Frieden ihre Glückwünsche dar.[1])

Allein eine wirkliche Aussöhnung lag nicht in der Absicht der Guillermins. Wie liess sich auch erwarten, dass eine Partei, die selbst so oft den Vorwurf unpatriotischer Gesinnung und Handlungsweise hatte hören müssen, nun, da sie dem Gegner den gleichen Vorwurf zurückgeben konnte, diese Gelegenheit nicht gründlicher benutzen werde? Denn ein dunkler Flecken blieb doch auf den Gesandten haften und in keinem Falle hatten sie ganz ihre Schuldigkeit gethan. Schon der Ausfall der acht Tage später stattfindenden allgemeinen Wahlen offenbarte, dass die Friedensscene vom 1. Februar nur eine künstlich bewerkstelligte und nicht der wahre Ausdruck der Volksstimmung gewesen: das Ergebniss war, dass die Männer, welche seit zwei Jahren regiert hatten, vom Ruder entfernt wurden.

Und jetzt — vielleicht hatte man in sicherer Voraussicht dieses Sieges absichtlich bis dahin gewartet — ging die Partei der Guillermins zu offenem Angriff über. Die besten Dienste leistete ihnen das feindliche Bern selbst, welches, ohne den in Genf beginnenden Umschwung gebührend zu berücksichtigen, mit gewohnter Zähigkeit auf Vollziehung des „Vertrags" bestand und seit dem Anfang 1540 wiederholt durch Briefe und Gesandtschaften ernstlich darauf drang. Wohl liessen es die Berner Diplomaten dabei nicht an schönen Worten

---

[1]) Vgl. *Roset* l. IV, c. 29, 31, 32, 34, 35, wo diese Vorgänge, wenn auch nicht ganz unbefangen, doch in der Hauptsache im Anschluss an die officiellen Berichte erzählt werden.

fehlen; sie erinnerten an die vielen Wohlthaten, die sie „mit Hülfe und Gnade Gottes" Genf erwiesen, an die vielen Kosten, Gefahren, Leiden, die sie für dasselbe auf sich genommen, „weshalb ihnen unbillig und mit Unwahrheit zugelegt werde, dass sie denen von Genf die Freiheit zu nehmen Willens oder Vorhabens seien; denn solches sei ihnen nie in Sinn und Gedanken gekommen."[1]) Allein solche Redensarten machten jetzt noch weniger Eindruck als vor vier Jahren. Die Annahme des Vertrags wurde im April nochmals von dem kleinen, dem grossen und dem allgemeinen Rath übereinstimmend abgelehnt,[2]) und die Hartnäckigkeit, womit Bern ein übel erworbenes Recht durchzusetzen suchte, diente nur dazu, die Partei seiner Gegner in Genf zu verstärken. Namentlich das niedere Volk hatten die Guillermins bald vollständig auf ihrer Seite. Jetzt konnten sie weiter gehen. Schon im April setzte man es mit Hülfe der Menge durch, dass die Untersuchung gegen die drei „Articulanten" wieder aufgenommen wurde. Immer deutlicher trat die Absicht hervor, die ganze Partei in ihren Fall zu verwickeln. Schon kehrte sich der Angriff auch gegen Claude Richardet, den ersten Syndik des Jahres 1538 und Hauptgegner Calvins. Die angeklagten Gesandten hatten Angesichts der drohenden Volksstimmung nicht mehr den Muth, der erneuerten Vorladung Folge zu leisten; sie flüchteten sich auf das Berner Gebiet. Der Prozess wurde nichts desto weniger fortgesetzt und endete nach mehrwöchentlichen, theilweise sehr stürmischen Verhandlungen trotz aller Gegenvorstellungen Berns mit der Verurtheilung der Angeklagten. Am 5. Juni wurde der Spruch gefällt: er lautete auf Verbannung „auf 101 Jahre." Die Zweihundert hatten sogar auf Todesstrafe erkannt.[3])

Nach dem Sturze der Gesandten galt es, die anderen Führer ihrer Partei, insbesondere die beiden noch übrigen Syndike des Jahres 1538, Claude Richardet und Jean Philippe, das eigentliche Haupt der „Arti-

---

[1]) Instruction vom 8. Februar 1540, Instructionsbuch C, f. 367; vgl. Bern an Genf 20. Jan. 1540, Welsch Missivenb. B, f. 167, Bern. Rathsm. a. 3, 12, 20. Januar, 4, 6, 8, 13, 18, 22. Febr., 11. März, 1, 6, 30. April 1540.

[2]) Vgl. Rathsprot. 16, 22, 28. April 1540, Roset I. IV, c. 37. Wie gross das Misstrauen der Genfer gegen Bern war, ersieht man daraus, dass sie jetzt ihren Gesandten Alles, was sie in Bern zu sagen hatten, sorgfältig aufgeschrieben mitgaben. Vgl. Bern. Rathsm. 8. Mai 1540.

[3]) Vgl. Rathsprot. 22. 28. April, 20, 25, 26, 28. Mai, 1, 5. Juni 1540, Roset I. IV, c. 38, Bonnivard, Anc. et nouv. pol. p. 36, Galiffe, Quelq. pag. p. 16. In den Bern. Rathsm. und der Correspondenz mit Genf bildet die Angelegenheit der drei „Banditen" seitdem einen stehenden Artikel.

chauts," eben so zum Falle zu bringen. Rascher, als man erwarten konnte, gelang auch dieses.

In der ersten Erbitterung über das gefällte Urtheil liess der Generalcapitain Philippe, ein leidenschaftlicher, aufbrausender Mann, sich am 6. Juni bei Gelegenheit eines Volksfestes zu einer unbesonnenen, gewaltthätigen Handlung fortreissen, die einen blutigen Zusammenstoss der Parteien herbeiführte. Natürlich, dass die schon sehr zusammengeschmolzenen Artichauts bei der ihnen feindseligen Stimmung der niederen Volksklassen unterlagen. Kein erwünschteres Ereigniss hätte für die Guillermins eintreten können! Der Rath, vollständig von ihnen beherrscht, ordnete mit einem Eifer und einer Schnelligkeit, als ob bereits Alles für diesen Fall vorbereitet gewesen, sofort eine strenge Untersuchung an. Was allem Anscheine nach nur das Werk einer augenblicklichen leidenschaftlichen Erregung und durch den herausfordernden Uebermuth der Guillermins selbst hervorgerufen war, wurde als das Ergebniss einer lange vorbereiteten Verschwörung dargestellt, deren Haupturheber neben dem Generalcapitain sein Freund Richardet gewesen sein sollte. Sogar auf die Zeit der Conferenz in Lyon und den angeblichen Bund mit den katholischen Bischöfen wurde zurückgegangen. Man schritt zu Verhaftungen. Richardet gelang es zu entkommen, aber die Folgen einer schweren Verletzung, die er sich auf der Flucht zugezogen, führten schon nach einigen Wochen seinen Tod herbei. Philippe wurde in dem Versteck, in welches er sich am Abende des 6. Juni vor dem erbitterten Volke geflüchtet hatte, schon am andern Tage ergriffen und einem strengen Verhör unterworfen. Ueber seinem Haupte entlud sich jetzt der ganze Hass der Partei. Vergebens bot Bern durch eine neue Gesandtschaft sofort Alles auf, um die erhitzten Gemüther zu beschwichtigen und den Unglücklichen zu retten. Mit hastiger Eile wurde er von seinen Feinden als Mörder und Aufrührer zum Tode verurtheilt, und bereits am 10. Juni endete der einflussreichste Führer der Artichauts, einst einer der populärsten Männer Genfs und ein eifriger Streiter für die Unabhängigkeit seiner Vaterstadt in dem Kampfe gegen Savoyen, als gemeiner Missethäter unter dem Beile des Henkers. Zwei Tage später hielten die Sieger in dem Rathhause ein öffentliches Freudenmahl. Die Frömmeren feierten den Tod des verhassten Gegners sogar in Versen als eine wunderbare Fügung der göttlichen Vorsehung.[1]

---

[1] *Galiffe*, Quelques pages p. 17 ff. p. 36; vgl. Rathsprot. 6, 7, 10. Juni

In der That war mit dem Untergange Jean Philippes der Kampf entschieden und der Sieg der Guillermins vollständig. Wie nach allen früheren Kämpfen, sehen wir auch dieses Mal zahlreiche Anhänger der überwundenen Partei die Stadt verlassen. Andere blieben noch längere Zeit in Haft. Die ledig gewordenen Rathsstellen wurden im Sinne der Sieger neu besetzt.[1]) Bern aber sah seine schlau angelegten Pläne abermals vereitelt. An Bewilligung seiner Forderungen war jetzt vollends nicht mehr zu denken. Alle weiteren Bemühungen, alle seine Vorstellungen, ernste wie freundliche, waren vergebens; selbst dass es Miene machte, seine vertriebenen Schützlinge preiszugeben, stimmte die Sieger nicht günstiger. Die neuen Machthaber in Genf führten gegen den „Befreier" jetzt eine Sprache, wie sie Bern bis dahin noch nicht vernommen hatte![2]) Und warum sollten sie auch ihre wahren Gefühle gegen den habsüchtigen Nachbar noch länger verbergen? Wurden ihre Bestrebungen doch sogar an jener Stelle gebilligt, die man damals noch als die erste und höchste im Bereiche der christlichen Staaten anzusehen gewohnt war. Von dem Kaiser des heiligen römischen Reiches selbst lief im August 1540 ein Schreiben ein, welches die „kaiserliche Stadt" Genf aufforderte, den gegen ihre Selbstständigkeit gerichteten Forderungen Berns muthig zu widerstehen und fest-

---

1540, Bern an die Genfer Boten 8. Juni 1540, Teutsch Missivenb. X, f. 323. *Roset* l. IV, c. 39, 40, 41, *Bonnivard* l. c. p. 38. Ich möchte nicht, wie *Galiffe* l. c., den Tumult vom 6. Juni geradezu für einen von dem Rathe zum Verderben des Generalcapitains angezettelten Coup d'état halten, obgleich die Haltung der Behörden dem Verdachte Raum gibt und die Berichte von Bonnivard und Roset jedenfalls parteiisch sind.

¹) Vgl. Rathsprot. 20. Mai, 30. Juni, 16. Juli 1540.

²) Vgl. die Klagen Berns in dem Schreiben vom 8. Aug. 1540, Teutsch Missivenb. X, f. 408. Die Bemühungen, die verhängnissvollen Artikel durchzusetzen, wurden von Bern mit merkwürdiger Ausdauer fortgesetzt; man sieht aus manchen Stellen der Correspondenz, wie schmerzlich es diese neue Niederlage seiner Politik empfand. Alle bedeutenden Staatsmänner wurden im Herbst 1540 zusammenberufen, um in dieser Frage Rath zu schaffen. Vgl. Bern. Staatsarch., Instructionsb. C, f. 392, 404, 422, 434, 450, 467, Teutsch Missivenb. X, f. 377, 381, 403, 434, 469, 494, 518, 531, 597, 618, 621, 730, 802, Weltsch Missivenb. B, f. 190, 197, 206, 212. Das Bern. Rathsm. ist voll von Verhandlungen über diese Frage. Vgl. auch *Roset* IV, c. 43, 44, 46. Hinsichtlich der Vertriebenen werden die Gesandten schon im October 1540 angewiesen, ihre Sache „in die vnser nit zu flicken — damit wir vnser sach nit verhindern!" Erst nach mehreren Jahren kam durch Vermittelung Basels ein erträglicher Friede zu Stande.

zuhalten an ihren von den alten Kaisern erworbenen „Rechten und Freiheiten."[1]

Es macht einen eigenthümlichen Eindruck, Karl V. hier für den Sieg eines Mannes mitthätig zu sehen, dessen Wirksamkeit, wie kaum eine andere, dazu beigetragen hat, die Grundlagen seiner Macht zu untergraben.

Denn Calvins Sache war es, um welche es sich in Genf handelte, und ihr Sieg wurde durch die letzten Vorgänge entschieden. Seit dem Sturze des Generalcapitains stand Calvins Rückberufung fest. Nicht nur, dass diejenigen, welche sie wollten, vollständig wieder am Ruder waren; die Verhältnisse selbst arbeiteten gewissermassen für Calvin. Unter den Wirren und Parteikämpfen der letzten Zeit hatten die öffentlichen Zustände ein Aussehen angenommen, das die Nothwendigkeit eines neuen Ordners und durchgreifenden Reformators mit jedem Tage fühlbarer machte.

In wie bedenklichem Grade die Bande der bürgerlichen Ordnung in Genf gelockert waren, liess uns schon der bisherige Gang der Ereignisse deutlich genug erkennen. Die herausfordernde Sprache, welche die Führer der calvinisch Gesinnten sich so bald gegen den Rath gestatteten, der offene Widerstand, welchen sie mehr als einmal seinen Anordnungen entgegensetzten, war nicht ohne schlimme Wirkung auf die niederen Volksclassen geblieben. Bereits seit dem Ende des Jahres 1538 hörten wir wiederholt von Ruhestörungen und Tumulten.[2] Die Obrigkeit verlor ihre Autorität. Vollends war dies der Fall seit dem Beginn der für ihr Ansehen so nachtheiligen Berner Händel. Die rathsfeindliche Partei hatte es geliebt, so lange sie in der Opposition war, in der leicht erregbaren Masse ihre Stütze zu suchen, sie durch scheinbare Begünstigung ihrer Rechte und demokratische Vorspiegelungen für sich zu gewinnen[3] und gegen die gegenwärtigen Träger der Gewalt aufzustacheln. Sie war deshalb, als sie selbst zur Herrschaft gelangte, durch ihre Vergangenheit gelähmt und unfähig, eine gründliche Ordnung herzustellen, auch wenn sie mehr redlichen Willen gezeigt hätte, das Parteiinteresse dem allgemeinen unterzuordnen, als es wirklich der Fall war.

---

[1] Vgl. *Spon* I, 282, *Roset* l. IV, c. 44, vgl. Bern. Rathsm. 31. Dec. 1540.
[2] Vgl. z. B. Rathsprot. 23, 30. Dec. 1538, 20, 24. Mai, 25. Juni 1539.
[3] Charakteristisch dafür ist der am 8. Febr. 1540 gefasste Beschluss, dass in Zukunft jährlich vier Generalversammlungen stattfinden sollten.

Aber nicht der politische Zustand bedurfte am meisten der ordnenden Hand eines kräftigen Reformators.

Schon berührten wir kurz den neuen Verfall, der auch über das Genfer Schulwesen gekommen war. Durch die nothwendig gewordene Ausweisung Sauniers und seiner Gehülfen empfing dasselbe einen Schlag, von dem es sich nicht wieder erholt hat. Es kostete grosse Mühe, für die Ausgewiesenen Nachfolger zu gewinnen. Die, welche man endlich ernannte, waren untauglich; die Schule ging immer mehr zurück und war zuletzt ganz ohne Leitung. Zwar that die Obrigkeit ihre Pflicht: es gibt nach Ausweis der amtlichen Aufzeichnungen kaum eine Angelegenheit, die sie häufiger beschäftigt hat, als die Schule;[1] aber es war doch natürlich, dass die Erfolglosigkeit ihrer Bemühungen zu manchen für sie ungünstigen Vergleichen mit der calvinischen Zeit führte und das anfängliche Gedeihen der Anstalt nur in einem um so hellern Lichte erscheinen liess. Selbst Bern glaubte sich endlich den Zustand der Schule zu Herzen nehmen zu müssen und liess zu Anfang 1540 durch seine Gesandten dem Rathe „dringliche" Vorstellungen machen. Ihm wurde indess entgegnet, dass gerade Bern die Ausweisung Sauniers und der Franzosen, womit der Verfall begonnen, verlangt und mit dem grössten Eifer betrieben habe.[2] In der That lag in der Abhängigkeit von Bern eine Hauptursache des beklagten Schadens. Genf war geistig und literarisch von Frankreich abhängig und auf dieses hingewiesen; die Verdrängung der calvinisch-französischen Partei durch die deutsch-schweizerische traf deshalb mit Nothwendigkeit seine wissenschaftlichen Bildungsanstalten: der deutsche Canton bot, auch mit seinen neuerworbenen romanischen Besitzungen, dafür keinen hinreichenden Ersatz. Dieser Wahrnehmung konnten sich auf die Dauer die Anhänger Berns selbst nicht verschliessen, und irre ich nicht, so hat sie nicht wenig dazu beigetragen, dem französischen Reformator wieder den Weg nach Genf zu bahnen.

---

[1] Vgl. z. B. Rathsprot. 7, 17. Januar, 18. März, 18, 25. April, 30. Mai, 21, 25. Juli, 8. Sept., 5, 8. Dec. 1539; vgl. auch *Betant* l. c. p. 11 ff. „Superreat juventutis aliqua spes," schreibt Farel schon am 15. Januar 1539 an Calvin, „et nunc tota periit dissipato gymnasio pulsis omnibus formatoribus piis" (Neuenb. Predigerbibl.).

[2] Vgl. Berner Instruction für die Gesandten vom 3. Jan. 1540, Instructionsb. C, f. 354, Rathsprot. 13. Jan. 1540, *Rosset* I, IV, c. 33. Aehnliche Vorstellungen wurden von Bern bereits gemacht unter dem 16. April 1539, Welt-ch Missivenb. B, f. 112.

Am meisten aber schien seine Rückkehr geboten durch die immer trauriger sich gestaltenden kirchlichen Verhältnisse. Die vier 1538 ernannten Prediger waren bei allem guten Willen, den sie in der Mehrzahl an den Tag legten, ihrer schwierigen Aufgabe nicht gewachsen und gelangten nie zu rechtem Ansehen. Zum Theil persönlich unbedeutend und ohne ausreichende Bildung, zum Theil als Fremde mit den Verhältnissen und Personen unbekannt und ganz von dem Rathe abhängig, der sie berufen, waren sie nicht die Männer, mit Erfolg einer Gemeinde vorzustehen, die Calvin und Farel zu Hirten gehabt. Schon nach einigen Monaten erwies sich die neue seelsorgliche Leitung als ungenügend. Die kirchliche Disciplin gerieth nach und nach in Verfall,[1] der Gottesdienst verlor seine Würde. Die Guillermins liessen überdies keine Gelegenheit vorübergehen, die ihnen verhassten Prediger blosszustellen, ihnen Verlegenheiten zu bereiten, das Volk gegen sie aufzuwiegeln. Auch Fromment, der 1539 wieder nach Genf zurückgekehrt war, richtete seine scharfen Angriffe gegen sie.[2] Die Lage der armen Seelenhirten flösste bald eher Mitleid als Neid ein. Der Rath gewährte ihnen seit dem Herbst 1539 keinen Schutz mehr. Vergebens suchten sie, als die Macht ihrer Gönner auf die Neige ging, sich den bisherigen Gegnern zu nähern und Frieden mit ihnen zu schliessen. Schon zu Anfang 1540, wenige Tage nach jener ersten für die Guillermins günstig ausgefallenen Wahl, traten sie mit Reformvorschlägen auf, die unverkennbar den Versuch eines Einlenkens in die calvinischen Bahnen enthielten.[3] Unumwunden wurde der Uebertritt in das Lager der Sieger nach der Katastrophe des Generalcapitains von ihnen vollzogen. In einer allgemeinen Bürgerversammlung am 17. Juni 1540 stellten sie selbst den Antrag, Alles wieder in den alten Stand zu setzen; sie brachten sogar die Ablegung eines Glaubenseides wieder in Anregung, eiferten in starken Ausdrücken gegen päpstliches

---

[1] Selbst Bern ermahnt am 3. Januar 1540: „Ir reformation zu halten, vnnd die offen laster, vppigkeit, müttwillen vnd ärgerlich handlungen so mitt worten geparden vnd thaten fürgand abzustellen, damit ergernus vermitten vnd den päpstlern nit vrsach geben werde, die evangelische religion zu schälten vnd schmähen". Bern. Instructionsb. C, f. 354; vgl. Teutsch Missivenb. W, f. 772; vgl. auch die Klagen der Prediger selbst, Rathsprot. 19. Febr. 1539.

[2] Rathsprot. 1, 6, 7. Mai 1539, Bern an Genf 23. Mai 1539, Welsch Missivenb. B, f. 116.

[3] Rathsprot. 16. Februar 1540; vgl. 1, 24. März 1540.

Wesen und ermahnten Alle nachdrücklich zum Gehorsam gegen die nunmehrige Obrigkeit.[1]) Allein eitle Täuschung war es, wenn sie dadurch Person und Amt aus dem allgemeinen Schiffbruch der Partei zu retten wähnten. Wie hätten die siegreichen Guillermins sich Männern, die sie Jahre lang bekämpft hatten, die nur aus Furcht jetzt die siegende Sache ergriffen, unterwerfen sollen? Ihre widerspruchsvolle Haltung machte sie nur noch verächtlicher. Das Volk begegnete ihnen mit offenbarer Geringschätzung. In den Kirchen kam es zu ärgerlichen Scenen. Man unterbrach die Redner auf der Kanzel, wies sie zurecht, warf ihnen Unwissenheit und Ketzerei vor. Als Henri de la Mare einmal die Lehre von der Sünde auseinandersetzte, rief Ami Porral vor allen Anwesenden mit lauter Stimme aus, die vorgetragenen Ansichten seien „Gift!"[2])

Unter solchen Umständen entschlossen sich endlich Marcourt und Morand, ihre Stellen niederzulegen. Am 10. August setzten sie den Rath von ihrem Vorhaben in Kenntniss, und ohne von der Behörde Abschied zu nehmen, verliessen beide im Laufe der nächsten Wochen die undankbare Stadt, um nach Bern zurückzukehren.[3]) Hier konnten sie denen, welche sie abgesandt hatten, ihrerseits bestätigen, dass Berns Rolle in Genf ausgespielt sei.

Nur Henri de la Mare und Jacques Bernard blieben zurück. Sie trafen alle Vorkehrungen, um Gnade zu finden vor „dem verehrungswürdigen und hochansehnlichen Vater,"[4]) auf welchen um diese Zeit die Blicke von ganz Genf gerichtet waren.

VII.

CALVINS RÜCKKEHR.

Rasch genug waren Calvins Ahnungen in Erfüllung gegangen: der tragische Ausgang der vier Syndike, die 1538 vornehmlich seinen Sturz herbeigeführt hatten, sah fast einem Gottesgericht ähnlich.

---

[1]) Rathsprot. 17. Juni 1540, *Gaberel* I, 317.
[2]) *Ruset* l. IV, c. 45. Vgl. auch Morands Klagen in dem Schreiben an die Syndike vom 9. August 1540, Genf. Arch., Pièc. hist. Nr. 1237.
[3]) Vgl. Rathsprot. 10, 20. Aug., 21. Sept. 1540 und das angeführte Schreiben Morands.
[4]) Vgl. J. Bernard an Calvin 6. Febr. 1541, Epp. et resp. 12 b—13 a.

Triumphirend luden ihn Freunde und Verehrer nach der Niederwerfung der letzten Gegner ein, seinen Sitz in Genf wieder einzunehmen. Erst damit wurde ihrem Werke die Krone aufgesetzt.

Wie erstaunten aber die Sieger, als sie jetzt bei Calvin selbst auf Widerstand stiessen! Was er im Sommer 1538 mit so beharrlichem Eifer erstrebt, was er damals grosser Anstrengungen und wiederholter Demüthigungen werth geachtet, schien allen Reiz für ihn verloren zu haben, als es ohne sein Zuthun von Freundes Hand ihm dargeboten wurde. Calvin legte eine entschiedene Abneigung an den Tag, nach Genf zurückzukehren, und eine Zeit lang hatte es den Anschein, als werde sein Widerstreben alle Hoffnungen und Berechnungen der Guillermins wieder vereiteln.

Bereits im Frühjahr 1539 war in der Stille von Anhängern seiner Partei bei ihm angefragt worden, wie er eine Rückberufung nach Genf aufnehmen würde, und schon damals hatte er sich in einer Weise geäussert, die nichts weniger als freudige Aufregung verrieth. Er sprach von einer vollständigen Genugthuung, die der gekränkten Kirche vorerst gewährt werden müsse, er erklärte, dass er auf keinen Fall ohne Farel zurückkehren werde, er nannte Genf „einen Abgrund," vor dem er zurückbebe.[1]) Und diese Stimmung schien sich bei ihm in demselben Grade zu befestigen, wie die Dinge in Genf sich für ihn günstiger gestalteten. Als er seit dem Anfang 1540 bestimmte Nachrichten über die Fortschritte und Absichten der Guillermins erhielt, bat er Farel angelegentlich, ihrem Plane, ihn zurückzuberufen, nach Kräften entgegenzuarbeiten: hundertmal lieber wolle er in den Tod gehen, als noch einmal das frühere qualvolle Dasein beginnen.[2]) „Warum nicht lieber gleich ans Kreuz?" antwortete er Viret, der ihn ebenfalls zur Rückkehr aufmunterte, „denn besser würde es sein, einmal zu sterben, als in jener Marterwerkstatt sich immer wieder von Neuem peinigen zu lassen!"[3]) Was ihm über Genfs Reue und Sinnesänderung mitgetheilt wurde, schien ihm keineswegs genügend. Er meinte, es habe sich noch nicht in der gebührenden Weise zum Herrn bekehrt, es sehe die Grösse seiner Schuld noch nicht hinlänglich ein und müsse gründlichere Beweise von Besserung geben.[4]) Nochmals ersucht er

---

[1]) Vgl. die beiden Schreiben Calvins an Farel aus dem März und April 1539, Epp. et resp. 7 b, 9 a.

[2]) Calvin an Farel 29. März 1540, Epp. et resp. 259 a.

[3]) Calvin an Viret 19. Mai 1540, Genf. Bibl. Cod. 111 a, p. 3.

[4]) „Ego vero non video, illos in Dominum respicere, ut oportuerat, siqui-

Kampschulte, J. Calvin etc. 24

im Herbst 1540 Farel, sich seiner gegen die Zudringlichkeit und die ungestümen Bitten der Genfer Freunde anzunehmen. „So oft ich daran zurückdenke," schreibt er, „welches Leben ich in Genf geführt habe, geht ein Schauer durch meine Seele. Du bist nächst Gott mein Zeuge, dass ich mich nur deshalb so lange dort habe zurückhalten lassen, weil ich nicht wagte, mich den Pflichten meines Amtes zu entziehen, welches mir, wie ich wusste, Gott selbst angewiesen. Darum habe ich lieber Alles erdulden, als den Ort verlassen wollen, wie oft mir auch dieser Gedanke kam. Nun aber, durch die Gnade Gottes frei geworden, sollte ich mich freiwillig wieder in jenen unheilvollen Strudel hinabstürzen? Und wenn mich auch die eigene Gefahr nicht abschreckte, darf ich im Ernste hoffen, dort nützlich wirken zu können? Wessen Geistes Kinder sind denn die, welche in Genf die grosse Mehrzahl bilden? Sie sind mir und ich bin ihnen unerträglich! Was vermag die Thätigkeit eines einzelnen Mannes, der überall von Hindernissen umgeben ist? Und dazu kommt noch, dass ich, offen gestanden, hier in Strassburg bei meiner ruhigen und friedlichen Thätigkeit die Kunst, Massen zu regieren, verlernt habe."[1])

Allein in allen solchen Herzensergiessungen sprach sich doch zugleich eine lebhafte Theilnahme für die alte Gemeinde aus, und trotz aller Versicherungen des Gegentheils fühlte er sich im Innern immer wieder zu Genf hingezogen. Lieber wolle er hundertmal sein Leben für die Kirche von Genf hingeben, als sie im Stich lassen und verrathen, sagt er eben in jenem Schreiben an Farel, nachdem er vorher den Gedanken einer Rückkehr scheinbar ein für allemal abgewiesen hat. Es ist ihm gewiss zu glauben, dass die traurigen Erfahrungen, welche er in Genf gemacht, sich seiner Seele tief eingeprägt hatten; aber jener so grell zur Schau getragenen Abneigung gegen die Wiederaufnahme seiner frühern Thätigkeit lag doch, dünkt uns, in nicht geringem Grade auch Berechnung zu Grunde. Genfs Uebermuth und Stolz sollte vollständig gedemüthigt werden, es sollte vor der Welt seine Schuld eingestehen und ihm, dem Diener des Herrn, sowie der beleidigten Kirche volle Genugthuung gewähren. Mochten auch Freunde

---

dem nec quid egerint, satis cogitant, nec ad corrigendum id ipsum quod peccaverunt, animos applicant." An Farel, Mai 1540, Genf. Bibl. Cod. 111, f. 33.

[1]) Calvin an Farel, Strassburg 21. Oct. 1540, Epp. et resp. p. 13 b. Der gedruckte Text dieses Briefes erhält übrigens durch den handschriftlichen (Genf. Bibl. Cod. 106, f. 48) noch einige Ergänzungen, welche besonders die Furcht Calvins vor einer Wiederkehr der früheren Scenen hervortreten lassen.

und Parteigenossen ihn noch so dringend zur Rückkehr einladen, ihm von der Reue und Besserung ihrer Mitbürger Grosses erzählen: eine Genugthuung, wie er sie verlangte, war damit nicht gegeben, nicht einmal die Bürgschaft für ein fruchtbringendes Wirken. Der Umstand, dass man blos ihn, nicht auch seinen Leidensgefährten Farel zurückverlangte, weckte bei ihm sogar den Verdacht, dass es sich nur um eine „Begnadigung" seiner Person handle.[1]) Nicht aber als Begnadigter wollte er zurückkehren, er, der die Veranlassung und das Recht zu begnadigen vielmehr für sich in Anspruch nahm! Unverkennbar sind jene ablehnenden Aeusserungen — eine aufmerksame Durchlesung seiner Briefe lässt nicht daran zweifeln — zum guten Theil aus Erwägungen dieser Art hervorgegangen. Es war deshalb vorauszusehen, dass seine Bedenken schwinden würden, sobald die Frage einmal ernstlich an ihn herantrat, sobald die gesetzlichen Träger der Gewalt selbst ihn zur Rückkehr einluden und ihm boten, was er beanspruchte.

Dies geschah im Herbst 1540.

Nachdem bereits am 21. September Ami Perrin, der eifrige Guillermin, von dem Rathe den Auftrag erhalten hatte, „Mittel ausfindig zu machen, wie er Meister Calvin dahin bringen könne, nach Genf zurückzukehren," nahm einige Wochen später das Collegium die Angelegenheit mit grossem Eifer selbst in die Hand. Am 13. October wurde von dem kleinen Rathe beschlossen, an „Herrn Calvin" ein Schreiben zu richten und ihn zu bitten, der Stadt „zu helfen." Der Ueberbringer des Briefes, Michael Dubois, ein alter Freund des Reformators, sollte ihm im Namen der Stadt auch noch mündlich eindringliche Vorstellungen machen und insbesondere die Strassburger Prediger um ihre Fürsprache ersuchen. Auch dabei beruhigte man sich nicht. Die neuen Machthaber betrieben die Sache mit der ganzen Hast und Ungeduld einer siegreichen Partei. Ohne den Erfolg der gethanen Schritte abzuwarten, werden neue beschlossen. Man häuft Bittschriften, Vorstellungen, Vermittelungsgesuche, Gesandtschaften; die Rathsprotocolle dieser Zeit sprechen fast nur von „Meister Calvin." Am 19. Oc-

---

[1]) „*Aut ambos simul restitui aut me per veniam restitutum videri oportet. Ita personae indulgebitur restitutio, non causae dabitur,*" schrieb er im Frühjahr 1539 an Farel, Epp. et resp. p. 9 a. Später bestand er nicht mehr auf Farels Rückberufung, und Farel scheint seine Zurücksetzung unangenehm empfunden zu haben. Vgl. Epp. et resp. p. 19 b. Von Anderen ist die Nichtwiederanstellung Farels geradezu Calvin zugeschrieben worden; vgl. *Drelincourt* l. c. p. 254, 55.

tober beschliessen die Zweihundert, „damit die Ehre und der Ruhm Gottes befördert werde, alle möglichen Mittel zu versuchen, um Meister Calvin als Prediger zu erhalten." Denselben Beschluss fasst Tags darauf der Generalrath: „Wir wollen Calvin," heisst es hier allgemein, „den gelehrten und frommen Mann Gottes zu unserm Prediger." Es werden keine Kosten gescheut. Ein neuer Bote soll nach Strassburg abgehen und Meister Calvin bitten, dass er komme. Der kleine Rath zögert nicht mit der Ausführung und bezeichnet Ami Perrin „mit einem Herold" als zweiten Gesandten: zugleich will man die Städte Bern, Basel und Strassburg um ihre Vermittelung ersuchen. Am 22. October richten „Syndike und Rath" abermals ein Einladungsschreiben an „Calvin, ihren guten Bruder und einzigen Freund." Demüthig bitten sie ihn, zur Vermehrung der göttlichen Ehre sein früheres Amt wieder zu übernehmen, und versprechen, „sich so gegen ihn aufzuführen, dass er Grund haben werde, zufrieden zu sein!" Am 27. October endlich macht sich Louis Dufour, der an Perrins Stelle diese Gesandtschaft übernahm, mit dem officiellen Schreiben auf den Weg nach Strassburg, „um Meister Calvin zu holen!"[1])

Kaum war es möglich, einen grössern Eifer an den Tag zu legen. Farel hatte Recht, wenn er die Vorgänge in Genf als eine herrliche Genugthuung, als den glänzendsten Triumph ihrer Sache feierte. „Sie haben gestanden," schrieb er damals voll Freude nach Strassburg, „Rath und Volk, dass sie gerechte Strafen erduldet, ja dass sie noch grössere verdient hätten, wegen der schmählichen Misshandlung der Geistlichen und des schändlichen Unrechts, das sie gegen Gott und sein heiliges Wort verübt haben; sie sehen ein, dass es nur Einen Weg zum Heile gibt, nämlich das reine Wort Gottes wieder herzustellen und zu befolgen; zu diesem Zwecke wollen sie Dich bitten und Alles, was in ihren Kräften steht, aufbieten, damit Du kommst.

Calvin war in Strassburg eben mit den Vorbereitungen zur Reise nach Worms beschäftigt, als die erste Botschaft von Genf eintraf. Das Schreiben der reuigen Gemeinde und die Vorstellung des Ueberbringers machten Eindruck. Die Antwort, welche er

---

[1]) Rathsprot. 21. Sept., 13, 19, 20. Oct. (vgl. Bernard an Calvin et resp. p. 12 b), 21, 22, 27. Oct. 1540. Das zweite Einladungsschreiben des Rathes s. bei *Bonnet*, Lettres franç. I, 32. Vgl. *Gaberel* I, 113, 114.

²) Farel an Calvin 31. Oct. 1540, Bibl. des past. de Neuchâtel: *lachrimis decretum vel potius auditum et narratum,"* ligt

erfolgte sehr rasch — lässt bereits ein Schwanken erkennen.[1]) Er lehnt zwar die Erfüllung der an ihn gestellten Bitte unter Hinweisung auf seine Verpflichtungen gegen Strassburg und das bevorstehende Religionsgespräch einstweilen ab und empfiehlt, statt seiner vorläufig seinen Freund Viret aus Lausanne zu berufen; aber er spricht doch in so herzlichen, warmen Worten von den innigen Banden, die ihn an die Genfer Kirche knüpfen, von der lebhaften Theilnahme, die er für sie fühle, und von der „wunderbaren Verlegenheit," in der er sich dem Antrage gegenüber befinde, dass diese Ablehnung mehr aufmunterte als abschreckte. Noch ermuthigender lautete die Antwort der um ihre Fürsprache angegangenen Strassburger Theologen.[2]) Bucer und seine Amtsbrüder drücken vor Allem ihre Freude darüber aus, dass die Gläubigen in Genf wieder zur Einsicht gekommen seien. „Wohl steht es nun um Euch," heisst es in ihrem Schreiben, „da Ihr Christum wieder in diesem seinen auserwählten Rüstzeuge anerkennt." Sie bitten dieselben, sich einstweilen noch in Geduld zu fassen, da Calvin bei dem für die ganze Kirche wichtigen Religionsgespräch nicht fehlen dürfe, versprechen aber schon jetzt, sobald Zeit und Umstände es gestatten, Calvin mit noch anderen Geistlichen nach Genf zu entsenden, um dort, an Ort und Stelle, zu berathen und auszuführen, was zum Wohle der Kirche erforderlich sei.

Waren auch die Zusagen der Theologen wie Calvins eigene Aeusserungen noch unbestimmt gehalten, so lag doch in ihnen unverkennbar ein erster Anfang zur Nachgiebigkeit, und der reuige Eifer Genfs, der nicht einmal diese Antwort abwartete, führte rasch die Entscheidung herbei. Calvin befand sich erst kurze Zeit in Worms, als bereits jene neue Gesandtschaft eintraf, die ihm das zweite, noch eindringlichere Einladungsschreiben des Rathes überbrachte. Die Gesandten hatten ihn in Strassburg vergeblich gesucht und auch die weitere Reise nach Worms nicht gescheut, um ihm die heissen Wünsche ihrer Mitbürger persönlich ans Herz zu legen. Gleichzeitig kamen Mahnschreiben von Farel und Viret an. So dringenden Vorstellungen, so vielen Beweisen von Eifer, Reue und Sehnsucht gegenüber verlor Calvin seine Festigkeit; auch seine Umgebung wurde durch die Schilderungen der Gesandten ergriffen und meinte, man dürfe ihre

---

[1]) Calvin aux Seigneurs de Genève d. d. Strasb. 23. Oct. 1540, bei *Bonnet*, Lettres franç. I, 29 sqq. Aus dem Schreiben selbst ergibt sich, dass es sich auf die Botschaft vom 13. Oct. bezieht.

[2]) Abgedr. Epp. et resp. p. 15 a—b.

Bitte nicht abschlagen. So gab er jetzt nach, unter vielen Thränen, wie er selbst erzählt, und versprach den Wunsch der flehenden Gemeinde zu erfüllen. Aber er vergass dabei doch nicht, seine Bedingungen zu machen und sich im Voraus für alle Fälle sicher zu stellen. Er verspricht allerdings nach Genf zurückzukehren, jedoch erst nach Beendigung des Religionsgesprächs, nur in Begleitung seines Freundes Bucer und nur unter der Bedingung, dass es sich nicht blos um die Einsetzung eines Seelenhirten, sondern um die Wiederherstellung der ganzen Kirche handelt. Es sollen ferner die Magistrate von Strassburg und Bern ausdrücklich ihre Einwilligung geben, und auch bei solchen Bedingungen verpflichtet er sich nur zu einer zeitweiligen Uebernahme seines frühern Amtes.[1]) Wie ein siegreicher Feldherr schreibt er der zu Allem erbötigen Stadt die Bedingungen der Uebergabe vor. In einem besondern Schreiben setzt er am 12. November Rath und Syndike von seinem Entschluss in Kenntniss, nicht ohne nochmals die Schwierigkeiten hervorzuheben, welche der Ausführung entgegenstanden und noch entgegenstehen: er wird kommen, sobald die Religionsgespräche beendet sind und er seiner Pflichten gegen die Strassburger ledig geworden; schon jetzt aber will er den Nutzen der Genfer Kirche nach Kräften zu befördern trachten, als sei er bereits in ihren Dienst getreten. Mit dieser Antwort und einem neuen Schreiben der Strassburger Theologen kehrten die Boten nach Genf zurück, wo ihre Mittheilungen von Rath und Bürgerschaft mit grosser Befriedigung aufgenommen wurden.[2])

Aber nachdem er sein Wort gegeben, erwachten die alten Bedenken in Calvin noch einmal in ihrer ganzen Stärke. Und war denn

---

[1]) Vgl. über diese Wormser Verhandlungen die Schreiben Calvins an Farel vom 13. Nov. 1540 (Epp. et resp. 259 b) und einige Tage später (l. c. 18b—19a), an Viret vom 1. März 1541 (l. c. p. 14 b), an J. Bernard vom 1. März 1541 (l. c. 261 a), an die Zürcher vom 31. März 1541 (*Henry* l. c. I, Beil. p. 83). Aus allen diesen Briefen wie auch aus dem mündlichen Berichte der Gesandten in Genf (vgl. Rathsprot. 22. Nov. 1540) ergibt sich, dass es schon in Worms zu festen Abmachungen und bindenden Zusagen gekommen ist. Am wenigsten bestimmt drückt sich Calvin in dem ersten Schreiben an Farel aus; um so bündiger und rückhaltloser ist der Inhalt des zweiten Schreibens an denselben (Epp. et resp. 18b—19a). *Stähelin* I. 313 setzt nach *Bonnet*, Letters of Calvin I. 356 dasselbe in eine zu späte Zeit: schon die Erwähnung Virets zeigt, dass es sich auf die Zeit der Wormser Verhandlungen bezieht.

[2]) Vgl. *Bonnet*, Lettres franç. I, 32 sqq., Rathsprot. 22. Nov. 1540.

der Schritt, den er thun sollte, nicht in der That ein bedenklicher? Er hatte in der deutschen Reichsstadt einen angenehmen, friedlichen und lohnenden Wirkungskreis gefunden. Erst eben war er in seiner Eigenschaft als Strassburger Prediger zu einer Thätigkeit berufen worden, an welche er um diese Zeit noch die grossartigsten Hoffnungen für die gesammte evangelische Kirche knüpfte. Ungern wurde sein Abgang nicht blos von seiner Gemeinde, sondern auch von dem Magistrat in Strassburg gesehen: gerade in Worms erfuhr er, wie grosses Gewicht die städtische Behörde auf seinen Besitz legte.[1]) Welche Bürgschaften bot ihm dagegen Genf? Zwar liess der Eifer der gegenwärtigen Machthaber nichts zu wünschen übrig, und an der Aufrichtigkeit der von ihnen kundgegebenen Gesinnungen war gewiss nicht zu zweifeln. Aber sie stellten doch nur eine Partei dar, eine Partei, die allerdings in diesem Augenblicke siegreich war und ihre Gegner zum Schweigen gebracht hatte, die aber wieder unterliegen konnte, wie sie 1538 unterlegen war. Liess sich wirklich annehmen, dass jene überschwenglichen Octoberbeschlüsse der unverfälschte Meinungsausdruck einer Bürgerschaft seien, die vor noch nicht drei Jahren Calvin und seine Genossen fast einstimmig verdammt hatte? Calvin kannte das Genfer Parteigetriebe zu gut, um nicht wenigstens leise Zweifel in sich aufkommen zu lassen. Dazu kam endlich, dass jene Macht, die von jeher Calvins Feinden einen Rückhalt geliehen, die 1538 seine Katastrophe hatte herbeiführen helfen, das benachbarte Bern, noch fortwährend eine feindselige Haltung zeigte. Ein sehr schmeichelhaftes Schreiben, welches Bucer schon vor einiger Zeit, in richtiger Würdigung der Bedeutung Berns, an seinen hochweisen Rath gerichtet hatte, um denselben zu einer der Rückberufung Calvins günstigen Aeusserung zu veranlassen, war ganz ohne Erfolg geblieben.[2]) Die Bitte Genfs, in Strassburg die Entlassung Calvins zu befürworten, wurde von „Rath und Burgern" in Bern geradezu abschlägig beschieden.[3])

---

[1]) „*Nunquam credidissem*," schreibt er an Farel von Worms aus, „*me tanti esse apud Senatum nostrum.*" Epp. et resp. 259 b.

[2]) Bucer an Bern, Juni 1540, Genf. Bibl. Cod. 196, f. 80. Das Schreiben macht Bucers Scharfblick alle Ehre, zeigt übrigens auch, dass bei den Strassburger Theologen schon um diese Zeit der Entschluss, Calvin Genf abzutreten, feststand und dass ihr späteres scheinbares Widerstreben nur darauf berechnet war, auf die Genfer Eindruck zu machen.

[3]) Bern. Rathsm. 10 und 11. Febr. 1541. „*Ils m'ont tousjours plus craint*

Alles dies trat jetzt aufs Neue vor seine Seele und erfüllte ihn mit Unruhe und Bangigkeit, wenn er an die Erfüllung der gemachten Zusage dachte. „Was meine Berufung nach Genf angeht," schreibt er schon im December einem Strassburger Freunde, „so bin ich in einem solchen Grade rathlos und verwirrt, dass ich kaum daran zu denken wage."¹) Die Verlängerung der deutschen Religionsgespräche, wie wenig er davon auch in anderer Rücksicht erbaut war, kam doch gewissermassen seinen Wünschen entgegen, weil sie ihm die Möglichkeit eines längern Aufschubs bot. „Lieber würde ich übers Meer ziehen als nach Genf," äussert er gegen die Zürcher, „wenn ich meinen Neigungen folgen dürfte." Vergebens suchte ihn der gestähltere Farel, welcher über dieses fortwährende Schwanken fast ärgerlich wurde, mit kräftigen Worten aufzurichten. Der Gedanke, dass in Genf die alten Kämpfe sich wiederholen würden, wollte ihn nicht verlassen. „Es gibt keinen Ort auf der Welt," versicherte er Viret, „vor dem ich mich mehr fürchte: nicht als ob ich ihn hasste, sondern weil ich mich den Schwierigkeiten, die dort meiner harren, nicht gewachsen glaube. Meine Seele erbebt, wenn ich mir die vergangenen Zeiten wieder vergegenwärtige und daran denke, dass ich jetzt alle jene Kämpfe wieder aufnehmen soll."²)

Allein Genfs Umwandlung war dieses Mal gründlicher als je, und die von allen Seiten einlaufenden Nachrichten gestalteten bald nicht mehr, daran zu zweifeln. Die Begeisterung für Calvin nahm zu, wie seine Wiedergewinnung zur Gewissheit wurde, und ergriff bald selbst die Lauen und Unentschiedenen. Eine mächtige Förderung erfuhr dieser Geist insbesondere durch Viret, welcher nach dem Vorschlage Calvins gegen Ende 1540 wirklich von Lausanne berufen wurde, um das zerrüttete Kirchenwesen vorläufig einigermassen zu ordnen, und zu diesem Zwecke von Bern — nicht ohne einiges Zaudern — einen Urlaub erhielt.³) Noch von seiner frühern Wirksamkeit her in gutem Andenken stehend und allgemein beliebt, war Viret ganz die geeignete

---

qu'aimé." sagte Calvin selbst von den Bernern noch auf seinem Todesbette. Lettres franç. II, 579.
¹) Calvin an Parens 14. Dec. 1540 (Siml. Samml. Bd. 48).
²) Calvin an Viret 1. März 1541, Epp. et resp. 14 a, vgl. Henry l. c. I, 395 und Beil. p. 84.
³) Rathsprot. 29. Nov., 25. Dec. 1540, 5. Jan. 1541. Das Schreiben des Genfer Raths an Viret ist vom 22. Nov. (Siml. Bd. 48), Bern ertheilte ihm seine Einwilligung am 31. Dec. (Welt.sch Missiv. B, f. 228).

Persönlichkeit, seinem Freunde den Weg zu bahnen und auch die unterlegene Partei mit Calvin auszusöhnen. Mit steigender Ungeduld sah man seiner Rückkehr entgegen. Schon im Januar 1541 ging wieder ein Bote nach Strassburg ab, um die Abreise des Ersehnten zu beschleunigen. Im Februar wurde auf Virets Anregung eine neue Bittschrift an ihn beschlossen.¹) Inzwischen ermangelte man nicht, auch durch andere Anordnungen Beweise einer vollständigen Sinnesänderung zu geben und sich bei Calvin in Gunst zu setzen. An seinen alten Freund Mathurin Cordier erging die Einladung, nach Genf zurückzukehren und die Leitung der Schule zu übernehmen.²) Es wurde sogar der Versuch gemacht, Calvins Lieblingsidee, die Einrichtung einer besondern Behörde zur Handhabung strenger Sittenzucht, schon vor seiner Ankunft zur Ausführung zu bringen.³) Am 1. Mai trat endlich der Generalrath zusammen, um in aller Form den Volksbeschluss vom 23. April 1538 zu widerrufen. Feierlich gaben die versammelten Bürger die Erklärung ab, dass Keiner sich in ihrer Mitte befinde, der nicht Calvin, Farel und Saunier für Ehrenmänner und wahre Diener Gottes halte.⁴) Dann richteten Syndike und Rath nochmals unter Beklagung des grossen Unglücks, welches die Verbannung der Prediger über Genf gebracht, ein flehentliches Gesuch an die drei Städte Basel, Zürich und Strassburg, Hülfe zu leisten, damit Calvin, „ihr Bruder, der ihnen unumgänglich nothwendig sei, den das Volk mit so grosser Sehnsucht zurückverlange," ihnen wieder gegeben werde.⁵) Wahrlich, eine glänzendere Genugthuung ist selten einem Menschen zu Theil geworden! Hatte Calvin durch sein Zögern der Stadt die Grösse ihrer Schuld zum Bewusstsein bringen, sie demüthigen wollen, so war dieser Zweck vollständig erreicht.

Zugleich mit diesen öffentlichen Kundgebungen der Reue und Sehnsucht mehrten sich die Bitten und Ermahnungen, die ihm von Einzelnen zukamen. Nicht blos Viret und Farel, der nach Calvins eigenem Ausdruck zürnende Blitze und Donner gegen den Zaudernden

---

¹) Rathsprot. 26. Jan., 28. Febr. 1541. Das neue Schreiben Calvins vom 19. Febr. 1541 (Lettres franç. I, 36 ff.) ist wohl die Antwort auf die Gesandtschaft vom Januar.
²) Die ablehnende, aber wohlwollende Antwort vom 12. März 1541 ist abgedr. Bulletin XV, p. 415 ff. Rathsprot. 29. März 1541.
³) Rathsprot. 5, 8, 23. April, 17. Mai 1541.
⁴) Rathsprot. 1. Mai 1541.
⁵) Das Schreiben (vom 26. Mai 1541) ist abgedr. Henry I, Beil. 75 ff.

schleuderte, sondern sogar ehemalige Gegner drangen in ihn ein, sich der armen, verwaisten Kirche wieder anzunehmen. „O komm doch, ehrwürdiger Vater in Christo," schreibt ihm Jacques Bernard, der 1538 so gewaltig gegen die „Fremden" geeifert, „Du bist wahrhaftig der Unserige; Alles seufzt nach Dir. An mir wirst Du einen lautern und treuen Freund — doch was sage ich? — einen gehorsamen und willigen Diener haben. Komm doch bald; Du wirst ein neues Volk finden, erneut durch die göttliche Gnade und die Arbeit des Viret. Ja würdige unsere Kirche Deiner Hülfe, sonst wird Gott unser Blut aus Deinen Händen fordern. Denn Du sollst der Wächter des Hauses Israel sein, welches sich der Herr bei uns aufgerichtet hat."[1] „Schwere Verantwortung," heisst es in einem Schreiben Marcourts, „würdest Du vor Gott auf Dich laden, wenn es geschehen sollte, dass durch Deine Weigerung die Kirche von Genf, welche von so grosser Bedeutung ist, zu Grunde ginge."[2]

Und nicht blos von Angehörigen der Genfer Kirche, selbst von Fernstehenden wurden Bitten und Vorstellungen in diesem Sinne an ihn gerichtet. Es ist erstaunlich, eine wie allgemeine Theilnahme nahe und fern in evangelischen Kreisen sich für Calvins Rückkehr offenbarte. Von Einzelnen[3] und ganzen Genossenschaften, aus Deutschland, Frankreich und der Schweiz liefen Mahnschreiben ein. „Schon der Eifer," heisst es in einem derselben, „womit so viele Kirchen in Dich dringen, sollte alle Bedenken zerstreuen." Man sieht es deutlich: es lebte in den Gemüthern eine gewisse Ahnung der bedeutungsvollen Wirksamkeit, die von Genf ausgehen sollte, und der Genfer Magistrat sprach sie selbst in den merkwürdigen Worten aus, die er an die drei befreundeten Städte richtete: „Wir haben hier gleichsam den Schlüssel zu Italien und Frankreich: wunderbares Heil, aber auch grosses Un-

---

[1] Bernard an Calvin 6. Febr. 1541, Epp. et resp. p. 12 b. Auf Calvin machte dieses Schreiben, wie man aus seinem Briefe an Farel vom 1. März (Genf. Bibl. Cod. 111a, f. 1) sieht, wohl in Anbetracht der Vergangenheit des Schreibenden keinen günstigen Eindruck: er nennt es eine Schmeichelei. Für den herrschenden Calvin-Cultus ist es aber um so bezeichnender, wenn selbst ein Bernard sich genöthigt sieht, in diesen Ton mit einzustimmen.

[2] *Marcourt* (Marcuetius) an Calvin 1. October 1540, Goth. Bibl. Cod. 405. f. 113.

[3] Am eindringlichsten spricht unter diesen vielleicht der Prediger Zebedäus, Genf. Bibl. Cod. 109, f. 204. Aehnlich Libertet, Goth. Bibl. Cod. 405, f. 39.

heil kann von hier aus der Welt bereitet werden."[1]) Von der hohen Bedeutung, welche die Stadt sowohl durch ihre unvergleichliche Lage als durch ihre Grösse für die weitere Ausbreitung des Evangeliums habe, nahmen auch die Zürcher Geistlichen, die unter Allen am eifrigsten Calvins Rückkehr betrieben, ihre Hauptgründe. „Du weisst," ermahnen sie ihn, „Genf liegt an der Grenze Deutschlands, Italiens und Frankreichs, so dass grosse Hoffnung vorhanden ist, von dort das Evangelium in die benachbarten Städte zu verpflanzen und den Weinberg des Herrn zu erweitern! Du weisst, auch der Apostel wählte für seine Predigt die Hauptstädte, damit von ihnen aus die evangelische Wahrheit in die Umgegend vordringe. Wie mächtig Du von dieser Stadt aus das Reich Gottes sowohl durch das lebendige Wort als durch schriftstellerische Thätigkeit fördern kannst, ist Dir selbst hinlänglich bekannt. Darum bitten, flehen und beschwören wir Dich, widerstrebe nicht länger dem Rufe, den Gott selbst an Dich richtet, folge rasch und ohne Zaudern!"[2]) Sogar Strassburg, das von seiner eigenen Bedeutung für die evangelische Propaganda eine so hohe Vorstellung hatte, gestand doch der wälschen Schwesterstadt den Vorrang zu und entschloss sich zuletzt, ihr den vielumworbenen Theologen wenigstens für einige Zeit wieder zu überlassen.

Calvin durfte dem allgemeinen Verlangen nicht länger widerstehen. Schon erregte sein Zaudern hie und da Murren. „Wartest Du vielleicht darauf," schrieb Farel von Neuenburg in vorwurfsvollem Tone, „dass auch die Steine rufen? Kein Gläubiger, keine Kirche findet Dein Zaudern und dieses fortwährende Verschieben der Abreise nicht tadelnswerth oder räthselhaft."[3]) Der Vorwand, welchen ihm bisher die deutschen Religionsgespräche geliehen, fiel im Sommer 1541 weg. Von allen seinen Bedingungen war nur die bezüglich Berns gestellte noch nicht erfüllt; aber er überzeugte sich, dass Berns Stimme nach den letzten Vorgängen nicht mehr so viel zu bedeuten habe. So machte er denn endlich, von Regensburg heimgekehrt, ernstlich Anstalt, sein Versprechen zu erfüllen.

In Genf herrschte Jubel und Freude. Seit dem Frühjahr hatte man bereits begonnen, für einen angemessenen Empfang Vorberei-

---

[1]) Vgl. *Henry* I, Beil. p. 76; ähnlich auch Farel, vgl. *Kirchhofer* II, 20.
[2]) Die Zürcher Geistlichen an Calvin 4. April 1541, Epp. et resp. p. 262 a.
[3]) Farel an Calvin 25. Aug. 1541, Epp. et resp. p. 262 a—b.

tungen zu treffen. Den ganzen Sommer über finden wir die Behörden beschäftigt, die Spuren des dreijährigen Interregnums allenthalben zu verwischen und der Stadt wieder ein dem geistlichen Ernst ihres künftigen Gebieters entsprechendes Aussehen zu geben. Die Rathsprotocolle dieser Zeit zeigen uns das Bild einer merkwürdigen Thätigkeit. Ueber Schule und Spital, über Predigt und Wirthshausbesuch, über Feiertage und Glockengeläut werden Beschlüsse gefasst. Man erneuert die alten Disciplinargesetze, ordnet eine Vermehrung der Predigten an und schärft den regelmässigen und aufmerksamen Besuch derselben auf das angelegentlichste ein. An der Kanzel in St. Peter werden Veränderungen vorgenommen, um sie für den Vortrag bequemer einzurichten. Was immer nur Calvin gefallen kann, wird angeordnet. Der Rath selbst übernimmt es, eine für ihn passende Wohnung „nebst Garten" aufzusuchen. Ueber wichtige städtische Angelegenheiten ist nicht mit solchem Ernst und solcher Umständlichkeit verhandelt worden, wie über diese Frage. In mehreren Sitzungen hat man sich damit beschäftigt und nicht weniger als drei Beschlüsse sind darüber gefasst worden. Unter solchen Vorbereitungen wird der langersehnte Tag erwartet. Noch ehe Calvin selbst von Strassburg aufgebrochen, ist bereits ein Herold auf dem Wege, um ihm entgegenzueilen, um im Namen der Stadt ihn zu begrüssen. An Farel ergeht eine Einladung, durch seine Anwesenheit den Einzug des Freundes verherrlichen zu helfen. Für den Empfang eines Fürsten hätte nicht mehr Theilnahme und Aufmerksamkeit bewiesen werden können.[1])

Anfangs September reiste Calvin von Strassburg ab. Von Bucer als Begleiter war keine Rede: einer solchen Vorsichtsmassregel bedurfte es bei der gegenwärtigen Stimmung Genfs nicht mehr! Der Magistrat gab dem Scheidenden einen Geleitsbrief mit, welcher unter nochmaliger Hervorhebung der grossen Opfer, die Strassburg durch die Entlassung eines solchen Mannes bringe, ihn in warmen Ausdrücken dem Wohl-

---

[1]) Vgl. Rathsprot. 20, 21, 24, 25. Juni, 13, 18. Juli, 19, 21, 22, 24, 29, 30. Aug., 4, 9. Sept 1541; über die Wohnung Calvins vgl. auch die Abhandlung von Heyer in den Mém. et doc. IX, 391 ff. nebst den Ergänzungen von *Galiffe*, Nouvelles pages d'hist. exacte p. 11—14. Calvin erhielt das prächtige Haus eines Herrn von Fresneville in der Rue des Chanoines, welches er aber, da der Eigenthümer gegen das eigenmächtige Verfahren des Rathes Einsprache erhob, nach einiger Zeit mit einem andern vertauschen musste, bis die Behörde das ihm ursprünglich zugedachte Haus für ihn ankaufte. Gegenwärtig ist dasselbe im Besitz der barmherzigen Schwestern.

wollen Genfs empfiehlt. Von Bucer erhielt er ein Empfehlungsschreiben im Namen der Geistlichkeit. „Nun kommt er endlich zu Euch," heisst es in diesem, „Calvin, jenes auserwählte und unvergleichliche Rüstzeug Gottes, dem unsere Zeit kaum einen Zweiten an die Seite zu stellen hat, wenn überhaupt neben ihm von einem Zweiten die Rede sein kann!" Nicht ohne Absicht wird beigefügt, dass Genf einen so hoch begnadigten Mann nicht bedingungslos und für immer erhalte: nur unter dem Vorbehalt späterer Rückkehr habe Strassburg in seine Abreise gewilligt.[1]) Auch Basel, das er auf seiner Reise berührte, übergab ihm ein ehrenvolles Geleitschreiben.[2]) So durchzog er jetzt im Triumph theilweise dieselben Gegenden, die er vor drei Jahren als Hülfe suchender Flüchtling durchirrt hatte. Am 13. September hielt er unter dem Jubel der Bevölkerung seinen feierlichen Einzug in Genf. Er richtete an die versammelte Menge Worte der Entschuldigung wegen der lange verzögerten Ankunft; allein diese waren unnöthig. Man freute sich, den lange Ersehnten endlich in seiner Mitte zu sehen: an Wiederentlassung nach Deutschland war nicht zu denken. Noch an demselben Tage wurde auch die Abholung seiner Familie auf städtische Kosten angeordnet und ein Schreiben an den Strassburger Rath beschlossen, um diesen zu ersuchen, den gemachten Vorbehalt fallen zu lassen.[3]) Calvin gehörte fortan Genf und Genf ihm.

---

[1]) Beide Schreiben tragen das Datum des 1. September und befinden sich Genf. Bibl. Cart. 197aa, n. 1.

[2]) D. d. 4. Sept. Genf. Arch., Pièc. hist. n. 1268.

[3]) Rathsprot. 13. Sept. 1541. Das Schreiben an Strassburg ging am 16. Sept. ab und wurde schon am 29. in dem gewünschten Sinne beantwortet. Genf. Bibl. Cart. 197aa. n. 1. Als Tag der Rückkehr bezeichnen sowohl die Rathsprotocolle, als *Colladon* p. 48 und *Beza* p. 10 den 13. September. Auffallend bleibt dabei, dass Calvin selbst schon am 7. Sept. von Neuenburg aus (*Bonnet*, Lettres franç. I, 38) seine nahe bevorstehende Ankunft ankündigt und dieselbe schon am Abend des 9. in Genf erwartet wurde (Rathsprot. 9. Sept.). Jedenfalls hat indess der feierliche Empfang erst am 13. Sept. stattgefunden. Calvins Frau kam einige Wochen später an; Rathsprot. 11. Oct. 1541.

VIERTES BUCH.

GRUNDLEGUNG DER NEUEN ORDNUNG.

I.

BEGINN DER NEUEN THÄTIGKEIT CALVINS. ANNAHME DER „ORDONNANCES ECCLÉSIASTIQUES."

Die Geschichte Genfs während der vier ersten Decennien des sechzehnten Jahrhunderts ist die Geschichte einer dreifachen Revolution, durch welche die drei alten Träger der Gewalt einer nach dem andern überwältigt wurden. In der ersten unterlag der Vicedom den vereinigten Vertheidigern der kirchlichen und bürgerlichen Freiheit; die zweite führte den Sturz des Bischofs herbei und liess die evangelische Bürgerschaft als Alleinherrscher zurück; die dritte endete mit der Unterwerfung dieser Bürgerschaft unter den Willen Calvins.

Denn dies war in Wahrheit die Bedeutung seiner Rückberufung. Nicht um die blosse Wiederannahme eines ausgewiesenen Predigers handelte es sich im Herbst 1541. Der Triumph, den Calvin damals feierte, verkündete Jedermann, dass Genf fortan seinen Forderungen, seinem früher verschmähten Systeme sich fügen werde. Mit fast kriechender Unterwürfigkeit sahen wir die Vertreter der bürgerlichen Gewalt dem Sieger ihre Huldigung darbringen. Eine Obrigkeit, die sich so tief vor ihm erniedrigte, hatte damit über ihre eigene Autorität den Stab gebrochen und konnte dem geistlichen Gesetzgeber gegenüber, mochte auch später Reue eintreten, nie wieder zu rechtem Ansehen gelangen. Genf war im Herbst 1541 den geistlichen Tendenzen Calvins dienstbar geworden, es war an den Siegeswagen des Reformators gefesselt und musste ihm folgen trotz alles Sträubens, trotz aller Auflehnungsversuche, die später nicht ausgeblieben sind.

Nicht anders fasste Calvin selbst seine Stellung von vorn herein auf. Für ihn ergab sich sein Herrscherrecht über Genf aus dem wunderbaren Gange der letzten Ereignisse mit der Zweifellosigkeit eines von Gott selbst erklärten Glaubenssatzes. Schimpflich vor drei Jahren vertrieben, sah er sich mit den grössten Ehren auf den Schauplatz zurückgeführt, den ihm Farel einst in ernster Stunde im „Namen des allmächtigen Gottes" angewiesen: mit Jubel wurde er von demselben Volke begrüsst, das ihm unversöhnlichen Hass geschworen! Seine eigenen Bemühungen, durch äussere Hülfe die Wiedereinsetzung zu erzwingen, waren vergeblich geblieben und hatten nur neue Demüthigungen für ihn zur Folge gehabt. Erst als er seinen Blick von Genf abgewandt, als ihm Deutschlands Gastlichkeit eine neue Heimath gegeben, als er in Strassburg die Annehmlichkeit einer friedlichen und geordneten Wirksamkeit gekostet, als Genf ihm zu einem „Abgrund" geworden, — erst da sollte sein Wunsch, der nun nicht mehr sein Wunsch war, erfüllt werden. Da drang der Ruf zur Rückkehr von allen Seiten mit solchem Ernst und Nachdruck zu ihm, dass es kaum noch in seiner Gewalt stand, abzulehnen. Sollte er nicht in dem Allen die unmittelbare Fügung des allmächtigen Gottes selbst erkennen? Jener tief ernste, düstere, fatalistische Zug, der durch sein ganzes Wesen geht und in der Prädestinationslehre den dogmatischen Ausdruck findet, musste nach solchen Vorgängen nothwendig an Stärke gewinnen. Calvin fühlte sich fast nur noch als Werkzeug in der Hand Gottes, durch den ewigen göttlichen Rathschluss, ohne jedes persönliche Zuthun, für Genf bestimmt, um des Herrn Willen, wie er ihn erkannt, auf diesem wichtigen Fleck der Erde ohne Scheu und Furcht zu verkünden, jenes Programm, welches er in der christlichen Institution niedergelegt, hier zur Ausführung zu bringen, dem Herrn hier ein christliches Geschlecht zu sammeln, das der übrigen Welt als Leuchte diene.

Er trat zunächst als Busspediger auf. Die feierlichen Klänge der grossen Glocke von St. Peter ertönten bald, um Genfs reuige Kinder zu seinen ernsten Vorträgen in der Cathedrale zu versammeln. Ein neues Leben sollte beginnen. Die Verheerungen, welche eine furchtbare Seuche eben damals in den benachbarten Städten und bald darauf auch in Genf selbst anrichtete, wirkten mit, die Menge in eine ernste, bussfertige Stimmung zu versetzen. Eine ausserordentliche, allgemeine Abendmahlsfeier wird veranstaltet, ein wöchentlicher Buss- und Bettag angeordnet, um Gottes Hülfe und Gnade über Genf und die ganze gläubige Kirche herabzuflehen.[1]) Während Calvin das

---

[1]) Rathsprot. 26. Oct. 1541, *Rosst* I. IV, c. 55.

Wort Gottes in der Hauptkirche verkündet, wirkt Viret in gleichem Geiste in der Kirche der Vorstadt St. Gervais. Mit den sonntäglichen werden Predigten an den Wochentagen verbunden, während welcher alle Arbeit ruhen muss. Die Bezirksvorsteher haben darüber zu wachen, dass Niemand sich dem Besuche entzieht.[1]) Damit die Schuld von 1538 vollständig gesühnt werde, geht eine Gesandtschaft nach Neuenburg und Orbe ab, um dort auch Farel in aller Form zur Rückkehr einzuladen, hier aber am Grabe Couraults dem Todten im Namen der Genfer Gemeinde eine Ehrenerklärung auszustellen.[2])

Ernst war der Geist, der sich in diesen ersten Anordnungen aussprach, aber ernster noch, möchte man sagen, der Eifer Calvins in der Ausübung der Pflichten seines neuen Berufs. Er war mit der vollen Erkenntniss der Schwierigkeit seiner Aufgabe nach Genf zurückgekehrt und widmete sich ihr nun mit der Aufbietung aller seiner Kräfte. Diese ersten Wochen seiner neuen Thätigkeit in Genf sind vielleicht die aufreibendsten und arbeitsvollsten in seinem thätigen Leben gewesen. Hatte ihm Viret auch schon vielfach vorgearbeitet, so fand er doch noch mehr zu thun, als er geahnt. Er glaubte zuweilen unter der Last der Arbeiten erliegen zu müssen und dachte mit Schrecken an die Zeit, wo Viret, dessen Abberufung jeden Augenblick zu erwarten stand, ihm nicht mehr zur Seite stehen werde.[3]) Neben den Predigten nahmen ihn Arbeiten der mannigfachsten Art in Anspruch. Es gab Streitigkeiten beizulegen, Parteien zu versöhnen, öffentliche Aergernisse wieder gut zu machen; es musste dem Gottesdienst seine Würde wiedergegeben, eine neue kirchliche Liturgie entworfen, für die vernachlässigte religiöse Unterweisung der Jugend Sorge getragen werden; sogar die Durchführung eines geordneten Pfarrsystems war noch vorzunehmen: erst in diesen Tagen ist die feste Eintheilung der Stadt in die drei Pfarrbezirke St. Peter, St. Madeleine und St. Gervais erfolgt.[4]) Dazu kam, dass auch in rein weltlichen

---

[1]) Rathsprot. 7. Nov. 1541.
[2]) Vgl. Calvin an N. N., Epp. et resp. p. 263 b.
[3]) Vgl. Epp. et resp. 19 a, 26 a, 27 b. Bereits im December wurde Viret von Bern zurückverlangt (Rathsprot. 6. Dec.), und am 12. desselben Monats finden wir Calvin selbst als Gesandten in Bern, um neben Anderm auch die Verlängerung des Urlaubs für seinen Mitarbeiter zu betreiben; Bern. Rathsman. 12. Dec. 1541.
[4]) Rathsprot. 7. Nov. 1541. Mit dem Dom wurden die vier eingegangenen kleineren Pfarren vereinigt. Dass Genf vordem noch kein geordnetes Pfarrsystem hatte, ersieht man aus den Zürcher Artikeln, bei *Henry*, l. c. I, Beil. p. 47.

Fragen seine Hülfe verlangt wurde; selbst Gesandtschaften hat er übernehmen müssen. „In dem ersten Monat meiner Amtsführung", schrieb er an Myconius, „war ich dergestalt mit anstrengenden und mühevollen Arbeiten überhäuft, dass ich mich fast aufrieb. Eine so schwere Sache ist es, ein verfallenes Gebäude wiederherzustellen. Aber ich habe dafür den Trost, dass ich nicht ohne Erfolg arbeite."[1])

In der That wurde ihm dieser Trost in reichlichem Masse. Nicht leicht dürfte eine Gemeinde ihrem Seelenhirten sich mit solchem Eifer hingegeben haben, wie Genf Calvin in den ersten Wochen nach seiner Rückkehr. Sein Wille galt als Befehl, und die Verehrung für seine Person streifte fast an das Kindische. Auf städtische Kosten liess der Magistrat „Meister Calvin" einen Rock anfertigen: nicht weniger als „acht Sonnenthaler" sind nach dem Rathsberichte dafür ausgegeben worden.[2]) Das ihm am 4. October ausgesetzte Gehalt betrug weit mehr als das Fünffache dessen, was ein Syndik bezog: ausser einer vollständig eingerichteten Wohnung nebst Garten fünfhundert Gulden jährlich nebst entsprechender Wein- und Getreidelieferung, ungerechnet die Vergütungen für ausserordentliche Dienstleistungen, welche nicht unbedeutend waren. „Denn er ist," sagen die Rathsprotocolle, „ein Mann von grosser Gelehrsamkeit und sehr geschickt, die christlichen Kirchen wieder aufzubauen, auch hat er — ein sehr beachtenswerthes Motiv — grosse Ausgaben für durchreisende Fremde zu machen." Noch nie hatte Genf gegen einen Diener des Worts solche Freigebigkeit bewiesen.[3]) Und dieser persönlichen Verehrung für Calvin entsprach vollkommen der geistliche Eifer der Gemeinde. Er selbst kann nicht umhin, die Stimmung der Bürgerschaft als vortrefflich zu bezeichnen. „Unser Volk," heisst es in einem Schreiben an Farel vom 11. November, „zeigt in jeder Hinsicht einen willigen Sinn; die Predigten werden fleissig besucht, der Zustand der Sitten ist befriedigend, aber freilich steckt in Kopf und Herz noch manche Untugend, die

---

[1]) Calvin an Myconius 14. März 1542, Epp. et resp. 26 b. „*Non enim memini, ex quo hic sum, duas horas sine interpellatione mihi datas esse*", schreibt er um dieselbe Zeit an einen andern Freund; l. c. p. 263 a.

[2]) Rathsprot. 20. Sept., 24. Oct. 1541.

[3]) Rathsprot. 4. Oct. 1541. *Galiffe*, Quelq. pages d'hist. p. 89, berechnet die regelmässigen Einkünfte des Reformators nach unserm Geldwerth auf etwa 9—10,000 Francs jährlich, eine Summe, die durch die ausserordentlichen Einnahmen, Geschenke etc. noch erheblich stieg. Ein Syndik erhielt damals 100, ein Landvogt 50, ein Rathsherr 25 Francs; *Galiffe* l. c.

ausgerottet werden muss."[1] Wer sich erinnert, wie hohe Anforderungen Calvin zu stellen gewohnt war, wird zugestehen, dass ein glänzenderes Lob aus seinem Munde kaum möglich war.

Ein grosser Antheil an diesem Erfolge gebührt ohne Zweifel dem klugen und besonnenen Benehmen Calvins, für den die Erfahrungen der früheren Jahre nicht verloren gegangen waren. Nicht sofort kehrte er die schroffen Seiten seiner Wirksamkeit hervor: selbst der Ton, den er in seinen Busspredigten anschlug, war, wenn auch ernst, doch wiederum versöhnlich. Er kannte den Boden, auf dem er stand, und den Charakter der Genfer Bevölkerung; er wollte ihren guten Willen nicht sofort auf eine zu harte Probe stellen und durch sich überstürzenden Eifer die Menge nicht zurückstossen. „Halten wir uns an das alte Sprüchwort," schrieb er um diese Zeit einem Freunde, dessen Tugend Mässigung nicht war; „wenn nicht geschieht, was wir wollen, müssen wir wollen, was wir können."[2] Es gab in Genf eine exaltirt reactionäre Partei — sie bestand vornehmlich aus den früher ausgewiesenen und theilweise wieder zurückgekehrten Franzosen — welche ihn sofort zu extremen Massregeln zu drängen suchte. Allein Calvin widerstand. Die heissblütigen Guillermins, welche von ihrem Parteihaupte unverzüglich feindliche Schritte gegen ihre alten Widersacher erwarteten, sahen sich ebenfalls getäuscht. War seine Rückberufung auch das Werk einer Partei gewesen, so erachtete er sich doch in keiner Weise an ihren Willen gebunden. Nicht als rachsüchtiges Parteihaupt, sondern als der von Gott gesetzte Seelenhirt Aller wollte er sich zeigen. In dem ersten Vortrag vor dem Rathe vertheidigte er in massvollen Worten sein Recht und die Ehre seines Amtes, vermied aber unnütze Ausfälle gegen seine früheren Widersacher, zufrieden damit, dass man jetzt vor seiner Autorität sich beugte. Eine gleiche Zurückhaltung und Mässigung bewies er in der ersten öffentlichen Predigt: über das früher Vorgefallene ging er mit völligem Stillschweigen hinweg, „gegen Aller Erwartung", wie er selbst sagt. Es hätte nur eines Wortes von seiner Seite bedurft, um die alten, noch fungirenden Geistlichen aus ihren Aemtern zu entfernen. Von Vielen wurde es verlangt, und Calvin selbst mochte ahnen, dass jene Männer, wie fügsam und zuvorkommend sie sich auch im Augenblicke zeigten, ihm

---

[1] Calvin an Farel 11. Nov. 1541. Epp. et resp. 19 a.

[2] „*Valeat proverbium, quando non fit quod volumus, velimus quod possumus.*" Calvin an Farel 29. Nov. 1541, Genf. Bibl. Cod. 106 p. 72. Der Text von Beza (Epp. et resp. p. 19—20) enthält diese Stelle nicht.

später hinderlich sein würden. Dennoch beschloss er, sie in ihrem Amte zu belassen „in Anbetracht der Umstände."[1]) Eine solche Mässigung war in dem seit Jahren von den leidenschaftlichsten Parteikämpfen und blutigen Fehden zerrissenen Gemeinwesen etwas ganz Neues und Ungewohntes, und sie konnte nicht verfehlen, auf die grosse Mehrzahl einen guten Eindruck zu machen. Diese milde, versöhnliche Haltung nach seiner Rückkehr bildet eins der schönsten Blätter in der Geschichte Calvins, und noch höher würde die Nachwelt sein Verdienst anschlagen, wenn er sich selbst desselben weniger bewusst gewesen wäre. Aber zu sehr war dies doch der Fall. Die Berichte, welche er den auswärtigen Freunden über die Anfänge seiner neuen Wirksamkeit einsendet, machen dadurch auf den Leser einen oft geradezu unangenehmen Eindruck. Er ist voll des Lobes und der Bewunderung für seine Friedensliebe und Mässigung. Kaum irgend ein Mensch auf der Welt, meint er, würde in gleicher Lage gehandelt haben wie er. Eine That, die ihres Gleichen suche, dünkt es ihm, dass er die alten Prediger im Amte gelassen. „Meine Milde und Geduld," schreibt er an Myconius, „bewahrt die Kirche vor jedem Schaden. — Kaum solltest du es glauben, und dennoch ist es wahr: so viel liegt mir an der Erhaltung des öffentlichen Friedens und der Eintracht, dass ich mir selbst Gewalt anthue. Sogar meine Gegner müssen mir dieses Lob zugestehen. — Nicht einmal mit einem Worte stelle ich meinen Widersachern nach. Möge Gott mich bei dieser Gesinnung erhalten!"[2])

Man ersieht aus diesen Worten, wie fremd er sich selbst in der neuen Rolle vorkam, wie wenig er seiner gegenwärtigen Stimmung lange Dauer zutraute. In Wahrheit lag eine solche auch nicht in seiner Absicht. Nachsicht und Milde hielt er allerdings im Augenblick für geboten, um die Gemüther zu versöhnen und zu gewinnen, um den Uebergang aus dem alten in den neuen Zustand zu erleichtern; aber sie sollten aufhören, sobald dieser neue Zustand ins Leben trat. Geradezu entschuldigt er wohl in Mittheilungen an Auswärtige sein nachsichtiges Verfahren während der ersten Zeit mit der Unfertigkeit der Genfer Kirche, mit dem Mangel einer festen Kirchenordnung.[3]) Wäh-

---

[1]) Vgl. das Schreiben an den Ungenannten, Epp. et resp. p. 263 a—b.
[2]) Calvin an Myconius, Epp. et. resp. p. 27 a.
[3]) So entschuldigt er die Belassung der alten Prediger im Amte einmal u. A. auch damit, *„quod rationem disciplinae nondum habebamus constitutam, qua illos aggrederer."* Epp. et. resp. 263 a.

rend er seine Milde bewunderte, war er mit dem Entwurf einer geistlichen Verfassung beschäftigt, die der neuen Kirche eiserne Strenge als charakteristisches Merkmal auf die Stirn drückte.

Es galt, jetzt auszuführen, was vor drei Jahren misslungen war. Die so eben geschilderten Erfolge bildeten nur erst den Anfang von dem, was Calvin für nöthig erachtete. Durch blosses Predigen und frommes Ermahnen innerhalb des Gotteshauses liess sich nach seiner Ueberzeugung eine Kirche Gottes, wie sie in Genf aufgerichtet werden sollte, nicht herstellen. Es musste das ganze Leben, das bürgerliche wie das kirchliche, von dem Geiste des Evangeliums durchdrungen, den evangelischen Normen und Anforderungen gemäss neugestaltet werden. Dazu aber bedurfte es eines festen Kirchenregiments mit entsprechenden kirchlichen Organen und Anstalten, die den Geist der Kirche in die Gesellschaft trugen, die den einzelnen Gläubigen in allen seinen Lebensbeziehungen überwachten, ihn an seine Pflicht erinnerten, ihn der Zucht des Wortes Gottes unterwarfen. Es bedurfte mit Einem Worte einer Kirchenordnung, die sich nicht auf die Räume des Gotteshauses beschränkte, sondern das gesammte Leben umfasste. Die Aufstellung und Durchführung einer solchen Ordnung betrachtete Calvin deshalb als den Kern und das Wesentlichste seiner Aufgabe. Nur unter der Bedingung, dass man auch in diesem Punkte seinen Forderungen sich füge, war er nach Genf zurückgekehrt.[1]) Und besser vorbereitet als das erste Mal, ging er jetzt ans Werk. Gerade in Hinsicht auf Kirchenverfassung und Disciplin hatte er in der Zwischenzeit mancherlei gelernt und erfahren. In Frankfurt und Regensburg, mit Melanchthon und Bucer war von ihm über diese Fragen verhandelt worden.[2]) Seine Ideen hatten an Klarheit und systematischem Zusammenhang gewonnen, sie hatten eine feste Gestalt erhalten. Jene 1538 in Zürich eingereichten vierzehn Artikel, die ohne Ordnung und Zu-

---

[1]) Sogar von einem darauf bezüglichen Schwur, den er sich habe leisten lassen, spricht er einmal. Vgl. Lettres franç. II, 578.

[2]) Eine Aehnlichkeit der von Bucer und Melanchthon in Regensburg eingereichten Reformvorschläge (vgl. Actes de Ratisp. l. c. 598 ff. und 617 ff., Hergang l. c. p. 398 ff., 438 ff.) mit den Ordonnanzen Calvins lässt sich an manchen Stellen (Prüfung der Geistlichen, Katechismus, Consistorium) nicht verkennen, und man darf vielleicht darin einen weitern Grund für die Herausgabe der Actes erblicken, indem Calvin durch den Hinweis auf die verwandten Bestrebungen der deutschen Theologen seine eigenen Forderungen den Genfern zu empfehlen suchte.

sammenhang nur einzelne Bedürfnisse ins Auge fassten, genügten ihm nicht mehr. — Die Berathungen und Verhandlungen über die Einführung der neuen Kirchenordnung bildeten nicht nur den wichtigsten Theil seiner Thätigkeit während jener ersten Monate; sie waren auch der eigentliche Prüfstein für die Aufrichtigkeit der „Bekehrung" Genfs.

Sie hatten sofort nach der Ankunft Calvins begonnen. Gleich die erste Ansprache an den Rath am Tage seiner feierlichen Begrüssung enthielt die Forderung einer neuen, schriftlich aufgesetzten Kirchenordnung nach den Vorschriften des Evangeliums, „ohne welche die Kirche nicht bestehen könne."[1]) Da bereits im Voraus bindende Zusagen in diesem Sinne gemacht worden waren, traf der Rath ohne Säumen Anstalten, dem Verlangen zu entsprechen. Noch an demselben Tage wurde ein Ausschuss von sechs Rathsherren gewählt, um zugleich mit den übrigen Geistlichen Calvin seinem Wunsche gemäss in gemeinsamen Conferenzen bei der Ausarbeitung des Verfassungsentwurfs zu unterstützen. Der Entwurf sollte dann dem kleinen, grossen und allgemeinen Rath zur Genehmigung vorgelegt werden, „damit Jedermann wisse, wie er dem Willen Gottes und der Gerechtigkeit gemäss in Zukunft sein Leben einzurichten habe."[2])

Die Conferenzen wurden alsbald eröffnet und hatten einen günstigen Verlauf. Die gewählten sechs Vertrauensmänner gehörten zu den unbedingtesten Anhängern und Verehrern Calvins. In wenigen Wochen war der Entwurf fertig. Aber nicht so leicht war es, seine Annahme durchzusetzen. Hier zum ersten Mal stiess Calvin auf Wider-

---

[1]) „*A prié mestre ordre sus l'église et que icelluy fusse par escript rédiggé, et que l'on élise gens du conseyl pour honnoyer conférance avecqs eulx, lesqueulx feront lor relation en conseyl.*" Rathsprot. 13. Sept. 1541. „*Exposui non posse consistere ecclesiam, nisi certum regimen constitueretur, quale ex verbo Dei nobis praescriptum est, et in veteri ecclesia fuit observatum.*" Calvin an Farel 16. Sept. 1541, Epp. et resp. 26 a.

[2]) Rathsprot. 13. 16. Sept. 1541; den Ausschuss bildeten Cl. Pertemps, A. Perrin, Cl. Roset, J. Lambert von dem kleinen, und Goulaz und Porral von dem grossen Rath — alle erklärte Guilllermins. Wenn dann noch „an Stelle des Lieutenants" auch der in solche Gesellschaft wenig passende Balard designirt wurde, so geschah dies wohl nur, um den Mann auf die Probe zu stellen; an den Verhandlungen selbst scheint er keinen Theil genommen zu haben. Wenigstens spricht Calvin nur von sechs ihm Beigeordneten; *sex adsociati sunt*; vgl. das angeführte Schreiben an Farel l. c. 26b und an den Ungenannten l. c. 263a.

spruch sogar bei seinen Getreuen, den Mitgliedern des kleinen Raths. Es überkam diese Herren, die bisher zu Allem willig gewesen, doch ein Gefühl der Unbehaglichkeit, als sie von dem strengen Geiste, der in den Conferenzen gewaltet, und den vereinbarten Artikeln Kenntniss erhielten. Ihr Eifer erfuhr eine merkliche Abkühlung. Als am 28. September die ersten der ausgearbeiteten „Ordonnanzen" im Rathe zur Verlesung und Verhandlung kommen sollten, fand es sich, dass nicht Wenige es vorgezogen hatten, in der Sitzung nicht zu erscheinen. Sie mussten mit ernsten Worten an ihre Pflicht erinnert werden. Die erst am nächsten Tage zu Ende geführte Berathung hatte zum Ergebniss, dass mehrere der entworfenen Artikel, wenn auch in schonender Form, als bedenklich und unausführbar wirklich abgelehnt wurden. Calvin musste sich in einigen Punkten zu einer Milderung seiner ursprünglichen Forderung verstehen. Er entschloss sich dazu, wie er selbst sagt, „in Anbetracht der Schwäche der Zeit." Es lag auch keinerlei Gefahr darin. Denn bei der Annahme der Grundgedanken des Entwurfs — daran hielt Calvin unter allen Umständen fest — war Nachgiebigkeit in einzelnen untergeordneten und rein äusserlichen Fragen ohne grosse Bedeutung: die consequente Ausbildung und Durchführung des Systems konnte da nur noch eine Frage der Zeit sein. So verstrichen noch einige Wochen darüber, bis ein vollständiges Einvernehmen mit den Fünfundzwanzig hergestellt war. Auch die Zweihundert, denen der Entwurf am 9. November zur Genehmigung vorgelegt wurde, fanden noch Einiges zu verändern, erklärten aber im Uebrigen sich mit demselben sehr einverstanden. Nur der Generalrath erhob keine Einwendungen und genehmigte in der allgemeinen Bürgerversammlung vom 20. November die Vorlage, wie sie aus den Berathungen des kleinen und grossen Rathes hervorgegangen war, ohne allen Widerspruch.[1])

Die neue Kirchenordnung hatte damit die gesetzliche Genehmigung erhalten. Aber innerlich waren doch noch nicht Alle mit ihr ausgesöhnt, und es wurden von Einzelnen sogar noch laute Bedenken geäussert. Man fand das Joch, unter das Genf sich beugen sollte, zu

---

[1]) Rathsprot. 28. 29. Sept., 25. 27. Oct., 9. 20. 24. 25. Nov. 1541; Calvin sagt in dem Schreiben an den Ungenannten l. c. 263a der Entwurf sei in 20 Tagen fertig geworden: *intra 20 dies formulam composuimus;* also müssen die ersten Verhandlungen im Rath stattgefunden haben, noch ehe die Commission ihre Arbeit beendet; — diese Verhandlungen selbst noch hinzugerechnet, würde der Zeitraum von 20 Tagen zu kurz sein.

drückend. Insbesondere erregte das in die neue Ordnung aufgenommene Sittengericht Anstoss. Sogar die alten Geistlichen waren, obschon sie bei den Verhandlungen selbst keinen Widerspruch erhoben hatten, dieser Einrichtung entgegen und suchten auch einzelne Rathsherren gegen sie einzunehmen. Die Errichtung eines Sittengerichts, flüsterten sie ihnen heimlich zu, sei eine bedenkliche Sache, „der Rath möge nicht wegwerfen, was er in Händen habe, und sich der Gewalt, die ihm Gott verliehen, nicht selbst entäussern; es könne leicht ein Aufruhr entstehen." In der That fehlte es bei dem ersten Versuche, das Gericht in Wirksamkeit treten zu lassen, nicht an Fällen von Widersetzlichkeit. Jean Balard, der zum Beisitzer ernannt worden, lehnte das ihm übertragene Amt ab. Von den Vorgeladenen weigerten sich Viele zu erscheinen. Allein solche Widerstandsversuche hielten den bereits entschiedenen Sieg nicht mehr auf. Calvin hatte die Gesetze des Staates und in jedem Falle die weitaus überwiegende Mehrzahl der Einwohner Genfs für sich. Die Widerspänstigen wurden durch bürgerliche Strafen zum Gehorsam gebracht und die „kirchlichen Ordonnanzen," wie sie aus dem Generalrath hervorgegangen, am 2. Januar 1542 nochmals ausdrücklich bestätigt und als das neue kirchliche Staatsgrundgesetz der Republik Genf anerkannt.[1]) „Wir haben erwogen," beginnt das denkwürdige Actenstück, „wir Syndike, kleiner und grosser Rath mit unserm auf den Schall der Trompete und der grossen Glocke nach unseren alten Gewohnheiten versammelten Volke, dass es unter allen Sachen die wichtigste ist, die Lehre des h. Evangeliums unsers Herrn in ihrer Reinheit zu erhalten, die christliche Kirche in gebührender Weise zu schützen, die Jugend gewissenhaft zu unterrichten und für den Unterhalt der Armen Sorge zu tragen — was alles nicht geschehen kann, wenn es nicht eine bestimmte Ordnung und Regel des Lebens gibt, durch welche jeder Stand die Pflicht seines Berufes erkennen kann. Darum haben wir für gut befunden, das geistliche Regiment, wie es unser Herr durch sein Wort uns gezeigt und eingesetzt hat, zur Einführung und Befolgung unter uns in eine gute Form zu bringen."[2])

---

[1]) Vgl. Calvin an Myconius 14. März 1542. Epp. et resp. p. 27 a, Rathprot. 23. Dec. 1541, 2. Januar 1542. Die entscheidende Abstimmung war indess die am 20. Nov., wie auch Beza l. c. p. 11 angibt.

[2]) Obgleich aus dem Rathsprotocoll (2. Januar 1542) erhellt, dass man die Absicht hatte, den angenommenen Entwurf drucken zu lassen, scheint dies doch unterblieben zu sein. Der älteste mir bekannt gewordene Druck ist

So war denn das nächste Ziel erreicht, „nicht ohne vielen Schweiss," wie Calvin selbst an Myconius schreibt. Aber erst jetzt begann die Zeit der schwersten Arbeit. Es galt, was beschlossen und angenommen, nun wirklich ins Leben einzuführen, die Gemeinde mit dem Geiste der neuen Ordnung zu durchdringen und zugleich die Lücken und Unvollkommenheiten, an denen der angenommene Entwurf noch litt, bei seiner Uebertragung in die Wirklichkeit zu ergänzen und zu verbessern. Die „Ordonnanzen" bildeten gleichsam erst die Präliminarien, die zwar die Hauptbedingungen der Unterwerfung und die Grundzüge der neuen Organisation bereits enthielten, aber noch nicht vollkommen

---

der von 1561: Les ordonnances ecclésiastiques de l'Eglise de Genève. Item l'ordre des escoles de ladicte cite. A Genève. Avec privilège. 4°. Diese Ausgabe hat indess viele spätere Zusätze, die sich theilweise im Text selbst als solche ankündigen. Nach einem in der Genfer Bibliothek befindlichen, mir aber nicht zugänglich gewordenen Exemplar desselben, in welchem die ursprünglichen Artikel handschriftlich angezeigt und einige, als in den späteren Ausgaben weggefallen, ergänzt sind, hat *Richter* (Die evangel. Kichenordnungen des 16. Jahrh. I, 342—53) den Text von 1541 wieder herzustellen versucht. Es ist indess klar, dass auf diese Weise sich höchstens eine inhaltliche, nicht aber eine formelle Uebereinstimmung mit dem ältesten Text erreichen lässt. Im vorliegenden Falle ist nicht einmal das Erstere gelungen; denn der Richter'sche Text enthält Manches, was in dem ursprünglichen Text nicht gestanden haben kann: er setzt p. 351a den Katechismus schon als fertig voraus, dessen Abfassung erst Ende November 1541 angeordnet wurde; er enthält schon die fertigen Eidesformeln, die erst 1542 (vgl. Rathspr. 17. Juli) entworfen wurden. Den ursprünglichen Text glaube ich zu erkennen in einer Abschrift, die sich an der Spitze der Aufzeichnungen der Genfer pénérable Compagnie A 1—15 findet (vgl. auch Rathsprot. 25. Nov. 1541). Hier werden die Eidesformeln für die Geistlichen und die Mitglieder des Consistoriums noch als zu erwartende bezeichnet (*il y aura forme escripte convenable à ce qui est requis en un ministre*, oder *dont la forme sera dressée*). Dass wir in dieser Abschrift die ursprüngliche Fassung des Entwurfs vor uns haben, zeigen auch die Eingangsformeln: *il sera bon, il faudra* etc., an deren Stelle später: *nous avons ordonné, nous avons trouvé* und ähnliche Formeln treten. Im Uebrigen sind die stilistischen Abweichungen nicht so sehr bedeutend, da die Ausgabe von 1561 in der Form ziemlich nachlässig redigirt worden ist und sogar damals nicht mehr passende Ausdrücke stehen geblieben sind. Nach Obigem werden bei *Richter* namentlich p. 343, 344, 346, 351 bedeutende Streichungen vorzunehmen sein. Aber allerdings enthalten diese Stellen Zusätze, die schon im Laufe der nächsten Jahre gemacht worden sind. Auf einige für Calvins Regiment charakteristische Veränderungen des Textes werden wir noch später zurückkommen. Abgedruckt sind die Ordonnances

zum Ausdruck brachten, was Calvin aus der unterworfenen Stadt zu machen gedachte und wirklich gemacht hat.[1])

Diese kirchliche Neugestaltung Genfs, die sich allerdings in der Hauptsache auf der Grundlage der „Ordonnanzen," aber nicht auf dieser allein, vollzieht, macht den Inhalt der Geschichte der nächsten Jahre aus. Wir versuchen es, den neuen Zustand, wie er sich während dieser Jahre unter den Händen Calvins entwickelte und gestaltete, in seinen vornehmsten Einrichtungen und Erscheinungen auf den folgenden Blättern darzustellen.

II.

DER DIENER DES GÖTTLICHEN WORTES.

Obschon der Verfasser der christlichen Institution den Sitz der kirchlichen Souverainetät in die Gemeinde verlegt und mit Entschiedenheit jene Ansicht bekämpft, welche die Kirche in der Versammlung der „Pastoren" dargestellt findet, so ist er doch weit entfernt, das Ansehen und den Einfluss des geistlichen Amtes thatsächlich zu schmälern. Es darf vielmehr kühn behauptet werden, dass kaum in irgend einer Religionsgesellschaft des christlichen Abendlandes die Geistlichkeit eine so angesehene, hervorragende und einflussreiche Stellung eingenommen als in der Kirche, die Calvin in Genf aufgebaut hat. Das Amt des Geistlichen oder, wie er ihn nennt, des Dieners des göttlichen Wortes ist ihm der Nerv, welcher die verschiedenen Gläubigen zu einem Körper verbindet, es ist das wichtigste und erhabenste und unumgänglich nothwendig. Wohl steht es um die Kirche Gottes, wo die

---

später noch einigemal in der Édits de Genève; eine deutsche Uebersetzung gab *Göbel* in der Bonner Monatsschr. für die evangel. Kirche, Jahrg. 1846.

[1]) Nicht unwahrscheinlich ist es, dass aus diesem Grunde auch der Anfangs beabsichtigte Druck der Ordonnances unterblieben ist. Das Rathsprotocoll vom 2. Januar 1542 meldet die merkwürdige Thatsache: „*Les ordonnances sur l'église lesquelles ont esté passées par petit, grand conseil et général conseil toutefois ont esté corrigées*," und den Beschluss: „*Avant qu'elles soient mises à l'imprimerie resolu que en un conseil extraordinaire elles soient vues.*" Sollte schon damals von Calvin oder seinen Anhängern eine Aenderung des Textes versucht worden sein?

Diener des Wortes geehrt und gehört werden. Die Kirche untergräbt, wer den geistlichen Stand zu vernichten trachtet oder ihn nicht für durchaus nothwendig hält. Sonnenlicht und Wärme, Speise und Trank sind nach Calvin für das irdische Dasein nicht so nöthig als das apostolische Hirtenamt.[1]) Höher als das königliche, äussert er einmal, sei das priesterliche Abzeichen zu achten,[2]) und als den geschicktesten Kunstgriff des Satans bezeichnet er es an einer andern Stelle, die Geistlichen bei der Welt verachtet zu machen.[3])

Ganz entsprechend dieser Anschauungsweise, beginnen die „kirchlichen Ordonnanzen" mit einer Darlegung der Stellung und Obliegenheiten des Predigers. Eigentlich ist die ganze Kirchenordnung nur eine Erklärung der Aufgaben, Pflichten und Rechte des geistlichen Standes im weitern Sinne, in welchem derselbe ausser den Predigern noch die Kirchenältesten, Lehrer und Diaconen umfasst, unter Beifügung der nöthigsten Bestimmungen über die Einrichtung des Gottesdienstes und des äussern Lebens.[4]) Indess wenn auch jene vier Aemter in gleicher Weise „von unserm Herrn zur Regierung seiner Kirche eingesetzt sind," so treten doch die Prediger entschieden in den Vordergrund. Ihr Amt ist das bedeutendste. Sie bilden gewissermassen die Säulen der Kirche[5]) und stellen das geistliche Element im engern und eigentlichen Sinne dar. Was die Institution von der Würde und Erhabenheit des geistlichen Berufs sagt, findet zunächst immer auf sie Anwendung. Mit ihnen beschäftigt sich auch mehr als der dritte Theil der kirchlichen Ordonnanzen.

Es lässt sich von vornherein erwarten, dass der Geist ernster Zucht und strenger Ordnung, von dem das ganze calvinische System durchdrungen ist, hier, wo es sich um seine berufenen Verkündiger und eigentlichen Vertreter handelt, vornehmlich zur Geltung gelangt. Schon gleich die Bestimmungen über die Annahme, Wahl und Bestellung zum Predigtamt lassen ihn erkennen. Mit Vorsicht, Behutsamkeit und Strenge soll da verfahren werden. „Damit in der Kirche Nichts in Unordnung vor sich gehe," sagt die Verordnung, „darf

---

[1]) Inst. relig. christ. l. IV, c. 3, s. 2.
[2]) Homil. in I libr. Samuel. (Opp. Calv. ed. A. II) p. 364 b.
[3]) *Bonnet*, Lettres franç. II, 547—48.
[4]) Es ist bezeichnend, dass die Kirchenordnung für die Nichtgeistlichen nicht einmal einen Namen hat; sie nennt dieselben bloss: „die Anderen."
[5]) „*Quodammodo suis humeris sustinent veritatem*", Comm. in Psalm. (Opp. ed. A. III) p. 291 b.

Niemand ohne Berufung in dieses Amt sich eindrängen." Auch in seinen übrigen Schriften kommt Calvin wieder und wieder auf die Nothwendigkeit einer ordentlichen und gesetzmässigen Berufung zurück.[1])

Eine solche aber umfasst drei Stücke: die Prüfung, die Wahl und die Einführung.

Das Hauptgewicht wird auf die Prüfung gelegt.[2]) Sie betrifft sowohl die wissenschaftliche Tüchtigkeit und Rechtgläubigkeit als den sittlichen Wandel und soll mit grösster Strenge vorgenommen werden. Calvin findet die von den geistlichen Behörden in der katholischen Kirche angeordneten Prüfungen zu gelinde und nennt sie geradezu ein unwürdiges Spiel. In der „fussfälligen Ermahnung," die er 1544 an den deutschen Kaiser richtete, erhebt er schwere Anklagen gegen die Bischöfe, weil sie gewissenlos und ohne ordentliche Prüfung träge, unwissende Menschen zu der Ehre des Priesterthums beförderten.[3]) Aber auch unter den Evangelischen wird nach ihm in diesem Punkte noch viel gesündigt, indem Menschen ohne Talent, ohne Würde, ohne jede Berechtigung, „sobald sie nur über das Evangelium zu schwätzen gelernt haben," sich das Predigtamt anmassen und über die wichtigsten Fragen zu urtheilen sich erkühnen.[4]) In Genf sollen solche Uebelstände vermieden werden. Wer zum Dienste des Wortes sich meldet, wird geprüft, „ob er gute und gesunde Kenntnisse in der h. Schrift hat, und ob er fähig und geeignet ist, sie zur Erbauung der Gemeinde vorzutragen." Er hat zuvor von seiner Lehrfähigkeit Proben abzulegen, und „um Gefahren fern zu halten," muss er feierlich geloben, „die von der Kirche approbirte Lehre anzunehmen und an ihr festzuhalten."[5]) Endlich wird sein Leben geprüft, „ob er nämlich sittlich ist und sich immer tadellos aufgeführt hat." Wer in seinem Wandel sträflich erfunden wird, kann der Würde des Priesterthums nicht theilhaftig

---

[1]) Vgl. insbesondere Prael. in libr. proph. Jerem. (Opp. ed. A. IV) p 177 s.
[2]) „L'examen qui est le principal". Ord. eccles.
[3]) „Satis constat, quale examinis genus per suos suffraganeos aut vicarios exerceant Episcopi. Ex ipso fructu, qui inde manat, licet conjecturam capere. Nam quam inertes nihilique homines passim ad sacerdotii honorem promoveant, nihil attinet commemorare." Supplex exhortatio ad Carolum V., Opp. ed. A. VIII, 48 b. Aehnlich an den König von Polen, Epp. et resp. p. 87 b.
[4]) De scandalis, Opp. ed. A. VIII, p. 79 a.
[5]) „Il sera bon (il est requis) qu'il proteste de recepvoir et tenir la doctrine approuvée en l'Eglise (surtout selon le contenu du Catechisme). Ord. eccl. Das nicht Eingeklammerte bezeichnet den ursprünglichen Text, die Klammern bedeuten spätere Zusätze oder Aenderungen.

werden. Denn, sagt der Gesetzgeber an einer andern Stelle, wo die Reinheit des Charakters fehlt, da sind Gelehrsamkeit und Beredtsamkeit eitel Rauch.[1])

Die Wahl der Prediger erklärt Calvin in der Institution für ein Vorrecht der Gemeinde, welche dasselbe unter Aufsicht von anderen Geistlichen auszuüben hat. Er machte es dem Papstthum sehr zum Vorwurf, dass es dem Volke das Wahlrecht entrissen habe,[2]) und betont nachdrücklich und wiederholt das Recht der Gemeinde, ihren Pfarrer selbst zu wählen. Nichts desto weniger wird durch die calvinische Gesetzgebung selbst dieses Volksrecht in solchem Grade beschränkt, dass die Theilnahme des Volks mehr eine scheinbare als eine wirkliche ist. Der erste Vorschlag zur Wahl geht nach den Ordonnanzen jederzeit von dem Collegium der Geistlichen aus, welches denjenigen unter den Bewerbern, der in der vorausgegangenen Prüfung erprobt und würdig befunden ist, dem kleinen Rath empfiehlt. Ist dieser mit dem Vorschlage einverstanden, so empfängt der Gewählte ein Zeugniss und wird hierauf „in der Predigt" dem Volke vorgestellt, „damit er durch allgemeine Zustimmung der Gemeinde der Gläubigen angenommen werde." Zwar hatte das Volk auch das Recht, den Gewählten zu verwerfen; aber die wirkliche Ausübung desselben wäre als Frevel angesehen worden. Thatsächlich beschränkte sich die Theilnahme der Gemeinde auf eine blosse Zustimmung, und selbst diese wurde später nicht mehr für nothwendig gehalten, so dass sie 1560 durch eine besondere Verordnung wieder in Erinnerung gebracht werden musste.[3]) Gar sehr wurden Calvins kühne Theorien in der Wirklichkeit doch abgeschwächt! Abneigung gegen das „leichtsinnige" Volk und die Besorgniss, dass es durch seinen Wankelmuth leicht Störungen in der kirchlichen Ordnung herbeiführen könne,[4]) haben hier wie noch öfter über seine Theorie den Sieg davongetragen, ohne dass er darum je aufgehört hätte, diese öffentlich zu vertheidigen und festzuhalten.[5])

---

[1]) Comm. in Acta Apost. (Opp. ed. VI) p. 10 a. Vgl. Melanchthons Vorschläge bei *Hergang* l. c. 444, Actes de Ratisp. l. c. 620.

[2]) Vgl. Supplex exhortatio l. c. p. 49 b.

[3]) Vgl. Ausgabe von 1561 p. 6. Den spätern Wahlmodus beschreibt Calvin selbst kurz in dem Schreiben an Olevian, Epp. et resp. p. 142 a. Ueber die Bedeutungslosigkeit der Theilnahme des Volks vgl. *Bolsec* p. 55 ff.

[4]) Vgl. das Gutachten an den Ungenannten. Epp. et resp. p. 219b—20b.

[5]) „*Ergo haec legitima est ratio*," sagt er z. B. noch in dem Commentar

Die Einführung endlich soll einfach und ohne Prunk erfolgen, „wegen der Schwachheit der Zeit, weil die früheren Ceremonien viel zur Beförderung des Aberglaubens beigetragen haben." Einer der Geistlichen hält einen Vortrag über die Bedeutung und die Pflichten des Predigtamts. Es werden Gebete verrichtet, um für den neuen Seelenhirten die ihm zur Erfüllung seines schweren Amtes nöthige göttliche Gnade zu erflehen. Dann hat der Neugewählte in die Hände der Syndike und des Rathes den Amtseid abzulegen, indem er gelobt und schwört, Gott treu zu dienen und sein h. Wort rein zu bewahren, die Gemeinde zu erbauen, die Kirchenordnung, wie sie angenommen ist, zu beobachten und namentlich, „was darin von Ermahnung der Fehlenden gesagt ist," ohne Gunst und Hass auszuüben, ferner die Ehre und das Wohl des Rathes und der Stadt zu beschützen, in guten wie in bösen Tagen in seinem Amte auszuharren, zuletzt auch den Ordnungen und Satzungen der Stadt unterwürfig zu sein' und Allen mit einem guten Beispiele des Gehorsams voranzugehen, — so weit dies sein Amt gestatte. „Das heisst," schliesst die Eidesformel erläuternd, „ohne Beeinträchtigung der uns gebührenden Freiheit, das zu lehren, was Gott betrifft, und das zu thun, was unseres Amtes ist. Daher gelobe ich in der Weise dem Rathe und dem Volk zu dienen; dass ich dadurch in keiner Weise verhindert werde, Gott den Dienst zu leisten, den ich ihm nach meinem Berufe schuldig bin."[1]) Ein dehnbarer und bedenklicher Vorbehalt, der dem Clerus der weltlichen Obrigkeit gegenüber eine bedeutende Macht in die Hand gab und aufs Neue an den Tag legt, wie Calvin trotz aller entgegenstehenden Theorien in der Wirklichkeit doch lediglich die Geistlichkeit als die wahren Vertreter der Kirche ansah.

Nur wer auf diese Weise zum Dienste des Evangeliums berufen worden, ist zum Predigtamt berechtigt. Calvin bestand — wenigstens in der ersten Zeit — mit Strenge darauf, dass keine Ausnahme ge-

---

zur Apostelgeschichte (Opp. ed. A. T. VII p. 48 b), „*communibus suffragiis eligi, qui publicum aliquod in Ecclesia munus obituri sunt.*"

[1]) „*Et ainsi je promets de servir tellement à la Seigneurie et au peuple que par cela je ne soye aucunement empesché de rendre à Dieu le service que je lui doy en ma vocation.*" Die Eidesformel findet sich noch nicht in dem handschriftlichen Text und wurde nach den Rathsprotocollen erst einige Monate später entworfen. Rathsprot. 16. Juli 1542, vgl. 30. Mai 1544. *Richter* l. c. I, 343 gibt die Formel irrthümlich als einen Bestandtheil des ursprünglichen Texts.

macht werde. Als im Frühjahr 1542 ein zum Protestantismus übergetretener Carmelitermönch aus Lyon ankam und um sofortige Zulassung zur Kanzel bat, wurde ihm dies unter Hinweisung auf die Kirchenverfassung und die Vorschriften des Evangeliums abgeschlagen und ihm aufgegeben, vorerst reiflicher mit sich selbst zu Rathe zu gehen;[1] gerade gegen abgefallene Mönche glaubte Calvin in solchen Fällen am meisten auf seiner Hut sein zu müssen.[2] Eben so wenig aber duldete er eine Störung der kirchlichen Ordnung von Seiten der weltlichen Behörde. Der Plan des Rathes, einen gewissen Troillet, einen geborenen Genfer, zu einem geistlichen Amt zu befördern, musste aufgegeben werden, weil Calvin im Namen der Kirche Widerspruch erhob und den Schützling der Behörde für ungeeignet erklärte.[3]

Gesetzlich und rechtmässig berufen, ist der Geistliche mit der Gemeinde, die ihn angenommen, durch die festesten Bande verknüpft. Weder darf er selbst willkürlich und „ohne gehörigen Urlaub" seinen Wirkungskreis verlassen, — nicht einmal eine Bewerbung um eine andere Stelle wollte Calvin später gestatten,[4] — noch auch hat die Gemeinde, Volk oder Behörde, das Recht, ihn nach eigenem Gutdünken aus seinem Amte zu entfernen, es sei denn, dass er sich desselben durch Ketzerei oder offenbar anstössigen Wandel unwürdig gemacht hat, und selbst in diesem Falle ist, um Verwirrungen in der Kirche zu vermeiden, mit grosser Vorsicht und Behutsamkeit zu handeln.[5] — Der Geistliche ist der Diener und Stellvertreter Gottes, in der ihm anvertrauten Gemeinde, der Verkünder der göttlichen

---

[1] Vgl. Calvin an Farel 10. Mai 1542, Epp. et resp. 21 b. 22 a. An die Gläubigen in Lyon (Mai 1542), Lettres franç. I, 57 ff.

[2] Vgl. De scandalis l. c. VIII, 83 a. Auch bei manchen seiner Freunde, z. B. bei Viret (vgl. Le Monde a l'Empire et le Monde demoniacle, Genève 1580, p. 464) lässt sich eine besondere Abneigung gegen ehemalige Mönche wahrnehmen.

[3] Vgl. Rathsprot. 29. Juni, 1. Oct. 1545. Zu ähnlichen Verhandlungen führte schon die ebenfalls vom Rathe betriebene Ernennung Castellios zu einem geistlichen Amte; vgl. Rathsprot. 17. Dec. 1543, 14. 21. Jan. 1544.

[4] Vgl. Calvin an Vatel 25. Sept. 1562, Epp. et resp. p. 204 a. Die Ord. eccl. verbieten blos „Brigues pour occuper le lieu d'un autre" und „Delaisser son Église sans conge licite et juste vocation."

[5] Vgl. die Briefe und Gutachten in: Lettres franç. II, 243 ff., Epp. et resp. p. 219 a, 219 b. Weber, Gesch. Darstellung des Calvinismus im Verhältniss zu Staat und Kirche, irrt, wenn er p. 17 die reformirten Prediger von der Gemeinde völlig abhängig sein lässt.

Wahrheiten, der Verwalter der heiligen Mysterien, und hat als solcher den höchsten Anspruch auf Achtung und Vertrauen von Seiten derjenigen, die seiner Obhut übergeben sind. „Ehrwürdig" ist das Beiwort, das ihm von Amts wegen zukommt; „ehrwürdige Genossenschaft" (vénérable compagnie) ist der Titel, den die Genfer Geistlichkeit in ihrer Gesammtheit seit dem Erlass der Ordonnanzen amtlich führt. Die Ehrfurcht vor dem geistlichen Stande ist nicht etwa durch ein persönliches Interesse seiner Vertreter, sondern durch den allgemeinen Nutzen der Kirche geboten.[1]) Wer dem pflichttreuen Diener des göttlichen Wortes die gebührende Achtung und Ehre muthwillig versagt, ladet den Zorn Gottes auf sich und wird der Strafe sicher nicht entgehen.[2]) Bürgerliche Strafen sollen ihn schon hienieden treffen: die Protocolle der richterlichen Behörden Genfs zeigen, dass seit 1542 diesem Grundsatze gemäss verfahren worden ist. Und nicht blos Achtung und Ehre gebührt dem Verkünder des Evangeliums: man soll ihn auch lieben und ehrfürchtig umarmen, wie jene geliebt werden, denen man seine Freiheit verdankt.[3]) Selbst scharfe und verletzende Worte sind von ihm geduldig hinzunehmen und als die Stimme Gottes zu betrachten. Geradezu hat Calvin den Grundsatz aufgestellt, dass das auf der Kanzel gesprochene Wort sich der gewöhnlichen Beurtheilung entziehe und keine Klage gestatte.[4])

Damit aber der evangelische Prediger die ihm zukommende ehrenvolle und unabhängige Stellung einnehmen und seiner Berufsarbeit ungestört obliegen kann, ist erforderlich, dass auch für seinen Unterhalt in angemessener Weise von der Gemeinde gesorgt wird. Calvin verlangt von dem Clerus keineswegs evangelische Armuth, er findet in dem Reichthum kein Hinderniss für eine segensreiche seelsorgliche Wirksamkeit,[5]) er will es sogar nicht verbieten, dass der Geistliche, wenn es ohne öffentliches Aergerniss geschehen kann, sein Vermögen in gewinnbringender Weise anlegt.[6]) Wie er selbst ein ansehnliches Einkommen hatte — er fand es gleichwohl nur mittel-

---

[1]) Comm. in I. ep. ad Thessal. (Opp. ed. A. VII) p. 419a.
[2]) „Neque speranda unquam impunitas, si ludibrio (eos) habuerimus." Hom. in lib. I. Sam. (Opp. ed. A. II) p. 241 b.
[3]) Comment. in Acta Apost. (Opp. ed. A. VI) p. 148a, Comm. in ep. ad Gal. (Opp. VII) p. 305a.
[4]) Vgl. Rathsprot. 28. Juni 1546.
[5]) Vgl. Comm. in II. epist. ad Corinth. (Opp. ed. A. VII) p. 246a.
[6]) Vgl. Ad tria quaedam capita, Epp. et resp. p. 217a.

mässig[1]) — so verlangt er auch für seine Amtsbrüder ein Gleiches. Wiederholt sehen wir ihn für seine Collegen, noch häufiger freilich diese selbst, bei dem Rathe um Verbesserung der geistlichen Gehälter einkommen.[2]) Der Rath öffnete seine Hand, so oft er darum gebeten wurde; aber Calvins Streben ging weiter. Nach seiner Ansicht hätte das gesammte katholische Kirchenvermögen, welches auch in Genf sofort in Staatsbesitz übergegangen oder verschleudert worden war, Eigenthum der Kirche verbleiben und aus diesem der Unterhalt der Geistlichen bestritten werden müssen: ihre Stellung würde dadurch eine viel unabhängigere geworden sein. Er bezeichnet die „Beraubung und Entblössung" der Kirche und das eigenmächtige Verfahren der weltlichen Obrigkeit, die mit dem geistlichen Gute schalte, als sei es ihr Eigenthum, geradezu als Gottesraub und findet in diesem Punkte die Vorwürfe der Papisten nur zu sehr gerechtfertigt. „Was einmal Christo und der Kirche gewidmet worden," ist sein Grundsatz, „gehört nicht dem Magistrat."[3]) Er drückt sein Bedauern darüber aus, dass so viele Diener des Evangeliums lieber durch feige und verrätherische Nachgiebigkeit sich den Dank der Menschen verdienen, als muthig und entschlossen für das Recht eintreten wollen.[4]) Wieder und wieder, in Predigten und Rathsverhandlungen, drang er darauf, dass der Kirche ihr Besitz nicht vorenthalten werde und der Rath nicht für sich verwende, was nicht sein Eigenthum sei. Allein hier blieben seine Bemühungen erfolglos.[5]) Die Behörde schien vielmehr Bonnivards Ansicht zu theilen, dass Alles, was zum Wohle der Stadt und namentlich zu ihrer Befestigung gegen die Angriffe der Papisten

---

[1]) „Stipendium mediocre" nennt er es in der Responsio ad Balduinum, Opp. ed. A. T. VIII p. 321 a.

[2]) Rathsprot. 27. Juni 1542, 18. Juli 1543, 27. Juni, 31. August, 4. Oct., 29. Dec. 1544, 1. Jan., 22. Mai, 3. Juli, 5. Nov. 1545 u. s. w. Vgl. *Galiffe*, Quelq. pages p. 89, Nouv. pages 44 ff. Selbst wenn es sich um arme Gemeinden inmitten einer katholischen Bevölkerung handelte, bestand Calvin auf dieser Forderung. Vgl. Ad diversos articulos, Epp. et resp. p. 215 a.

[3]) Calvin an Viret, October 1542, bei *Henry* l. c. II, Beil. p. 7.

[4]) Vgl. Calvin an Viret, September 1542, bei *Henry* l. c. II, Beil. p. 4.

[5]) „*Ego vero,*" schreibt er 1545 an Farel, „*non cesso palam in concionibus, quoties opportunitas ita tulit, contestor Deum et homines, grave nobis imminere judicium: in Senatu idem aliquoties egi, neque tamen hoc modo mihi defunctus videor, dum nihil me profecisse video ... Sic enim suspicantur Magistratus nostri de aemulatione esse certamen, quia aegre feramus, excussum esse nobis de manibus, quod illi sibi sumpserunt.*" Epp. et resp. p. 34 a. Vgl. Calvin

angewandt werde, auch einem evangelischen Zwecke diene.¹) Calvin musste auf die vollständige Durchführung seines Grundsatzes verzichten und that es mit schwerem Herzen, indem er in dem Beispiele des h. Ambrosius, der gegen den Tyrannen Valentinian eine gleiche Nachsicht habe üben müssen, Trost suchte.²)

Wir sehen, dass der Reformator von Genf im Wesentlichen dieselben Rechte und Vorzüge für seine Geistlichen in Anspruch nimmt, die er gleichzeitig den katholischen in den leidenschaftlichsten Ausdrücken zum Vorwurf macht und abspricht. Und noch weniger steht, trotz aller Verschiedenheit in der äussern Form des Wirkens, der calvinische Clerus dem katholischen an eigentlich geistlichem Einflusse nach. Er soll das gesammte sittlich religiöse Leben der Gemeinde dem göttlichen Willen gemäss leiten und gestalten, den öffentlichen und häuslichen Wandel der Einzelnen überwachen, nicht blos auf der Kanzel Gottes Wort verkünden, sondern in alle wichtigen Lebenslagen eingreifen, ermahnen, warnen und zurechtweisen, aufmuntern und trösten. Durch Predigt und Unterricht, durch Prüfungen und regelmässige Visitationen hat er die ihm anvertrauten Gläubigen auf dem Wege des Heils zu fördern und dem Herrn ein ehrbares Geschlecht zu erziehen.³) Jedes einzelne Mitglied der Gemeinde bis auf den Gefangenen im Kerker ist seiner Leitung und Obhut übergeben. Ohne Menschenfurcht und Zagen soll er einschreiten, wo er das göttliche Gebot missachtet sieht. Unzeitige Nachsicht steht Keinem weniger an als dem evangelischen Prediger. „Der wahre Diener Gottes, wenn er seine Pflicht thut, kann nicht anders als streng sein."⁴) Denn er ist nicht nur der Verkünder der Wahrheit, sondern zugleich ihr Beschützer und Vertheidiger und von Gott zu seinem „Rächer" bestellt.⁵) Darum sei auch seine Sprache stets ernst, würdig, streng, der Majestät des höchsten Herrschers, den er vertritt, angemessen. Calvin

---

an Viret (Juli 1542), bei *Bonnet*, Letters of J. Calvin I, 311, in englischer Uebersetzung. Noch unumwundener verlangte Ferron, einer seiner Gehülfen, 1544 die Herausgabe des Kirchenguts. *Galiffe*, Quel(q). pag. p. 89, vgl. auch *Viret*, Le monde a l'empire p. 149.

¹) Vgl. De l'anc. et nouv. police p. 122.
²) Calvin an Farel 1545, Epp. et resp. 342.
³) Man vgl. ausser den Ord. eccl. die Ausführungen in der Forme des prières et chants ecclésiastiques (Opp. Calv. ed. B. VI, 161 ff.), namentlich am Schluss, Conciones in libr. Jobi (Opp. ed. A. T. II) p. 511 u. s. w.
⁴) Comm. in Jesaiam (Opp. ed. A. T. III) p. 187 b.
⁵) Comm. in Ezech. (Opp. ed. A. T. IV) p. 112a.

will es nicht tadeln, wenn der geistliche Redner sich eines gefälligen, angenehmen Vortrags befleissigt, aber mehr soll er die ernste Sprache der Propheten nachzuahmen trachten und jene „Heftigkeit, womit Paulus gegen die falschen Apostel eifert."[1])

So leitet, überwacht, erzieht der Geistliche die ihm untergebene Gemeinde als der Stellvertreter Gottes, welcher einst Rechenschaft von ihm verlangen wird. Die Gläubigen haben ihm Gehorsam zu leisten und seinen Anordnungen sich zu fügen.[2]) Zwar ist auch das Volk in der Kirche zu hören; es soll sogar bei allen wichtigen Entscheidungen mitwirken und seine Stimme abgeben, aber nur unter der Aufsicht der Geistlichen, „so dass ihre Autorität gleichsam den Zügel bildet, der die Leidenschaften des Volkes bändigt und es vor Ausschreitungen bewahrt."[3]) Von der Geistlichkeit muss der erste Anstoss zu Allem ausgehen, was in der Kirche geschieht. Lärmende Kundgebungen des Volkes, aufregende öffentliche Disputationen, wie die Menge sie liebt, sind nicht gestattet und laufen der von Gott gewollten Ordnung zuwider. „Wir wissen," heisst es in Calvins Commentar zu dem Evangelium des h. Johannes,[4]) „wie gross die Unmässigkeit des Volkes ist. Darum müsste sofort eine gräuliche Verwirrung eintreten, wenn Jedem völlige Freiheit gegeben würde. Aus diesem Grunde ist die Autorität des geistlichen Amtes als Zügel zur Aufrechthaltung der kirchlichen Ordnung nothwendig."

Den so bedeutenden Vorzügen und Befugnissen des Geistlichen entsprechen eben so grosse Pflichten. Je erhabener sein Beruf und seine Thätigkeit ist, um so reiner, tadelloser, erbaulicher muss sein Leben sein. Calvin macht die Wahrnehmung, dass im Allgemeinen die evangelische Geistlichkeit durch ihren Wandel keineswegs ihrem hohen Berufe entspreche, vielmehr oft genug Anstoss und Aergerniss gebe, das geistliche Amt in Missachtung bringe; er bewundert die Langmuth des Volkes, dass es solche Unwürdige nicht mit „Koth und Unrath bedecke."[5]) Genfs Clerus soll auch hier mit dem Beispiele

---

[1]) *Multo magis observanda est vehementia, qua Paulus in Pseudoapostolos invehitur.*" Opp. ed. A. VII, p. 372a.

[2]) Homil. in libr. I. Samuel (Opp. ed. A. T. II) p. 241 a—b: „*Quibus acquiescendum omnino est.*"

[3]) *Pastores tamen moderentur, ut eorum auctoritas instar freni sit ad cohibendos plebis impetus, ne ultra modum exultent.*" Comm. in Acta Apost. (Opp. ed. A. T. VI) p. 48 b.

[4]) Opp. ed. A. T. VI, p. 77a.

[5]) De scandalis, Opp. ed. A. T. VIII, p. 79b.

des Guten vorangehen. Die Kirchenordnung zählt der Reihe nach alle die Fehler auf, vor denen sich der Geistliche zu hüten hat. Sie unterscheidet solche, „die in keiner Weise an ihm geduldet werden können," und solche, die wenigstens eine „brüderliche Ermahnung" nothwendig machen. Lässt sich der Diener Gottes ein gemeines Verbrechen zu Schulden kommen, so verfällt er wie jeder Andere der bürgerlichen Obrigkeit — denn sein Stand soll ihm keinen Schutz für das Laster gewähren — und verliert überdies sein Amt; ist sein Vergehen nicht ein bürgerliches und nur geringfügiger Art, so wird er sich vor dem Sittengericht zu stellen oder einer „brüderlichen Zurechtweisung" von Seiten seiner Amtsgenossen zu unterziehen haben.

Die erste und vornehmste unter den Pflichten des Predigers ist, dass er sich stets mit der h. Schrift in Uebereinstimmung befinde. Nur als treuer, gewissenhafter Verkünder des göttlichen Wortes hat er Anspruch auf den Gehorsam und das Vertrauen der Gemeinde: so wie er nicht mehr das reine Evangelium verkündet, erlischt sein Rechtstitel.[1]) Auf biblische Rechtgläubigkeit und Gehorsam gegen die Satzungen der wahren Kirche legen deshalb auch die Ordonnanzen das Hauptgewicht. „Ketzerei, Spaltung, Auflehnung gegen die Kirchenordnung" eröffnen die Reihe jener Vergehen, „die an einem Prediger in keiner Weise zu dulden sind." Demüthig und mit Unterwerfung seiner beschränkten Vernunft soll er stets der h. Schrift vertrauen, bei ihrer Auslegung sich jeder „ungewöhnlichen Behandlung" enthalten, müssige Speculationen, unnütze Fragen, frivole Untersuchungen, die blos die Neugierde reizen und Streit erregen, vermeiden und überall sich an die von der Kirche angenommene Lehre und Weise halten.[2]) Ins-

---

[1] „*Si Pastores officio suo probe et sincere fungentes auctoritatem sibi vindicant, huec erit sancta et legitima gloriatio: sed ubi absque Dei verbo nuda hominum auctoritas effertur, evanida est ac futilis jactantia.*" Comm. in Ev. Joan. (Opp. VII) p. 77b. „*Qui enim munus suum transgreditur, quia Deo se opponit, spoliandus est honoris sui titulo, ne sub larva decipiat.*" Comm. in Acta Apost. (Opp. VI) p. 442.

[2] Die zweite Classe von Fehlern wird durch folgende eröffnet: „*Façon estrange de traitter l'Escriture, laquelle tourne en scandale. Curiosité à chercher questions vaines. Avancer quelque doctrine ou façon de faire non receue en l'Eglise.*" „*Cavendae sunt otiosae speculationes,*" sagt Calvin in der Abhandlung de utilitate et recta ratione lectonis sacrae scripturae. Epp. et resp p. 244a. „*neque etiam haerendum in quaestionibus frivolis, quae tantum contentiones et rixas parant . . . neque enim ideo scriptura data nobis est, ut stultam curiositatem pascat aut ambitioni inserviat*" etc.

besondere aber hat er sich vor den Irrthümern des Papstthums zu hüten und jeden Verkehr mit den Verkündern derselben zu fliehen: nicht anders als im Alten Bunde die wahren und falschen Propheten, stehen sich die papistischen und evangelischen Glaubensboten entgegen.[1]) Ganz natürlich, dass der Gegensatz gegen das „antichristliche Papstthum in Rom," dieser Grundgedanke des calvinischen Lehr- und Verfassungssystems vor Allem in dem Prediger lebendig sein musste! Calvin lässt keine Gelegenheit vorübergehen, ihn aufs Neue in Erinnerung zu bringen, in Predigten und Vorlesungen, Gutachten und Commentaren den Dienern des Evangeliums und solchen, die es werden wollen, den glühendsten Hass gegen jenen Sitz der Unwissenheit, der Geistesknechtschaft, der schändlichsten Laster, ja des Satans selbst einzuprägen. Dieser Hass soll den Grundton in der Stimmung insbesondere des Predigers bilden und seine gesammte Thätigkeit, die ganze calvinische Seelsorge und Erziehung durchdringen. Nichts Papistisches! sei stets die Losung; „mehr als Scylla und Charybdis" sind namentlich alle Schulen des Papstthums zu meiden, „denn es ist kaum möglich, in sie einzutreten, ohne an seinem Glauben Schiffbruch zu leiden."[2])

Mehr dem Geiste des Evangeliums entsprechend sind die übrigen Eigenschaften, die Calvin von seinen Geistlichen verlangt. Eifrig in den Arbeiten seines Berufs, in Predigt und Unterricht, in Krankenbesuch und Zurechtweisung, wie nicht minder im Studium, „namentlich der heiligen Schriften," sei er auch in seinem Privatleben ohne Tadel. Er wird stets bedenken müssen, dass die ganze Gemeinde auf sein Beispiel blickt und dass er deshalb höheren Anforderungen zu genügen hat als der einfache Gläubige.[3]) Er sei bescheiden und verträglich, nicht herrschsüchtig und anmassend, aber eben so wenig ein Schmeichler des Volks oder der Behörden; er hüte sich vor Geiz und Habsucht, vor Zorn und Streitsucht, er theile den Armen und Kranken von dem Seinigen mit. Gotteslästerung, Meineid, Simonie, Trunkenheit, Spiel, sittliche Ausschweifungen sollen bei ihm unerhört sein. Calvin verkannte nicht die mancherlei Vortheile, die der ehelose Stand dem Geistlichen in der seelsorglichen Wirksamkeit gewährt.[4]) Er hat

---

[1]) So selbst der milde Viret: L'Interim fait par dialogues (1565) p. 147. 150.
[2]) Vgl. Comm. in epist. canon. s. cath. (Opp. ed. A. T. VII) p. 77a.
[3]) Vgl. Comm. in Ezech. (Opp. ed. A. T. IV) p. 29b.
[4]) Vgl. insbesondere das Gutachten, Epp. et resp. p. 211a — 212a und Opp. ed. A. VII, 1 p. 158b (zu I. Corinth. V, 38).

diese Frage mehrmals erörtert und würde vielleicht den Coelibat auch in seiner Kirche eingeführt haben, wenn er nicht papistisch gewesen wäre. Konnte er sich deshalb auch zu einer grundsätzlichen Billigung des chelosen Lebens nicht entschliessen, so findet man doch, dass Ehelosigkeit in einzelnen Fällen bei ihm wohl zur Empfehlung gereichte. Jedenfalls haben die Diener des göttlichen Wortes ein durchaus ehrbares, nüchternes, züchtiges Leben zu führen. — Unter einander seien sie in Liebe und Eintracht verbunden, nicht neidisch und eifersüchtig, keiner stelle dem andern nach oder suche das Amt desselben an sich zu bringen. Kommen dennoch Differenzen vor, so sollen diese nicht sofort unter das Volk gebracht werden, welches Aergerniss daran nimmt: man wird sich vielmehr Mühe geben, sie durch „brüderliche Ermahnungen" und, wenn solche nicht genügen sollten, mit Hülfe des Rathes zum Ausgleich zu bringen. Endlich soll der evangelische Prediger auch seine äussere Haltung, seine Tracht, seine Geberden, sein ganzes Benehmen der Würde seines Amtes gemäss einrichten: behutsam in Worten und Handlungen, wird er auch den Schein des Bösen meiden und stets auf einen guten Ruf halten. Denn Keinem ist der gute Ruf nöthiger als ihm, „damit das Wort Gottes nicht durch den übeln Ruf seiner Diener in Unehre und Verachtung gerathe."[1])

„Um diese geistliche Disciplin aufrecht zu erhalten," setzen die Verordnungen fest, „sollen die Prediger alle drei Monate insbesondere nachsehen, ob sie an einander nichts zu tadeln finden, und dann in gebührender Weise Abhülfe schaffen." Es scheint indess, als habe diese wechselseitige Beaufsichtigung nicht die wohlthätigen Folgen gehabt, die Calvin sich davon versprochen; in den Landgemeinden war sie überdies kaum ausführbar. Zu Anfang des Jahres 1546 wurde deshalb, „um gute Zucht und Einigkeit der Lehre innerhalb des ganzen Umfangs der Genfer Kirche zu erhalten," noch eine regelmässige jährliche Visitation eingeführt.[2]) Zwei Prediger und zwei von d

---

[1]) Ord. ecclés.

[2]) Vgl. Rathsprot. 25. Januar 1546, an welchem Tage Calvin d[...] dem Rathe vortrug. Die Aufzeichnungen der Vénérable Compagnie g[...] der Einführung der Visitation mit folgenden Worten: „*Lan 1546[...] de ... fut resolu par les frères assemblés en congregation generalle [...] navant visitations seroient faictes de toutes les paroisses de [...] Genève. Ce qui fust aussi accordé par Mess. et ordonne que [...] saillers iroient avec les ministres pour la visitation pour visiter [...]*

Magistrate damit beauftragte Mitglieder des Rathes ziehen alljährlich in den Sommermonaten, wie einst die Königsboten des grossen Frankenfürsten, in dem kleinen Gebiete des Genfer Freistaats umher, von Pfarrei zu Pfarrei, ihren Zustand zu untersuchen und über die Lehren, die seelsorgliche Thätigkeit und den persönlichen Wandel der Geistlichen Erkundigungen einzuziehen. Vor Allem haben die Visitatoren ihre Aufmerksamkeit auf die Beschaffenheit der Lehre zu richten und sich darüber zu vergewissern, ob der Prediger in allen Stücken rechtgläubig ist und „nicht eine neue, dem reinen Evangelium widerstreitende Ansicht vorgetragen hat." Sodann werden einzelne angesehene glaubwürdige Mitglieder der Gemeinde, insbesondere die Angestellten, über seine Methode, seinen geistlichen Eifer und seinen persönlichen Wandel vernommen. Es soll ermittelt werden, „ob er zur Erbauung predige oder ob er eine anstössige Methode habe, die zur Belehrung des Volks sich nicht eigne, wie z. B. ob er undeutlich sei, unnütze Fragen behandle, ob er fleissig sei in Predigt und Krankenbesuch und in der besondern Ermahnung derjenigen, die es nöthig haben, ob er ein ehrbares Leben führe und ein gutes Beispiel gebe, ob er sich leichtfertige und ausgelassene Handlungen erlaube und mit der Gemeinde in Eintracht lebe."[1]) Ueber das Ergebniss der Visitation, die aber, wie die Verordnung ausdrücklich hervorhebt, „keineswegs eine Untersuchung oder eine Art von Gericht sein soll, sondern nur ein Mittel, um allen Aergernissen zuvorzukommen, damit der Prediger nicht ausarte und verderbe," wurde zunächst der „Congregraion" Bericht erstattet.

Die „Congregation" bildete den eigentlichen Mittelpunkt der

---

tellement que le ministre de son costé s'enquerroit de la doctrine et conversation du pasteur du lieu et les conseillers de la conversation du Chastellain." Aufzeichnungen der Vénérable Comp. A p. 54. Dagegen erscheinen in den Ordonnanzen selbst die Abgeordneten des Raths durchaus als Mitglieder der geistlichen Commission, beauftragt *„d'aller une fois l'an visiter chacune paroisse pour s'enquerir si le ministre du lieu auroit point mis en avant quelque doctrine nouvelle"* etc. Und dies entspricht auch den Ansichten Calvins über das Verhältniss von Rath und Geistlichkeit. Thatsächlich waren freilich die beiden Weltlichen nur die Gehülfen der Geistlichen, und aus den Aufzeichnungen der Vén. Comp. ersieht man, dass der Rath sich nicht mit grosser Lust an der Visitation betheiligte. — *Richter* l. c. I, 344 nimmt auch den Abschnitt über die Visitation als einen Bestandtheil der ursprünglichen Ordonnanzen an.

[1]) Ord. eccles. Ausg. von 1561, p. 13, 14.

kirchlichen Ordnung und alles geistlichen Lebens. Man bezeichnete mit diesem Namen die schon in dem ersten Entwurfe der Ordonnanzen festgesetzte regelmässige Versammlung sämmtlicher Mitglieder der ehrwürdigen Genossenschaft, deren Zweck „die Erhaltung der Reinheit und Einigkeit der Lehre" war. Allwöchentlich, am Freitag, trat sie zusammen, unter dem Vorsitze des Reformators selbst, welcher, wenn auch nicht dem Namen nach, doch in der That ihr beständiger Präsident war. Jeder Geistliche der Stadt war verpflichtet, in ihr zu erscheinen, die Landpfarrer hatten sich wenigstens einmal in jedem Monat einzufinden. Den nächsten Gegenstand der Verhandlungen bildeten wissenschaftlich theologische Fragen. In regelmässigem Wechsel wurde von den Mitgliedern des Collegiums ein Vortrag über irgend eine Stelle der h. Schrift gehalten, den auch Laien anhören durften. An den Vortrag schloss sich eine freie Erörterung des behandelten Gegenstandes, über den sämmtliche „Ehrwürdige" ihr Urtheil abgeben mussten. Auf solche Weise sollte der Fleiss der Einzelnen überwacht und angespornt[1]) und zugleich dogmatischen Verirrungen vorgebeugt werden. Indess war die Thätigkeit und Bedeutung der Congregation nicht auf diese biblisch theologischen Uebungen beschränkt. Alle kirchlichen Fragen von Belang kamen in ihr zur Sprache. Hier wurde über den allgemeinen Sittenzustand und über neue seelsorgliche Massregeln berathen; hier machte Calvin auf aufsteigende Gefahren und Ketzereien aufmerksam; hier hatten die Visitatoren über das Ergebniss ihrer Sendung zuvörderst Bericht zu erstatten; hier mussten die pflichtvergessenen oder als solche angeklagten Geistlichen nach geschehener Vorladung[2]) sich zur Verantwortung stellen; auch

---

[1]) Ein späterer Zusatz der Ord. („*Et pour cognoistre comment chacun est diligent à estudier et que nul ne s'annonchalise*" etc. Ausg. von 1561 p. 9 *Richter* l. c. I, 343) hebt diesen Zweck noch besonders hervor. Etwas Aehnliches hatte übrigens Calvin, wie man aus *Sauniers* Ordre et maniere ersieht, schon während seiner ersten Anwesenheit in Genf eingeführt: „*disputations publiques touchant la Foi et religion Chrestienne etc.*"

[2]) Die Vorladungsformel hatte folgende oder eine ähnliche Fassung. „*Quoniam die Veneris proximo de statu ecclesiae tibi commissae nobis tractandum in conventu erit, censuimus te vocandum, ut consultationi, si ita visum tibi fuerit, intersis. Nam et tua interest, te prius esse admonitum, quid sumus acturi, et ad commune exemplum pertinet. Quod tibi diem indicavimus, id argumento sit, moderate et, quo decet, ordine hoc negotium gubernari. Tua igitur culpa erit, si quid te absente secus quam optares transigitur. Vale frater in Domino charissime. Dominus te spiritu suo regat in ecclesiae aedificationem.*" Mscr.

wichtige politische Massregeln wurden bei der steigenden Bedeutung des geistlichen Standes im Schoosse der Congregation erörtert und vorbereitet.¹)

Seit dem Jahre 1546 führte die Congregation im Gefühl ihrer eigenen Wichtigkeit auch regelmässige Sitzungsprotocolle, wie das Collegium des Rathes.²) In der That waren die Conferenzen der ehrwürdigen Genossenschaft oft genug für Genf von grösserer Bedeutung als die Zusammenkünfte der weltlichen Rathsherren. Von allen ihren Beschlüssen aber war Calvin die eigentliche Seele. Trotz der parlamentarischen Form, in der sich die Verhandlungen und Berathungen bewegten, war es doch der Reformator allein, der eine entscheidende Stimme besass.

Endlich machte die neue Kirchenordnung auch eine zahlreichere Vertretung des geistlichen Standes in Genf nothwendig. Den hohen Aufgaben und der umfassenden Wirksamkeit, welche Calvin dem Clerus zuwies, genügten die vorhandenen geistlichen Kräfte um so weniger, als Peter Viret, wie lange befürchtet worden, im Juli 1542 Genf verliess, um nach Lausanne zurückzukehren. Noch in demselben Jahre wurden fünf neue Prediger ernannt, Männer, wie sie Calvin wünschte, und ihm mit Eifer zugethan.³) Dieser ersten Vermehrung des geistlichen Collegiums folgten bald weitere. Die ursprünglich in den Ordonnanzen angenommene Zahl von „fünf Predigern und drei Gehülfen" war in Kurzem weit überschritten. Ein Collectivschreiben, welches die ehrwürdige Genossenschaft gegen Ende des Jahres 1543 an die Kirche von Neuenburg richtete, zeigt bereits die stattliche Reihe von sechzehn Unterschriften,⁴) und das nächste Jahr führte in Folge der unaus-

---

der Vénér. Comp. A. 75. Dem wohlwollenden Tone der Vorladung entsprach freilich selten die wirkliche Behandlung.

¹) Schon 1545 klagte man im Rath, dass die Prediger in der Congregation „contrerôlent ceulx de la ville et du Conseil;" vgl. Rathsprot. 1. Oct. 1545.

²) Vgl. Aufzeichnungen der Vénér. Comp. A. 19. Der Beschluss wurde am 17. Dec. 1546 gefasst.

³) P. Blanchet, A. Mégret, M. de Geneston, L. Trepereaux, Ph. de Ecclesia; vgl. Genève ecclésiastique ou livre des spectables Pasteurs et Professeurs (Genf 1861) ad a. 1542, Rathsprot. 10, 24. Juli 1542, und über das Lob der Neuernannten das Schreiben Calvins an Viret bei *Bonnet*, Letters I, 311.

⁴) D. d. 19. Dec. 1543, Bibl. des past. de Neuchât. Die Namen sind: P. Nynaudi, E. Mégret, Sorellus, L. Cogneus, Regalis, J. Bernardus, J. Calvinus, N. Gallasius, E. Champerellus, H. a Mara, Ph. ab Ecclesia, A. Poup-

gesetzten Bemühungen Calvins der Compagnie der geistlichen Streiter noch weitere Verstärkungen zu.[1]

So empfing Genf durch Calvin seinen frühern Charakter wieder zurück. Die alte Bischofsstadt wurde wieder eine geistliche Stadt — in höherm Grade, als sie dies in der alten Zeit gewesen.

III.

DIE BÜRGERLICHE ORDNUNG.

Nicht blos der geistliche, auch der weltliche Stand wurde durch Calvins Thätigkeit berührt. An und für sich konnte es nicht anders sein, als dass eine so durchgreifende Umgestaltung des kirchlichen Lebens auf die bürgerlichen Verhältnisse zurückwirkte. Aber auch unmittelbar und geradezu in der Rolle eines weltlichen Gesetzgebers hat Calvin in die staatlichen und bürgerlichen Zustände eingegriffen. Es wird zweckdienlich sein, ehe wir in der Darlegung der kirchlichen Organisation weiter gehen, zuvor dieser politischen Thätigkeit und dem Einflusse, welchen der Reformator auf das Genfer Staatsleben ausgeübt hat, einige Augenblicke unsere Aufmerksamkeit zuzuwenden.

Unleugbar befand sich Calvin der weltlichen Gewalt gegenüber in einer vortheilhaftern Lage als irgend ein Reformator des sechzehnten Jahrhunderts. Der Staat, welcher ihn als Reformator angenommen, war in seiner gegenwärtigen Gestalt einer der jüngsten in Europa und erst seit wenigen Jahren selbstständig. Es fehlte den Männern, welche seine Regierung führten, noch jenes Selbstgefühl, jene Sicherheit und Festigkeit, welche erst ein längerer Besitz, Tradition und Erfahrung zu verleihen pflegen: Calvins Rückberufung selbst

---

pin, P. Selusanus, M. Genestonus, Ferron, Petit. Drei bis vier gehören den Landgemeinden an.

[1] Vgl. Rathsprot. 21. Januar, 21. März, 30. Mai, 2. Aug. 1544. Mehrere der 1544 Ernannten finden sich allerdings unter den eben angeführten Unterschriften und scheinen, da es dem Rath an Mitteln zur Besoldung fehlte, die erste Zeit das Amt unentgeltlich und ohne feste Anstellung verwaltet zu haben. Die übrigens nicht genaue und vollständige Zusammenstellung im Libre des spect. Pasteurs zählt für 1544 zwölf Stadt- und sechs Landgeistliche auf.

legte Zeugniss davon ab. Das Ansehen der neuen Machthaber war überhaupt noch nicht fest begründet. Ihnen stand der berühmte Theologe vollkommen ebenbürtig, ja mit dem Gefühl der Ueberlegenheit gegenüber. Und nicht minder als die Neuheit hob der beschränkte äussere Umfang des Genfer Freistaats seine Stellung. Denn mehr bedeutete der Reformator in einem kleinen Staatswesen, das politischen Ehrgeiz nicht kannte, als in einem grossen, welches auf dem Schauplatz der Weltgeschichte eine Rolle spielen wollte und die religiösen Fragen oft den politischen unterzuordnen sich genöthigt sah. Calvin selbst ist sich namentlich dieses Vorzugs seiner Lage wohl bewusst gewesen, und unverkennbar hängt damit die Vorliebe zusammen, die er, obschon ein Sohn der grossen Nation, überall für kleinere Staaten an den Tag legt. Er glaubt, dass diese den Absichten der Vorsehung wie den Interessen der Menschen besser entsprächen als grosse Reiche, welche nur zur Beförderung einer tyrannischen, gesetzwidrigen Regierungsweise dienten, und beklagt die Thorheit und Verblendung der Menschen, die in unsinniger Grossmachtssucht nicht aufhörten, nach einem mächtigen König und weitem Ländergebiet zu streben, bis sie, wie Spanien und Frankreich, durch eigenen Schaden klug würden.[1]) Niemals würde freilich der Theologe von Noyon in einem grossen Staate die Stellung errungen haben, die ihm in dem kleinen Genf fast von selbst zufiel. Dass er überdiess mit der theologischen Bildung eine nicht gewöhnliche juristische und ein ungewöhnliches Organisationstalent verband, musste hier seinen Einfluss bald zu dem herrschenden machen.

So hat es geschehen können, dass Calvins zweite Ankunft in Genf ebenso wohl für den Staat als für die Kirche von entscheidender Bedeutung wurde und mit der kirchlichen Neugestaltung eine gleich-

---

[1]) „*Potest hoc modo intelligi, quod minorum gentium Principes humaniores sunt erga populum suum quam potentiores, qui magnitudine sua freti nihil non sibi permittunt; ut enim potentiae suae nullum esse modum existimant, ita nec licentiae, effrenesque decurrunt quocunque ipsos libido impulerit ... Hinc videmus, quanta sit hominum stultitia, qui potentem Regem et multis ditionibus imperantem appetunt, et quam merito poenas dant suae ambitionis, quae tamen quotidianis experimentis, quae passim visuntur in mundo, corrigi non potest. Gloriantur hodie Gallia et Hispania se Principibus magnis subesse. Verum quam utile sit, quod fallaci honoris praetextu eos fascinat, suo damno sentiunt.*" Comment. in Jesaiam, Opp. ed. A. III, 2, 118 b. Eine ähnliche Stelle in den Prael. in Dan., Opp. ed. A. V, 1, 29 a.

artige politische Hand in Hand ging. Zwar ist jene Ansicht, welche in Calvin geradezu den Urheber einer neuen Staatsverfassung erblickt, irrig[1]): in seinen Grundformen ist das Gebäude der Genfer Verfassung nach dem Jahre 1541 unverändert geblieben. Die alten Staatseinrichtungen, der Rath der Syndike und der Sechzig, der grosse und selbst der allgemeine Rath blieben bestehen wie sie waren. Dessenungeachtet hat die bürgerliche und politische Ordnung so bedeutende Einwirkungen durch Calvin erfahren, dass seine Erfolge hier kaum minder wichtig erscheinen als auf dem kirchlichen Gebiete.

Auch für das politische Genf ist Calvin im eigentlichen Sinne der ordnende Geist gewesen. Erst durch ihn hat die junge Republik Charakter und Haltung empfangen.

Denn obschon der Staat bei Calvins Ankunft in seinem äussern Bestand gesichert und der Verfassungsbau in den Hauptheilen vollendet war, fehlte doch noch viel daran, dass der Zustand ein geordneter oder befriedigender gewesen wäre. Vielmehr machte das Ganze noch den Eindruck des Unfertigen, es trug fast überall noch die Spuren seines gewaltsamen und hastigen Aufbaus an sich. Das Gewoge der Parteien, die Jahre lang über die Stadt geherrscht, war noch nicht zur Ruhe gekommen, der Wirkungskreis der einzelnen Behörden noch nicht allenthalben genau abgegrenzt. Durch die Annahme von Berner Staatseinrichtungen waren aristokratische Elemente in das Staatsleben gekommen, die mit der alten demokratischen Grundrichtung nicht im Einklang standen: eine Auseinandersetzung schien hier geboten. Die gesammte Gesetzgebung bedurfte einer Revision. Manches hatte noch Gesetzeskraft, was nach den Ereignissen der letzten Jahre nicht mehr anwendbar war; Anderes wurde thatsächlich befolgt, ohne gesetzlich angeordnet zu sein. Insbesondere befand sich die nach dem Sturze des Bischofs ganz in die Hände der Bürger übergegangene Rechtspflege eben in Folge dieses unter wirrevollen Verhältnissen stattgehabten Wechsels in einem Zustande, der eine nochmalige Revision als dringend nothwendig erscheinen liess. Mit der Regelung der kirchlichen Angelegenheiten stellte sich in erhöhtem Grade die Nothwendigkeit heraus, auch in den bürgerlichen Haushalt Ordnung zu bringen, und was lag näher, als auch hier die Hülfe eines Mannes in Anspruch zu

---

[1]) Mit besonderm Nachdruck hat dies jüngst *A. Roget* in der Abhandlung L'église et l'état à Genève du vivant de Calvin (Genf 1867) p. 89 gegen Bungener und Stähelin hervorgehoben.

nehmen, der in der kirchlichen Frage von seinem Organisationstalent so unwidersprechliche Beweise gab?

In der That wandte man sich sofort an ihn. Einen Tag nach der öffentlichen Annahme der kirchlichen Ordonnanzen, am 21. November 1541, ernannte der Rath eine Commission, bestehend aus dem „Herrn Calvin" und einigen angesehenen und rechtskundigen Bürgern, mit dem Auftrag, nach den kirchlichen nunmehr auch bürgerliche Ordonnanzen zu entwerfen.[1]) Es galt, die Spuren der vorausgegangenen revolutionären Zeit zu verwischen, dem bisherigen Zustande der Unsicherheit ein Ende zu machen, überall feste Normen aufzustellen, die noch gültigen Gesetze zu sammeln, veraltete auszuscheiden oder den neuen Verhältnissen entsprechend umzugestalten, die Pflichten und Rechte der einzelnen Behörden und Angestellten zu formuliren, endlich auch die gesammte bürgerliche Ordnung mit dem Geiste der neuen Kirchenlehre in Einklang zu setzen. Der Auftrag wurde, da die Arbeit der Vertrauensmänner in der ersten Zeit nur langsame Fortschritte machte — Calvin selbst war damals noch zu sehr durch die kirchlichen Angelegenheiten in Anspruch genommen — im Frühjahr 1542 von dem Rath nochmals wiederholt.[2]) Seitdem wurde, wie es scheint, das Werk mit grösserm Eifer betrieben. Zu Anfang des Jahres 1543 hatte die Commission den Haupttheil ihrer Aufgabe, welcher insbesondere die Stellung der verschiedenen Rathscollegien und Beamten, sowie die städtische Verwaltung und Polizei betraf, zum Abschluss gebracht, und am 28. Januar empfingen die neuen Verordnungen in dem Generalrath die Genehmigung der versammelten Bürger.[3]) Genau waren in ihnen die Functionen aller obrigkeitlichen Personen, der Syndike und Räthe, des Lieutenants und seiner Assistenten, des Münz- und Schatzmeisters, der Secretaire und Notare, der städtischen Offiziere, Bezirksleute und Aufseher bis auf den niedrigsten Angestellten herab bestimmt und erklärt, der Wirkungskreis eines jeden abgegrenzt, neue Eidesformeln für den Amtsantritt entworfen, um ein lebendiges Pflichtgefühl zu wecken, und auf Grundlage des in den letzten Zeiten schon thatsächlich befolgten Wahlmodus das Verfahren endgültig fest-

---

[1]) Rathsprot. 21. Nov. 1541: „a esté ordonné queil soit fayet ordonnances sur le régime du peuple et pour commencer à ycelles hont esté deputés Mons. Calvin, les secret. Roset, Porralis et les S. Jehan Balard" etc. Calvin heisst hier zum ersten Mal „Monsieur" statt „Maistre."

[2]) Rathsprot. 15. Mai 1542.

[3]) Vgl. Roset l. IV, c. 62.

gesetzt, welches fortan bei der Wahl der Rathscollegien und bei der Einsetzung der Beamten beobachtet werden sollte. Schon bei den nächsten öffentlichen Wahlen wurde nach den Ordonnanzen verfahren. Wähler und Gewählte hatten entblössten Hauptes einen feierlichen Eid zu schwören, welcher neben den bürgerlichen Pflichten, der Sorge für das Wohl und den Vortheil der Stadt und die Handhabung einer guten Polizei, insbesondere die Ehre Gottes, die Aufrechterhaltung und Befolgung der wahren Religion betraf. Von dem neuen Magistrat wurden in den nächsten Tagen die sämmtlichen städtischen Offiziere und Bezirksleute auf die Ordonnanzen vereidigt.[1]) Nicht so rasch ging es mit der Regelung des Gerichtsverfahrens, welches abgesondert behandelt wurde und, da hier die Aufgabe eine viel verwickeltere und schwierigere war, auch längere Zeit erforderte. Noch gegen Ende 1543 finden wir den Rath mit der Prüfung der darauf bezüglichen Vorlage beschäftigt,[2]) und erst zu Anfang 1544 scheint diese Angelegenheit eine vorläufige Erledigung gefunden zu haben.

Calvin nahm an allen diesen Arbeiten den hervorragendsten Antheil, ja er bildete recht eigentlich ihre Seele. Als solche betrachtete ihn auch der Rath: er entband ihn im Herbst 1542 von der Verpflichtung, an den Wochentagen zu predigen, damit er sich ungestört den „Edicten" widmen könne; er verehrte ihm einige Zeit später zur Aufmunterung und zum Danke für die „Mühen, denen er sich täglich für die Stadt unterziehe," ein Fass alten Wein.[3]) Noch besitzen wir einen Theil von Calvins Entwürfen in seinen eigenhändigen Aufzeichnungen,[4]) und nicht ohne Verwunderung sehen wir in ihnen den gelehrten Verfasser der Institution selbst den untergeordnetsten Fragen der städtischen Verwaltung und Polizei seine Aufmerksamkeit zuwenden. Da finden wir ausführliche Instructionen für den Bauaufseher, Anordnungen

[1]) Rathsprot. 4. 5. 12. Febr., 2. März 1543.
[2]) Vgl. Rathsprot. 15. Nov. 1543, 3. Dec. 1543. (Die letzte Stelle wird bei *Henry* II, 61 angeführt.) Am 12. Februar 1543 war für die Ausarbeitung des Criminalprozesses eine besondere Commission von sechs Mitgliedern gewählt worden.
[3]) Rathsprot. 11. Sept., 16. Nov. 1542.
[4]) Sie befinden sich in dem Codex 404 der Herzogl. Goth. Bibl. f. 42a — b, f. 43a — 44b, 55a — 59b (die Blätter 58 und 59 sind verstellt und gehören vor 55); auch die Genf. Bibl. Cod. 145 f. 136 enthält Aufzeichnungen dieser Art (über Crimininalprozess etc); die gothaischen sind mitgetheilt von *Bretschneider*, J. Calvini, Th. Bezae, Henrici IV aliorumque literae quaedam nondum editae p. 65 ff., doch gehören Nr. 31, 32, 33 (Mscr. f. 45 ff.), wie auch äussere Merkmale erkennen lassen, nicht derselben Zeit an.

für den Fall einer Feuersbrunst, Anweisungen für den Aufseher des
städtischen Geschützwesens, Verhaltungsregeln sogar für den Nacht-
wächter, für die Ketten-, Thor- und Thurmhüter.[1]) Mit besonderm
Eifer scheint Calvin sich mit der Reform der Rechtspflege beschäftigt
zu haben. Seine Aufzeichnungen enthalten einen fast vollständigen
Entwurf zu einer bürgerlichen Prozessordnung, der zwar in der Hauptsache die alten Rechtsgewohnheiten sichtlich zur Grundlage hat, aber
zugleich von den eingehenden, selbstständigen Studien wie von der
Klarheit, Strenge und Ordnungsliebe seines Verfassers Zeugniss ablegt. Die Zulässigkeit einer Klage, Rechtsgrundsätze bei zweifelhaftem
Besitz, Vorladung, Verhör, Zeugenbeweis, Art der Vertheidigung, Termin, Dauer der Verhandlungen, Appellation, sogar Gebühren und
Gerichtskosten werden genau bestimmt und die dabei in Betracht
kommenden Umstände sorgfältig erwogen. Vor Allem dringt der
Entwurf, wie nicht anders zu erwarten, auf Klarheit und Bündigkeit
des Verfahrens. Anklage und Urtheil sollen deutlich und bestimmt
sein, geringfügige Sachen wie in alter Zeit, mündlich verhandelt,
kein Prozess unnöthiger Weise in die Länge gezogen, überall die
strengste Ordnung eingehalten werden.

Und eben dieser Geist strenger Ordnung und Regelmässigkeit
ist es, welcher die „Ordonnanzen" vorzugsweise charakterisirt. Calvins Entwürfe und Aufzeichnungen sind, nach den uns erhaltenen
Bruchstücken derselben zu schliessen, grosstheils unverändert in die
neue Gesetzessammlung aufgenommen worden. Bis ins achtzehnte
Jahrhundert haben viele seiner Aufzeichnungen, genau so, wie er sie
gemacht, Gesetzeskraft behalten.[2])

Aber Calvins Einfluss hat sich nicht auf die Theilnahme an der

---

[1]) Da die Bemerkung über das Schliessen der Sicherheitskette (an der
Seeseite) in der Handschrift am Rande nachgetragen ist, am 4. September
1542 aber nach den Rathsprotocollen die Anlegung neuer Ketten angeordnet
wurde, so liegt die Vermuthung nahe, dass die Randbemerkung eben in Folge
jenes Beschlusses entstanden ist, die anderen gleichartigen Aufzeichnungen
also schon vorher gemacht waren.

[2]) Die Ordonnanzen von 1543 sind in ihrer ursprünglichen Form nie
gedruckt — ähnlich wie die kirchlichen Ordonnanzen — sondern erst in der
erweiterten, theilweise auch (im aristokratischen Sinne) geänderten Form, die
sie 1568 erhielten. Aber selbst mit diesen stimmen die uns erhaltenen ersten
Entwürfe Calvins vielfach noch wörtlich überein. Man vgl. z. B. Calvin:
De l'office du controleur, *Bretschneider* p. 63 mit den Ordonnanzen (Genfer
Ausgabe von 1735) p. 51; De l'office du maistre d'artillerie, *Bretschn.* p. 63

Abfassung der „Ordonnanzen und Edicte" beschränkt. Bedeutsamer und durchgreifender als durch den todten Buchstaben des Gesetzes, hat er durch die lebendige That auf das Staatsleben und den Geist der Gesellschaft eingewirkt. Jene strenge Ordnung und Gesetzlichkeit, die er 1543 hat begründen helfen, ist später von ihm selbst durch den ungemessenen Einfluss, den er der geistlichen Tendenz oder gar persönlichen Leidenschaften und Stimmungen gestattete, oft genug durchkreuzt und offenkundig verletzt worden und kann in Wirklichkeit als ein hervorstechendes Merkmal des neuen Genfer Staates nur mit mancherlei Einschränkungen angesehen werden. Seinen eigentlichen Charakter empfing derselbe vielmehr durch die fortdauernde persönliche Einwirkung des Reformators und durch die Consequenzen seines Systems. Vornehmlich waren es zwei Richtungen, welche durch ihn begünstigt wurden und seit der Ankunft Calvins in dem politischen Leben Genfs mehr und mehr die Herrschaft erlangten.

Die eine zeigt sich in der alsbald zu Tage tretenden Bevorzugung der aristokratischen Elemente der Verfassung.

Eine Vorliebe für die aristokratische Regierungsform lässt sich bei Calvin schon früh wahrnehmen. Angeborene Neigungen scheinen durch seine Erziehung in einem adeligen Hause sowie durch den fortwährenden Verkehr mit den höheren Ständen genährt und gestärkt worden zu sein. Und mussten nicht am Ende selbst seine theologischen Ansichten eine aristokratische Anschauungsweise begünstigen? Trug nicht sein Cardinaldogma, die Lehre von den Auserwählten, im Grunde ein aristokratisches Gepräge? Deutlich tritt diese Richtung denn auch schon in der ersten Auflage der Institution, viel deutlicher noch in der zweiten und dritten Ausgabe des Werkes hervor.[1] Der Verfasser gibt zu, indem er die verschiedenen Regierungsformen mit einander vergleicht, dass auch die aristokratische nicht frei von Man-

---

mit den Ord. p. 52; De l'office des portiers etc., *Bretschn.* p. 64—65 mit den Ord. p. 57, 58; ferner Les causes de recuser etc., *Bretschn.* p. 87 mit den Ord. p. 43. Die oben erwähnte Prozessordnung lässt sich in ihren Grundzügen noch in den Edits civils wiedererkennen.

[1] Vgl. erste Auflage p. 480 (ed. Brunsv. p. 233), zweite Aufl. ed. Brunsv. p. 1105, dritte Aufl. l. IV, c. 20, s. 8. *Ktottin* (Ueber Calvins Institutio l c. p. 18) macht darauf aufmerksam, dass die sehr aristokratische Fassung der betreffenden Stelle in der Ausg. von 1543 in der für das französische Volk bestimmten Uebersetzung (1545) in charakteristischer Weise abgeschwächt wurde.

geln ist — vollkommen, wie die von Gott vorgeschriebene und von Calvin wiederhergestellte Verfassung der Kirche, ist überhaupt keine weltliche Regierungsform — aber sie ist doch die am wenigsten unvollkommene und bietet verhältnissmässig die grösste Bürgschaft für ein geordnetes, gottgefälliges Staatswesen. Die Monarchie artet gar zu leicht in Tyrannei aus, indem der Machthaber sich Alles glaubt erlauben zu dürfen: auch wegen der Schwierigkeit des Regierens ist es nöthig, dass Mehrere am Staatsruder sind, da ein Einzelner nicht die erforderliche Einsicht besitzt. Aber noch viel schlimmer und gefährlicher als die Monarchie findet Calvin die Herrschaft des Volkes, die Demokratie, die fast mit Nothwendigkeit zur Anarchie führt. Denn das Volk ist und war zu allen Zeiten thöricht, wetterwendisch, undankbar, leichtsinnig, zu Neuerung und Empörung geneigt.[1]) Darum bedarf es, um auf den rechten Weg gebracht und auf demselben erhalten zu werden, durchaus der Leitung und Führung. Wir sahen bereits, wie auf dem kirchlichen Gebiete, obschon hier im grellen Widerspruch mit der aufgestellten Theorie, demgemäss verfahren wurde. Noch strenger sollen im bürgerlichen Leben die Herrschergelüste der Menge niedergehalten werden: nicht regieren soll sie, sondern regiert werden. Die Leitung und Herrschaft gebührt jenen, die durch Tugend und Kenntnisse, Alter und Lebensstellung hervorragen. Nur solche sind auch zu den Staatsämtern zu berufen, wie schon der Herr dem Moses jene Siebenzig, die mit ihm in das Amt der Führung sich theilen sollten, nicht aus der Masse, sondern aus den Aeltesten und Angesehensten des Volkes zu wählen befahl.[2]) Mit besonderm Nachdruck hebt Calvin gerade in der ersten nach seiner Wiederankunft in Genf veranstalteten neuen Ausgabe der Institution den aristokratischen Charakter hervor, den überhaupt die Verfassung des auserwählten Volkes im Alten Bunde ursprünglich — bis auf den König David — gehabt: er findet damit die Vortrefflichkeit der aristokra-

---

[1]) Noch viel schärfer als an der angeführten Stelle der Institution drückt er sich darüber bei jeder Gelegenheit in seinen Commentaren und Vorlesungen aus. Vgl. z. B. Comm. in IV Ev. (Opp. ed. A. VI) p. 312 b, Comm. in Acta Apost. (Opp. ed. A. VI) p. 152 b, 193 b u. s. w.

[2]) Vgl. Comm. in libr. Mosis (Num. XI, 16) Opp. ed. A. I, 620. *„Notandum est, quod tametsi novam gratiam promittit Deus LXX viris, non tamen vult, temere ex vulgo sumi, sed diserte ex ordine seniorum et ex capitibus populi deligi jubet, qui scilicet auctoritate polleant et jam experimenta dederint suae industriae ac virtutis. Ita* (folgt die Nutzanwendung).

tischen Ordnung von Gott selbst, der seinem Volke die beste Verfassung habe geben wollen, in unwidersprechlicher Weise bezeugt.[1]) Eine völlige Gleichberechtigung aller Staatsangehörigen, eine Volksherrschaft, bei der lediglich die Mehrzahl entscheidet, ist nach ihm in keiner Weise zu rechtfertigen. Nicht die Anzahl, sondern das Gewicht und die Bedeutung der Personen soll den Ausschlag geben: entscheide jene, so würde auch das Papstthum mit Recht auf die grössere Anzahl seiner Anhänger sich berufen können.[2])

Sehr hatten sich jene getäuscht, welche von der Rückkehr des Reformators die Wiederherstellung der alten Genfer Demokratie und den Sturz der mit Bern verbündeten städtischen Aristokratie erwarteten. Noch wäre es damals möglich gewesen, — die allgemein herrschende Missstimmung gegen Bern schien es sogar zu fordern — die Verfassung auf die alten rein demokratischen Formen zurückzuführen oder doch das Neue, das man von dem aristokratischen Nachbarstaate entlehnt, zu dem Ursprünglichen in ein solches Verhältniss zu setzen, dass es den Charakter des Ganzen nicht wesentlich änderte. Aber wie wenig Calvin auch sonst von den Berner Ansichten und Grundsätzen erbaut war, hier, in der Verfassungsfrage, war er mit ihnen einverstanden. Die Ordonnanzen von 1543 besiegelten einfach die eingeführten Neuerungen und überliessen die Ausgleichung des damit sanctionirten innern Widerstreits in dem Verfassungsleben der Zukunft. Welche Lösung dem Geiste der neuen Ordnung entsprach und erstrebt wurde, blieb nicht lange verborgen. Mehr und mehr sehen wir die in der Institution ausgesprochenen Theorien in Genf zur thatsächlichen Bedeutung gelangen. Der Generalrath, der eigentliche Träger der Souverainetät, tritt seit Calvins neuer Wirksamkeit zurück, er verliert völlig seine frühere Wichtigkeit; ausser an den beiden, von Alters her festgesetzten Terminen wird er nur in äusserst seltenen Fällen einberufen. War er doch nach Calvins Worten „ein Missbrauch, der abgeschafft werden musste."[3]) Nicht einmal der Rath

---

[1] Ausgabe von 1543, Ed. Brunsv. 1105, vgl. l. IV, c. 20, s. 8.
[2] Vgl. Comm. in Jesaiam (Opp. ed. A. III) p. 290 a, 5 a; doch bleibt Calvin sich hier nicht consequent: so dankt er Gott, wenn in Orbe die evangelische Partei die katholische bei der Abstimmung mit 18 Stimmen besiegt hat und nimmt das Resultat gern an. Vgl. Epistolae et responsa Calvini, Hanov. 1597, p. 328 ff.
[3] „Que le Conseil Général était un abus qu'il fallait abolir." Galiffe, Quelques pages p. 88.

der Zweihundert, obschon derselbe nicht aus directer Volkswahl hervorging, genoss das Vertrauen des Reformators und wurde ebenfalls allmählich zurückgedrängt.[1]) Als wahre und einzige Obrigkeit konnte er nach seinen Grundsätzen nur den kleinen Rath der Fünfundzwanzig betrachten, und in der That vereinigte sich in ihren Händen nach und nach alle Gewalt.[2]) Sie besetzten die meisten Staatsämter, leiteten und beherrschten die übrigen Rathscollegien, die nur auf ihre Einberufung zusammentraten und nur beriethen, was ihnen vorgelegt wurde,[3]) und führten thatsächlich die Regierung allein. Genf wurde, obschon es den äussern Apparat seiner alten demokratischen Institutionen beibehielt, seit dem Jahre 1542 im steigenden Masse ein aristokratisch, ja fast oligarchisch regierter Staat, bis nach fünfundzwanzig Jahren der wirkliche Zustand auch in dem Buchstaben der Constitution einen Ausdruck erhielt.

Calvin hat die Begünstigung der Aristokratie keineswegs heimlich betrieben. In seinen Vorlesungen sprach er bei jeder sich darbietenden Gelegenheit seine aristokratischen Grundsätze in den stärksten Ausdrücken aus, er offenbarte sie sogar in dem geselligen Leben. Seine äussere Erscheinung selbst hatte etwas vornehm Aristokratisches. Er ist dem Volke stets fern geblieben und hat es nicht verstanden, in seiner Sprache zu reden: nur in den höheren Kreisen fühlte er sich heimisch, und diesen ausschliesslich galt sein Umgang. Selbst wenn es sich um einen einfachen Boten handelt, bemerkt er mit Wohlgefallen, dass derselbe „adelig und von guter Familie ist." Anfeindungen und scharfen Tadel von Seiten seiner Feinde hat er deshalb schon früh erfahren müssen: man warf ihm Schmeichelei gegen die Reichen und noch Schlimmeres vor.[4]) Allein solche Angriffe machten wenig Eindruck auf ihn und waren am wenigsten geeignet, ihn in seinen Grundsätzen zu erschüttern.

---

[1]) Einen bezeichnenden Fall dieser Art enthält das Rathsprot. zum 12. Febr. 1546, wo der kleine Rath darüber beräth, ob die Zweihundert von einer abgeschlossenen Anleihe in Kenntniss zu setzen seien.

[2]) Es ist charakteristisch, wenn auch in den Ord. ecclés. das ursprüngliche „Seigneurie" später durch „petit conseil" ersetzt wird.

[3]) 1551 wurde dies in Beziehung auf den grossen Rath ausdrücklich festgesetzt. *Roset* l. V, c. 32.

[4]) Vgl. z. B. Adv. Francisc. lib. erroris sect., Opp. ed. A. VIII, 408 b, wo er sich gegen den Vorwurf vertheidigt, *„quasi divites nobis conciliare nitamur, ut aliqua ex iis commoda percipiamus, atque interea pauperes aspernemur."*

Und in des Meisters Fusstapfen sind seine Freunde, Schüler und Gehülfen eingetreten. Viret redet von den Untugenden, der Verworfenheit und dem bösen Charakter des Volkes in Ausdrücken, die hinter den Schilderungen Calvins nicht zurückbleiben.[1] Beza spricht die Nothwendigkeit einer aristokratischen Regierungsweise fast noch entschiedener aus als der Lehrer,[2] und Fromment, der sittlich verkommene und in Verachtung gerathene Molardprediger, suchte die Gunst desselben dadurch wieder zu gewinnen, dass er 1554 in einem öffentlichen Schreiben Genfs Bürgerschaft auf das eindringlichste vor „der Tyrannei der Demokratie" warnte, die ungefähr eben so schlimm oder gar noch schlimmer sei als selbst die Monarchie.[3]

Der zweite charakteristische Zug, den das Genfer Staatsleben seit der Ankunft Calvins und in unverkennbarem Zusammenhang mit seiner Wirksamkeit entfaltet, ist die herbe, rücksichtslose, menschlichen Gefühlen hohnsprechende Strenge in der Ausübung der Strafgewalt.

Calvin „stärkt" nicht blos das Gewissen der weltlichen Obrigkeit, wie es der deutsche Reformator von sich rühmte, er verschärft es zugleich. Die Träger der Staatsgewalt sind ihm die von Gott selbst bestellten Zuchtmeister der Menschen und für die Sünden, die sie geschehen lassen, selbst verantwortlich.[4] Nur durch strenges, rücksichtsloses, energisches Handeln werden sie aber ihre schwere Aufgabe erfüllen können, denn der Mensch neigt von Natur zum Bösen und zur Empörung: während das unvernünftige Thier auch ohne eine Obrigkeit sich selbst regieren kann, muss er stets durch eine stärkere Hand im Zaume gehalten werden, damit er nicht, wie die Giganten, sich gegen den Himmel erhebt, in allen Lastern sich wälzt und schlimmer wird als das Thier.[5] Eine wahre, gottgefällige Obrigkeit kann deshalb nicht anders als strenge sein. Strenge aber wird sie sein müssen sowohl in den Strafen, die sie verhängt, als in den Vorkehrungen zur Aufspürung und Verhütung des Unrechts, sowie endlich auch, da sie Gott selbst Rechenschaft schuldig ist, in der Beurtheilung der Strafwürdigkeit der Handlungen. Wo es sich um Bestrafung des Lasters

---

[1] Vgl. insbesondere La Metamorphose Chrestienne p. 21.

[2] Vgl. z. B. Confessio fidei Christianae (Th. Bezae Vezelii Volumen primum tractationum theol. p. 1—170) c. 5, §. 35.

[3] *A. Fromment*, Deux Epistres preparatives D 2 a.

[4] Vgl. Conciones in libr. Jobi (Opp. ed. A. II) p. 10 b.

[5] Homil. in I. libr. Samuelis (Opp. ed. A. II) p. 1 b. Aehnliche Stellen kommen häufig vor.

bandelt, sind menschliche Gefühle, Mitleid und Erbarmen zu verbannen. Die Obrigkeit soll bedenken, dass sie mit dem Schwerte ausgerüstet ist, um Gottes Befehle hurtig und streng zu vollstrecken; die Richter sollen sich nicht, wie es nach Calvin häufig der Fall ist, von Eingebungen einer schwächlichen Furcht leiten lassen, sondern mit männlichem Muth sich ausrüsten.[1]) Das Schlusscapitel der Institution enthält eine beredte Vertheidigung der Todesstrafe, die von allen heiligen Regenten des Alten Bundes ausgeübt und der göttlichen Vorschrift durchaus gemäss sei: die Obrigkeit solle nach dem Apostel dem göttlichen Zorne dienen und Rache üben an denen, die da Böses thun.[2]) Auch die Anwendung der Folter findet Calvin gerechtfertigt. Es sind von seiner Hand Aufzeichnungen für die Genfer Behörden erhalten, in denen er eine Reihe von Vergehen aufführt, bei welchen die Tortur nicht blos gegen die Angeklagten, sondern sogar gegen Mitwisser und Zeugen gestattet sei.[3]) Die Obrigkeit soll eben mit der grössten Strenge auch Alles aufbieten, was zur Entdeckung des Lasters führen kann, um dasselbe für die Zukunft auszurotten. Zwar will Calvin hier wie bei den Strafen selbst stets ein gewisses Mass beobachtet wissen; aber das „Mass", welches er gestattete, war ein furchtbares und schloss peinliche Verhöre, ja selbst den Zeugenbeweis durch unglaubwürdige Personen nicht aus.[4]) Seine Aeusserungen und noch mehr seine Handlungen lassen erkennen, dass er die unverdiente Bestrafung eines Unschuldigen für ein geringeres Uebel hält, als das straflose Ausgehen eines Schuldigen. Straflosigkeit des Lasters ist in seinen Augen der grösste Uebelstand, der in einem Staate angetroffen werden kann, und schwere Verantwortung laden jene auf sich, die aus „grausamer Menschlichkeit" in der Verfolgung desselben nachsichtig und saumselig sind.[5]) Schon in seiner Erstlingsschrift, — in jenem Commentar

---

[1]) Comm. in Psalm., Opp. ed. A. III, 1, 369 b.

[2]) Inst. rel. christ. l, IV, c. 20, s. 10. „Non frustra gladium gerunt, Dei ministri sunt ad iram, ultores male agentibus" übersetzt Calvin Röm. XIII, 4. Vgl. auch *Baudrillart* l. c. p. 36 ff.

[3]) *Galiffe*, Quelques pages p. 74, 75. Diese Verbrechen sind: Vergehen der Dienenden gegen die Herrschaft, Falschmünzerei, Raub, Zauberei und Wahrsagerei.

[4]) Vgl. Comm. in Psalm l. c.: „*Colligimus quantopere placeat Deo severitas, quae modum non excedit: et quam non probetur crudelis humanitas quae improbis habenas laxat: sicuti nulla est major peccandi illecebra quam impunitas*" mit den von *Galiffe* l. c. gemachten Mittheilungen.

[5]) Vgl. Comm. in Psalm. l. c. p. 369 b, 401 a. „*Si damnantur Israelitae,*"

über die Milde, wird dies mit allem Nachdruck hervorgehoben.[1] — Und nicht blos gegen bürgerliche Vergehen ist mit solcher Strenge zu verfahren; Amt und Pflicht der Obrigkeit bringen es vielmehr mit sich, dass sie mit gleichem Eifer auch eine Verletzung göttlicher Gebote vor ihren Richterstuhl ziehen. Wenn sie schon einen gegen ihre eigene Autorität gerichteten Angriff mit aller Strenge ahndet und ahnden muss,[2] um wie viel mehr wird sie gegen eine Auflehnung wider die Majestät des höchsten Herrschers, dem sie selbst ihre Macht verdankt, einzuschreiten haben! Einer groben Pflichtverletzung würde sich deshalb diejenige Obrigkeit schuldig machen, welche Gotteslästerung, Unzucht, Zauberei und ähnliche Verbrechen ungeahndet lassen wollte. Vor Allem, schreibt Calvin 1548 an den Herzog von Sommerset, habe er dafür Sorge zu tragen, dass die Ehre Gottes durch die Gesetze beschützt werde; ganz ungerecht sei es, Diebstahl und Vermögensbeschädigungen, weil dadurch Menschen in ihrem Rechte gekränkt würden, zu bestrafen und daneben Unzucht, Trunkenheit, Verunehrungen des göttlichen Namens als etwas Unerhebliches zu betrachten und ohne Strafe zu lassen.[3] Der papistischen Gesetzgebung wird von ihm gerade in diesem Punkte sträfliche Nachsicht zum Vorwurf gemacht.[4]

Nur zu rasch haben Calvins strenge Theorien in Genf Eingang gefunden. Mit blutigem Griffel stehen gerade die Jahre des Uebergangs zu der neuen Ordnung in den Annalen der Genfer Rechtspflege verzeichnet. Nicht leicht dürfte ein staatliches Gemeinwesen von gleich geringem Umfang gefunden werden, in dem während eines gleichen Zeitraums bei friedlichen Verhältnissen so viele Verurtheilungen stattgefunden haben, wie in Genf während der Jahre 1542—1546.[5] Kerker und Gerichtssäle füllten sich, wie der Geist des neuen Gesetzgebers die Herrschaft erlangte. Manche, die in den getümmelvollen Jahren

---

heisst es an der letzten Stelle in Beziehung auf Psalm 106 (105), 34. „*quod integris gentibus pepercerint, quid de judicibus dicendum est, qui dum erga paucos remissi sunt ac ignari, in publicam perniciem habenas laxant sceleribus!*"
[1] De clementia, Opp. ed. A. VIII, p. 12 b (Opp. ed. B. V, 35).
[2] Homil. in I. libr. Sam. Opp. ed. A. II, 1 p. 119 b.
[3] Lettres franç. I, p. 279.
[4] Vgl. z. B. Comm. in Evang. Joan. (Opp. ed. A. VI) p. 79 b.
[5] *Galiffe*, Nouvelles pages d'histoire exacte soit le procès de P. Ameaux (Genf 1863) p. 97, berechnet die Zahl der während dieser Zeit vorgenommenen Verhaftungen auf 8—900!

der Revolution und Reformation sich der verdienten Strafe entzogen, wurden jetzt von dem Arm der rächenden Gerechtigkeit erreicht. Neben solchen aber sahen sich Verbrecher ganz neuer Art vor den weltlichen Richter gestellt. Dass Verunehrung des göttlichen Namens mit bürgerlichen Strafen zu ahnden sei, sprach schon die Kirchenordnung ausdrücklich aus; dabei blieb man indess nicht stehen. Auch die in den dreissiger Jahren erlassenen Disciplinarverordnungen genügten jetzt nicht mehr. Wie weit die calvinische Anschauungsweise bereits im Jahre 1543 in Genf durchgedrungen war, ersehen wir z. B. daraus, dass in diesem Jahre selbst schon Knaben, weil sie gespielt, in Haft genommen wurden.[1] Aber diese Ausdehnung der inquisitorischen Thätigkeit der Gerichte ist nicht das Wichtigste; auch in der katholischen Zeit waren manche der Handlungen, die Calvin in das bürgerliche Strafgesetzbuch verwies, als strafbar angesehen worden.[2] Furchtbarer äusserten sich die Wirkungen des neuen Geistes in der Strenge der erkannten Strafen wie des ganzen richterlichen Verfahrens. Achtundfünfzig Todesurtheile, welche der Rath während des gedachten Zeitraums vollstrecken liess, und sechsundsiebenzig Verbannungsdecrete bewiesen, dass Calvins Predigt nicht auf einen unfruchtbaren Boden gefallen war.[3] Das Gerichtsverfahren entwickelte sich zu einer Härte, gegen welche die formlosen Gewaltthaten in den Tagen des bischöflichen Bastards fast milde erschienen. Peinliche Verhöre wurden beinahe zur Regel. Man quälte die Angeklagten so lange, bis sie gestanden, schmiedete sie an Ketten, nöthigte Kinder gegen ihre Eltern Zeugniss abzulegen.[4] Blosser Verdacht genügte zur Verhaftung, ja selbst zur Verurtheilung: unter jenen 76 Verbannten befanden sich nach Ausweis der Protocolle nicht weniger als 27, gegen welche nur der Verdacht, ein Verbrechen begangen oder „beabsichtigt" zu haben, vorlag. Und doch ist es geschehen, dass solche Unglückliche, als sie zurückkehrten, wie überwiesene Verbrecher, sofort dem Galgen oder Scheiterhaufen überantwortet wurden.[5] Einen wahrhaft

---

[1] Rathsprot. 14. December 1543. Calvin verlangt geradezu, dass die neuen erweiterten und verschärften Gesetze, z. B. gegen Hurerei, auch eine rückwirkende Kraft haben sollen. Vgl. Rathsprot. 27. Juli, 3. Aug. 1545.
[2] *Galiffe*, Genève hist. et archéol. p. 296.
[3] Vgl. *Galiffe*, Nouvelles pages p. 97. Man vergl. auch *Flammer*, Lois pénals etc. Introd. p. VI, VII.
[4] Vgl. z. B. Rathsprot. 27. April, 30. Juli, 3. Sept. 1543, 9. Juni 1545.
[5] Rathsprot. 16 und 17. Juli 1545. *Galiffe*, Nouv. pag. p. 98, theilt

furchtbaren Charakter nahm das Verfahren der Gerichte gegen die angeblichen „Pestbereiter" an, die unglücklichen Opfer jenes traurigen Wahnes, welcher in der seit dem Jahre 1542 Genf heimsuchenden Seuche das Werk einer geheimen Verschwörung erblickte. Aehnliche Gerüchte waren bei gleichen Heimsuchungen wohl auch in früheren Zeiten aufgetaucht, aber nie hatten sie so schreckliche Folgen wie dieses Mal. „Zauberei, Bündniss mit dem Satan, Pestbereitung" bildeten den Inhalt der Anklagen, durch welche zahllose Arme, Männer und Frauen, in langdauernde Haft, auf die Folter, in die Verbannung, auf Schaffot und Scheiterhaufen gebracht wurden. Zu Anfang des Jahres 1545 häuften sich Prozesse und Verhaftungen in erschreckendem Masse. Der Kerkermeister erklärte am 6. März dem Rathe, die Gefängnisse seien mit Angeklagten überfüllt, er könne keine mehr annehmen. Das sei, meinte der Mann, eine ganz aussergewöhnliche Erscheinung.[1]) Die Behandlung der Gefangenen war eine entsetzliche. Um Geständnisse zu erpressen, wurden die scheusslichsten Misshandlungen angewandt. Die alten Marterwerkzeuge in ihrer Einfachheit genügten nicht mehr; man erfand neue Qualen. Es ist vorgekommen, dass Angeklagte neunmal die Marter der Estrapade bestanden haben, man zwickte sie mit glühenden Zangen, man liess sie einmauern.[2]) „Aber welche Pein man ihnen auch anthat," klagt das Rathsprotocoll einmal, „sie wollten die Wahrheit doch nicht bekennen." Mehrere der Unglücklichen endeten während oder bald nach der Tortur unter Betheuerungen ihrer Unschuld.[3]) Andere gaben sich, um den furchtbaren Qualen zu entgehen, in der Verzweifelung selbst den Tod „auf Eingebung des Sa-

---

eine Reihe von solchen willkürlichen Verurtheilungen auf blossem Verdacht hin mit. „*Il ne se conste pas: banni à perpétuité sous peine du fouet*" oder „*Cela n'est pas bonnement liquidé: ordonné qu'il soit banni à perpétuité sous peine de la vie*" heisst es da. Rathsprot. 18. April, 25. Juni 1545.

[1]) Rathsprot. 6. März 1545. Die zahlreichen Fremden wurden ausgewiesen und den Hauseigenthümern sogar verboten, ihre Häuser an Fremde zu vermiethen (Nouv. pag. 100), weshalb Bern sich am 8. April 1545 veranlasst sah, die wälschen Landvögte mit Instructionen über das Verhalten gegenüber der Masse der Flüchtlinge zu versehen. Bern. Archiv Teutsch Miss. Y f. 728.

[2]) Rathsprot. 2. April 1545: *Ordonné qu'ils soient murés et ne soient tel's de là jusqu'à ce qu'ils aient confessé la vérité, autrement finiront leurs jours à tel tourment.* Ueber andere scheussliche Misshandlungen vgl. Rathsprot. 13. April, 9, 13. Mai u. s. w.

[3]) Rathsprot. 17. Febr., 10. April 1545; *Galiffe*, Nouv. pages p. 102 ff.

tans," wie der amtliche Bericht fromm hinzufügt.[1]) Der Arm des Henkers ermattete unter der Last seiner Arbeiten, die Eines Mannes Kraft überstiegen.[2]) Wurden doch in den wenigen Monaten vom 17. Februar bis 15. Mai 1545 vierunddreissig jener Unglücklichen — und unter ihnen des Scharfrichters eigene Mutter — durch Schwert, Scheiterhaufen, Galgen und Viertheilung vom Leben zum Tode gebracht.[3]) Und selten war es, dass der letzten Execution nicht noch grausame körperliche Verstümmelungen vorhergingen[4].)

Wahrlich, Calvin durfte mit der Strenge der Genfer Behörden zufrieden sein. Er sah sich sogar einmal veranlasst, gegen die übermässige Verlängerung der Todesqualen seine Stimme zu erheben, und auf seine Vorstellung geschah es, dass der Rath den Scharfrichter anwies, die Execution mit mehr Sorgfalt vorzunehmen und die Qual des Feuertodes abzukürzen.[5]) Im Uebrigen war er mit den schauerlichen Urtheilssprüchen völlig einverstanden, und an die wirkliche Schuld der Angeklagten glaubte auch er. Der ruhige Gleichmuth und die geschäftsmässige Kürze, womit er im März 1545 seinem Freunde Myconius von den eben stattgehabten grausamen Massenhinrichtungen und der angeblichen Verstocktheit der Bösewichter, von denen mehrere sich im Kerker selbst das Leben genommen, Mittheilung macht, lässt erkennen, bis zu welchem Grade menschliches Fühlen und Erbarmen diesem strengen Geiste abhanden gekommen.[6]) Ja Calvin hat es nicht unter seiner Würde gehalten, in eigener Person sogenannte Zauberer

---

[1]) Rathsprot. 17 31. März 1545. Vgl. Calvin an Myconius 27. März 1545. bei *Bonnet*, Letters of J. Calvin I, 428.

[2]) Vgl. Rathsprot. 18. Mai 1545.

[3]) Vgl. Nouv. pages p. 6, 101, 102.

[4]) Pu *les grands maux*, sagt das Rathsprot. zum 9. März 1545, *que telles gens ont faits dans Genève, ordonné que les hommes soient tenaillés par la ville et après condamnés à mort, ainsi qu'on verra par conseil, et que les femmes aient la main droite coupée au Molard et soient menées de là à Plainpalais pour y être brulées, et que de jour en jour et d'heure en heure soit procédé à la formation de leurs procès!*

[5]) Rathsprot. 9. März 1545: *Ordonné à l'exécuteur d'être plus diligent qu'il ne l'est quand il leur coupe les mains et quand il viendra à les brûler qu'il mette moyen, qu'ils soient incontinent morts par un étrangle-chat, ou autrement.* Vgl. Nouv. pag. p. 106.

[6]) Dieses Schreiben (d. d. 27. März 1545) ist in englischer Uebersetzung mitgetheilt bei *Bonnet* l. c. I, 428 und findet sich fast wörtlich wieder in dem Schreiben des Myconius an Bullinger (7. April 1545). Vgl. Siml. Samml. Bd. 57.

und Häretiker der Obrigkeit zur Anzeige zu bringen, „damit dieses Geschlecht ausgetilgt werde."[1]) Das Menschenleben schien in dem neuen Genf seinen Werth verloren zu haben.

Dass die Folgen dieser aristokratisch-rigoristischen Grundrichtung, welche der Genfer Staat seit dem Jahre 1542 empfing, sich in dem gesammten Staatsleben und allen staatlichen wie gesellschaftlichen Einrichtungen geltend machen mussten, ist von selbst einleuchtend. Auch unmittelbar hat Calvin dazu beigetragen; der Rath gewährte ihm einen fast unbeschränkten Einfluss. „Es wurde beschlossen, darüber mit Herrn Calvin zu sprechen," ist eine in den Rathsprotocollen häufig wiederkehrende Formel. Man holte sein Gutachten ein, mochte es sich um die Entscheidung eines Prozesses oder die Befestigung der Stadtmauern handeln: sogar ein Chirurg, der sich in Genf niederlassen will, wird an Calvin gewiesen, um sich prüfen zu lassen.[2]) Oft auch macht er unaufgefordert der Behörde neue Vorschläge, die sich auf die verschiedenartigsten, zuweilen ganz geringfügige Dinge, wie die Reinigung der Strassen, beziehen. Ueberall, in Gutachten und Forderungen, erkennen wir denselben Geist ernster Strenge und das Bestreben, das gesammte Leben der Gesellschaft festen, unnachsichtig zu handhabenden Normen zu unterwerfen. Gehorsam, widerspruchsloser Gehorsam ist Calvins Bedürfniss und des Bürgers erste Pflicht. Der Niedere soll dem Höhern, Jeder der Obrigkeit gehorchen, diese aber stets gewissenhaft und unerbittlich ihre Pflicht erfüllen. Höchst charakteristisch ist ein uns noch von Calvins Hand erhaltener vorläufiger Entwurf zu einer allgemeinen städtischen Gesetzgebung, der mit kurzen Worten alle die Gegenstände aufzählt, die der Verfasser geregelt und genau festgesetzt wissen will. Da ist die Rede nicht blos von Staat und Kirche, von Obrigkeit und Unterthanen, sondern auch von den Rechten und Pflichten aller verschiedenen Stände, von Herrschaften und Dienstboten, von Knechten und Mägden, von Meistern und Lehrlingen, von Eltern und Kindern, von den verschiedenen Erwerbsarten, von Handel und Gewerbe, von Marktplätzen und Kaufhallen u. s. w.[3]) So soll das ganze äussere Leben genau geregelt, der Staatsangehörige in den verschiedensten Verhältnissen an feste Vorschriften gebunden, über Alle aber von den Hütern des Gesetzes stets

---

[1]) Vgl. Rathsprot. 19 und 20. Nov. 1545, Nouv. pag. p. 109.

[2]) Rathsprot. 4. Juli 1544. Ueber den stets zur grössten Strenge neigenden Charakter seiner juristischen Gutachten vgl. *Gaberel* I, 522.

[3]) Mitgetheilt von *Bretschneider* l. c. p. 88 ff.

strenge Aufsicht geführt werden. Und wenigstens dieser letzte Gedanke ist von dem calvinischen Magistrate bald und eifrig genug ausgeführt worden. Finden wir doch schon im Jahre 1544 neben den öffentlichen Aufsehern geheime Spione, die von der Behörde förmlich angestellt und für ihre Dienstleistungen belohnt werden.[1])

Als ein Haupthinderniss der bürgerlichen Ordnung betrachtete Calvin den Müssiggang. Daher war schon in den kirchlichen Ordonnanzen das Betteln unbedingt untersagt und der Rath verpflichtet worden für genaue Beobachtung dieses Verbots nöthigenfalls mit äusserster Strenge Sorge zu tragen. Wie er selbst mit dem Beispiele einer staunenswerthen Thätigkeit voranging, so verlangte Calvin auch von seinen Mitbürgern vor Allem Arbeitsamkeit und Fleiss. Wer nicht arbeitet, sagte er mit dem Apostel, soll auch nicht essen,[2]) und es war ihm mit diesem Satze vollkommen Ernst. Müssiggänger wurden zur Arbeit genöthigt, Fremde, die sich ohne Beschäftigung in der Stadt umhertrieben, wurde ohne viele Umstände durch den Spitalmeister und Diener der öffentlichen Sicherheit vor die Thore gebracht.[3]) In Hinsicht auf die verschiedenen Arten der bürgerlichen Beschäftigung und des Erwerbs huldigte Calvin vielfach freieren und unbefangeneren Ansichten als die anderen Reformatoren,[4]) worauf indess gerade die sehr vorgeschrittene volkswirthschaftliche Entwickelung Genfs sichtlich von Einfluss gewesen ist. Er vertheidigt Handel und Gewerbe, er hält auch den Gewinn des Grosshandels für gerecht, und billigt selbst das Zinsnehmen: nur sollen dabei die Vorschriften der christlichen Liebe nicht verletzt und aus dem Zinsnehmen kein Geschäft gemacht werden.[5]) In industriellen Fragen ist er auch wohl mit selbstständigen Anträgen aufgetreten. Als im Jahre 1544 in Folge von Seuche und Theuerung eine vollständige Stockung aller Geschäfte und namentlich in den unteren Classen mit der Arbeitslosigkeit die grösste Noth eintrat, begab sich Calvin vor den Rath und forderte ihn auf, durch Eröffnung neuer Erwerbsquellen dem herrschenden Elend zu steuern:

[1]) Vgl. Rathsprot. 4. Sept., 21. Nov. 1545. Nouv. pag. p. 5.
[2]) Epp. et resp. (Opp. ed. A. IX) p. 205 b.
[3]) Vgl. Rathsprot. 12. December 1542, 7. Juli 1543; zu den dann folgenden massenhaften Ausweisungen bildete allerdings die Pestfurcht das Motiv.
[4]) Vgl. H. Wiskemann, Darstellung der in Deutschland zur Zeit der Ref. herrschenden national-öconomischen Ansichten (Leipzig 1861) p. 79. Der Verf. schlägt Calvins Verdienst in diesem Punkte doch etwas zu hoch an.
[5]) Vgl. De usuris responsum, Epp. et resp. p. 223a ff., Comm. in Ezech. (Opp. ed. A. IV) p. 170a—b, Wiskemann l. c. p. 80.

er empfahl zu diesem Zwecke Beschäftigung der ärmeren Classe durch Tuchwebereien, einen von Alters her in Genf heimischen Industriezweig, der aber wie so mancher andere in den letzten Zeiten in Verfall gerathen war.[1]) In der That erholte sich die Stadt im Laufe der nächsten Zeit wieder einigermassen von den Schlägen, welche der öffentliche Wohlstand in den beiden letzten wirrevollen Jahrzehnten erlitten hatte, und Calvins Lobredner beeilten sich, den grossen Theologen und Gesetzgeber auch als den Begründer der Industrie und der materiellen Blüthe Genfs zu verherrlichen.[2])

Allein Calvin ging in dieser Richtung doch nicht zu weit. Ein wohlhabender Industriestaat war fürwahr nicht das Ideal, welches ihm vorschwebte. Er hat einmal das harte Wort ausgesprochen, „man müsse das Volk stets in Armuth erhalten, damit es gehorsam bleibe."[3]) Eine lebhafte Gewerbethätigkeit, ein reger Handelsverkehr riefen in der Bevölkerung ein Selbstgefühl und eine Beweglichkeit hervor, die den Grundsätzen des Verfassers der Institution völlig zuwiderliefen und in seinem Staate nicht aufkommen durften. Das ungünstige, zürnende Urtheil, welches er wiederholt über die grossen Industrie- und Handelsstädte seiner Zeit, über Venedig und Antwerpen fällt,[4]) beweist zur Genüge, wie wenig er selbst jenes Verdienst für sich in Anspruch nahm, welches seine Verehrer im sechzehnten und neunzehnten Jahrhundert ihm zugesprochen haben. Calvins volkswirthschaftliche wie politische Ansichten standen durchaus unter der Herrschaft des religiösen Gedankens: diesem sollen, wie der ganze Mensch, so auch seine äussere Beschäftigung, Handel und Gewerbe, dienen. Anfertigung oder Verkauf von Gegenständen, die Gelegenheit zur Sünde geben, oder in irgend einer Beziehung zu dem katholischen Cultus stehen wie von Karten, Kerzen und dergleichen sind in dem calvinischen Staate streng untersagt.[5]) Seine alte mercantile und industrielle Bedeutung erlangte Genf deshalb auch unter Calvin nicht wieder. Aber dafür wurde es „die Stadt des Geistes, von dem Stoicismus gegründet auf den Felsen der Prädestination,"[6]) die Hauptstadt einer Idee, die grossartig, erhaben und schauerlich war.

---

[1]) Vgl. Rathsprot. 29. Dec. 1544, *Gaberel* I, 524.
[2]) Vgl. *Fromment*, Deux epistres preparatives C 5 b.
[3]) *Galiffe*, Quelques pages p. 88.
[4]) Vgl. Comm. in Jes. (Opp. ed. A. III) p. 140 a, 308 a u. s. w.
[5]) Vgl Rathsprot. 30. Jan., 9. Febr. 1543.
[6]) *Michelet*, Hist. de France VIII, 483.

IV.
CONSISTORIUM UND SITTENZUCHT.

Unter den Institutionen, welche Genf durch seinen neuen Gesetzgeber empfing, ist das Consistorium oder das Gericht der Aeltesten ohne Frage die wichtigste und hervorragendste. Es bildet in seiner Zusammensetzung aus Geistlichen und Laien das äussere Verbindungsglied zwischen der geistlichen und weltlichen Ordnung und insofern, als Calvin das Zusammenwirken beider in dem Kirchenregiment für die Grundlage der kirchlichen Verfassung erklärt, gewissermassen die Fundamentalinstitution der calvinischen Kirche. Diesen Namen verdient es aber auch dadurch, dass seine Aufgabe und Thätigkeit gerade das umfasst, was Calvin selbst den „Nerv," ja selbst die „Substanz" der Kirche nannte: die Durchführung der kirchlichen Disciplin. Zwar war der Gedanke eines Consistoriums von Kirchenältesten zur Handhabung der kirchlichen Zucht weder ganz neu noch Calvin eigenthümlich: schon bei mehreren deutschen Reformatoren wie Oecolampad und Capito finden wir denselben,[1]) aber in keiner der neuen Kirchen hat er eine so feste Gestalt, eine solche Bedeutung und einen solchen Einfluss auf das gesammte Leben erlangt als in Genf. Vornehmlich das Consistorium hat der Kirche und Stadt Calvins ihren Charakter, ihre eigenthümliche Physiognomie verliehen.

Wir erinnern uns, dass Calvin schon während seines ersten Aufenthalts in Genf mit allem Eifer auf die Errichtung einer kirchlichen Sittenbehörde hinarbeitete und in jener gemeinschaftlich mit Farel eingereichten Denkschrift über die Organisation der Kirche Vorschläge machte, die bereits das spätere Consistorium im Keime erkennen liessen. Auch unter den in Zürich eingereichten Artikeln enthielt einer der vornehmsten die Forderung einer aus Geistlichen und Laien gebildeten kirchlichen Aufsichtsbehörde, „damit der rechte Brauch der Excommunication wieder hergestellt werde."[2]) Die Bewilligung dieser Forderung, ohne welche er die Begründung eines wahrhaft kirchlichen Lebens für unmöglich erklärte, war denn auch die erste und wesent-

---
[1]) *Richter*, Gesch. der evang. Kirchenverfassung in Deutschland p. 156, 158 ff. Man vgl. auch die Vorschläge Melanchthons in Regensburg bei *Hergang* l. c. p. 450 ff., Actes de Ratisp. l. c. p. 622 ff.
[2]) *Henry* l. c. I, Beil. p. 48.

lichste unter den Bedingungen, von denen Calvin bei den Wormser Verhandlungen die Rückkehr nach Genf abhängig machte. Gern gaben die Genfer Behörden, denen damals kein Preis zu hoch schien, die verlangte Zusage, und noch ehe der Ersehnte selbst zurückgekehrt, wurde von dem Rathe, um dem Reformator von der gründlichen Bekehrung der Stadt einen zweifellosen Beweis zu geben, die Gründung eines Consistoriums in aller Form beschlossen und bereits über Einrichtung und Aufgabe desselben verhandelt.[1]) Doch geriethen die Verhandlungen bald wieder ins Stocken. Viret fand es räthlich, die endgültige Regelung dieser wichtigen Frage bis zu Calvins Rückkunft zu vertagen.[2]) Erst als diese erfolgt war, wurde die Angelegenheit mit Ernst und Eifer betrieben und nun rasch zum Abschluss gebracht. Zwar stellte sich bei den Berathungen heraus, dass Calvins Idee nicht völlig dem entsprach, was man sich in Genf unter dem neuen Institut gedacht hatte: gerade der Abschnitt über das Consistorium war es, welcher in der neuen Kirchenordnung die meisten Bedenken hervorrief. Man besorgte, das neue Gericht könne der Autorität der weltlichen Obrigkeit gefährlich werden, und Calvin musste einige Zugeständnisse machen.[3]) Allein in der Hauptsache drang er doch mit seinem Entwurfe vollständig durch. Das Consistorium war unter den Einrichtungen, welche die Kirchenordnung schuf, die erste, die ins Leben trat: seit dem 20. December 1541 sehen wir dasselbe die Bürger von Genf vor seine Schranken fordern.

Es war eine Institution der eigenthümlichsten Art. In dem Genfer Consistorium durchdrangen sich gewissermassen die Tendenzen der kirchlichen Inquisition, der altrömischen Censur und der frühern bischöflichen Jurisdiction, so dass sich schwer sagen lässt, welche unter ihnen das Uebergewicht hatte. Es war weder ein rein geistliches, noch ein rein weltliches Institut, aber es besass Eigenthümlichkeiten von beiden.

---

[1]) Rathsprot. 5, 8, 23. April 1541.
[2]) Calvin an Myconius 14. März 1542, Epp. et resp. p. 26 a.
[3]) Offenbar ist aus diesen nachträglichen Verhandlungen auch der Schlusssatz der Ord. hervorgegangen: „*Et que tout cela se face en telle sorte que les Ministres n'ayent aucune jurisdiction civile et ne usent sinon du glaive spirituel de la parolle de Dieu comme Sainct Paul leur ordonne et que par ce consistoire ne soit en rien derogué à l'authorité de la Seigneurie ni à la justice ordinaire, mais que la puissance civile demeure en son entier.*" Mscr. p. 15. Auch die Bestimmung, dass ein Syndik assistiren solle, ist eins von jenen Zugeständnissen. Rathsprot. 11. Nov. 1541.

Es war zugleich Aufsichtsbehörde und Gerichtshof. Indess, wie mancherlei Elemente es auch in sich vereinigte, wie vielgestaltig auch seine Wirksamkeit war; Alles gipfelte doch schliesslich in der Hauptaufgabe: „die Gemeinde des Herrn zu überwachen, damit Gott rein verehrt werde."[1]) Man hat das Consistorium als eine national-politische Institution, ja als das Hauptorgan der öffentlichen Gewalt in Genf bezeichnet. Diese Ansicht verkennt das Wesen desselben, aber sie enthält etwas Wahres. Denn wahr ist allerdings, und Calvins ganze Anschauungsweise verlangte es, dass die Thätigkeit des Consistoriums fast eben so sehr dem politischen und bürgerlichen wie dem kirchlichen Leben zugewendet war.

Schon die Zusammensetzung und die Art und Weise der Ernennung seiner Mitglieder lässt diese bedeutsame Doppelstellung klar genug hervortreten.

Mitglieder des Consistoriums waren zunächst die städtischen Geistlichen, welche eine feste Anstellung hatten: in der ersten Zeit gewöhnlich sechs — doch wurde diese Zahl auch überschritten. Sie waren die geborenen und ständigen Mitglieder des Collegiums. Ihnen traten als Vertreter der Gemeinde zwölf „Laienälteste" an die Seite, „Männer von gutem, ehrbaren Wandel," wie die Ordonnanzen vorschreiben, „tadellos und frei von jedem Verdacht, beseelt von Gottesfurcht und ausgestattet mit geistlicher Klugheit." Sie wurden gewählt, gleichzeitig mit der Erneuerung der übrigen städtischen Rathscollegien — in den ersten Tagen des Februar — und zwar durch den kleinen Rath, welcher nach einer Vorberathung mit der Geistlichkeit die Zwölf in der Weise ernannte, dass zwei aus seinen eigenen Mitgliedern, vier aus dem Rath der Sechzig und sechs aus den Zweihundert genommen wurden. Ihr Mandat empfingen die Gewählten nach Analogie der meisten städtischen Wahlen auf die Dauer eines Jahres, doch erklärt es das Statut für wünschenswerth, diejenigen Aeltesten, die gewissenhaft ihre Pflicht gethan und sich bewährt haben, auch ferner im Amte zu belassen und nur die untauglichen zu entfernen, „da es nicht förderlich sein werde, zu häufig und ohne Ursache mit ihnen zu wechseln." Vor der Uebernahme des Amtes hatten sie, wie alle übrigen geistlichen und weltlichen Beamten der Stadt, einen feierlichen Eid zu leisten, durch den sie geloben und sich verpflichten, das ihnen übertragene Amt gewissenhaft zu verwalten, alle Abgötterei, Gotteslästerungen,

---

[1]) „*Invigilare gregi Domini, ut Deus pure colatur,*" Epp. et resp. 217 b.

Ausschweifungen, Alles, was der göttlichen Ehre und der evangelischen Reformation widerstreitet, zu verhindern, jede ungehörige Handlung, unbekümmert um Hass und Gunst, dem Collegium zur Anzeige zu bringen, „damit die Stadt in guter Ordnung und in der Furcht Gottes erhalten werde."[1])

Man sieht: vollkommen ebenbürtig trat in solcher Weise die neue Behörde den alten städtischen Rathscollegien zur Seite. Die Laienältesten waren öffentliche Beamte und Würdenträger wie die Syndike und Rathsherren. Man würde glauben, eine rein politische Behörde vor sich zu haben, wenn nicht die ständige Mitgliedschaft der Prediger und der Einfluss, der ihnen auf die Wahl zustand, wieder ihren geistlichen Charakter in Erinnerung brächte. So gehörte das Consistorium der Kirche wie dem Staate an. Es brachte eben in dieser seiner Doppelstellung und Vereinigung staatlicher und kirchlicher Kräfte zu einer gemeinsamen Aufgabe jenes Verhältniss zum Ausdruck, welches, wie wir bald sehen werden, Calvin überhaupt zwischen Staat und Kirche hergestellt wissen will.

Aber noch in anderer Hinsicht ist die Einrichtung des Consistoriums bedeutsam. Unverhüllter als in irgend einer Institution des calvinischen Genf tritt uns in ihm jene aristokratische Tendenz entgegen, die seit dem Beginn der neuen Ordnung mehr und mehr das gesammte öffentliche Leben durchdringt, und schon Zeitgenossen sprechen von der „Oligarchie des Consistoriums" als der vornehmsten Stütze calvinischer Herrschaft und Denkweise.[2]) Von den Fünfundzwanzig, aus dem Kreise der Machthaber selbst gewählt, bildeten die Aeltesten nicht sowohl eine Vertretung der Gemeinde, als vielmehr der Notabeln und der Magistratur.[3] Von einer Mitwirkung des Volkes bei der Wahl

---

[1]) Die Eidesformel findet sich noch nicht in dem ältesten Text, ist aber allem Anscheine nach zu Anfang 1542, wahrscheinlich von Calvin selbst, entworfen und dann genehmigt worden. Vgl. Ausg. von 1561 p. 18.

[2]) Vgl. die Bemerkungen Beza's gegen Xaintes in der Apologia altera, Tractat. Theol. II, 351, 352.

[3]) Wenn Göbel, Evang. Monatsschr. Jahrg. 1846, p. 176 — und ähnlich äussert sich auch Stähelin I, 339 — andeutet, dass dieser Wahlmodus Calvin von dem Rathe abgedrungen und von ihm eigentlich eine Wahl durch Geistlichkeit und Volk beabsichtigt worden sei, so entbehrt die letzte Annahme — die beabsichtigte Hinzuziehung des Volkes — jedes Anhalts — auch Bonnivard weiss Nichts davon — und widerspricht Calvins ganzem Wesen; dagegen hätte er allerdings der Geistlichkeit gern noch einen bedeutendern Antheil an der Wahl gesichert, denn wie ihm der Rath über den

ist nicht die Rede. Nur den Zweihundert wird in den Ordonnanzen ein nachträgliches Bestätigungsrecht eingeräumt, das aber eine thatsächliche Bedeutung nicht hatte. Erst viele Jahre später, als die alte Genfer Bevölkerung unter der Masse der aufgenommenen Emigranten fast verschwunden und gewissermassen ganz Genf eine Aristokratie geworden war, erhielt auch die Gemeinde eine Art Bestätigungsrecht, nämlich die „Freiheit, von der etwaigen Unfähigkeit der Gewählten diejenigen, welche dies angeht, d. i. einen der vier Syndike, in Kenntniss zu setzen."[1]) Aber darüber hinaus ging Calvin niemals, und weitere Ansprüche des Volks sind von ihm jederzeit auf das nachdrücklichste bekämpft worden. Als in seinen letzten Jahren ein französischer Gelehrter, Jean Morelli, der sich einige Zeit in Genf aufgehalten, in einer kleinen Schrift das Consistorium angriff und den Satz verfocht, dasselbe dürfe keine selbstständigen Entscheidungen treffen, sondern müsse über Alles, was Glauben und Sitten betreffe, dem Volke berichten, welches allein darüber zu erkennen habe,[2]) versetzte diese Behauptung die geistlichen wie die weltlichen Machthaber in die grösste Aufregung. Consistorium und Rath verdammten das „schädliche und verderbliche Buch;" der Rath liess dasselbe sogar, „um ein Beispiel zu geben" öffentlich verbrennen, verbot allen Bürgern und Einwohnern den Kauf, Verkauf und das Lesen desselben und befahl unter Androhung strenger Strafen (sur peine d'estre rigoureusement punis) alle in Genf etwa vorhandenen Exemplare binnen 24 Stunden der Obrigkeit auszuliefern oder ihr den Besitzer anzuzeigen. Ein Auszug aus den darüber geführten Verhandlungen mit der gefällten Sentenz wurde sogar durch den Druck veröffentlicht.[3]) Nicht entschieden

Volk stand, so stellte er doch schliesslich die Geistlichkeit wieder über den Rath. Uebrigens ist auch der Einfluss der Geistlichen auf die Wahlen später noch ausdrücklicher anerkannt worden. Rathsprot. 12. Febr, 1546. Vgl. auch *Richter* l. c. p. 174.

[1]) Ord. eccl. Ausg. von 1561, p. 7.

[2]) „*Que le peuple eust la cognoissance de tout ce qui appartenoit au regime et police de l'église et que s'y avoit des Consistoires qu'ils ne pouvoient rien diffinir ne quant à la doctrine ny quant aux moeurs, mais seulement rapporter au peuple, auquel seul il appartenoit de juger.*" So nach der gleich anzuführenden Schrift.

[3]) L'extraict des procedures contre Jean Morelli natif de Paris et n'agueres habitant en la ville de Genève touchant un livre composé par luy de la discipline Ecclesiastique avec la sentence des Magnifiques Seigneurs. Genève 1563. 11 Pag. 8°. Die Sentenz ist vom 16. Sept. 1563.

genug glaubte der Calvinismus gegen die Tendenz einer Massenherrschaft protestiren zu können: das stärkste Bollwerk gegen sie bildete eben der „Rath der Alten."

Gehen wir nach diesen allgemeinen Bemerkungen über Charakter und Stellung der neuen Behörde zu ihren eigentlichen Functionen über.

Die Thätigkeit der Mitglieder des Consistoriums ist eine zweifache: eine controlirende und eine richterliche. Die eine hängt mit der andern auf das innigste zusammen, jene findet in dieser ihren Abschluss.

„Das Amt der Aeltesten," sagen die Ordonnanzen, „besteht darin, auf das Leben eines Jeden Acht zu haben." Sie sind zunächst eben die bestellten Aufseher der Gemeinde und haben das gesammte Leben in und ausserhalb der Kirche, im Allgemeinen und im Einzelnen, genau zu überwachen und sorgfältig zu prüfen. Nichts darf ihrer Aufmerksamkeit entgehen. Es versteht sich von selbst, — schon der abgelegte Amtseid sprach dies aus — dass sie zunächst und vor Allem auf die Rechtgläubigkeit der Gemeindeglieder zu achten haben: Widerspruch gegen die anerkannten Lehren der Kirche ist der erste Fehler, auf welchen die Instruction[1]) ihre Aufmerksamkeit hinlenkt. Und nicht blos das gesprochene Wort, auch Ansichten und Meinungen sind zu überwachen. Ferner sollen die Aeltesten in Erfahrung zu bringen suchen, ob der Gläubige auch im Uebrigen die Gebote der Kirche gewissenhaft befolgt, ob er häufig, nicht etwa blos an den Sonntagen, die Predigt besucht, das Abendmahl regelmässig und mit Andacht empfängt, seine Kinder anständig und christlich erzieht und zur Schule schickt. Endlich haben sie auch den sittlichen Wandel des Einzelnen zu beaufsichtigen. Dies soll mit grossem Fleiss und mit Sorgfalt geschehen. Das Haus eines jeden Bürgers, des vornehmen wie des geringen, steht den Mitgliedern des Consistoriums jederzeit offen, damit sie, wenn es angemessen erachtet wird, eine Visitation vornehmen können. Solche Visitationen zu halten, hatten sie nicht blos das Recht, sondern aus dem Recht wurde bald eine Pflicht: wenigstens einmal im Jahr, schreibt ein Zusatz zu den Ordonnanzen vor, soll man sämmtliche Wohnhäuser der Stadt besuchen, um sich durch Fragen, Prüfen, Anschauen über die religiöse Bildung und sittliche Haltung der einzelnen Familien und Familienglieder zu unterrichten. „und man soll sich gute Zeit nehmen, um die Untersuchung mit

---

[1]) Vgl. Ord. ecclés. Mscr. p. 13, Ausg. von 1561 p. 46 ff.

Musse anstellen zu können." Je zwei Angehörige des Collegiums, ein Geistlicher und ein Laie, übernahmen einen Stadtbezirk, dessen Vorsteher sie begleiten und in die einzelnen Familien einführen musste, „damit Niemand sich dem Verhör entziehe."[1]) Am wichtigsten blieb indess die alltäglich und geräuschlos geübte Controle. Sie zu erleichtern und um so wirksamer zu machen, war ausdrücklich vorgeschrieben, die Wahlen zum Consistorium so zu treffen, dass auf jeden Stadtbezirk ein Laienältester komme, welcher dann „das Auge allenthalben haben könne."

Die Unordnungen und Pflichtversäumnisse, von welchen die Aeltesten auf solche Weise Kenntniss erhielten, mussten sie zunächst durch freundliche Vorstellungen und fromme Ermahnungen abzustellen trachten, die, wenn kein öffentliches Aergerniss stattgefunden, auch nicht in die Oeffentlichkeit dringen sollten. Blieb dieses Mittel ohne Erfolg, oder war der entdeckte Fehler so erheblich, dass eine blosse Ermahnung nicht hinreichend schien, wie „wenn jemand gegen die anerkannte Lehre der Kirche spricht,"[2]) so hatten sie darüber dem gesammten Collegium zu berichten, welches hierauf, indem es sich als Gerichtshof constituirte, zur gerichtlichen Verhandlung schritt.

Eine solche fand vorschriftsmässig allwöchentlich am Donnerstag statt. Lag reiches Material vor, so konnten auch ausserordentliche Sitzungen anberaumt werden. In seinem äussern Auftreten unterschied sich das Consistorialgericht nur wenig von einem weltlichen Gerichtshofe mit dessen ganzem Apparat es ausgestattet war. Die Verhandlungen bewegten sich in den gewöhnlichen, wenig auffallenden Formen: nur entbehrten sie in der ersten Zeit noch der eidlichen Vernehmung, die erst später eingeführt wurde.[3]) Den Gegenstand bildeten die von den Aeltesten vorgebrachten Anklagen und ausser diesen zuweilen auch „Streitigkeiten in Ehesachen", welche, ehe sie an den Rath gelangten,

---

[1]) Vgl. Ord. eccl. Ausg. von 1561 p. 44, 45; *Richter* l. c. I, 351 hält auch diesen Abschnitt irrig für einen Bestandtheil des ursprünglichen Textes. Thatsächlich hat sich allerdings die Visitation schon in den ersten Jahren ausgebildet, in die Ordonnances scheint sie aber nach Roset erst im J. 1550 förmlich aufgenommen zu sein. — Vergl. auch Epp. et resp. 142 a, *Bonnivard*, Anc. et nouv. pol. p. 119.

[2]) Ord. eccl. Mscr. p. 13, Ausg. von 1541 p. 46. Calvin gibt Epp. et resp. 76 b den Sinn dieser Stelle etwas zu mild wieder und schweigt von der gerichtlichen Vorladung.

[3]) Vgl. *Bonnivard*, Anc. et nouv. pol. p. 120. Calvins Ansichten darüber s. Lettres franç. II, 452, Epp. et resp. 217 a.

stets dem Consistorium vorgelegt werden mussten. Einer der Syndike
führte den Vorsitz — diese Concession hatte Calvin, seiner ursprünglichen Ansicht entgegen, der Staatsgewalt machen müssen. Ein Gerichtsdiener überbrachte dem Schuldigen die Vorladung: leistete derselbe auf dreimalige Aufforderung keine Folge, so schritt, wenn nicht
schon früher, die weltliche Behörde ein, um ihn hinter Schloss und
Riegel in der Erkenntniss seiner Schuld zu fördern.[1]) Es fehlte auch
nicht an einem Secretair und Protocollführer: seine Aufzeichnungen,
die mit der zehnten Sitzung beginnen, bilden heute für die Geschichte
des calvinischen Genf eine der merkwürdigsten Quellen.[2]) Endlich
empfing das gesammte Gerichtspersonal, die Aeltesten mit eingeschlossen,
für die geleisteten Dienste auch eine Besoldung: bedenklich genug
wurden dazu die erhobenen Strafgelder verwendet.[3])

Es war dies indess nicht die einzige bedenkliche Seite des Consistorialgerichts. Viel schlimmer war es, dass es sich über den obersten
Grundsatz eines unparteiischen richterlichen Verfahrens hinwegsetzte,
dass es Kläger, Zeugen und Richter in Einer Person vereinigt zeigte.
Derselbe, welcher die Gemeinde überwachte und die von ihm wahr-
genommenen wirklichen oder vermeintlichen Vergehen dem Collegium
anzeigte, trat, nachdem er sich dieser Aufgabe entledigt, in die Reihe
der Richter. Dass unter solchen Umständen an eine ruhige, vorur-
theilsfreie Behandlung der Fragen kaum zu denken war, ist einleuchtend. Jede Vorladung kam da thatsächlich schon einer Verurtheilung gleich. Man könnte geneigt sein, in der Leitung der Verhandlungen durch einen Syndik, der doch schwerlich selbst je als Ankläger auftrat, eine Bürgschaft für die nochmalige, unbefangene
Prüfung der erhobenen Klagen oder doch eine theilweise Milderung
jenes Uebelstandes zu erblicken. Allein der Vorsitz des Syndik war

---

[1]) Vgl. Consistorialprot. 15. Nov. 1542.

[2]) Ich benutzte die von Cramer veranstalteten „Extraits des Registres du
Consistoire," von denen nur zu bedauern, dass der Herausgeber ihnen keine
grössere Publicität hat geben wollen. Ueber die Lücken der Protocolle vgl.
Mém. et doc. IX, p. 30 ff.

[3]) Vgl. Rathsprot. 12. Dec. 1541, 5. Jan. 1542, 12. Febr. 1543, Consistorialprot. 21. Dec. 1542, 3. Juli 1544. — Das gesammte Personal belief
sich gewöhnlich auf 20 oder 21 Personen, so zählte es z. B. im Jahre 1547:
7 Geistliche, 1 Syndik, 2 Mitglieder aus dem kleinen Rath, 9 aus den 60
und 200, den Soultier und Secretair. Ganz ähnlich war der Personenbestand
bereits im Jahre 1543.

eine leere Form, durch die der Staat den Schein einer höhern Autorität rettete; der wahre und eigentliche Vorsitzende war Calvin selbst. Seine Stimme war es, die in allen wichtigen Fragen entschied. Es ist mir kein Fall bekannt geworden, dass seine Führerschaft bei Syndik und Aeltesten je auf ernstlichen Widerstand gestossen wäre. Was liess sich aber von dem Manne erwarten, der unbarmherzige Strenge überall als erste Pflicht predigte? Und noch fühlbarer wurde dieser Uebelstand dadurch, dass, mit Ausnahme der Ehesachen, von dem Spruch der Aeltesten keine Appellation zulässig war. Das Consistorium bildete die erste und letzte Instanz: seinem Urtheil musste Folge geleistet werden.

Das Gefährliche einer solchen Organisation wurde allerdings dadurch wieder vermindert, dass das Gericht nur geistliche Strafen verhängte. Die Ordonnanzen wie auch Calvin selbst betonen mit besonderm Nachdruck, das Consistorium „übe keine bürgerliche Jurisdiction, es handhabe nur das geistliche Schwert des Wortes Gottes, wie es Paulus vorschreibe."[1]) Die von ihm erkannten Strafen waren: Rüge, Zurechtweisung, Kirchenbusse, öffentliche, kniefällige Abbitte, endlich der Kirchenbann, der „Mittelpunkt" der kirchlichen Disciplin. Allein abgesehen davon, dass auch solche Verurtheilungen doch kaum als rein geistliche angesehen werden können und dass die Excommunication, namentlich wenn sie nach Ablauf eines Jahres nicht gelöst war, in ihren Folgen geradezu einer bürgerlichen Strafe gleich kam, war überhaupt jene Beschränkung auf das „geistliche Schwert" mehr eine scheinbare als wirkliche. Erhielten doch Richter und Diener ihre Besoldung aus den einlaufenden Strafgeldern! Die Wahrheit war, dass das Consistorium, wenn es nach der Beschaffenheit der Vergehen eine bürgerliche Strafe für nöthig erachtete — und wir wissen, wie weit Calvin in dieser Hinsicht ging — dieses in seinem Urtheil aussprach und den Angeklagten zur weitern Bestrafung dem Lieutenant oder dem Rathe überwies, welcher „auf den Bericht desselben Beschluss zu fassen und nach Erforderniss der Sache sein Urtheil zu fällen hat."[2])

---

[1]) Ord. eccl. Mscr. 15. Die Ausgabe von 1561 p. 50 schwächt allerdings diese Stelle ab und lässt die Stelle von dem geistlichen Schwert: „*ni usent sinon du glaive spirituel de la parole de Dieu comme Sainct Paul leur ordonne*" ganz aus! — Vgl. Epp. et resp. 75b, 76b, 217a.

[2]) „*Lequel sur leur relation advisera d'en ordonner et faire jugement selon l'exigence du cas*," Ord. eccl. Umgekehrt ist es auch wohl vorgekom-

Erinnert man sich, wie weit die weltliche Gewalt selbst den Begriff bürgerlich strafbarer Handlungen fasste, so wird man sich das Schicksal der Ueberwiesenen in den meisten Fällen denken können. Eben das Consistorium und die enge Beziehung, in die es zu den weltlichen Gerichten trat, haben wesentlich dazu beigetragen, den strengen Grundsätzen, welche Calvin als massgebend für die Strafgesetzgebung aufstellte, nach und nach völlig zum Siege zu verhelfen.

Wir werfen zur Veranschaulichung des Gesagten noch einen flüchtigen Blick auf die Anfänge der neuen richterlichen Thätigkeit selbst, wie sie uns aus den erhaltenen amtlichen Aufzeichnungen entgegentritt.

Seit dem Ende des Jahres 1541 hielt das Consistorium seine regelmässigen Sitzungen. Der Widerstand, den Manche Anfangs den neuen Vorladungen entgegensetzten, war nicht von langer Dauer, da die Obrigkeit mit Energie für die „Aeltesten" eintrat. Sogar ein Jean Balard musste sich fügen, wenn er auch nicht bewogen werden konnte, selbst das Amt eines Sittenrichters zu übernehmen.[1] Bald sehen wir Personen von jedem Stand und Rang, Vornehme und Geringe, Männer und Frauen vor den Schranken des neuen Gerichts erscheinen, um sich seinem Verfahren zu unterwerfen. Schonend und zart war die Sprache nicht, welche die Censoren führten. Mit rauhen Worten fuhr namentlich Calvin sehr häufig die Angeklagten an. Männer von bereits vorgerückten Jahren und angesehener Lebensstellung, gegen deren Rechtgläubigkeit Zweifel erhoben waren, wurden wie Schulknaben in den Fragen des Katechismus examinirt und mussten laut ihre Gebete hersagen. Man stellte weitläufige und verfängliche Verhöre mit ihnen an, wollte wissen, aus welchen Büchern sie ihre Ansichten geschöpft hätten, man schickte sie zu dem Spitalmeister, um beten zu lernen, in die Predigt und Katechese, um ihre religiösen Ansichten zu berichtigen.[2] Wie das Statut, so fasste auch die Praxis des Gerichts vornehmlich die Rechtgläubigkeit und Folgsamkeit gegen die Vorschriften der Kirche ins Auge: fast keine Sitzung fand statt, in der nicht eine Verhandlung dieser Art vorkam. Wir ersehen

---

men, dass von dem bürgerlichen Richter Verurtheilte noch vor das Consistorium verwiesen wurden; vgl. *Galiffe*, Nouv. pag. p. 80.

[1] Rathsprot. 23. Dec. 1541, 13. Jan., 9, 24. Febr. 1542.

[2] Vgl. Consistorialprot. 16. März, 20. Juli 1542, 3. Dec. 1545, 7. Januar 1546 u. s. w., wo sich interessante Beispiele dieser Art finden.

eben aus den Consistorialprotocollen, wie verbreitet selbst um diese Zeit noch, namentlich unter den Frauen Genfs, die katholischen Sympathien waren, wie Viele durch Anhörung einer Messe in einem benachbarten katholischen Orte oder durch Verrichtung eines katholischen Gebets auch unter fortwährenden äusseren Gefahren die Verbindung mit der alten Kirche aufrecht zu erhalten trachteten.[1]) Aber nicht blos die wirklich erkannte Hinneigung zum Papismus, auch der blosse Verdacht einer solchen, ein anerkennendes Wort über irgend eine katholische Cultushandlung, ein wenn auch nur zufälliger Verkehr mit Katholiken, eine unbedeutende Reminiscenz aus der katholischen Zeit wurden von den unerbittlichen Aeltesten zur Anzeige gebracht und bestraft. Ist es doch vorgekommen, dass eine Wittwe, die, von Schmerz überwältigt, sich auf dem Grabe ihres Gatten niedergeworfen und dem Hingeschiedenen ein „Ruhe in Frieden" nachgerufen, wegen dieser „götzendienerischen" That eine Ladung vor das Consistorium empfing.[2]) Jede Erinnerung an die katholische Zeit sollte unterdrückt, jeder Rest des „Götzendienstes" ausgerottet werden! So verlangte es der Geist des Consistoriums. Doch war das Verfahren gegen sittliche Unordnungen und was dafür galt, kaum milder zu nennen. Nicht blos notorische Vergehen, Gotteslästerung, Spiel, Tanz, „Zauberei," Tadel der Geistlichen, Vernachlässigung der Predigt,[3]) ehelicher Unfriede und Zanksucht, auch ein Scherz, eine unbedachtsame Aeusserung konnte eine Vorladung herbeiführen. Gespräche, die im Kreise vertrauter Freunde geführt worden sind, die Arznei, die der Kranke zu seiner Heilung angewandt hat,[4]) erscheinen als Gegenstand gerichtlicher Verhandlungen.

Mit Ausnahme jener Fälle, in denen es sich um die Rechtgläubigkeit der Angeklagten handelte, war das Verfahren des Ge-

---

[1]) Vgl. Consistorialprot. 30. März, 4. April, 11. Mai, 21. Sept., 9, 30. Nov., 21. Dec. 1542, 15, 22. März, 5, 12. April, 29. Nov. 1543 u. s. w. Vgl. damit Rathsprot. 1. März, 23, Juni 1542, 23. März, 11. Mai, 31. Dec. 1543. In den Familien der Balards, Richardets u. A. lebte die katholische Gesinnung noch Jahrzehnte lang fort.

[2]) Consistorialprot. 15. März 1548.

[3]) Ein Tagelöhner entschuldigt einmal sein Ausbleiben aus der Predigt an Wochentagen damit, dass er eine zahlreiche Familie zu ernähren habe. Consistorialprot. 18. Dec. 1543.

[4]) Merkwürdig zahlreich sind gerade die Vorladungen wegen Quacksalberei; vgl. Consistorialprot. 20. April, 20. Mai, 13. Nov. 1542, 15. April 1544, 4. Febr. 1546.

richts, nach den Aufzeichnungen zu schliessen, in der Regel kurz. Wozu bedurfte es noch langer Verhöre und Verhandlungen, da man von der Schuld des Vorgeladenen von vornherein überzeugt war? Einer der Aeltesten trug die Anklage vor, und damit war der Beweis geliefert; die Hauptverhandlung bildete die Verkündigung des Strafurtheils, das ohne Widerrede anzunehmen war. Betheuerungen der Unschuld nützten nichts: auf jeden Fall erfolgte eine öffentliche Zurechtweisung.[1]) Von gnädiger Behandlung durfte sprechen, wer mit einer blos „geistlichen" Züchtigung davon kam. Nur zu oft hatte die Consistorialverhandlung geradezu die Bedeutung einer summarischen Voruntersuchung, die den Angeschuldigten — zuweilen auf blossen Verdacht hin[2]) — als strafwürdigen Missethäter der weltlichen Gewalt überwies. Ein Blick auf die Protocolle lehrt, dass der Ueberwiesene bei dem „Lieutenant" oder „den Herren" nicht leicht straflos ausging. Und mit jedem Jahr steigerte sich die Strenge der weltlichen Richter, ihre Willfährigkeit gegen die Forderungen der calvinischen Censurbehörde. Ein unschuldiges Kegelspiel, welches sich zwei Bürger auf Ostern erlaubt hatten, eine lächerliche Miene, die ein angesehener Bürger während eines Trauungsactes aufgesetzt, galten bereits im Jahre 1546 nicht blos dem Consistorium, sondern auch der bürgerlichen Behörde als Verbrechen, die hinter Schloss und Riegel gesühnt werden mussten.[3])

Das war der „Rath der Alten," jenes Institut, für dessen Zustandekommen Calvin so viele Jahre gekämpft, welches er zur Herstellung eines wahrhaft kirchlichen Lebens für unumgänglich nothwendig erklärt hatte, der Stolz der Genfer Kirche! Vollkommen entsprach es allerdings Calvins Ideale nicht, aber er erkannte doch in ihm das Mittel, „der heiligen Gewalt" der kirchlichen Disciplin im Leben das ihr gebührende Ansehen zu verleihen und gegen Christi Widersacher fortan den Kampf mit Erfolg zu führen.[4])

In der That war mit der Errichtung des Consistoriums zu einer durchgreifenden Umgestaltung des gesammten öffentlichen Lebens der entscheidende Schritt geschehen, und rasch hat sich seitdem die Umwandlung vollzogen. Noch ehe ein Jahr verstrichen, hatten Stadt

---

[1]) Fälle dieser Art erwähnt z. B. das Protocoll zum 20. April, 21. Sept. 1542.
[2]) Beispiele finden sich zusammengestellt bei *Henry* II, 216.
[3]) Vgl. Rathsprot. 30. April 1546, Calvin an Viret 11. Aug. 1546, Epp. et resp. 382.
[4]) Vgl. Calvin an Myconius 14. März 1542, Epp. et resp. 27 b.

und Bürgerschaft ein anderes Aussehen erhalten. Die lärmenden Kundgebungen und Aufzüge, wie sie sonst unter der lebhaften, beweglichen Bevölkerung an der Tagesordnung waren, hörten bald auf, um einem fast düstern Ernst Platz zu machen. Unter der wachsamen Controle der neuen Censoren entwickelte sich in Genf auf Grundlage der „kirchlichen Ordonnanzen" ein religiöses Leben, getragen von dem Geiste strenger Zucht und Ordnung, wie es keine evangelische Kirche aufzuweisen hatte. Mit dem Consistorium ging in den meisten Fällen die Staatsgewalt Hand in Hand. Oeffentliche Ausrufer erinnerten den Bürger an die Erfüllung seiner religiösen Pflichten. Der regelmässige Besuch der Predigt bildete einen Theil des bürgerlichen Gehorsams, dessen Vernachlässigung zu bestrafen, eben so wohl das bürgerliche wie das Sittengericht für Pflicht hielt.[1]) Nicht einmal die Wahl der Kirche stand dem Gläubigen frei: er hatte sich jederzeit bei dem Pfarrgottesdienste einzufinden, um die Controle zu erleichtern.[2]) Wer erkrankte, war verpflichtet, innerhalb dreimal 24 Stunden den Geistlichen an sein Bett kommen zu lassen. Den Angehörigen wurde insbesondere eingeschärft, mit dem geistlichen Troste „nicht zu warten, bis der Kranke dem Tode nahe sei." Und derselben strengen Zucht wurde auch das bürgerliche Leben unterworfen. Die Aeltesten beobachteten den Kaufmann in seiner Halle, den Handwerker in seiner Werkstatt, das Marktweib auf dem Molard, den Gefangenen im Kerker; sie überwachten die Hochzeits- und Tauffeierlichkeiten, und mit unerbittlicher Strenge wurde jede anstössige Handlung, jedes leichtsinnige Wort, jede Aeusserung eines freiern Geistes zur Kenntniss des Collegiums gebracht.

Mit besonderm Nachdruck wandte sich die calvinische Censur gegen die beiden vornehmsten Untugenden des alten Genfers, den Luxus und die Vergnügungssucht. Einfach und sittsam, wie es das Gebot des Herrn vorschreibt, sollte der Bürger des evangelischen Staates leben und jeden überflüssigen Prunk als sündhaft vermeiden. Zwar sind jene merkwürdigen, in der Geschichte der Gesetzgebung vielleicht einzig dastehenden Luxusgesetze, welche genau und bis ins Einzelne den Haarputz der Frauen, Stoff und Farbe der Gewänder, Anzahl der Gerichte bei Gastmählern bestimmen und vorschreiben,

---

[1]) Vgl. Rathsprot. 8, 19. Jan. 1543, 15. Dec. 1544.
[2]) Dagegen verordnete der Rath auf Calvins Antrag, damit der Gläubige nicht immer denselben Prediger höre, dass die Geistlichen abwechselnd in verschiedenen Kirchen predigten. Rathsprot. 18. Aug. 1542.

noch nicht um diese Zeit erlassen worden,[1]) aber der Geist, der sie dictirte, hatte bereits die Herrschaft. Schon in den ersten Jahren nach dem Beginn der neuen Ordnung sehen wir den Rath gegen gewisse Kleidertrachten, die dem Censor verdammlich schienen, mit bürgerlichen Strafen einschreiten.[2])

Noch entschiedener wurde der altgenferischen Vergnügungssucht der Krieg erklärt. Calvin will zwar das Vergnügen nicht an und für sich verdammen; er will es insbesondere nicht tadeln, wenn solche, die von Gott reich mit irdischen Glücksgütern gesegnet sind, dieselben auch auf anständige Weise geniessen und sich ein mässiges Vergnügen gestatten: aber dieses Masshalten ist nach seiner Ansicht äusserst schwierig, ja bei der Verderbtheit der menschlichen Natur fast unmöglich.[3]) Daher ist er im wirklichen Leben für die äusserste Beschränkung alles dessen, was dem Vergnügen und der Freude dient.[4]) Demgemäss wurden jetzt in Genf alle öffentlichen Freudenfeste und Belustigungen, Tanz, Spiel, insbesondere das gewinnsüchtige, Gesang, Familienfeste entweder vollständig untersagt oder an Bedingungen geknüpft, die einem Verbote fast gleich kamen. Spieler sühnten ihren Frevel mit Geld- und Gefängnissstrafen. Ausgelassene Sänger — und was ausgelassen sei, bestimmte die Geistlichkeit — wurden durch Einsperrung bei Wasser und Brod zum Schweigen gebracht oder auch wohl angewiesen, „draussen zu singen,“ d. i. ausgewiesen. Tänzer hatten dem Consistorium Rede zu stehen, und nur im ersten Fall begnügte sich dasselbe mit dem „geistlichen Schwert.“ Als einst ein geschickter Tonkünstler in der Stadt ankam, wurde ihm der Aufenthalt nur unter der Bedingung gestattet, dass er keine Tänze spiele.[5]) Die früheren Volksfeste und volksthümlichen Belusti-

---

[1]) Wie *Gaberel* I, 339 und nach ihm *Stähelin* I, 342 die Lois somptuaires, die doch erst gegen Ende der fünfziger Jahre erlassen wurden (*Roset* I, VI, c. 13), als einen Bestandtheil der kirchlichen Ordonnanzen haben behandeln können, bleibt mir unerklärlich. Dass freilich Calvin schon früh mit der Luxusfrage sich beschäftigt hat, zeigt u. A. auch eine offenbar aus sehr früher Zeit stammende handschriftliche Abhandlung desselben über diesen Gegenstand; Genf. Bibl. Cod. 145, f. 126.

[2]) Ein Beispiel s. bei *Gaberel* I, 364.

[3]) „Ea est hominum pravitas, ut laetari nequeant, quin Dei obliviscantur." Comm. in epist. can. (Opp. ed. A. VII) p. 100b.

[4]) Vgl. z. B. Epp. et resp. p. 214b—215a.

[5]) Rathsprot. 16. April 1546. Einzelne Beispiele von Bestrafungen der

gungen gingen ein oder wurden durch das neue Zuchtsystem in einer Weise beschränkt, dass sie kaum noch ein Schatten von dem blieben, was sie einst gewesen. Nur mit Mühe retteten die alten Schützengesellschaften durch bereitwilliges Eingehen auf die Forderungen des neuen Geistes ein kümmerliches Dasein. In aller Demuth erscheinen sie wohl vor dem gestrengen Rathe, um sich zu entschuldigen, dass sie an einem Sonntag die Abendpredigt — die letzte der drei Predigten — versäumt, oder um es als eine besondere Vergünstigung zu erbitten, das hergebrachte Preisschiessen „in alter Weise" abhalten zu dürfen.[1]) Noch weniger fanden die von Alters her von den Bürgern veranstalteten theatralischen Aufführungen, die populärste Volksbelustigung, in den Augen der strengen Sittenrichter Gnade. Es war im Jahre 1546, als der Rath auf das inständige Bitten vieler Bürger nach längeren Unterhandlungen noch einmal einige derartige Aufführungen streng religiösen Inhalts gestattete. Der Sturm des Unwillens, der sich darüber — trotz der zugestandenen guten Tendenz der Stücke — unter der Geistlichkeit erhob, überzeugte die Behörde, dass auch dieser alte Brauch, auf den Genf so lange stolz gewesen, fallen müsse, und am 9. Juli 1546 beschloss sie den geistlichen Wünschen nachgebend, „solche Historien bis auf geeignetere Zeiten einzustellen."[2]) Jene Aufführungen sind die letzten gewesen, die Genf bei Lebzeiten seines Reformators gesehen hat.

Calvin ging noch weiter und verlangte sogar die Abschaffung der Wirthshäuser. Nach längerm Drängen setzte er in der That im Frühjahr 1546 jene merkwürdige Verordnung durch, in welcher der Rath den Bürgern und Angehörigen der Stadt bei Geld- und Gefängnissstrafen (10 Sols Geldbusse und 3 Tage Gefängniss) den Besuch der Wirthshäuser gänzlich untersagte. Nur so glaubte der strenge Censor das Laster mit der Wurzel ausrotten und ein wahrhaft kirchlich ehrbares Leben herstellen zu können. Man suchte die Wirthshäuser durch sogenannte Abteien, gleichsam geistliche Casinos, zu ersetzen, welche, fünf an der Zahl, in den verschiedenen Stadttheilen errichtet und

---

erwähnten Art finden sich nach den Rathsprotocollen bei *Gaberel* I, 363, 365, *Galiffe*, Nouv. pag. p. 61 u. s. w.

[1]) Rathsprot. 7. Oct. 1544, 19. Mai 1546.

[2]) Rathsprot. 9. Juli 1546; vgl. *Galiffe*, Nouv. pag. p. 73—75. Weshalb Calvin selbst nicht noch entschiedener gegen diese letzten Aufführungen vorgegangen, gesteht er mit merkwürdiger Offenheit in dem Schreiben an Farel (3. Juni 1546) bei *Bretschneider*, Litterae etc. p. 21.

unter die besondere Obhut je eines der vier Syndike oder des Lieutenants gestellt wurden. In ihnen hatte fortan der Bürger von Genf, welcher dem Drange nach Geselligkeit nicht zu widerstehen vermochte, unter guter geistlicher und weltlicher Aufsicht seine geselligen Bedürfnisse zu befriedigen, und damit keine Unordnung sich einschleiche, war Jeder streng auf die „Abtei" seines Quartiers hingewiesen. Ein im Mai 1546 erlassenes Reglement bestimmte genau das Verhalten des Gastes wie des Gasthalters. Fluchen, Schwören, unnützes Disputiren, jedes unanständige Benehmen war in der Abtei unbedingt untersagt. Der Gasthalter hatte die Pflicht, jede ungebührliche Handlung oder Aeusserung, sofort der Obrigkeit zur Anzeige zu bringen, Keinem Speise oder Trank zu verabreichen, der nicht zuvor sein Gebet verrichtete. Er war gewissermassen öffentlicher Beamter und durfte auch für das Verabreichte keinen Gewinn nehmen, sondern nur, was ihm von den Gästen für seine Mühewaltung freiwillig gespendet wurde.[1])

So durchdrang der Geist des Consistoriums alle Verhältnisse, die ganze Gesellschaft, und verlieh dem gesammten öffentlichen Leben ein ernst religiöses Gepräge. Die Formen des gesellschaftlichen Verkehrs, die Versammlungen der Bürger, selbst die Erholungen nahmen einen religiösen Charakter an. Der Generalrath, mit Gebet und frommen Ermahnungen eröffnet, glich fast mehr einer kirchlichen als einer politischen Versammlung. Alles sollte die strengste Unterordnung des äussern Lebens unter den Buchstaben der h. Schrift, wie ihn der Gesetzgeber verstand, zum Ausdruck bringen. Was die Probe der Bibel im Sinne Calvins nicht bestand, hatte in seinem Staate keine Berechtigung und wurde nicht geduldet. Bis auf die kleinlichsten Aeusserlichkeiten wurde dies ausgedehnt. Mussten doch sogar die bisher üblichen altgenferischen Taufnamen, die Claudius, Amadeus u. s. w. weichen, um ächt biblischen, insbesondere alttestamentlichen Namen Platz zu machen. Am 15. November 1546 beauftragte der Rath den Reforma-

---

[1]) Vgl. insbesondere Rathsprot. 30. Oct. 1545, 27. 29. April, 21. 28. Mai 1546, die Abhandlung von *Sordet* in den Mém. et doc. IV, p. 14—16 und *Galiffe*, Nouv. pag. p. 62, 63. Sordet bemerkt, dass das Reglement theilweise mit den Statuten der alten Genossenschaft von St. Peter übereinstimmt: der Unterschied war nur, dass, was in der katholischen Zeit eine freie Vereinigung sich selbst als Gesetz aufgelegt hatte, jetzt zu einem Alle verpflichtenden Staatsgesetze erhoben wurde, allerdings nicht für lange Zeit. —

tor, eine Liste derjenigen Namen aufzustellen, die nach seiner Ansicht unstatthaft seien. Sämmtliche Bezirksvorsteher empfingen acht Tage später eine Abschrift derselben, um sie allen Familien ihres Quartiers mitzutheilen,[1]) und auch in die Kirchenordnung wurde dieses neue Verbot aufgenommen zur Verhütung von „Götzendienst und Zauberei," wozu die alten Namen missbraucht sein sollten.[2]) Die Abraham, Gedeon, Mardochäus, Melchisedek, Jeremias, Zacharias waren bald nicht mehr zu zählen und verkünden noch heute dem, der die Genfer Annalen während jener Jahre durchgeht, den Anbruch des neuen Zeitalters. Mit Einem Worte: jener ernste, strenge, puritanische Geist, den wir überall wiederkehren sehen, wo die evangelische Bewegung aus dem Born der „christlichen Institution" schöpfte, hat damals in Genf seine ersten Triumphe gefeiert.

Und wie in der Stadt, so wurde dieses System dann auch in den zu Genf gehörigen Landgemeinden durchzuführen unternommen.

So rasch als man wünschte, gelangte man hier nun freilich nicht zum Ziel. Kündigten die kirchlichen Ordonnanzen in ihrem Schlusssatz sich auch mit kurzen Worten als bindend für die „Dörfer" an, so war bei ihnen doch in der ersten Zeit an eine wirkliche Ausführung nicht zu denken. Nicht nur, dass auf dem Lande die Verhältnisse vielfach anders lagen und eine Anwendung der städtischen Verordnungen theilweise gar nicht gestatteten: es stand um die evangelische Gesinnung der Bauern überhaupt sehr misslich. Katholische Sympathien waren unter ihnen noch viel verbreiteter als in der Stadt. Wie wäre es auch nach jener rein äusserlichen, summarischen und gewaltsamen Bekehrung, die der Rath auf Farels ungestümes Drängen verfügt hatte, anders zu erwarten gewesen? Man hatte dem Volke wohl seine alten Geistlichen und seinen Gottesdienst nehmen, seine Bilder und Crucifixe zerstören können, aber man konnte es nicht hindern, katholisch zu beten und zu denken, die Gegenstände früherer Verehrung in frommer Erinnerung zu behalten. Dass überdies die äussere Lage der Dorfbewohner seit dem Wechsel der Religion und der Herrschaft sich schlimmer gestaltete und von dem neuen evangelischen Souverain Auf-

---

[1]) Vgl. die Mittheilungen aus den Rathsprotocollen bei *Galiffe*, Nouv pag. p. 77.

[2]) Vgl. Ausgabe von 1561 p. 22. *Richter* l. c. I, p. 346 zählt auch diese Verordnung zum ursprünglichen Text: sie ist indess erst um die Mitte der vierziger Jahre erlassen. Dass auch noch andere Motive, als der „Aberglaube" bei dieser Verordnung mitwirkten, werden wir später sehen.

lagen und Frohnden gefordert wurden, wie sie die Zeit des Krummstabs nicht gekannt hatte,[1] mag dazu beigetragen haben, die Sympathien für den alten Glauben rege zu erhalten. Die neuen evangelischen Prediger waren zum grössten Theil wenig geeignet, durch Wort und Beispiel die widerspänstigen Gemüther umzustimmen und von der Wahrheit ihrer Lehre zu überzeugen: mehr auf die Macht des Magistrats als auf die Kraft ihrer Rede vertrauend, sehen wir sie wiederholt die Hülfe der weltlichen Obrigkeit in Anspruch nehmen.[2] Es waren in der Regel Männer, die Calvin wegen ihrer Unfähigkeit oder aus anderen Gründen in Genf unbequem waren und deshalb von ihm aufs Land entfernt wurden, Männer, die zuweilen auch in einem zweifelhaften sittlichen Rufe standen, wie Jacques Bernard, der alte Franziskanermönch, der 1542 Prediger von Peney und Satigny wurde. Calvin selbst besass, wie es sich von seiner vornehm aristokratischen Natur nicht anders erwarten liess, für das Landvolk kein rechtes Herz, noch auch verstand er dessen Bedürfnisse. Wohl hat er auch einige Mal eine Dorfkanzel bestiegen, aber heimisch hat er sich da nicht gefühlt: seine Wirksamkeit galt der Stadt.

Man wird sich nicht wundern, wenn unter solchen Umständen mehrere Jahre darüber vergingen, bis die Bevölkerung als völlig für das Evangelium gewonnen angesehen werden konnte. Das Meiste dabei haben äussere Zwangsmittel geleistet. Die Castellane oder Burgvögte, die von der Stadt eingesetzten Amtleute, hatten den gemessenen Befehl, auf jede Weise die Bekehrung ihrer Untergebenen sich angelegen sein zu lassen, und führten denselben mit rücksichtsloser Härte aus. Man ernannte für die verschiedenen Gemeinden besondere Aufseher zu ihrer Ueberwachung, liess die Widerspänstigen von Amtswegen zur Predigt führen[3] und schritt gegen jede Aeusserung einer katholischen Gesinnung mit unnachsichtlicher Strenge ein. Einmal ist ein Bauer eingekerkert worden, weil er an einem Freitag oder Samstag kein Fleisch gegessen hatte.[4]

Nachdem auf solche Weise der Widerstand der Bevölkerung gebrochen und der Boden für eine neue Organisation geebnet war, erfolgte endlich diese selbst. Man stellte ein geordnetes Pfarrsystem

---

[1] Interessante Mittheilungen darüber macht *Galiffe*, Nouv. pag. p. 114, 115, 116.
[2] Rathsprot. 28. Aug. 1543. 15. Dec. 1544. 30. Nov. 1545.
[3] Vgl. Rathsprot. 21. April 1543. 30. Nov. 1545.
[4] Vgl. *Galiffe*, Notices généal. III, 539.

her, indem je zwei katholische Pfarren zu einer evangelischen vereinigt wurden, sorgte für eine religiöse Unterweisung der Jugend und ordnete, was das Wichtigste war, das Verhältniss der Ruralkirchen zu dem Consistorium. Das Letztere geschah durch besondere „Ordonnanzen über die Reform der Landpfarren," welche auch diese der städtischen Sittenbehörde unterwarfen und das in der Stadt herrschende System der Kirchenzucht nun auch — mit den nöthigen Aenderungen — auf das Land ausdehnten.

Diese neuen Verordnungen, welche im Jahre 1546 nach dem Entwurfe Calvins von der ehrwürdigen Genossenschaft, und zu Anfang des nächsten Jahres von dem kleinen und grossen Rathe bestätigt wurden, bringen den merkwürdigen Umwandlungsprozess, welcher mit der Einsetzung des Consistoriums begonnen, gewissermassen zum Abschluss. Sie haben um so mehr Anspruch auf unsere Aufmerksamkeit, als uns aus ihnen, da sie sich mit den einfachen ländlichen Verhältnissen beschäftigen, das System der calvinischen Kirchenzucht auch in seiner einfachsten und ursprünglichsten Gestalt entgegentritt.[1])

Der Erlass behandelt zunächst die Theilnahme der Gemeinde an den gottesdienstlichen Uebungen, um dann in einem zweiten Theile Vorschriften zur Reform des äussern Lebens folgen zu lassen. Er beginnt mit der strengen Verpflichtung der Gläubigen zum regelmässigen Besuch der Predigt und Katechese. Alle Bewohner eines Hauses sind — und zwar bei Strafe von drei Sols — verpflichtet, jeden Sonntag die Predigt zu besuchen, es sei denn, dass Jemand zur Beaufsichtigung des Hauswesens nothwendig daheim bleiben muss.[2]) Findet an Wochen-

---

[1]) Sie befinden sich unter den Aufzeichnungen der Vénérable Compagnie A p. 19—28 und werden in der neuen Ausgabe der calvinischen Werke wohl zum ersten Mal publicirt werden. Die einzelnen Abschnitte haben folgende Ueberschriften: Des sermons — Catechisme — Des peines — Par qui les amendes seront exigées — Du Baptesme — De la cene — Du temps de convenir à l'église — Les faultes contrevenants à la réformation oultres les susdictes: Premierement les superstitions — Blasphemes — Contradiction à la parolle — Iurougeries — Chansons, Dances — Usures — Batteries — Haynes — Jeux — Paillardise — De lelection de gardes — Pour remectre devant le Consistoire. Den Schluss bildet eine Bemerkung über die Vertheilung der Strafgelder. — Die Congregation nahm die Beschlüsse am 17. December 1546, der Rath am 3. Februar 1547 an (vom Generalrath ist nicht die Rede); am 17. Mai 1547 wurden sie publicirt.

[2]) „Que de chascune maison tous y viennent les dimanches, sinon qu'il soit necessite de laisser quelquun tant pour la garde des enfans que du bestail sur

tagen eine Predigt statt, so haben sich auch bei dieser Alle, welche nicht rechtmässig verhindert sind, einzufinden: wenigstens muss bei Vermeidung obiger Strafe aus jeder Familie Ein Mitglied anwesend sein. Die Herrschaften haben dafür zu sorgen, dass auch die Dienstboten ihre religiöse Pflicht erfüllen, und dieselben selbst zur Predigt zu führen oder zu schicken, „damit sie nicht ohne Unterricht leben wie das Vieh." Während der Predigt soll man das Wort Gottes aufmerksam und ohne Zerstreuung anhören und keinerlei Störung verursachen. Jeder hat sich zeitig, vor dem Beginn des Gebets, einzufinden und darf erst, nachdem Predigt und Gebet beendet sind, das Gotteshaus wieder verlassen. Die Katechese endlich muss von allen Kindern und ausserdem von jenen Erwachsenen besucht werden, welche durch eine rechtmässige Ursache in der Predigt zu erscheinen verhindert gewesen sind.

Auch Vergehen gegen die letztberührten Vorschriften werden mit Geldbussen geahnt. Doch soll, insbesondere wenn es sich um eine Vernachlässigung der Katechese oder um verspätetes Erscheinen in der Predigt handelt, den betreffenden Personen zunächst durch den angeordneten Aufseher (garde) eine Vorhaltung gemacht werden. Wird dieser nicht alsbald Folge geleistet, so treten die angedrohten Geldstrafen ein, von denen jedes Mal der dritte Theil dem Aufseher, das Uebrige den Armen zufällt. Erhoben werden dieselben durch den Burgvogt auf den Bericht des Geistlichen und der Aufseher, und zwar in dem festgesetzten Betrage für jeden einzelnen Fall des Ungehorsams, bis Besserung erfolgt. Tritt eine solche nicht ein, oder hat Jemand gar durch Störung des Gottesdienstes sich versündigt, so soll der Schuldige vor das Consistorium verwiesen und von diesem nach empfangener geistlicher Züchtigung der weltlichen Behörde zu strenger Bestrafung nach der Wichtigkeit des Falles übergeben werden. Eltern sind jederzeit für die strafbaren Handlungen ihrer Kinder haftbar.

Es folgen dann besondere Verordnungen über den würdigen und schriftgemässen Empfang der Taufe und des Abendmahls.[1])

Ausser den für den regelmässigen Gottesdienst — Predigt, Katechese, Gebet, Taufe, Abendmahl — festgesetzten Stunden darf Niemand das Gotteshaus besuchen. Die Kirche soll deshalb während der

---

peine de 3 sols." Nach Galiffe würde 1 Sol nach dem heutigen Geldwerthe 1 Franc bedeuten.

[1]) Wir kommen darauf später noch zurück.

übrigen Tageszeit geschlossen sein, damit kein Mitglied der Gemeinde sie in abergläubischer Absicht betreten kann. Wer dies dennoch versucht, soll zunächst gewarnt und, wenn er hartnäckig bleibt, gezüchtigt werden. Nicht einmal in der Nähe der Kirche sich aufzuhalten, ist gestattet.[1]

Die zweite Hälfte der Verordnung beschäftigt sich mit den „Fehlern, die sonst noch der Reformation widerstreiten," und enthält eine lange Reihe von Verboten und Strafbestimmungen.

Verboten ist vor Allem jede Art von Aberglauben, als Aufbewahren von Rosenkränzen und Bildern, Wallfahrten, fortgesetztes Beobachten papistischer Fast- und Festtage, Anhören der Messe. In allen diesen Fällen haben Consistorium und Rath einzuschreiten und mit der grössten Strenge zu verfahren. Durch Gefängniss und ausserordentliche Geldstrafen „nach ihrer Discretion" wird die weltliche Obrigkeit das Uebel auszurotten trachten. Ist das Vergehen durch die Wachsamkeit der Aufseher entdeckt, so empfangen sie einen Theil der Geldstrafe als Belohnung.

Verboten ist alles Fluchen und Schwören, sowie jede Widerrede gegen das heilige Wort Gottes. Wer bei „dem Leibe und Blute unsers Herrn" oder in ähnlichen Ausdrücken schwört, hat im ersten Falle kniefällig Abbitte zu thun, im zweiten fünf Sols Strafe zu zahlen und wird im dritten auf eine Stunde an den Pranger gestellt. Wer sogar im Fluche Gott selbst oder seine Taufe verwünscht, soll das erste Mal mit neuntägigem Gefängniss bei Wasser und Brod, bei Wiederholungen mit den strengsten körperlichen Züchtigungen nach dem Ermessen des Rathes gestraft werden. Ebenso haben „Widerreden gegen das göttliche Wort" Vorladung vor das Consistorium und körperliche Bestrafung durch „die Herren" zur Folge. Ist damit ein öffentliches Aergerniss verbunden, so soll der Burgvogt sofort selbst Hand anlegen, „um die Ehre Gottes, der Obrigkeit und des geistlichen Amtes zu wahren."

Verboten sind ferner alle ausgelassenen Handlungen, Trunkenheit und Spiel, unpassende Lieder und Tänze jeder Art, Störung der öffentlichen Ordnung durch lärmende Zusammenkünfte, Erregung von Unzufriedenheit, Streitsucht, Feindschaft, Wucher. Die Strafen sind

---

[1] „Que les temples soient tenus fermés pour le reste du temps affinque nul y entre hors heures par superstition et si quelquun se trouvoit (de) quelque superstition particulière dedans ou auprès quil en soit admoneste sil sy trouvoit de la superstition dont il ne sen voulust corriger quil en fust chastie."

für die meisten dieser Vergehen genau festgesetzt. Trunkenheit wird im ersten Falle mit drei Sols und öffentlicher Zurechtweisung vor dem Consistorium, im zweiten mit fünf Sols, im dritten mit zehn Sols und Gefängnissstrafe gebüsst. Einer Geldstrafe verfällt auch wer einen Andern zum Trinken einladet, ebenso wer um Geld spielt. Ausgelassene Lieder und Tänze ziehen Vorladung vor das Consistorium und dreitägige Einsperrung nach sich. Gegen Zänker, Unruhestifter, Raufbolde, Wucherer werden Consistorium oder Rath je „nach Erforderniss des Falles" verfahren.

Streng verboten sind endlich alle geschlechtlichen Ausschweifungen. Eine Gefängnissstrafe von sechs Tagen „bei Wasser und Brod" nebst einer Geldstrafe von „sechzig Sols für die Bank" trifft die Schuldigen, wenn sie ledig sind. Sind sie verheirathet, so tritt eine bedeutende Verschärfung dieser Strafe ein, „weil das Verbrechen viel grösser ist." Verlobte, welche sich eines sündhaften Umgangs schuldig machen, werden in dem Erlass den Ledigen gleichgestellt.

Die fortwährende Beaufsichtigung und Ueberwachung der Gemeinde, welche zur Durchführung dieser Verordnungen erforderlich war, lag vornehmlich den wiederholt genannten „Aufsehern" ob, welchen der Erlass am Schluss noch einige Worte widmet. Die Aufseher nahmen auf dem Lande eine ähnliche, wenn auch etwas mehr untergeordnete Stellung ein, wie die Aeltesten in der Stadt. Es mussten unbescholtene, gottesfürchtige Männer sein, welche aus den „einsichtsvollsten und besten" Mitgliedern der Gemeinde unter Aufsicht und nach einer frommen Ermahnung des Burgvogts ausgewählt, dann von dem Consistorium in ihrer Pflicht unterwiesen und von dem Rath vereidigt wurden. Wie die Laienältesten dem Stadtclerus, standen sie dem Landpfarrer zur Seite; sie hatten ihn zu unterstützen und in Gemeinschaft mit ihm über ihre Wahrnehmungen dem Burgvogt zu berichten, durch welchen hierauf die Verweisung der Schuldigen vor die städtischen Censoren erfolgte. Die entscheidende, Alles beherrschende und mit ihrem Geiste durchdringende Behörde war auch für die Landgemeinden das Consistorium.

In solcher Weise umschlang jetzt ein und dasselbe Band das gesammte Genfer Gebiet. Stadt und Land, der Bürger und der Bauer sahen sich unter das gleiche Gesetz einer eisernen Zucht gestellt und zu widerspruchslosem Gehorsam verurtheilt. Erregung von Unzufriedenheit, Auflehnung gegen die eingeführte Ordnung wurde als das schwerste Verbrechen angesehen und mit den strengsten Strafen bedroht.¹) Nichts durfte gesprochen, geschrieben, gedruckt werden, was das herrschende System und seine Träger angriff oder einem Angriff nur ähnlich sah.²)

V.
GOTTESDIENST UND CULTUS. KIRCHLICHE ANSTALTEN.

So sehr traten in der reformatorischen Wirksamkeit Calvins seine Bemühungen um die Durchführung der kirchlichen Disciplin und die Reformation des äusseren Lebens in den Vordergrund, dass daneben die Umgestaltung, welche gleichzeitig Gottesdienst und Cultus erfuhren, kaum bemerkt wurde. Und doch war die Thätigkeit, die er nach dieser Seite hin entwickelt hat, in ihren Folgen noch wichtiger als die disciplinarische: während diese für uns nach dreihundert Jahren fast nur noch eine culturhistorische Bedeutung hat, bilden die damals in Genf entworfenen und eingeführten gottesdienstlichen Formen noch heute in zahlreichen Kirchen die Grundlage und Norm der religiösen Andachtsübungen.

Wie überall strebte Calvin auch bei der Einrichtung des Gottesdienstes nach dem schärfsten Gegensatz gegen Rom und den Katholicismus. Bildet in der katholischen Kirche die Messe, das in ihr durch den Priester stets erneuerte unblutige Opfer und die Anbetung des in verhüllter Gestalt auf dem Altar anwesenden Gottmenschen den wahren und eigentlichen Mittelpunkt des Cultus, so ist Calvin die Vermeidung und Verabscheuung der Messe gewissermassen die erste und unerlässlichste Vorbedingung einer wahren Gottesverehrung. Kein Ausdruck ist ihm zu schroff, keine Wendung zu verletzend, um seinen Abscheu vor diesem „fluchwürdigen Sacrilegium," dieser „grossen Ruchlosigkeit," diesem Inbegriff alles Verabscheuungswürdigen und mehr als heidnischen

---

¹) „Sil y a aulcun qui face sedition ou assemblée pour faire soubtenir querelles il sera puny des peines plus rigoureuses selon quil meritera."
²) Schon vor Calvin wurde in Genf die Censur gehandhabt, aber ein Blick auf die Rathsprotocolle zeigt sofort, wie auch hier seit dem Jahre 1542 eine bedeutende Verschärfung eintrat. So wurden einmal bei einem Buchdrucker alle gedruckten Bücher confiscirt (Rathsprot. 26. Juni 1543); über den beantragten Druck eines medicinischen Buches sollen Prediger, Aerzte Chirurgen gehört werden (Rathsprot. 7. Juli 1543) u. s. w.

Götzendienst auszudrücken.[1]) Nicht oft mag ein religiöser Cultusact von einem Andersgläubigen mit so glühender Leidenschaft gehasst und verurtheilt worden sein, wie die Messe von Calvin.

Anstatt Opfer und Anbetung führt er nach dem Vorgang der deutschen Reformatoren auch in seiner Kirche als Mittelpunkt des Cultus die Erklärung der Bibel, die Predigt ein. Aber weiter als Luther geht Calvin auch hier. Vollständiger als in Wittenberg wird in Genf der Altar durch die Kanzel verdrängt: den Hauptbestandtheil einer jeden gottesdienstlichen Handlung soll der belehrende Vortrag des Geistlichen bilden. Eigentlich ist der gesammte Gottesdienst nur Predigt. In den Ordonnanzen werden beide Ausdrücke geradezu als gleichbedeutend gebraucht.[2]) Der calvinische Geistliche heisst und ist der Diener oder Verkündiger des göttlichen Wortes in einem viel höhern Grade als der lutherische. Seine Person nimmt durch die hohe Bedeutung, welche die von ihm gesprochene Predigt erhält, in der kirchlichen Gemeinde eine hervorragendere Stellung ein, als selbst der Geistliche in der katholischen Kirche. Ohne ihn gibt es keinen Gottesdienst. Nur in seiner Gegenwart und unter seiner Aufsicht darf die Gemeinde im Gotteshause zusammentreten: dieses bleibt geschlossen, bis der Diener des Wortes erscheint.

Wie aber die katholische Kirche zu allen Zeiten mit der Feier des Opfers, mit der gläubigen Anbetung des auf den Altar wunderbar herabsteigenden Welterlösers die Belehrung der Gläubigen verbunden hat, so fühlte Calvin umgekehrt das Bedürfniss, mit der belehrenden Predigt das öffentliche Gebet zu verbinden. Schon in den ersten Monaten seiner neuen Wirksamkeit entwarf er eine Art Liturgie, eine Sammlung kirchlicher Gebete sowohl für den gewöhnlichen sonntäglichen Gottesdienst, als die besonderen kirchlichen Cultushandlungen, welche er noch bestehen liess.[3]) Zum Theil wurden diese Ge-

---

[1]) Vgl. insbesondere das Schreiben an Renata, Lettres franç. I, p. 43. De fugiendis impiorum illicitis sacris, Opp. ed. B. T. V, p. 239 ff., Instit. rel. christ. l. IV, c. 18, s. 1 ff.

[2]) Sogar die Kirche, ja die Versammlung der Gläubigen selbst sind wohl als „Prêche" bezeichnet worden. Dass dies dann von den Katholiken auch aus Ironie geschehen, mag dem Ungenannten im Bulletin XI, 246 zugestanden werden.

[3]) La Forme des prières et chants ecclésiastiques avec la manière d'administrer les Sacramens et consacrer le mariage, selon la coustume de l'Eglise ancienne. 1542. 8º. Abgedr. Opp. Calv. ed. B. VI, 161 ff. Latein. Uebers. in der Amsterd. Ausg. VIII, p. 32 ff.

betsformeln — natürlich in der Volkssprache — erst damals von ihm
„nach der Bibel" entworfen, zum Theil waren es solche, die bereits
in Strassburg zusammengestellt oder vor ihm schon von Farel gebraucht worden waren und diesen vielleicht zum Verfasser hatten.[1])
Die kleine Sammlung sollte, wie die Vorrede ankündigt, ein liturgischer
Leitfaden sein nicht blos für die Genfer Gemeinde, sondern für alle
wahren Gläubigen, die ihren Gottesdienst und ihre geistlichen Zusammenkünfte „nach der Gewohnheit der alten Kirche" einzurichten
wünschten. Die Gebete sind einfach und ernst, von dem Geiste tiefer
Religiösität angehaucht und nicht ohne ergreifende Stellen. Diejenigen,
welche für den gewöhnlichen sonntäglichen Gottesdienst bestimmt sind,
haben natürlich ihren Mittelpunkt in der Predigt und bilden gewissermassen nur den liturgischen Rahmen für diese. Unstreitig das Schönste
und Ergreifendste, was sie enthalten, ist das allgemeine Sündenbekenntniss, welches den Eingang bildet, und gerade dieses ist, bewusst oder
unbewusst, aus der Nachahmung des Eingangs der so geschmähten
und verlästerten Messe hervorgegangen.[2])

Einen dritten Bestandtheil des calvinischen Gottesdienstes bildete
der Psalmengesang. Man erinnert sich, dass Calvin schon während
seines ersten Aufenthaltes in Genf das Singen von Psalmen in der
Kirche auf das dringendste empfohlen hatte. Auch in der christlichen
Institution preist er den gemeinschaftlichen Kirchengesang und insbesondere den Psalmengesang als ein wirksames und altapostolisches Erbauungsmittel.[3]) Bereits in Strassburg hatte er deshalb denselben in
seiner Gemeinde eingeführt und sich sogar selbst in einer Uebertragung
der biblischen Hymnen versucht: noch sind uns mehrere seiner damaligen
Uebersetzungen erhalten.[4]) Nach Genf zurückgekehrt, liess er auch
hier die Einführung des Psalmengesangs eine seiner ersten Sorgen sein,

---

[1]) „*Il recueillit aussi ... la forme des prières ecclésiastiques,*" sagt deshalb *Colladon* l. c. p. 57. Vgl. Opp. Calv. ed. B. VI, Proleg. p. 18.

[2]) Geradezu „aus der Messe entlehnt" nennt es *Henry* l. c. II, 156.

[3]) Vgl. Inst. rel. christ. l. III, c. 20, s. 31 und 32. Noch ausführlicher entwickelt er seine Ansichten darüber in der Vorrede zu der zweiten Ausgabe der „Prières et chantz, Opp. ed. B. VI, 165 ff.

[4]) Erst jüngst ist diese Thatsache vollständig klar gestellt worden. Die neuesten Herausgeber der Oppera Calvini haben den glücklichen Versuch gemacht, die calvinischen Uebersetzungen, die bisher meistens Marot oder Beza zugeschrieben wurden, auszuscheiden; sie haben dieselben l. c. VI, 211—224 zusammengestellt. Vgl. dazu die Prolegomena p. 18.

Die kirchlichen Ordonnanzen setzten denn auch seine Aufnahme in den Gottesdienst „vor und nach der Predigt" sofort fest, „um die Gemeinde zum Lobe und Gebete zu Gott mehr anzuregen."[1] Die 1542 veröffentlichte Liturgie enthält neben den erwähnten Gebetsformeln fünfunddreissig Psalmen, ausserdem den Lobgesang Simeons, das Gebet des Herrn, das apostolische Glaubensbekenntniss und den Dekalog in französischen Versen nebst beigefügten musikalischen Noten. Der Text war zum grössten Theil der vor Kurzem erschienenen Psalmenbearbeitung des französischen Dichters Marot entnommen, welcher der Herausgeber einige von seinen eigenen Uebersetzungen beigefügt hatte. Nach den kirchlichen Ordonnanzen sollten zunächst die Kinder in dem neuem Gesang unterrichtet werden: „mit der Zeit wird dann," heisst es weiter, „die ganze Gemeinde nachfolgen können." So grosses Gewicht legte Calvin auf das Absingen der Psalmen, dass der Rath auf seinen wiederholten Antrag dafür um hohes Gehalt einen besondern Lehrer anstellen musste,[2] und dass sogar für Marot, den gewandten Uebersetzer seiner Lieblingspoesien, eine öffentliche Belohnung und Unterstützung aus Staatsmitteln von ihm beantragt wurde.[3] Psalmensänger wurde bald einer der gewöhnlichsten Namen, mit denen das katholische Frankreich die Anhänger des Genfer Reformators bezeichnete.

Predigt, Gebet und Psalmengesang, dazu am Schlusse ein kurzer Segensspruch,[4] bilden in einfachem Wechsel den gewöhnlichen calvinischen Gottesdienst. Mit Würde und äusserm Anstand soll der gottesdienstliche Act vor sich gehen, indem sowohl der Geistliche als die Gemeinde jene ehrfürchtige Haltung beobachten, welche die Erhabenheit der Handlung und des Ortes erfordern. Insofern es hiezu gewisser äusserer Formen bedarf, sind auch Ceremonien zulässig. Was aber darüber hinausgeht, ist vom Bösen. Calvin vergleicht die Ceremonien wohl mit dem Vorhange, der im Tempel der Juden das Allerheiligste verhüllte; wie dieser durch den Tod des Herrn zerrissen wurde, so soll auch in der christlichen Kirche das Ceremonienwesen die Klarheit des Evangeliums nicht mehr verdunkeln und vielmehr auf das allergeringste Mass beschränkt werden. Verbannt ist aus dem Gottesdienste Calvins insbesondere Alles, was an die Messe erinnert.

---

[1] „Pour mieux inciter le peuple à louer et prier Dieu." Ord. eccl.
[2] Vgl. Rathsprot. 6. 16. Juni 1542, 16. April, 7. Mai 1543. Der Lehrer erhielt 100 Florin.
[3] Rathsprot. 13. Oct. 1543.
[4] La Forme des prières et chantz l. c. VI, 180.

„jenen theatralischen Apparat, wo man Nichts sieht, als die Larve einer unnützen Pracht und eines unfruchtbaren Luxus."[1]) Aber auch gegen andere papistische Ceremonien soll die wahre Kirche auf ihrer Hut sein. Sind auch manche scheinbar unschädlich, so liegt die Gefahr des Missbrauchs doch zu nahe, als dass sie geduldet werden dürften. „Je weniger Ceremonien desto besser," war Calvins Grundsatz[2]), und streng wurde diesem gemäss in Genf verfahren.

Je einfacher sich aber der neue Gottesdienst gestaltet, um so häufiger wird er wiederholt. Wohl nur selten ist eine Kirchenordnung erlassen worden, die eine solche Fülle von „Predigten" vorschreibt, wie die von Genf. Während des Sonntags wird die Kanzel von dem Diener des göttlichen Wortes fast nicht verlassen. Mit Tagesanbruch beginnt in St. Peter und St. Gervais eine Frühpredigt, der um 9 Uhr in allen drei Kirchen die Hauptpredigt folgt. Um 12 Uhr wird in sämmtlichen Pfarrkirchen eine Unterrichts- und Erbauungsstunde für die Jugend, die Katechese, gehalten. Ein vierter Gottesdienst, abermals Predigt mit Liturgie, findet Nachmittags 3 Uhr, wiederum in allen Kirchen, statt, so dass den ganzen Tag über die Gotteshäuser von dem Worte Gottes wiederhallen. Und nicht blos am Sonntag, auch an den Wochentagen hat die Gemeinde sich in dem Tempel des Herrn einzufinden. Abgesehen von den Vorbereitungen für die allgemeine Abendmahlsfeier, die gewöhnlich am Dienstag stattfanden, und dem regelmässigen Bittgottesdienst, der auf die Mittwoch angesetzt war,[3]) schreibt die Kirche noch eine Menge von Predigten für die verschiedenen Wochentage vor, so dass kein Tag ohne öffentlichen Gottesdienst blieb und man bei den so gesteigerten Berufsarbeiten der Geistlichen Calvins Eifer für die Vermehrung der „ehrwürdigen Genossenschaft" begreiflich findet. Nicht häufig und nicht eindringlich genug, glaubte er, könne den Gläubigen das Wort Gottes an heiliger Stätte verkündet werden.[4])

---

[1]) Inst. rel. christ. l. IV, c. 10, s. 29, vgl. s. 14 und 28.
[2]) Vgl. Lettres franç. II, 362, Epp. et resp. 221 a—b.
[3]) Vgl. La Forme des prières et chants l. c. VI. 180. Die Predigt fehlte natürlich auch hier nicht.
[4]) Der handschriftliche Text, der indess an dieser Stelle etwas verwirrt scheint, spricht von fünf Predigten an den Wochentagen; die Ausgabe von 1561 schreibt für jeden Wochentag in allen drei Kirchen eine Predigt vor und ausserdem noch drei besondere Morgenpredigten in St. Peter (Montag, Mittwoch, Freitag) und eine (Mittwoch) in St. Gervais. Indess will es mir fast scheinen, als sei die letzte Anordnung nur eine Wiederholung der ähnlich

Vielleicht das meiste Gewicht legte er auf den Mittagsgottesdienst, die Unterrichts- und Erbauungsstunde für die Jugend. Das belehrende Princip, welches dem gesammten Cultus zu Grunde lag, gelangte vornehmlich in ihm zur Geltung. An die Stelle der Predigt trat hier die Katechese. Calvin hatte, da ihm der erste Katechismus nicht mehr genügte, unmittelbar nach seiner Rückkehr von Strassburg, mitten unter den übrigen Arbeiten und Anstrengungen, einen neuen entworfen, der sofort gedruckt[1]) und als vorgeschriebener Leitfaden bei dem Unterrichte benutzt wurde. Dieser zweite „Katechismus der Genfer Kirche," welcher unter allen Schriften Calvins vielleicht die grösste Verbreitung gefunden hat — in fast alle europäischen Sprachen, selbst ins Griechische und Hebräische ist er übersetzt worden — ist von dem frühern, den er verdrängte, sehr verschieden und zeigt einen unverkennbaren Fortschritt.[2]) Schon die äussere Form, die Behandlung des Gegenstandes in Fragen und Antworten, gibt ihm ein volksthümlicheres, seiner Bestimmung mehr entsprechendes Aussehen. Auch der Ideengang ist ein anderer geworden und mehr dem jugendlichen Gemüthe angepasst: es ist nicht mehr ein blosser Auszug aus der christlichen Institution. Indess den Verfasser des grossen Werkes erkennen wir auch in diesem neuen Leitfaden noch wieder. Es fehlt auch ihm das kindlich Naive und Gemüthvolle, welches wir in den verwandten Leistungen des Reformationszeitalters finden. Die Behandlung des Stoffes ist zu theologisch, zu gelehrt, zu abstract. Die Antworten, welche das „Kind" gibt, verrathen eine

lautenden in dem ursprünglichen Text, die durch die Festsetzung einer täglichen Predigt überflüssig wurde und nur durch ein Versehen stehen blieb. Nachlässigkeiten kommen in der Ausgabe von 1561 mehrfach vor. Die übersichtliche Tabelle bei *Gaberel* III, 490 weist für jeden Tag der Woche zwei bis drei Predigten nach mit Ausnahme des Montags, obschon die erste wie die zweite Redaction der Kirchenordnung auch für diesen Tag Predigten anordnen. Erst die neue Redaction von 1576 (vgl. §. 37) liess diese genauen Bestimmungen über Zeit, Ort und Zahl der Predigten fallen.

[1]) „*En l'escripvant*," sagt er selbst, „*on venoit querir les morceaux de papier large comme la main, et les portoit-on à l'imprimerie.*" Lettres franç. II, 578. Vgl. Epp. et resp. p. 263 a.

[2]) Le Catéchisme de l'église de Genève, c'est à dire le formulaire d'instruire les enfans en la chrestienté: faict en manière de dialogue ou le ministre interrogue et l'enfant respond par J. Calvin (1542). Französisch und lateinisch in den Opp. ed. B. VI, 1 ff., lateinisch in der Amsterd. Ausg. VIII, 11 ff. Vgl. *Hess* p. 10, *Colladon* p. 49 ff. Beigefügt sind dem Katechismus Morgen-, Abend-, Tisch- und Schulgebete.

über das Kindliche hinausgehende Verstandesreife und theologische Bildung; sie erinnern zu sehr an den zergliedernden Verstand, die Strenge und Zucht des Meisters. Es ist bezeichnend, wenn in der letzten Antwort dem „Kinde" eine gründliche Apologie des Consistorialgerichts in den Mund gelegt wird! Nichts desto weniger hat der neue Katechismus einen vollständigen Erfolg gehabt. Er gab eben in seinen Mängeln wie in seinen Vorzügen den Geist des herrschenden Systems treu wieder und hat wesentlich dazu beigetragen, es noch mehr zu befestigen. Die sonntägliche Katechese erlangte in Genf eine Bedeutung wie in keiner andern Kirche. Ausser der Jugend besuchten sie auch viele Erwachsene, von denen manche durch das Consistorium dazu verpflichtet wurden. Sie war die eigentliche Schule ächt calvinischer Gesinnung und Denkweise. In sie wurde der Fremde, welcher sich in Genf niederlassen wollte, alsbald geführt, um sich den Geist seiner neuen Heimath anzueignen.[1]) Die Aeltesten in der Stadt, die Aufseher auf dem Lande, hatten mit grösster Sorgfalt darüber zu wachen, dass kein Verpflichteter sich dem „Katechismus" entziehe. Rüge, Geldstrafen, Vorladung vor das Consistorium, ja selbst vor den Rath trafen die Eltern, welche ihre Kinder nicht regelmässig und pünktlich in den sonntäglichen Unterricht schickten. Calvin, überall strenge, war es vielleicht nirgendwo mehr als in diesem Punkte. „Denn ohne Katechismus," schreibt er einmal einem hochgestellten Freunde, „kann die Kirche Gottes sich nicht halten, er gleicht dem Samen, der verhindert, dass die Saat untergehe."[2]) Die Verpflichtung zum Besuche dauerte für den Einzelnen so lange, bis er sich den Inhalt des Katechismus vollständig angeeignet hatte, „so dass er denselben entbehren kann." „Feierlich soll er dann," bestimmt die Kirchenordnung, „den Hauptinhalt desselben hersagen, und er soll dies thun als wie ein feierliches Bekenntniss seines Christenthums in Gegenwart der Gemeinde."[3]) Ungefähr alle drei Monate fand eine solche öffentliche

---

[1]) Consistorialprot. 4. Mai 1542.
[2]) Calvin an Sommerset 22. Oct. 1548, Lettres franç. I, 272.
[3]) „Qu'il recite solennellement la somme de ce qui y sera contenu: et ainsi qu'il face comme une profession de sa chrestienté en presence de l'Eglise." Das „sera" erklärt sich daraus, dass der Katechismus bei Erlass der Ord. noch nicht fertig war. In der Ausgabe von 1561 ist es stehen geblieben! Besondere Formulare für die öffentliche Schlussprüfung s. Opp. Calv. ed. B. VI, 147. Vgl. Bucers Vorschläge zu Regensburg bei *Hergang* l. c. 426. Actes de Ratisp. l. c. 606.

Prüfung und feierliche Ablegung des Glaubensbekenntnisses vor der versammelten Gemeinde statt. Diejenigen, welche bestanden, empfingen damit gleichsam das geistliche Bürgerrecht und wurden zugelassen zu der Theilnahme an der allgemeinen Abendmahlsfeier.

Die gemeinsame Feier des Abendmahls nahm unter den besonderen Cultushandlungen, welche Calvin bestehen liess, die vornehmste Stelle ein. Viermal im Jahre, am Sonntag vor oder nach Weihnachten, um Ostern, um Pfingsten und am ersten Sonntag im September wurde sie gehalten. Calvin hätte gern eine monatliche Communion eingeführt, wie er dies schon früher versucht, allein der Widerspruch, auf den sein Vorschlag auch dieses Mal stiess, bestimmte ihn, denselben „einstweilen" fallen zu lassen mit Rücksicht auf „die Schwäche des Volkes."[1] Acht Tage vor der Feier wurde dieselbe von den Kanzeln herab angekündigt, und ein besonderer Gottesdienst bereitete die Gläubigen auf den würdigen Empfang des Sakraments vor. Reue über die begangenen Sünden, der feste, laut vor dem Prediger erklärte Vorsatz, ein wahrhaft evangelisches Leben zu führen, Erweckung und öffentliches Bekenntniss des Glaubens waren für den Empfang unerlässliche Bedingungen.[2] In Strassburg hatte Calvin die einzelnen Gläubigen vor der Communion eine Art Privatbeichte ablegen lassen, als Ersatz für das katholische Beichtinstitut, dessen Nutzen er sich nicht verhehlen konnte,[3] und es war ursprünglich seine Absicht, diese Einrichtung auch in Genf einzuführen; er stand aber davon ab, um sich nicht dem Verdachte des Papismus auszusetzen, „allzu leicht."

[1] Vgl. Ad quaestionem de quibusdam ecclesiae ritibus, Epp. et resp. p. 206 b. Die Ordonnanzen selbst lassen Calvins eigentliche Absicht noch deutlich durchblicken.

[2] Vgl. darüber insbesondere die Ordonnanzen für die Landgemeinden.

[3] Seine Ansicht darüber entwickelt er in dem merkwürdigen Schreiben an Farel aus dem Mai 1540 (Genf. Bibl. Cod. 111 f. 33) in folgenden Worten: „Saepe id tibi testatus sum, non videri mihi utile esse ecclesiis abrogari confessionem, nisi id quod nuper restitui, in ejus locum subrogetur. Quo rationem meam tibi melius exponam, prius obiter demonstrandum est, quale illud sit. Cum instat dies Coenae, edico ut qui communicare cupiant, prius se mihi repraesentent; simul adjungo, in quem finem, ut qui rudes sunt adhuc et religionis imperiti melius formentur; deinde qui opus habent speciali monitione, eam audiant; postremo ut si qui aliqua conscientiae inquietudine torqueantur, consolationem accipiant. Quoniam autem periculum est, ne plebs, quae non satis discernit inter Christi jugum et antichristi tyrannidem, se in novam servitutem redigi putet, huic dubitationi etiam occurro. Confessionem papisticam non tantum mihi improbari testor, sed rationes palam ostendo, cur displiceat!"

wie er später einmal einem Freunde klagte.[1]) Die Austheilung des Abendmahls selbst geschah in einfach ernster Weise im Anschluss an den gewöhnlichen Sonntagsgottesdienst, unter Gebet, Psalmengesang und Vorlesung der h. Schrift.[2]) Die Prediger reichten das Brod, bei Darreichung des Kelches leisteten ihnen Diakonen und weltliche Mitglieder des Consistoriums Hülfe. Die Aeltesten überwachten die ganze heilige Handlung, damit keine Unordnung stattfinde, die gebührende Ehrfurcht von Keinem verletzt werde und kein notorisch Unwürdiger sich dem Tische des Herrn nähere. Unwissende, und öffentliche Sünder blieben so lange ausgeschlossen, bis sie sich die nöthigen Kenntnisse erworben oder ihren Wandel gebessert hatten. Bei der Zulassung von Fremden wurde mit besonderer Vorsicht verfahren.

Denselben einfach ernsten Charakter, verbunden mit dem Geiste strenger Ordnung, zeigt die zweite sakramentalische Handlung der calvinischen Kirche, die Taufe. Nur der Geistliche darf sie vollziehen: die von Laien, insbesondere von Weibern unter irgend einem Vorwande vorgenommene Taufe ist ungültig, und diejenigen, welche widerrechtlich sich das Amt des Geistlichen angemasst haben, verfallen bürgerlichen Strafen.[3]) Ebenso sind Taufen in Privatwohnungen, als der Ordnung der Kirche und der Würde des Sakraments widerstreitend, nicht zu gestatten. Ihr Ort ist das Gotteshaus, wo sie vor versammelter Gemeinde nach der Katechese oder Predigt vorgenommen werden. Der Geistliche richtet an die Anwesenden, unter denen sich vor Allen der Vater des Kindes befinden muss, fromme Ermahnungen, weist auf die Wichtigkeit des vorzunehmenden Actes hin, spricht die vorgeschriebenen Gebete, nimmt die Taufpathen in Pflicht und vollzieht die heilige Handlung in einfachster Weise. Zu Taufpathen dürfen weder Minderjährige, noch Excommunicirte genommen werden, am wenigsten aber Andersgläubige, da solche „unfähig sind, der Kirche das Versprechen zu geben, die Kinder in der rechten

---

[1]) Vgl. Ad quaestionem de quibusdam eccles. ritibus, Epp. et resp. p. 206 b.
[2]) Die Liturgie s. Opp. ed. B. VI, 193 ff.
[3]) „Si les saiges femmes usurpent l'office de baptizer quelles en soient reprinses ou chastiees selon quon trouvera le delict et que cela soit tenu pour nul tres que la commission ne leur en est poinct donnee, sur peine destre mises troys jours en pain et eau et de trois sols damende et tous ceulx qui y consentiront et ne le reveleront seront à la mesme peine." Ord. für die Landgemeinden. Vgl. Epp. et resp. 265 a.

Weise zu unterrichten."[1]) Kinder von papistischen Eltern sollen nach Calvins Ansicht nur dann getauft werden, wenn für die evangelische Erziehung derselben eine sichere Bürgschaft gegeben ist.[2])

In ähnlicher Weise erfolgte die Einsegnung der Ehe, die, wenn auch ihres sakramentalen, doch keineswegs des kirchlichen Charakters entkleidet wurde. Sie fand nach vorausgegangenem dreimaligem Aufgebot vor versammelten Gläubigen in der Kirche statt, und zwar, wie die Kirchenordnung mit besonderm Nachdruck hervorhebt, „vor der Predigt." Die Wahl des Tages stand den Brautleuten frei: nur der Tag der allgemeinen Abendmahlsfeier durfte nicht durch eine Hochzeit gestört werden. Calvin verwarf die katholische Ansicht von der Unauflösbarkeit der Ehe: die Kirchenordnung hat später mehrere Scheidungsgründe aufgenommen: aber er betrachtete das eheliche Band doch als ein heiliges und gestand nur in dringenden Fällen eine Lösung zu.[3]) Dass Ehen mit Andersgläubigen, insbesondere mit Katholiken, unbedingt verboten waren, verstand sich von selbst und brauchte in einer Gemeinde, die keine abweichende kirchliche Ansicht in ihrer Mitte duldete, nicht ausdrücklich erklärt zu werden. Eine „Entweihung des Hauses" und in jeder Hinsicht unentschuldbar nennt es Calvin, wenn Jemand ein Weib heirathe, welches mit dem gottlosen Aberglauben des Papstthums behaftet sei.[4])

Andere Cultushandlungen als die genannten kennt die calvinische Liturgie nicht. Ueber den Krankenbesuch enthält das Ritualbuch nur einige kurze Andeutungen. Der Geistliche soll den Erkrankten ermahnen und trösten; das Abendmahl aber durfte ihm nicht gereicht werden, weil dies die Ordnung der Kirche gestört haben würde. Von Bestattung der Todten und Leichenfeierlichkeiten ist gar nicht die Rede. Ohne Sang und Klang, ohne geistliche Begleitung und kirchliche Ceremonien wurden die Todten von den angestellten Trägern auf den öffentlichen Friedhof hinausgetragen. Die Ordonnanzen be-

---

[1]) Vgl. Ordonnanzen für Stadt und Land in dem betreffenden Abschnitte: beide ergänzen sich mehrfach. Das Verbot der papistischen Taufnamen wird auch in der Verordnung für das Land eingeschärft. Die Liturgie s. Opp. ed. B. VI, 185 ff. — Vgl. Lettres franç. I, 445 ff., Epp. et resp. 201 a—b.

[2]) Vgl. Epp. et resp. 79b—80a, 202a.

[3]) Ord. eccles. Mscr. p. 10; die Liturgie s. Opp. ed. B. VI, 203 ff.

[4]) Vgl. a. B. sein Gutachten Epp. et resp. 216b—217a.

[5]) Calvin an Socin, Epp. et resp. 51b. Solche Grundsätze stellte er auch für die Diaspora auf.

gnügen sich damit, anzuordnen, dass die Beerdigung „nicht früher als 12 und nicht später als 24 Stunden nach dem Tode" stattfinden solle, und den Leichenträgern einen Eid vorzuschreiben, wodurch sie insbesondere verpflichtet wurden, „alle dem Worte Gottes widerstreitenden abergläubischen Gebräuche zu verhindern."[1])

So verstand der Genfer Reformator auf dem Gebiete des Cultus die Wiederherstellung der apostolischen Kirche in ihrer ursprünglichen Reinheit! Wahrlich, gründlich genug, gründlicher als in Wittenberg, wurde in Genf mit den „Menschensatzungen und Erfindungen des Papstthums" aufgeräumt. Einfacher und nüchterner konnte ein kirchlicher Cultus kaum gedacht, schärfer der Gegensatz gegen den Katholicismus kaum durchgeführt werden. An die Stelle des altkirchlichen Festcyclus, der in jährlichem Wechsel die sämmtlichen Gläubigen die Ereignisse der heiligen Geschichte in Freud und Schmerz mitbegehen liess, trat die stets sich gleich bleibende, einfache, ernste, ja fast düstere Sonntagsfeier; ausser dem Sonntag gab es kein kirchliches Fest: die so viel genannten Berner Feiertage gingen, obgleich Calvin nicht sofort auf ihrer vollständigen Beseitigung bestand, doch schon bald wieder ein, und selbst das Weihnachtsfest vermochte sich dem Puritanismus des herrschenden Systems gegenüber auf die Dauer nicht zu halten. An die Stelle der reichen, Geist und Sinne ergreifenden Cultusformen der katholischen Kirche trat ein Gottesdienst, der durch Kargheit und Einfachheit, durch Verbannung aller Ceremonien, durch grundsätzliche Ausschliessung alles dessen, was Gemüth und Phantasie ansprach, die Herrschaft eines nüchternen Verstandesprincips ankündigte. Der alten Verbündeten der Religion, der Kunst, wurde offen der Krieg erklärt. Ihre Mitwirkung in der Kirche würde als eine Entweihung der heiligen Handlungen angesehen worden sein. Kirchenmusik war verboten: nur mit dem lebendigen Worte sollte Gott gepriesen, verherrlicht, angebetet werden.[2]) Wenn der Herr im Alten Testamente den Juden das Spielen mit Cither und Cymbel im Tempel nachsah, ja sogar vorschrieb, so hatte dies nach Calvins Ansicht seinen Grund in der Unreife des jüdischen Volkes, welches durch solche „kindische" Mittel im Zaume gehalten werden musste: auf den christlichen Gottesdienst findet es keine Anwendung mehr.[3]) Auch der von

---

[1]) Ord. eccles. Mscr. p. 10, 11.
[2]) Vgl. Comm. in Psalm. (Opp. ed. A. III) p. 265 b.
[3]) Comm. in Psalm. l. c. p. 347 b; ganz ähnlich p. 121 a. Als der

ihm eingeführte Psalmengesang war an die Bedingung geknüpft, dass er einfach und natürlich, nur ein feierlich ernstes Sprechen sei, und alles Künstliche dabei vermieden werde. „Mit Sorgfalt," heisst es in der Institution, „ist darauf zu achten, dass das Ohr sich nicht mehr auf die Melodie richte, als der Geist auf den Sinn der Worte. — Gesänge, die lediglich darauf berechnet sind, einen gefälligen Eindruck zu machen und das Ohr zu ergötzen, passen nicht zu der Majestät der Kirche und können nicht anders als Gott missfallen."[1]) Noch feindseliger stellte sich der neue Cultus den bildenden Künsten entgegen. Calvin stand seinen Vorarbeitern Farel und Viret an Hass und Abneigung gegen die Bilderverehrung in keiner Weise nach und, weit entfernt, wie Luther in Wittenberg dem ikonoklastischen Treiben Halt zu gebieten, hat er es vielmehr fortsetzen und die letzten Reste des kirchlichen Bildercultus beseitigen lassen. Jede bildliche Darstellung, möge sie Gott selbst oder Personen und Ereignisse aus der heilgen Geschichte zum Gegenstande haben, ist ihm eine Verdunkelung und Gefährdung der wahren Gotteserkenntniss und deshalb verdammlich. „Einen schauerlichen Unsinn, der bisher fast alle Frömmigkeit auf dem Erdkreise vernichtet habe," eine Entweihung des Gotteshauses nennt er die Aufstellung von Bildern in den Kirchen. Die fünf ersten christlichen Jahrhunderte, „als die Religion noch blühte und die reine Wahrheit noch in Ansehen stand," haben nach seiner Meinung diese Unsitte noch nicht gekannt: er will auch hier zu dem Vorbild der „Urkirche" zurückkehren.[2]) Einfach und schmucklos wie den Gottesdienst verlangt er auch das Gotteshaus, ohne Bilder und Statuen, ohne prunkvolle Verzierungen; die Kanzel und einige schlichte Abendmahlstische, „welche in der Nähe der Kanzel sein sollen, damit der Prediger nahe bei den Tischen bequemer und besser sprechen kann,"[3]) bilden die ganze innere Ausstattung des calvinischen „Tempels."

In dieser seiner nüchternen Einfachheit und vollständigen Hintansetzung der sinnlichen Seite des Menschen stellt sich uns der cal-

---

Rath 1544 die schöne Orgel der Rivekirche in St. Peter aufstellen lassen wollte, machten Calvin und Champereau Gegenvorstellungen, und die Orgel wurde verkauft; vgl. Rathsprot. 6. Mai 1544.

[1]) Instit. l. III, c. 20, s. 32.

[2]) Vgl. Instit. l. I, c. 11, s. 1 ff., insbesondere s. 13. Gute Bemerkungen dazu macht J. Geffcken, Ueber die verschiedene Eintheilung des Decalogus, Hamb. 1838, p. 50 ff.

[3]) Ord. eccl. Mscr. p. 9, Ausg. von 1561, p. 23.

vinische Cultus als der getreue liturgische Ausdruck eines Religionssystems dar, dessen Haupt- und Centraldogma die Unterdrückung alles menschlichen Fühlens und Empfindens als erste Forderung an den Gläubigen stellt. Aber auch den strengen Ordnungssinn des Verfassers der christlichen Institution erkennen wir in dem neuen Cultus wieder. Was jedoch denselben vielleicht am meisten charakterisirt, ist jener durch und durch antitraditionelle schroff biblische Zug, der seinen Urheber in dem Buchstaben der Schrift nicht blos für Glaubens- und Sittenlehren, sondern selbst für Liturgie und die gesammte Gestaltung des kirchlichen Lebens die einzig zulässige, völlig ausreichende, von Gott selbst aufgestellte, für alle Zeiten und unter allen Umständen bindende Norm erkennen liess. Nur was sich für ihn aus den biblischen Büchern mit ausdrücklichen Worten als ein Bestandtheil des christlichen Gottesdienstes ergab, sollte in seiner Kirche geduldet werden! Es ist für den calvinischen Puritanismus bezeichnend, wenn in Zürich und Bern wiederholt das Gerücht auftauchte und Glauben fand, in Genf sei der Sonntag abgeschafft oder auf den Freitag oder Samstag verlegt worden.[1]) In der That war es nur eine Inconsequenz, dass der Genfer Reformator an der Sonntagsfeier festhielt.[2])

Im nächsten Zusammenhang mit dem kirchlichen Cultus erscheinen die Armenpflege und die Schule. Neben dem Consistorium bilden sie die beiden wichtigsten kirchlichen Anstalten. Beider Verwaltung liegt durchaus in geistlichen Händen. Von den „vier Ständen" des geistlichen Amtes, welche nach der Kirchenordnung „unser Herr zur Regierung seiner Kirche eingesetzt hat," finden zwei, die Diakonen und die Lehrer, hier ihre Verwendung.

Die Armenpflege war bereits vor der Ankunft Calvins im

---

[1]) Das Gerücht wird mehrmals in Calvins eigenen Briefen (vgl. Epp. et resp. p. 62 a, Lettres franç. II, 33) sowie auch in dem Schreiben Bullingers an Calvin vom 3. April 1551 (Siml. Samml. 74) erwähnt und ist nicht von Bolsec erfunden.

[2]) Wenn *Bretschneider*, Ueber Bildung und Geist Calvins l. c. p. 93, und nach ihm *Weber* l. c. p. 14 die puritanische Richtung Calvins und seine Abneigung gegen alles Ceremonienwesen durch die Lage Genfs erklären, welche wegen der stets drohenden Gefahr katholischer Ansteckung die unbedingte Verdammung aller Aeusserlichkeiten des katholischen Cultus als wirksamstes Gegenmittel habe erscheinen lassen, so muss doch bemerkt werden, dass Calvins Puritanismus während seines Aufenthalts in Strassburg mit gleicher Schärfe hervortritt: er ergibt sich eben mit Nothwendigkeit aus seinem ganzen System.

Wesentlichen so geordnet, wie sie geblieben ist. Schon seit dem Jahre 1535 bestand in dem ehemaligen Clarissenkloster das „grosse Hospital," welches sämmtliche hülfsbedürftige Einwohner der Stadt, Arme und Kranke, arbeitsunfähige Greise, Wittwen und Waisen aufzunehmen bestimmt war.[1]) Es hatte ursprünglich die einzige Anstalt dieser Art sein sollen, doch war sehr bald die Nothwendigkeit erkannt worden, sowohl das „Pesthaus" bestehen zu lassen, als auch für die Aufnahme und Verpflegung von hülfsbedürftigen Fremden besondere Vorkehrungen zu treffen. Gleichwohl blieb das „grosse Hospital" die Centralanstalt, von der die gesammte öffentliche Wohlthätigkeit ausging. Seine Leitung hatte ein Spitalmeister; den Dienst besorgten „Diakonen." Die Ordonnanzen liessen diese Einrichtungen in der Hauptsache bestehen; nur wurde auch hier, wie überall, eine strengere Ordnung und schärfere Controle eingeführt und der geistliche Charakter der Armen- und Krankenpflege mit grösserm Nachdruck zur Geltung gebracht. Man schied in dem Stande der Diakonen streng zwischen Armenpflegern und eigentlichen Krankenpflegern. Beide wurden durch jährliche Wahl, „welche geschehen soll wie die der Aeltesten zum Consistorium," zu ihrem Amte berufen. Die Armenpfleger bildeten für sich ein Collegium; sie hatten die Einkünfte aus dem Armenvermögen in Empfang zu nehmen, Einkäufe zu machen, für die in der Stadt zerstreuten Armen zu sorgen und insbesondere auch das grosse Hospital zu beaufsichtigen. Alle drei Monate musste von ihnen in Gemeinschaft mit den Geistlichen, Aeltesten und einem Syndik eine genaue Visitation desselben vorgenommen werden, „um in Erfahrung zu bringen, ob Alles in guter Ordnung ist." Die Krankenpfleger wohnten in dem Spitale selbst. Ihnen zur Seite stand ein besonderer Spitalarzt, dem später ein Chirurg und ein Apotheker beigegeben wurden. Dass neben der leiblichen Pflege auch der geistlichen eine grosse Aufmerksamkeit zugewandt wurde, versteht sich von selbst. Ein für diesen Zweck besonders angestellter Lehrer hatte sämmtliche Einwohner des Spitals, namentlich die noch Unerwachsenen, „in den Elementen der Wissenschaft und der christlichen Lehre, vornehmlich im Katechismus," zu unterrichten. Auch einen eigenen Geistlichen erhielt die Anstalt bald und neben dem Lehrer noch eine Lehrerin, welche ebenfalls ihr Hauptaugenmerk auf gründlichen Unterricht in der Religion zu richten hatte. Es braucht kaum noch

---

[1]) Vgl. *Froment*, Actes et gestes p. 233.

hinzugefügt zu werden, dass Alle, welche am Hospital angestellt oder beschäftigt waren, auch persönlich einen durchaus tadellosen, streng kirchlichen Wandel führen mussten; „denn," sagen die Verordnungen, „das Haus, welches sie zu verwalten haben, ist Gott geweiht."[1]

In einem noch innigern Verhältniss stand die Schule zu der Kirche. Sie wurde durchaus als ein kirchliches Institut angesehen, das nicht nur von der Kirche geleitet wurde, sondern auch ihren Zwecken diente.[2] Unterrichtsfreiheit kannte das calvinische System nicht: nicht einmal eine Mehrheit von Schulen wurde geduldet. Wie nur Ein „grosses Hospital," so sollte es nur Eine „grosse Schule" geben, welche unter geistlicher Leitung die gesammte Jugend den verschiedenen Bildungsstufen entsprechend in gesonderten Abtheilungen in den guten Wissenschaften und der Furcht Gottes unterrichtete.[3] Der Unterricht wurde wie ein gottesdienstlicher Act feierlich mit Gebet eröffnet und geschlossen. Der Lehrer zählte zu den geistlichen Personen und war derselben Disciplin unterworfen wie die Prediger. Er hatte sich wie diese vor seiner Anstellung einer Prüfung durch die Geistlichkeit zu unterziehen und wurde erst, wenn die ehrwürdige Genossenschaft ihn geeignet befunden, mit dem Zeugnisse derselben dem Rathe zur Bestätigung vorgeschlagen. Er war und hiess „der Gehülfe und das Werkzeug" der Prediger, „um das Wort Gottes zu erhalten."[4] Den vornehmsten Unterrichtsgegenstand bildete der Katechismus, die religiöse Belehrung. Das eben war nach Calvin der erste und hauptsächliche Zweck des gesammten Schulwesens, ein frommes, gläubiges, mit der kirchlichen Wissenschaft ausgerüstetes Geschlecht zu erziehen. Seine höchste und würdigste Aufgabe fand es in der Heranbildung von Geistlichen. So gipfelte die calvinische

---

[1] Ord. eccl. Mscr. p. 8, Ausg. von 1561 p. 20, 21. Die Veränderungen, welche dieser Abschnitt in der spätern Ausgabe erfahren hat, sind unbedeutend: der einzige Zusatz — über die Anstellung des Lehrers — muss in der Hauptsache schon 1545 angenommen worden sein, da bereits in diesem Jahre der „Lehrer" in den Protocollen erwähnt wird. Vgl. auch *Bonnivard*, Anc. et nouv. pol. p. 121.

[2] „*Les escholes aussy*," sagt Bonnivard geradezu, „*sont une partie de l'Eglise et assemblée spirituelle*," Anc. et nouv. pol. p. 120.

[3] Ord. eccl. Mscr. p. 5, Ausg. von 1561 p. 16, 17. Vollständig ist diese Centralisation des Schulwesens übrigens nie zur Durchführung gekommen; vgl. *Iktant*, Notice sur le collège de Rive p. 21. 22.

[4] „*Les aides et instrumens pour conserver la doctrine de Dieu (pour conserver semence à l'advenir)*", Ord. ecclés. Mscr. p. 5. (Ausg. von 1561 p. 16).

Schulordnung in dem Lehramt der Theologie, in der theologischen Akademie, und es steht damit in Uebereinstimmung, wenn schon der erste Entwurf der Ordonnanzen die Errichtung einer höhern theologischen Lehranstalt in Genf als naturgemässen Abschluss der neuen Ordnung ins Auge fasst.[1])

Calvin war, wie die Ordonnanzen zeigen, von der Wichtigkeit des Schul- und Jugendunterrichts für die Sache der Reformation auf das lebhafteste durchdrungen: hauptsächlich auf der Jugend beruhte seine und seiner Freunde Hoffnung für die Zukunft.[2]) Er liess es sich deshalb nach der Annahme der Kirchenordnung mit dem grössten Eifer angelegen sein, auch ihre Bestimmungen über das Schulwesen zur Durchführung zu bringen und dasselbe zu neuer Blüthe zu erheben. Da Genf eine Centralanstalt, wie sie das calvinische System verlangte, in der Riveschule bereits besass, so kam es darauf an, diese seit dem Abgang Sauniers und Cordiers völlig in Verfall gerathene Anstalt mit dem Geiste der neuen Ordnung zu durchdringen und wieder mit tüchtigen Lehrkräften auszustatten. Allein nur zum Theil sind die dafür gemachten Anstrengungen von Erfolg gewesen: nur die Kirchlichkeit, nicht aber die Blüthe der Schule wurde erreicht. Man darf sich darüber nicht wundern. Je entschiedener Calvin die Schule als kirchliches Institut betrachtete, um so mehr hielt er es für geboten, mit ihrer Leitung nur Männer zu betrauen, die unbedingt seinem Systeme huldigten. An solchen aber war in den ersten Jahren noch Mangel, und dieser Umstand machte einstweilen das Emporkommen der Schule unmöglich. Sebastian Castellio, ein tüchtiger Schulmann und gebildeter Humanist, welchen der Rath an die Spitze des Unterrichtswesens zu stellen gedachte, missfiel Calvin wegen seiner humanistischen Geistesrichtung. Calvins Absicht war, seinen alten Lehrer und Gesinnungsgenossen, den mit Saunier ausgewiesenen Mathurin Cordier für die Genfer Schule zu gewinnen. Dieser aber lehnte ab und konnte selbst durch die glänzendsten Anerbietungen nicht bewogen werden, seinen damaligen Wirkungskreis in Neuenburg mit Genf zu vertauschen.[3])

---

[1]) Ord. eccl. Mscr. p. 5, *Richter* l. I, c. 345.

[2]) „*Paucissimos adultos*," schrieb schon am 28. Februar 1538 sein Freund Tossanus an ihn und Farel, „*vere redire ad dominum, ut si quid sit hoc tempore spei in hoc deplorato saeculo reliquum, in pueritia recte instituta aut instituenda situm sit.*" Bibl. des Past. de Neuch.

[3]) Obgleich er schon eine frühere Einladung abgelehnt hatte (Bulletin XV, 415, *Betant* l. c. p. 13), wurde ihm noch wiederholt die Stelle mit dem

Castellio, welchem dann das Rectorat von der Behörde wirklich übertragen wurde, erregte bald durch seine humanistisch-liberalen Ansichten und seine freimüthigen Aeusserungen über das geistliche Treiben bei den Theologen Anstoss und musste nach kurzer Wirksamkeit dem Zorne Calvins weichen.[1]) Längere Zeit blieb seine Stelle gänzlich unbesetzt. Calvin machte zwar verschiedene Vorschläge, betrieb sie aber, wie es scheint, selbst nicht mit dem erforderlichen Eifer, da er immer noch hoffte, seinen Freund Cordier zur Uebernahme der ihm zugedachten Stelle bewegen zu können, eine Hoffnung, die aber auch dann noch nicht in Erfüllung ging, als der Rath denselben im Frühjahr 1545 in aller Form zum Rector erklärte.[2]) Der endlich ernannte Nachfolger, Charles Damont aus Nevers, gab noch vor Ablauf eines halben Jahres seine Stellung wieder auf und verliess die Stadt, in der er sich nicht heimisch gefühlt zu haben scheint. Wiederum verstrich längere Zeit darüber, bis es Calvin und dem Rathe gelang, einen Schulmann mit den geforderten Eigenschaften zu gewinnen.[3])

So blieb der Zustand der Schule vorläufig die schwächste Seite der neuen Ordnung. Erst gegen Ende seines Lebens ist es Calvin gelungen, auch diesen Theil der kirchlichen Ordonnanzen vollständig zur Wahrheit zu machen und durch Gründung eines wohl eingerichteten Gymnasiums sowie einer höhern theologischen Lehranstalt seinem Gebäude gleichsam die Krone aufzusetzen.

---

ausserordentlichen Gehalt von 400 Florin (Rathsprot. 14. Nov. 1541) angetragen. Wie viel Calvin an der Gewinnung Cordier's lag, ersieht man aus dem Schreiben an Farel (Ende 1542) bei *Bonnet*, Lettres I, 285.

[1]) Rathsprot. 17. Dec. 1543, 14, 21, 28. Januar, 3, 5, 12. Juni, 11. Juli 1544. Calvin an Farel 30. Mai 1544 bei *Henry* II, Beil. p. 111. Vgl. *Beaml* l. c. p. 13 ff. *Muchly*, Sebastian Castellio p. 11 ff., Bulletin XVI, 469 ff.

[2]) Vgl. Rathsprot. 20. März, 13. April 1545 (Grenus), Calvin an Farel 25. April 1545, Genf. Bibl. Cod. 106, f. 130, *Betant* p. 16.

[3]) Vgl. darüber das Schreiben der Genfer an Lausanne vom 5. Sept. 1545 und gleichzeitige Schreiben Calvins an Viret (Siml. Samml. Band 58) nebst Virets Antwort vom 26. Nov., Genf. Bibl. Cod. 111a, f. 154.

VI.
VERHÄLTNISS VON STAAT UND KIRCHE.

Ganz mit Unrecht ist Calvin zuweilen als der Urheber der modernen Theorie einer vollständigen Trennung der staatlichen und kirchlichen Gewalt bezeichnet worden. Wir haben gesehen, wie die christliche Institution zwischen beiden im Gegentheil ein sehr nahes und inniges Verhältniss annimmt, und noch viel weniger findet jene Ansicht in der wirklichen Gestaltung der calvinischen Kirche eine Stütze. Im Namen der Staatsgewalt, von „Syndiken, kleinem und grossen Rath mit dem auf den Schall der Trompete und der grossen Glocke versammelten Volke" erlassen, ist die Genfer Kirchenordnung so weit entfernt, Geistliches und Weltliches zu trennen und den Einfluss des Staates aus der Kirche zu verbannen, dass sie vielmehr beide durch die stärksten Bande verknüpft und die Handhabung der geistlichen Disciplin selbst gegen die Träger der kirchlichen Gewalt in letzter Instanz stets für die Aufgabe und das Recht des Magistrats erklärt.[1]) Ein nur flüchtiger Blick in die Rathsprotokolle genügt, um sich zu überzeugen, dass die Bestimmungen der kirchlichen Verfassungsurkunde in diesem Punkte keine leere Formen geblieben sind. Kaum irgendwo dürften überhaupt im Reformationszeitalter Staat und Kirche so vielfach auf einander eingewirkt und in einander eingegriffen haben, als in Genf seit der Ankunft Calvins.

Aber richtig ist allerdings, dass dabei dennoch der Gedanke der Trennung und Selbstständigkeit beider Gewalten bis zu einem gewissen Grade zur Geltung gelangte, ja dass die Machtsphären des Staates und der Kirche hier in der Theorie schärfer aus einander gehalten wurden, als dies sonst irgendwo in jenen Tagen der Fall gewesen. Jene formlose Vermengung und Verschmelzung geistlicher und weltlicher Befugnisse, wie sie die deutsche Reformation vielfach erzeugte, und die dadurch herbeigeführte vollständige Ueberantwortung der Kirche an die

---

[1]) „*Et si quelqu'un est convaincu,*" heisst es in den Ord. eccl. nach Aufzählung der Fehler, die ein Geistlicher meiden muss, „*qu'ils (sc. les Anciens avec les Ministres) en facent le rapport au conseil avec leur avis et jugement. Ainsi que le dernier jugement de la correction soit toujours reservé à la seigneurie.*" Dies gilt nur von den leichten geistlichen Vergehen, bei den schwereren schritt der Rath sofort ein.

Staatsgewalt, wovon schon das benachbarte Bern ein recht augenfälliges Beispiel gab, wird von Calvin auf das nachdrücklichste und entschiedenste bekämpft und erfährt auch in den Genfer Ordonnanzen ihre Verurtheilung. Weder soll die Kirche in dem Staate, noch dieser in jener aufgehen: obschon auf das innigste verbunden, sollen doch beide in ihren Sphären frei und unabhängig wirken. Die Kirchenordnung gewährt dem Geistlichen ausdrücklich die Lehrfreiheit, wie sie sein Amt erheischt; sie verdammt jede Einmischung des Staates, welche „die göttliche Gewalt verletzt;" der Eid, durch welchen der Prediger sich der weltlichen Obrigkeit zum Gehorsam verpflichtet, wird mit dem Vorbehalte geleistet, „dass er dadurch in keiner Weise verhindert werde, Gott den Dienst zu leisten, den er ihm nach seinem Berufe schuldig sei." Auf der andern Seite aber betonen die Verordnungen wieder eben so entschieden das Recht der Staatsgewalt, indem sie die Kirche mit besonderm Nachdruck auf das geistliche „Schwert des göttlichem Wortes" beschränken und jede Beeinträchtigung der bürgerlichen Gerichtsbarkeit durch die neuen kirchlichen Einrichtungen verbieten. So behalten Staat und Kirche ihre besonderen Rechte, die nicht angetastet werden dürfen. Calvin selbst rechnet es sich wohl als Verdienst an, dass durch ihn die richtige Scheidung zwischen Geistlichem und Weltlichem durchgeführt worden, und weist in dieser Hinsicht namentlich auf seine Lieblingsanstalt, das Consistorium, hin.[1])

Allein diese Trennung war, wie schon das von Calvin hervorgehobene Beispiel erkennen lässt, mehr eine theoretische und scheinbare als eine wirkliche. Der Schwerpunkt der neuen Organisation lag nicht in einzelnen Bestimmungen und Anordnungen, sondern in dem Grundgedanken, von dem das Ganze beherrscht und getragen wurde. Erst aus diesem ergibt sich für das Einzelne das richtige Verständniss und die Lösung jenes scheinbaren Widerspruchs, durch welchen die Kirche und ihr Diener in letzter Instanz der Aufsicht und Zucht der Staatsgewalt unterworfen und doch wieder in den bündigsten Ausdrücken die Freiheit der Kirche anerkannt wird.

Der Grundgedanke, von dem der Gesetzgeber Genfs ausgeht, ist die Theokratie.

Calvin will in Genf den Gottesstaat herstellen. Nur Einer ist ihm König und Herr in Staat und Kirche: Gott im Himmel. In seinem

---

[1]) „*Volui*," schreibt er über dasselbe einem Freunde, „*sicut aequum est, spiritualem potestatem a civili judicio distingui.*" Epp. et resp. 263a.

Namen herrscht jede irdische Gewalt. Gottes Herrscherruhm zu verkünden, seine Majestät zu verherrlichen, seinen heiligen Willen zur Ausführung zu bringen und seine Bekenner zu heiligen, ist die gemeinsame Aufgabe von Staat und Kirche. Ein Gegensatz zwischen ihnen ist also nicht vorhanden und kann nur aus einer Verkennung ihrer Aufgabe von der einen oder der andern Seite hervorgehen. Sie verfolgen beide dasselbe Ziel, nur in verschiedener Weise, durch besondere Organe: die Kirche lehrt und erzieht, der Staat sorgt für äussere Zucht und Ordnung; sie wirken auf und durch einander, sie stärken und unterstützen sich gegenseitig, um mit vereinten Kräften das Reich Gottes auszubreiten. Und wie beide in Christus ihr gemeinsames unsichtbares Oberhaupt haben, so laufen sie auch, trotz ihrer gesonderten Wirkungssphären, zuletzt äusserlich in derselben Spitze zusammen und vereinigen sich unter Einem sichtbaren Oberhaupte. Dieses nun findet Calvin, da die Kirche eine äussere Macht nicht besitzt und nicht besitzen darf, in dem Träger der Staatsgewalt. Die bürgerliche Obrigkeit hat die äussere Gewalt und Aufsicht auch über die Kirche, ihr liegt die äussere Sorge um Staat und Kirche ob, sie hat in dem Kampfe um die Herstellung des Reiches Gottes vor der Welt die Führerschaft. Die geistliche und weltliche Ordnung gipfeln in Genf in dem kleinen Rath. Ihm gebührt jederzeit das „letzte Urtheil über die Zucht" und der äussere Vorrang, ihm haben Geistliche und Aelteste über alle wichtigen Vorkommnisse Bericht zu erstatten, damit er „verfüge und entscheide, was erforderlich ist."[1])

Man erkennt leicht, dass diese Theorie sich unter dem vorwaltenden Einfluss des Alten Testaments ausgebildet hat, das überhaupt auf Calvins Anschauungsweise mächtig einwirkte. Sein Geist ist voll von alttestamentlichen Bildern und Vorstellungen. Die erhabenen Herrschergestalten der jüdischen Geschichte, die David, Ezechias, Josias, die sich ganz dem Dienste Jehovas weihten, fesseln seinen Blick. In Israel findet er das Ideal eines rechten Staatswesens. Wie die frommen Fürsten des Alten Bundes, angefeuert und unterstützt von den Propheten, sich an die Spitze der Gläubigen stellten und die Verherrlichung Jehovas als die Hauptaufgabe ihres Staates betrachteten, so soll es auch in Genf sein. Schon sahen wir, wie dieses Bestreben insbesondere in der bürgerlichen Strafgesetzgebung seit dem Jahre 1542 mehr und mehr deutlich zum Ausdruck gelangte.

---

[1]) Ord. eccles. ser. p. 4, 15, Ausg. von 1561 p. 32, 50.

Es war natürlich, dass mit der vorzugsweise religiösen Aufgabe, die Calvin der Staatsgewalt zuwies, auch ihr Massstab für die Beurtheilung der Strafwürdigkeit einer Handlung sich ändern musste; auch für sie wurde damit der geoffenbarte, in der h. Schrift niedergelegte Wille Gottes die Richtschnur und Regel.

In solcher Weise wird allerdings äusserlich die Kirche dem Staate untergeordnet und dieser vor der Welt als der herrschende hingestellt. Aber es erhellt sofort, dass diese Herrschaft um einen theuern Preis erkauft wird. Ist nämlich die Aufgabe des Staates eine religiöse, besitzt er in dem geoffenbarten göttlichen Willen die Norm und Richtschnur für seine Handlungen, so ist klar, dass alsdann die Kirche, die berufene und rechtmässige Auslegerin des göttlichen Willens, die eigentliche Seele des Staatslebens wird. Mit andern Worten: steht die äussere Leitung und Beaufsichtigung der Kirche dem Staate zu, so gebührt die innere Bestimmung und Leitung des Staatslebens der Kirche, und auf ihrer Seite liegt der Vortheil. Ueber dem Staatsmann steht da der Theologe, ja er ist der eigentliche Staatsmann.

Und dies ist in der That Calvins Ansicht. Kraft seines Amtes hat der Diener des Worts nicht blos das Recht, sondern auch die Verpflichtung, die bürgerliche Obrigkeit über ihren Beruf aufzuklären; den Finger auf die Tafeln von Sinai haltend, tritt er vor sie hin, erinnert sie an ihre Aufgabe, zeigt ihr den Weg, den sie zu wandeln hat. Die Träger der Staatsgewalt sollen seinen Rath hören und befolgen, sie sollen verbieten, was der Diener Gottes als sündhaft, und ausführen, was er als schriftgemäss nachweist, in Allem aber die Kirche Gottes und ihre Geistlichen schützen und nach Anleitung derselben darüber wachen, dass der wahre Glaube und Gottesdienst bewahrt und ausgebreitet werde. So empfängt die bürgerliche Gewalt ihr Programm, ihre Richtschnur von der Kirche. Diese erkennt und beschliesst, jene leiht den weltlichen Arm und führt aus; die eine verrichtet die Functionen der Seele, die andere die des Leibes. Eben in dem Verhältniss von Leib und Seele erhalten wir ein vollkommen richtiges Bild auch jenes Verhältnisses, das der Gesetzgeber Genfs zwischen Staat und Kirche herstellt.[1])

Eine nothwendige Folge dieses Systems ist der Religions- und

---

[1]) Anschaulich und bündig schildert dieses Verhältniss eben auf Grund der Genfer Zustände Calvins Schüler und Freund Theodor Beza in der Confessio c. V, §. 15, l. c. I, p. 37.

Glaubenszwang. Calvin verlangt im Namen der Kirche seine Durchführung von der bürgerlichen Gewalt mit nackten Worten.

Zwar verkennt er nicht, dass der Glaube an sich ein Werk der Freiheit sei, aber gegen Widerspänstige hält er dennoch die Anwendung von Zwangsmitteln für gerechtfertigt [1]: die Consequenz seiner Theorie fordert dies. Ist das geschriebene Gotteswort das oberste Staatsgesetz, ist die wahre Gottesverehrung Grundlage und Ziel des gesammten Staatslebens, so ist jede Abweichung von derselben auch ein Vergehen gegen die bürgerliche Ordnung. Der Ketzer und Häretiker wird da zu einem Verbrecher wie der Dieb und Räuber,[2] ja er ist noch schlimmer und schädlicher als dieser, weil er nicht blos die äussere Sicherheit, sondern die Grundlagen des ganzen Staates gefährdet. Es ist somit die Pflicht der bürgerlichen Obrigkeit, gegen jede Art von Ketzerei, gegen jede Abweichung von dem rechten Glauben als einen Angriff auf die Majestät des höchsten Herrschers selbst mit der äussersten Strenge einzuschreiten. Duldung von Irrlehren würde nach Calvin eine Entweihung des Staates, ja der ganzen Gesellschaft sein. „Beladet sich schon ein Privatmann," meint er, „der keine Gewalt über Leben und Tod hat, mit Schuld, wenn er sein Haus durch gotteslästerliche Handlungen entweihen lässt, um wie viel mehr würde eine Obrigkeit sich schmählicher Pflichtvergessenheit schuldig machen, wenn sie zu einer offenen Verletzung der Gottesfurcht schweigen wollte? — Sie sollte gottlosen Menschen die Freiheit gewähren, die Kirche zu beschädigen! — Eine rechtschaffene Obrigkeit wird die wahre Lehre beschirmen, sie wird nicht nur die weniger Geneigten zur Annahme des Glaubens zwingen, sondern auch, damit Christus in dem Staate, in welchem sie durch seine Gnade herrscht, die ihm gebührende Stellung behalte, seinen heiligen Namen, in dessen Strahlen sie glänzt, und seine Lehre von Keinem verhöhnen und muthwillig angreifen lassen."[3] Die

---

[1] „*Etsi voluntaria est fides, videmus tamen iis mediis* (d. i. durch äussere) *utiliter domari eorum pervicaciam, qui non nisi coacti parent.*" Comm. in IV Evang. (Opp. ed. A. VI) p. 164 b.

[2] „*Unde,*" sagt er in der Defensio orthodoxae fidei gegen Servet, der zwischen den Vergehen gegen den Glauben und den anderen einen Unterschied machen wollte, „*inter fidei violationem et alia maleficia discrimen nisi ex cerebro suo sumpsit?*" Opp. ed. A. VIII, 512 a.

[3] Opp. VIII, 514 a. Gleich entschieden äussern sich über diese Frage seine Freunde: *Beza* in der Confessio c. V, §. 44, l. c. I, 53, *Farel*, Forme d'oraison p. 30. Das Verdienst, welches *Corbière* (Idées qui ont guidé les

Strafe für den überwiesenen Ketzer ist der Tod durch Feuer oder Schwert. Ein milderes Strafmass ist nach der Consequenz des Systems nicht statthaft. Calvin verlangt die Todesstrafe noch insbesondere mit Rücksicht auf das Wohl und das Seelenheil der übrigen Gläubigen und nennt es eine grausame Milde, die Schafe der Gefahr des Verderbens auszusetzen und der Wölfe zu schonen. „Sie — die Ketzer — tödten durch das Gift ihrer boshaften Lehren die Seelen," ruft er aus, „und die rechtmässige Obrigkeit sollte ihrer Leiber schonen!"[1]) Wie immer, stützt er sich für seine Ansicht auch hier auf die Bibel: nicht blos in den Büchern des Alten Testaments, sondern auch bei dem Apostel Paulus findet er den Satz bestätigt, „dass Gott das Schwert der Obrigkeit in die Hand gegeben, um damit die wahre Lehre in Schutz zu nehmen."[2])

So wird also der calvinische Staat vollständig beherrscht und durchdrungen von der geistlichen Tendenz, und jenes formelle Verhältniss der Unterwerfung der Kirche unter die bürgerliche Autorität verwandelt sich seinem innersten Wesen nach und auch thatsächlich in das gerade umgekehrte. Indem die Kirche scheinbar sich unterwirft, übt sie die wahre und eigentliche Herrschaft aus. Sie lässt dem Staate die äusseren Ehren und Titel und den Schein der Führerschaft, empfängt aber dafür das Wesen derselben. Es ist die Kirche, die dem Staatsleben Charakter, Farbe und Haltung, die ihm Inhalt und Ziel gibt.[3])

Wir sehen: es ergeht der dem Staate eingeräumten Oberherrschaft wie der kirchlichen Souverainetät der Gemeinde. Beide erhalten in dem Grundgedanken des Systems ein Correctiv, welches das gemachte Zugeständniss wieder aufhebt oder doch bedeutungslos macht.

Reformateurs franç. du XVIme siècle p. 41, 42) den französischen Reformatoren zuschreibt: das Princip der Einen Religion im Staate beseitigt zu haben, haben diese selbst wahrlich für sich nicht in Anspruch genommen, vielmehr gerade das Gegentheil.

[1]) Opp. ed. a. VIII, 514 a—b; vgl. Homil. in libr. I. Samuel. (Opp. II) p. 113 b. „*Nullum hominum genus majore sveritate a Christiano magistratu coercendum*," meint *Beza* l. c.

[2]) Opp. ed. A. VIII, 516 b.

[3]) Geradezu spricht Calvin an einigen Stellen die Superiorität der Kirche über den Staat aus; man vgl. z. B. Comm. in Jesaiam (Opp. VII) p. 232 b: „*Et sane eadem ratione, qua vocatur Christus primogenitus omnis creaturae, Ecclesia, quae corpus est ipsius, dignitatis et excellentiae principatum obtinet in toto mundo.*"

Wie die Gemeinde trotz ihrer Souverainetät dem geistlichen Hirten zu folgen hat und von ihm „gebändigt" wird, so hat in ähnlicher Weise die Staatsregierung in den kirchlichen Vorgesetzten ihre Leiter und Führer. Es war Sophisterei oder eine arge Selbsttäuschung, wenn Calvin nichts desto weniger das Recht des Staats gewahrt zu haben vorgab. Ein System, das von dem Gedanken der Theokratie ausgeht, kann dem Staate und der bürgerlichen Gesellschaft nimmer eine wirkliche Selbstständigkeit zugestehen. Die bürgerliche Ordnung wird da zu einem Mittel für geistliche Zwecke und der Geistliche naturgemäss zur ersten Person in Staat und Kirche. Was in der calvinischen Theokratie das Gewicht des Clerus überdies noch erhöhte, war der streng biblische Charakter, den sie nach dem Willen des Stifters überall und stets bewahren sollte, die Annahme der heiligen Schrift als ihrer alleinigen und ausschliesslichen Grundlage. Das Verständniss der biblischen Urkunde aber war schwierig und, wie Calvin wohl wusste, nicht so leicht, als er in dem Kampfe gegen das Papstthum zuweilen behauptet hatte. Wo anders durfte ein richtiges Verständniss erwartet werden, als bei den berufenen und approbirten „Dienern des Wortes?" Auf sie war deshalb schon aus diesem Grunde die Kirche, der Staat, die Gesellschaft jeden Augenblick hingewiesen, um nicht irre zu gehen, um das Rechte zu erkennen und auszuführen.

Aber auch der Geistliche konnte irren und von der Wahrheit abweichen. Calvin selbst musste dies zugestehen, und er bot vergeblich seinen ganzen Scharfsinn auf, um diesen Uebelstand, welcher die schwache Seite, die Achillesferse, seines kirchlich politischen Programms bildete, zu mildern oder zu verdecken.[1] Die Sicherheit und Consequenz des Systems verlangte offenbar eine höhere Autorität, ein unfehlbares Lehramt, welches in derartigen Fällen den wahren Sinn der Vorschriften des höchsten Herrschers erklärte und damit dem Gottesstaat einen festen Halt verlieh. Eine solche Autorität hat Calvin thatsächlich für seine Person in Anspruch genommen und ausgeübt.[2]

---

[1] Zu diesen Versuchen gehört denn auch die Hinweisung auf das Revolutionsrecht der Gemeinde, sobald der Geistliche von der Schrift abweiche, ein Recht, dessen Ausübung indess durch die thatsächlich getroffenen Einrichtungen wieder vollständig unmöglich gemacht wurde. Und woher hätte denn auch die Gemeinde das richtige Verständniss nehmen sollen? Auf die Widersprüche, in die Calvin sich durch solche Versuche verwickelt, macht *Maguin* l. c. p. 292 aufmerksam.

[2] „Dieu m'a faict la grâce de me déclairer ce qui est bon ou mauluis," schreibt er an den Herrn von Aubeterre, Lettres franç. I, 389.

Vollkommen ist die von ihm gewollte Ordnung deshalb auch nur auf dem Schauplatze seiner persönlichen Wirksamkeit, nur in Genf selbst, zur Durchführung gelangt.

Es liegt indess in der Natur der Sache, dass auch hier das calvinische Ideal nicht sofort in seinem ganzen Umfange verwirklicht wurde: es hat erst langer Arbeiten, Mühen und Kämpfe bedurft, bis der theokratische Geist die ganze Gesellschaft durchdrungen hatte. Aber in seinen Grundzügen sehen wir den Gedanken des Reformators schon in den ersten Jahren seiner Wirksamkeit deutlich hervortreten und sich Geltung verschaffen.

Das äussere Regiment führt allerdings in Staat und Kirche der kleine Rath. Er stellt die Geistlichen an und nimmt sie in Eid und Pflicht, er bestimmt Zeit und Ordnung des Gottesdienstes, er sorgt für Beobachtung der Kirchenzucht, er schreitet gegen pflichtvergessene Prediger ein, rügt sie zuweilen mit scharfen Worten und verfügt ihre Absetzung.[1]) Ohne seine Erlaubniss darf kein Werk religiösen Inhalts gedruckt werden. Ueberblickt man die Rathsprotocolle, so glaubt man zuweilen geradezu die Aufzeichnungen einer kirchlichen Behörde vor sich zu haben.[2])

Aber die Herrschaft hat trotzdem nicht die Staatsgewalt, sondern die Kirche. Von ihr geht der Impuls zu Allem aus, was geschieht. Nur in Uebereinstimmung mit dem Oberhaupte der Kirche selbst und regelmässig auf Bericht des Consistoriums schreitet die weltliche Behörde gegen Geistliche ein. Sie ertheilt zwar die Erlaubniss zum Druck eines Werkes, aber Calvin entscheidet, ob dieselbe gegeben werden darf.[3]) In ihm besassen Syndike und Rathsherren ihren Führer und Lenker, und nur unter der Bedingung, dass sie zur Ausführung seines Programms den weltlichen Arm liehen, war ihnen der äussere Machtvorrang zugestanden worden. Es war der Vorsteher der „ehr-

---

[1]) Beispiele theilt *Roget*, L'église et l'état p. 38 ff. mit. Der Verfasser folgert aber zu viel aus dem Mitgetheilten: der Rath schritt regelmässig nur auf Bericht des Consistoriums ein, und die zuweilen gestrenge Sprache gehört zum Stil des Rathsprotocolls; spricht doch dasselbe selbst in den Tagen, als man Calvin flehentlich um seine Rückkehr bat, noch von „Befehlen".

[2]) Vgl. z. B. Rathsprot. 11. Juli 1543, 28. Jan. 1544, wo sogar über den Descensus Christi ad Inferos verhandelt wird u. s. w.

[3]) Vgl. Rathsprot. 16. Aug., 29. Sept. 1542 u. s. w. „*Scit enim,*" schreibt Viret 1543 an Calvin über einen Buchdrucker, „*nihil istic recudi nisi prius a nobis* (den Geistlichen) *examinatum.*" Genf. Bibl. Cod. 116 f. 87.

würdigen Genossenschaft," nicht der städtische Magistrat, der seit dem Herbst 1541 in Wahrheit das öffentliche Leben leitete, der ihm seine Aufgaben zuwies, ihm Charakter und Haltung gab. Wieder und wieder begegnen wir dem Namen des „Herrn Calvin" in den Staatsprotocollen. So oft es ihm gefiel, begab er sich in eigener Person in die Rathssitzungen, hielt „schöne Ermahnungen" und stellte Anträge.[1] Zwar nicht immer fanden diese den gewünschten Beifall, es ist zuweilen auch — wie liess es sich anders erwarten? — Widerstand geleistet worden, aber der Gang der Dinge wurde dadurch kaum aufgehalten: mit unwiderstehlicher Gewalt machte der theokratische Geist, nachdem er einmal zugelassen worden, in allen Richtungen des Staatslebens seine Eroberungen. Er durchdrang in steigendem Masse die Rechtspflege, die Verwaltung, die Polizei, das gesammte öffentliche Leben. Der geistliche Wille, wie ihn Calvin verkündet, wird in Genf höchstes Gesetz, die Verherrlichung Gottes und die Heiligung seiner Bekenner des Staates vornehmste Aufgabe. Offenes Bekenntniss des wahren Glaubens und strenge Erfüllung der kirchlichen Vorschriften werden von dem Staatsbürger als erste Pflicht gefordert. Fast scheint dem Magistrat der regelmässige Besuch der Predigt mehr am Herzen zu liegen als die Verhütung bürgerlicher Unordnungen und Aergernisse. Die gemeinsame Feier des Abendmahls ist beinahe eben so sehr eine staatliche als eine kirchliche Handlung; wer von ihr sich ausschliesst oder ausgeschlossen wird, kann als Vollbürger nicht mehr angesehen werden. Die Mittel zur Aufrechthaltung der Rechtgläubigkeit werden mit jedem Jahre schärfer. Anabaptisten, die man früher mit einfacher Ausweisung bestraft, werden schon zu Anfang 1545 öffentlich ausgepeitscht,[2] und nicht lange dauerte es, bis die Theorie des geistlichen Gebieters gegen Ketzer und Gotteslästerer in ihrer ganzen fürchterlichen Strenge zur Anwendung kam.

Und wie im Innern, so gelangt die theokratische Tendenz dann auch in der auswärtigen Politik zur Herrschaft. Auch für diese entwirft die Theologie das Programm. Geistliche erscheinen als Diplomaten: Calvin selbst wird wiederholt mit wichtigen diplomatischen Mis-

---

[1] Wie er sich auch oft direct in die städtische Zuchtpolizei mischte, ersicht man z. B. aus einem Schreiben an Christoph Fabri d. d. 3. Nov. 1543 (M. Neuenb Predigerbibl.), worin er ein von Genf geflüchtetes gefallenes Frauenzimmer reclamirt, um es in Genf verurtheilen zu lassen.

[2] Kost l. IV, c. 60. Ein ähnliches Beispiel meldet das Rathsprot. zum 11. Juni 1545.

sionen betraut.¹) Die Ausbreitung des wahren Glaubens, die religiöse Propaganda bildet für den Genfer Rath seit dem Jahre 1542 eine Staatsangelegenheit ersten Ranges. Aus seinen Sitzungsprotocollen ersehen wir, mit welchem Eifer dieselbe betrieben wurde. Man unterstützt und beschenkt flüchtige Gläubige aus Staatsmitteln, man verwendet sich für die verfolgten Evangelischen in Frankreich, man entsendet Calvin selbst nach Metz, hier für die evangelische Wahrheit gegen Caroli zu wirken, man gibt ihm sogar „einen Herold" mit und scheut keine Ausgaben, in wie kläglichem Zustande die städtischen Finanzen sich auch befinden mochten. An den in Lothringen missionarisch thätigen Farel geht ein Bote ab, um ihm im Namen von „Syndiken und Rath" ein Dankschreiben nebst Geldunterstützung zu überbringen.²) Man vergisst über dem Bekehrungseifer die Pflichten gegen die nächste Umgebung; geradezu in abstossender Gestalt tritt dieselbe uns zuweilen entgegen. Während in Genf selbst die Scheiterhaufen für „Pestbereiter und Zauberer" sich erheben und mit barbarischer Grausamkeit gegen die unglücklichen Opfer eines unsinnigen Wahns gewüthet wird, beschäftigten sich Calvin und der Rath mit den gottlosen Verfolgungen, welche die französische Regierung über die wahren Gläubigen verhängt!³) Und in den Tagen der grössten Noth und Bedrängniss sehen wir Viret vor den Behörden erscheinen, um ihnen den Dank für die reichen Liebesgaben abzustatten, womit die fromme Stadt die armen evangelischen Christen in der Provence unterstützt.⁴)

So verlangte es der Geist des calvinischen Systems. Herrschten auch im eigenen Hause Mangel und Noth, Verwirrung und Rechtsunsicherheit; die Unterstützung und Verbreitung des wahren Glaubens blieb nichts desto weniger des Staates vornehmste Aufgabe, für die kein Opfer zu gross schien. Es ist bezeichnend, wenn schon in den letzten Tagen des Jahres 1542 an allen öffentlichen Gebäuden und Thoren Genfs neben dem städtischen Wappen wieder, wie in alten

---

¹) Rathsprot. 7. Dec. 1541, 16, 18. Juni 1543, 8. Aug. 1544, 4. Mai 1545.
²) Vgl. Rathsprot. 16. Jan., 9. Febr. 1543, 21. März 1544, 16, 18. Juni 1543, 25. April, 11. Juli 1543. Das Schreiben an Farel (Siml. Samml. Bd. 52) ist vom 24. April 1543.
³) Rathsprot. 4. Mai 1545.
⁴) Rathsprot. 18. Mai 1545. In derselben Sitzung ist von dem Scharfrichter die Rede, der seine massenhaften Berufsarbeiten nicht mehr bewältigen kann.

Zeiten, das Monogramm Christi angebracht wurde;[1]) es sollte auch äusserlich ankündigen, dass Genf als seinen Herrn und König Christum anerkenne.

Man darf kühn behaupten: entschiedener, als es in Genf geschehen, haben selbst die eifrigsten Hierarchen des Mittelalters die Herrschaft des geistlichen Gedankens nicht durchzuführen unternommen. Merkwürdig, dass die mittelalterliche Anschauung gerade an der Stelle in solcher Stärke wieder auflebte, wo sie am leidenschaftlichsten bekämpft wurde, wo die unbedingteste Verdammung des Systems der Gregore und Innocenze den Ausgangspunkt gebildet hatte!

VII.
ERSTE REGUNGEN DER UNZUFRIEDENHEIT.

Nicht häufig begegnen wir in der Geschichte einem Erfolge, wie ihn Calvin nach seiner Rückberufung in Genf erlebt hat. Wie erschien diese Stadt innerhalb weniger Jahre so vollständig umgewandelt! Aus der zerrütteten, von Parteien zerrissenen, ohnmächtigen Republik, deren Wiedergewinnung für die alte Kirche noch im Jahre 1539 den katholischen Prälaten leicht schien, war ein Bollwerk des neuen Glaubens geworden, eine geistliche Monarchie, ein evangelisches Gemeinwesen, wie die Welt bis dahin noch keins gesehen.

In den weitesten Kreisen erregte Calvins Werk Aufsehen und Bewunderung. In Schwaben und Friesland, in Mähren und Ungarn richteten sich bereits zu Anfang der vierziger Jahre die Blicke der evangelisch Gesinnten hoffnungsvoll auf das am Genfersee aufgegangene neue Licht. Aus Frankreich und Italien sehen wir bald zahlreiche Anhänger der Reformation zu der Stadt Calvins pilgern, um die neue Lehre aus der reinsten Quelle zu schöpfen.[2]) Gläubige aus Ve-

---

[1] Roset l. IV, c. 61. Das Monogramm bestand, ganz ähnlich dem des Jesuitenordens, aus den Buchstaben I. H. S.

[2] Vgl. Rathsprot. 23. Oct., 13. Nov. 1542, 9. Febr., 16. März 1543, 2. Aug. 1544 u. a. Manche Fremde brachten das Osterfest in Genf zu, um an der allgemeinen Abendmahlsfeier Theil zu nehmen. Rathsprot. 7. April 1544. Ueber das Aufsehen, welches Calvins Erfolge nach Aussen erregten, verbreiten mehrere Briefe der Siml. Sammlung interessantes Licht.

nedig, Vicenza, Treviso begrüssten im December 1542 die „Heiligen der Kirche Gottes in Genf" in einem ehrfurchtsvollen Schreiben, das unter überschwenglichen Dankesbetheuerungen und Lobeserhebungen Genf als die Musterkirche, ja als den wahren Hort und den von Gott selbst eingesetzten Wächter des reinen Glaubens pries.[1]) Sogar Wittenberg fing an, der neuen wälschen Kirche Aufmerksamkeit zu schenken. Melanchthon setzte schon im Jahre 1543 für den, wie er fürchtete, nicht unwahrscheinlichen Fall, dass Deutschland den Türken erliege, seine Hoffnung auf Genf.[2])

Nur Calvin selbst urtheilte kühler und war durch das, was er erreicht, nicht so befriedigt. „Ich arbeite und mühe mich ab," schreibt er 1543 seinem Wittenberger Freunde, „aber der Erfolg ist ein mässiger. Und doch wundert sich alle Welt darüber, dass ich so viel ausrichte."[3]) Wohl gestand er zu, dass er Ungewöhnliches in Genf durchgesetzt, und er schöpfte daraus Muth und Hoffnung für die Zukunft, aber völlig befriedigend und seinen Anforderungen entsprechend fand er den Zustand auch im Jahre 1545 noch keineswegs. Nur ein guter Anfang war in seinen Augen gemacht worden; von dem, was ihm als sein Ideal vorschwebte, sah er sich noch weit entfernt.

Während aber Calvin noch nicht über die ersten Anfänge hinaus zu sein glaubte und weiter strebte, gab es in Genf nicht Wenige, denen er schon zu weit gekommen war.

Nicht Alle, die 1541 in den Ruf nach Calvins Rückkehr mit eingestimmt hatten, theilten seine theologischen und politischen Grundsätze. Von Vielen, vielleicht von den Meisten, wurde seine Rückberufung verlangt, weil sie eine politische Nothwendigkeit schien: der Gedanke, einen Gottesstaat in Genf aufzurichten, lag ihnen durchaus fern, und fast erschracken sie, als der strenge Gesetzgeber in den ersten Wochen das Programm, nach dem die Stadt in Zukunft regiert werden sollte, zu enthüllen begann. Wir sahen, wie Calvin dessenungeachtet durch taktvolles Benehmen und stellenweises Nachgeben seinen Entwurf in der Hauptsache durchsetzte. Aber ein gewisser Missmuth, ein

---

[1]) „*Ita ut facti sitis forma quaedam, qua scire possimus, non tam quid credendum quam quid cum caeteris omnibus posthac sit nobis agendum .... Vos, quos Dominus posuit ad custodiam super gregem suum, advigilate interim et arcete lupos, qui ubique hic imminent.*" Das Schreiben ist d. d. Venet. 8. Id. Dec. 1542. Goth. Bibl. Cod. 404 f. 1.

[2]) Melanchthon an Calvin 11. Mai 1543, Epp. et resp. p. 175a.

[3]) Calvin an Melanchthon 16. Febr. 1543, Siml. Samml. Band 52.

Gefühl getäuschter Erwartungen blieb doch in einzelnen Kreisen zurück. Zwar musste diese Gesinnung in der ersten Zeit sich verborgen halten: bei der Begeisterung, mit der die grosse Masse der Bevölkerung dem Wiederhersteller Genfs zugethan war, hätte sie sich nicht öffentlich hervorwagen dürfen. Indess allmählich wurde dies anders.

Nicht allein der Geist und die Tendenz des neuen Systems forderte eine Opposition heraus.

Ansprüche, wie sie die calvinische Theokratie an den Menschen stellte, durften dauernd im günstigsten Falle nur dann auf Gehör und Anerkennung rechnen, wenn sie von Männern verkündet wurden, die, was sie von Andern verlangten, auch an sich selber vollzogen, die durch Ernst des Charakters, Gründlichkeit des Wissens, Tadellosigkeit der Sitten den Uebrigen ein lebendiges Vorbild waren. In solchem Lichte erscheinen uns aber diejenigen, die in Genf den Gottesstaat aufzurichten unternahmen, keineswegs.

Wohl war Calvin selbst der Pflichten, welche ihm seine Stellung auflegte, sich vollkommen klar bewusst und, was er lehrte, suchte er durch seinen Wandel zu erhärten. Strenge gegen Andere, war er es nicht minder gegen sich selbst. Sein Leben war nüchtern und einfach, der Arbeit und den Studien gewidmet. Die rauhe und despotische Seite seines Charakters, jene unduldsame Härte und Herrschsucht, die keinen Widerspruch ertrug, trat während der ersten Zeit, da ihm von allen Seiten Verehrung und Unterwürfigkeit entgegenkam, noch nicht in der spätern Schroffheit hervor. Aber einzelne Züge tiefer Leidenschaftlichkeit und unedler Verfolgungssucht wiesen doch auch schon die ersten Jahre auf. Es fielen Scenen vor, die in dem Gesetzgeber Genfs die Eigenschaften eines Jüngers Christi gar sehr vermissen liessen. War es die Sprache eines evangelischen Glaubensboten, wenn er eines Tages auf der Kanzel die Errichtung eines Galgen und die Aufknüpfung von 7—800 jungen Genfern für nöthig erklärte?[1])

Viel schlimmer sah es mit seinen Mitarbeitern und Gehülfen aus. Calvin hatte die alten Prediger, welche er in Genf vorfand, als Unwürdige und Untaugliche aus der städtischen Seelsorge bald entfernt; aber die neuen — es waren vornehmlich eingewanderte Franzosen — welche er als ächte Genossen seines Geistes und eifrige Vertreter seiner Richtung an ihre Stelle setzte, bewährten sich nicht besser. Es stellte sich auch in Genf heraus, dass religiöser Fanatismus mit nichten

---

[1]) Vgl. Rathsprot. 7. Aug. 1545, *Galiffe*, Nouv. pag. p. 57, 58.

immer mit sittlicher Reinheit verbunden ist. Die Protocolle des Raths und Calvins eigene Briefe zeigen Leben und Sitten mancher Mitglieder der ehrwürdigen Genossenschaft im schlimmsten Lichte. Wir begegnen in den geistlichen Kreisen sittlichen Verirrungen der bedenklichsten Art: durch Neid und Hass, durch Unmässigkeit und Unzucht, durch Wucher und Meineid wurde das Amt der Seelsorger entweiht, und sorgte die Kirchenordnung auch dafür, dass nicht sofort Alles der Menge bekannt wurde, so fehlte es doch nicht an Scenen, die öffentliches Aergerniss erregten. Wiederholt sah sich der Rath veranlasst, von der Gewalt, welche ihm die Verfassung in die Hand gab, Gebrauch zu machen. Eine ganze Reihe von „Dienern des Wortes" ist während der ersten fünf Jahre der neuen Herrschaft bürgerlich bestraft oder gar des Amtes entsetzt worden. Büssten einzelne auch mehr für den Freimuth, den sie Calvin gegenüber zeigten, als für wirkliche Vergehen, so lagen doch bei den meisten Handlungen vor, welche die verhängte Strafe nur zu sehr als gerechtfertigt erscheinen liessen.[1]) In bitteren Worten machte eines Tages der ehrliche Sebastian Castellio in der geistlichen Congregation seinem Unmuth über das Leben und Treiben der Geistlichen Luft, indem er eine Parallele zog zwischen dem Apostel Paulus und den Verkündern des Evangeliums in Genf. „Paulus," redete er die ehrwürdige Genossenschaft an, „war ein Diener Gottes, wir dienen uns selber; er war der Geduldigste, wir ertragen keinen Widerspruch; er durchwachte die Nacht, um an der Erbauung der Kirche zu arbeiten, wir wachen, um zu spielen; er war nüchtern, wir sind Schlemmer; er wurde durch Empörungen verfolgt, wir erregen solche; er war züchtig, wir sind Hurer; er wurde eingekerkert, wir kerkern Andere ein, wenn sie uns mit einem Worte beleidigen; er bediente sich nur der göttlichen Macht, wir wenden irdische an; er wurde von Andern verfolgt, wir verfolgen Unschuldige."[2]) Calvin war entrüstet über die anmassende Rede des verwegenen Schulmeisters, er verklagte ihn bei Syndiken und Rath, und Castellio musste weichen; aber im Volke wurden seine freimüthigen Worte nicht so bald vergessen, und vor seinen vertrauten Freunden klagte Calvin

---

[1]) Vgl. über die Sitten des Clerus u. A. Rathsprot. 27. Aug., 8. Oct. 1543, 6. April, 1. Juni 1545, das Schreiben Calvins an Farel 30. Mai 1544 (Siml. Samml. Band 89), *Galiffe*, Nouv. pag. p. 50. Eine Reihe von Bestrafungen führt *Gaberel* I, 360 auf; vgl. auch *Roget*, L'état et l'église p. 38 ff.

[2]) Vgl. Calvin an Farel 30. Mai 1544, bei *Henry* II, Beil. p. 111.

selbst über die Aufführung seiner Mitarbeiter in Ausdrücken, welche Castellios Schilderung wenig nachgaben.[1]

Am meisten schadete dem Ansehen der neuen Geistlichkeit in der öffentlichen Meinung die unmännliche Haltung, welche dieselbe im Jahre 1543 der Pest gegenüber zeigte. Die Vorgänge dieses Jahres mussten um so nachtheiliger wirken, als sie auch auf Calvin ein ungünstiges Licht warfen.

Wiederholt schon haben wir der schweren Heimsuchung gedacht, welche Genf in jenen Jahren durch eine heftige, auch über einen grossen Theil der Nachbarlande verbreitete, ansteckende Seuche erfuhr. Zuerst im Juni 1542 innerhalb der Stadt auftretend, nahm dieselbe schon im Herbst dieses Jahres und noch mehr im folgenden einen wahrhaft verheerenden Charakter an. In den katholischen Zeiten hatten gerade solche Prüfungen dazu gedient, das gelockerte Band zwischen Clerus und Volk durch den Geist werkthätiger Liebe und aufopfernder Hingebung, welchen die Kirche dann offenbarte, immer wieder von Neuem zu befestigen und inniger zu knüpfen, und selbst in den Tagen seiner grössten Versunkenheit hatte der katholische Clerus, wenigstens in einzelnen Mitgliedern, seinen alten Ruhm zu bewahren gewusst. Es war somit den neuen Seelenhirten sofort die Gelegenheit geboten, mit ihren Amtsvorgängern in wahrhaft evangelischer Liebe zu wetteifern und damit zugleich das schwergeprüfte Volk dauernd an sich zu fesseln.

Allein gerade das Gegentheil geschah.

Schon im Herbst 1542, bei dem ersten heftigen Auftreten der Seuche scheint es dem Rathe grosse Mühe gekostet zu haben, ein Mitglied der ehrwürdigen Genossenschaft für den geistlichen Dienst im Pesthospitale zu gewinnen. Während mehrere Laien ihre Hülfe anboten, war unter den Geistlichen Pierre Blanchet der Einzige, der sich bereit finden liess, den Erkrankten den religiösen Trost zu spenden. Der Rath nahm seine Dienste an und ehrte seine Entschlossenheit durch öffentliche Anerkennung und Geschenke.[2] „Gern," schrieb Calvin darüber an Viret, „liessen Alle sich dies gefallen" — und er selbst machte keine Ausnahme. Der Verfasser der Institution verband

---

[1] Vgl. Calvin an Melanchthon 16. Febr. 1543 (Siml. Samml. Bd. 52), an Farel 30. Mai 1544 (Siml. Samml. Bd. 80, Bruchstücke dieses Schreibens sind bei *Henry* l. c. und *Hundeshagen*, Conflicte etc. Beil. p. 368 mitgetheilt).
[2] Rathsprot. 23. Oct. 1542, vgl. 9. Oct. 1542.

mit dem Muthe, in die unergründlichen Tiefen des christlichen Glaubens einzudringen, nicht in gleichem Grade den Muth der werkthätigen christlichen Liebe. „Wenn Blanchet etwas Schlimmes zustossen sollte," meldet er dem Lausanner Freunde weiter, „werde ich selbst, fürchte ich, das Wagniss nach ihm unternehmen müssen!"[1]) Er will sich demselben nicht entziehen, wenn es von ihm verlangt wird, aber er findet es seinen Ansichten nicht gemäss, „die ganze Kirche im Stich zu lassen, um einem Theile zu helfen,"[2]) eine Aeusserung, die, wenn auch vielleicht an sich richtig, doch in diesem Augenblicke in Calvins eigenem Munde sich seltsam ausnimmt und jedenfalls von Muth und Theilnahme für die Leiden der Unglücklichen nicht zeugt.

Die Gefahr schien nach einiger Zeit vorüber, und unversehrt kehrte Blanchet aus dem gefürchteten Pesthospital in den Kreis seiner erfreuten Amtsbrüder zurück. Aber schon im Frühjahr 1543 brach die Seuche mit erneuter Heftigkeit wieder aus, und nun trat an das geistliche Collegium die Frage der Hülfeleistung mit allem Ernste heran. Der Rath richtete an dasselbe die Aufforderung, ein Mitglied zu beauftragen, „die armen Kranken im Pesthospitale aufzurichten und zu trösten."[3]) Die ehrwürdige Genossenschaft erschrack: kein Geistlicher besass den Muth, sich dem lebensgefährlichen Auftrage zu unterziehen, nur Castellio, der ketzerische Humanist, erklärte seine Bereitwilligkeit: er aber wurde, man sieht nicht recht, aus welchem Grunde, nicht angenommen.[4]) Von mehreren der geistlichen Herren wurde dem Magistrate sogar die unziemliche Aeusserung hinterbracht: „Sie würden lieber zum Teufel oder zur Galgenstätte gehen als ins Pesthospital."[5]) Syndike und Rath waren entrüstet; aber die Feigen muthig zu machen, lag nicht in ihrer Gewalt, und man musste froh

---

[1]) *„Vereor ne mihi post eum sit periclitandum,"* Calvin an Viret Oct. 1542, abgedr. bei *Henry* II, Beil. p. 5 ff. Dadurch wird die Aeusserung *Bezas* p. 12, Calvin sei gegen seinen Willen (invitus) von dem Rathe zurückgehalten worden, in das Hospital zu gehen, auf ihren wahren Werth zurückgeführt.

[2]) *„Neque tamen meum consilium est, ut, dum volumus parti consulere, ipsum Ecclesiae corpus deteramus."* l. c. p. 6.

[3]) Rathsprot. 30. April 1543.

[4]) Rathsprot. 2. Mai 1543; die spätere Angabe *Bezas* p. 17 und *Rosets* l. IV, c. 60, als habe Castellio sich selbst wieder zurückgezogen, wird durch die Rathsprotocolle nicht bestätigt.

[5]) *„Que plustost que d'aller à l'hospital pestilencial vroyent plustost au diable et l'allée de Champel* (Richtplatz)." Rathsprot. 2. Mai 1543.

sein, als es endlich gelang, nochmals Pierre Blanchet zur Uebernahme des gefahrvollen Amtes zu bewegen.[1]) Der pflichttreue Mann wurde schon nach Ablauf weniger Wochen das Opfer seines Berufs, und von Neuem begannen die Verhandlungen um einen geistlichen Beistand für „die armen Kranken im Pesthospital." Von Calvin selbst glaubte die Behörde Abstand nehmen zu müssen, weil er für die Kirche unentbehrlich sei und man „seines Rathes bedürfe;"[2]) um so entschiedener drang sie in seine Amtsbrüder, aus ihrer Mitte einen geeigneten Nachfolger Blanchets zu wählen. Neue Rathlosigkeit und Bestürzung des Collegiums! Man fand endlich, dass für ein solches Amt ein Mann genommen werden müsse, der „fest und nicht furchtsam" sei, und schlug als geeignete Persönlichkeit — einen Fremden, einen „gläubigen" Franzosen vor![3])

Als der Magistrat keine Neigung verrieth, auf den Vorschlag einzugehen, kam es am 5. Juni 1543 zu einem merkwürdigen Auftritte. Sämmtliche Prediger, an ihrer Spitze Calvin selbst, erschienen an diesem Tage in der Rathsversammlung, um in aller Form, offen und unumwunden das Geständniss abzulegen, „dass Keiner von ihnen den Muth habe, in das Pesthospital zu gehen, obschon es ihr Amt erfordere, in guten wie in schlimmen Tagen Gott und seiner heiligen Kirche zu dienen." Sie wiederholten ihren Vorschlag, jenen Fremden, der mit den nöthigen Eigenschaften ausgerüstet sei, als Blanchets Nachfolger anzunehmen, „was den armen Pestkranken ein grosser Trost sein würde." Umsonst machte ihnen der Rath Gegenvorstellungen. Sie räumten bereitwillig und wiederholt ein, dass ihr Amt eine andere Handlungsweise verlange, baten aber dringend, sie für entschuldigt halten zu wollen, da ihnen Gott nicht die Gabe des Muthes und der Stärke verliehen habe, um in das genannte Hospital gehen zu können."[4])

Nur Einer, der Prediger Geneston, erklärte sich endlich bereit zu

---

[1]) Rathsprot. 11, 14, 15. Mai 1543; vgl. *Fleury*, Le Clergé catholique et les Ministres pendant les pestes à Genève p. 45.

[2]) Rathsprot. 1. Juni 1543. Noch ausführlicher wird seine Ausnahme unter dem 5. Juni motivirt: *M. Calvin n'est pas compris avec les autres pour ce qu'il besogne à servir en église et respondre à tous passants, avec ce, pour avoir conseil de lui.*

[3]) Rathsprot. 2. Juni 1543.

[4]) *Ont confessé qu'il est vray qu'il est de leur office, mais Dieu ne leur a donné la grace d'avoir la force et constance pour aller au dict hospital, priant les tenyr pour excusés.* Rathsprot. 5. Juni 1543.

gehen, „wenn ihn das Loos treffe." Der Rath, fährt das Protokoll fort, fasst den Beschluss, „Gott zu bitten, dass er ihnen für die Zukunft einen bessern Muth verleihen möge," und kündigt ihnen an, dass man in der Folge strenge und vollständige Erfüllung ihrer Amtspflichten von ihnen verlangen werde: nur für jetzt solle noch einmal Nachsicht geübt und der Vorschlag des geistlichen Collegiums angenommen werden.[1])

Es ist ein Beweis für die ausserordentliche Gewalt, welche Calvin über die Gemüther besass, dass Vorgänge, wie diese, seiner Sache nicht mehr geschadet haben, als es wirklich der Fall gewesen. Aber ohne nachtheilige Wirkungen sind sie doch nicht vorübergegangen, und der Umstand, dass Calvin wenige Wochen nach dem letzten Vorfall, als noch Angst und Rathlosigkeit in der Stadt herrschte, sich von dem Magistrat eine Gesandtschaft nach Metz auftragen liess, um hier eine theologische Fehde auszukämpfen,[2]) war gewiss nicht geeignet, dieselben zu mildern. Zu grell lag doch der Widerspruch zwischen den Anforderungen und den wirklichen Leistungen des neuen Systems vor Augen. Was halfen Katechismus und Consistorium, was nützten die gehäuften Predigten und Betstunden, wenn die Diener des Wortes in den Tagen schwerer Prüfungen, in denen der Gläubige des geistlichen Trostes und der Religion am meisten bedurfte, sich schmählich zurückzogen?

Eine Abnahme des geistlichen Ansehens, ein Hinschwinden des Nimbus, der die Träger des calvinischen Systems bisher umgab, lässt sich in der That seit den Verhandlungen über das Pesthospital wahrnehmen. Jene erste, jungfräuliche Begeisterung, die man der Person des Reformators und seinem Werke entgegenbrachte, liess nach und machte hie und da einer kühlern Auffassung Platz. Es ist bedeutsam, dass bereits um Ostern 1543 der Rath der Sechzig einen ernsten Versuch machte, das wichtige Excommunicationsrecht im Widerspruch mit der Kirchenordnung den Geistlichen und Aeltesten zu entziehen, um es den weltlichen Behörden zu übertragen. Zwar gelang es Calvin, durch sein energisches Auftreten den Plan zu vereiteln und die Fünf-

---

[1]) Rathsprot. 5. Juni 1543. *Gaberel* II, 160 lässt nichts desto weniger Geneston sofort in das Hospital eintreten und noch 1543 als Märtyrer sterben obgleich derselbe 1544 um Gehaltserhöhung einkam. Die Wahrheit ist, dass Geneston allerdings im August 1545 (Rathsprot. 11. Aug.) an der Pest starb, aber nicht im Hospital.

[2]) Rathsprot. 18. Juni 1543.

undzwanzig von der Rechtmässigkeit der geistlichen Ansprüche zu überzeugen;[1]) aber der Vorfall zeigte doch, dass die öffentliche Meinung nicht mehr so freudig und ungetheilt auf seiner Seite war, dass die „geheimen Gegner" an Boden gewonnen hatten. Der Rath erlaubte sich seitdem mehr und mehr von seinem Aufsichtsrecht einen schärfern Gebrauch zu machen. Es kam hinzu, dass der einflussreiche Ami Porral, der eifrigste und gewandteste Anhänger Calvins und der geistlichen Sache im Magistrat, seit dem Sommer 1542 sich nicht mehr unter den Lebenden befand.[2]) Schon bedurfte es 1543 bei einzelnen Gelegenheiten „langer und heftiger Ermahnungen," um das Rathscollegium für die Ansichten des Reformators willfährig zu machen.[3])

Allein es drohte von dieser Seite doch keine eigentliche Gefahr. Tauchten auch in dem Rathe zuweilen Bedenken und ein Gefühl des Missbehagens auf, so war und blieb er nichts desto weniger in allen Hauptfragen mit Calvin einverstanden und betrachtete seine Sache im Grunde als die eigene. Wie entschieden man auch in einzelnen Fällen das Aufsichtsrecht gegen Mitglieder des geistlichen Standes ausübte, die Person des Reformators selbst wurde stets mit der grössten Ehrfurcht behandelt und ohne sein Gutachten Nichts unternommen. Ami Porral wurde bald durch noch eifrigere Parteigänger seiner Richtung ersetzt. Calvin blieb trotz einzelner Differenzen des Rathes Führer und Lenker. Die „Herren" fuhren fort, ihn durch öffentliche Auszeichnungen zu ehren: als er 1545 erkrankte, wurde ihm auf städtische Kosten ein Secretair beigegeben.[4]) Und warum sollten die Fünfundzwanzig auch nicht den Mann ehren und verehren, der ihre Rechte über das Volk so nachdrücklich vertrat, der die Pflicht des Gehorsams so eindringlich predigte?

Bedenklicher war die Stimmung, die sich im Volke und unter den unabhängigen Bürgern kundgab. Ein unzufriedener Geist regte sich namentlich in der Vorstadt St. Gervais, welche, vielleicht in Erinnerung an ihre ehemalige Selbstständigkeit, von Alters her zu der Hauptstadt am linken Rhoneufer in einer gewissen Opposition gestanden hatte.[5]) Es fielen unter dem Volke Reden, welche offenbarten,

---

[1]) Calvin an Viret 24. März (pridie Paschalis) 1543, Epp. et resp. 235a; vgl. Rathsprot. 19. März 1543.
[2]) Vgl. Epp. et resp. p. 22a—23a, Rathsprot. 5. Juni 1542.
[3]) Vgl. z. B. Calvin an Viret, September 1543, Siml. Samml. Bd. 53.
[4]) Rathsprot. 31. Aug. 1545.
[5]) Vgl. darüber *Galiffe*, Genève hist. et archéol. p. 45 ff., 89 ff.

in wie hohem Grade die anfängliche Ehrfurcht vor dem geistlichen Amte abgenommen. Die ungünstigsten Gerüchte kamen über die ehrwürdige Genossenschaft in Umlauf und fanden Glauben. Mehrmals sehen wir schon im Jahre 1544 Calvin und die Prediger vor dem Rathe erscheinen, um darüber Klage zu führen und ihre Unschuld zu betheuern.[1])

Die weitere Entwickelung der Dinge war nur zu sehr dazu angethan, der aufsteigenden Unzufriedenheit neue Nahrung zu geben. Während Calvin seine Anforderungen steigerte, immer wieder neue Kirchenartikel „zur grössern Ehre Gottes" vorschlug und die Anzahl der Geistlichen zuweilen sogar gegen den Willen des Rathes zu vermehren suchte,[2]) wurde die äussere Lage der Stadt eine höchst traurige. Zu der Seuche, in der die benachbarten Katholiken eine Strafe des Himmels für den Abfall erblickten, kam eine mehrere Jahre anhaltende Hungersnoth, „wie jene," sagt Fromment mit biblischer Gelehrsamkeit, „welche in den Tagen des Königs Ezechias und des Propheten Elisaeus in Samaria und Jerusalem herrschte." Die Preise der Lebensmittel erreichten eine unerhörte Höhe.[3]) Damals wurde von Calvin der schon erwähnte Vorschlag gemacht, durch Eröffnung neuer Erwerbsquellen für die unbeschäftigte Bevölkerung der Noth zu steuern; allein wirkliche Hülfe wurde dadurch für den Augenblick nicht gebracht. Von einem werkthätigen Eingreifen der Geistlichkeit zur Linderung des Elends hören wir Nichts, dagegen erwähnen die Rathsaufzeichnungen dieser Zeit wiederholt Gesuche um Verbesserung des geistlichen Einkommens.[4]) Calvin selbst war seinem ganzen Wesen nach zu einem persönlichem Verkehr mit den ärmeren Classen nicht geeignet: er fühlte sich nie heimisch in den Hütten der Armen und Bedrängten und wurde überdies damals durch die Zwecke der allgemeinen evangelischen Propaganda in Anspruch genommen.

Es folgte dann, als mit dem Beginn des Jahres 1545 die Pest eine neue Ausdehnung gewann, jene furchtbare Zeit der Prozesse gegen „die Pestbereiter und Zauberer." Die 34 Opfer, welche Genf in dem Zeitraume von drei Monaten den Scheiterhaufen oder das Schaffot besteigen sah, die überfüllten Gefängnisse, die gehäuften und verschärften

---

[1]) Vgl. Rathsprot. 5. Juni, 8. Aug. 1544.
[2]) Vgl. Rathsprot. 12, 15. Mai 1544, 29. Juni 1545.
[3]) *Fromment*, Deux Epistres etc. C. 6b. Es ist wohl der König Ochosias gemeint. Vgl. *Alessio*, Petit mémorial, Mém. et doc. IX, p. 27.
[4]) Rathsprot. 18. Juli, 1543, 27. Juni, 1, 3. Juli, 1. Aug., 20. Oct. 1544.

Verhöre mussten doch zum Nachdenken auffordern. War auch die Masse grösstentheils irregeleitet und von dem blinden Wahn erfüllt, es fehlte doch nicht an einzelnen Unbefangenen und Hellsehenden, die wie Castellio sich über den Standpunkt der Menge und ihrer weltlichen und geistlichen Führer erhoben. Um die Pflege der Kranken selbst war es, so viel man sieht, auch dieses Mal kläglich genug bestellt. Es bedurfte abermals längerer Verhandlungen, um für das Pesthospital den geistlichen Beistand zu gewinnen.[1]) Calvin unterhielt in jenen Tagen die Rathsherren mit Schilderungen von den grausamen Verfolgungen der evangelisch Gesinnten in Frankreich und liess sich nebst Farel aufs Neue mit einer Gesandtschaft nach Bern, Basel und Zürich betrauen, um eine diplomatische Vermittelung zu Gunsten der bedrängten Glaubensgenossen einzuleiten. Nur für diese schien er Theilnahme zu empfinden.[2])

Und wie manches Andere gab es noch, was Anfangs geduldig ertragen, nun, da die erste Begeisterung vorüber war, drückend empfunden wurde! Wie schroff und rücksichtslos stellten die neuen Einrichtungen sich überall dem Volksleben, alten, liebgewonnenen Gewohnheiten entgegen! Mit zunehmendem Unmuth wurde daneben wieder die schon bei der ersten Wirksamkeit Calvins aufgefallene systematische Bevorzugung der Fremden vor den Einheimischen bemerkt. Ebenso wirkte der Zustand der Schule nachtheilig für den Reformator. War es doch hauptsächlich die Hartnäckigkeit, womit er auf der Berufung eines ihm unbedingt ergebenen Parteigenossen bestand, welche die Gewinnung tüchtiger Lehrkräfte verhinderte. Castellios Verdrängung wurde ihm von Manchen nicht so bald verziehen, und schon während des letzten Streites mit demselben äusserte sich die öffentliche Meinung in einer Weise, dass es zweckmässig gefunden wurde, zur Stütze der geistlichen Sache Calvins beliebtesten Freund, Peter Viret, aus Lausanne kommen zu lassen.[3])

Endlich fand auch die mit der kirchlichen Hand in Hand gehende politische Entwickelung keineswegs allgemeinen Beifall. Noch war

---

[1]) Vgl. Rathsprot. 10, 14, 20. April 1545.

[2]) Vgl. Rathsprot. 4. Mai 1545. Wie wenig ihm das in Genf selbst herrschende Elend am Herzen lag, zeigt ein Blick auf seine Briefe: es ist merkwürdig, wie schweigsam er darüber ist.

[3]) Rathsprot. 3, 5. Juni 1544. Ueber die schlimmen Nachwirkungen der Castellio'schen Angelegenheit spricht Calvin selbst in einem Schreiben an Viret aus dem Januar 1546, Siml. Samml. Bd. 59.

der Geist der alten Demokratie nicht so vollständig erstorben, dass die neue aristokratische Gestaltung des Staatslebens und die sichtlich fortschreitende Vereinigung fast aller Gewalt in den Händen des kleinen Raths nicht vielfach Anstoss erregt hätte. Ueberdies war die Verwaltung des Staats, wenn auch in ihren Formen strenge, doch nichts weniger als musterhaft. Die städtischen Finanzen befanden sich in einem kläglichen Zustande. Wiederholt mussten Anleihen gemacht werden. Als bei dem Wechsel der Rathscollegien im Jahre 1545 die finanzielle Lage der Stadt näher untersucht wurde, stellte sich ein bedeutendes Deficit heraus und allerlei unangenehme Enthüllungen wurden bei dieser Gelegenheit gemacht.[1]) Zwar stand Calvin den vorgekommenen Unordnungen durchaus fern, und kein irgendwie gegründeter Verdacht könnte ihretwegen gegen ihn erhoben werden; aber die Partei, die 1541 seine Rückberufung durchgesetzt hatte, die auch jetzt noch vorzugsweise als die calvinische angesehen wurde und die meisten Aemter inne hatte, zählte mehr als einen Namen von zweifelhaftem Klang. Und mittelbar hatte doch auch Calvin selbst zu den finanziellen Verlegenheiten beigetragen. Seine theokratischen Interessen kamen nur zu häufig mit den wirthschaftlichen in Conflict. Die Zwecke der evangelischen Propaganda, die nach ihm des Staates vornehmste Aufgabe bildete, die Unterstützung bedrängter Anhänger des Evangeliums in katholischen Ländern, die mancherlei Gesandtschaftsreisen, welche Calvin auf Kosten der Stadt und wohl noch von einem „Herold" begleitet unternahm — alles das erforderte Mittel, die über die Leistungsfähigkeit des kleinen, noch an den Nachwehen der früheren Kämpfe leidenden, von Seuche und Hungersnoth heimgesuchten Staates hinausgingen.

Solchen Zuständen gegenüber gewann der Geist der Opposition mehr und mehr an Boden. Die Gesinnung, die Anfangs hatte verborgen gehalten werden müssen, wagte sich offen hervor. Bereits im Jahre 1545 hatte die Unzufriedenheit über das herrschende System einen solchen Grad erreicht, dass für die Zukunft Schlimmes befürchtet werden musste. Die Zeit, von der Calvin selbst sagte, dass „Keiner auch nur leise gegen die Geistlichen zu reden gewagt habe," war

---

[1]) Rathsprot. 8 und 9. Febr. 1545. Vgl. *Galiffe*, Nouv. pages p. 37. Die Enthüllungen gingen aus von dem Schatzmeister Amblard Corne, einem Freunde Calvins, der aber dann durch die weiteren Mittheilungen selbst nicht minder compromittirt wurde, als die Uebrigen: der ganze kleine Rath hatte, wie J. G. Monathon eingestand, zum Schaden der Stadt seine Stellung missbraucht.

vorüber und die alte Ehrfurcht vor dem geistlichen Namen geschwunden.[1]) Verhandlungen über unehrerbietige Aeusserungen gegen Calvins Person werden in den Rathsprotocollen häufiger. Standen auch Syndike und Rath in weitaus überwiegender Mehrzahl noch in treuer Ergebenheit auf des Reformators Seite, so regte sich doch zuweilen selbst in ihrer Mitte der Geist einer ernsten Opposition gegen das herrschende System. Eines Tages erschien Claude Roset, einer der ersten Staatsbeamten, den Livius unter dem Arm, im Rathe und schilderte in den Worten des römischen Schriftstellers Genfer Zustände mit scharfen Bemerkungen über den vorwaltenden Einfluss einiger weniger Männer, von denen der Rath sich beherrschen lasse.[2]) In derberen Ausdrücken machte der unabhängige Bürger seinen Gefühlen Luft: schon musste in einzelnen Fällen zu Verhaftungen geschritten werden.[3]) Sogar Männer, die 1541 zu den aufrichtigsten Freunden des Reformators gehört hatten, wandten sich von ihm ab. Die ehrwürdige Genossenschaft selbst wurde in einigen ihrer Mitglieder von dem Geiste des Widerspruchs gegen ihren Meister angesteckt und machte theilweise mit der Opposition gemeinsame Sache. Mehrmals kam es in der Congregation zu stürmischen Auftritten, so dass ein weltlicher Beamter mit der Ueberwachung der geistlichen Versammlung beauftragt werden musste.[4]) Dass mit dem Umsichgreifen einer solchen Gesinnung auch die Bande der kirchlichen Disciplin sich mehr und mehr lockerten, braucht kaum erwähnt zu werden. Ein Blick auf die amtlichen Aufzeichnungen genügt, um sich davon zu überzeugen. Man fand den Druck des geistlichen Zuchtsystems unerträglich. Als einst ein französischer Flüchtling die „schöne Freiheit" pries, deren sich Genf jetzt erfreue, äusserte eine Frau spöttisch, er müsse wohl Recht haben, denn anderwärts werde man zur Messe gezwungen, in Genf aber — zur Predigt.[5])

---

[1]) „Fuit tempus," schreibt er im Herbst 1545 oder 1546 an Farel, „quum nemo adversus ministros mutire auderet. Nunc nulla prope oratio magis favorabilis." Epp. et resp. p. 231a.
[2]) Vgl. Rathsprot. 6. April 1545, wo Calvins Beschwerde darüber: der Vorfall selbst war in geheimer Sitzung vorgekommen. Roset stellte schliesslich in Abrede, Calvin gemeint zu haben, und der Rath gab sich alle Mühe, die Sache wieder beizulegen. Vgl. Galiffe, Nouv. pages p. 38.
[3]) Vgl. Rathsprot. 7, 11. Aug., 12. Dec. 1545.
[4]) Vgl. Roget, L'église et l'état, p. 40.
[5]) Vgl. Consistorialprot. 19. Nov. 1545. Es ist zu bedauern, dass die

Calvin gab sich über seine Lage keiner Täuschung hin. Klarer als Jemand erkannte er die Abnahme seines Ansehens und den fortschreitenden Umschwung der öffentlichen Meinung. In Briefen an Farel und Viret schüttet er seinen Kummer darüber aus. Es sei in Genf, klagt er, nicht mehr wie früher. Die Unordnungen seien im Zunehmen begriffen, durch ungünstige Gerüchte würden die Gemüther gegen ihn aufgeregt. Selbst der Rath, wenn auch gut gesinnt, befriedigt ihn nicht vollständig, da er es an der nöthigen Energie fehlen lasse und in seiner Kurzsichtigkeit die Umtriebe der Gegner nicht durchschaue.[1])

Und noch bedenklicher äusserte sich die Opposition seit dem Beginn des Jahres 1546. Die „Insolenzen" mehrten sich. Die Haltung der Vorstadt St. Gervais flösste ernste Besorgnisse ein. Die Angriffe auf das Regiment „der Geistlichen und Franzosen" wurden heftiger und rücksichtsloser. Man scheute sich nicht mehr, Calvins persönlichen Charakter und seine Lehre anzutasten. Man nannte ihn einen schlechten Picarden, einen Verbreiter von Irrthümern und sprach öffentlich gegen den Inhalt seiner Predigten. Schon wurde hie und da das Wort vernommen, man müsse ihn vor die Thore schicken.[2])

Noch zwar befanden sich die Gegner in der Minderzahl und Calvins Freunde im Besitz der öffentlichen Macht. Aber diese selbst erkannten, dass ihre Stellung schwierig wurde, und schwere Zeiten herannaheten. Calvin war entschlossen, keinen Schritt zurück zu weichen: mit dem festen Vorsatze, das System, welches er verfocht, nun in seiner ganzen Strenge durchzuführen oder zu unterliegen, ging er in den neuen Kampf.

Protocolle des Consistoriums für einen grossen Theil dieses und des vorhergehenden Jahres uns nicht erhalten sind.

[1]) „*Hospes sum in hac urbe*," schreibt er im Januar 1546 an Viret in einem Briefe, der überhaupt seine Lage in düsteren Farben schildert, „*plus tamen in rebus incognitis mihi cernere videor, quam cernant omnes, qui omnia oculis habent subjecta. Non est quod me jactantia nimium efferri putes. Caeci enim sunt omnes, ego luscus.*" Siml. Samml. Bd. 59.

[2]) Vgl. Rathsprot. 7, 27. Jan., 4, 29, 30. März, 14, 16. Mai 1546.

www.ingramcontent.com/pod-product-compliance
Lightning Source LLC
Chambersburg PA
CBHW051159300426
44116CB00006B/369